李启成，法学博士，北京大学法学院教授，北京大学近代法研究所所长。主要从事中国法律史、中国近代法的研究和教学工作，著有《外来规则与固有习惯》《晚清各级审判厅研究》《中国法律史讲义》《中国法律思想史》等，在《中国社会科学》《法学研究》《近代史研究》以及中国台湾地区《法制史研究》等刊物发表论文多篇。

资政院
议场会议速记录

晚清预备国会论辩实录

（修订版）

上卷

李启成 校注

图书在版编目（CIP）数据

资政院议场会议速记录：晚清预备国会论辩实录 / 李启成校注 . — 修订本 . — 北京：商务印书馆，2022
（2024.10 重印）
ISBN 978-7-100-20061-5

Ⅰ.①资… Ⅱ.①李… Ⅲ.①资政院—会议录
Ⅳ.① K257.506

中国版本图书馆 CIP 数据核字（2021）第 119496 号

权利保留，侵权必究。

资政院议场会议速记录
——晚清预备国会论辩实录
修订版
（上下卷）
李启成　校注

商务印书馆出版
（北京王府井大街36号　邮政编码100710）
商务印书馆发行
北京盛通印刷股份有限公司印刷
ISBN 978-7-100-20061-5

2022年8月第1版　　开本 710×1000　1/16
2024年10月北京第2次印刷　印张 81　插页 1
定价：398.00元

修订版说明

《资政院议场会议速记录》一书自 2011 年初版以来，受到了学界同道的不少好评。本人自知，其间错误肯定不少，必须修订。更重要的是，为了对资政院第一次常年会有更真切的了解，需要尽可能回到现场，去补充更多的原始资料。举例来说，议员们在议场开会之际，跟议员讨论、表决有关，可能当时就由秘书厅油印之后分别摆在议员们案头的一些文字材料，对于理解会议表决本身及其对当时政治、社会的影响都非常重要。在资政院第一次常年会刚开始议事之际，即有议员提议："每次会议未开会以前，凡关于该议案之应备参考各项，均油印好，先行发给，以便预为研究，俾兹讨论。"换句话说，缺乏这些基本材料，当时的议员无暇提前探究，议事质量会大打折扣，而我们今日可能更无法了解其议论的背景、表决通过与否的意义和价值。而这些材料，理应集中保存于资政院档案里，或者散见于当时报刊或随后印刷出版的相关书籍中，但读者查找起来不太方便。遗憾的是，近几年中国第一历史档案馆的资政院档案卷宗一直在电子化过程中，没有对外开放，且没有较为确定的具体开放时间；即便能开放查找了，可以合理想见，自近代以来战乱频仍，所保存下来的档案也会残缺不全。

鉴于此，自 2011 年以来，我开始留意并搜集整理相关资政院第一次常年会的原始资料，然后将这些资料以注释的形式加入《资政院议场会议速记录》的相关正文，希望能对读者较深入了解资政院第一次常年会会议的具体情况有所帮助。本次修订版所加入的相关资料，包括议员、政府特派员、院外立宪党人士向资政院大会或行政衙门提交的说帖、陈请书、审查报告等，还有跟资政院议案相关的谕旨等。

《孟子》一书云："颂其诗，读其书，不知其人，可乎？是以论其世也。"《速记录》既为二百议员在资政院大会所发言，今人观其言，则不可以不知其为人之实，故需考其生平履历及其行事之大略。故我根据近些年搜集到的相关资料，先对议员们的简介进行了较多的增补和订讹的工作；继而考虑到政府特派员亦不时参与会议发言，也理应知其生平涯略，故撰写了政府特派员简介。惜时间久远，资料散失，政治动荡，道路崎岖，不少议员和特派员，限于所搜集的资料，已消失于历史长河中，其生平已不可考。

总之，这些新增加的资料总计将近 50 万字。除了这些新增加的资料外，本修订版还对初版的文字错误进行了订正。尚需指出，因为资料散佚，特别是中国第一历史档案馆的资政院卷宗没能直接看到，一些原计划要注释的资料没能查到，因此这次修订版还有其缺憾。因不知开放资政院卷宗档案研究的确切时间，故我不愿意继续等下去。毕竟新补充的资料尚属可观。

在整理校注此修订版的过程中，我的博士研究生张一民、郑金鹏、王若时和梁挪亚进行了大量的资料录入和初步点校工作，十分辛苦，特此致谢。修订版所有的文字错误由本人承担。

李启成

2019 年春夏之交于陈明楼办公室

导 读*

近代中国政法领域的核心问题是如何厉行宪制。它发轫于晚清君主立宪，随清廷覆亡而进入共和立宪阶段。长期以来，学界主观上秉持进化史观，客观上亦因晚清作为后来政权的共同批判对象，长时间的强大舆论宣传力量，使得绝大多数学者对资政院在未研究之前即有"伪立宪"的定性，研究在很大程度上是为此定性作注脚，以论代史，难以成为严格意义上的学术研究，更有个别学者裁剪史实，以"制造"历史。有些地方志的记载，存在基本事实方面的错误。这种错误之所以发生，除了客观方面的材料不足之外，写作者的"成见"促使其做出太过大胆的推测。如《枣强县志》在"于邦华"的传记中说："诸议员公推他入资政院，但他认为清廷立宪只是一句空话，便以患病为由推却。"[①] 实际上，根据《资政院议场会议速记录》（以下简称《速记录》）的记载，于邦华从头至尾参加了资政院第一次常年会，议员号为110，于第一次常年会期间发议达199次，算是非常活跃的资政院议员。

作为晚清君主立宪重要内容的资政院，一方面因不合时宜而渐渐被人遗忘；另一方面因有前述那样未经确凿史料证实而仅凭想象所推论出来的"事实"，资政院的形象又被歪曲。就既然的研究而言，绝大多数不尽人意，但其中也有少数例外。如顾敦鍒、张朋园等学者的研究，[②] 其中研究最深入者当推姚光祖，其直接以晚清资政院为研究对象写作了二十多万字的硕士学位论文。姚氏虽搜集了大量的资料，但惜其未能见到成系统的原始会议记录——《速记录》，只是根据当时的报纸杂志和残缺的速记录相对照来展开研究，受当时报纸评论影响甚大，某些地方未能持事理之平。比如他对资政院议决新刑律的论述，多祖护新派而对旧派持有偏见："维持新律会议员中，多习法律政治的年轻而富于新思想的人物，常于辩理，演说多具说服力，主要以理服人。反对新刑律的劳（乃宣）党，多传统功名出身的旧派人物，年纪较长，观念保守，缺乏辩才，远非维持新律者之对手，故采取胡闹、呼啸阻止演说为手段，以致议场秩序紊乱，极为舆论诟病。他们以胡闹来维持传统，不能以理服人，大失立法之本意。"[③] 诚然，劳派议员确实"多传统功名出身的旧派人物，年纪较长，观念保守，缺乏辩才，远非维持新律者之对手"，他们也曾"采取胡闹、呼啸阻止演说为手段，以致议场秩序紊乱，极为舆论诟病"，但他们为什么会采取这种手段？是他们不明白议场规则，还是另有苦衷？是他们主动如此的，还是法派议员幕后之作为刺激他们如此的？要有相对客观的评判，尚需进一步发掘资料，展开研究。

在资政院第一次常年会召开之前半年，资政院奏请开设了速记学堂，以培养议会所需的速记人才。在机构设置上，资政院在秘书厅内设有专门的速记科。按照《议事细则》的规定，资政院常年会应编制《速记录》，并规定："《速记录》以速记法记载议事；议员之发议，业经议长令其撤销者，不得记载于《速记录》；议员之演说得于编制速记录以前订正文字，但不得更改其主旨。若因订正而他议员提起异议者，议长俟有赞成员，咨询本院决定之。"[④] 这些规定，因为议员的事后查阅和核对，基本得到执行，在相当程度上保证了《速记录》是资政院秘书厅速记科工作人员对资政院第一次常年会会议情形的原始记录，是研究晚清资政院的最原始，同时也是最权威的资料。

按计划，资政院在预备立宪期间每年开常年会一次，由于清王朝的迅速灭亡，实际也就开了两次。第二次常年会开幕之际，辛亥革命已在一月前爆发，此时全国人心惶惶，到院议员不足一半，资政院议事已在很大程度上失其意义，不久即自动关闭。因此，作为预备国会的晚清资政院，只有第一次常年会较为成功。

为什么说第一次常年会是成功的呢？因为它当时是政治社会的主角，是立宪派参与君主立宪的最高峰，朝廷在这一时期基本上都集中在考虑如何对待资政院，全国知识舆论界都注目于此。据学者研究："资政院在当时报纸新闻电讯报导中所占的篇幅，大致与辛亥武昌起义时对革命活动的报导相类似。"⑤

一时热闹未必意味着真有内在价值，但晚清资政院对近代中国从专制到立宪的政治转型，有下述开创性贡献：（1）它是我国第一个具有国会性质的机构；（2）它有98位经各省谘议局议员互选产生的民选议员，占议员总数的一半，开民意代表参与中央政治之先河；（3）资政院弹劾军机案，是民意机关首次弹劾政府，要求政府负责任的行动；（4）资政院议决的宣统三年预算案，是民意机关对整个国家财政收支主动进行监督和审核，在我国历史上乃首次；（5）资政院议决的新刑律"总则"部分，是我国由民意代表参与议决的第一部基本法典；（6）其会议程序，采取公开平等辩论、一人一票和多数决的方式，第一次正面冲击了我国数千年来少数人甚至一个人决策的专制传统，为我国以民主方式制定法律和决定国家大政之滥觞；（7）资政院议员所组织的政党，是国内有公开合法的政党之始；（8）资政院所议决的《十九信条》，是民意机关通过的第一部宪法性文件；（9）资政院选举了第一任内阁总理，因此催生了我国第一个合法责任内阁。在这九个当中，除最后三个外，其他都是第一次常年会的成果。就是第七个，尽管宪友会、宪政实进会、辛亥俱乐部等政党是在第一次常年会闭会后才宣告成立，但因在第一次常年会中，议员们因开会聚集一地，促进了交流和沟通，初步对各自的政纲达成了共识，为最终这些政党的成立奠定了基础。⑥

以宪友会为例，虽于1911年6月4日（五月初八）才正式召开成立大会，但有较长的酝酿期。按照当事人徐佛苏的追忆，足见其成立与资政院第一次常年会召集议员进行准备有密切关系，云：

> 窃溯昔年请愿国会之始，余与孙洪伊诸君于请愿团之外，并已组成一宪政团体，名曰宪友会。梁先生始终与闻其事，且于会中多撰论著。此会之组织系以总会设于北京，分会遍设于各省区，总会设常务干事三人，各省分会各设会长一人，均由总会会员选任之。当时选出总会常务干事三人，其姓名：徐佛苏、雷奋、孙洪伊。各省分会会长大半系就各省谘议局议长选任之……宪友会之性质，

第一步系欲团结各省议员及优秀人士，一面对政府呼吁，速开国会；一面对民众培养运用宪政及自治之智识。第二步系拟俟国会成立之后，即以此会充任政党。此种组织及性质甚为精密及远大，故开创之始，加入之人才甚多，声光日大，实为吾国创见之大政团，而有督促清廷，速办宪政，及培养国民政治上之智识能力之潜势力也。

宪友会之酝酿在资政院开院之前，资政院开院，为联络各省人才提供了场所和契机。

庚子国变后，清朝廷最终启动了改革事宜。日俄战争后，朝廷顺应舆情，拟以君宪来挽救危亡，宣布预备立宪，计划在预备期间设立"资政院"作为国会之预备。[7]经多方筹备，1910年8月朝廷批准以贡院旧址建筑资政院，作为第一次常年会会场；[8]9月23日，资政院议员召集完毕；10月3日，举行了隆重的开院典礼，[9]资政院"正式开院"。

一、资政院议员

按朝廷最初计划，资政院由政务处改设，设参议员130人，以钦选、会推、保荐之法定之。"钦选"是由皇帝从王公世爵勋裔中选定10人；"会推"是从京官中互推54人；"保荐"是经督抚保荐各省官绅士商66人。[10]由钦选、会推和保荐之参议员组成的资政院，与其后上谕所说"预立上下议院基础"相矛盾，因此御史、立宪团体等纷纷要求设立民选下院，以切实监督政府。

1907年12月资政院总裁溥伦去日本报聘，顺道考察其国会制度，梁启超代表政闻社撰写了《上资政院总裁论资政院组织权限说帖》一文，由总务员马相伯等面呈溥伦。说帖联署人数达600以上，声势不小。该说帖与议员构成相关的内容主要有：分别设置皇族议员、西藏蒙古议员，别置钦选议员以待亲贤，宜令各省谘议局派出议员以为一省之代表，宜以人民选举之议员为中坚，行政官不宜多占议员之位置，议员人数当在六七百人之间。其中，全国人民用复选举法所选出的议员即构成下院基础，其余议员则构成上院基础。⑪尽管该说帖的一些建议，尤其是人民用复选举法产生的议员为中坚这一点，并未被采纳，但多数内容还是对朝廷决策发生了影响。⑫

1908年7月8日朝廷批准"资政院总纲、选举"两章，规定议员由钦选和互选两项产生。其中互选议员由谘议局议员互选后按得票高低由督抚咨送资政院，其定额为各省谘议局议员总数的10%，经统计，各省谘议局议员额为1687名，⑬故互选议员人数大致在170名左右。钦选议员包括四类：王公世爵议员，不超过10名；宗室觉罗议员5名；各部院衙门官议员100人；业主议员10名。后三类钦选议员分别由宗人府、吏部和民政部造具合格人员表册，根据互选得票多少产生。⑭因此，共有钦定议员125名。合钦选、民选，议员总数在300名左右。

朝廷随后又进行了修订，于1909年8月23日正式颁布《资政院院章》（以下简称《院章》），成为产生资政院议员的正式法律依据。《院章》规定，议员共200名，钦选、民选各一半。民选议员由谘议局议员互选产生；钦选议员包括宗室王公世爵议员16名、满汉世爵议员12名、外藩王公世爵议员14名、宗室觉罗议员6名、各部院衙门官议员32名、硕学通儒议员10名和纳税多额议员10名。

将修改前后的《院章》关于议员名额分配进行比较，发现：民选议员数量减少、钦选议员中各部院衙门官议员数量减少而增加了满蒙王公议员33名，鉴于议员总数减少50%，可见朝廷力图加强对资政院的控制，避免出现"民气嚣张"局面：既有顺应民心立宪之名，又有防患未然加以控制之实。

1909年10月上旬资政院所上关于"议员选举章程"的奏折里，集中阐述了各类议员的产生方法及理由：

> 一为钦选、一为互选……钦选议员中分类既多，等差匪一，论名位则有崇卑之异，校人数则有多寡之分，势不能以同一之规

程……宗室王公世爵、满汉世爵及外藩王公世爵，阶级既高，计数较少，权衡取舍，一秉圣裁，自应开列全单，恭候简命。至宗室觉罗、各部院衙门官及纳税多额者……均于钦选之前举行互选，各照定额增列多名，好恶既卜诸舆情，而用舍仍归于宸断。其硕学通儒一项，资格标准确定较难，人数几何，调查不易，互选之法，势所难行……以搜访之任寄诸庶官，以抉择之权授诸学部。仍宽定开列名数，以广取材，冀不失钦选议员之本旨……创办伊始，一切准备均未完成，骤行民选，恐多窒碍。故特以谘议局为资政院半数议员之互选机关，谘议局议员本由各省合格绅民复选而来，而谘议局公推递升之资政院议员，即不啻人民间接所选举……此项议员，即以公推递升之标准，则去取之法，自不能不以得票之多寡为衡。但监督之权在于督抚，非经覆定，不令遽膺是选。而复选之际，仍以票数之多寡为后先。⑮

可知，"钦选"和"民选"议员之"选"字，既有票举之义，又有皇帝或官长选定之义。钦选议员除世爵王公等高级贵族之外，其他的以互选得票多少为序，按各自定额的四倍造册奏请钦定；民选议员也是以互选得票多少为序，按定额二倍造册，呈请各该督抚核定。这种选定办法，"确系参照各国成例，量度国内环境，而审慎订定者。设当时议员全由民选，则必窒碍难行，流弊孔多。我人对于清末之一举一动，当不能概视为不合时宜，实则光宣两朝之典章制度，亦颇有足多称道者"。⑯

晚清预备立宪，资政院议员享有较高社会声誉，选举竞争很激烈。朝廷及各级官长想施加影响，立宪党人欲趁机脱颖而出，直接参与政治。故难免出现诸多花样，如御史胡思敬上奏指陈"议员互选不公，各衙门官长以意私相属托，斲丧仕途廉耻，流弊滋多"；又说"选举硕学通儒，名实不副"。⑰即便该御史指陈属实，也不足以根本否定资政院议员"选定"之价值。根据学者的研究，对互选议员有最后决定权的督抚，大致尚能尊重谘议局投票，取决于多数。⑱硕学通儒议员之设置，本有朝廷罗致名流之意，即便个别名不符实，但员额较少，并不能对议员群体产生实质性影响。

1909年10月14日，各省谘议局按期开幕，11月23日按照《资政院议员选举章程》，选出互选议员98人。因为新疆暂缓设立谘议局，故缺少互选议员2人；相应地，钦选议员的人数也减少至98人。1910年5月，照章选出钦选议员97名。[19] 至此，议员选任完成。

资政院第一次常年会共开会42次，按照《速记录》记载，统计如下：

表1　资政院议员发议统计表[20]

	钦选议员	民选议员
未发议者人数	46	22
发议10次以下者人数	32	33
发议10—40次者人数	10	21
发议40—100次者人数	7	13
发议100次以上者人数	2	8
发议总次数	1112	2816
各类议员发议平均数	11.5	28.7
实际发议人平均发议次数	21.8	37
发议人最高发议次数	279	419
除掉最高发议议员的发议平均次数	16.7	32.1

表2　钦选议员发议统计表

类别	宗室王公世爵议员	满汉世爵议员	外藩王公世爵议员	宗室觉罗议员	各部院衙门官议员	硕学通儒议员	纳税多额议员
发议总次数	25	27	4	1	742	238	75
议员人数	14	12	14	6	32	9	10
平均发议次数	1.8	2.3	0.3	0.2	23.2	26.4	7.5

从《速记录》记载内容来看，将议员按钦选和民选分类来进行价值判断并展开研究并不特别妥当，但自资政院设立伊始，朝廷即希望以钦选议员来对抗民选议员，并笼络一部分民选议员，以达控制之目的；且历来研究者也多以此种划分作为考察议员行为之基本框架，故它自有其合理处。

42次大会，除9月23日的预备会人数无法确知外，12月29日的大会因人数不足三分之二展会，但根据少一人不能开会的说法，推测为119人，故这41次会议总出席次数为5748，平均出席人数达140人，占应出席议员的72%。从梁启超的比较研究可知，[21]资政院议员出席比例较高，保证了对《速记录》中的发议数据进行实证分析的可靠性。

常年会除关涉国家机密所召开的少数秘密会议外，皆允许旁听。从第四次会议开始，每次皆有上百人左右旁听，到讨论重大议案时，旁听席更每有人满之患。[22]旁听之人，主要是列强驻京外交官、外宾和记者，议员在议场的发议极易成为舆论关注对象，故他们一般不会明目张胆为政府辩护而成为舆论攻击对象，即便想辩护也多选择沉默；反之，批评政府的言论较易得到舆论之赞扬，议员本人也会获得好评。旁听制度之存在，对议员发议有积极影响，是资政院能保持批评本色，庶几无愧于预备国会的重要制度保证。

钦选议员作为一议员团体，发议总数为1112次，相当于民选议员2816次的39.4%，显然不如民选议员活跃。分析其内部构成，如表2所反映，高级王公贵族和宗室觉罗议员46名，发议才57次，基本处于沉默状态；在议场比较活跃的主要是各部院衙门官、硕学通儒和纳税多额三类议员，尤其是前两类议员的发议平均数接近民选议员水平。

这么多钦选议员基本保持沉默，[23]其原因大致包括：第一，近代法政知识，尤其是议会运作、议场辩论方面的知识较贫乏；第二，因其位高年长，不愿降尊纡贵去和官品较低甚或没有功名的年轻草民公开论辩；第三，他们因其高地位，能更多洞悉朝廷和官场内幕，王朝到了晚期，种种不堪事体，想必甚多，这使得他们耻于为朝廷辩护而为一般舆论所不容。

各部院衙门官议员来自中下级京官，因为《选举章程》将之限定在四品到七品之间，这表明其年纪较轻，富有朝气，接受新式法政教育的几率较高，与朝廷的联系自不如贵族议员那么紧密，其发言更不会公然站在政府一边。硕学通儒议员，即便有个别滥竽，达不到一般舆论所预期的标准，但从全国选出十名，肯定属于当时的传统文化精英。作为传统精英文化的承载者，他们完全可能反对一些新事物，比如说西化的刑法典等。时人已洞若观火，认定关于新刑律的争议是"新旧的冲突，非官民的冲突"。[24] 故他们反对新事物的理由和朝廷不尽相同，更多的是站在传统文化，尤其是儒家文化的立场，维护自己的信仰和价值判断；而朝廷则集中关注如何维护其权威。更需指出，儒家士大夫自有其相对独立的是非判断标准，并以此为基础评议朝政之得失，绝非以朝廷之是非为是非。晚清时处衰世，弊政多多，很可能成为他们的批评对象。如沈林一即赞成弹劾军机；又如被目为极端保守的喻长霖，对于速开国会问题却持赞成态度，并据儒家民本思想将摄政王的军，说："于一般国民之心看来，摄政王无不答应。何以故？因为民之所好好之，民之所恶恶之，速开国会事情，朝廷以民心为心，同民好恶。据本议员看来，速开国会的事我们已经决定，摄政王没有不竭力赞成的。"[25]

纳税多额议员都是有产阶层，有自己的身家事业，一般不愿介入政治太深，所以有人自始至终保持沉默，此是一方面。另一方面，这些有产阶层，在传统政治格局中社会地位较低，只有在真正立宪政体下才能确保身家、提高政治地位，因此也有人对朝政持批评态度。如王佐良对军机大臣以"不负责任"答复议员质询时，强烈主张军机大臣来院说明理由。[26]

总之，钦选议员并不甘心为政府所用。那些王公贵族、宗室觉罗议员，尽管与朝廷休戚相关，但面对王朝晚期的诸多弊政，欲为政府辩护，也不便堂而皇之，而选择了沉默，因为理不直则气不壮。那些低级官员、硕学通儒和纳税多额议员，发议较多，但也非尽是附和朝廷，甚至对朝廷有诸多严厉批评，很多时候和民选议员的立场无太大分别。

再来看民选议员。他们多有类似人生轨迹：早年参加科举，在家乡成为绅士，适逢留学潮，或公费或自费出去学习，回国后即回到生长于斯的家乡，不管是省城商埠还是边远小县，去从事教育或实业工作，以切实启迪民智或使民脱贫为己任，渐渐弄出了名堂，享有了社会声誉，被推举为省谘议局议员，随后在互选中胜出，成为资政院议员。民选议员这种将一己人生和社会基层改良紧密结合在一起的选择，固然有传统士大夫以天下为己任之信念，亦有以民权观念为中心内容的新知之激励，还有榜样之影响。张謇就是一例。张氏"虽以'状元公'之尊，竟薄仕宦显达，毅然归乡兴办实业，倡修水利，经营盐垦，然后创设各级学校，提倡地方自治。张氏盖认定地方自治为救国之道，而实施地方自治端赖教育，教育又以实业为本。必先富而后施教，所谓'父实业而母教育'，然后始可产生地方自治之宁馨儿"。㉗正因为有来自民间的经历，有真正改造社会的理想和自己认可的渠道，间或加上留学海外的见识，所以《速记录》中能保留下来这么多精彩言论。

在第一次常年会之初，有民选议员本于自己的法政知识，通过解释《院章》和《议事细则》相关条款，逐渐掌握了议场的话语主导权。观察《速记录》，发现他们的发言和辩论，是直接围绕相关法律规则来进行的。如某个议员说，我之所以要登台发言，如此这般主张，是根据哪个法律哪一款来的，因此这是我的权利，你议长或者其他议员就不能以各种方式阻止或打断我发言；又比如政府特派员到议场有说明政府提案的权利，有接受质询答辩的义务，因此登台发言。有些特派员，倚仗自己来自核心部门，与朝廷中枢有关系，盛气凌人有之，恃才傲物有之，该说明提案内容时过多强调朝廷威严而不是议案本身，该回答质询时以权力为护符"王顾左右而言他"，常和议员起冲突，故《速记录》中往往有"彼此争辩、议场大哗""众大哗""拍手拍手"等记载。在辩论中，有些民选议员渐渐崭露头角，成为资政院议员中的佼佼者，最有名的是"资政院三杰"。

这三杰，分别是易宗夔、罗杰和雷奋。易宗夔，字蔚儒，湖南湘潭人，1874年生，家贫，刻苦自学。弱冠之年即撰文登于梁启超创办的《湘报》，致群士大哗。1903年赴日入法政大学学习，其间曾参与革命杂志发行。后以学费无以为继归国，一直在湘潭和长沙办教育，1910年经湖南谘议局互选为资政院议员，于第一次常年会共发言419次，在议员中发言次数最多，是激进派议员代表，被戏称为《水浒传》中的李大哥。罗杰，湖南长沙人，1867年生，附贡生，在担任低级官吏后游学日本，法政大学毕业，回国后在本省从事教育和地方自治工作，1910年经湖南谘议局互选为资政院议员，共发言138次。雷奋，字子琴，江苏华亭人，1877年生，附生，为清末状元张謇门生。日本早稻田大学卒业，回国后任《时报》记者，入苏抚程德全幕府，主持该省地方自治工作，1910年经江苏谘议局互选为资政院议员，共发言146次。这三人，总发议高达703次，占整个民选议员发议数的四分之一左右，且他们在弹劾军机案、速开国会案、新刑律案、预算案中都有突出表现。

除这三杰外，还有一批铁骨铮铮的民选议员，传统中国末代状元刘春霖即是一典型。刘春霖，字润琴，号石筼，直隶肃宁人，1877年出生，1904年中状元，日本法政大学毕业，曾任翰林院修撰、福建提学使、直隶法政学校提调、北洋女子师范学校监督。1910年由直隶谘议局互选为资政院议员。嗣因捐款兴学被奖予四品卿衔。㉘在第一次常年会期间，虽仅发议29次，但特能坚持原则，保留了直道而行、不畏权贵的书生本色，亦有燕赵慷慨悲歌侠士之风。在弹劾军机案中，因为他在议场发言激烈，议员许鼎霖私下告诉他："有人在政府献议，说议员胡闹，非照戊戌那年办几个人不可。"针对中枢这种赤裸裸的威胁，他不仅没有退缩，且在第二天的大会上发言，掷地有声，令闻者起敬起畏：

> 本员说话诚不免有过激的地方，但是发于忠爱之至诚，本员受先朝特达之知，今日又为国民代表，断不敢作诌谀的话贻误全局。诚以有几个议员在政府里头平素多奴颜婢膝，而政府遂轻视资政院。这一种议员不但自失身分，并且说所谓全体议决，其实并不是全体，不过几个人胡闹而已。政府觉得你不是全体，所以越发看着资政院很轻，致使资政院议案全归于无效。这全是坏在这几个议员身上。所以本员昨天不得不有激切之词，然而语虽激切，实发于忠

爱之至诚。在上可以对皇上，在下可以对国民。就是本议员见了监国摄政王，也是这样说，不敢作谄谀之词。[29]

正是有这些杰出的民选议员，使得他们能操控议场，打破了朝廷意图将资政院严格约束在"资政"范围内的企图，并引导一部分钦选议员加入了批判朝政、弹劾军机、实质审查预算的活动中来，使资政院摆脱了御用机构"资政"的帽子，无愧于预备国会之性质。故资政院吸引了一些外国观察家的注意，如当时美国驻华公使在给政府的报告中即指出："资政院议员表现了他们无上独立的精神及其尊严与权力感，此实使清廷及观察家大感惊奇。民选议员紧握控制议会之权力已大获成功，钦选议员已在彼等之牵制及左右下。议事及票决均以民选议员为转意。几位显得有卓越能力及善辩之民选议员，已成为该院之领导者。"[30]

第一次常年会能有如此成就，除了很多议员们积极履行职责，还跟议长和副议长的主持有关。

议长溥伦，字煦斋，道光之曾孙、宣统之从兄，1904年以特使赴美，办理圣路易万国博览会；1907年8月任崇文门正监督，9月任资政院总裁，时年31岁，为朝廷着意培养的新政宗室人才。1907年冬以全权大臣的身份报聘日本，并考察日本国会制度。回国后见闻日增，颇获两宫青睐。在担任资政院总裁期间，主持第一次常年会，尽力调停于新旧议员、议院与朝廷之间。宣统年间，以载沣兄弟、奕劻、善耆、载泽等构成了权力中枢，溥伦颇为载沣赏识，且与善耆、载泽相友善，能在朝廷说得上话。在第一次常年会42次会议中，共主持28次，占三分之二。在开始的几次会议中，能准确把握议院之性质，[31]充分尊重议员的发议权和决议权，因此在议员中很有威望。当资政院有重要议案上奏，或与朝廷发生正面冲突时，就有议员请求他利用其特殊地位为资政院效力。如讨论速开国会案时，议员李榘即请求议长向朝廷"力争将来中国可望有转机者惟速开国会，此时不能解决，恐将来欲开国会而不可得"，议长即当场应允："贵议员所说甚是，本议长当极力陈说。"由此，与议员形成了良好的互动关系。同日度支部尚书载泽到资政院演说预算案之大旨，最后归结到速开国会问题，"现在责任内阁未成，国会未开，本部困难情形难以尽述，惟有盼望将来国会一开，诸位竭力赞成担负义务，实本大臣之幸也"，㉜有力支持了议员们速开国会之主张。载泽来院演说，是议长凭借良好的私人关系，特邀而来，以为资政院速开国会之有力后援。在第一次弹劾军机案上奏后，朝廷讨论时，溥伦在摄政王旁边，"力陈立宪国制，万不能与旧时制度并容。现在小有冲突，务须平和解决。监国亦颇首肯，遂将两谕中严厉语大加删节"。到弹劾军机接近尾声时，摄政王特召溥伦面谈，要求他在军机和议员间两处说和、解释，勿令激成解散辞职种种风潮。㉝

副议长沈家本，长期任职于刑部并主持变法修律，在政法界有较大影响。但资政院开院时，他已年届七十，在议员中年纪最长。根据学者研究，资政院议员的平均年龄大致在41岁。㉞故沈氏与一般议员年龄差距较大，意味着在经历和认识上有较大差异；沈氏以法律职业官僚出身，虽位至卿贰，但从未进入朝廷权力中枢，也未有直接证据表明他和权力中枢的任何人有密切关系；且资政院会议时间一般从下午一两点到晚上六七点，长达四五个小时，对七旬老翁，精力亦难免不济。种种因素加在一起，沈家本在资政院的权威自然就不如议长溥伦。我在阅读《速记录》时有一直观印象，沈氏主持会议，会场秩序远不及溥伦所主持，这在报纸报道中得到印证，"十五日，资政院开院，秩序又大紊乱……散会时亦未奉有副议长之命哄然而散。其原因盖为正议长伦贝子并未到院，由副议长沈侍郎代理，沈既乏资格又不孚众望"。㉟沈氏在资政院，一度处境尴尬，民选议员认为他偏袒政府特派员，㊱政府特派员又认为正是他的主持不力导致民选议员控制议场的后果。在第八次大会时，议员们对《议事细则》关于政府特派员在议场发议的权利有激烈辩论，即先后有民选议员雷奋、于邦华和陶峻指责沈氏没能主持好会议，耽误时间，难辞其咎。㊲自此之后，他主持大会，多采取顺其自然、无为而治的策略，凡事按照议员多数意见进行，再没有明显冲突的事发生。他共主持院会14次，占整个会期的三分之一。沈氏主持会议，多是议员和朝廷发生严重对立，溥伦不便来院的情形下。资政院会期不致中辍，沈氏自有其功劳。

　　溥伦的锐气、手腕及亲贵出身，配合以沈家本的老成、忍辱，反映在主持会议风格上，一果断、激昂，一顺其自然、无为而治。一刚一柔，相得益彰，导致大会一直能顺利进行下去，且能保持会议之独立风格。

　　尽管有很多民选议员在议场中表现不俗，加以议长、副议长主持得法，第一次常年会多有可圈可点者，但同是这些议员，守法精神却相当欠缺，不能不予以指出。择其要者，有以下三点：

　　一是某些议员对具体议案坚持一元化真理观，自以为真理在手，为达目的，不择手段。资政院议场是礼法之争的最终舞台，两派之前在关于新刑律的争论中不相上下，都想在议场取胜。争论的焦点集中于"无夫奸"之除罪还是入罪；如果入罪，是入刑律正文还是《暂行章程》。在议场辩论无果，只好付诸表决。1911年1月8日的表决结果，颇出法派意外，赞成与反对无夫奸入罪者分别为77票和42票，赞成将之保留在刑律正文的议员占多数（61位赞成，49位反对）。㊳法派至此基本完全失败。本来，在未表决之前，法派议员多主张尽快通过新刑律。㊴表决之后，除闭幕大会外，还有两次大会，按正常情况，完全可将《新刑律》在资政院三读通过。既然以劳乃宣为代表的礼派获胜，如此通过的新刑律则非法派所希望。据《汪荣宝日记》载：

　　　　得闰生书云，昨日散会后赞成新律诸君皆愤愤，约定今日不到会，属余毋往，即诣闰生商论办法。旋同往宪政馆，饭后院中屡有电话来馆述议长命促往，诡词却之，寻与伯初、闰生同出名作一启，召集昨日投蓝票诸君于明日午前九时至十二时在财政学堂会议善后之策……往财政学堂，同人陆续来会。余起述开会宗旨，旋讨论本日到会后之举动，议决如下：（一）变更议事日表，破坏刑律分则之再读；（二）将刑律总则付三读。㊵

　　正是法派利用其在法典股的优势地位，1月9日大会，汪荣宝请假拒不出席，且作为代理股员长主事的副股员长，没按照惯例委托其他成员代为说明。㊶因法派议员不出席或晚出席,到下午四点大会才开始。在会上先是法派议员罗杰等要求变更议事日表,将列为第一的新刑律议案三读拖后,得多数议员赞成。及至三读新刑律时,又因法派议员的离席,只议了不到四条即散会。到1月10日最后一次正式开议,经法派议员提议,得多数赞成,又改订议事日表,将新刑律三读置于最后。最终导致新刑律不能全部完成三读立法程序,只是议决将总则上奏。最后宪政编查馆将修改前的分则上奏,即无夫奸被规定于《暂行章程》而非正文,礼派在议场的胜利遂大打折扣。更让人惊诧的是,在本次大会召开前的当天上午,汪荣宝已召集法派议员商议出延迟新刑律三读的办法,在正式大会上,甫一开始却说"照议事日表,《新刑律》在前,关系重要,今天不能不议完",㊷如此手腕,让后人惊诧。

将《速记录》和《汪荣宝日记》的相关记载比照,法派议员的幕后动作清晰可见。汪荣宝将之记入日记,固有诚实一面,亦表明他认为如此幕后操作,没什么不对。因为在法派议员看来,模范列强,制定新律,乃是中国走向进步的唯一正确道路;礼派人员完全是程度不足,无法理喻。不光议员如此,还有强大的社会舆论背景。无夫奸表决后,有报纸评论:"服从多数之说,只可施之于文明人。中国人民程度果尽如高凌霄、于邦华等,则唯有厉行开明专制以治之。"㊸为了追求他们所认为的唯一"真理",规则对其追寻有利时就严格遵守;不利时,玩弄规则、超越规则也是理所当然,没什么不应当的了。殊不知,这些规则,包括《院章》《议事细则》和《分股办事细则》虽由朝廷颁布,但都是法派议员所实际认可的规则。法治之真精神,必包含守法;守法之要义,不在于有利时能遵守,恰在于不利时亦能遵守,只要它本身为我所认可。在这个方面,号称"趋时"的法派议员,反不如"守旧"的礼派议员表现得好,实在是近代中国的悲哀。

传统中国越到后来,皇权专制愈登峰造极,是非实际上越来越出于一尊,强化了中国人一元化的真理观,成为根深蒂固的思维定式。近代西学东渐,中国人虽逐渐接受西学,但这种一元化的真理观并没有发生变化,只不过真理从中学移至西学而已。到20世纪初,以进化论为实质内容的《天演论》风靡中国思想界，[44]而进化论是以肯定发现了从自然界到人类社会的普遍发展规律为前提的。这一时期，正是这些法派议员接触并学习西方新知的阶段。他们接受了进化论，自然更强化了其本就固有的一元化真理观。一元化真理观表现为判断是非的标准是唯一的，那些信奉一元化真理观的人也往往倾向于真理掌握在自己手里。既然真理在我手，那采取各种手段以传播真理、推动真理之实现就是完全应该的了。这是法派议员超越规则行事而能心安理得的内在思想逻辑。

议员表现不尽如人意之二是超越规则、滥用权力和影响力。在1911年1月4日的大会上，议员们辩论了他们与《公论实报》之冲突及处理办法：

一五三号（易议员宗夔）：本员有个倡议，请议长咨询本院，我们资政院是一国的舆论机关，报馆亦是一部分的舆论机关，现在《公论实报》把我们资政院议员二百多人都比作狗，请议长咨询民政部，取缔报馆才好……资政院本是代表民意之最高机关，若被报馆恣意辱骂，不独于本院名誉有碍，且于国体上亦大有妨碍。

一七八号（高议员凌霄）：我们二百个议员是全国公举的代表，而《公论实报》说我们全是狗，岂不是辱骂全国吗？

一五一号（黎议员尚雯）：据本员看来，该报馆所说的是政府。

一五三号（易议员宗夔）：据该报上说，资政院议员都是丧家之狗，本员意见，报馆不能肆意辱骂议员。既已辱骂议员，就请议长咨行民政部取缔报馆，请问大家赞成不赞成？

众议员呼"赞成"。

副议长：可以咨行民政部查照报馆办理。[45]

最终《公论实报》被巡警总厅给以停版七日的处罚。资政院多数议员赞成取缔报馆的行为，[46]遭到了舆论的严厉批评。宁调元在《帝国日报》撰文指出："以资政院议员至于受骂，原以其不能代表国民而骂之，必非以其为国民代表而骂之……资政院议员诸君对于此事，诘问理由可，面开谈判可，贻书驳难之可，函请更正之可，惟用全体名义移文取缔，则大不可。取缔则是监谤也，夫监谤又岂资政院所有事哉？虽然，某报之骂资政院，未能别择，报馆之失。资政院取缔报馆，滥用威力，资政院亦失。"[47]故有学者认为这是"该院第一年开院所干的最不可原谅的蠢事"。[48]这种立法机关带头犯法的事情之所以发生，在于议员们自认是全国民意机关的代表，不论是议员还是资政院，具有神圣不可侵犯性。殊不知没有经过司法机构的裁决，侵犯与否本身尚在未定之中。在晚清已倡导司法独立，京师设有各级审判厅的情况下，此举更不可解。议员在此充当自己案件的最终裁决人，实违背立宪政体基本原则。联想到弹劾军机时几经反复，对付小报如此果断，资政院议员之表现，今日看来，难逃阿Q之讥。

最后一点就是完全将议员惩戒规则视为具文。《议事细则》本有"惩戒"之专节，规定甚为详密。在1910年11月15日的大会上，因到会议员不足法定开议人数，邵羲、易宗夔等反复指出，硕学通儒议员严复屡次不到散会即离开，要求议长付惩戒，最后不了了之；[49]12月15日大会记名表决剪辫易服具奏案时出现弊混，有议员冒充未出席议员汤鲁璠之名义投票，议员顾栋臣主张彻究，因为"议员之中而有此种弊端，尚成何议员？成何立法机关？"但最后因多数议员以实质正义（一票之误差不影响投票结果）为名而放过去了。[50]终第一次常年会，没有一次惩戒的例子出现，惩戒规则完全流于虚文。

总之，议员们在资政院会期中，尤其是讨论一些重大议案，如在弹劾军机案、速开国会案、预算案中的表现都可圈可点，很多议员能以民意代表自处，其不畏权势、认真负责等都给后人以深刻印象，无愧于预备立宪政体下"议员"之名。但欠缺守法精神实为其一大缺点。虽然，作为中国最早的"议员"，时过境迁，设身处地来评论，自有可以理解的地方。

二、第一次常年会中的议案

资政院第一次常年会从1910年10月3日到1911年1月10日，

共开大会 42 次。除去 9 月 23 日的预备会议、开幕闭幕典礼外，实际开议事大会 39 次。其议决议案大致列表如下：

表 3　资政院第一次常年会议案统计表[①]

议案类别	议案名称	资政院会议之结果	上谕裁决结果
国家岁出入预决算事件	预算案	审议通过	依议
特旨交议事件	广西禁闭土膏店事件	桂抚侵权违法	无处分
谘议局与督抚异议事件（主要）	河南试行印花税核议案	是否征印花税乃资政院权限，电豫抚撤回	依议
	湖南发行公债核议案	湘抚侵权违法，请旨处分	无处分
	湘汉航业议案	湘抚与谘议局协商在预算案内解决	依议
	湖南禁烟案	赞成谘议局缩短年限的主张	依议
	广西限制外籍学生案	照民政部章程办理	先是交民政部察核具奏，后是依资政院议
	江西统税改征洋码案	同意度支部议驳意见	依议
	云南盐斤加价案	具奏请旨饬交局议，云贵总督命令停止施行	先是交督办盐政处察核具奏，后是依资政院议
弹劾议案	弹劾军机案	以军机溺职辜恩上奏	先指责资政院越权，最后留中
陈请事件（主要）	速开国会案	宣统三年开国会	宣统五年开国会
	赦免戊戌党人开党禁案	具奏请旨	否定开党禁
	四川铁路公司倒款事件	以川路总理违反公司律规定请求罢免并治罪上奏	宣布铁路国有
	全国禁烟办法议案	宣统三年底全部禁绝	不详

续表

议案类别	议案名称	资政院会议之结果	上谕裁决结果
陈请事件（主要）	剪发易服案	赞成剪发易服	无效,按农工商部具奏所降旨意办理,只默认剪发,而禁止易服
	速定官制设立责任内阁案	尽早设立	依议
	申明资政院立法范围议案	未上奏	
	收回澳门中葡界务案	未上奏	
立法事件（全部）	振兴外藩实业并画一刑律议案	只是议题,不是议案,咨回理藩部重拟	自动生效
	地方学务章程	三读通过	依议
	著作权律	三读通过	依议
	修正报律	三读通过	修正第十二条,余依议
	出版律	三读通过	依议
	新刑律	未完成,上奏总则部分	颁布总则部分
	修订集会结社律	三读通过	依议
	改订商律	未完成	
	统一国库章程	三读通过	依议
	运输规则章程	三读通过	依议

在会期内，议员们审查了预算案和特旨交议案件各1个、主要的异议案件和陈请案件15个、立法议案10个，其中除了2个陈请案件和1个立法案件未能审议结束，其他议案大多完成。从数量来看，其成绩尚属满意。从议案内容来看，都是当时矛盾聚焦、急需解决的问题，涉及政治、经济、风俗、法律等方方面面。资政院议员经过讨论、表决，最终做出决定，或直接回复，或上奏请旨，较好地履行了职责，有其功劳。

有三个特别重大的议案，花费了议员们很多时间和精力，那就是弹劾军机案、预算案和新刑律案。其中，弹劾军机案是议员与政府之间的冲突，考验的是议员的风骨和职责；新刑律案是议员之间的冲突，是议员价值观在法律上的集中表现。议员们要面对如此多的冲突，耗时费力自不待言。还有预算案，它真正可称为庞大和烦琐。预算股股员长刘泽熙在大会报告时指出："政府所提出之预算案，计总册四十二本，分册八十一本，又追加预算二十四本，后经政府陆续送来各处原册计三千二百八十余本，股员会以四十日之光阴，竭四十八人之精力，逐日钩稽，稍稍得其端绪。"[52] 要做出令各部院、地方督抚都能接受的报告，劳苦和智慧缺一不可。

议员们虽付出很多，但劳苦未必功高。故有必要来分析一下资政院审议议案之结果受尊重程度。按规定，资政院对议案议决之结果多要请旨具奏，由君主裁可。从表3的统计来看，28个议案，除了3个资政院未做出决定、1个结果不明确之外，朝廷批准14个，经资政院争取后批准2个，部分批准（也就是部分否决）3个，完全否决5个。单纯从数据看，似乎受朝廷尊重程度较高。尤其是在立法议案中，总共10部法规，朝廷除了修正《报律》中一个条文外，其他都按照资政院议决的结果颁布，说明资政院的立法协赞权实际上得到了尊重。

该统计结论是否可靠呢？未必尽然。因为其可靠性必须满足一前提条件，即各议案之间的重要性大致相当。议案之间的重要性存在差异，这是资政院和朝廷的共识。因此，不能简单根据统计数据来判定资政院议案的受尊重程度。

何种议案更重要？资政院和朝廷之间既有共识，又有差异。早在开院之初，朝廷和议员都认为预算案和新刑律案最重要。开院后，民选议员逐渐控制议场，导致原本并不为朝廷重视的异议案件和陈请案件变得重要了。之所以朝廷开始乐意让资政院议决这两类案件，本是要借资政院来裁抑督抚、当舆论之冲，以集权朝廷。民选议员既控制议场，不甘心仅作为朝廷稳定秩序、集权中央的工具，而是借助舆论来挑战朝廷和地方督抚的权威，提高资政院和谘议局的地位，真正推进君宪。朝廷发现失算，经过权衡，认为原本要打击的督抚不足以威胁朝廷，反而是它用之敲打督抚的资政院，才是朝廷之大患，防止其日渐坐大才是朝廷的当务之急。因此，当资政院议决异议案件要求处罚督抚时，朝廷多否决资政院的主张，以裁抑它。资政院当然不甘心被裁抑，因君主及代表君主的摄政王神圣不可侵犯，遂把矛头对准了负责拟旨、副署谕旨的军机大臣，导致了弹劾军机案的发生。弹劾军机案成了第一次常年会期中最引人注目、持续时间也最长的一个议案，但以朝廷实际否决资政院议决而告终。

此时，在朝廷看来，重要议案是那些政治性议案，大致包括异议案件、弹劾案件和陈请案件，其中尤其重要者是弹劾军机案、速开国会案、赦免党人案，还有就是关系满族象征的剪发易服案。在这四个议案中，资政院的决议基本全被否决。原先被视为重要的预算案和新刑律案，甚至包括所有的法律议案，朝廷都认为它们多属于技术性范畴，和眼前的政治大局没有直接牵连，不妨对资政院加以敷衍，以免议员们铤而走险，主动解散资政院，使预备立宪直接陷入僵局，让朝廷完全走向立宪舆论的对立面。

在议员们一面看来，只要资政院能确实监督政府、参赞立法，即提高了资政院的权威，推进了君主立宪。预算案和新刑律案之所以重要，其原因即在于此。他们之所以主动弹劾军机，也是希望朝廷能切实尊重资政院的职权，而不是通过否决资政院之议决来贬抑资政院。如果朝廷能做到此点，发动弹劾亦可，冷冻弹劾乃至取消弹劾亦未尝不可。事实上，朝廷即通过提交预算案和新刑律案的审议来转移议员们的注意力，最终达到缓解资政院和朝廷之间对立情绪之目的。

朝廷对资政院的议决，大致采取如下思路：在政治性议案中，出于裁抑资政院之考虑，多否决之；为了不致裁抑引起议员彻底决裂而自行解散，故在被朝廷视为技术性范畴的那些议案里，多批准之。与此相应，议员们的行动逻辑则是在避免与朝廷决裂的情况下保有或扩大资政院监督政府和协赞立法等方面的权力。正是双方互相试探、互相争斗同时又互相妥协，所以资政院和朝廷的行为很难保持一贯性。诚如时人所批评，（议员）"弹劾军机，不见明文。请赦国事犯，不知下落……时行则行，时止则止"。㉝朝廷又何尝不是如此。对资政院关于广西限制外籍学生案、云南盐斤加价案的决议，朝廷先是交相关行政衙门察核具奏，最后又同意资政院之议决；对于弹劾军机案，先是申斥资政院越权妄议，最后又留中不发，不予理会，让事情冷淡下来。

在资政院和朝廷的关系中，朝廷居于主导地位。它主要体现在君主的神圣上，它既有法律的保证，亦有历史和现实的根据。但在西潮涌入、预备立宪的背景下，朝廷的优势地位又处在不断被削弱的过程中，要保持此种优势地位就需善用这种优势地位。事实上，朝廷在对待资政院时，就没能善用它。

尽管立法较之具体政治举措对于国家长治久安在长时段中能起到更大作用，但其前提是国家还能长时期延续下去。到第一次常年会召开之时，朝廷已是危机四伏，很多议员即直言不讳，如江辛即指陈："盖国会早一日成立，即国家早一日有些转机。现在国家危险已达极点，救亡问题除速开国会更无别法，如再迟延，则国家前途，本议员就不忍再说了。"㉞故只有妥当解决了眼前的政治热点问题，让朝廷有延续的可能，朝廷所认可的资政院议决的法律案、预算案才有意义。

恰恰在政治性议案中，朝廷多否决资政院之议决，即便有几件依议，也是为了不致和资政院完全决裂所做的不情愿妥协。朝廷所认可的，主要是预算案和法律案，在当时多是不解近渴的远水。朝廷在当时整个社会都关注的热点政治问题上，既要资政院当舆论之冲，让民气化器为静；又否决资政院之议决，以达到裁抑之目的。结果，朝廷和资政院都成输家。资政院之议决不能得朝廷之尊重，尤其到关键时候，更是"大政统于朝廷"；朝廷否决资政院关于异议案件和陈请案件之议决，直接把自己推到了立宪舆论的对立面。朝廷不愿意立宪，而专制又不足以图存，其正当性至此消耗殆尽。

故尽管从议案的统计数据上看，似乎资政院的议决得到了朝廷极大尊重，但议案之间有重大和点缀之别，有缓急之异。朝廷所尊重的议决多是不急之务，所否决的是当务之急。它证明了：资政院在预备立宪之下不足有为，朝廷对预备立宪不可能有为。

结语：君宪派的无奈及走向绝境的近代君主立宪

朝廷对预备立宪，尤其是开设资政院，本就有极严重的疑惧心理。一是因立宪必注重民权，与传统政治强调君权神圣不同。君权与民权虽有统一一面，但主要还是此消彼长的矛盾关系；二则在晚清，满汉矛盾有激化趋势，要维持满族特权必赖君权，而不能寄望于民权。朝廷将预备国会定名为资政院；在开院之前颁布将君权宪法化的《钦定宪法大纲》；在资政院议员构成中，增加钦选议员中王公贵族议员的人数。这些举措，都是此种疑惧心理之表现。

资政院未开院之前，迫于国内外舆论压力，朝廷为了体面，还有尝试的勇气和信心。及至开院之后，很多民选议员，终于找到了一合法舞台，以国民代表自任，且有谘议局的支持，使得他们更有信心来推进君宪。还有不少钦选议员，他们或饱读儒家经典，容易接受对王朝政治腐败的批评；或具有近代法政知识，极力主张真正的君宪。故恰如报道所言："国民久热望议会而后开设，则为议员者，拟举积年不平之气，一时发泄于议坛之上，对于各种交议之问题，或质问或建议，不遗余力，于一问题收成功，更及他一问题；一案力争，复及一案，一会又一会，务层层肉迫政府，以表示议会之权势。"⑤

朝廷开资政院，理想情况是"民情固不可不达，而民气断不可使嚣"。⑥但不论是速开国会案还是弹劾军机案，在朝廷看来，都是以议会权势"肉迫政府"，不能容忍。朝廷在处理弹劾军机案时，摄政王载沣初则以"设官制禄及黜陟百官之权为朝廷大权……朝廷自有权衡，非该院总裁等所得擅预"⑦斥责资政院，终则将资政院奏折留中，集中表示了对资政院的不信任甚或厌恶之情。

会议结束后，出现了不少因资政院开议之表现而建议朝廷裁抑的奏折，下面是有代表性的两份，略言如下：

上年资政院开议，竟至戟手漫骂，藐视朝廷。以辩给为通才，以横议为舆论，蜩螗沸羹，莫可究诘。则莫如停办国会，仍以言事责之谏院。㊳

今之言立宪者，莫不谓时艰日急，非国会不足救亡，资政院为国会基础，上年业经试办，无论习气嚣张，代表并非舆论，即使提议各事，朝廷一一允行，谓其遽足救亡，恐彼亦难自信……臣留心访察革命有二派……主和平者，以立宪为名，以攘权为实……故改新律以破伦常，则君纲废；订阁制以专政柄，则君权替；昔之倡平等自由者，皆斥为邪说，今实行于政事矣；昔之倡革命排满者，潜伏于海外，今公行于朝右矣。去年资政院议员妄更国制，请赦逆党，事事把持，必使政府俯首听命。其处心积虑，无非夺君主之权，解王纲之纽。阳美以万世一系，阴实使鼎祚潜移。㊴

这两份奏折，前者乃汉族高官陆润庠所奏，后者乃满族官员文斌所奏。他们以为主张开国会的君宪论者和革命论者，只是行动方式不同：一个用软刀子革命，一个是直接武力夺权；其目的都是要革清朝廷的命。因此，要挽救朝廷，就不能设国会，搞君主立宪。

不管这些奏折是否为朝廷所明确采信，但都加深了朝廷对君宪之疑虑。本来，资政院在弹劾军机时，朝廷即答应速设责任内阁。既已答应在先，自不能失信于后，遂于1911年4月设立了集权于满族，尤其是皇族的责任内阁。为什么会如此呢？因为朝廷在疑虑之下，对集权皇族的热心远超过对君宪的热心，遂不能一本大公，坚持将政权掌握在自己人手里，如此才放心得下。这种以深恐大权旁落而集权于皇族亲贵的做法来搞君宪，自然使议员们大失所望。从甲午到辛亥年间，中国已养成三派大的政治势力，即革命派、君宪派和以袁世凯为首的实力派。㊵除了革命派之外，其他两派都有可能为朝廷所争取。1908年载沣将袁世凯开缺回籍，使得清廷和该集团之间出现较大裂痕。皇族内阁出台，使得议员们弹劾军机所间接获得的一点成果也完全化为乌有。不仅如此，朝廷之所作为更证明了革命派论断——指望朝廷主动进行真正的君宪完全是与虎谋皮，是立宪派一厢情愿的幻想——具有先见之明。[81] 因此，一些激进立宪派人士转而同情甚至加入革命阵营。朝廷再也不能从当时三大政治势力那里获得有力支持，它们都成为程度不同的反对者。至此，朝廷不亡何待？君主立宪也就自然失去了载体而离寿终正寝为时不远，仅差一个导火索了。

就连这个导火索，第一次常年会都准备好了。自1910年12月2日大会开始讨论四川铁路陈请书开始，经过议员们，尤其是川籍议员和邮传部特派员之间的激烈辩论，最后资政院议决以邮传部种种不负责任而具奏。[82] 这时，四川商民尚对朝廷抱有希望。不料朝廷听从邮传部大臣盛宣怀的主意，"想借铁道借款，一面扩充私囊，一面巩固权位，因投合皇族内阁集权的心理，提出一种铁路国有政策，于1911年四月十一日，用上谕宣布。"[83] 川民于是忍无可忍，爆发保路运动，连锁引起武昌起义，清室因此灭亡，君宪作为近代中国立宪的一种选择而成过眼云烟。

君宪的失败，自有其先天痼疾，即满族皇室在建设民族国家思潮中的窘境，满汉矛盾成为朝廷难以应付的困难，但这并非一定导致君宪之败局。以收揽民心、应付舆论为名，以集权朝廷和皇族之实来进行立宪，稍有民意之表达即以为侵犯朝廷而起猜忌之心；利益所在，短视的朝廷不愿认真面对立宪政体中的一大原则：政府自政府，朝廷自朝廷，最终走到民意的对立面，才是君宪败局已定之真实根源。资政院及其所代表的君宪要求在朝廷内得不到真正实现的机会，通过革命走向共和宪制成为别无选择的道路。在这一变局前，就苦了以资政院议员为代表的真正君宪派人士了。

进入民国后，当年的很多资政院议员，仍坚持通过教育和实业来改变中国的道路，并不认同以革命手段来建立共和宪制的做法，尽管他们明白君宪已是昨日一梦。遂在清亡后，他们主动远离政治舞台的中心，回到生长于斯成名于斯的家乡，依旧从事教育或实业工作，来度此余生。1920年由北京敷文社征集稿件汇编出版的《最近官绅履历汇录》

中，据笔者统计，只有54名议员有简单的记载，其他人都销声匿迹。[64]此时距第一次常年会也就十年，议员们的平均年龄大致五十出头，按常理正是从政的黄金年龄段。这些议员们在民国的归隐或边缘化，昭示着君宪的彻底失败，当年他们在资政院的风光只不过是为君宪奏响了一曲挽歌而已。此后的中国，即步入了共和宪制阶段。

19世纪末，黄遵宪在撰写《日本国志》论及日本府县地方议会时，首要的参考资料就是其《议事录》。[65]笔者不敏，爱师先贤此意，虽不能达，但心向往之，故对《速记录》进行点校、整理出版，以为后来者研究之助，是为对资政院开院做一迟到的纪念。

李启成

2010年11月4日于燕园陈明楼研究室

2018年12月15日修订

注释

* 原载《中外法学》2011年第5期，本次略有删改。
① 枣强县志编纂委员会编：《枣强县志》，文化艺术出版社1994年版，第882页。
② 顾敦鍒在《中国议会史》（苏州木渎心正堂1931年版，上海书店出版社1991年影印本）、张朋园教授在《立宪派与辛亥革命》（吉林出版集团有限公司2007年版）等著作中论述了资政院的大致情况，对具体问题因为主题关系则语焉不详，但其评述能本学术立场，较为公允。
③ 姚光祖：《清末资政院之研究》，台湾大学政治研究所硕士学位论文，1977年，第105、201页。
④ 《国风报》，"法令"，第一年廿四号。
⑤ 姚光祖：《清末资政院之研究》，第348页。
⑥ 丁文江、赵丰田编：《梁任公先生年谱长编（初稿）》，中华书局2010年版，第267页。
⑦ 资政院的具体设立过程，请参考李启成：《近代宪政视野中的晚清弹劾军机案》，载《法制史研究》第9期，第105—108页。
⑧ 《清实录》，中华书局1987年版，第60册，第329—330页。
⑨ 据载，"资政院开幕之期，诚中国五千年来未有之盛典，都中各商民人等……一律悬挂龙旗，以为庆祝。"（杨天石等编：《宁调元集》，湖南人民出版社2008年版，第560页）
⑩ 《资政院官制草案》，载《东方杂志》第5卷第12期，临时增刊"宪政初议"，1908年。

⑪ 梁启超:《〈饮冰室合集〉集外文》,夏晓虹辑,北京大学出版社 2005 年版,上册,第 527—544 页。

⑫ 梁启超对这一事件及其内幕在私人信件中记载甚详,具有极高的可信度。十一二月间,溥伦有报聘日本之举,当时政闻社社员中,主张欢迎者有之,主张反对者有之。最后由梁启超做了该说帖,梁氏在当时给长福、麦孟华的信中阐述了该说帖之写作缘起和思路,略云:"吾社日内必当建言,而建言之题目,久难选定,前此本欲就资政院建言,而一部分之社员嫌题目太小,今弟此文其注重者则在民选,且从种种方面解其疑团,并为设切实可行之法,则范围可谓极大……且要求国会最多不过求其颁示年限耳。今此文则欲以国会之组织寓诸资政院,资政院为明年即设之机关,若能采用,则明年即已见国会之成立,岂非更快之举。况与今之政府言,当如狙公饲狙,朝三暮四,今骤与语国会,恐其惊为河汉,因其既有之资政院而改其组织权限,为暗度陈仓之计,或其竟能采择,亦未可知。弟之此文,自觉得意已极,巧言如簧,易于动听,又多为烘云托月之法,使易堕我玄中,苟望多人上之,可望其能有影响,以视凭空要求国会以为名高者,不犹愈乎?"(丁文江、赵丰田编:《梁任公先生年谱长编(初稿)》,中华书局 2010 年版,第 222 页)一则梁氏说帖呈给溥伦时人数众多,不能不引起溥伦的重视;二则梁氏及其组织帝国宪政会还是政闻社,皆与朝廷高层之间有紧密联系。康梁一贯走的是"得君行道"的改革之路,沟通朝廷高层势所必然。仅举一例,梁氏在 1906 年 11 月给康有为关于组党的信件中即透露其与朝廷要员的深入接触,云"一、袁、端、赵为暗中赞助人,此则秉三已与交涉,彼许诺者。一、拟戴醇王为总裁,泽公为副总裁(此事须极秘密,万不可报告,不然事败矣。袁、端、赵等之赞助亦然……)俟得先生回信决开会后,秉三即入京运动之。"(丁文江、赵丰田编:《梁任公先生年谱长编(初稿)》,第 191 页)按:此事虽未成,但足见其与朝廷之密切联络。"袁、端、赵"分别为袁世凯、端方和赵尔巽,是当时明确赞成立宪之地方督抚;秉三为熊希龄。政闻社正式成立之后,派出了大批社员回国活动;其本部更于 1908 年正月迁至上海,运动高层更为便利。(丁文江、赵丰田编:《梁任公先生年谱长编(初稿)》,第 223、228 页)

⑬ 参考《清末筹备立宪档案史料》,中华书局 1979 年版,下册,第 670—671 页。

⑭ 同上书,第 628—629 页。

⑮ 《清实录》,第 60 册,第 392—393 页。

⑯ 董霖:《战前中国之宪政制度》,世界书局 1968 年版,第 8—9 页。

⑰ 《清实录》,第 60 册,第 558 页。

⑱ 姚光祖:《清末资政院之研究》,第 82 页。

⑲ 硕学通儒议员沈家本不久即派充资政院副总裁,朝廷一直没指派新议员,故钦选议员实有 97 名。

⑳ 之所以以未发议、发议 10 次、10—40 次、40—100 次和 100 次以上分别统计人数,主要是这样考虑的:资政院第一次常年会共开大会 42 次,除掉议员无需发言的开幕和闭幕典礼外,需要发言的会议恰好 40 场,按一场大会发言 1 次计算,不足 1 次的是算发言较少,总共不及 10 次发言的算少得可怜的,发议在 40—100 次的算比较合格的,发议在 100 次以上就算特别活跃的了。

㉑ 梁启超考察了英法德美日诸国上下议院开议最低议员人数之法律规定,预测资政院

"苟必三分之二以上列席乃得开议，恐一会期之中，其能开议之日，不及十之一，如此则资政院将成虚设矣。"（梁启超：《〈饮冰室合集〉集外文》，上册，第542页）

㉒ 如宁调元在《帝国日报》专栏"议场谭屑"载"旁听席人数骤增，自开会以来所未见。想皆系国会问题为之引线"。（杨天石等编：《宁调元集》，第472—497页）在讨论弹劾军机案时"旁听席三面俱满，至十二时半，已无立锥余地。"（马鸿谟编：《〈民呼〉〈民吁〉〈民立〉报选辑》，河南人民出版社1982年版，第633页）

㉓ 据当时报纸报道，摄政王载沣对资政院开议很重视，逐次阅读《速记录》，对钦选议员之沉默表示失望，曾对军机大臣说拟将另行选派，军机大臣告以不符合《院章》而止。（马鸿谟编：《〈民呼〉〈民吁〉〈民立〉报选辑》，第407页）

㉔ 杨天石等编：《宁调元集》，第477页。

㉕ 《速记录》，第十号。

㉖ 他慷慨陈词："请议长打电话请军机大臣到院答覆，该大臣等既然不负责任，必有不负责任的理由。可以请军机大臣把这个理由对本院说明"，由此得到了众多议员的支持。（《速记录》，第二十号）

㉗ 《影印"张季子九录"缘起》，载张怡祖编：《张季子九录》，第一册，文海出版社1965年版。

㉘ 《政治官报》，"折奏类"，宣统二年十月二十三日第一千一百五号。

㉙ 《速记录》，第二十八号。

㉚ U.S.D.S. 893.00/482. 转引自张朋园：《立宪派与辛亥革命》，第70页。

㉛ 据报纸记载，"政府某公往访伦贝子，谈及资政院议员与政府争执。贝子曰：枢府观察资政院之眼光根本谬误，彼以为资政院乃衙门，吾辈乃堂官，吾辈有弹压之职务。殊不知所谓议长者，原是议员之一，不过为议员之长而已，本是一体。所议之事，亦是从众取决，初不得违众独异。"（《时报》，1910年11月2日）溥伦所说，固有对枢府解释卸责之考虑，亦能表明其对立宪国议院性质之清楚认知。

㉜ 《速记录》，第十号。

㉝ 马鸿谟编：《〈民呼〉〈民吁〉〈民立〉报选辑》，第624、651页。

㉞ 姚光祖：《清末资政院之研究》，第221页。

㉟ 马鸿谟编：《〈民呼〉〈民吁〉〈民立〉报选辑》，第407页。

㊱ 舆论界也有这种看法，《帝国日报》总编辑宁调元评论："外国之议长以政党之领袖充之，中国之议长不过政府特派员之护符而已。呜呼，沈敦老！"（杨天石等编：《宁调元集》，第471页）

㊲ 《速记录》，第八号。

㊳ 《速记录》，第三十九号。

㊴ 在1911年1月6日召开的大会上，法典股股员长汪荣宝代表法典股说明审查情况时，于结束时即明确说"务请各位赞成，早早通过才好"。多数法派议员主张当日即付再读，刘景烈更提议"再读本来是逐条讨论，但是现在闭会只有几天了，看看还有省略的法子没有"，足见其急迫心情。（《速记录》，第三十七号）

㊵ 此乃汪荣宝1911年1月9日和10日的日记。"闰生"即"润生"，乃陆宗舆的字；"伯初"乃章宗元的字。《汪荣宝日记》，第二册，近代中国史料丛刊三编第六十三辑，文海出版社1991年影印版，第742—743页。

㊶ 当有议员在议场质问股员长不出席会议的原因以及其他成员是否可代为回答疑问，股员刘景烈说："正股员长为告假不到，大家是知道的，至于副股员长，今天不到，究竟告假不告假，本员不得而知。若因股员长未到，就要本员为法典股之代表，本员没有这个权限……终不能答覆。"（《速记录》，第四十号）
㊷ 《速记录》，第四十一号。
㊸ 杨天石等编：《宁调元集》，第489页。
㊹ 郭湛波曾评论："自严氏译《天演论》，介绍赫胥黎、达尔文、斯宾塞的思想学说到中国来，影响中国思想界甚大，进化论的思想，风行一时。"（郭湛波：《近五十年中国思想史》，上海古籍出版社2005年版，第259页）
㊺ 《速记录》，第三十五号。
㊻ 不仅是议员临时激于愤怒，而是深思熟虑之集体行为，"罗议员云：取缔报馆，伦议长嘱余出头发议，余以为未可。不料易宗夔竟堕其术中……易议员云：股员室之会议取缔某报也，或公推高凌霄发言。高凌霄谓报馆常以我为材料，我今深幸大家同受一骂。于是易议员乃出头。"（杨天石等编：《宁调元集》，第459页）
㊼ 杨天石等编：《宁调元集》，第456页。
㊽ 姚光祖：《清末资政院之研究》，第218页。
㊾ 《速记录》，第十七号。旁观记者注意到，"当休息后，严复到院，以白布手巾围颈，倚几欲卧，旋即出院。"（《宁调元集》，第476页）
㊿ 《速记录》，第二十六号。
㉛ 本统计表主要参照《速记录》、《政治官报》（1910年9月—1911年2月）和姚光祖的"资政院陈请具奏权使用范围表""资政院第一次常年会立法概况表"。（《清末资政院之研究》，第141、164页）
㉜ 《速记录》，第三十号。
㉝ 杨天石等编：《宁调元集》，第458页。
㉞ 《速记录》，第九号。
㉟ 《民立报》，宣统二年十月四日。
㊱ 《德宗景皇帝实录（八）》，第708页。
㊲ 《政治官报》，第39册，第290页。
㊳ 《清史稿》，卷四七二。
㊴ 刘锦藻撰：《清朝续文献通考》，"宪政考八"。
㊵ 李剑农：《中国近百年政治史（1840—1926）》，复旦大学出版社2002年版，第268页。
㊶ 1906年10月同盟会员宁调元发表"无聊与无耻"一文，指出"满政府能代汉人立宪，则英也、美也、日也、德也，孰无权利可代中国立宪乎？非我族类，其心必异……盖满洲之立宪，所以自利，非利人也；所以灭汉，非存汉也……预备立宪者为无聊，欢迎立宪者为无耻。"（杨天石等编：《宁调元集》，第433页）革命党人对晚清君宪的主流看法多是从种族利益的角度来论证其虚伪一面。
㊷ 《速记录》，第二十三、三十号。
㊸ 李剑农：《中国近百年政治史（1840—1926）》，第265页。
㊹ 参考《最近官绅履历汇录》，"例言"，北京敷文社1920年版。
㊺ 黄遵宪：《日本国志》，吴振清等点校，天津人民出版社2005年版，上册，第396页。

凡例与说明

1. 原文中的异体字，直接改正。保留旧有语言习惯，不按现行用法改正。
2. 原书有"判误表"，均直接于正文中改正，不再注明。
3. 原文中明显错字者，将原字放在"（　）"之内，正字置于"[　]"之内。
4. 原文明显有脱漏之字句的，将脱漏字句置于"[　]"之内。
5. 原文明显有多余之字句的，将多余字句置于"〔　〕"之内。
6. 原文中点校者认为可能有错误、缺漏脱失之处，但拿不准的，以注释的方式指出，供读者参考。
7. 因原稿为繁体竖排，故文中的"如左""如右"字样，按照现在的横排书写习惯，径直改为"如下""如上"字样。
8. 议员号数原书用汉字表示，今统一改为阿拉伯数字。
9. 议案中所有表示数字序列的"甲、乙、丙、丁……"字样，按照今日习惯，径改为"1、2、3、4……"阿拉伯数字序列。
10. 每号速记录前面的标题、关键词和内容提示，为原书所无，是点校者根据自己对各该号速记录的阅读和理解而写，非原《速记录》之内容，其目的是考虑到《速记录》的庞大篇幅，希望能对读者有一定的提示作用。
11. "附录"为原书所无，为点校者所辑录或撰著。
12. 正文中的注释为整理者根据相关资料整理辑录而成，之所以这样做的目的是方便读者深入了解正文的来龙去脉、前因后果，加深对《资政院议场会议速记录》正文的理解。
13. 《资政院议场会议速记录》分别藏于北京大学图书馆和日本东京大学大木文库，两者为同一版本，本次点校即以此为底本。

上卷目录

资政院第一次常年会（召集日）第一号议场速记录	1
资政院第一次常年会第二号议场速记录	5
资政院第一次常年会第三号议场速记录	7
资政院第一次常年会第四号议场速记录	15
资政院第一次常年会第五号议场速记录	26
资政院第一次常年会第六号议场速记录	32
资政院第一次常年会第七号议场速记录	62
资政院第一次常年会第八号议场速记录	85
资政院第一次常年会第九号议场速记录	106
资政院第一次常年会第十号议场速记录	128
资政院第一次常年会第十一号议场速记录	152
资政院第一次常年会第十二号议场速记录	173
资政院第一次常年会第十三号议场速记录	198
资政院第一次常年会第十四号议场速记录	218
资政院第一次常年会第十五号议场速记录	246
资政院第一次常年会第十六号议场速记录	265
资政院第一次常年会第十七号议场速记录	299
资政院第一次常年会第十八号会议速记录	330
资政院第一次常年会第十九号议场速记录	360
资政院第一次常年会第二十号议场速记录	380
资政院第一次常年会第二十一号议场速记录	404
资政院第一次常年会第二十二号议场速记录	442
资政院第一次常年会第二十三号议场速记录	475

资政院第一次常年会第二十四号议场速记录 …………………… 525
资政院第一次常年会第二十五号议场速记录 …………………… 561
资政院第一次常年会第二十六号议场速记录 …………………… 591
资政院第一次常年会第二十七号议场速记录 …………………… 615

资政院第一次常年会（召集日）第一号议场速记录

【标题】正式预备会议

【关键词】召集　选举　股长　理事

【内容提示】议长宣布资政院召集开会，实际上是正式预备会议，主要是按照《资政院议事细则》第五条的规定，将所有议员分为六股，并选举股长和理事，为以后审理议案的顺利进行做准备。

宣统二年八月二十日上午九点三十分钟齐集议场。

议长（伦贝子）：今天是资政院第一次召集，为我中国数千年以来没有行过的盛典。今天在议场与诸位相见，实为荣幸之至，本总裁恭膺诏命，忝领议长之职。所有本院一切事宜自应遵照奏定章程、规则办理，务望诸位协力匡助，共襄盛举。现在诸位既经齐集，应照本院《议事细则》第五条，用抽签法匀分总议员为六股。

秘书官承命抽签，其结果如下：

第一股议员共三十三人：

全公、寿公、色郡王（昭乌达盟）、巴郡王、达公、延侯爵、敬子爵、胡男爵、世珣、宜纯、奎廉、刘道仁、文哲珲、赵炳麟、俨忠、胡骏、荣厚、曹元忠、喻长霖、沈林一、宋振声、李湛阳、李榘、潘鸿鼎、方还、余镜清、邵羲、王佐、陶葆霖、李慕韩、王昱祥、刘志詹、范彭龄。

第二股议员共三十三人：

顺承郡王、盛将军、博公、陈懋鼎、赵椿年、毓善、张缉光、李经畲、林炳章、胡礽泰、刘华、章宗元、陈瀛洲、书铭、刘春霖、许鼎霖、孟昭常、夏寅官、马士杰、江谦、闵荷生、刘景烈、郑际平、王廷扬、郑潢、易宗夔、王绍勋、李华炳、吴怀清、王曜南、万慎、吴赐龄、刘荣勋。

第三股议员共三十二人：

润贝勒、铠公、贡郡王、希公爵、志公爵、李子爵、荣普、锡煅、荣凯、顾栋臣、魏联奎、文溥、劳乃宣、江瀚、王佐良、达杭阿、陈树楷、李擂荣、邹国玮、康咏、张选青、陈国瓒、陈命官、彭运斌、卢润瀛、罗其光、张政、周廷劢、刘述尧、黄晋蒲、陈荣昌、张之霖。

秘书长（金邦平）承命报告：第三股本系三十三人，因沈议员家本奉旨充本院副总裁，照章不在议员之列，故第三股只三十二人。

第四股议员共三十三人：

庄亲王、振将军、盈将军、庆将军、勒郡王、特郡王、司公、黄公爵、荣公爵、景安、吴士鉴、吴纬炳、陈宝琛、严复、李士钰、席绶、罗乃馨、齐树楷、于邦华、李国筠、陶镕、黄象熙、文龢、陈敬第、胡柏年、黎尚雯、尹祚章、郑熙煅、李时灿、渠本翘、梁守典、杨锡田、李文熙。

第五股议员共三十二人：

睿亲王、焘公、燕将军、多郡王、那公、存侯爵、刘男爵、成善、庆蕃、刘泽熙、王璟芳、吴敬修、郭家骥、周廷弼、徐穆如、桂山、吴德镇、胡家祺、雷奋、汪龙光、谈钺、罗杰、汤鲁璠、唐右桢、蒋鸿斌、陶毓瑞、李素、周镛、高凌霄、黄毓棠、顾视高、牟琳。

第六股议员共三十二人：

瀛贝勒、那亲王、索亲王、色郡王（锡林郭勒盟）、绷贝子、荣公爵墩、曾侯爵、定秀、何藻翔、陈善同、柯劭忞、汪荣宝、长福、陶葆廉、孙以芾、林绍箕、王鸿图、王玉泉、庆山、籍忠寅、江辛、柳汝士、杨廷纶、陶峻、彭占元、张之锐、王用霖、刘纬、郭策勋、刘曜垣、王廷献、冯汝梅。

议长：现分股事毕，请诸君退归各股议员室，照本院《分股办事细则》第三条、第四条互推股长，互选理事，推选后请由各股股长具一报告书交本议长，现在暂行休息。

上午十一点钟（议事中止）。

上午十一点三十分钟，议长、议员续行入场。

  第一股股长赵炳麟；

  第二股股长许鼎霖；

  第三股股长劳乃宣；

  第四股股长庄亲王；

  第五股股长睿亲王；

  第六股股长陶葆廉。

以次呈递报告书于议长。

议长：现在股长、理事推选已定，即由秘书长报告。

秘书长承命报告：

互推股长：

  第一股股长赵炳麟；

  第二股股长许鼎霖；

  第三股股长劳乃宣；

  第四股股长庄亲王；

  第五股股长睿亲王；

  第六股股长陶葆廉。

互选理事：

  第一股理事沈林一；

  第二股理事孟昭常；

  第三股理事顾栋臣；

  第四股理事陈宝琛；

  第五股理事雷奋；

  第六股理事汪荣宝。

议长：今日互推股长、互选理事业已完毕，本院成立，应由本议长照章奏报。[①]召集事毕，请诸君散会。

正午十二点钟散会。

4 资政院议场会议速记录

注释

① 宣统二年八月二十五日资政院递封奏一件。军机大臣钦奉谕旨:"资政院奏恭报资政院召集情形遵章奏请开院并拟定监国摄政王代临资政院礼节缮单呈览一折,知道了。钦此。"宣统二年八月二十六日交片:"八月二十六日交资政院,所有政府特派员,本处及各行政衙门均已派齐,兹特另单开送贵院,各该员入院应佩徽章,希于二十八日以前,由贵院送交宪政编查馆分给各员,相应片行贵院查照办理可也。"(中国第一历史档案馆编:《光绪宣统两朝上谕档》,第三十六册,广西师范大学出版社1996年版,第327页)

资政院第一次常年会第二号议场速记录

【标题】开院典礼

【关键词】上谕　摄政王训词

【内容提示】主要是开院典礼，朝廷政要基本全部出席，既有上谕，又有监国摄政王的训词，可谓隆重。如训词所说，资政院为代表舆论之地，朝廷信任各议员。但是否为场面话，当看以后资政院议案本身的质量及其为朝廷所尊重的程度。

宣统二年九月初一日上午十点二十分钟举行开会典礼，议员到会者共一百七十人，军机大臣、大学士、各部院尚书咸莅议场。议长伦贝子、副议长沈家本、议员、秘书长、秘书官等以次序立如礼。军机大臣、大学士、各部尚书及议长、副议长、议员、秘书长、秘书官等均向御座行三跪九叩首礼。礼毕，议长伦贝子恭导监国摄政王东上至御座东旁坐，次军机大臣庆亲王宣读谕旨：

宣统二年九月初一日，内阁奉上谕：前经降旨，以本年八月二十日为第一次召集之期，尔议员等各能遵守定章，将开院以前应有事宜妥行准备。兹据奏报成立，秩序谨严，朕心实深嘉悦。钦惟我兼祧皇考德宗景皇帝，慨念时艰，深思政本，仰承慈训，俯顺人情，毅然宣布德音预备立宪，开千古未有之创局，定百世不易之宏规。凡我臣民，同深悦服。朕承先朝付托之重，御极伊始，即以实行宪政为继志述事之大端，迭谕内外臣工按照筹备清单次第举办，而资政院为上下议院之基础，尤为立宪政体之精神，经划数年，规模已具，中外观听，咸在于兹。今当开院集会之初，朕特命军机大臣暨参预政务大臣将各项案件妥慎筹拟，照章交议，尔议员等其各泯除成见，奋发公心，上为朝廷竭协赞之忠，下为民庶尽代议之责，弼宏功于未竟，垂令范于将来。朕与亿兆臣民实嘉赖焉！将此特谕知之。钦此。

宣读谕旨毕，议长伦贝子向御座前跪受，敬谨安放议场黄案之上。
监国摄政王宣示训词：

本监国摄政王自奉诏摄政以来，时局艰难，夙夜警惕，赖诸王大臣等同心匡弼，仰承遗训，将宪政筹备各事次第施行。兹届资政院成立，举行第一次开院之礼，得以恭莅盛典，聿观厥成，曷胜欣悦！方今世际大同，文明竞进，举凡立国之要，端在政治通达，法度修明，尤在上下一心，和衷共济。资政院为代表舆论之地，各议员等皆朝廷所信任，民庶所推崇，必能殚竭忠诚，共襄大计。扩立宪之功用，树议院之楷模。岂惟中国前此未有之盛举，亦实于国家前途有无穷之厚望者也。各议员其共勉之！

礼成。
监国摄政王升舆，军机大臣、大学士、各部院尚书退出议场。
议长：本院今日举行开会盛典，钦奉谕旨，仰蒙训勉，应由本议长与副议长代表全体议员等恭折陈谢。
众议员全体赞成。
议长：本议长委托陈议员懋鼎、汪议员荣宝、孟议员昭常、闵议员荷生四位为恭拟陈谢折起草员。
议长：明日当照本院《分股办事细则》第八条所定选举专任股员，今日无事，可以散会。
议长离席，各议员以次退出议场。
下午一点五十分钟散会。

资政院第一次常年会第三号议场速记录

【标题】设立特任股员会以审查广西禁闭土膏店事件

【关键词】广西禁闭土膏店　特任股员会　广西谘议局及督抚

【内容提示】因为有奉旨审查广西禁闭土膏店事件这个紧急事件，原定选举专任股员一事推后，议员多数决定设立十八人的特任股员会，经副议长指定之后互选股员长和副股员长。

宣统二年九月初二下午一点三十分钟开议。

议事日表第一号：第一，选举专任股员。

议事日表第一号（改定）：第一，议设审查广西禁闭土膏店事件特任股员。

副议长：昨日开会，恭奉谕旨并蒙监国摄政王宣示训词，诸位既已肃听明白，议长委托议员四人恭拟陈谢折稿，兹已拟就，现由秘书长朗读一遍。

秘书长先报告：今日议长赴会议政务处会议要件，以故不能到会，照章由副议长代理，现承命朗读资政院陈谢折稿。

副议长：恐诸君有不甚明白之处，由秘书官将原折稿再行朗读。

秘书官（范熙壬）承命再将折稿朗诵一遍。

副议长：此稿业已朗诵两遍，诸君如无异议，请起立表决。

全体议员起立。

副议长：本议长认为全体赞成。所有本院应行报告文件由秘书长报告。

秘书长承命报告：本院《院章》及《选举章程》均自去年九月初一日施行。去年选定各省互选议员，而钦选议员系今年四月选定，为日已久，多有更动之处，现将所有议员更动事件依次报告：

第一，辞职议员：

　　江瀚，为河防吃重辞职；

　　陈荣昌，为补授山东提学使辞职。

第二，改选议员：

　　喻兆蕃，因病辞职，改选黄象熙；

　　黄乃昌，病故，改选黄晋蒲；

　　冯锡仁，病故，改选黎尚雯；

　　解荣辂，被控在案，改选王用霖；

　　刘绵训，被控在案，改选李素；

　　钟振玉，病故，改选刘荣勋；

　　黄文润，被控在案，改选陶峻。

115号（许议员鼎霖）：所有更动之议员，须将此次坐位表更正。

秘书长：议员更动事件业已依次报告毕，兹报告政府特派员姓名。

宪政编查馆：【法典全体股员】宝熙、刘若曾、达寿、李家驹、章宗祥（兼民政部）、吴廷燮，【财政股】杨度、陆宗舆、董康、顾鳌、陆梦熊、许同莘、许宝蘅；

军机处兼宪政编查馆：华世奎、杨寿枢；

外务部：【财政股】高而谦、曾述棨、饶宝书，【法典股】施肇基、施绍常、陈箓；

民政部：【财政股】延鸿、徐承锦、吕铸、曾维藩，【法典股】孙培；

度支部：【财政全体股员】傅兰泰、曾习经、陈锦涛、楼思诰、张茂炯、徐文蔚、李景铭，【法典股】晏安澜；

学部：【法典股】林灏深、戴展诚、彦德、恩华、王季烈、范源濂，【财政股】彭祖龄；

海军处：【财政股】谭学衡、【法典股】曹汝英；

陆军部：【法典股】易乃谦、文华、唐宝锷，【财政股】卢静远、苏锡第、李盛和、罗泽炜；

法部：【财政股】曾鉴、善佺、罗维垣、刘钟琳、吉同钧、尤桐、彭巽占，【法典股】王思衍、邵从恩；

邮传部：【财政股】梁士诒、陈毅，【法典股】阮忠枢、龙建章、冯元鼎、周嵩尧；

农工商部：【财政股】周学熙、魏震、邵福瀛、单镇，【法典股】夏循垲、胡子明；

理藩部：【财政股】吉章、扎拉芬，【法典股】时屯、存德、文斌。

秘书长：报告政府提出议案共（六）[五]件：

一、农工商部原折一件、拟订保险规则单一件、拟订运输规则单一件；

二、宪政馆原折一件、覆核报律单一件；

三、学部原折一件、酌拟地方学务章程一件；

四、理藩部原折一件、振兴实业画一刑律办法单一件；

五、民政部原折一件、拟订著作权律单一件。

秘书长：此不过将案件题目稍为报告，至于内容，俟会议时再行宣读。

秘书长报告：本日议长面嘱，广西禁闭土膏店一事奉有交旨，自应妥筹办法。议长以此系紧急事件，必应从速开议，嘱由副议长代理声明改定议事日表。

副议长：今日议事日表第一系选举本院专任股员，现在广西禁闭土膏店一事，该省巡抚亦奏明自请议处在案，兹已奉旨交本院知道。此事关系最要，本院宜遵《议事细则》第十七条从速开议，以故改定议事日表。

副议长：照《分股办事细则》第十四条，须设特任股员，照章通常以六人为定额，若必须加至十二人或十八人者，应由本院公同议决。

副议长：特任股员人数多寡或六人或十二人或十八人，请议决。

115号（许议员鼎霖）：本议员有两件事体请诸君讨论：第一件，决议人数；第二件，关系议员回避之处，凡钦选议员是否亦在其中？

81号（章议员宗元）：此项于《院章》三十二条第二项甚为明晰。

53号（刘议员道仁）：副议长所提议者系选定特任股员，并非议事，到议事时再行提出。

87号（沈议员林一）：选定此项特任股员时，本省人不必回避，现在总宜决定此项人数为妙。

73号（汪议员荣宝）：《院章》二十三条第二项之解释，据本议员意见，所谓不得与议者谓不得议决，非谓不得发议。（拍手）

议员某：此项特任股员宜用十八人。

副议长：诸君以宜用十八人为然者请起立。

议员多数起立。

副议长：现有过半数赞成，即决定此项特任股员为十八人。

议员某：提起倡议，以表决数不甚明确。

副议长再宣告：赞成者请起立。

秘书官计数毕，报告议长：议员起立者共一百三十二人。

议员某：今日到场议员共若干人，请议长宣布。

副议长：今日到院者共一百四十六人，续到者五人，共一百五十一人。现在议员赞成者计一百三十二人，是最多数。

议员某：此后演说须声音高朗，现在报告声音太低，听者难于清楚。

153号（易议员宗夔）：广西谘议局解散问题今天应当讨论。据本议员意见，该省谘议局全体辞职即是解散，未知诸君意思若何，当作何解决？

副议长：广西谘议局问题是议员辞职，非解散。

87号（沈议员林一）：解散与辞职二者性质不同，解散由督抚一方面使之然者，辞职是议员自行告退者。章程本分两项，不能混而为一。

秘书长报告：现广西所来电文①分给诸君一阅。

副议长：特任股员业已由本议长指定，由秘书长报告。

秘书长承命报告特任股员姓名：

庄亲王、瀛贝勒、振将军、李经畬、陈善同、王［璟］芳、胡礽泰、汪荣宝、长福、章宗元、陈宝琛、严复、李榘、许鼎霖、孟昭常、雷奋、夏寅官、邵羲。

副议长：特任股员既已指定，请特任股员十八位到特任股员室互选股员长、副股员长。

副议长：现在暂时中止议事，俟特任股员互选股员长及副股员[长]毕，再续行开议。

下午二点三十分钟议事中止。

下午三点零五分钟，副议长及各位议员续入议场。

特任股员庄亲王递报告书于副议长。

副议长：特任股员长、副股员长互选已毕，由秘书长报告姓名。

秘书长承命报告：股员长振将军十六票当选，副股员长陈宝琛九票当选。

副议长：股员长振将军、副股员长陈宝琛业由秘书长报告，即将此项事件付股员会审查，拟以本月初四日为此项事件审查期限，诸君谅无异议。广西电报由秘书官朗读一遍。

秘书官（范熙壬）承命朗读广西电报。

151号（黎议员尚雯）：既有油印，无须宣读，恐耽误时间。

秘书官（范熙壬）：恐有错字，故不能不宣读。

151号（黎议员尚雯）：如有错字，可指明某页某行，不必宣读。

副议长：究竟朗读与否，请诸君一决。

议员多主张不必再行朗读。

议员某：中间有一句究竟是二百一十万还是五百一十万？

秘书官（范熙壬）：是二百一十万。

副议长：由秘书官报告电报件数。

秘书官（范熙壬）：七月二十七日广西谘议局电一件，② 又八月二十九日广西巡抚电一件。③

副议长：请俟审查此项事件特任股员报告后再行讨论。

副议长：下次议事日表，登官报声明，今日已无事可议，即可散会。

副议长：议事日表既已改定，今日不选举专任股员，改日再行选举。

126 号（陶议员镕）：散会时总要整齐严肃，不可紊乱秩序。如秩序紊乱，殊不雅观。况外国人在议场参观，若无次序，未免为外人所讪笑。

议员某：各议员多听不清晰，请上议台再说一次。

126 号（陶议员镕）出席云：我国第一次开办资政院，为天下观瞻所系，议场秩序宜整齐严肃，况今日并有外人参观，尤宜注意。如关乎私人事件，须俟散会时商酌，不得在议场上交头接耳。（拍手）至于休息、散会必有一定规则，不然任意离座，殊不雅观。再者秘书厅员宜恪守权限，承议长命令报告宣读，不得自由发言。

153 号（易议员宗夔）：今日议事日表本系选举专任股员，究竟能选与否，亦须预为报告。

副议长：顷已言明，因广西事件甚为紧要，应从速开议，今日无须选举专任股员，所以改定议事日表。

110 号（于议员邦华）：陶议员所说议场秩序理宜整齐等事，诸君应宜赞成，即秘书长、秘书官，亦当有一定秩序为妙。

副议长：今日应议事件已毕，可以散会。（众议员仍发议不休，声浪错杂。）

115 号（许议员鼎霖）：大凡议员在场，当听议长命令。现在议长宣布散会已过两次，而诸君仍然说话，是议长命令将来无效。（拍手）

副议长：在议场不宜拍手。

115 号（许议员鼎霖）：大凡发言应分明次序，不可同时嘈杂。再者拍手一事，议长业已声明两次不宜拍手，诸君可以不必拍手。

73 号（汪议员荣宝）：拍手一事，本议员以为无须禁止，此系表示个人可否的意思，如有赞成的意思，非拍手无以表示。（拍手）东西各国于拍手一事，凡有议会，都未有以为禁令的。

副议长：拍手声与发言声相杂，听不明晰，究以不拍手为是。

153 号（易议员宗夔）：现在议场规则并未规定不准拍手一条，则对于拍手之说自是默认许可。毕竟议场规则是否作为有效？既然无规定此项条文而临时禁止，断乎不行。（拍手）

117 号（雷议员奋）：凡开会时，议长宣布之后，诸君可以发言；

若未宣布以前，应宜静坐。今议长既已宣布无事可议并宣布散会两次，而诸君殆为不闻，殊于议场规则不合。

副议长：再行宣告散会。各退。

下午四点十分钟散会。

注释

① 宣统二年七月二十七日收广西巡抚电一件

总理禁烟事务王大臣、资政院、民政部、度支部钧鉴：洪。本省分区分期禁售土膏，上年由禁烟公所提出议案，经谘议局议决奏咨立案。兹甲区临桂、平乐等十一厅州县各土膏店，照案应于八月初一日禁闭。先据各省土商具禀，以扯土过多，请予展限，以续商业。当经张抚院批行，劝业道禁烟公所会核详办。嗣据会详调查，各店扯土极多，欠账甚巨，届限封禁，诚恐牵动大局，一切商务皆受影响。复经张抚院为维持市面起见，特准展限五个月，截至本年年底止再行封禁。惟因本案先经谘议局议决，复札交谘议局常驻议员协议，嗣据呈复，以本案系上届会期议决，常驻议员所应置议。惟仍主张不宜展限之说，大抵只据原案为言，惟熟悉商务者则以为不切舆情。景桐复另委省城绅士、陆军部主事唐钟元等会同劝业道及首府县再行切实调查。旋据复称，各店扯土肆百余担，计值将近四五十万两，放出账目多至二百一十余万两，届限即予封禁，非特扯土贯财悉归无着，与各行往来账目亦即无法归偿，牵动大局，不堪设想。拟请禁买届限各店扯土免予充公，准其报明实数，限以五月或八月之期，运往甲区境外销售。设有滞销，一时周转不便，或由殷实商号连结担保，拨借官款，以资补助而利流通等情。是禁期不展，市面必有危险，固已为官绅所共知，使公家之款多数扯放行号，若至恐慌，官商同一束手，更复何力扶持？而土商之意则以运往他区销售，庄口不合，扯货难销，且店铺一经关闭，往来账目不能周转，仍与市面无益。又据四省商店联名具禀金称，大宗货物以烟土为最，商务命脉全赖账目为流通，而普通账目扫数归期多在年底，一经歇业，则账项无着，必至动摇全体，禀请展限前来。查本省前定分区分期禁烟办法，原系提前禁绝。今市面情形如此，将来危险未知，何所纪极！土店与票行、钱店及官设银行皆有密切关系，设有牵动商店倒累，固不可问，尤虑官款先受巨亏，大局几坏，恐至不可收拾，似未便拘泥原案，警虚名而收实祸。且现时甲区虽已封禁届期，而乙、丙两区期尚未届。仅于甲区展限，仍于全局无碍。即甲区虽展限五个月，仍属提前禁绝，徒以禁烟乃功令所在，展限为众谤所归。谘议局立于言论地位，其实不负责任，又以常驻议员不便更张全体议决之事，省绅复以反抗局议。为此，旬日以来，议论莫决。事关省市安危，两权轻重，惟有仰恳立予主持，准其展限五个月，维商务一面，即行奏咨立案。限期迫切，悚候示遵，不胜翘企待命之至。景祠谨叩。有。（《资政院文案七种》之《资政院第十八类审查广西禁闭土膏店事件》，清末油印本，"七月二十七日广西巡抚电"）

② **宣统二年七月廿七收广西谘议局电一件**

禁烟大臣、资政院、学部大堂钧鉴：去年本局议决禁烟案分区分期办法，经张抚公布并咨在案。上期四月朔日，经灌阳等属业已照办，本期八月朔日，应焚临桂等十一属土膏店。兹桂林土商近日土价昂贵，一并故意居奇，饰词禀张抚批准展限，并交常驻议员协议。似此禁烟之令，任意反复，各属必因而观望，于全省禁烟大受影响。且已公布之议案，亦可变更，恐将来议事全无效力，殊负朝廷设立谘议局之本意。本局当即照章驳覆展限，现护抚又据劝业道言以牵动市面，多方恐吓，闻之电请禁烟大臣展限矣。本局覆查市面存土，照张抚札系五担，月内已运去二担，又银仅二十万两余。本省未禁区域不下五十余属，该土商尽可自运出境，收回成本，且获厚利，万无牵动市面之理。应请钧察，免堕奸商诡计，则全省幸甚。桂林谘议局叩。寝印。（《资政院文案七种》之《资政院第十八类审查广西禁闭土膏店事件》，清末油印本，"七月二十七日收广西谘议局电一件"）

③ **宣统二年八月二十九收广西巡抚电一件**

资政院、宪政编查馆钧鉴：本省分区分期禁售土膏，上年由禁烟公所提出议案，经谘议局议决，奏咨立案。嗣后因甲区临桂等十一厅县务，土膏店照案应于八月初一日禁闭。迭据各省土膏暨各土商一再具禀，以各省存土过多，欠账甚巨，骤予封禁，必致牵动市面，还请展限，以维商业。经张抚院饬，据禁烟公所、劝业道查复相同，批准展限五个月，仍交谘议局协议，再行定案。随据谘议局呈后，坚持不再展限。经委省绅会同道府县复呈，亦虑牵动市面，请予维持，当将办理情形电请禁烟大臣、民政部、度支部、资政院批示。续奉资政院电覆，应俟开院照章办理。又准度支部电，仍令自行酌定奏咨立案。一月以来，复经体察情形，将甲区共十一属，除平乐、照平、永福三属业已据报照限封禁不计外，此外阳朔等土属存土无多，限至本月底止一律禁闭。惟临桂一属存土较多，限至九月二十日止，勒令运出甲区以外销售，逾限尚有存土，照章充公。已于前日核定，札饬禁烟公所遵照并札谘议局查照，正在奏咨，忽据谘议局来呈，以为官厅有意反对局议，到会议员全体辞职，自系尚未阅及本日札文，致有误会。官厅对于此事，系因关系省市安危，不敢不审慎出之，仍为地方起见，初非有意反对局议，且无坚持展限五个月之意。除札后毋庸议外，是否有当，伏希电示。景桐谨叩勘。（《资政院文案七种》之《资政院第十八类审查广西禁闭土膏店事件》，清末油印本，"八月二十九日收广西巡抚电一件"）

资政院第一次常年会第四号议场速记录

【标题】审查广西禁闭土膏店一事彰显资政院立场

【关键词】广西禁闭土膏店　资政院　地方督抚　广西谘议局

【内容提示】审查广西禁闭土膏店事件，预示资政院在督抚与谘议局异议事件中一般处于同情谘议局的立场，反对督抚历来以命令变更法律的做法，而与地方督抚处于对立地位。照章选举预决算、法典、陈请等各专任股员。

宣统二年九月初四日下午一点三十分钟开议。

议事日表第二号：

第一，广西禁闭土膏店事件，会议，股员长报告；

第二，选举专任股员。

议长：今天议员到院者共有一百六十一人。昨天由本议长与副议长代表全院议员具奏"开院之日钦奏谕旨训勉敬陈感激下忱"一折，即日奉旨，请诸君起立敬听。

众议员起立敬听。

议长：宣统二年九月初三日军机大臣钦奉谕旨，资政院奏"开院奉旨训勉代表全体议员敬陈感激下忱"一折，知道了，钦此。

各议员均就坐。

议长：现由秘书官报告文件。

秘书官曾彝进承命报告本院收海外华侨贺开院电二件；湖广总督瑞澂贺开院电一件；为禁烟展限谘议局议员全体辞职广西巡抚电二

件；①奉天、广东、山东、山西、湖南等省谘议局各一件；又勘界维持总会恳维持澳门界务电一件；②又报告本院收直隶省民人王邵廉等陈请禁止妇女缠足说帖一件。③

议长：现在开议。按照议事日表，第一，广西禁止土膏店事件。此案昨日特任股员已开会审查，请特任股员长报告审查情形。

特任股员长振将军报告：本议员依《分股办事细则》第五十三条，委托许议员鼎霖代为报告。

议长：请许议员鼎霖报告。

115号（许议员鼎霖）：昨日审查广西烟膏展限一案，已经审查完毕。今股员长委托本议员报告诸君，应将审查报告书宣布，请诸君讨论。（报告员许议员鼎霖朗读报告书）④

153号（易议员宗夔）：报告书尚未听得明晰，请再读一遍。

129号（汪议员龙光）：可否将报告发给油印，以便阅看。

秘书官范熙壬：油印现已备好，可发给诸君阅看。

153号（易议员宗夔）：已有油印，无需再行宣读。

145号（陈议员国瓒）：每次会议未开会以前，凡关于该议案之应备参考各项，均油印好，先行发给，以便预为研究，俾兹讨论。

151号（黎议员尚雯）：油印理宜先行发给，以便早为研究，或系赞成或系反对，均有一定宗旨。

议长：现在时间甚短，可以将此报告书阅看，应如何讨论之处从速决议。此事甚关紧要，所以昨日开特任股员会，今日报告，事关奏案，请诸君详细斟酌。

议长：按《议事细则》，无论赞成、反对，都应在开议以前，由议员预将本人姓名及赞成反对之意，知会秘书厅，依知会之次序记载于发议表，然后由议长指令赞成者、反对者交互发议。近日虽有二位知照秘书厅，并未说明系赞成抑系反对。若必就今日议场议决，恐诸多不便。况按照今日议事表须选举专任股员，专任股员亦是紧要。今日应先选举各项专任股员，明日再行开议。诸君或赞成抑或反对，请先知会秘书厅，以便明日公同议决。

126号（陶议员镕）：此事甚为紧急，据审查报告书无不赞成，即应公同议决。

议长：此事关系甚重。如果今日草率议决，恐不相宜。不若先行选举专任股员为妙。

37号（李议员子爵）：据本员意见，不能不将广西现在情形细心研究。本院第一次开会是全国机关发动之始，最当慎重。广西禁烟事小，而谘议局机关甚大，议决之件，南山可动，此案自不可移。该省巡抚何得舍大而谋小？但广西财政情形，本议员在广西凡四五年，曾任厘金局事，颇为知悉。该省所谓公款者，凡各厘金局所收入，皆存之于大商家生息，官银局亦然。此项利息亦不甚重，每年将此项息金归于盈余项下，而各局办事员司仅提二厘红，作为奖励。平时官款以一纸空票存店，至用银钱时，每向各店挪取。近日该省官吏多饱私囊，凡遇举办各项新政，即以财政困难为名，甚至借此放弃责任。迨部电催迫，不得不谋对付之策。故于烟土一项，搜刮无遗。此次该省巡抚明知广西烟土为出产大宗，宁敢上违烟禁，不甘坐失利薮；又被一二商人运动，遂将议决公布之案倏尔变更。该局议员纷纷辞职，亦不得已之举。夫禁烟一案，朝廷既有明文，该局复有议案，功令昭垂，公议宣布，岂可任该抚一人意见致坏全局？万一各省禁烟办法，均系奉行故事，则日后国际交涉不堪设想。故本议员以为，该省谘议局机关最为重要，又当此开会之际，岂可久于停会？即当共同表决，以维国纪而顺舆情。不识诸君以为然否？

123号（江议员辛）：此案审查结果，据本议员意见，再行讨论亦不过如此。现在广西谘议局尚未开会，甚为紧急，宜速电桂抚，仍遵公布原案办理，并催该局即行开会为是。如再展至明日讨论，恐延迟一日，而事体更有变更。请议长即行表决。（时议员多数起立赞成）

134号（余议员镜清）：此案既已如此，请议长表决。

153号（易议员宗夔）：广西事情告急，照今日审查之结果，请大家决议。（拍手）

55号（张议员缉光）：现审查报告已属甚善。若恐有人反对，方用

覆议；若无反对，可毋庸覆议。（众皆拍手）

议长：刚才说过今天不必议决，明日再行议决，恐耽误选举专任股员时间。但本日既经多数议员主张从速议决，诸君还有反对意见否？若有此意，自应展限。否则今日即可议决。

135号（郑议员际平）：请就本位发言。

议员某云：若非反对，可无庸发议。

135号（郑议员际平）：并非反对，乃对于审查报告略有补充的意思。

议长：是何座号？

135号（郑议员际平）：是一百三十五号。

135号（郑议员际平）：本议员对于此报告书是极赞成，但报告书中只云侵夺议局权限，实则巡抚以命令取消法律。任意展限即为违背法律，应负违背法律之责任。且此回广西谘议局议员全体辞职之事实发生于现护理巡抚魏，而违法展限之事实，实发生于本任巡抚张。魏承袭张之政策，取一贯之方针，亦官厅办事之常，情尚可原。至张抚则自己公布法律，自己取消法律，实无可自解。故论违背法律之责任，宜魏轻而张重，似须分别叙明（，请上奏）[上奏，请]起草员注意。（拍手）

149号（罗议员杰）：本员对于审查报告书极力赞成，但于断定之处有宜添加者：（一）该省谘议局闭会时，每月全省土膏税收入仅一万数千余两。至本年三四月，增至五万余、六万余不等，请添入"以为维持市面为辞"之证据；（二）此案重在不能以广西巡抚命令变更已经议决公布之法律，请于断定侵夺权限之下加入"违背法律"字样，主旨较为明了。

126号（陶议员镕）：此种事情毋庸讨论。广西巡抚责以违背法律，既然公众无反对意见，即可就公众解决为是。

84号（严议员复）：此种重大事情，还是请公众多加讨论方好，讨论方见得是非真。所以有的今日觉无可赞成者，明日未必不赞成；今日觉无可反对者，明日想定却要反对。据本议员意见，不如多加一天讨论为是。

110号（于议员邦华）：昨天审查会已经报告一切，诸君对于此事业已表决，若再审议，恐耽误时光。据本议员意见，尽可不必讨论。（众皆拍手赞成）

137号（邵议员羲）：刚才于议员所说毋庸讨论，已经多数赞成，请议长指示表决方法便是。（拍手）

132号（文议员龢）：请简单发议。刚才一百三十五号郑议员所说，仿佛是云应归咎于广西巡抚张鸣岐。按此事之要点因在侵夺权限，惟究竟侵夺权限事情是在张巡抚任内所为抑或是在护抚任内所为，总要审查得当方好（拍手）。

135号（郑议员际平）：今日议决发电之事，甚为紧要。因广西谘议局议员现均辞职，故发电之事迟一天不如早一天，以免彼中别生枝节。（拍手）惟本议员意思，可分作两层解决：对于发电一层，今日可先行表决；至对于上奏一层，讨论责任之轻重如何，不妨明日再行表决。

186号（黄议员毓棠）：将来此事议决后，必须请旨裁夺。（拍手）

议长：似此情形，表决可以从速。昨日特任股员会既已审查，特任股员长不妨再为说明，以便讨论。

137号（邵议员羲）：刚才所说毋庸讨论，请议长将此问题先行解决。

129号（汪议员龙光）：此说甚是，审查报告已经完善，毋庸再议，想公众必能多数赞成此报告。

57号（林议员炳章）：屡奉明诏督促禁烟，不啻三令五申，广西谘议局体朝廷禁烟之意，以限期禁闭土膏店作为议案议决实行，及期复能坚持不懈，其有毅力，诚堪嘉尚。而该省巡抚所主张者，则以维持市面为延宕之计，以致两不相下，酿成全体辞职之风潮。本员就案论案，如果因禁闭而牵动及于市面，彼全体议员，谁无身家？谁无财产？将利害切身，直受影响，断不至以求践前言，置一己之身家财产而不顾。可见"维持市面"四字是靠不住的。既靠不住，必是几家土膏店借此大题要挟，地方官受其朦混，始有此举动。开张土膏店本属不法行为，值此禁烟时代，尤为不法之极，断不可以少数奸商压制多数代表之舆论。此时如何解决，诸君注意。

117号（雷议员奋）：本议员有意见发表，请到议台发议。

议长：请到议台发议。

117号（雷议员奋）：本议员是特任股员之一，在特任股员报告书中有一个意见，请诸君注意。此项核议案对于广西巡抚，要知道该抚为该省行政长官；又须知道该抚为该省谘议局之对待机关。本院不必问广西巡抚是何人，是姓张还是姓魏；据审查结果，就是问谘议局为何全体辞职，该抚是否侵夺权限，是否违背法律。既然违背法律、侵夺权限，自然有负违背、侵夺之责任者，此是第一层。第二层是对于该省谘议局。因为广西巡抚违背《谘议局章程》，该抚未经谘议局第二次决议，遂公然自行展限，变更上年已经议决公布之议案，以致该省议员全体辞职。资政院并不是提议广西禁闭土膏店事故，本院所当诘问者，惟在谘议局议员为何全体辞职，是否为该抚违背法律侵夺权限而起。至于土膏店之事，可不必追问。所以报告书内未尝说出种种情形，本议员对此特为声明。再者刚才议长宣告待明日表决者，因为此种问题甚为重要，非经讨论不可；现有人主张即行表决，于是又生出即决不即决之问题。诸君意思究竟要讨论否？若不讨论，本日即可表决；若要讨论，必须明日表决。此问题请诸君解决。

37号（李议员子爵）：广西谘议局停会事情，该抚违背法律，本日诸君想莫不以为然，至该抚为土膏税起见，是归于财政一问题。若欲研究，当于财政上讨论，请议长注意。

110号（于议员邦华）：这个问题，公众定可表决。

190号（吴议员赐龄）：本议员对于此种议案，已经审查明白，可以无庸发议。但李议员提出广西财政问题，为两面兼顾之说，请为诸君一陈述之。此案张抚于去年九月提出，至今年八月初一已届一年。当提议时，调查存土无几，何以还有五百担之多？且今年八月初一提出案云："入春以来，土膏销数锐减；"又"甲区商家习惯，账目尽于冬月收清"。是上年账目已清，何以今年有许多账目？况桂林土商贩运屯栈之区，而销售不全在桂林，何以账目有四十余万而存土又如此之多？比打电到京，又称账目二百余万之多。"牵动市面"四字，显系臆造，究竟确凿与否，姑且勿计。以国家禁烟条例而论，十年不断，赔款不知多少？可见，此禁最厉，人所共知。如果激成国际问题，则此项赔款，问何人负其责任？（拍手）禁烟事，张抚应电民政部禁烟大臣、资政院而止，乃并电度支部者，即是以财政要挟中央，其辣毒手段即伏于奏陈预算中。其所奏预算案，于官厅（漏）[陋]规并未提出，而关于烟赌应禁之税额，故为铺张。一若广西行政经费，非烟税不能办；不许展限，则请大部拨款；如不拨款，则停办新政，易于动听。试思国家自禁烟以来，数千万烟税，竟抛弃不惜。广西去年全省烟税不过三十万，今年甲区一隅度不过二、三万，若为顾全广西一区烟税，宽予期限，各省相率效尤，国家禁烟前途，大有妨害。不独前此，因禁烟种种巨大浪费归于虚掷，而将来赔款尤为可怕。万不可因广西一省贻误全国。（拍手）

196号（牟议员琳）：今日说多少语，费多少时日，其应宜表决与否、讨论与否，尚未分析。请议长照章程五十八条解决。

议长：现在颇有主张今日即行议决者，据雷议员所说，毕竟如何？请诸君起立表决。

议员多数起立，咸谓无须讨论即可表决。

议长：赞成不必讨论者甚多，即决定不必讨论。

153号（易议员宗夔）：请议长宣布表决之方法。

议长：现在各议员既以为不必讨论，即如此决定。但诸君于特任股员报告书是否赞成，一字不易？

59号（顾议员栋臣）：照《院章》第二十三条，各省谘议局与督抚异议事件或此省与彼省之谘议局互相争议事件，均由资政院核议议决后，由总裁、副总裁具奏请旨裁夺。前项核议事件关涉某省者，该省谘议局所选出之议员不得与议。由此而观，广西互选议员应请退出议场回避。

议长：广西议题已将表决，广西互选议员照章应当退出议场，待议决毕再行入座。

广西谘议局互选议员退出议场。

136号（王议员廷扬）：《院章》所谓不得与议者，并不是出席回避，不过无议决之权，而发言权未尝消灭。

议长：《院章》既有定规，以回避为是。

196号（牟议员琳）：此项事情已经表决，毋庸再说。

议长：现在举行表决，如有以审查报告书为可者请起立。

众议员多数起立赞成。

议长：本议长认〔以〕为可者已过三分之二以上，应即作为可决，按照报告书所拟办法办理。兹照议事日表第二，应选举专任股员。查《分股办事细则》第七条载：预算股员二十四人，决算股员二十四人，税法公债股员十二人，陈请股员十二人，法典股员十八人，惩戒股员六人。本年无决算，决算一股暂缓设立。请诸君依次照额选举预算等股股员。

153号（易议员宗夔）：现在决算既未成立，然决算股员可以暂行举定，以便襄理预算事件。预算之事甚繁，不得不十分注重。

109号（籍议员忠寅）请发言。

议长：如果发言，恐时间太促，如有不能已于言者，以简单为便。

109号（籍议员忠寅）：本年既未有决算，决算股员本可不举，但预算系今年初办，端绪纷繁，议员等于此项审查又无经验，若预算股员只有二十四人，恐难臻周密，不如将决算员二十四人同时举出，协助预算股员，较为完善。（拍手）

议长：是说诚当，奈规定章程不能轻易变动，本年既无决算，似可不必多此一举。如果更改，恐与章程不合。

62号（刘议员泽熙）：方才籍议员所说，本议员甚为赞成。

59号（顾议员栋臣）：决算二十四人亦可照章举出，将此项股员分配各股，协办股事。（拍手）

117号（雷议员奋）：诸君提议，将决算股员二十四人并入预算股员之内，共计四十八人，恐有变更细则之嫌。本议员以为，今年不问决算之有无，仍须照章举出决算股员二十四人，将来即可以决算股员会同帮办预算事件。如此庶不至违背《议事细则》，似不必另生问题也。

73号（汪议员荣宝）：今日为时无几，请议长表决。

议长：现在有两种说法：一说使决算股员协助预算股员办理预算，一说将决算股员分配各股办事。现在决定举决算股员二十四人，此项股员拟即采籍议员所倡议，并入预算股之内以便协助，请诸君一决。

159号（蒋议员鸿斌）：可照《章程》第二十二条办理。

议长：《分股办事细则》第二十一条、二十二条是分科之规则，并非分股之规定；分科许兼任，分股不能兼任。

155号（王议员昱祥）：今日为时无几，雷君所说，本议员甚为赞成，即请从速议决，以次举定。

议长：决算股员并入预算股员帮同办理，赞成此说者请起立。

议员多数起立赞成。

议长：多数赞成，决定举决算股员并入预算股员办事，请诸君至股员室选举专任股员。

73号（汪议员荣宝）：请议长再行报告。

议长：刻所表决者，即言今年决算无论有无，照章选举决算股员，预算股员事务纷繁，即由决算股员帮同办理，此议诸君均赞成。

议长宣告中止议事离席，各议员以次退场，各归股员室选举各股专任股员。

三点三十分钟议事中止。

注释

① 宣统二年八月二十九日收广西巡抚电一件
　　见前注，从略。
宣统二年九月初一日收广西巡抚电一件
　　资政院、宪政编查馆钧鉴：桂省谘议局议员因禁烟事辞职，昨经电陈在案。九月初一日为开会之期，本日尚未准通告莅会。札询，据复，毋庸莅局开会。此事皆由景桐德薄能鲜，不能见谅于议局，致令辞职停会。已电奏请旨议处，并再催谘议局照章依期开会，以全大体。能否概从，尚未可必。仍请由馆、院电饬该［局］遵办，不胜企祷之至。景桐谨叩绝。（《资政院文案七种》之《资政院第十八类审查广西禁闭土膏店事件》，清末油印本，"九月初一日广西巡抚电一件"）
② 广东勘界维持总会易学清等为呈请建议事

　　窃自中葡勘界事起，朝命高大臣而谦莅粤与葡使开议，讵高大臣迂守和平，节节退让，议至数月，卒无效果。及后全案提京，迄今几逾一载，议结无期。葡人野心益恣，横逆频来，阖省绅民莫名激愤。查澳门地虽蕞尔，实握全粤咽喉，计航路距省城二百四十里，距香山邑城八十余里，香港则百二十里。澳门之北路可达前山寨城，沿途而上可通省垣，为澳海第一重门户。余三面皆环海，东望九州，西接青洲，向南则第一岛对峙，即葡人所称对面山也。是山横亘绵远，有湾仔汎、石角卡、银坑汎在焉，环绕河川，大小村乡数十处。南屏、北山两乡，户籍尤善，其中沃壤腴田不下千余顷，实为赋税之重地，海疆之屏藩。以外洲岛环布，如马骝洲、潭仔、过路环、横琴、青角诸岛，均皆扼要。若论形势，可为军港。某国恒注意于此，其可以瓯脱视之耶？溯葡人就居澳门，自前明嘉靖始岁输租课，我朝因之，设立围墙为界，其地西北枕山，东南倚水，界址甚明，县志可考。是知界外河川，墙外尺土，均非葡有。乃积久弊生，葡谋日逞，墙外之地蚕食无餍。近更谋及海权，罔顾条约，查中西例，租借地固不能踰越范围，更不能兼权海道。且光绪十三年《洋药税厘协缉约章》亦只许其永远居住，并无与以水界之条，乃无理要求，蓄谋叵测。迹其侵占潭仔、路环之意，并非谓开拓商场，实系觊觎海道。设若海权一失，粤省之门户尽开，运械济匪，葡人可出入自如，我朝反无权干涉，贻害甚巨，实碍治安。且也虎门距澳不过百六十里耳，其东航路已属于英，其西航路又畀于葡，则全海授人，彼有制我之权，我无自由之利，釜鱼幕燕，岂能一日安宁？尤可虑者，列强相率效尤，援利益均沾之说。各省租界均索海权，不与则有厚薄之殊，与之即成枝蔓之势，大局尚堪问哉？然葡人种种要求，均无切实证据，既非政府之许可，又非得之战争，人民户籍在在可稽，中外舆图彰彰可考，持理以诘，一语可破其奸谋，何事隐忍姑容，至长葡人之气焰哉！如谓我非畏葡也，畏他国出而干预也，不知理分曲直，事有权衡。方今民智日开，民气日盛，洋人重视商务，断不至庇一无理之弱葡，而与我四万万之商民生无穷之恶感也。观本年葡人种种横暴，事事侵权，如春间增设水泡于白石角海面，是明背不得增减改变之条，粤督竟不能勒撤矣。无端干涉湾仔之鱼苗公局及高沙之膏牌捐局，显然侵我内政，粤督复隐忍休容矣。其最惨者，则过路环一役焉。六月间，葡人借剿匪为名，竟炮攻路环，焚毁村庄，惨毙居民无算，苍赤何辜，遭此荼毒。我国兵轮坐视不救，一任外人屠戮，如宰羊豕，是诚何心。（膜）[漠]视若此，此粤人所最为痛心疾首者也。敝会蒿目时艰，关怀国土，维持两载，力竭声嘶。今逢贵院开议之期，正民困待苏之日，务乞将界务提议，力任斡旋，以保主权，以维国土，则全粤幸甚，大局幸甚！须至建议者。（《资政院知会、折奏、章程、说帖、质问、陈请等案件》之《资政院第三类建议倡议各案件》，"广东勘界维持总会易学清等呈请中葡勘界建议案"，清末铅印本）

③ 具说帖分省补用知县文科进士王劭廉、通判衔附贡生李金藻、分省试用县丞王用熊、候选县丞张寿春、州同衔附贡生华泽沅、州同衔刘孟扬为陈请事

　　查《资政院院章》第二十五条内开，各省人民于关系全国利害事件有所陈请，得拟具说帖，并取具问乡议员保结，呈送资政院核办等语。劭廉等窃查妇女缠足之害，积久相沿，败德亏体，民种流于孱弱，邻国咨为笑谈，其于全国利害关系至

巨。恭读光绪二十七年十二月二十三日孝钦显皇后懿旨，汉人妇女率皆缠足，由来已久，有伤造物之和，嗣后搢绅之家，务当婉切劝导，使之家喻户晓，以期渐除积习，断不准官吏胥役借词禁令，扰累民间等因，钦此。仰见圣德慈祥于前，除积弊之中，寓俯恤民隐之意。比年以来，凡在搢绅之家，罔不恪遵谕旨，展转开导，都邑之间，诗书之族颇有深明利害，力除锢习者。惟是地方辽廓，户口殷繁，以少数搢绅劝导，多数顽愚无氓，终恐难于普及。是以虽历十年之久，实行不缠足者人数仍属寥寥，其余皆习故蹈常，罔知悛改。推原其故，或借口碍于议婚，或执意安于守旧。朝廷未颁严切禁令，则搢绅之劝导虽唇焦舌敝，听者置若罔闻。若不设法挽救，恐再阅十年，二十年亦无廓清锢习之望。劭廉等查鸦片流毒，无论已未吸食者咸知其害，而未有禁令之前，皆酖毒自甘，吸食者有加无已。自奉严旨伤禁，已吸者力改前愆，未吸者不蹈覆辙，虽乡愚无识之辈，咸晓然于朝廷之作新民德，而罔敢效尤。此足征破除沿袭已久之敝风，必借法令强制之实力。妇女缠足〔不〕之害，如能一面请朝廷颁发禁令，责成地方官切实奉行，一面由士绅竭力劝导，俾全国人民皆知此害在所必除，无所容其瞻顾。若虑胥吏借词扰累民间，查城镇乡自治团体二三年内即可一律办齐，如以执行之责属于地方官，以调查报告之责属于各该团体，自无苛诈骚扰情弊。似此办法，庶成效远著，以副先朝恺悌宜民之意。至详细章程究应如何规定，非劭廉等数人所敢妄陈，拟请贵院决议，咨商民政部酌核订定，请旨颁行。劭廉等为速除积习以崇国体而正民风起见，是否有当，敬请贵院公决施行，须至说帖者。计开说帖人年籍职业住址。(《资政院知会、折奏、章程、说帖、质问、陈请等案件》之《资政院第七类各省官绅商民陈请案件》，清末铅印本，"分省补用知县王劭廉陈请关于妇女缠足之害事")

④ 为审查报告事

本月初三日为广西禁闭土膏店事件开特任股员会，审查得广西分区分期禁售土膏办法，既经该省巡抚于上年提交谘议局议决，并经该抚公布施行，奏咨立案，其效力即与各单行法无异。如有必须变更之处，自应由该抚另具议案，交局议决，照章办理。即因限期迫促，不及俟本年常会交议，亦当召集临时会，以符定章。乃该抚因土商之禀请，辄饬据劝业道、禁烟公所核覆批准展限，复将此案交令该局常驻议员协议，已与局章不符。嗣据常驻议员以无权议决呈后，该抚又另委省绅会同道府调查，遂以维持市面为词，率准展限。是业经议决公布奏咨有案之单行法，得任意以命令变更，与朝廷设立谘议局取决舆论之本旨，尤属不合，其为侵夺该局权限毫无疑义。照《院章》第二十四条规定，应由本院据实奏陈，请旨裁夺，并饬下该抚，仍照上年公布办法迅为禁闭，以重功令而顺舆情。至该省谘议局议员，业经全体辞职，现当开会之期，应由本院电饬令其迅应召集，照章议事，毋庸再行坚执，致误会期。并一面将本院核办情形，电知该抚查照。本股员会一再讨论，多数议决，特此报告。九月初四日特任股员会提出。(《资政院文案七种》之《资政院第十八类审查广西禁闭土膏店事件》，清末油印本，"审查广西禁烟展限致谘议局议员全体辞职案报告书")

资政院第一次常年会第五号议场速记录

【标题】选举决算股员及对议员"回避"规定的讨论

【关键词】决算股员 预算股员 "回避"规定

【内容提示】本次会议主要是照章选举各专任股股员长和副股员长，按照多数议员的意见，虽本年无决算事，但预算初办，各专任股员事情较繁且无经验，遂照章选举决算股员，但并入预算股办事。继而讨论《资政院院章》第三十九条关于议员"回避"规定应如何解释这一问题。

宣统二年九月初五日下午一点三十分齐集会场。

议事日表：

　　第一，具奏广西禁烟展限致谘议局议员全体辞职事件，会议；

　　第二，选举专任股员长、副股员长。

议长：本日议员到会者一共一百五十六人。现在由秘书官报告文件。

秘书官（范熙壬）承命报告文件，共三件：收江西谘议局来电一件；致广西巡抚电一件；①致广西谘议局电一件。

议长：现在开议。议事日表第一即是昨天议决的广西禁烟事件，昨天当场已经议决。既已议决，应行具奏。所拟奏稿由秘书长朗读，请诸位议员静听。

秘书长承命朗读：先有一句话报告，此项奏稿已经发出油印，现在尚未印齐，先读一遍，印出后再行分送。

秘书长承命朗读本院奏陈广西禁烟展限谘议局全体辞职照章核办具

实奏陈请旨裁夺折稿,[②] 读毕。

议长:专任股员既于昨日选定,请股长将报告书送交本议长当场报告。

各股股长第一股赵炳麟、第二股许鼎霖、第三股劳乃宣、第四股庄亲王、第五股睿亲王、第六股陶葆廉以次呈递报告书于议长。

议长:由秘书长报告。

秘书长承命报告各股当选人名及票数。

议长:现在专任股员已经报告,按照议事日表第二,应依《分股办事细则》第三章第十六条,用无记名法互选股员长、副股员长。

187号(刘议员述尧):本议员有一句话请发议,因为广西事情,拟请议长加附一片具奏。

议长:此案昨已议决,奏稿已定,明日即须上奏,现在不必再行提议。

153号(易议员宗夔):今日照章选举股员长,请问决算股员长本日应否举出。

议长:此项预算股股员长只举一人,决算股员长即可归并预算股股员之内。

123号(江议员辛):决算股员长照《细则》应另行选举。

议长:本年无决算而决算股员仍照章举出,归并于预算股者,因其可以帮同预算股办理一切也。

123号(江议员辛):若以决算股员长会同预算股员长办理,似与《院章》不合。

议长:昨日业已提议暂将决算股员举出,归并预算股。既归并矣,断不能举出两位股员长。

议长:现在可以请诸君到各专任股员室互选专任股员长、副股员长,暂时中止议事。

下午两点四十分钟,议长离席,各议员一律退场,入各股股员室选举各股专任股员长、副股员长。

下午两点四十分钟议事中止。

下午三点三十分钟议长、议员续集议场。

议长：现在专任股员长、副股员长均已选定，应由各专任股管理员提出报告书。

各股首坐股员递报告书于议长。

议长：现由秘书长报告各专任股所选举股员长、副股员长姓名。

秘书长承命报告各股所选专任股员长、副股员长姓名：

预算股股员长刘泽熙，副股员长许鼎霖；

税法公债股股员长李榘；副股员长闵荷生；

法典股股员长润贝勒，副股员长汪荣宝；

陈请股股员长赵炳麟，副股员长陈宝琛；

惩戒股股员长睿亲王，副股员长承郡王。

议长：税法公债股另选举审查长二员，按《分股办事细则》，互选审查长应在分科之后。现在尚未分科，故不先报告。

123号（江议员辛）：照《分股办事细则》第三章第十八条，股员长有事故时由副股员长代理职务，第二项又申明股员长不在分科股员之列，则副股员长自在分科之列可知。今既合预算、决算为一股，副股员[长]仍在分科之列否？

议长：方才发言之一百二十三号议员请将本意再行说明。

123号（江议员辛）：按《分股办事细则》第三章第十八条第二款所列，股员长不在分科股员之列，预算股员仅有二十三人，既然将决算股员归入预算股员之中，所余人员还归入分科之中，抑不归入分科之中？请议长宣布。

议长：按照院章《分股办事细则》第十八条第二项，股员长不在分科之列，副股员长应在分科之列。

123号（江议员辛）：按预算、决算两股均二十四人，均分四科，第一科八人，余三科均五人，因股员长不在分科股员之列之故，今将决算股员归入预算股员之中，不分科者只一股员长，其余四十七人如何分配，请议长宣示。

196号（牟议员琳）：现在江议员所说股员长不在分科之列，因之决算股余出股员一人无从分配。然此亦不难解决，如某科最要则加多一人，亦无不可。此一层实不难解决。

62号（刘议员泽熙）：顷各议员有以决算股并入预算股会同办理预算，提出副股员长分科不分科之问题互相争论，本员以为《分股办事细则》所定预算、决算，原系两股，以法理论，每股各应举股员长一人，惟既合并矣，而事实上又未便选举两股员长，法理与事实诚不免有所冲突。今为调和计，似不如以预算股之副股员长即认为决算股之股员长，亦不在分科之外，且分科人数亦得均匀，分配无畸多畸少之弊。照此办法，虽与规则不符，然决算股并入预算股既可变通办理，则预算股之副股员长不在分科之列又何不可变通之有？且预算股事务甚繁，诚得一不分科之副股员长帮同股员长处理职务，殊属便利。如此则法理事实两调和矣。

议长：现在已经将决算股员归并预算股员之内，本属权宜办法，副股员长不在分科之列，亦未尝不可变通办理。此刻既有人倡议，请诸位议员公同表决，赞成刘议员之说者请起立。

各议员多数起立赞成。

议长：现在人数尚看不清晰，请再行起立。

各议员约三分之二再行起立。

议长：既多数赞成，即决定副股员长亦不在分科之列。

110号（于议员邦华）：《资政院院章》第三十九条资政院议员于议案有关系本身或其亲属及一切职官例应回避者，该议员不得与议。请问，所谓"职官应回避者"系指何项？比如学部、农工商部、度支部、法部等部有关系的议员与各该部有应议事件是否可以与议？

73号（汪议员荣宝）：《院章》第三十九条资政院议员于议案有关系本身或其亲属及一切职官例应回避者，不得与议云云，《院章》的意思是谓无论何项职官，遇有公事，于本身或亲属有关系，皆须回避。资政院议员亦即比照办理。遇有议案于本身或其亲属有关系者，均不与议。"一切职官例应回避者"九字是补足上文的话，因为关系本身亲属之外，尚有他种应行回避的事由，恐列举不尽，故以此语赅括之，意谓议员对于议案之关系，与职官对于公务之关系，凡职官对于公务应行回避之成例，即议员对于议案亦准用之，非以"职官"二字与"本身"及"亲属"平列也。

80号（劳议员乃宣）：此项问题似与官场应当回避者同。

议长出临议台报告：本日议事日表所载各件已经议决完毕，现在专任股员长、副股员长业已举定，以后应开议议事。惟秘书厅预备刷印议案、整理议案，事务纷繁，骤难毕理，在各国议院法均有休会一条，此休会名目，本院《院章》虽未规定，然事实上究不可少，因所议事件必须预备，仓促间恐难办到，是以本议长拟暂行休会数日，俟整理告竣，议事日表固当早日发表，以便诸君研究，本日可以散会。

下午四点十分钟散会。

注释

① 奉旨。魏景桐电奏悉。著该护抚体察情形，妥筹办理，所请交部议处之处，著毋庸议。该衙门知道，钦此。钤章署名原件交外务部。九月初二日。（《资政院文案七种》之《资政院第十八类审查广西禁闭土膏店事件》，清末油印本）

② 奏为广西禁烟展限谘议局全体辞职照章核办谨据实奏陈请旨裁夺恭折仰祈圣鉴事

窃臣院开会以前，即叠据广西巡抚及谘议局先后电称，该省禁闭土膏店一案彼此争执，当经电覆，俟臣院开会照章核议尔后，九月初一日复据电称，谘议局全体议员一面电饬该局议员不必逕行辞职各在案。嗣于初二日接魏景桐电奏悉，著该抚体察情形妥筹办理，该衙门知道等因，钦此。臣院当以事关紧急，于开议之日将此提前核议，特付股员审查。兹经该股员审查，据称审查得广西分区分期禁售土膏办法，既经该省巡抚于上年提交谘议局议决，并经该抚公布施行，奏咨立案，其效力即与各省单行法无异。如有必须变更之处，自应由该抚另具议案，交局议决，照章办理。若因期限迫促，不及俟本年常会交议，亦当召集临时会，以符定章。乃该抚因土商之禀请，辄饬据劝业道、禁烟公所核覆批准展限，复将此案交令该局常驻议员协议，已与局议不符。嗣据常驻议员以无权议决呈覆，该抚又另委省绅会同道府调查，遂以维持市面为词，率准展限。是业经议决公布奏咨有案之单行法，得任意以命令变更，与朝廷设立谘议局取决舆论之本旨，尤属不合。其为侵夺该局权限，毫无疑义，照《院章》第二十四条现定，应由本院据实奏陈，请旨裁夺，并饬下该抚，仍照上年公布办法迅为禁闭，以重功令而顺舆情。至该省谘议局议员业经全体辞职，现当开会之期，应由资政院电饬令其迅赴召集，照章议事，毋庸再行坚执，致误会期等情，具书报告前来。即在议场会同讨论，当经到会议员三分之二以上之同意，应行照章具奏。臣等查《院章》，各省谘议局如因本省督抚有侵夺权限等事，得呈由资政院核办。若审查属实，得以到会议员三分之二以上之议决，由总裁、副总裁据实奏陈，请旨裁夺等因。此案既经特任股员审查，并于议场照章议决，理合据实具奏，以符定章。所有核办广西禁烟展限请旨裁夺缘由，谨恭折具陈，伏乞皇上圣鉴训示。谨奏。(《资政院文案七种》之《资政院第十八类审查广西禁闭土膏店事件》，清末油印本，"奏为广西禁烟展限谘议局全体辞职照章核办事一本")

宣统二年九月初六日，资政院递封奏一件，内阁奉上谕："资政院奏广西禁烟展限谘议局全体辞职照章覆办一折，著该抚仍照上年公布办法妥速办理，并饬令谘议局迅赴召集，照章议事。钦此。"(中国第一历史档案馆编：《光绪宣统两朝上谕档》，第三十六册，广西师范大学出版社1996年版，第347页)

资政院第一次常年会第六号议场速记录

【标题】审查《地方学务章程》《著作权律》《修正报律》等议案

【关键词】学部 《地方学务章程》 民政部 《著作权律》《修正报律》

【内容提示】政府特派员分别说明《地方学务章程》《著作权律》和《修正报律》三种法律草案制定之主旨后，议员们对主旨进行质疑，引发辩论。值得注意者有：不论政府还是议员都肯定基础教育是强国之本，但议员们多认为学部兴学仅注重考核、奖励而无切实的宗旨，更有议员认为学部是敷衍塞责，不负教育、兴学之责任，痛切指出"学部若仍不负责任，则中国前途何堪设想"；关于《著作权律》，议员们集中关注"检定"和"审定"二词的适用；关于《报律》，政府和议员都主张要更好地保障而非压制言论自由，承认报馆之言论自由对社会进步之作用，分歧主要是如何理解第十一条"损害他人名誉之语，不论有无事实，报纸不得登载"之含义和适用范围。

宣统二年九月十二日下午一点三十分钟开议。

议事日表第四号：

第一，《地方学务章程》议案（政府提出），初读；

第二，《著作权律》议案（政府提出），初读；

第三，《修正报律》条文议案（政府提出），初读；

第四，振兴外藩实业并画一刑律议案；

第五，议设审查振兴外藩实业画一刑律议案特任股员。

议长：今天议员到会者共一百五十七人，现由秘书官报告各项文件。

秘书官（张祖廉）承命报告（各省谘议局陈请事件十二件，孙洪伊等一百八十七人陈请速开国会书[①]一件）。

议长：现由秘书长报告各股股员会报告书。

秘书长承命报告各股股员会报告书。

177号（李议员文熙）请发言。

议长：请缓发言。

177号（李议员文熙）：本议员非有他项议论，不过问议长现在政府预算已否交到本院。如果已交本院，即请发交诸君审查。现已开会半月，不可不从速讨论；如果尚未交到，可否由议长催问？

议长：预算案已交政务处，候政务处议奏之后送到本院，方可交各议员审查。

议长：现在开议。按照议事日表第一地方学务章程议案，按《议事细则》第二十四条，凡宣读应由秘书官朗读议案，或省略之。现拟将朗读条文一层省略，由秘书官将地方学务议案原奏[②]朗读一遍。

秘书官（曾彝进）承命朗读政府所交之地方学务议案原奏，读毕。

议长：现由学部尚书说明该议案之主旨。

学部尚书至议台。

秘书长报告学部唐尚书说明原奏主旨。

学部（尚书唐景崇）：本部统辖全国教育行政，就现在情形，酌其缓急次第约分三项：第一项其最急者，如初等小学堂附设简易识字学塾、初级师范学堂、实业教员讲习所；第二项其次急者，如高等小学堂、文科中学堂、实科中学堂、优级师范学堂、初等农工商学堂、中等农工商学堂、高等农工商学堂、高等专门学堂、女学堂；第三项可缓者，如大学堂、高等学堂、大学预科、存古学堂。至于经费之增减，查第一项所列各学堂，如初级师范、实业教员，讲习所经费，应由官筹备，大加扩充；其初等小学经费，应由各省提学使督饬地方，注全力以筹之，按照《地方学务章程》分区兴办，以学龄儿童皆能入学为指归。

第二项所列各学堂，其经费业已筹定者，应保存之；其经费未经敷用者，应补救之。如有浮冗之处，应责成办理人员切实裁减。即以所节之款，扩充学额，不得挪作他用，致为进步之阻碍。第三项所列各学堂，除京师大学〔堂〕、高等学〔堂〕，由本部直辖，北洋大学业已成立，但期维持现状，无庸急于扩张外，应由本部统筹全国情形，分划大学区域，于数年后次第筹设。至各省高等学堂，每有学生少而靡费多，及名实不符者，应按照实在情形酌行归并，即以所节经费为补助初等教育、实业教育之用；其存古学堂亦无须每省设立一所。以上所分三项，以第一项为最急，第二项次之，第三项则在从缓之列。小学之所以最急者，以国家之发达系于国民。盖国家者，国民之所积而成也。无论为农、为工、为商、为兵、为公民，欲其与列强相抗，无一不须普通必要之道德知识，即无一不须受小学教育。今之人见夫世界各大国船坚炮利、财富兵雄，以为自强之根本在此矣，而不知实由民德、民智之完备与民力之坚强，万众固结如山岳之不可摇撼，乃为根本中之根本耳。否则财虽富、兵虽雄、船炮虽坚利，而举不为吾用，则何益矣！外洋自十九世纪以来，强迫教育为各国所公认，良以国民为国家之命脉，舍此即无以自立。既重小学，必宜预储师范，此则与小学相因而进之事，不待言也。至实业教育之所以最急者，盖惟民富斯国富，实业无人材，固无以濬国家之富源；抑惟民富斯国强，人民无职业，尤无以固国家之根本。试就近事证之，如今日收回利权之说，无论财力之万不能逮也；即使能之，今日赎一路，可充工程师者何人？明日开一矿，能明开采炼化者又何人？此不过举工业一端。人才缺乏，既已如此，其他农业、商业，亦可由此类推。虽然，欲造专门之人材，必先树专门之师资。高等实业学堂学术精深，师资殆无善于此者。惟是规模较宏，设备不易完全，且此类学生毕业后多以径办实业事项为主，不尽能充当中初两等实业学堂教员，以故实业教员讲习所不容缓图，本部前经通行各省先办实业教员讲习所，其已设有高等实业学堂者，即于堂内附设。无论何省，必须指定期限，一律成立，报部备核。庶实业之师资既裕，而振兴各项实业乃有基础矣。第二项亦非可缓视者，惟为财力、人力所限，此时重在保存而不重在扩张，虽高等小学与中学本为完全普通所必需，然但使初等学生有升学之地，上级学堂有考选之资，已略足应用矣。优级师范就各省一览表考之，除新疆一省外无不设立者，但能办齐四类，陆续毕业，按期续招学生，则中学师资尚不致十分缺乏。至中等、初等实业，将来实业教员讲习所毕业者日多，师资渐裕，方能设法推广。高等实业、高等专门各学堂固为当务之急，然必俟中学堂毕业者众，始能大加扩充。女学非不重要，无如现在女学数目与男子学堂相差太远，今日尚在开创时期，若与男学并重，无论经费剧增一倍，力有不逮，且各处风气尚未尽开，女生之入学未如男生之踊跃，扩充之期当俟诸他日，故暂列入第二项焉。第三项之大学，惟京师、北洋两大学业已成立，然经营方始，规模未备，固不可过于简陋，亦不可稍近虚靡。其学生资格之未合者，教员学历之不足者，管理员之浮于事者，仍须切实淘汰。高等学生毕业无多，分科大学各门亦暂择要设立，无须遍设。教科程度之未能精美者，尤必加意改良，因已有之规则而整顿之，就已定之经费而节用之，不事铺张，力求实际，此京、津两大学之办法也。其他如南洋、广东均有筹办大学之议，此时均定议从缓。本部拟就全国形势划定大学区域，不必每省各建大学一所，且目前教员难得，而数年之内，统计高等毕业人数，于京、津两大学足以容之，应俟数年后次第增设，而非目前之所宜汲汲也。至高等学堂、大学预科，所以必酌为合并者，盖有数故：今日各省学堂用费最多，程度最参差者，无过于高等学堂，必宜量为归并，以节糜费，一也；实业教育既为本部所注重，则高等实业学堂势不能不招生入学，而今日中学毕业生只有此数，不能同时并进，二也；且经费不能一时遽加，此有所增，则彼有所减，高等学堂应与高等实业互为调剂，三也；高等实业毕业生亦可升入大学，裁并高等而设高等实业大学，既有所取材，各省亦可兴实业而挽利权，四也。有此四端，则高等学堂之应合并，殆有必至之势。现在各省已办之高等学堂，除详查程度与定章符合，名实相副者，仍应接续办理；其尚未设立，及设备并未完全，程度实不相当，学生人数无多者，均拟令分别归并。其归并之法，凡总督驻扎省分应设高等学堂一所，其兼辖省分之高等学生察其程度班级，如有不合，应即酌量归并；其无总督省分则与邻省合并。此项办法由本部另行规定通行。总之，以两省或三省之力设一高等学堂，经费不虞缺乏，即以高等学堂所腾出之经费，酌量改充实业教育之用，似于国计民生，裨益为不少也。以上所拟三项办法，无非权度缓急先后，第一项推广小学、振兴实业，即是目前教育行政所最注重者之方针，第二项、第三项亦属相度时势而言。本部办学之布置如此，特与诸君一说，明其概要焉。

议长：诸君对于唐尚书所说明者有无疑问？

113号（李议员擂荣）：按《议事细则》第二十六条，本议员对于地方学务议案尚有疑义。现在各省学务最重者本系地方学务，所以今日政府第一件提出之议案即以学务交本院讨论，但学务上最要之宗旨及最要之精神究竟在于何处？据此项章程，所谓整顿学务之方针，似未曾明指，不知学部尚书方才所说其注重之处，本议员亦甚茫然。

学部尚书（唐景崇）：所宣布各项条文，须细细讨论，可以由特派员会同股员，一并研究。

113号（李议员擂荣）：本议员意见以为此案既交本院讨论，中国学务自前此开办以来，都归学部自办，并未有舆论机关公同研究。今日既有资政院，应宜细为讨论，但据此项章程，对于地方学务上未见十分恳切。

126号（陶议员镕）：今日有初读，只宜就本议案质问，然后交法典股员审查，不必讨论。

38号（议员敬子爵）：连乡会之法甚善，未设参事会以前，暂由官员监督，其中出现乡棍连合，从而舞弊，为害甚大，请由连乡会内用有名选举法［选举］若干人，由提学使委派若干人，两处各半，于查办学务，先期数日用抽签法定之，似于学务或有小益。

86号（喻议员长霖）：现系初读会，试问此项议题应否审查？此项学务应如何？然后地方可以实行，不可不细为研究。

117号（雷议员奋）：按照《议事细则》，初读时候，各议员对于所读之议案，如有疑问，即须提出；或由提出疑问之议员说明发言之宗旨。本议员对于学部尚书所说该部之行政教育方针亦有疑问。据学部尚书所说，教育行政本有三层：第一层系初等小学、初级师范要急办，第二层是高等小学以上并所有之农工商各项学堂，第三层系大学堂、高等学堂，可从缓办。此不过学部对于教育行政上之办法，并未曾说到教育行政之方针。且学部对于中国教育其所以不能发达之故，正在于无一定方针。环球大陆未有不以学务为重的。但是今日学部所谓普通司与专门司者，异常忙冗。究其所以忙冗之事，普通司则系考试各省师范卒业生，阅考卷、定分数而已；专门司则系调各省高等学堂与高〔等〕实业学堂之毕业生来京考试，评定奖励。不但普通司、专门司如此，即全部人员无不忙冗，一年到头都为此事。（拍手）据如此情形，国家费如许巨资设立学部，调多少司员办理学务，而所办者即此区区毕业分数及各高等学堂之考试，殊与学部尚书方才所宣布教育之方针大不相同（拍手）。何以故？方才所说教育行政方针，其注重者在初等小学，而今日所办者又系高等学堂的考试，令人殊难索解。（拍手）自从有学部，然后各省有提学使，有各厅州县之劝学所，现（所）〔在〕各省所办之高等学堂及师范学堂之考试，凡提学使及各厅州县之劝学所，均无此十分忙冗，而所最忙冗者即学部之普通司及专门司。（众皆拍手）今学部既然注重者在初等小学，毕竟对于各省初等小学如何办法，学部甚少调查。去年虽曾派调查员，然所派之人寥寥无几，终系敷衍了局。两相比较，毕竟办考试之人多，调查初等学务之人少。（拍手拍手）既然学部所办多系考试，凡学生自初等小学起都无他项思想。但其父兄使其子弟读书，其宗旨在毕业后，必须使彼入中学堂及高等学堂，然后可以达其奖励之目的，可见当初之希望，无不以学堂奖励为归。如果因学堂有一定奖励，然后使子弟读书，实于国家普及教育之宗旨大相悬远。即或将来可以教育普及，而各人均有希望奖励之心，如此人才亦复有何用处？本议员意见，对于学部尚书所说办法固极力赞成，而对于现在所办各事实多不合，以故必须质问学部，对于教育问题以后有何办法？此系第一层。第二层，照《地方学务章程》原案第十五条，从前为地方学务所筹备之款项，嗣因按照《地方自治章程》改充地方自治别项经费者，自本章程实行三年以内，得经府厅州县参事会之议决，分别拨还，仍专作为学堂基本公产或公款云云。此系注重学堂意思，原为谋教育之普及，但学务行政本地方自治应办之事，并非地方自治以外之事。照《地方自治章程》，第一项就是教育，地方如果不办自治则已；如果欲办自治，必定注重学堂。此项章程显将学堂、自治分为两事，恐各地方之办理自治者与办理学堂者，因此易生冲突。照《地方自治章程》，并未指明何项款项办理何项事业，然要办地方自治，不能不设立学堂，必须筹备经费，更不能不贯通一气。据《自治章程》所说，公款公产向来归地方绅董管理者，应作为自治经费。所谓自治经费者，包学务经费而言。将来公款公产之分配，必有一定办法。现在地方自治章程业经颁行，必谓管理学堂之人因办学堂而对于自治全体毫不通盘打算，则是于《地方自治章程》之精神及其目的均说不去，而且必有后患。照方才所说，各地方必互相冲突。学部规定此项章程时，曾否想到已经颁行之《地方自治章程》？这是第二层，系对于《地方学务章程》原案第十五条所规定者有所疑问。此外尚有不甚要紧之疑问，系条文上之关系，与大体不甚妨碍，将来修正条文时再行提出。请学部答辩可也。

议长：请学部特派员答辩。

学部特派员（王季烈）：雷议员质问学部教育方针与现在不符一节，本特派员谨说明之。办事与方针本须分为二层，现在所办之事系承从前之方针而来，今之方针须见之于将来之办事。盖以教育一事，非旦夕可以竟功。各项学堂设立在数年之前，毕业在数年以后，若以方针改变之故，而将从前已设立之学堂悉行废于半途，天下断无此办法。至《奖励章程》奏定于光绪二十九年，当时科举未停，学部亦尚未设立，民间不知学堂之益，乃以科举之利益给之入学堂之人，此实五六年前劝勉新学之苦心。又高等以上毕业学生授职一事，实因文官考试未经实行，国家不可不用人才，即不可不有登进人才之机关。本部承朝廷之命，执行此事，乃以之暂代文官考试。俟文官考试实行后，此项章程自然消灭矣。但此事关于官制全体，非学部一处所能遽议修改也。至于学部考试高等以上学堂一节，乃因本部为教育最高机关，高等以上学堂为本部所直辖，故直接由部考试；其余中小学堂，部中何尝不随时催促提学使认真考核，力求进步。并非专办高等以上之事，而置普及教育于不顾。彼提学使、学务公所、劝学所诸职员，何一非学部所委任之人？此项人数固千百倍于部中办理高等以上学堂之人，若谓必由本部人员直接办地方学务，方足以示注重小学之意，则我国地方广阔，部中司员仅仅百余，即尽分布于各省，以提倡初等小学，恐亦无济于事。故本部所希望者，为本地之人皆能兴办本地之学务，则教育方有普及之望。此次《地方学务章程》交议之宗旨亦在乎此。总之，学部近年意旨，凡对于高等以上学堂，皆有限制之意；对于小学皆寓奖励之意。可考之于各项文牍而得其证也。即考试高等学堂毕业一事，虽似注重高等，实则考核严密，正所以限制之；否则各省皆好高骛远，设有名无实之高等，而普及教育愈无人办理矣。

110号（于议员邦华）：本议员对于学部特派员所说之意见亦有疑问。据云所办事件有不能与方针符合之原因，自当于资政院开院之始，将热心办学之精神提出，做为一个大问题；况既说将来有一个方针，何不明为提出，作一个大议案？此事不能早为之计，果待何时发表？此是第一层。就如学部大臣所言，本是办法之一种手续，并不是一个方针。注重地方小学乃甚善之事，欲图教育之发达，其根本即在地方小学。本议员亦曾办过几年学务，当时章程还不能完全，所办善否，总以有一种精神为要素。未几，而学部所定章程颁行，自得遵照章程办理。学生一班还未毕业，章程又改，因是学堂一切布置多随之更改，更改未久，而又更改，则府厅州县公牍之往来，不绝于道，令办事之人一月一报或一季一报或一年一报，此虽详细办事，而其实反滋纷扰。不宁惟是，而且章程所定之宗旨与学堂所用之课本时时改变，无一定标准，到卒业时候，学生程度未有一个完全，又加一种考试，求奖心热，而平日之所研究，亦侥幸以尝，所以办学之人困于章程，劳于公牍，莫能达其办学完全之目的。如此，即九年预备，果能教育普及否？不从根本问题上解决，而第提出此数十条章程，不知其方针果何在也？

117号（雷议员奋）：对于学部特派员，本议员意见再须质问。据

《地方学务章程》原案第十五条，本议员并非全部反对，因为所以定此十五条之本意，不甚明晰。照《日本学务章程》，亦有此条。究其立法意义，却是大不相同。照此规定，则于《地方自治章程》，势必有两相冲突之处。本议员所以质问者如此。

149号（罗议员杰）：本议员基于学部大臣所演说而质问者：（一）学部教育方针注重高等抑普通？（二）学生出洋留学系统筹全国递年应用各项学生而送出抑任意送出？（三）各省存古学堂须限制每省不过一所，免致靡费，是否规定？（四）外国教士在我国设立小学校，是否授我国国民教育？（五）实行强迫教育之时，凡奉教之子弟是否可以一律强迫？（六）各种学校之费少，而有效者纯恃学部奖励，是否存有教育基金听其指拨？本议员对于《地方学务章程》，大体亦极赞成，但疑其稍简，不能不特为质问者：（一）地方学务纯恃学部指挥监督提学，而提学承学部之命以指挥监督本管，现在各省学司管内之科员、议绅、视学员等，是否限以深明教育之人充当？又各省教育会是否限期一律成立？（二）地方学务重在普及，欲图教育普及，是否责成教育行政机关按学童将近及岁多少，而欲为养成师范，且为严重检定？又普及教育必行强迫，而贫家子弟有实在苦况，必须犹豫者，其犹豫期是否规定？又特殊教育办法正以补普通办法之不及而图普及，亦是否规定？（三）地方教育经费纯恃地方自治体分担，各国恒占预算支出大部，我国地方自治行见成立，经费不难分担，所虑用不核实，是否规定物品、金钱、会计，以便检查而容易决案？以上质问，均请学部答覆。

126号（陶议员镕）：国家教育行政与地方教育行政未经划分，《小学校令》又未颁布，则此种章程不能发生效力。

156号（彭议员占元）：本议员对于学务议案有两条不甚明晰：第一层，议案内无一定之宗旨，是第一缺点。据本员意思，此项章程并未曾说及教育，毕竟教育问题应以作到如何地步为目的，但以学部今日之所提出之案，注重者在"联合"二字，然"联合"之说，不过一乡一村，并非将全国教育包括在内。凡立定章程，每一条必有一条主脑。现在所定者，并非为全国谋普及教育，即如十五条所说，地方自治公款三年以后再行拨还，势必互为支用，于教育大有妨碍。此系本议员所最不赞成者。我国二十二行省，地势涣散而范围太广，此时对于教育无一定方针，将来必无一好结果。自学部设立，已八年之久，而所办之事，似觉甚难。方才议员中所质问者，系对于全部而言，并非开办学务之一二人如何宗旨，可见从前学部不负责任。各省提学使受学部委托，本有维持学务之责，学务公所本有维持各府厅州县学务之责，但人人相委，而其实在负学务之责者谁人？试问各省提学已否考核各处教员？至于各省高等学堂监督、管理员能否胜任，而学部章程亦不过一纸虚文而已。自今以后学部若仍不负责任，则中国前途何堪设想！

134号（余议员镜清）：请简单发言云，今日议事日表所列各案均系初读，照《议事细则》二十六条二项，似尚非讨论之时。今日之质问，应以声请政府特派员说明议案之疑义为限，请议长依《议事细则》二十七条办理。俟审查后，诸君有以本议案为不然者，尽可援《细则》二十八、九两条办理。多加讨论，似乎不合。

议长：一百三十四号余议员所说甚是，方才所议之案，应俟审查后再行讨论。

73号（汪议员荣宝）：先是雷议员质问之处，学部尚未答覆。

政府特派员（李侍郎家驹）：今日资政院议事日表第一件系地方学务章程初读之案，按照《议事细则》第二十六条第二项（各议员对于议案若有疑义，得声请军机大臣、各部行政大臣、政府特派员或提议议员说明之），则初读之际，限于议案疑义之质问，特派员有照章说明之义务。方才雷议员所质问《地方学务章程》第十五条，其疑义所在，为本条内"嗣因按照《地方自治章程》改充地方自治别项经费"一语，此语应当连读，不当分作二句，盖按照《地方自治章程》所办事宜，原不止学务一项。故当《自治章程》颁布以后，有将从前办学款项改充别项经费者，不得谓之违法。则此种事实，必至发生，故本条规定"得于三年以内经府厅州县参事会之议决，分别拨还"，所以巩固地方教育之财产，期以达教育普及之目的。且以上级自治机关代为议决，亦系《地方自治章程》所规定者，并不至有冲突之虞。至于此外各位议员所质问者，皆不在初读范围之内，应照《议事细则》一百零七条、一百零八条手续办理。现在本员并无应行答覆之义务。

117号（雷议员奋）：现在本议员质问学部大臣所说教育之方针，不过问以后办法如何，并不是要学部将从前办过事件说明理由，但问学部将来是否仍以现在之办法所定方针进行一切，此是议员质问之宗旨。方才学部特派员答覆未尝说到此处，至于《地方学务章程》第十五条，本议员阅过，似有疑义，是否与《地方自治章程》有冲突之处，本议员质问就在于此。

学部特派员（范源濂）：答雷议员质问，再说明第十五条所定"将原系学款改充别项自治经费者，仍拨还作为学务专款"，起草之意，原已认定按照《地方自治章程》，学务经费并非在地方自治经费之外。至问本章程是否仿照《日本地方学事通则》而定，但此虽系参照日本章程，然我国自有我之特别情形，断不须全事规仿。即我国创兴学务，实在颁布自治章程多年以前，将《地方自治章程》所载各项自治事宜比较论之，所办较多者实惟学务一项。近来各处自治未能办齐，即已办者亦往往有名无实，时日尚浅，亦属当然。惟学款因此移动，现在学务已受影响不浅，若不设法补救，恐并此略有基址之学务，更愈败坏，是亦非所以发达自治之道也。故本章程特有第十五条之规定，其意如此。

114号（胡议员家祺）：现在此〔条〕案本系初读，如果申请说明，特派员将原案主旨宣布为止。既非表决时候，而反复辩驳可以不必，请议长将此案付该管股员审查为妙。

众议员多数赞成。

议长：《地方学务章程》议案初读已毕，应付法典股股员审查，但审查期限应由本院议决。

73号（汪议员荣宝）：审查期限据本议员计算，今日十二，明日开审查会，十四日星期休息，大约十七日可以提出报告。

议长：据法典股员所说十七日报告，诸君以为然否？

议员有赞成者。

议长：如此，即以十七日为本案审查期限，现在续行开议议事日表第二《著作权律》议案，仍将朗读条文一层省略，由秘书官将民政部原奏③朗读。

秘书官（曾彝进）承命朗读毕。

议长：请民政部说明本议案之主旨。

民政部特派员（孙培）：本部提出《著作权律》议案，宗旨专在保护学者及美术家之意匠经营。盖对于学者或美术家，凡由精神上之劳力著作对象能加以完全保护，方可期学问及各种美术日加发达。故欲观一国之文运进步如何，必须先视国家对于此种权利所加之保护如何。譬当十八世纪以前，欧洲各国于此种权利亦未知保护，因之各种科学未能日异月新。降及今日，不特保护周详，且将保护范围大加扩张，而学问美术亦日益精进，此其明效大验也。本部此次规定《著作权律》，即采用扩张主义，共五十五条，分为五章，所有详细理由已见各条文下，兹不复赘。

137号（邵议员羲）：本议员按第二条称，"凡著作物归民政部检定，惟关于教科书籍归学部审定"，此二语甚不明白。因"检定"与"审定"本有区别，虽教科书亦必先行"检定"而后可以出版，学部之"审定"教科书，在审定其书之内容适用于学校与否，专为通知学校应用起见。若学部审定某教科书不适用各科之用，而其书之享有著作权及出版发行自若也。今照第二条之意义，若学部于某教科书不予审定，则并著作权亦不能享有，殊非所以［保］护人民权利之本意。

民政部特派员（孙培）：方才邵议员所说固是，但此种规定在《出版律》中，不应在《著作权律》中。照本律第三条，有愿受本律保护者给以著作权，故凡不受检定或审定者，即不受本律保护。

76号（曹议员元忠）：本议员请问民政部所定《著作权律》是否即当《出版律》？若即以为《出版律》，则《出版律》性质与著作权不同，出版在外国可以自由，其派检察员者，仅止一二国，今著作权（即）［既］经民政部检定，又需学部审定，可谓详密，然设有不愿检定、审定，如日本出版（权）［律］所谓"无出版保护之文书者，而有违悖国家法律及冒渎乘舆之罪"，顾《著作权律》只有保护，并未涉及此项罚则，何以处之？查外国出版律，则待此极严。德国定有一千马克之罚金，其禁锢以六月至一年为止，而普通亦有此例，用于新旧过渡之时。今《著作权律》，若果有《出版律》，则此项罚则应否添补？

民政部特派员（孙培）：《著作权律》与《出版[律]》两不相同，《出版律》属于消极，专在限制；《著作权律》属于积极，专在保护。至于版权与著作权实系一物，不过版权范围较狭，著作权范围较广耳。

137号（邵议员羲）：本议员按检定应属民政部，凡一切出版物皆应归其检定，不应有第二机关再行干涉此事。学部之审定教科书属于教育行政上所应有之职务，但无关于著作权之存在与否，故"检定"与"审定"二者不能平列。第三条称"凡愿受检定或审定者"及第四条称"著作物经检定或审定后"等语，明明以著作权一事而隶于两种机关以下行之，不特于对外行政之统一有害，且于权利之保障亦难确定。故就本议员意见，《著作权律》只须规定呈请注册给照后即可受本律保护。至"检定"一层，应规定于《出版法》中；"审定"一层，应规定于《学部审定出版条例》中。二者皆不能夹入《著作权律》条文以内。

民政部特派员（孙培）：两种机关之分别，不过出于行政上便利。"检定"与"审定"，字面虽不同，其实用意，却无二致。特学部审定者，惟关于教科书籍之适用教科与否耳。

117号（雷议员奋）：本议员对于民政部有两层质问。方才各议员之质问大都为但有《著作权律》，并不见有《出版律》而生。毕竟民政部意见，是否先颁《著作权律》，而后再定《出版律》？

民政部特派员（孙培）：现在《出版律》已起草，尚未脱稿。

129号（汪议员龙光）：本议员对于第六条与第十五条尚有疑问。第六条数人共同之著作，其著作权数人公共，终身有之，死后得由各子嗣继续至三十年；而第十五条之规定第六条以数人中最后死者之子嗣呈请立案批准之日起算年限。譬如有甲、乙、丙、丁四人，甲前二十年，丁后二十年死，甲之子与丁之子同一年限止，然则先死之甲，其儿子享有五十年权利，岂不与前条大相违背？且本章程对于此事只有一条，曰数人合著之著作物，著作权其最后死者继续至死后三十年间，文义明朗。盖甲、乙、丙、丁年岁长短决不相同，而共同之著作又不可分，自应以最后死者为标准。起草人之意亦知以最后死者为标准，而先于第六条作一虚案，曰得由各子嗣继续三十年。试问各子嗣果刚刚继续三十年否？岂不是全无效力之条文么？本议员意思，不如取消前条，以后条为标准，提改为第六条，则得矣。

民政部特派员（孙培）：此两条规定，截然不同。一系规定享有权利的年限，一系规定起算享有该权利之期。譬如甲、乙、丙三人共著一物，丙死最后，迟甲、乙死至二十年之久，此二十年中，甲、乙子孙因丙未死，固能照常享受权利，而所享有此二十年之权利，视为甲、乙终身应有之物可也。至于起算年限，甲、乙子孙虽觉较丙之子孙多二十年，其实此二十年丙固未死，合算之无出入也。

147号（谈议员钺）：有著作权之人，其子孙享权利；数人共同之著作，其子孙所享之权利，固应一律。

议长：此案初读已毕，应交法典股审查，不知应须几日可以报告？

5号（议员润贝勒）：十七日亦可报告。

议长：如此，亦以十七日为本案审查期限。现在续议议事日表第三《修正报律》议案。

73号（汪议员荣宝）：前两次议案均将各该衙门奏折朗读，而将法律条文之朗读省略，本议员意见以为，既有政府特派员说明立法主旨，则上奏文牍之朗读似可省略，而法律条文关系较为重要，虽经刷印分配，再行朗读更觉郑重，似以不可省略为宜。拟请省略奏折之朗读，改为朗读条文，不知诸君以为如何？

议长：（案）［按］照《议事细则》第二十四条，朗读议案，议长得省略之。盖以条文太多，如必须朗读，甚费时间。朗读条文一层似可以省略。

56号（李议员经畬）：可以省略。

117号（雷议员奋）：方才汪议员所倡议，对于《报律》案办法，要求议长不省略朗读，本议员亦表同情。此但对于《报律》一案而言，并非谓所有法律案皆须朗读也。

136号（王议员廷扬）：奏稿亦不能不读，有许多规定、主意却在奏稿之内，所以条文与奏稿均不能不朗读。

73号（汪议员荣宝）：请议长咨询本院，是否省略朗读奏折抑或省略朗读条文？

112号（陈议员树楷）：按《议事细则》，朗读议案此系原则，然有特别情节可以省略，可省略就是例外。至于奏案及各部院条陈均无须朗读，若报告听不明晰，可将奏案分布，毋须朗读条文，然原则总以朗读为是。

议长：汪议员提议此两条，请公众赞成其一，朗读议案条文或朗读原奏？

196号（牟议员琳）：本议员按照《议事细则》二十四条法律案之议决须经三次宣读，曾经议员三分之二以上可决者得省略之。谓之"法律案"则非"奏案"，可知盖法律案一经初读，别无疑问，遂可以省略再读。朗读条文是说"法律案"，并不是说"奏案"。

议长：命秘书官朗读条文。

秘书官（曾彝进）朗读《修正报律》议案文④毕。

议长：请宪政编查馆说明本议之主旨。

宪政编查馆特派员（章宗祥）：现在提出《报律》议案，本员照章说明其主旨。《报律》在光绪三十三年二月十五日民政部会奏，交宪政编查馆覆核，宪政编查馆于光绪三十四年二月十二日请旨颁布施行，至今已两年余。此两年内，政府体察情形，尚有不便实行之处，各报馆亦有以此为请者，要不能不加以改正。于是民政部于宣统元年九月十七日奏请将从前《报律》改正，奉旨依议，钦此。本年二月十三日，民政部奏请将《改正报律》交宪政编查馆覆核。草案之内，最要宗旨有两层：第一层就是说报纸未发印以前，每晚于十二点钟前交该管衙门先行审查，照此办法，限制不为不严，惟不特不容易实行，且有碍报界之发达。国家定《报律》，原为使报界有一个范围，如不守范围，一经检查，当按照《报律》惩罚。若以报纸未发印之前，须经该管衙门检查，殊属多费手续，这是第一层。第二层说《报律》上定种种罚则，

《报律》原是办理报界事件，如有不规则地方，可援此律以惩之。从前未有规定，多在行政衙门办理，各省报馆均在各省行政衙门办理。中国从前报纸未十分发达，亦无甚流弊；现在报纸日见发达，国家颁布立宪，申明司法独立，此项《报律》自应归司法衙门办理，这是二层。除上两层理由以外，还有关于保押费之规定。《报律》原定之保押费，每日发行四回以上者，保押费五百元；三回以下者，保押费二百五十元；而白话报一种，可以不交保押费。此种报纸于民智虽有关系，惟报纸无论白话、文辞，均系开通民智，不能白话报纸就可以不用保押费，此办法似不合于理。且有许多白话报往往不负担责任，而言论出于范围，所以现在草案删去此条，将前所规定保押费五百元改为三百元，前规定保押费二百五十元改为一百五十元，一方面限制，一方面提倡。此外还有几项条文，无关大旨，可以不必说明。宪政编查馆详加覆核，意见均属相同，是以特行提出。总之，政府修正本律之主旨，无非为便于实行起见，一面在于限制不正当之言论，一面即在保护正当之言论，而有希望报纸发达之意，深冀诸君协赞此旨，慎重讨论，俾得早日施行焉。

132号（文议员龢）：本议员对于《修正报律》条文议案第十二条颇有疑义，请质问该条所列关系秘密未经公布者报纸不得登载云云，是否凡系未经公布者，皆认为关系秘密，不得登载；抑或凡系未经公布者，虽非认为关系秘密，亦不得登载？关系秘密应示范围，应定界说，否则窒碍甚多，必致有视为秘密者而不秘密，不应视为秘密者而却秘密者，公布与否，无一定准，则报纸将靡所依据，而阅报者更无所考见矣。

153号（易议员宗夔）：本议员对于《修正报律》第十一条颇有疑问。旧律云发行人、编辑人不得受人贿嘱，颠倒是非，亦不得挟嫌诬蔑，损人名誉，至为严密，至为允当。若修正新律，损害他人名誉之语，不论有无事实，报纸不得登载云云，殊属难解。中国官吏行为之贪污，人民性质之卑下，数年来少有进步，全赖此报纸之监督以救正之。若谓关人名誉之事不宜登载，就如最近之沪道蔡乃煌侵蚀公款牵动全国经济界之恐慌，实在可恶，若禁报纸登载，其何以儆奸慝而伸舆论？并且"不论有无事实"一句,"有无"二字尤为不妥,因有事实即无名誉,不得谓之损害。请起草员说明主旨。

129号（汪议员龙光）：本议员就是为十一条,与易议员所说相同。该条所列不论有无事实之"实"字,与原《报律》第八章报纸登载失实之"实"字同解,原律所谓登载失实,多半是名誉上关系之事,纵有失实,不过登载更正书、辩驳书而已。兹《修改报律》之第十一条谓损害他人名誉,无论有无事实均不准登载,则是原律登载失实尚且无罚,兹则登载属实而并有罚,起草人亦自觉通不过去,于是将第八章"失实"二字改为"错误"二字,意欲移指是事迹上一面,非名誉上一面,殊不知所谓更正辩驳,非有关于名誉,谁乐为此报纸所载？通盘无关人名誉之事,又焉用此？又二十六条云云,如照此办理,将来告诉之人殆无日无之,所谓损害名誉是否有一定标准？如无一定标准,则办报之人日日在监禁之中,时时有罚金之事。凡报馆言论原以主张公道激浊扬清为天职,若加以如此钳制,则报馆无置喙之地矣。

149号（罗议员杰）：本议员对于第十一条有疑,特为质问。日本《报律》第二十五条略云,新闻纸记载事项以诽毁控诉者,除涉于私行者外,被告人可免其诽毁之罪,只分别私行、公行,未尝一律禁止。本案第十一条所指是否分别公行、私行,抑不论公私,一律禁止？请为答覆。

宪政编查馆特派员（顾鳌）：各议员对于十二条疑问,本员可说明。查《现行报律》原文,系以凡未经阁抄官报公布者为不得揭载之范围,然阁抄官报以外,可认为已经公布者尚多,若但以阁抄官报为断,限制未免太严。本条修正案规定为"谕旨章奏及一切公文电报关系秘密未经公布者,报纸不得登载"等语,专就未经公布以前而又关系秘密者为范围,至于如何分别已未公布及是否关系秘密,则应以现行法令所规定或各衙门通行惯例为准。例如章奏一项,但经具奏奉旨行文后,即或未见官报,亦可作为公布。此外各衙门一切公文或电报,在未经标发以前,即系未经公布,即是应当秘密；若标发以后,则可以已经公布论。除该衙门认为应当秘密事件以外,不在本条限制之列。至本条所称"未经公布之章奏、公文、电报"云者，系指章奏、公文、电报之原稿而言，若报纸登载其事由，而体例属于新闻者，除本律别有限制外，自不能以违律论。至于第八条、第十一条、第二十六条，各议员谓为不无冲突或有疑义云云，查第八条之所谓错误与第十一条之所谓损害名誉截然不同。盖"错误"云者，属于本人或关系人事实上之认定，例如报纸登载某官出京，其实并未出京，此本非损害名誉之比，然本人或关系人认为必须更正者，若照律声请或送登更正书时，报馆即应照办。其余错误事件以此类推。惟所载仅属错误，故本条先以更正辩驳为权利救济之途，在未经声请送登以前，不得遽行告诉，斯则保护报纸之微意也。至于第十一条之规定，议员疑为范围太宽，然政府本意并非对于报馆别有限制，第十一条须与二十六条合参，第十一条所称不论有无事实，系紧接损他人名誉之语而来，盖名誉为立身处世之要端，妄加损害，实与伤害生命自由无异。日本《新闻纸法》本条规定亦适用刑法。对于名誉之罪，我国《修正刑律草案》关于名誉罪各条，亦与该国法理同，各本条俱以不论事实有无为限。现在《新刑律》颁行尚需时日，故本律有此规定。《新刑律》施行后，则仍照刑律办理。本案十一条范围表面虽觉其广，然与二十六条互证，则其所得处罚者纯以涉及私事者为限。"私事"云者，专指个人私行而言，私行范围又应以他人不能告发者为限。若违第十一条之登载，报纸能证明其为公益起见，则不在第二十六条处罚之列，即不受第十一条之束缚。总之，一则示登载之限制，以励个人尊重名誉之心；一则示处罚之范围，所以符保障言论自由之旨。查《现行刑律》于讦发隐私之罪，亦与寻常骂言迥别，虽实亦坐，律有明文，斯则中外公同之法理也。本员说明疑义如此。至如何审查讨论，则非本日初读时之所有事也。

190号（吴议员赐龄）：现在本议员对于宪政编查馆提出《报律》议案质问，第十二条未经公布之件，报馆不得登载，但报馆机关全在访员，而报馆价值全在登载新闻，所以访员能闻人所未闻，方为可贵。至于政府秘密事情，应该自守秘密，不能使报馆不调查。若报馆不能调查以便登记，何以谓之新闻？第十一条参之第二十六条第二项，损害名誉不论有无事实，被害人告诉即论罪，则是使报馆立于必败之地。总之，第十条、第十二条、第二十六条之规定，只能实行取缔本国报馆，为摧残舆论之计。在外国报纸不能取缔，此系令外国报纸日形发达；而中国报纸受多方钳制，令通国舆论机关无以自存，必争设立于各租界而后快。现今世界大同，应以世界之眼光，若新闻报纸在中国不能卖而在外国可以通行，中国舆论在境内不可自由，在外国可以自由，岂不是提倡外国报纸，并非提倡中国报纸吗？（拍手拍手）

129号（汪议员龙光）：向来报纸有白话报者，最是开通风气。此项报纸现亦流行，欲定《报律》，应添入维持白话报一层为妙。

134号（余议员镜清）：本议员对于十一条意见与易君相同，似可毋庸发言，旋因贵特派员之说明，谓本条以损害他人名誉为前提，转滋疑窦。条文云不论有无事实不得登载，无事实而登载，报馆应担损害他人名誉之责；既有事实，则已无名誉之可言，尚何损害之有？贵特派员之解释条文似欠明晰，仍请说明。

议长：本议案初读已毕，应付法典股审查，何日可以报告，今天亦应议决。

73号（汪议员荣宝）：恐审查需时，可否改为十九日报告。

众皆赞成。

议长：如此，本条审查期限以十九日为限，议事日表还有一件，但今天已过五点钟，可以展会。

众议员以次退场。

下午五点五分钟散会。

注释

① 国会请愿代表孙洪伊等上资政院书

　　为时局阽危愈甚，臣民望治愈亟，请速开国会，俾宪政得以实行，以苏民困而救危亡，联名陈请泣恳代奏事。窃洪伊等闻事君父者无隐，发于天性之爱，不忍为饰辞也；救焚溺者不趣，迫于祸害之急，不敢循迂节也。洪伊等前曾代表民意，吁请速开国会，迭于上年十二月二十日、本年五月二十二日钦奉明诏，诲以勿骛虚名，勉以一心图治，鉴其忠爱而戒其渎请。洪伊等循诵再四，感极生泣，何敢更犯威严，自干罪戾，顾犹哓哓焉不能已于言者，则以国家危急存亡，实迫眉睫，今日事势，已迥异数月以前，更阅岁时，安知所届！昔人有言，鹿死不择音，又曰疾痛惨怛，未尝不呼父母。洪伊等窃见自五月二十二日以后，时局骤变，惊心动魄者，不一而足。外之则日俄缔结新约、英法夙有成言，诸强释嫌，协以谋我；日本遂并吞朝鲜，扼我吭而拊我背，俄汲汲增兵窥我蒙古；英复以劲旅捣藏边；法铁路直达滇桂，工事急于星火；德美旁观，亦思染指。瓜分之祸，昔犹空言，今将实见。内之则各省饥民救死不赡，铤而走险，土匪乘之，骚乱日告；长沙莱阳，几酿大变。虽幸获戡定，而善后之策，一筹莫展。乱源不拔，为患方滋。此外，各地无不嗷鸿遍野，伏莽满山，举国儳然，不可终日。此等现象，皆起于最近数月之间，非惟洪伊等所不忍闻，当亦我皇上所不及料。昔汉臣贾谊陈时局之危，譬诸抱火厝积薪之下而寝其上，火未及燃，因谓之安。数月以前，我国事势，盖有类于是。今则火既燃矣，且将燎原矣。举国臣民，顾影汲汲，朝不保夕，非赖皇上威德，亦复何所怙恃！此所以不敢避斧钺之诛，沥心泣血而思上诉者也。伏读谕旨有云，国家至重，宪政至繁，缓急先后之间，为治乱安危所系。大哉王言，治道尽于是矣。夫求治，莫要于审缓急先后，而若者宜缓，若者宜急，若者宜先，若者宜后，则不能徒征诸理论也，而当以事实为衡。今中国非实施宪政，决不足以拯危亡，尽人而知之矣。然宪政若何而始实施，此最不可不审也。比者筹备宪政之有名无实，天下共见。中外臣僚，其涂饰敷衍、捏报成绩，苟以塞责者，固所在多有。而一二大吏，亦尝知虚名之不可以久假，欺罔之不可以公行，力陈现在筹备之失当、成效之难期。如督臣李经羲、陈夔龙，抚臣陈昭常、孙宝琦、藩臣王乃征等，皆先后有所献替。虽所求补救之策，各有不同，至其言现在筹备之不能举实则一也。筹备而不能举实，则何如不筹备之为犹愈，于是诸臣中渐有倡停办宪政之说者。夫以今日之所谓筹备，非惟不足以利国，而反以病民，则停之似宜也。虽然，曾亦思孝钦显皇后、德宗景皇帝所以赫然宣布立宪者，其用意果何在乎？使专制政体而尚足以维持国命于不坠，则以在天两宫之圣，亦何乐为此扰扰，以摇惑天下之耳目！先圣之以宪政贻谋于皇上也，盖洞瞩时势，深察民情，知中国非此则不足以图存也。夫朝令暮改，君子犹议其反，况于先朝训诰、为国家定百年大计者，为人臣子，乃敢窃窃焉议废弃乎！是故以现在筹备宪政之不能举实，而务设他法以举其实焉可也，坐是而疑宪政之当废焉不可。此如抱病之夫，缘食增病，不务治病而思绝食，未有不速其死者也。洪伊等以为，筹备宪政之实之所以不举者，皆坐无国会而已。何也？盖立宪之真精神，首在有统一行政之机关。凡百设施，悉负责任，而无或诿过于君上，所谓责任内阁者是也。责任内阁何以名？以其对于国会负责任而名之也。是故有责任内阁，谓之宪政；无责任内阁，谓之非宪政。有国会则有责任内阁，无国会则无责任内阁。责任内阁者，宪政之本也；国会者，又其本之本。本之不立，而末将安所丽？两年以来，所以筹备一无成绩，而宪政二字，几于为世诟病者，皆坐是也。洪伊等恭绎谕旨，谓据各衙门行政大臣奏称按期次第筹备，一切尚未完全；又云仍俟九年筹备完全，再行降旨定期召集议院。皇上慎终于始之盛心，洪伊等具有天良，岂不知感？特不知届九年期满之时，倘筹备仍未完全，亦将召集国会否耶？如云不完全而亦召集也，则等是不完。后之与今，复何所择？如云必完全而始召集也，窃恐似兹筹备，终古更无获完之时。此非洪伊等疏逖小臣吹毛责备之私言,即以国之世臣,如李经羲辈,身处当局,洞悉情伪,而其言之忧危,既已若彼。皇上于召见中外大吏时,试命其自抚良心,问有一人焉敢谓前此筹备之确著成效者乎? 又命其自撼怀抱,问有一人焉敢谓将来筹备之确有把握乎? 他勿其论。即就财政一端言之,自侈言筹备以岁费增加,司农竭蹶,数倍于前,后此且将益甚,筹备案中所列诸要政,虽欲勿停,又安可得! 一事如此,他事可推。若是乎,筹备宪政一语,不过供大小官吏欺罔君父、自便私图之口实,而于先朝殷殷贻谋之本意,更复何有! 我皇上如谓今日中国可以不复筹备宪政也,则洪伊等亦复何言; 亦既知筹备之不可以已矣,又灼见乎二三年来,所谓筹备者之一无实效矣,而不深考其所以无效之故,而别思所以致效之途,此洪伊等所大不解也。夫筹备何以能有效? 必自行政官各负责任始。行政官何以能负责任? 必自有国会以为监督机关始。是故他事皆可后,而惟国会宜最先; 他事皆可缓,而惟国会宜最急。谕旨谓缓急先后之间,为治乱安危所系者,岂不以此耶? 昔汉臣刘向上成帝封事云:"下有泰山之安,则上必有累卵之危。陛下为人子孙,保持宗庙,而令国祚永移,降为皂隶,纵不爱身,奈宗庙何!"其词危苦,千载下读之,犹将流涕。而独怪当时时主,处彼岌岌之势,闻此謇謇之言,何以漠然曾无所动于中? 或明知其善而莫能用,坐使身死国亡,为天下笑? 岂天命不佑,非人力之所能回; 毋抑在上者不能听言择善,有以自取其咎也? 今国势之危,过于汉季者且将十倍,出万死以求一生,惟恃国会与责任内阁之成立。及今急起直追,犹惧已迟,更复荏苒数年,后事何堪设想! 夫自五月二十二日以迄于今,不过数月间耳,而事变之咄咄逼人,已再四而未有已。盖悬崖坠石,愈近地而速率愈加。今后数月中,其可惊可痛之事,恐将又甚于此数月。而筹备案之敷衍,告竣乃须期诸六年以后。此六年中,内忧外患,谁复能料! 而长以此泄沓阘冗、不负责任之政治应之,祸变之惨,岂复臣子所忍言者哉! 昔朝鲜当光绪二十一年,其主亦尝誓庙告天,宣言预备立宪,设责任内阁。其所颁大诰十二条,略与我宪法大纲相类,徒以无国会之故,监督机关不立,凡百新政,皆有名无实。利不及弊,坐是鱼烂,以底于亡。诗曰:"殷鉴不远,在夏后之世。"若朝鲜者可以鉴矣。洪伊等诚知冒渎宸严,罪合万死,徒以时局煎迫,朝不逮夕,国脉民命,系兹一线,谨合词沥血陈请贵院迅赐提议,于宣统三年内召集国会,并请提前议决代奏,恭候皇上圣鉴,训示施行。须至陈请者。(《国风报》,1911年第1年第26期,第87—92页)

② 地方学务章程原奏及理由书一件

谨奏。为酌拟《地方学务章程》请旨饬交资政院议决恭折仰祈圣鉴事。本年五月三十日军机处片交,查《资政院院章》第十五条,前条所列第一至第四各款议案,应由军机大臣或各部行政大臣先期拟定,具奏请旨,于开会时交议等语。现在开会有期,此项议案应由各衙门查照《院章》,先期拟定,以备届期请旨交议等因,自应遵照办理。窃维教育行政,经纬万端而因时制宜,自以注重小学为允要。比年以来,地方小学未能骤有进步,揆其原因,厥有数端。一则以地方学费担负未有规定也。东西各国,两等小学多不征收学费,其办学之款,或取诸原有公款公产,或取之各种税捐。中国地方,办理学务而无专款。地方税章程尚未制定,筹集处理无成规之可循,更未闻有所谓基本财产者。然当学堂未设之时,富家子弟延师有费至百数十金者,即贫民子弟附入义塾修脯,亦在千钱以外,此项费用为数岂少? 不过无所统计，故亦习焉而不觉。今欲合私家之力以充公益之用，惟恃国家有法律以规定之，则人人知地方办学之费，即父兄为其子弟担任入学之费，责任实无可辞，庶经费易于筹集矣。二则乡僻地方办学不易也。办理学堂，自以地方之财力为衡，乡僻之区，或因户口过少，或因贫困无力，间有难于立学之处。各国力求教育普及，乃设为学区连合及委托代办之法，以济其穷。惟非有国家法律以规定之，则教育事务，委托于人者或有置身事外之嫌，受人之委托者或有为谋不忠之弊。则事务之管理、处置之方法，必有当受其成者矣。三则地方办学责成无所专属也。臣部奏定《劝学所章程》，劝学员于本管区内调查筹款兴学事项，劝令各村董事切实举办。原为推广学务起见，但地方绅董热心公益者恒不多见，而责成不专，良善者恒以袖手为高，不肖者遂以武断从事，于地方教育实有障碍。现在《地方自治章程》业经颁行，劝学之区应丽于自治之区，则地方教育事项所应执行者皆法律所认定，于权限无所逾越，即事务无所推诿，庶热心公益之人无所掣肘，而地方学务日有起色矣。臣等公同商酌，拟定《地方学务章程》凡十八条，大要以地方之财办地方之学，即以地方之人治地方之事，于教育普及前途不无裨益。应请旨饬交资政院议决施行，以重学务。除咨宪政编查馆核定，并将理由书送馆备查外，所有拟定《地方学务章程》缘由，谨缮折具陈，伏乞皇上圣鉴。谨奏。

地方学务章程

第一条说明：地方自治事宜，非止学务一端，故《自治章程》中关于学务之规定，不过略举大端，不能详尽。奏定《学务章程》专为学务而设，其规定较详，各处地方学务，自应并遵以上两种章程办理。现值预备立宪时代，尤以教育普及为要，设立初等小学及简易识字学塾，是为国家委任之事务也，地方自治职务须照章奉行。

第二条说明：连合会见《城镇乡自治章程》第十三条，而乡学连合会为地方学务一种之连合也。其必须连合之故，一则就学儿童数目过少，不足设立一堂；或乡中之一部，有与他乡往来甚便，而与本乡往来反不便者，所谓地方偏僻是也；一则乡中贫困，其资力不能独任小学之设置，必与他乡连合，力始能及，贫富相并，而贫困之乡其负担可以轻减，所谓财力薄弱者是也。遇有以上情形，得由各乡协议设立乡学连合会。《速记录》原文中存在"连合会""联合会"两种用法，依原文，不按现在用法统一。——校注者

第三条说明：第二条立法之意，在以乡学连合会济教育普及之穷。本条所以定实行连合之法，关系至为重要。故当各乡协议设乡学连合会时，即须将连合会之编制暨事务之管理等项，一一付议而规定之也。本条第二项所定权限，见《府厅州县地方自治章程》第四十五条第六项，所谓公断和解城镇乡自治之权限争议事件是也。

第四条说明：《城镇乡自治章程》第十一条，城镇有区域过广人口满十万以上者，得分为若干区，并未及定乡之分区办法。按《城镇乡自治章程》第二条，人口满五万以上者为镇，人口不满五万者为乡。就乡而论，僻陋之乡，人数固有至少者，然在定章之范围内，四万九千余人固亦谓之乡也。有四万九千人之乡，以每十人得学龄儿童一人计，一乡就学儿童应有四千九百余人，每小学容学生二三百人，一乡应有小学堂十数所。以此烦重之责务，若概委之总董及董事数人，势难兼顾。乡已如此，城镇更无论矣。故今特定城镇乡及乡学连合会，关于教育事项，如遇宜于分区之时，应一律准其分区。

第五条说明：教育普及为国家要政，所需经费必当由各地方负担，更无疑义。

凡在各区内居住者、流寓者、有土地房产者、设肆营业者，均为与本地方深有关系之人，即对于本地方学务均有设立维持之责。至本条所云"本区原有公款公产，除《城镇乡地方自治章程》第九十五条所定外，得就收入内先拨充教育经费"等语，盖谓除公款公产内系私家捐助，当时指定作为办理某事之用者，不得移作他用外，其余一切公款公产之收入，当先充之教育经费。

第六条说明：本条之意，以国家谋教育普及，必须设种种变通方法，使学龄儿童得受小学教育。各地方有为财力及其他事故所限，不能自行教育其儿童者，故于乡学连合会外，特设委托代办之法，使儿童便于就学。至某地方应受某地方之委托代办其儿童教育事宜，则当以监督官府之训令为断。

第七条说明：乡学连合会原为一时取便兴学而设，各乡逮日后情形改变，而财产之问题以生，或因连合解散而处理不无胶葛，或因独任学堂之设立维持与受儿童教育事宜之委托，其负担不无偏畸，斯皆事理之所恒有者也。负担务期平均，财产处分务期允当，苟经关系各乡之协议，即能妥洽，斯诚善矣。否则应从《府厅州县自治章程》第四十五条第六项之规定以处理之。第二项更详定委托办法，其议决之权限与前项例同。

第八条说明：按《城镇乡自治章程》第一百零二条，城镇乡自治职员各以该管地方官监督之。又《劝学所章程》第一条总纲，各厅州县各于本城择地设立公所一处，为全境学务之总汇。第三条选举职员，劝学所以本地方官为监督，设总董一员，综核各区之事务，由县视学兼充。是城镇乡自治职与劝学所同受地方官之监督，城镇乡自治职担任一城、一镇、一乡、一区兴学筹款之责；劝学所总董综核各区兴学事务。《劝学所章程》内所列学堂董事之责任，是即各区自治职之职任也。所列劝学所总董之责任，是即劝学所应执行之事项也。并自治委员见《府厅州县地方自治章程》第四章第二节，办事员见《城镇乡地方自治章程》第八十五条，凡未设劝学所地方得由地方官委以执行教育事项之职任，则责任固有所专属矣。

第九条说明：地方学务为国家根本大计，事在必行，且为地方永久事业，断不容半途停止。使无基本公产及储备公款，一切经费无不责之地方收入，既易阻教育之发达，而人民负担亦永无轻减之一日。故欲维持设立学堂及所有地方教育事项，必不可无基本公产及储备公款也。

第十条说明：地方自治体照章应受地方官之监督，故前条所例之公产公款筹集及处理，须经监督官府核准覆议，原定办事宗旨，所动用之储备公款，以此种款项其用法已核定在前，故无取续请核准也。

第十一条说明：基本公产既为教育而设，此项公产所生之利息，自应列为教育专款，别项自治费用不得移用此款也。

第十二条说明：私家捐助关于教育款项，既非地方经常收入可比，自应特别存储作为基本公产，以厚教育经费之根本。若夫私家捐助，既经指定所办事件，则应作例外，冀合捐助者之本意也。

第十三条说明：学费，如学生所纳受业费之类、各项使用费，见《府厅州县自治章程》第七十四条第三项。此等费用除地方教育经费不足，可以暂资补助外，其余均得作为基本公产或储备公款。

第十四条说明：地方教育基本公产，由积蓄而得者最为可恃。府厅州县城镇乡或乡学连合会及其区之岁出余款，可用为积蓄之资者也，作为教育基本公产，于教育之进步关系至巨。至酌增岁入若干作为公产公款者，以教育为永久事业，此日虽稍有增加，实即为异日轻减负担之地，可斟酌而行之也。

第十五条说明：我国创兴学务，在《地方自治章程》发布之先。《自治章程》发布以来，别项经费用学款改充者，事所恒有。而本章程颁布，复在《地方自治章程》发布以后，依本条所定，向日所筹学款自仍应拨归学务，但本章程颁行之后，各地方筹议一切实行办法及清理款项尚须时日，且府厅州县参事会之成立期在明年，故规定之时效，亦即从宽，以三年为限也。

第十六条说明：本条与第一条之意义互相关联，即国家先后所颁一切法令章程，凡关于地方教育事务之监督与惩罚，及国家教育事务之委任各条，悉当遵守。

附条

第十七条说明：本章程关系于地方教育，至为重要，故实行限期，务期从速。

第十八条说明：府厅州县参事会有代议决城镇乡事件之权，见《府厅州县自治章程》第四十五条及本章程第三条。府厅州县参事会未成立之时，要地方长官有监督之责，故以代议决之权，属之监督官府。

（《资政院知会、折奏、章程、说帖、质问、知情等案件》第四册《资政院第二类地方学务章程议决案》，"地方学务章程原奏及理由书"，宣统二年铅印本）

③ 《著作权律》原奏及理由书一件

谨奏。为拟订《著作权律》缮具清单请旨交议恭折仰祈圣鉴事。窃维著作一端，东西各国均设专律，确立范围，保障权利，故学问、艺术日异月新。现在预备立宪，国民程度正期继长增高，欲谋思想之交通，必得推行之无弊。臣部职司警政，首在保卫治安。而高等治安警察之中，尤以集会、结社、新闻、著作数端为最要。所有报律、结社集会律等，业经臣部奏请核定施行，则著作权之专律自当及时订立。臣等督饬司员，悉心参酌，谨拟成《著作权律》五十五条，并疏通证明，加具按语，咨送宪政编查馆覆核。兹据宪政馆核讫，咨覆到部，敬谨缮具清单，恭呈御览，并请饬交资政院议决，照章办理。所有拟具《著作权律》缘由，谨恭折具陈，伏乞皇上圣鉴。谨[奏]。

《著作权律》案理由书

第一章　通则

案：本章揭明著作之范围，即著作权所由附丽。凡应受检定或审定之著作物，及有检定审定合权之该管衙门，俱以本章所规定者为准。至检定审定后之注册，尤为享受保护之必要。故亦列诸通则，所以挈第二章以下各条之纲领也。

第一条说明案：本条为揭明著作权之定义。文艺、美术等物云云，系采用概括主义。文艺如诗文、曲本、乐谱、笔记、说部、戏本等类，美术如图画、碑帖、照片、雕刻、模型等类。此两种为个人精神劳力之产物，无论何国法律，皆置于同一保护之中。本条所称文艺美术，虽可分别解释，然就保护一方而言，则实无丝毫区别也。

又案：美利坚、匈牙利等国著作权法规定，著作者于著作物有重制及发行之权。然发行权本包含于重制之中，不重制即不能发行，无待辩也。美、匈等国既有重制，又言发行，不免为重复之规定。本条采德意志、比利时立法主义，故仅规定重制之权。

第二条说明案：本条为规定检定权限，凡经呈报检定者，固应受本律之保护，其未经呈报检定者，自不在保护之列。至教科书籍，于教育上关系最大，故应由学部审定之，原所以求学术文艺之发达，抑所以求教育宗旨之统一也。

第三条说明案：此条为规定检定或审定之方法，凡愿受检定或审定者，在外可将样本送呈各该管衙门，由该衙门申送民政部或学部核办。盖中央地方行政各衙门，既有一定系统核办之权，自应各受成于主管部也。

第四条说明案：著作呈经检定或审定后，其权利即可作为确定。惟欲得本律完全之保护，非经农工商部注册不可。盖意匠、商标、特许各项注册事，隶农工商部职掌，著作权系属意匠范围，故本条规定咨照农工商部注册给照，即受本律保护之始期也。

第二章　权利期间说明

案：本章为规定著作权之权利期间，凡权利无特别规定，则继续于永远。著作权虽可继续，而必定以期限者，良以立法精神固为保护著作者个人之利益，仍以不害社会之公益为要，设不特定继续限期，则有著作权者势必为垄断之术，故高其价格，使世之人不得受著作之利，甚非所以谋学术之发达。现今无论何国法律，均以发行后经过一定年限，其权利即作为消灭，得任人自由重制。本章规定期间，盖亦原本此意也。

第一节　年限

第五条、第六条说明案：各国规定著作权期间，有最长者如西班牙，著作者终身后继续至八十年；法兰西、比利时著作者，终身后继续至五十年；有最短者如英吉利，著作者终身后仅继续七年；日本昔日版权法规定，著作者终身后继续仅五年。然期间失之长与偏于短，或不免妨社会公同之益，或无以励竞争著作之心，其弊均属相等。本律第五条及第六条规定，系采用德意志、奥地利、匈牙利等国主义，定为著作书终身后得继续至三十年。日本现行著作权法，继续期间亦以三十年为限，洵折衷至当之制也。

第七条说明案：本条为规定著作者死后之著作权继续期间。世间往往有若干著作，终其身不及刊行，而待后之子孙始充公于世者，故本条特表而出之，皆国家所以奖拟作者之微意也。

第八条说明案：官署、学堂、公司、局所、寺院、会所等类在法律上认为无形人格，就理论言，无形人格似不能有著作，然官署等类发行著作，实际上往往见之，如各部院统计表册，铁路公司报告即其例也。

第九条说明案：著作物揭载著作者姓氏与否，为著作者之自由，故不揭载真实姓氏，但遵照本律呈报者，亦得受本律保护。

第十条说明案：照片之得有著作权，其期间必较他种著作物缩短者，因照片系依光线作用而成，为事尚易，非若他种著作物须费几许意匠经营也。故照片著作权仅规定为十年，惟附属于文书中之照片，既非主物，则不适用本条之规也。

第二节　计算

第十一条说明案：注册为权利确定之始期，故计算年限应自注册日起。

第十二条说明案：编号逐次发行之著作，如杂志、报告书等类，是此种著作或多或少，本无定限，故计算应自每号每册呈报日起。

第十三条说明案：分次发行之著作，如字典、讲义录之类，接续发行一部分，合全部分始成一册是已。此种著作既须俟各部分完备后，始成为一种著作物，自应由末次呈报日起算年限，其发行后经过二年尚未接续，即以既发行之部分作为末次呈报者。因呈报后经时过久，仍未按续呈报，若不加以制限，必生无穷弊端。故二年后所发行之物，应作为新著作另行注册，所以示呈报后之限制也。

第十四条说明案：子孙发行先人遗著，其先人既故，本无终身可言，故计算应自该子嗣呈请立案批准之日起。

第十五条说明案：本条为规定数人共有著作物，其年限应如何起算。譬如甲、乙、丙三人共著一物，其中乙死最后，即以乙死后其子嗣呈请立案批准之日，为起算标准也。

第三章　呈报义务

说明案：凡著作者，既依于本律而享有各种之权利，即应依于本律而负有一定之义务。此种义务系听许者，而非强制者，实与人民普通，对于国家之义务不同。盖不愿受检定或审定以行使其著作权，即可不行呈报，但不能享受本律保护之权利而已。此义务与权利相互之通例也。

第十六条说明案：著作物揭载著作者之真实姓氏与否，原属著作者之自由，惟呈报时应记出本身真实姓名，其权利始能确定。本条规定系专指呈报，非谓著作必揭载其真实姓氏于著作物也。

第十七条说明案：本条为规定官署、学堂等呈报方法。盖官署、学堂等所发行之著作物，与私人著作不同，则呈报之法自不能无所区别。故本条第一项规定，凡学堂、公司等出名发行之著作，应用该团体名称附以代表姓名呈报；第二项规定，以官署名义发行者，则不别咨报各本部可也。

第十八条说明案：无主著作物，事实上在所必有，若不明确规定，往往有业经发行后，有出首承认为已有者，则彼此争执，其权利遂难于确定，而讼争因之而起。本条拟发行无主著作物者，令其将原由预登官报及各埠著名报纸，公之于众，并定以六个月为限。若于六个月以内，不出首承认，则法律上可推定为抛弃权利，虽确系原著作者，亦不能再向发行者主张也。

第十九条、第二十条、第二十一条、第二十二条、第二十三条说明案：上各条皆属于呈报方法之规定，著作者不能怠于此等义务也。

第四章　权利限制

说明案：著作权既可行于终身，而子孙又得继续至三十年，若竟漫无限制，势必致趋重个人之私益，而公益将受无形之影响，非国家奖励著作保护私权之本旨也。故本章特先声明，权限庶著作者之应否享其权利，各有一定范围；其次则设禁例；再次则设罚例。凡以使主张著作权者，其利害不致涉及他人，而侵损著作权者，其惩罚不能稍为宽纵，亦纳民轨物之深意也。

第一节　权限

第二十四条说明案：数人合成之著作，数人应有平等权利，固不待言，然以一人之异议而牵动全体，不待余人受其拖累，其害且影响于公益法律，于此不能不加以限制。故规定能分别之著作，听其提开；不能分别者，给以相当之酬，庶免争执而昭公允。

第二十五条、第二十六条、第二十七条说明案：上各条皆系著作权介于两者之争，照本律分晰规定其权利，乃各有所属也。

第二十八条说明案：各国于翻语多视为重（列）[制]之一种方法，包括于著作权中。如日本著作权法第一条，即揭明此义。我国现今科学，多恃取资外籍，不能不审量国情，变通办理，故本条揭明从外国文著作语成华文者，其（绎）[译]本之著作权归终者有之。

第二十九条说明案：本条规定所以杜剿袭他人著作之弊，其能就原著阐发新理者，自属别费心思，法律当予以同一之保护也。

第三十条说明案：已注册之著作权，其权利业经确定，遇有侵害，自应向该管审判衙门呈诉，以为私权救济之途。

第三十一条说明案：凡不应享有著作权之物，而听令一私人之专利，其妨阻社会文明者甚大，故本条为设限制也。

第三十二条说明案：著作权固为个人之私，然而有应视为公共利益者，法无明文，争论必多，故本条有此规定也。

第一节　禁例

第三十三条、第三十四条、第三十五条说明案：有各条所以申明禁例，凡对于有著作权之物，或应视为公有者，而翻印仿制，改窜更名，皆法所不许也。

第三十六条说明案：著作物不用真实姓氏发行，本律固未禁止，惟以己之著作假托他人姓名发行，则在本律禁止之（刊）[列]。本条假托云者，即未得他人允许之意也。

第三十七条说明案：教科书中所设问题，原系为学问上之研究，且必已为学部所（深）[审]定者，若擅作答词发行，无论所答是否正确，皆在禁止之列。

第三十八条说明案：著作权为财产权之一种，既有金钱上之价格，即可为抵债之用。本条规定未发行之著作，未经原主允许，不得强取抵债，是专从禁止一方面言。若已经原主允许，即以之抵债，本律固未尝禁止也。

第三十九条说明案：假冒他人著作，本律已设为禁例。惟假冒范围若涉于太广，则以他人之文艺或美术供参考之用者，将动辄触法，本条将不得以假冒论者，逐条揭出，庶解释本律者有所遵循也。

第二节　罚例

第四十条说明案：本条规定假冒者与知情代为出售者，应受同一之罚；四十元以上四百元以下，不过定罚金之最多数与最少数而已。总之至多不得过四百元，至少亦不得减至三十九元，本条仅定多寡范围，而不确指一定金额者，盖假冒情节重轻，各有不同，当由审判官临时斟酌定之，现行法令亦多同此法例也。

第四十一条说明案：本条为规定假冒者之附加处分，凡假冒他人著作权，除照前条科罚外，假冒者所得之利益，即被损者所失之利益，责令赔赏，于理固宜。至印本、刻板及供假冒使用之器具，没收入官，亦当然之理也。

第四十二条、第四十三条说明案：上二条规定皆系对于违反禁例之处罚，伸缩范围不同，因情节各有轻重也。

第四十四条说明案：本条规定侵损著作权之案，须被侵损者之呈诉，始行准理。

被侵损者指有著作权之著作者，或其法应继续之子孙，或有抵押权者而言。盖因侵损本无一定之标准，往往有此以为侵损，彼以为非侵损，且事属私权，难保无自由抛弃之人，故本条规定有呈诉权者，以被侵损之各本人为限。

第四十五条说明案：数人共有之权利，若一己损失，必受共有者之束缚，非息争之道，故本条有此规定。

第四十六条说明案：侵损私权之案，应分两种，如因数人共有，或子孙事继，及其他适用民律之损害赔偿者，则为民事。如因假冒而侵及著作权，事属诈欺，及触犯本律应予科罚者，为刑事。本条规定，不论为民事诉讼或刑事诉讼，原告呈控时，应出甘结存案者，盖因原告如所控不实，依法赔偿，此一定之理也。

第四十七条说明案：假冒出于无心，原在可以宥恕之列，惟不应得之利益，仍应偿还本人，始为平允。

第四十八条、第四十九条说明案：上二条皆规定未经呈报及呈报不实者处分之法，一则量科罚金，一则仅予撤销。情有轻重，故罚例亦有等差也。

第五十条说明案：本条为规定呈诉及告发期间，凡犯四十条以下各条之罪者，限于二年内准其呈诉或告发。若已过二年，虽有触犯本律四十条以下各条之罪，其呈诉告发均作无效。

第五章　附则

说明案：施行期限明揭于本章，乃立法之通例。惟著作之为物，非必缘于施行本律而始发生。吾国文化发达，远在数千百年，未有此项法律以前，著作之属于文艺美术者，盖亦美不胜收。若以年代绵渺之著作，滥事之张或人物并存之著作，听其湮没，均非扶翼人文之道。故本章酌定年限，使旧有著作及业经翻印仿制者，各有一定之章程。末附征费及呈报各格式，亦所以求利便推行之意也。

第五十一条说明案：施行期限所以规定三个月者，盖恐行之过骤，人不周知，呈报之义务无从履行故也。

第五十二条说明案：地方官给示保护，皆因未有本律以前，特以官厅命令为保护之具。自本律施行后，此种保护效力，自应作为消灭。惟限期不能过促，以免有碍推行。本条限于本律施行后六个月内，准其呈报注册，自系酌中之制。若至六个月逾限不报，与竟不呈报者，是自抛弃其著作权，而并怠于呈报之义务，即不得受本律之保护也。

第五十三条说明案：距今三十年内之著作，即以本律绳之；其本人终身及子孙继续年限尚未经过，准其保护，亦当然之义也。

第五十四条说明案：本律施行前翻印仿制之件，其着手时并不得视为违法，予以五年发行之限，亦保护私人财产之通义也。

第五十五条说明案：本条系规定应纳公费之数，呈报、注册、领照等项皆为享有著作权之根据，即不能不纳一定之费用，此亦中外公同之例也。（"《著作权律》原奏及理由书"，《资政院文案七种》第六册《资政院第二十类著作权律案》，宣统二年油印本）

④《修正报律》条文

第一条　凡开设报馆发行报纸者，应由发行人开具下列各款，于发行二十日前，呈由该管官署，申报民政部或本省督抚咨部存案：一、名称；二、体例；三、发行人、编辑人及印刷人之姓名、履历及住址；四、发行所及印刷所之名称及地址。

第二条　凡本国人民年满二十岁以上，无下列情事者，得充报纸发行人、编辑人、印刷人。一、精神病；二、处监禁以上之刑，开释后未满三年者。

第三条　编辑人、印刷人不得以一人兼充。

第四条　发行人应于呈报时分，别附缴保押费如下：一、每月发行四回以上者，银三百圆；二、每月发行三回以下，银一百五十圆。其专载学术、艺事、章程、图表及物件报告等项者，免缴保押费。

第五条　第一条所列各款，呈报后如有更易，应于二十日内重行呈报，发行人有更易时，在未经呈报更易以前，以假定发行人之名义行之。

第六条　每号报纸应载明发行人、编辑人及印刷人之姓名及住址。

第七条　每号报纸应于发行日递送该管官署、本省督抚及民政部各一份存查。

第八条　报纸登载错误，若本人或关系人声请更正，或送登更正书、辩驳书，应即于次回或第三回发行之报纸更正；或将更正书、辩驳书照登更正；或登载更正书、辩驳书，字形大小须与记载错误原文相同。更正书、辩驳书字数逾原文二倍者，得于该报登载告白，定例计字收费。若更正辩驳词意有背法律，或不署姓名及住址者，毋庸登载。

第九条　登载错误事项，由他报抄袭而来者，虽无本人或关系人之请求，若见该报更正或登载更正书、辩驳书，应即于次回或第三回发行之报纸分别照办，但不得收费。

第十条　下列各款报纸不得登载：一、冒渎乘舆之语；二、淆乱政体之语；三、妨害治安之语；四、败坏风俗之语。

第十一条　损害他人名誉之语，不论有无事实，报纸不得登载。

第十二条　谕旨章奏及一切公文书电报，关系秘密，未经公布者，报纸不得登载。

第十三条　外交、海陆军事件，经该管官署禁止登载者，报纸不得登载。

第十四条　预审事件于公判以前，报纸不得登载。

第十五条　诉讼或会议事件，按照法令禁止旁听者，报纸不得登载。

第十六条　在外国发行之报纸，有登载第十条所列各款者，不得在中国境内发卖或散布。

第十七条　论说、译著系该报创，有注明不许转登字样者，他报不得抄袭。

第十八条　不照第一条、第五条第一项呈报发行报纸者，处发行人以五圆以上，五十圆以下之罚金。

第十九条　不具第二条所定资格，充发行人、编辑人或印刷人者，处该发行人以五圆以上，五十圆以下之罚金，其编辑人、印刷人诈称者罚同。

第二十条　违第四条第一项者，以未经呈报论。

第二十一条　第四条第二项所指各报其登载有出于范围以外者，处该编辑人以五圆以上，五十圆以下之罚金。

第二十二条　违第六条、第七条者，处该发行人以三圆以上，三十圆以下之罚金。

第二十三条　违第八条第一、第二项或第九条者，处该编辑人以三圆以上，三十圆以下之罚金。前项之罪，若所登载系属私事者，非经被害人告诉不论。

第二十四条　违第十条登载第一、第二、第三款者，处该发行人、编辑人、印刷人以二月以上，二年以下之禁监，附加二十圆以上，百圆以下之罚金。其印刷人实不知情者，免其处罚。

第二十五条　违第十条登载第四款者，处该发行人、编辑人以二十日以上，六月以下之监禁，或二十圆以上，二百圆以下罚金。

第二十六条　违第十一条者，处该编辑人以二十日以上，六月以下之监禁，或二十圆以上，二百圆以下之罚金。前项之罪非经被害人告诉不论。本条第一项之罪，若编辑人系受人嘱托者，该嘱托人罚与编辑人同。其有贿赂情事者，得按贿赂之数，各处十倍以下之罚金。若十倍之数不满二百圆以下之罚金，贿赂入官。本条第一项之罪，除涉及私事者外，若被告人能证明其专为公益起见，并无恶意者，得免其处罚。

第二十七条　违第十二条、第十三条、第十四条、第十五条者，处该编辑人以二十日以上，六月以下之监禁，或二十圆以上，二百圆以下之罚金。

第二十八条　违第十六条者，处该发卖人、散布人以二十日以上，六月以下之监禁，或二十圆以上，二百圆以下之罚金，报纸入官。

第二十九条　违第十七条者，处该编辑人以三圆以上，三十圆以下之罚金。前项之罪，非经被害人告诉不论。

第三十条　犯第十八条第一项之罪者，至呈报之日止，该管官署得以命令禁止发行。（"修正报律条文议案（政府提出）"，《宣统二年资政院议案条文》，清末铅印本）

资政院第一次常年会第七号议场速记录

【标题】资政院三杰初露头角

【关键词】振兴外藩实业并画一刑律议案 河南试行印花税 易宗夔 罗杰 雷奋 速开国会

【内容提示】主要讨论理藩部提出的振兴外藩实业并画一刑律议案，多数议员认为理藩部所提出的只有理由而无方法，只是议题，不成其为议案。关于河南试行印花税一案，有议员认为应待国会开后，相关法律厘定才可行，否则即是加重人民负担，所得税应先从官场办起才是正理，易宗夔并指出："我们是谘议局间接所选者，不是人民直接所选者，准诸不出代议士不纳租税之通例，我们自不能代表人民承诺新租税。"值得注意的是，易宗夔首先提出资政院应讨论速开国会问题，认为它才是解救危亡的关键所在；于邦华更指出政府不将速开国会等重大议案提出则是政府的搪塞之计；雷奋则阐释了政府特派员在议场发言的时间和方式等。被后来称为资政院三杰（易宗夔、罗杰、雷奋）的议员开始崭露头角。

宣统二年九月十五日一点三十分钟开议。

议事日表第五号：

　　第一，振兴外藩实业并画一刑律议案（政府提出）；

　　第二，议设审查振兴外藩实业并画一刑律议案特任股员；

　　第三，河南试行印花税核议案，会议；

第四，湖南湘汉航业核议案，会议。

秘书长：今天议长因病不能到会，请副议长代理。

副议长：今天议员到会者共一百四十九人，现在应由秘书官报告文件。

秘书官（张祖廉）承命报告文件毕。

副议长：现在按照议事日表第一振兴外藩实业并画一刑律议案，①由秘书官朗读议案。

秘书官（曾彝进）承命朗读议案。

朗读毕。

副议长：请理藩部说明该议案之主旨。

理藩部特派员（文斌）：本特派员先代理藩部尚书宣布行政方针，并说明议案主旨。我国藩部屏卫西北，外接邻邦，内与各行省相为维系。现因我国预备立宪，藩政尤重，然欲极力整顿藩疆，非合全国之力不能措手。今幸资政院开院之始，业将本部要政之应议者奏请交议。凡所以振兴教育损益治化者，又必合蒙古、回、藏诸部落，方为完备，兹定为先近后远之办法，由内蒙古而外蒙古而西藏、回疆，以为进行之准备。凡此办法，悉由主旨发生，而主旨即由行政方针所出，约分两层：一层系命意之所在，一层是办法之必要。命意所在又分两层：一层系狭义，一层系广义。狭义系整理各藩，对于藩部一部分而言；广义则因藩部为内地之屏翰，藩部无虞，内地方克保全，此系对于全国而言。是以此案重要之目的，即在保富恤藩。虽然，论保富之大旨，则种种进行方法，非有财力莫能毕举，如兴学、练兵诸要政是也，故先以振兴实业为基础。其次论恤藩之大旨。蒙古刑律系一种特别刑律，盖蒙古刑律在未改刑律以前轻于内地，今则大半重于内地，凡以流徒论者均系遣发内地，往往有未至其地，其囚因水土不服而死者，所以此种刑律应行改定。至论及办法，虽似不成议案，然国朝治藩部与各国治属地不同，既在蒙地办实业，则须蒙古议员认可，而公司集股又不分蒙汉，则与地方财力相关，所以必须全体议员认可。刑律二条系改定法律，尤须交院议决通过后再定条文。理藩部提出议案大意如此，本员代行政大臣说明。

至于实业有调查报告，刑事亦有专司，如有质疑，均有经管各员答覆。所有理藩部议案请诸公互为研究。

187号（刘议员述尧）请发言。

副议长：听不清楚，请登台发言。

187号（刘议员述尧）：本议员对于此案疑问颇多。方才政府委员所言，谓先将此案征集各员意见，俟表同情将全案通过，方再提出办法云云，不知说到振兴实业，无论何人，想总是表同情的，故现在所当研究者，不在实业应振兴与否之问题，而在用何种政策，始能使实业振兴之问题。此案既以振兴实业为宗旨，则进行手续不贵有凭空设想之理论，而贵有切实可行之办法。办法是议案成立要素，无此要素，即不能成为正式议案。即使议决，亦断不能有丝毫效力发生。试问不能发生效力之议案何必提出交议，徒费议事时间！且无办法，何从审查？无条件，何从修正？此疑问一。如案内所称，兴办实业先由设立公司入手，并先设银行，然则既认定公司、银行为振兴实业之必要，则或官办或商办或官商合办，无论若何着手，均须定有专条，乃藩部只听人民遵照农工商部章程办理，除"会同核准"四字之外，并未有何等之设施。既非特别提倡，又无异常奖励，果用何术能得蒙汉人等乐于投资公司、银行？何时始能成立乎？此疑问二。垦荒一条，既谓宜就未经放出之荒地先行试办，则必定一试办之章程、设一试办之机关，乃无论蒙人自种或租种或雇种，悉听其便。设如蒙人既不自种又不租种并不雇种，亦将听其便乎？不听其便，无规定取缔之明文；悉听其便，则何谓垦荒？何以云试办？此疑问三。森林一条，只据调查报告，备举各盟旗出产地及出产品物之种类，独至某某等处，则称或谓不能成林。究竟能否成林？或云向无销售。究竟有无销售？到底有何法可使成林？有何法可使畅销？此疑问四。渔业一条，既主张设立渔业公司，自必深虑人情风俗习惯，措置方有条理。兹案内所称，或云蒙人不食，或云捞打自打，或云不会捞打。此等虚拟之词，毕竟状态若何，漫无把握。区区调查尚难明确，种种计划果否适宜？此疑问五。至畜牧、矿务二条，只主张模范牧场，而如何组织未有标准，只报告煤矿产地，而如何开采未有要领。此疑问六。总之，若论振兴实业，万无不赞成之理；但不说明办法，实无从发表意见。请政府委员逐条答覆，以释疑义。

副议长：诸位议员若有疑问，可声请理藩部说明。

18号议员（贡郡王）：对这件议案有几件疑问。方才据理藩部所说，是保富恤（案）［藩］，第一层是要保富，第二层是要恤藩，所以振兴外藩实业画一刑律，并且原案有改良进化之言，所以提出此项议案出来。但是振兴实业是一件事情，保富恤藩又是一件事情。请问理藩部：除此以外，还有比此更为要紧之办法否？还有一层疑问，原案入手办法是设立公司，振兴实业一项事情很大，设立公司虽然是入手办法，而除此之外，还有比此更为重要之事情否？除去这个办法之外，还有别项办法否？此又系一条疑问。振兴外藩实业，蒙古地方既有调查而西藏等地方何以尚未调查？虽说先自蒙古入手，然而议案上原有"蒙藏地方向称富厚"之语，何以只有蒙古之调查而无西藏之调查？此又系一层疑问。还有一层，原案调查之情形，共有五种，一垦荒、二森林、三渔业、四畜牧、五矿物，虽然未有办法，然有调查报告，亦属可观。但理藩部调查是否最近之调查？是否确实之调查？是否该部特派人员实地之调查？（拍手拍手）请问理藩部恤藩之政策，又有一件疑问：据原案所说，东盟之犯送交奉天省城，西盟之犯送交陕甘省城，且以原例最近亦过四千里，所以改轻。但是内外蒙古地方甚广，究竟东盟是哪几盟哪几旗？西盟是哪几盟哪几旗？请理（议）［藩］部答辩。（拍手）

153号（易议员宗夔）：理藩部所提之议案有理由而无办法，议题则是议案，则非须请理藩部特派员说明办法才可以作为议案。照《议事细则》第十七条，遇有紧急事件，经议长认为必应从速开议或议员提起倡议声请从速开议者，议长得声明理由，改定议事日表。现在我们资政院开院已有半月，政府交议之案及核议各省之案，均是枝叶上之问题，不是根本上的问题。至于根本上的问题，就是速开国会。当此存亡危急之秋，惟国会可以救亡。现在各省谘议局联合会陈请速开国会，这是本院根本问题，应当先解决的。请议长改定议事日表，请议速开国会事件。（拍手）

副议长：还是今天先议今天的事。

15号（议员那亲王）：方才理藩部特派员既谓此次振兴外藩实业，不但保护蒙藩，实为通国之关系。既然该部将此案视为如此之重要，自应由部特派专员赴各蒙旗，将实在情形调查明白。即请该部将特派之调查员出来，将调查事件详细说明，报告大众。

186号（黄议员毓棠）：请登台演说。方才提议是最要紧的事件，但是议员有一点疑问，凡陈请事件，应该要陈请股员审查。照审查例，所有陈请各项事件，多应当据情报告。何以速开国会事体，陈请股员不先报告？既在陈请之内，就应提前议决，抛却根本上问题而置不议，就与章程不合。

15号（议员那亲王）：〔疑问〕就议案所载，各旗名目多半写某翼某旗、某翼前后左右某旗，并无旗王之名称爵号。此等名目，均系《理藩部则例》所载，非熟悉理藩部公务者不能分别清楚。若按现在通称，即就哲里木一盟而论，均呼为科尔沁图什业图王旗、达尔罕王旗、宾图王旗札萨克图王旗、扎赉特王旗、南北郭尔罗斯公等旗。然以前既均写某翼某旗，为何后面又有喀拉沁、札萨克、塔布囊旗、默特札萨克固山贝子棍布札布旗，前后旗分名目不同，令人无从所解。请将此议案内各旗之营旗、札萨克爵衔人名，讲解明白，即请答覆。再物畜一条，仅可专论四项牲畜，不能将捕获野兽、制造皮角混入其内。据本议员之意，既讲求实业，牧放牲畜专为一项，捕获野兽须单为一项，至制造骨角皮张，系专门之学，须另分为一项，不能混一而论。

186号（黄议员毓棠）：本议员看来，无一定章程，就无议案之价值。前所说几条还未有调查实在之报告，如何可以举办？请理藩部说明办法，然后再行提议。

15号（议员那亲王）：还有疑问。就上各旗所说名目，不过是《理藩部则例》上所载，他人多不能知道。如有许多名字多是前后不同，如鄂尔多斯等名与现在不同，别人何以知道？还有牧畜一条分别为四项，照本议员意思可以分为三项。

186号（黄议员毓棠）：本议员看来，无一定章程就无议案之价值。

前所说几条还未有调查实在之报告，如何可以举办？请理藩部说明办法，然后再行提议。

117号（雷议员奋）：请简单发言，按照今天议事日表，理藩部已有议案提出，无论还有若何议案，总要审查以后，然后再讨论别的议案。现有几位对于议案内疑问，就请理藩部答覆。答覆以后，然后再讲别的话。

副议长：请理藩部说明。

理藩部特派员（文斌）：要问这个振兴实业，本以蒙古实业与内地不同，所以先为提出，请议员通过，通过之后再定章程。至于调查一层，原由本部行文到各处调查，由各处调查后，报告到本部，再为报告。惟蒙古、青海、西藏还未有报告，已经派人调查，将来到部之后，一步一步，亦是要推行出去。

25号（议员博公）：振兴实业设立银行，请理藩部把章程宣布出来。

副议长：请理藩部特派员说明。

理藩部特派员（文斌）：章程还未有编定，总要通过之后然后再定章程，然后再有办法。

149号（罗议员杰）：此题极为赞成。但本议员对于此题必需质问者：一、藏事既未议及办法，不得混称外藩；二、画一刑律事体重大，不得附于此题之末；三、调查报告既未齐全，何得率尔提出？四、公司办法另有专章否？五、兴业银行条例若何？六、外人侵略蒙古，如邮权、路权、渔权、盐权皆被侵占，此外，有何策以相抵制？请理藩部答辩。又对于议长所请求者，预算为整理财政根本，请议长用正式公文催政府从速交付本院讨论检查；又设立责任内阁为行政统一机关，速开国会为完全立法机关，请议长一并速附此二（顷）[项]陈请书交审查股。国难孔急，时光可贵，请特注意。

110号（于议员邦华）：今日议题即是振兴外藩实业，开会几日，所议之议案，全然无价值。本议员看今日议题甚为重大，应讨论、应赞成、可以成为议案？及观其内容，空空洞洞，毫无实在。公司、银行不过徒有其名，未有办法；垦荒、森林、牧畜、渔业各项，并未定有手续；矿务一层并未调查清楚，审查从何下手？与近数日之议案，均等于无价值。今将重大议案总不提出，陈请速开国会亦不提出，岂不是政府将此不要紧以为搪塞之计？（拍手）请问议长，陈请案子应该交陈请股审查，现在时间甚促，请问议长，陈请的案子已否交出？万不宜积压于秘书厅。

148号（陶议员峻）：理藩部提出此种议案，正是中国图富强之根本。但中国事情有名无实，公司、银行办法诸多未善。从前垦荒之事，皇上与奏请垦荒诸臣之意，极为注重此事，其大旨系将蒙古与汉人视同一律。后来办理不善，致滋骚扰。倘再如此办理，恐大失蒙人之心，亦非中国之福。设立公司虽是垦荒要着，但他种法律未能完善，终恐归于失败。本议员以为，必将各项办法及其条规与其监督之方法，悉归完备，方能举办。若再草草入手，恐又骚扰地方，非国家所以保固屏藩之意，深望理藩部大臣于此种重要地方，极为注意。（拍手）

137号（邵议员义）：本员对于理藩部画一刑律办法甚有疑义。现在世界文明各国制定刑律，皆采属地主义，不适用属人主义，故世界各国刑律将取同一主义之趋势，况内地与外藩，而犹欲分彼此乎？我朝入关之初，沿用明律以治内地人民，因蒙古情形与内地不同，所以别定蒙古事例。蒙例虽可认为一种特别法，但其内容仍不过依据刑律比照办理而已。今《现行刑律》已修正颁布，蒙古亦当一律通用，蒙古事例即应废止。蒙古同为组织中国国家之一分子，不能于一国之内又分彼此。本议员意见：蒙古当适用现（刑）[行]律，如现行律中关于蒙古之规定尚有缺少或不能适用者，即将此甲乙两项奏请追加，不得再存蒙古事例之名。俟《新刑律》议决颁布后，蒙古亦适用《新刑律》。匪特一国中本无界限可分，即国家制定法律所取主义亦当画一。今理藩部提案，不废蒙古例，又不适用《现行刑律》，是何理由？请明白答覆。

129号（汪议员龙光）：理藩部于光绪三十二年奏准缓设殖产、边卫两司，谓宜从调查入手；三十三年该部于酌拟司员各缺折内声明，设立调查、编纂两局，为将来添设两司之基础。经历四年，调查编纂在此，然只能算调查报告，不能作议案。凡议案贵有办法，公司有公司之办法，银行有银行之办法。理藩部既准备填设殖产司，研究三四年之久，必有殖产政策可以提出讨论。若只此调查报告，如何能加以否决、可决？甲乙丙丁诸条，谓有荒当垦，有林当采，又谁谓不当垦、不当采？似此无办法之议案，令人无可讨论，无可审查，无可修正。应请理藩部自行撤销，仍就殖产一面再行提出有办法之议案。（拍手）此次议案实系不能讨论。

117号（雷议员奋）：本议员对于方才理藩部提出振兴外藩议案，已经许多人发表意见不成为议案，但是资政院对于政府提出之议案不能说不成为议案，蒙古、西藏与中国关系重大，现在理藩部既提出这个议案，须要想出几种办法来。照第十八号所质问各条，理藩部未曾答辩出来，请全体议员平心静气，听理藩部将此项质疑仔细答辩出来。（拍手）

15号（议员那亲王）：请理藩部答辩。

理藩部特派员（文斌）：适议员某公质问三层，今分别答之。本部之保护外藩，系先富后教之意。其余如教育、巡警、审判等事，均由财政入手，是以先振兴实业。至于调查事项，已另有特派员答覆。其刑律一节，东盟、西盟之区分，通过后另按道里规定。此项议案有一种简单说法，系先提出此议题求通过，究竟实业可以办不可以办？刑律可以改不可以改？蒙古情形与内地不同，须两方面均以为然，然后再由理藩部分别订定章程办理；其刑律条文，仍须复交资政院审查。

126号（陶议员镕）：理藩院所交之件，振兴实业无办法，是议题不是议案。如谓须资政院赞成之后再定办法，试问预备立宪清单是否统外藩在内？且畜牧为蒙古本有之利，提倡改良，蒙古人绝无反对之理，何以亦须本院赞成？至画一刑律，宪政编查馆所定《新刑律》草案尚未交议，此议案从何发生？以本议员一人之见，此种议案无讨论之价值。

195号（刘议员荣勋）：理藩部议案既经十七号议员质问未能答覆，显系一篇空空洞洞的文章，请议长询问全体议员，如认此案为成立，则请付审查；不认此案成立，则请取消，另议要案，免致纷纷辩论，误我们的黄金时间。

48号（陈议员懋鼎）：按照《议事细则》第六十六条（军机大臣、

各部行政大臣得就交议事件，随时提出或奏明撤销），现在此种议题，大家以为可以算议题，自不能撤销。不过其中未有办法，请议长交理藩部自行提出修正案，修正后再行交议。

115号（许议员鼎霖）：今天是初读，照章只能质疑，乃质疑之言比讨论更多。每一议案苟皆如此，将来三个月光阴，都被"质疑"两字耽搁了。本议员意见，振兴外藩实业题目，已经大家公认。国家贫弱到如此情景，不振兴实业何以救亡？大家于这个题目既甚为赞成，所以不满意于理藩部，不过文章未能作好。当初开资政院，在幼稚时代，彼此均当相谅。比如有个初等小学堂的学生志向甚高，他说我将来要安邦定国，教员万不能说他没有学问就不能安邦定国，致令挫折其志向；又如有个陆军小学堂的学生，气节甚壮，他说我将来要执干戈卫社稷，教员万不能说他无船无炮就不能执干戈卫社稷，致令消磨其气节。今天理藩部提出此项议案，可见理藩部堂官还有忠君爱国之心，不过作议案的人少斟酌、欠调查，所以有此种的毛病。但不能说他题目不好，照章开审查会就是。且审查股员以外之议员，与特派委员以外之各部院官员，皆可以照章到审查会，有何意见尽可发表。若今日必定要特派员答覆，恐未有详细的答覆，似不必因答覆不答覆致误光阴，但须交付审查会以了此事。（拍手）起立赞成者多数。

126号（陶议员镕）：许议员谓交审查会提出修正案，凡云修正者必先有议案然后从而修正之。理藩部所交之件，本无有议案之可言，又何修正之有？如必欲照章审查，不过多经一番手续，仍须送还该部备案交议。画一刑律两条是《新刑律》草案内事，非此时所得置议。

86号（喻议员长霖）：此项议题既经多数赞成，请即付审查员审查，俟审查后再发议讨论。

副议长：本议长以为总宜先将此案交特任股员审查，算议案、不算议案，亦须审查后方能议决。

115号（许议员鼎霖）：理藩部可以另行提出一议案。资政院议员如有意见，亦可以提出修正案。

134号（余议员镜清）：此事应按照《议事细则》六十六条，请理藩部提出修正案，未提修正案之前，全是议题，不能作为议案，恐虽付特任股员，亦无从审查。

37号（议员李子爵）：理藩部议案不能不算议案，如矿务办法，设立公司，照农工商部章程办理，有总公司有分公司，凡开办一切事宜先到分公司，由分公司再呈明总公司，总公司再咨理藩部，由理藩部转呈农工商部立案。至渔业森林案内未言如何办法，垦荒一案亦宜修正。照章程内载"如租民人开垦以三年为断，三年后佃户纳粮、佃主纳税"，方为完好。请付审查。

110号（于议员邦华）：此案若交特任股员审查，本议员以为此事甚难。理藩部调查许多年，只作出如此一篇文章，议员又不知道外藩情形，如何可以审查？仍交理藩部调查为好。

116号（孟议员昭常）：此事已经多数赞成，请议长付审查员，勿误光阴。既已交审，即不必讨论。

79号（吴议员士鉴）：理藩部此案系拟兴办外藩实业，故将应办之理由、可办之事实，交资政院审查，方能通过。本朝二三百年臣服蒙古不用干涉主义，既不有其土地，亦不问其政事。今欲为之振兴实业，必须将应办之理由、可办之事实，先交审查，然后方能再议详细章程。

186号（黄议员毓棠）：理藩部此事说是通过资政院再订详细办法，现已承认，何必再须审查？

196号（牟议员琳）：会场秩序甚乱。议长未曾提出讨论，而发言者纷纷而起。既经全体表决交股员会审查，因一二议员之异议则又中止，以致数点钟之久，不能议决一事。以后如果以为必须审查，即交股员会审查为是。再有发议者可以停止其言论。

副议长：此项特任股员，本议长以为可以增至十八人。

众议员起立赞成。（声浪大震）

134号（余议员镜清）：《议事细则》一百二十八条，请议长注意。

15号（议员那亲王）：请问审查员，将何项审查？此议案既调查不实又无办法，请问：若交审查员，究竟审查何项事件？

副议长：政府交出议案，似不能不付股员审查。

理藩部特派员（文斌）：这件事如果可办，理藩部可以再定章程。

108号（刘议员春霖）：对于此种表决甚有疑义。此案审查派多少人，还是第二层的表决。第一层的表决此种议案还是交审查会抑交理藩部修正。现没有正当的表决，本议员不承认。

副议长：《议事细则》二十七条载："初读已毕，议长应将各该议案，付该管股员审查"，本议长自应照办。

35号（议员曾侯爵）：现在此事，据本员所见，若是专讲振兴外藩实业，这是最要紧之事，大约今日所莅院之全体议员无有不力为赞成者。顷闻议长说要将此案付特任股员审查，请问是审查什么？仅凭理藩部所定未能完全之空文数纸？一无宗旨，二无办法与详细章程，实在难于审查。既无可审查，最好是退回理藩部，即将原案修正，述明宗旨及一切办法。如此方可着手，何必仍交审查，徒费时日？况且本院急须待办之事尚多也。

106号（齐议员树楷）：理藩部提出议案，不过问可办不可办。如果以为可办，经大众当场赞成，就请交还理藩部另起修正案。理藩部持此案，先在议场通过，不过是一形式，题目甚浅，而诸议员文章太深。请先将此议题经大众可决，再由理藩部提修正案，交审查员审查。

110号（于议员邦华）：理藩部之议论是问议案可办不可办，则无不赞成此事者。如问饿人应该吃饭与不应该吃饭，则一定赞成是应该吃饭。但是饭未有作，如何说吃？与其现在交审查会多费一审手续，何如俟理藩部重行提出修正案再付审查？

187号（刘议员述尧）：此系初读，原可不俟讨论即付审查，但议案内容没有办法，审查如何着手？应请理藩部将确实的办法提出，再行审查；其画一刑律一条，即先交法典股另案审查为是。

副议长：先行审查，随后再议。

159号（蒋议员鸿斌）：（案）[按]照《议事细则》二十七条、二十八条、二十九条，无论有办法无办法，总以先交审查为是，迨交审查之后，各议员均得照三十一条办理。

107号（李议员榘）：提出议案有题目无文章不成议案，若何修正？

大家以此项议题废之可惜，不废亦无办法。理藩部既自认提出修正案，何不请其另行提出再付审查？譬如未有读过此项书的人，给他此书的题目，嘱他作一篇文字，他虽勉强作成也是不好的文章。议长坚执不许他自行修正，是何理由？

87号（沈议员林一）：《议事细则》第二十七条、二十八条、二十九条定明初读已毕，即付审查。至议案成立不成立，均在审查以后，如决定无须再读，即行作废。理藩部此项议案究竟成立与否，可俟审查后再行讨论。此事可以无庸争议。

106号（齐议员树楷）：法律案有再读、三读，此项议案并非法律案，无所谓再读、（二）[三]读。

副议长：政府提出之议案，总以付审查为是。

112号（陈议员树楷）：此项事情容易解决。现理藩部提出之议案的意思，谓此系关系外藩事件，与普通议案不同，所以先将题目提出，问诸议员赞成不赞成。各议员如果赞成，赶紧再将办法章程送院。据本议员看来，理藩部即是如此，总以令将全案交出再行审查为是。

117号（雷议员奋）：资政院对于理藩部此项议案不能讨论。若是理藩部不过将此项议题问资政院可办与否，资政院以为可办，然后提出议案交资政院议决，照《资政院院章》并无此办法，仅举出一议题交资政院提议，不能作为正当之议案。应请送还理藩部修正，不能说到赞成不赞成。

109号（籍议员忠寅）：此项原案不过一议题，不能谓之议案，须请理藩部先行修正再行付议。本议员并不是反对意思，亦非谓不付股员会审查。但若照原案无从审查，不如待补出修正后再交股员会审查，庶乎有正当之结果。

副议长：此议案与刑律有关系，不能不审查。

73号（汪议员荣宝）：前已有多数人赞成，议长指定十八人，将此案付股员会审查，已经表决，无须再行讨论。

112号（陈议员树楷）：表决人数不知多少，不足为确定表决。本议员意思，按章程应付审查股员会审查。但此事件不是议案，仅可作一个议题，询其可办与否，俟将全案交齐再行审查。如此变通，于章程既不相违，事实上免去一番周折。不然此时即交审查，无甚可审查之事。

137号（邵议员羲）：此次理藩部提议案，一为振兴外藩实业，一为画一刑律，明明两条，理藩部并为一案提出，实属错误。本院付审查时，不能因其错误而再行错误。本议员意见，宜将议案分为两种，振兴外藩实业案付特任股审查，画一刑律案付法典股审查。

175号（杨议员锡田）：现在公众辩论半天，都赞成修正案，请理藩部修正为是就可以，不必多费一番手续。今天已过三下钟，众议员各持己意，犹未表决，是虚耗三下钟时间，甚为可惜。

126号（陶议员镕）：现提议之事，是议题非议案。若交资政院提议，还没有一个办法，就可以反对，不必审查。不是议案，不一定要交审查。既非议案，安能说到修正？

81号（章议员宗元）：照《议事细则》第七十五条所规定，谓表决若有疑义，应令以为否者起立反证之。现有反对之议员，应请议长命反对者起立，再行表决。

副议长：此案究应设特任股员审查与否，请公众议决，反对者请起立。

秘书官：计算起立者二十六人。

副议长：反对者二十六人，居少数，应付审查。按照议事日表第二设审查振兴外藩实业并画一刑律特任股员，兹已指定特任股员十八人，由秘书长报告。

秘书长承命报告：审查振兴外藩实业并画一刑律特任股员计十八人：瀛贝勒、盈将军、那亲王、多郡王、色郡王昭乌达盟、博公、刘道仁、胡礽泰、长福、王佐良、庆山、李渠、胡家祺、孟昭常、江谦、余镜清、王用霖、杨锡田。

副议长：请特任股员到股员室互选股员长及副股员长。

副议长：现暂行中止议事。

下午三点四十分钟议事中止。

下午四点十分钟，副议长及各议员就坐，续行开议。

副议长：请审查特任股首坐股员报告股员长、副股员长当选人姓名。

首坐股员盈将军提出报告书于议长。

秘书长承命报告：股员长那亲王、副股员长博公。

副议长：审查期限应请议决。

15号（议员那亲王）：定于十九日报告。

副议长：审查期限定于本月十九日，诸君谅无异议。

副议长：议事日表第三河南试行印花税核议案，②由秘书官朗读。

87号（沈议员林一）：今天时候已经不早，按《议事细则》第二十四条，每届宣读，议长得命秘书官朗读或省略之，请议长决议省略，无须朗读。

副议长：然则省略朗读，由秘书长代为说明此项核议案之主旨。

秘书长承命说明主旨。

61号（陈议员善同）：看世界大势所趋，我中国印花税将来是应行的，不过就现今时势论，实有不可不从缓者，何则？印花税略分三类：一系贴用于民间财产货物，权利转移之证据；一系贴用于民间应行纳税之物。东西各国所以能行印花税者，大都根据于商法、民法、登记法，以民间财产货物权利转移之关系分明也，税法又有统系而不致滋扰。我中国民、商、登记等法均未订定，税法又不统一，民间财产货物权利之转移，于何调查？租税复杂，焉得不扰？必俟民、商、登记等法订定暨税法厘正后，方可行印花税。否则用何项管理方法能令商民不漏报，官吏不骚扰？况河南民穷财尽，较各省尤甚，各省尚不能办，何况河南？从前直隶亦曾试办，终不能行。直隶本首善之区，尚不能办，遑问其他？就河南而言，即如该议案指定先行试办之十种之公司股票一种，照公司招股章程中，以数人或数家合资共购一二股者，大抵皆贫苦小民。其雇用工匠合同、各项承揽字据、期票、借款字据四种，关涉于贫苦小民者，居其大多数。至析产、承嗣二种，贫富所同，然固有析产、承嗣而毫无财产者。以上七种，并皆扰及贫苦小民，而该议案顾谓于贫苦小民不致有扰及之虑，殊不可解。从长计较，我中国印花税终以缓办为是。本议员意见如此，请大家研究。

94号（王议员佐良）：印花税各国通行，为最良方法。中国现时税法未定，国家税与地方税并未划分，恐不能行。若就印花税论，不止河南宜行，将来通国皆宜仿行。部章所载各项承揽字据，粘贴印花税，原为涉讼作据，若无须涉讼之件，必不粘贴，非巡警稽查不可。其无巡警稽查地方，当归何人稽查？至此种字据，乡民不用印花，有何方法可以通行？是亦一问题。近来各省因办新政，今日筹款，明日加捐，激逼民变，层见叠出。再行印花，难免不又生出事端。此事不但河南谘议局不承认，即河南巡抚，问心能否自安？若谓现在土药税裁减，无款可抵，非强迫行印花税不可；或者通商口岸有巡警稽查地方可以行去，然还有一种洋人的货物，都有包票，有此包票，沿途经过关卡，并不受查，自然可以过去，于华商平日种种留难，已不堪言，再行印花，苛扰更甚。仔细研究此项税法，当如何斟酌尽善，方可适用。且城镇乡地方自治尚未成立，巡警亦未遍设，要办此事，必须多派人稽查。试问所收之数能否足敷开销？其骚扰何堪设想！据本员意见，此刻缓行印花税。一面先定税法，裁撤杂税；一面豁除私捐，以纾民困；尤宜速开国会，使天下人民知国家收税所以保护人民也。如此，则印花税方可通行无碍。本员意见如此，大家以为何如？

129号（汪议员龙光）：印花税因度支部抵补土药统税而办，一面有消，即一面有长，而此刻人民负担太重，税目烦多。为人民担负着想，一面有长，又应一面有消。就印花税范围以内之事而论，度支部既拟印花税，而于税契一项，不早减轻，而反加重，将来印花税实行之后，税契还是取消，还是重叠加取，很是一个疑问。便抛开此疑问，只管办去，前途也毫无障碍，然究是枝枝节节之事。变法以来，万事待举，诚不能不加重人民负担。我国现今用款比较从前虽多，比较东西各国仍是少数。然东西各国土地小于我，用款多于我，竟能推行尽利者，一由于教育普及，人人知道有纳税当兵之义务；二由有国家监督，对于预算、决算，都能核实，而其原则，仍由制立税法，对于各种都能平均，不使贫民负担独重。我国盐斤加价，贫富不分，最为恶税。既无一人能逃，而又间接以取之，愚民只知是（长）[涨]价，并不知是加税。契税一项，度支部以为是取诸买田买屋之人，殊不知买产之人，早在价值中预储税契地步，仍是窘迫一面吃亏。看来我国各税，反是穷民负担居多，而官场之人，从前优胜不说，如今即号称剔除中饱之时，内外大小官场，所谓公费、薪水，多以万计，少以千计，不闻一钱输作国用。此种道理，就不平均。本议员意思，印花税因是良税，可行，不妨少待，应俟国家税、地方税通盘厘订，令各种担负支配平均，而一二年内国会迟早要开，有人民为之监督，尔时再行不迟。查度支部原奏，对于印花税也恐怕有窒碍难行之处，所以名为试办，亦是恐怕不能推行之意思。本员以为，与其试办不行而复止，不如将国税通盘整理，使人民立于监督地位，认为当行，则上下并力一心，无所谓试，乃所以重国用而崇政体。若言试办，直隶虽试而不行矣，倘河南又试办不行，何以处之？河南谘议局推向沿江沿海一带，倘沿江沿海省分又试办不行，某省又不行，而阻挠此税之人，反执以为口实。中国地大物博，不患无税，只患制税与征收方法两不得当耳。本员之意，重在要将各税通盘整顿，使归平均，而官场以身先之。所谓先之者，则所得税应先从官场办起是也。诚能如此，则民心咸服矣。

153号（易议员宗夔）：本议员对于河南印花税的问题，是由根本上之解决。印花税不止是河南一省所办的，是关系全国问题。现今本院开会半月，预算案尚未交出，岁入若干、岁出若干，通不得知，何能悬揣印花税之必要？况且国会未开，人民无直接选举之权。我们是谘议局间接所选者，不是人民直接所选者，准诸不出代议士不纳租税之通例，我们自不能代表人民承诺新租税。故本议员的意思，是主张河南印花税用"缓办"二字。

94号（王议员佐良）：此案与广西禁烟案一样，应交审查，请议长表决。

62号（刘议员泽熙）：本议员对于河南试行印花税核议案颇有疑义，疑义维何？即河南巡抚及谘议局对于印花税之权限问题是也。欲解决此问题，第一，当审印花税性质果应属于国家税乎，抑应属于地方税乎？

就印花税之本质观之，与他税不同，盖于移转财产之证券上而贴以印花税以昭信用者也，如以此税作为地方税，则甲省之证券流至乙省，必应再贴印花税，是今日之厘金一税而再税也；且就印花税之原起观之，闻度部奏定此税，原系抵补土药税厘，故奏折内声明此项税法，俟收数稍旺，再行酌定，以一二成分给各省作为行政经费，是当其定案之先，明明认此税为国家税，而许地方税以附加者也，不然，则无所谓酌以一二成分给各省耳。合印花税之本质及其原起观之，则宜认为国家税，当无疑义。即让一步，不论印花税之本质如何，亦不论印花税之原起如何，他日划分国家税、地方税，可以由政府指定，以此为地方税，固属无所不可。然现在地方税、国家税未分之际，旧日税法及近年新增税法，与其视为地方税法，无宁视为国家税之为当也。盖国家税为主，地方税为附，未有主体不立而附体可以先立者也。国家税、地方税未分以前，无论何税，暂应视为国家税，而混于国家税中，提出一部分作为地方行政经费，此清理财政章之所规定也。第二，当审查谘议局议决税法权限之范围。谘议局议决税法权发生于《谘议局章程》二十四条第四项议决本省税法及公债事件，诸君试想一想，税法上而冠以"本省"二字，其议决权之范围限于地方税中之省税，彰彰甚明。即让一步，谓凡国家赋税无非取之各省人民，"本省"二字可以包国家税、地方税在内，依此解释，则中央政府颁布一税法，必须各省谘议局议决，而后施行。假令甲谘议局以为可行，乙谘议局以为应缓；丙谘议局以为宜增，丁谘议局以为宜减。群言庞杂，莫衷一是。则中央政府之法令，合二十二谘议局而议之，不啻析为二十二个法令也，税法又何能统一乎？即再让一步，谓税法不必统一，仍可照现在情形，各省各自为政办理，试问谘议局议决以后，果有效力否乎？如无效力，则谘议局之章程坏矣；如有效力，则资政院之章程又坏矣。谘议局与资政院之界限不清，所谓议决税法权者，必有一破坏者矣。然则印花税性质即为国家税，而谘议局议决税法又以地方税中之省税为限，彼河南巡抚胡为以此税法提交谘议局也？则此案之曲在河南巡抚，不待智者而后知也。至印花税可行不可行，则是资政院对于度支部之问题，而非河南巡抚对于谘议局之问题也。盖度支部为制定全国税法机关，而资政院又为议决全国税法机关，本相对待的。如资政院对于印花税认为良税，而度支部奏定之税则又无窒碍难行之处，则颁布以后，一切施行方法即是度支部行政范围以内事件；如资政院认此税为非良税，或度支部奏定之税则有窒碍难行之处，自可由资政院照章提出修正案，请旨裁可。今日时候不早，应请议长将此案权限之问题及印花税应否由资政院提出修正案之问题咨询本院决定。

度支部特派员（娄思诰）至议台陈述意见，议员有谓其违背定章，不应发言者。

度支部特派员（李景铭）朗读《院章》第十九条，彼此争辩，议场大哗。

117号（雷议员奋）：方才政府说的事情不能不着实讨论，一发言间，无论是政府，是政府特派员，总是要遵此奏定《院章》及《议事细则》，今天因此项议案是河南巡抚因为试办印花税事件与谘议局异议，所以送到资政院核议，资政院先要审查两方争执之是非，说不到印花税之应办不应办，缓办不缓办，且此案并非政府提出之议案，今天政府委员陈明意见，是自违背奏定《院章》及《议事细则》。（语未终）度支部特派员据《议事细则》第四十八条争辩。（众大哗）

117号（雷议员奋）：照《资政院（二）[院]章》第十九条及《议事细则》第二十六条、第四十八条，军机大臣、各部行政大臣或政府特派员，对于非政府提出之议案，要讨论之时，方可以发议。今天政府特派员是仅看过《院章》，未曾看过《议事细则》，并未细玩《院章》之所以规定，所以发出来的话多与《院章》不合。（拍手拍手）如此情形，竟将《院章》及《议事细则》全然消灭。（拍手拍手）并不知《议事细则》第四十八条是从《院章》第十九条生出来的，此是第一件要说明。（拍手拍手）第二件要说明《议事细则》第二十六条之所规定，初读之际，军机大臣、各部行政大臣、政府特派员或提议议员，应说明议案之主旨。比方有一件议案是军机大臣提出，就应归军机大臣说明主旨；是各部大臣提出，就应归各部行政大臣说明主旨；是议员提出，就应归提出之人说明主旨。试问：今天这个议案既不是度支部行政大臣提出，度支部特派员就不应在此时发言。发言与说明主旨是两件事，说明主旨是说明提出议案之主旨，发言是陈述对于议案之意见。初读之时，应当讲话者是提出议案之人，我们不可不明白。照此说来，凡军机大臣、各部行政大臣、政府特派员到资政院议事时候，不是他提出议案，他就不能讲话耶？抑又不然。既不是提出议案之人，讲话就有时候。在什么时候？就是第四十八条所说讨论的时候。（拍手拍手）提出议案之人，在初读时候可以说明主旨；若是非提出议案之人，要发议，则非等到讨论时候不可。（拍手拍手）所以照第四十八条，说明军机大臣、各部行政大臣、政府特派员有何意见发表，无论何时，议长都应当允许，自然都可以讲话。试观《议事细则》第三节下有二字，其字云何？就是"讨论"二字。（拍手拍手）照此说来，《议事细则》第三节第四十八条就是军机大臣、各部行政大臣、政府特派员应当发言之时，"陈述意见"四字是在《资政院院章》第十九条，"说明主旨"是在《议事细则》第二十六条，"发议"是在《议事细则》第四十八条。政府特派员必须平心静气研究清楚，不要将"说明主旨""陈述意见"及"发议"三个名词并为一谈。《院章》及《细则》既已规定明白，政府特派员不得在资政院坚执异议，且《议事细则》系奉旨批准施行，无论军机大臣、各部行政大臣、政府特派员及议员共宜遵守。今天议员内并未提出反对印花税之议案，度支部特派员何必急急答辩？须知议员如欲反对印花税，决非寥寥数语所能反对者，现在度支部未有议案出来，印花税事件亦未经过讨论，就用不到度支部特派员出来说话。（拍手拍手）

67号（王议员璟芳）：提出议案的人有几种：一种是军机大臣提出的议案，一种是各部行政大臣提出的议案，一种是政府特派员提出的议案，有（提议论员）［议员］提出的议案。何人提出之议案，是否何人说明主旨？

117号（雷议员奋）：要知王议员意见与本议员意见不同。比方军机大臣提出之议案，军机大臣不过说是一个机关，不是说军机大臣是哪一位。我们要晓得军机大臣向来有四位，我们不管军机大臣是哪一位提出议案，凡是军机大臣提出来的议案，军机大臣就可以讲话。凡是行政大臣提出来，行政大臣就可说明主旨，并不问哪一位。譬如民政部提出来的议案，度支部行政大臣出来说明主旨，我们议员能否满意？（拍手）

众议员请议长宣布散会。

副议长宣告散会。

下午六点钟散会。

注释

① 振兴外藩实业并画一刑律议案

一、振兴实业之方法。蒙藏地方向称富厚，徒以言语不同，交通不便，无改良进化之方。是以坐守此天然财富之区，而荒芜于不觉也。今拟兴办实业，先由设立各项公司入手，无论蒙汉人等，如有资本充足，遵照农工商部公司章程招股办理，准其呈由本部，会同农工商部核准开办。并先行设立兴业银行，以备储蓄股本之用，庶与公司相辅而行。兹将所查应办事项列下：

甲、垦荒。东西各盟旗，现经指出，已放之荒不过占全盟十分之一二，未经开放之地实居多数。此外各部落，更属寥寥。从前以格于成例，安于习惯，多以有碍牲畜为虑，殊不知耕之利过于牧之利，果能变通习惯，蒙人亦必有乐于耕种之时。宜就未经放出之荒地，先行试办，除原有牧场地方分别酌留划出外，其余地面，无论蒙人自行垦种，及蒙人租给民人垦种，蒙人招雇民人佃种，悉听其便。

乙、森林。据调查事项报告，哲里木盟、科尔沁右翼中旗之大胡等山，产有枫、榆、黄杨各种树木；科尔沁左翼中旗西北山及辽河两岸，榆柳极多；科尔沁右翼前旗产有杨、柳、黄杨各树；科尔沁左翼前旗仅有护屯榆柳等树；科尔沁左翼后旗道旁榆、柳、杨等树为多；八面城迤西有杨木万余株；科尔沁右翼后旗洮儿河两岸林木亦多；扎赉特旗绰尔河两岸榆、杨等树较盛；郭尔罗斯前旗产有枫、榆、杨、柳等树；郭尔罗斯后旗树木极少，沿江多产柳条；锡林果勒盟乌珠穆沁右旗库拉木台伯果图哈、拉巴勒、禹尔勒雄而三山皆产有细小树木；阿巴噶右旗亦产细小杂树；喀喇沁札萨克塔布镶旗之呼察卡伦郭勒山，及土默特左旗、土默特札萨克固山贝子棍布札布旗，亦均在空闲地方种植林木；其实图什业图汗部落、车臣汗部落及乌梁海旧吐尔扈特阿拉善、额鲁特、呼伦贝尔、恰克图、东西卡伦、达尔哈特沙毕等处，皆富于森林，而或谓不能成林，或云向无销售，坐视弃置，实为可惜。

丙、渔业。耕渔并重，自古已然。近年泰西各国，几以弋取巨鱼为世界莫大之利益。东西各省近亦设立公司，分投网取。蒙古地方如哲里木盟十旗，仅科尔沁右翼中旗、科尔沁左翼前旗无鱼，此外八旗均产鱼甚富。伊克昭盟鄂尔多斯右翼中旗之哈屯河，鄂尔多斯右翼前旗之界内小河，鄂尔多斯右翼后旗之界内黄河流冲地方，锡林果勒盟阿巴哈那尔右旗地方，昭乌达盟扎鲁特左右翼游牧界内，各有深水池一处。克什克腾旗界内之那固尔河，卓索图盟喀喇沁右旗老哈河、锡伯格河，图什业图汗部落之艾克乌尔汗色楞等河，车臣汗部落之贝尔池，乌里雅苏台将军所属库布索固勒河、奇木齐克河，唐努乌梁海之阿噜诺尔河，呼伦贝尔所属之支流各河，库伦所属恰克图迤东卡伦之鄂伦河，达尔哈特沙毕之达古图河，据调查报告俱产有各色大小鱼虾。而或云蒙人不食亦不网取，或云本旗贫人捞打自食，或云蒙人不会打捞，甚至迷信以捕鱼为不祥，暗寓阻力。又如昭乌达盟扎鲁特左右翼界之深水池，虽经都统派员查验，渔业尚未开办。

丁、牲畜。蒙古地方既以游牧为职业，则孳生自必繁衍，一切捕获野兽制造皮角之法，自当随时改良，方能扩充利益。乃所据调查报告，四项牲畜为数尚不甚少，而牧场既无定所，全恃水草以为生活，一遇霜雪塞草，摧枯食料，已虑不给。至于各项野兽，几无猎取之人，骨角皮张除自用及与商人抵换货物外，从不知制造之法。亟应先就四项牲畜内，各择本地所宜牧养者，加意讲求新法，购买佳种，设立模范牧场，以冀孳生畅美。若能集合资本，筹设畜牧公司，改良四项牲畜，于蒙人生计尤为利便。

戊、矿务。蒙藏地方，山川丰厚，矿藏蕴蓄，而据调查报告，除业已开办各处外，余如车臣汗部落界内布肯山产有煤矿，图什业图汗部落界内塔布叨力盖产有煤矿，宁夏所属东北山产银矿一处，哲里木盟科尔沁左翼中旗西北山有金苗、墨石、水晶等矿，科尔沁右翼前旗野马图山陶来兔山均有金苗，青阳镇有煤矿，靖安西北境产白磁土，科尔沁左翼前旗前新秋法库门东两处有煤矿，扎赉特旗文得阁山下有金苗，杜尔伯特旗多耐站西北产白磁土，景星山有煤矿，乌兰察布盟苏鲁图等处旧有煤矿，伊克昭盟鄂乐多斯右翼后旗特固斯诺尔地方稍有矿砂，卓索图盟喀喇沁贝勒旗南哨隆丰沟、布里格勒杨树沟等处产有煤窑，胡头市红齐噶勒地方产有金沙，喀喇沁塔布囊旗巴尔罕地方产有金，昭乌达盟敖汉郡王旗源山子暨津昌沟梁间有矿产。其各部落含有矿穴，尚有未经报告到部，暨未经勘出者，尤不止此。

二、画一刑律之办法。从前蒙古事例虽与惩治内地人民者不同，然大都依照刑律比拟办理。现在现行刑律既经修定，则蒙例之不能适用者，亦当择要先行变通，以示道一风同之盛。兹将应行修改各例列下：

甲、查蒙例应发遣人犯，均交驿充当苦差。惟现行刑律徒流遣罪皆已改为收习艺所工作，现办蒙古遣发内地各犯成案，亦系一律到配，收习艺所工作。有蒙例交驿充当苦差之条，拟请删除。

乙、查蒙古应发遣人犯，向视内地省分远近，分罪名轻重，与内地军流以道里计者不同。近者已逾四千里，未免太重，现行律已定为常赦所得原者毋庸发配，收所习艺。其工作年限，流二千里者六年，流二千五百里者八年，流三千里者十年，极边足四千里及烟瘴地方安置者十二年。蒙例自应查照办理。兹酌拟常赦所得原者，交本管将军大臣收所习艺，其未设立习艺所地方，东盟之犯交奉天省城，西盟之犯交陕、甘省城，收所习艺。常赦所不原者，于奉天、陕、甘省城，按东西盟互相调发，收所习艺。以工作年限之远近，分别罪名之轻重。应发云、贵、两广烟瘴地方者十二年，应发湖广、福建、江西、浙江、江南等省者十年，应发河南、山东者六年。常赦所不原，指谋反、叛逆、子孙谋杀祖父母、父母、内乱、妻妾杀夫、雇工人杀家长、杀一家非死罪三人、采生折割人、谋杀故杀□□杀人、强盗、妖言、十恶等□□死罪及□贪入己军务诸罪，常赦所原，凡上项以外之罪，皆是。["振兴外藩实

业并画一刑律议案（政府提出）"，《宣统二年资政院议案条文》，清末铅印本］

② 查《印花税则》为筹补洋土药税起见，案经奏定，全国通行。将来烟害禁净，洋土药税指日减尽，国家骤失岁入大宗款项，必须有筹抵之法，方足以资挹注，势不能不筹议；及此部文限三个月施行，系属试办。查度支部原奏，于民间种种为难情形，亦经虑及，故有"体察情形变通办理"之语，现在设法试行，即原奏所云"但求养成人民贴用印花习惯"之意。果其行之无弊，则裕国即以便民；如或窒碍难行，则援照原奏办法，分别奏咨变通办理，要皆以试行之实效为断。上次提出议案，意在商榷试行之方法，与谘议局原案奏请缓办之意，微有不同。惟事属创始，民间风气未开，加以税捐繁细，民力难堪，骤然施行，商民不无疑虑，亦属实在情形。拟先择简便易行，确无流弊者数种，酌量试办，其余择要奏请，暂缓施行。如实有不能推行尽利之处，再行体察情形，奏请缓办，以符议案。兹定办法如下：

查度支部奏定《印花税则》，将各种应行贴用印花之契据账簿分为二类，如提货单、发货单、银钱收据之类，其名目多至二十九种，虽取之于民者甚微，然以日用往来之字据等项，向无收税名目者，一旦概须贴用印花，即不反对，亦必警疑！矧其中关于商货之各项契据，又不啻于厘金落地之外再加一重税厘，此其所以屡经筹议而仍难实行也。惟是向来省章，如田房税契之类，按其性质即与印花税无异，民间久已遵行。推原其故，因税契一项不过如印花税中之一种，人民易于遵守，非若颁布《印花税则》之二十九种同时并举，易启人民之猜疑也。今欲试行印花税，首宜审缓急先后之序，择其最为简便易行，不至扰累者数种，先行试办。如第一类之保险单、公司股票、延聘人员雇用工匠之合同、各项承揽字据；第二类之汇票、期票、借款字据、铺户或公司议订合赀营业之合同、拆产字据、承嗣字据，以上十种贴用印花，既属取费无多，且多出诸殷实商户及有资产之家，于贫苦小民不致有扰及之虑，于商民又无重叠帛税之弊。一面由院参照谘议局原议，将其余各种暂难试办之处奏请展缓，俟以上十种办有成效，再行酌量次第推行，总期于整顿财政之中，仍寓体恤商民之意。如试办之十种以内，尚有窒碍之处，再行由院援照度支部原奏事理，分别奏咨办理。如是，则于谘议局原案奏请缓办之意既不相背，于度支部原奏体察情形之宗旨亦合矣。

附谘议局原案

查印花税法创自荷兰，各国相继仿行，大抵从宽简入手，渐臻完密。日本章程修改四次方可通行，其足以利国而不病民者要素有二：一、由于税则统一，概免杂捐；二、由于法律发明，绝无骚扰。度支部现颁章程，折衷各国，似为美善，但就河南现时情形言之，恐一时尚难实行，是以议员多数意见大抵主张缓办。今试说明其理由如下：

一、对于本省地势上研究之关系。河南僻处腹地，风气不开，一般社会少见多怪，对于学务、警察、铁路一切新政，犹且骤难顺手，况印花税名目，素所未闻，能无滞碍？此揆之于地势所当展缓者一也。

二、对于本省天时上研究之关系。河南近来灾荒频仍，水旱交迫，麦禾不登，民方剜肉医疮之不暇，似不宜再为烦扰。此揆之于天时所当展缓者二也。

三、对于本省民情上研究之关系。河南民情强悍，盗风素炽，若强迫行之，设有匪人从中煽动，难免无意外之虞。此揆之于民情所当展缓者三也。

四、对于本省财力上研究之关系。河南四境，厘卡分设，税捐不一，如各县之牙税、契税、百货之落地税、房捐、戏捐、呈词捐、车马票捐、城镇集市之铺户捐，名目繁多，脂膏将竭，再加印花税，民何以堪！此揆之于财力所当展缓者四也。

五、对于本省行政上研究之关系。河南行政机关多不完备，城镇乡自治会概未成立，巡警亦未遍设，前途进行，难收补助之效。万一各处奉行不善，丁役借端滋扰，在所不免。收款无多，贻害甚巨。此揆之于行政所当展缓者五也。

总之，印花税为各国税法最良之一种，大势所趋，我国原宜仿办。惟据现在河南情形而论，实有难以遽行之势。查度支部具奏原案已声明，此次章程如有未能推行尽利之处，应体查情形，随时修改，并准督抚各就地方情形变通办理等语，为此吁恳奏请暂缓试行，则造福于全豫当无涯矣。

附谘议局覆议案

查此案前经本局吁请展缓，蒙准择要奏请，先即简便易行者酌量试办，冀养成人民贴用印花之习惯，仰见抚部院公忠体国、轸念民瘼之至意，全体议员均深感激，维经讨论再三，均谓"习惯"二字为人民第二天性，故已经习惯者，纵事极艰苦而其势亦可强行；则未能习惯者，虽事甚简便而人情亦不顺受。查开通省分，一切新政所以能推行尽利，以养成人民之习惯者，非一日也。河南腹地蔽塞，见闻未广，非假借他方之提倡导引，难以养成其第二之天性。况直隶首善之区，现尚踌躇未决，应请仍俟沿江沿海各省印花税办有成效，然后体察情形，次第举行。至十种办法，诚属简便，第恐少不慎重，于筹款无毫末之加，于政体有邱山之累。为此仍行吁恳奏请一律展缓，以重要政而恤民隐。是否有当，仍乞抚部院鉴核施行。（"河南试行印花税核议案"，《宣统二年资政院议案条文》，清末铅印本）

资政院第一次常年会第八号议场速记录

【标题】弹劾军机案之前奏

【关键词】军机大臣　宪政编查馆　河南试行印花税核议案　湖南湘汉航业审核议案　谘议局特任股员

【内容提示】主要是议河南试行印花税核议案。有质问军机大臣及宪政编查馆的说帖得大会多数通过，乃弹劾军机案的前奏。有议员认为印花税核议案只是枝节问题，主张提前议速开国会案；副议长与议员之间就资政院相关法规的解释上展开了平等讨论，有议员批评副议长沈家本故意袒护政府委员，存有私见。

宣统二年九月十七日下午一点二十五分钟开议。

议事日表第六号：

　　第一，议设审查河南（实）[试]行印花税核议案特任股员；

　　第二，湖南湘汉航业审核议案，会议；

　　第三，议设审查湖南湘汉航业核议案特任股员；

　　第四，《地方学务章程》议案，会议（股员长报告）；

　　第五，《著作权律》议案，会议（股员长报告）；

　　第六，议设审查各省谘议局关系事件特任股员。

副议长：今天议员到院者共一百四十四人，现由秘书官报告文件。

秘书官张祖廉承命报告文件，共六件。

副议长：按照《议事细则》第一百零七条，议员依《院章》第二十条，欲质问者应具说帖得三十人以上之赞成，咨询本院决定之。方才报告的议员所具质问说帖共有三件：第一件是质问军机大臣及宪政编查馆，①请问众议员赞成不赞成？如赞成请起立表决。

众议员多数起立。

副议长：多数。

某议员：请议长命秘书官指明起立人数。

副议长：确系多数赞成，似无可疑虑，可决。

副议长：第二件是质问农工商部，请问诸位赞成否？如赞成请起立。

众议员多数起立。

副议长：多数赞成，应可决。

副议长：第三件是质问法部，请问众议员赞成否？如赞成请起立。

众议员多数起立。

副议长：多数赞成，应可决。三件均有此多数赞成，本院应即决定。

副议长：请陈请股股员长赵议员炳麟报告陈请事件。

陈请股员长赵炳麟报告审查陈请事件。

副议长：请股员长说明审查之结果。

陈请股股员长赵炳麟：本议员委托方议员还代为说明。

121号（方议员还）：各省谘议局陈请速开国会之说帖，其理由第一项谓国会不能速开者，必为筹备宪政尚未完全，顾欲求完全之筹备必先有完全之机关，欲求完全之机关必先有负责〔任〕之内阁，有负责任之内阁就不能无对待之国会，此应速开者一也。第二项谓国会不能速开者为人民程度之未画一，但人民程度亦无一定之标准。何者方能画一？何者作为标准？将以政府为比例抑以外洋为比例？现在各省谘议局业已办过，今年资政院业已开院，何独人民程度必不能开国会？此应速开者二也。第三项谓国会不能速开者，资政院为议院之基础，基础稳固然后能开国会。但既欲为议院之基础，必有与议院对待之内阁，而资政院无对待之内阁。议院为独立之机关而资政院非独立机关，是不可为基础。此应速开者三也。第四项谓议院不过立法机关，必不能参预一切，则又不然。各国国会制度有协赞权，有承诺权，有质问权，上奏弹劾受理请愿权，实兼监督行政而言，非可谓议院于立宪无大关系。此应速开者四也。且国会迟开一日，即人心不能安定一日。人心不能安定，即有种种可危之象。至财政上紊乱如此，不开国会，更何从解决？

众议员请将速开国会之说帖②朗读一遍。

153号（易议员宗夔）：中国当此危急存亡之秋，除开国会无救亡之法。自日韩合并以后，东亚之风云日恶，政府衮衮诸公尚在醉生梦死中，现拟按照《议事细则》请改定议事日表，开议此项重大问题，一切枝枝节节之问题可从缓议。（拍手拍手）

副议长：事体重大，不能仓促开议。

147号（谈议员钺）：昨天已经审查，今日即可会议。

副议长：此事非寥寥数语可以了结者，应俟编入议事日表作为议案，方可会议。

众议员有声请议长命秘书官朗读陈请提议速开国会说帖者。

副议长：秘书官朗读说帖。

秘书官张祖廉承命朗读，共二件。

126号（陶议员镕）请发言。

副议长：现在非讨论此案的时候，请缓发言，俟将来提作议案时，再行讨论。

126号（陶议员镕）：此事无议案，毋庸审查，可以即行讨论。

副议长：此事总须俟编成议案后再付讨论，现在不是讨论的时候。

众议员起立，主张即行讨论。（声浪嘈杂）

副议长：俟编成议案登入议事日表后，再行讨论。

149号（罗议员杰）：本议员据《资政院章程》二十七条，资政院于人民陈请事件，若该管各股议员多数认为合例可采者，得将该件提议作为议案。观之国会陈请书，既多数认可，即可作为议案，何必另编议案？

126号（陶议员镕）：此事系陈请案，既经陈请股审查报告作为议案，无再交审查专备议案之理？且速开国会与不速开国会，一言可决，应请即行讨论。

副议长：编为议案列入议事日表，即可会议。

126号（陶议员镕）：毕竟到何日可以会议此事？

副议长：下届即可会议。

149号（罗议员杰）：请问议长，预算案前约数日内交出，何以不交出？

副议长：预算案不久定可交出，请稍待。③

副议长：现在有一句话当与诸君说明。

副议长出临议台：照《议事细则》第六十五条，议事规则若有疑义，由议长决定之。前日会议河南试行印花税核议事件，秘书长说明主旨之后，诸君就讨论起来，政府特派员亦在此讨论。此项核议事件，本与法典案不同，法典案有初读、再读、三读之别，初读时不能讨论。核议案无所谓初读、再读、三读，说明主旨后就可发议，一发议即是讨论，议员可以发议，政府特派员也可以发议。不仅此也，即使核议案与法律案同有初读、再读、三读之别，前日为初读不应讨论，然此只能限制议员，不能限制政府特派员，何也？依《资政院院章》第十九条，固明言资政院会议时，政府特派员可以到会陈述所见，故也《议事细则》第三节"讨论"，为第四章"会议"之第三节，可见，"会议"时，政府特派员无论何时均可发议。本议长按章程解释如此，此外尚有数言告诸君，议场秩序总要整顿，以后必须一人发言后他一人再发言，务要分个前后次序，说话之间还须徐言为要，以便速记生容易记录。

117号（雷议员奋）：方才议长分付，是对于前日会议情形而论，抑是解释《议事细则》第四十八条定义？前天议员与政府特派员辩论之事件，本议员对于此事有个疑义，应当请议长决定。按照《院章》第十九条条文、《议事细则》二十六条及第四十八条条文所规定的手续，无论议长、议员、军机大臣、各部行政大臣、政府特派员，一望而知，无有疑义。本议员想，现在议长所决定、所解释，决不是就《资政院院章》与《议事细则》而言。本议员要质问到底，是决定前日事还是解释《院章》与《议事细则》？

副议长：是解释《议事规则》。法典案有三读，核议案无所谓三读，故可以于说明主［旨］后陈述所见，前日秘书长说明主旨之后，诸君就讨论起来，岂能禁政府特派员不许讨论？

117号（雷议员奋）：此项问题，关系将来开会之秩序与《议事细则》之解释，不可不慎重将事。议长说是按照《议事细则》，政府特派员可以讲话。然此须分别言之。议长意思前日是讨论时候，所以政府特派员可以照《议事细则》四十八条发言。今本议员要质问议长，前日核议河南印花税案是否已到讨论的时候？

副议长：发议就是讨论，雷议员以为政府特派员不能说话，是误认会议不是讨论。

117号（雷议员奋）：本议员尚有说话，请俟本议员说完之后，再听议长解释。（拍手）本议员以为，最要紧事就是议长解释章程。议长说第四十八条在第四章之内，第四章是规定会议之方法，所以前日政府特派员按照四十八条就可遽然发议。但是第四章分为第一节、第二节、第三节，必须分得清清楚楚。会议是包朗读议案、表决议案、讨论议案而言，不能将"会议"两个字就说到四十八条之规定。（拍手）会议有一定之层次，前日提出议案是否讨论的时候？前日议事日表载河南印花税议案为何不注明"初读"两个字，因为不是法律案，不必三读，故但注"会议"二字，本议员甚属赞成，但是不用三读之议案是否报告之后可以即行讨论，此是一个问题。本议员意见，前日河南印花税议案不应当讨论。何以言之？前日议事日表有议设河南印花税核议案特任股员一条之故，议事日表是议长所议定，因为不是法律案，所以不用三读。然虽不是法律案，亦当先付审查之后乃可讨论，不然议长所定十五日议事日表为何要设特任股员？是以本日议长所解释是就前日情形而言，不是根据《议事细则》而言。既不是根据《议事细则》，就无所谓疑义，即无所用其解释。

副议长：报告之后，诸君就讨论起来，试问是"讨论"不是"讨论"？

117号（雷议员奋）：议长此句说，本议员不当回答。因整理议场秩序是议长的权限，前日议员中有不照《议事细则》而说话者，政府特派员中有不照《议事细则》而说话者，其责任不在议员，而在议长。（拍手）

81号（章议员宗元）：按照《资政院议事细则》，前日所议河南印花税案件并非法律议案，故名核议案，为各国议院之所罕有。《议事细则》之内并未明定办理核议案之手续，故此项核议案究应如何办法，须要平心静气而思之。本议员试问核议案是否与法律案相同？既然不同，自不能用三读之办法。查法律案初读之时，可以质疑，政府提出者问政府，议员提出者问议员。若办理此项核议案，则资政院实立于裁判之地位，两造不到，无可质疑。故议长或秘书长说明之后，或即交股员审查，或先听议员讨论。《议事细则》内既无一定之明文，议长似可以决定。前日河南之案说明之后，议长任听议员发言，此种发言即是讨论。本议员试问，说明之后有人发言，若不能作为讨论，则此种发言〔后〕属何种名目？故本议员以为，核议案与法律案不同，审查之前不妨讨论，并无一定限制。

117号（雷议员奋）：本议员对于章议员所说有疑问。既曰河南印花税事件不是资政院普通议案，故朗读议案之后即是讨论。本议员就要质问章议员，议事日表设特任股员是何用意？既然公众讨论就要表决，为何还要设特任股员审查？此是第一层。第二层，若使方才议长说明此种议案，《细则》上未有一定办法，应决定一正当之法，本议员是赞成的。现在议长说前日政府特派员应该说话，本议员不能赞成。章议员亦处于议员之地位，试问尊见究竟以为如何？

81号（章议员宗元）：本议员对于雷议员的话，第二层不必由本议员答辩。第一层所谓讨论之后不必再付审查即可议决，此是寻常法律案办法。若核议案，则讨论之后再付审查，亦何不可？（声浪大作）

126号（陶议员镕）：请问二十七条规定应将各该议案付该管股员审查，是否统核议案在内？是否审查之后再行讨论？果如章议员所说，应即停议，俟《议事细则》修正后再行开议。

153号（易议员宗夔）：据章议员所说者，无研究之价值，此事暂无庸议，免致耽误时间。

117号（雷议员奋）：请问议长，据章议员意见，是谓河南印花税案并非普通议案，既曰《议事细则》未有规定，则政府特派员更没有说话的时候。盖《议事细则》第四十八条是为普通议案而设者，此是就章议员之意见而言，却不是本议员之本意。

87号（沈议员林一）：本院初开，章程是初次试办，彼此不能尽照章程，无庸深讳。今欲解释章程，务须平心静气。前日争论事情，政府特派员发议，系据《院章》第十九条，凡会议时俱得陈述所见。《院章》此条即包《议事细则》各条而言，不仅专指第四十八条、第二十六条，连开股员会三层在内。照此论之，是值会议时即有发言权，"会议"一章兼"讨论"而言，其发言权之有无并无分别，业经议长解释，可无庸深论。惟议场秩序务须整齐，各人言论自由，有理仅可驳辩，不能常作叱声，禁人发议。各国无此礼法，请议长注意。

109号（籍议员忠寅）：大家解释章程要平心静气，沈议员说会议与讨论无有分别，本议员有个疑问。第四章"会议"之下为何又有"讨论"一节？本议员不专为沈议员辩驳，因为前日议案是核议案不是法律案，职此缘由，所以不用三读法，所以生出今天讨论与解释章程的事。核议案虽然不用初读、再读、三读，但是次序也不能差异。法律案初读之后要审查，审查之后要讨论大意，此是第一回讨论。既不是法典案，亦应该在审查之后讨论，不然决不用"审查"。前日议事日表规定设特任股员，是认此案有审查之必要。就是讨论大意，也应该在审查之后，大家与议长都是解释此个章程，就是由议长决定，也不能出这个理由。

87号（沈议员林一）：核议案既不许大家讨论，应该先付审查，但本议员意见以为，既经议长认定可以讨论，如果不能讨论，亦须议长宣示明白，以后无论何人不能在审查以前说话。（声浪大作，议场骚然）

153号（易议员宗夔）：议事日表次序未经改定，请勿讨论日表以外之事。（同时起立赞成者计四人）

62号（刘议员泽熙）：今日议事日表所载，并无解释章程议题，顷各位议员因前日之事纠缠章程规则，再四辩驳，喋喋不休，殊属耽搁光阴。如果本院以为解释章程为今日之必要，应请议长改定议事日表再行开议；若认为非今日之必要，则请议长中止各议员之辩论，仍就本日议事日表各议题依次发议，以免扰纷。

117号（雷议员奋）：本议员已得议长之允许，非刘议员权限所及。方才沈议员说"会议"与"讨论"无有分别，此句话从何处发生？从十九条生出来？十九条但有会议未有讨论，《议事细则》第四章也是会议以后方有讨论，所以未有分别，会议之时不是都可以发言。但是本议员看《资政院院章》，用何方法可以看得明白？就是这边是《院章》，那边是《议事细则》。案《院章》十九条，政府人可以讲话，在会议之始还是会议之终？看《议事细则》的时候，要明白《院章》之所定。不能左《章程》而右《细则》，恐不明白政府的人当于何时说话。（拍手）看《议事细则》须将章节分得清楚始可。本议员对于前日议案，因为要遵照《院章》十九条、《议事细则》四十八条而论，故发生种种问题。今章议员所说此案不是法律案，就应该不能照《议事细则》解说。但是本议员说话心平气和，总要从法律上着想即至公，众人亦须平心静气研究《院章》及《议事细则》。之所以规定无论议长，无论议员，无论军机大臣、各部行政大臣、政府特派员，都要存一个神圣不可侵犯之意思。盖因章程及《议事细则》都是皇上所定，不可不敬谨遵奉。第二件事要看第一件事，第三件事要看第二件事，本议员想此个意思未有不赞成者。从前会议广西谘议局一件事，本是将广西的事报告出来付股员审查，俟审查报告后再行讨论，再行表决，章议员因为河南印花税议案不规定于《议事细则》，则说《议事细则》有不完全地方。既有广西案之成例，就可以照此办理。

86号（喻议员长霖）：请议长遵照《议事细则》第三章第十八条，议事日表所载某时应议事件，若其时刻已届，议长得停止他项议事，改议此项事件，免致延搁时间。

115号（许议员鼎霖）：此项事情两天未有解决，如再中止，恐怕两三天还不能解决。此皆因为《议事细则》有一点缺点。本议员到京以来，就在石桥别业准备会内说过此种《议事细则》，总要公众都能明白方好遵守，当时未有通过，所以致有今日之弊病。本议员想，众议员欲照办事细则次序发言，可免耽搁时间，系为宝贵光阴起见，并无禁止政府委员发言意思。案照《院章》，军机大臣、各部行政大臣及特派员等，于讨论时都可随时发言，想特派员亦无必定要在初读时发言意思，皆是发言，无有区别。惟《议事细则》所定，如大家都谓不方便，亦当提议修正，作为先例。倘因此争执，将来民选议员、钦选议员、政府特派员各执一见，殊非和衷共济之道。至于速开国会、责任内阁是最要紧问题，大家若徒争执此事，将最可宝贵之光阴概为虚掷，可惜孰甚！请议长盼咐，暂照《议事细则》办理。若要另定先例，随后再公决施行。请大家要求议长解决，好议本日议题，不然一天光阴又轻易过了。

117号（雷议员奋）：既不赞成，前天无有疑义，不用表决。

副议长：今天尚未议事，现在开议。

110号（于议员邦华）：今天这件事就是议长一句话引出来的。

148号（陶议员峻）：政府委员演说，不过于先后次序稍有误会，其实算不得大大错处。议长为全院之主理，应综筹全局，调和意见，使议员与政府委员结成一体，以便维持危局。今乃故意袒护政府委员，以致议场骚动。将来议员设与政府委员生出意见，民选议员与钦选议员生出意见，彼此冲突，有议论而无成功，谁执其咎？以后务请议长维持大局，勿存私见，使本院将来得收良好之结果，为望为祷！

86号（喻议员长霖）：请议长照《议事细则》第十八条办理。

134号（余议员镜清）：请议长照《议事细则》第十七条办理各省谘议局陈请事件，请议长提前核议。

副议长：按照议事日表第一议设审查河南印花税核议案特任股员。

80号（劳议员乃宣）：今天议事日表共有六件事，第一是河南事，第六是议设各省谘议局关系事件特任股员事，本议员意见欲将此两项事件归并在一方，而将议事日表第六项所载事件并入第一件，俾早提议。现在各省事情都要特任股员审查，如一省事审查一回，十省事就要审查十回，若回回另举特任股员审查，恐多耗时日，请议长指定各省谘议局关系事件特任股员。（议员多数起立赞成）

153号（易议员宗夔）：对于选举常设特任股员请发议。今天举特任股员，为河南与湖南事而举，是临时特任股员。议事日表第六项又说议设各省谘议局关系事件特任股员，现在既主张归并以系常设，常设即

为专任股员，临时特任股员可由议长指定，至常设之专任股员，自应由各股举定，不能由议长指定。（拍手赞成）

67号（王议员璟芳）：印花税议案既经议长报告须议设特任股员，但是各省谘议局同各省督抚异议事情，固由资政院核议，惟现在这个议案是否应先认定是国家税或地方税？如系地方税，可以由谘议局议决；如系认为国家税，而且又是在资政院、谘议局未经成立以前所规定之法律，不能便任由督抚同谘议局生出更正之异议，纵有窒碍难行之处，应由资政院议员提出修正案，照章经三十人以上赞成，方可作为议案交付审查。若轻轻认定此系河南谘议局与督抚异议事件，似属不合，请公众分晰清楚。

110号（于议员邦华）：方才王议员所说国家税、地方税，本议员意不为然，今天此项问题是河南省请本院核议的议案，不是研究国家税、地方税的议案，若举河南事抛却，只说国家税，就是不合。（拍手）

112号（陈议员树楷）：《谘议局章程》第二十四条，谘议局于督抚交令覆议事件，若仍执前议，督抚将全案咨送资政院核议；又《谘议局章程》第二十七条，督抚如有侵夺谘议局权限或违背法律等事，谘议局得呈请资政院核议。是资政院核议各省督抚咨送事件与核议各省谘议局呈请事件，皆系《谘议局章程》遵旨奏明办理的。现在河南之事既归资政院核办，就当按照章程办理，说不出别项事情来。至于国家税、地方税关系，现在国家、地方税，还未分清，《度支部试行印花税》曾言"体察情形，酌量办理"。各国立法的意思，法律都要准乎舆情，才能有利无弊，是各国立法的通义。度支部所谓"体察情形，斟酌办理"，即是此意。督抚交谘议局提议不决，转交资政院核议，无非是度支部"酌量情形，斟酌办理"发生出来，并不是国家税、地方税之关系。要说印花税是国家税，不应谘议局干涉，则河南巡抚何以交谘议局覆议？而度支部亦应当先责令河南巡抚违背国家之律令，（拍手）讨论之语非由本议员发生出来者。若准讨论，议长应指定一人；若不准讨论，本议员不担此责任，方才发议的某议员担责任。现在既云不宜多说，在本议员方才所说之语，亦即至此而止。

副议长：特任股员照章应由议长指定，互选与章程所定不合。

153号（易议员宗夔）：现在核议河南印花税，又核议湖南航业案，是否通行归并？既是通行归并，以后无论何项谘议局事皆归此股，即是常设特任股员。据本议员的意见，常设特任股员非选定不可。

149号（罗议员杰）：选举特任股员，在《办事细则》以外，是审查各省谘议局陈请核议事情，总因各省情形不同，要由各省议员选定，在特任股员中规定，请议长将人数指定。在《议事细则》内，六人或十二人至多不过十八人，然而各省情形不同，外省人未必能知。即使知之，未必能熟悉，所以要本省议员自行举定，此是注重谘议局实属情形。现在已有二十省谘议局，若按每省举一人，与《院章》不合，系第一层。再者，果系分别与否，照《院章》，有关系某省者，某省议员应该回避，不得与议。本省事情是否回避不回避？请议长酌量。此系第二项。第三层是举人时候应该票举，请问议长是否票举？是否连记、单记？

副议长：投票互选一层，本议长不能赞成。人数《院章》定有明文，断不能指定每省举一人。二十余省，每省一人，则人数太多，与章程不合。只限十八人，则人数不能与行省之数相应，不知各省情形之弊仍不能免。

149号（罗议员杰）：本议员因同院人意思，主张每省选常设特任股员一，取其与本省谘议局情形熟悉，审查核办事件之时不至隔碍，但《（办）[议]事细则》特任股员以十八人为限。请问议长，是否因为熟悉地方情形起见，以二十人为额，抑仍依《（办）[议]事细则》十八人为额？又既因审查各省谘议局核办事件而设，是否分别钦选、互选，抑不分别？又本员意思主张票举，不主张指派及推定。

73号（汪议员荣宝）：现在已经表决，不能再说。

[副]议长：先请诸位决定特任股员人数，或六人或十二人或十八人。

153号（易议员宗夔）：总宜以十八人为最好。

众议员赞成，以十八人多数起[立]。

153号（易议员宗夔）：常设特任股员，大家决定仍是以票举抑是指定？

　　副议长：然则用票举抑由议长指定，从多数表决。（众赞成票举）多数起立。

　　秘书官点计人数，赞成者共一百四人。

　　副议长：今日到会者共一百七十九人，现赞成者一百四人，为多数。

　　80号（劳议员乃宣）：投票选举照从前办法，六股各股并举，或是另立章程，请议长说定。

　　副议长：议场投票互选。

　　80号（劳议员乃宣）：票举是否单记还是连记？

　　副议长：用单记每位一票，每票举一人。

　　副议长：请各议员不要离位，现由秘书官分送选举票。

　　那王、贡王同时起立，质问是否用无记名投票。

　　副议长：用无记名投票。

　　第5号（议员润贝勒）：《办事细则》第十五条云，特任股员由议长就议员中指定。今日由大众票举，是否与奏定章程有不合之处？

　　副议长：此系大家决定者。

　　第5号（议员润贝勒）：下次是照章办理抑止此一次？

　　副议长：下次还照奏定章程，此是特别事情，依公众议决者。

　　第9号（议员凯公）：方才润贝勒所说，本议员甚赞成。

　　秘书官分送选举票，各议员投票选举。

　　副议长：请交票交齐，然后开票。

　　秘书长报告票纸，共一百六十六张，到会者共一百七十九人，不到议场者不在其内，另有一张白票，一张辞职票，除此两票外，共一百六十四。

　　秘书长报告常设特任股员人名及票数。

　　　　雷　奋　十三票
　　　　魏联奎　六票
　　　　劳乃宣　六票
　　　　赵炳麟　六票

高凌霄　六票

许鼎霖　六票

于邦华　六票

周廷励　五票

陈宝琛　五票

周廷弼　四票

汪荣宝　四票

王璟芳　四票

易宗夔　四票

沈林一　四票

汪龙光　四票

秘书长报告现有同得三票者五人：王昱祥、孟昭常、罗杰、席绶、成善，应照章用抽签法定之。

副议长：命秘书官抽签决定如下：孟昭常、罗杰、席绶。

副议长：按照议事日表第二湖南湘汉航业议案，④由秘书长说明本案之主旨。

秘书长承命说明湖南湘汉之航业核议案主旨毕。

153号（易议员宗夔）：各省谘议局来电已登官报，何以不报告本院？

副议长：登官报即为报告议员起见。

副议长：宣告散会，副议长离席，各议员以次退出议场。

下午六点十分钟散会。

注释

① 议员易宗夔具说帖质问军机大臣宪政编查馆关于议院基础事

查本院《议事细则》第一百七条，议员依《院章》第二十条欲行质问者，应具说帖，得三十人以上之赞成，由议长咨询本院决定之等语。本院恭承明诏，为上下议院之基础。议院则必有对待之机关负执行之责任，议院则必有独立之权限为法律之构成。本员为此遵章质问：现在之军机大臣采用副署制度，断非署名敕尾而已，必当如各国之内阁国务大臣负完全之责任。请问军机大臣对于各部行政、各省行政是完全负责任，抑不完全负责任？又宪政编查馆从前为国内最高之立法机关，现在资政院既已成立，照章应议决新订（定）法典，宪政编查馆是否仿各国内阁所设之法制局，抑仍握最高之立法权？以上两条，敬请议长咨询本院，如经决定，恳即照章咨请军机大臣及宪政编查馆，酌定日期以文书或口说答覆，至为公便。(《资政院知会、折奏、章程、说帖、质问、陈请等案件》第七册《资政院第四类议员具说帖质问各案件其一》，宣统二年铅印本。另见"为提出各国衙门行政事件质问军机大臣是否全负责任并议决宪政编查馆改制事说帖"，中国第一历史档案馆藏军机处全宗，档号：03-7474-088）

资政院于九月十九日的回覆为："资政院为咨呈事，查《院章》第二十条资政院于各衙门行政事件及内阁会议政务处议决事件，如有疑问，得由总裁副总裁咨请答覆等语。兹据议员易宗夔提出质问说帖，业经咨询，本院决定相应刷印说帖，照章咨呈贵处王大臣酌定日期以文书或口说答覆可也。须至咨呈者。右咨呈军机处。"（"为刷印议员易宗夔提出质问说帖拟请酌定日期以文书或口说答覆事致军机处咨文"，中国第一历史档案馆藏军机处全宗，档号：03-7473-019）

军机大臣于十月十九日的回覆为："办理军机处为咨覆事。准贵院咨称议员具呈请问军机大臣对于各部及各省行政是否负完全责任等因前来，查现在新官制之内阁未经设立，军机大臣权限实非各国内阁国务大臣。详绎咨送说帖，语意以采用副署制度必当如各国之内阁，惟查光绪三十四年军机署名之制，实本乾隆年间旧制，与日本内阁副署用意不符。根本既殊，说帖所谓是完全负责任，抑不完全负责任之处，自无从答覆。将来新官制之内阁设立，此种问题届时自可解决。为此答覆贵院查照可也，须至咨者。右咨资政院。宣统二年十月十九日。"（"办理军机处咨覆议员请问军机大臣对于各部各省行政是否负完全责任等事"，《资政院文案七种》第二册《资政院第十七类各部院衙门咨覆各案件》，清末油印本）

宪政编查馆于九月二十八日回覆，云："宪政编查馆为咨覆事。准贵院咨开据议员易宗夔提出质问说帖，业经咨询本院决定，相应刷印说帖，照章咨呈贵王大臣酌定日期以文书或口说答覆等因。查说帖内开，宪政编查馆从前为国内最高之立法机关，现在资政院既已成立，照章应议决新定法典，宪政编查馆是否仿各国内阁所设之法制局，抑仍握最高之立法权等语。查宪政编查馆由军机大臣管理，内设编制局以编制法规，设统计局以统计政要，并附设官报局以发行官报，暨承办颁行法令各印刷事项。原订职掌，核与日本普设之宪取调局，现在内阁所设之法制、统计、官报等局相等。嗣又增设考核专科，考核京外各衙门各项应行筹备事宜，有奏咨催办、据实奏参、指令更正之权。业于奏定本馆办事章程暨设立考核专科章程分别声明各在案。是本馆组织系占各国内阁应设各局之大部分，无论资政院已未成立，实非仅一法制局之比。至称本馆从前为国内最高之立法机关一节，查《钦定宪法大纲》按语内载'君主立宪政体，君上有统治国家之大权，凡立法、行政、司法皆归总揽'等语，是立法事项，不特本馆不能握其最高权，即现在成立之资政院及将来应设之上下议院，其对于立法权亦仅以协赞为限。又光绪三十四年八月初一日钦奉谕旨刊印逐年筹备事宜清单内，有由本馆核办者，如新刑律及各项法典之类；有由本馆专办者，如宪法、议院法之类，悉应钦遵分别办理。现在资政院业已成立，按照院章及本馆办事章程，除奉特旨由本馆专办之件外，其属于法典者，如报律、新刑律之类，已由本馆先后奏交资政院议决，本无权限不清之虑。至说帖内所问军机大臣采用副署制度一条，应由军机处另文答覆外，相应备文咨覆贵院查照可也，须至咨者。上咨资政院，宣统二年九月廿八。"（"宪政编查馆咨覆议员质问宪政编查馆从前为国内最高之立法机关等事"，《资政院文案七种》第二册《资政院第十七类各部院衙门咨覆各案件》，清末油印本）

资政院于十月初一日致宪政编查馆咨呈云：资政院为咨呈事。据陈请股员长报告称：本股开股员会审查顺直各省谘议局因近时法令日多而公布方式不定，则发生效力之期不确。研究办法五条皆与官报局有关系。查本院《院章》第二十七条，人民陈请事件其关于行政事宜者，应咨送各该衙门办理。经本股多数议员表决认为：应咨行宪政编查馆核办等情具书前来，业经咨询，全院决定相应抄录原说帖咨呈贵馆覆核办理可也。须至咨呈者。右咨呈（计抄说帖一件）宪政编查馆。宣统二年十月初一日。（"为呈送颁行法令研究办法说帖事致宪政编查馆咨呈"，中国第一历史档案馆藏宪政编查馆卷宗，档号：09-01-04-0052-027）

② **谘议局联合会陈请资政院提议请速开国会提议案**

为陈请提议请速开国会以救国亡事。

窃直省谘议局议员去年联合上书，请愿速开国会，未蒙圣允。今年各省绅商、教育、政治各团体，以至海外各侨商，云集鸟号，相率而继续请愿。圣明不察，仍守宣统八年开立国会之成命。海内外人士奔走呼号，终持国会不开，国亡不救之见，又将准备上书矣。议员等详究此事，深维将来外患内忧，日易月异，将死未死，不敢缄默。其国会不可不开之理由，关于宪政上，法律上，教育上，实业上，种种方面，为前二次请愿所先陈，可不复殚述。谨就本年五月二十一日谕旨，参之数月以来人心时局，见闻所及，披沥陈之。

伏读五月二十一日谕旨，仍谆谆训以九年立宪者，主要有四：曰宪政筹备未完全，曰人民程度未画一，曰资政院为议院基础，曰议员不能参预一切。前三者第二次请愿书已反复言之，而圣训仍云然者，自系出于郑重立宪之深心。然议员等犹有说焉。

所谓筹备宪政者，非指立宪政治则已，如系立宪政治，必先定立宪政体，而后政治乃得以理。立宪政体虽根原于三权分立，然司法、行政两机关，无论国家政体如何，此作用均不可少。若无国会，则无立法机关，即亦无所谓预备立宪。然使立法机关不独立，而宪政无以筹备完全，则国会永远不开，亦不妨留此政体。乃今观之，中国现情所谓审判、巡警、教育、自治诸大端，或椎轮伊始，或初设维艰，虽朝廷按期责效，而空文具报，诚如圣训所谓未完全。夫此数大端者，非立宪所始有事，乃至预备立宪而竟不能举，则无完全法律以俾之执行，而又无完全法律定之监督机关以迫之执行也。然此犹曰财政支绌，执行匪易也。筹备原单，编订法律章程，各省定限自治，为立宪初基，何以每届颁布年限必于十二月上奏？官制为行政根本，何以去年应行厘定者，至今日尚待起草？此其故匪由于人才之不足，必由于改革之碍难。虽夫无完全法定独立机关，而编定法规延缓窒碍如此，又何惮而不早设完全立法机关？故议员等以为，筹备宪政未完全，由于立宪政体未确定，立宪政体非速开国会不可也。

若谓人民程度未画一，必俟诸九年，则此九年中必筹一完全画一之方法。今筹备清单只期人民多数识字而止，以此推之，后此六年并未颁定人民有如何之程度。且欲增进程度，必赖完全教育，今日教育根本困难，诸多问题均待解决，非萃人民全体之知识以解决之，则人民程度永无增进之日。况所谓程度者，果以何为标准？若必人皆圣贤，则古今中外无此历史。若谓人民系对于官吏而言，今日人民程度不及官吏，以此为画一之准则，必人人皆达于今日官吏之程度而后谓画一，则必使全国非官吏者人人皆有官场之习气，而后可谓之人民有程度，朝廷又何乐而有此在朝在野不能完全筹备之全国人民。若谓人民系立宪国所谓对于君主者而言，包含官吏于内，在位在野均未画一，则莫若合全国之人民，选举其优者以与闻国是。议员等以为，专制之国，仅恃一二圣贤，立宪之国，则尚普遍之知识。因在野人民程度之未画一，而选举就全体人民中选举其优者以与闻国是，此代议制之所由来也。因在朝人民程度之未画一，而选举其优者，畀之以代议之权，而实行其监督行政之事，此代议制监督政府之所由昉也。又况国会不开，教育不能发达，人民永无增进程度之日。故议员等以为，非速开国会不可也。

若谓资政院为议院基础，实又不然。无论其性质，其组织，绝不相似也。以法制言，议院为独立机关，而资政院不然；以效力言，议院议决之案经君主裁可，大臣副署而实行，而资政院不然；以责任言，议院议决案对于负责任者为内阁，而资政院不然。资政院以不能独立之故，而丧失其议决之效力，于此而负其责任者，惟吾皇上一人为全国怨毒之府。大臣善用其趋避之术，而以国家大难多方诿卸于一人之躬，律以善则归君，过则归臣之古训，容或不然，而按之立宪精神，尤允无一当者也。故议员等以为，资政院与议院居于反对之极端，实非基础之预备，欲预备立宪基础，非速开国会不可也。

至谓议院不能参预一切，此尤壅蔽圣聪之言。立宪国虽具三种机关，实只议决、执行两大部分事。执行机关为司法，为行政，议决机关只有议会。以议会立法言之，则除日本钦定宪法外，无论何项法典暨其他法律，无一不经议会议决而成，各国皆然，历史具在也。以议会参预一切言之，则如议决预算案，如事后承诺，如质问上奏，弹劾受理，东西各国，此项参预权莫不界之于议院。此外如军政、外交，虽有为君主之特权者，然欧西各国亦多有经议会协赞者。盖议院而不能参预一切，则议决权内之一大部将无所属，而议决之执行终亦必以无监督故而失其效力。我皇上不欲守先皇帝之遗诏预备立宪则已，如欲立宪，宜速开国会，选全国之优于聪明才力者，与之议决全国一切大计，不宜听信少数壅蔽之言，割裂议决之事项，枝枝节节而筹备之，以为议院于立宪无大关系，国会不必速开也。

议员等以为，筹备一切，非速开国会不可。

议员等窃见数月以来，人心惶惑，如赤子之无依。道路传语，愈谓朝廷以筹备之空名，掩天下耳目，而实行其专制之政。关怀国是者相与咨嗟流涕，谓朝廷迟一日立宪，中国早一日丧亡，或议抗租，或反对新加税，以极愚违法之为，冀圣明之一悟。此虽因误会而生违议，亦我皇上实行立宪之心，尚未昭然大明于天下也。又其黠者，主张革命暗杀之流，传染浸淫，日益以甚，暴裂横决，匪所敢言。此辈岂尽无良？而其言既不见信，又无地以相容，不得已变爱国之余忧，为戕贼之手段，虽穷搜尽杀，势不可尽。诚毅然即开国会，以国家一切大计公之人民，其优者既得有所凭借，以发纾其所怀抱，其显然违犯者，为一般舆论所不容，则亦渐焉相率变其违法之举动，而融洽于范围之中。故议员等以为，正人心非速开国会不可也。

夫一国之政体，由一国之历史而成，而一国之政策，因一国之时势、地理而异。专制之政体至今日而何以划除殆尽，立宪之政体各国何以有君立、民立之不同，联邦列州之组织又何异于单独国，此类均必有特别之事实存在也。全球交通，优胜劣败，大圣不世出，故必选全国人民之优者以谋定一国之大计，决定进行之方针，东西各国大概然也。中国当筹备立宪之初，荦荦大者均未计及，集上下臣工纷纭于挂一漏万，如所谓数十宪政者，而筹备尚不能举，亦可见少数人之聪明才力其不能拨乱而反之正，彰彰明已。证以中国之历史、之时势、之地理，今日国家大计进行政策何在，草野未能深晓，而中央集权即中央集钱之说，已喧传于内外人士之口，此种政策且无论其臧否，而事实发生已有不可解决之问题。

夫一国政事，均视财力为张弛，大而国家，小而地方，其道一也。今日中国财政之支绌，经各省监理财政官之报告，暨各省督抚之预算，现势既已如斯，以云节流，而裁减之法寄之何人？以云开源，则开拓之策为之何所？国家税、地方税何自而分？预算案、决算案关于国家者何自而定？关于各省者何以为范围？各部分立，向无统一之机关，一部员司，岂具万有之能力？各国以财政为国家命脉，因防少数专横之弊，相率而采用代议制度。中国亦以为代议制之必可行也，而必欲得此少数者之结果决定一切之后，而始用代议制。过此以往，富于地藏者，既不能为源源之取求，而流通于地面者，日减一日，百举既废，万国均觇。内而封疆大吏束手待（弊）[毙]，其极也将以兆疆域分裂之祸；外而强邻环伺，要挟多端，其极也不至于实行监督财政不止。然则，不开国会集全国人民之聪明才力以速解决国家大计，日目危机，不为中国历代末年之割据，则埃及、波兰、印度、高丽之续耳。议员等非丧心病狂者，而讵忍语此，然而势之所趣，固虽欲掩饰之而太息于无从也。而反对立宪者，则将以财政支绌为破坏宪政之理由，此如病者已极危险，尚有一法几希挽回，庸医不知此法之谓何也，主张不药而坐视之死，此其至愚极陋，岂待明者而后觉哉！今日之外患内忧，逆计如此，长此纷纷，变象胡底？故欲救国，非亟开国会不可也。

议员等为各省谋幸福，守局章之范围，以国家将亡，地方何在，同筹共计，以为舍速开国会一策，无以为立宪之计划，即无以拯国家之覆亡。国会开洵不足以竟其功而臻郅治，然振衣必挈其纲，谋国必其有本，舍立宪之根本而曰筹备宪政，而筹备复不能完全，且其势亦必不能臻于完全，则所谓竟全功而臻郅治者，议院不开，允不足以致之。诚非开国会，确立立法机关，俾责任有所专归，执行不敢粉饰，按期责效，或可渐臻上理。时至今日，存亡之机，间不容发，愚者一得，鸟鸣也哀。道不定，罪可无逭。应请提议速开国会，以救国亡。须至陈请书者。（《直省谘议局议员联合会报告书汇录》，邱涛点校，北京师范大学出版社 2013 年版，第 112—117 页）

③ 宣统二年九月二十日会议政务处递封奏一件，军机大臣钦奉谕旨："会议政务处奏遵议度支部试办宣统三年预算请旨饬交资政院照章办理一折，著依议。钦此。"（中国第一历史档案馆编：《光绪宣统两朝上谕档》，广西师范大学出版社 1996 年版，第三十六册，第 365 页）

④ **湖南谘议局提出的"湖南湘汉航业核议案"**

内港行轮沿岸贸易，本系内国人之专业，应不许外人阑入。今长江内港已概许外人通商，损失利权为数极大。吾湘两湖、开济，均以资本船只过小，遂为外轮所压，其害益深。若不从新组织一大公司以图挽救，则吾湖南航业终为外人攘夺，民生愈困，国计益艰，将有不堪设想者。又况湘粤铁路正在限年赶修，铁路成，轮船不能接济，则水运之利眼见发达，徒为外人添无数利源也。查各国鼓励航业较铁路为注重，航业有保息金、补助金、奖励金，而铁道无之。盖铁道在各国只能限行于本国内，不能侵入人国，航业则环球海口有商约之国，彼此均可航行。彼来而此不往，则利权外溢，其国必日即贫弱。况内河并许外人通商，而可不力求抵制乎？日本维新之初，内海航权亦为外人侵夺，及鼓励航业之案出，经国会赞成而邮船会社乃大发展。初与外人竞争于内海，几经减值争载，而后胜之，乃屏各国商轮于海口，改订条约，今则益加扩充，遂与各国争衡海上，而他部之大坂日清湖南汽船公司又侵入我内港，已历多年矣。日人以国力收复内海，航船并侵入人国以助其富强，我何不可以官力补助商力，而先为挽回内港之计乎？铁路外债，群知其害，莫不同心坚拒，务归自办。航业事同一律，且与湘粤铁路成大有关系，万难迟缓。兹将议决诸条列后：

一、宜先定保息金也。保息金以亏损成本年利为限，年息暂定六厘，如实亏若干，得由湖南善后局查明补给。湖南内河航线有长常、长潭、长益、长阴、长沅、潭洙、潭衡、常桃、常沣、常津、沅南、南沙诸路，航线既多，资本自应加大。惟非通商口岸，外轮不得与我相争。其关系正重要者，长汉为最，常汉其次也。其余均系营业目的，且有利益可图，不必议及保息金，但规定办法保护。

二、公司新辟路线之利权也。今拟长汉定制浅水商轮四艘，每间日一开班；常汉浅水商轮二艘，每间三日一开班。长汉每艘拟定制金十五万元，共六十万元，常汉每艘定制金十万元，共二十万元，通共八十万元。或有他项增款，亦只以一百万元为限。年利金纵令全亏，官给保息金亦只六万元耳。收回外溢之金颇多，而利散民间，暗资富实。且与各国通例相符，允宜呈请照准定案，以资鼓励。至公司开办后，外商如合力竞争，意图压抑，得由本局续行提议，再请筹给补助金。

三、人材宜培养也。驾驶、司机、管理均关重要，有船无人，亦终必借材异地耳。今宜招选高等小学以上毕业生，年在二十岁以外，质性坚定者若干人，资送上海商船学校分习驾驶、司机、管理诸事。又分速成、专门两等，速成科在学一年，上船练习半年为毕业；专门科在学三年，上船练习一年为毕业。最优等委以大船要职，其余以次按委，不及格者听其自营生业。庶人才勃兴，不致发生种种弊害。

四、汽船公会宜组织也。商务之害，莫甚于倾轧，倾轧则两败俱伤。吾国商法未定，既无专利之条，复无保护之例。以故近年内港商轮自相侵夺，不独无利可图，反致亏折成本，无怪航业之不能发达也。今宜以公会为主体，公定严密规则，制限线路，即以扩张航权。凡某公司新辟之码头，他公司不得侵越挽夺，违者照章处罚。但船价水脚亦宜适中，不得以该埠仅一公司，故意抬高，致嫌垄断。

五、新公司宜准两湖、开济附入船只作为股本也。两公司经营惨淡已历多年，徒以外轮侵入，致耗资本。若新公司全不顾恤，则两公司必愈损害，亦非保商之道也。今准两公司公定存船平值价格，附归新股，并由湖南政府担保本利。船只过小者改辟他航线，大者或酌走长常，或分走长岳、长衡，总以相宜为得。旧公司得保残存本利，新公司势力亦愈加扩充，一举两得，且无挣夺之害。如旧公司或不愿附入，即可听其另辟航路，或行原埠。

六、护险章程宜改良也。制限装载人数，原为护险而设。但各船重量下水时，早已验明核收船税，船唇又定有水线，向来装载重过水线，保险行即不与保险，而吨钞合水线减十成之三。如本船容积一百吨，载重至水线仅止七十吨，原无危险，若不许到水线，是每船只可装重量六成，其亏损多也。且窓位制定人数，各船多少不一，并不遵照原定吨位。又各理船厅丈量之时，往往听信扦手，此关定数与彼关不同，以后定数与以前复异，此宜另定新章，俾有遵守者也。又关税烦扰，考验稽查之法，宜由公会担任，不应假手税关。其每年应纳吨钞，缴各关道核收，发给专驶执照，庶商业可期畅旺，不受留难苛责之害也。

七、招股宜用官力提倡也。补助亏损年息，既由湖南政府指款担当，应于招股之时请抚部院大张告示，说明航业理由及应行扩充之故，劝谕绅商入股。再由绅商自行联合，凑集巨款，严定规章，以昭公允。如股款一时难齐，或由公司发行债票，或向大清、交通银行借，或由官款加入，总以公司成立为主。债票息借宜由政府招款，保息方有信任。

八、公司账项宜按月清查。公家既有补助金，股东亦各有权利，一切收付数目，尤宜在在核实。应仿外国行轮之制，每次乘客若干人、装货若干种及吨数、完税、烧煤、一切薪津工食用项，按月每轮详造细册，呈报公会，转报抚部院查核，并张贴通衢，以供众览。

九、船主、大副、司机、管理均应领有胜任执照，买办账房亦须曾入商业学堂，下而至于茶房、水手、升火、下执事亦须入校学习职务数月者，否则不许充当。惟开办之初，恐向此无完全员役，但雇用之时，须由汽船公司严加考核，视其确能担任某项职业者，给以凭单。如不可给凭单者，不许雇用。又必详定行轮细则，使上下人等一律遵守，务使行商乘客皆乐附于其轮。如有船员违反规则，及其他不法行为，一经乘客指摘，查明确实，即时更换，不得瞻徇情面。

十、公司开办后办理得宜，贸易兴盛，除本息外如有赢余，应派作十分：以三分奖励船员；以五成充作红利，分派股东承领；以二分抽归公家，作保息金抵偿。如自开办以后即有余利，不须政府保息金，亦宜抽出二成，作为公积，以备将来或须补助之用。

十一、码头趸船宜清洁宽敞也。码头狭隘，乘客货物异常拥挤，殊多窒碍，趸船亦然。宽敞则容积颇多，上下货物均有堆之处。至于清洁，则行李货物不致污损，来往人客不触秽气，亦招徕之一端也。急宜预备宽敞码头、高大趸船，以扩张局面。否则如轮船北局，走巷逼窄而臭，码头陡峻而小，趸船少所容积，亦航业中一大障碍也。

十二、宜通告汉口华商入股也。公司既称湘汉，则两省商务关系必多。如汉商愿附入股本，则声气灵通，势力愈大。但该埠股本保息金，应由汉商呈请督部准予立案担负，方不致累及湖南，致生阻碍。如组合既成，则宜呈请两省督抚并呈请邮传部立案。以后湘汉航业只准加股扩充，不许别立公司互相争夺。团结内部，即以抵抗外商，是亦应加注意者也。

札覆谘议局湘汉航业案（宣统元年十二月十一日）原文

　　为札行事。案查《谘议局章程》第二十二条"谘议局议定可行事件，呈候督抚公布施行"，又第二项"前项呈候施行事件，若督抚不以为然，应说明原委事由，令谘议局覆议"等因，前由谘议局议决，提出湘汉航业一案，呈请裁夺施行等情到院，当即札发劝业道妥速筹议。兹经该道具详前来，本部院覆加核阅详开各节，与原案略有出入，兹特略加采择，分别说明原委。

　　谓挽回航利，端在鼓励航业。鼓励之法不外官款保息、官力集股、官入资本数者，为提倡开办之方。比年内港行轮多让外人攘利，设法补救，诚为切要之图。近日风气未尽开通，商民罔识抵制。因之原本于各国鼓励航业之意，以有此官商合利之谋，兼愿统筹，讵云非计？惟是振兴航业，固须组织公司；公司要素，首在维持信用。诚得资本丰富、乡望素孚、熟悉商情之人，慨捐巨股，极力倡导，则凡不足之款，无论招集股本、发行债票、息借商款，皆可呼应灵通，无庸官为保息。湘中不乏财力雄厚之绅富，应如何结合团体，以维公益而保利权，保护维持，官自应惟力是视。若使信用不彰，空言组合，开办公司全无实力，官为出示，亦属虚文。

　　至发行债票一节，就令官为指款保息，亦恐难为效力。前年广东试办公债，指定粤海关税的款担保，息金按年抽签偿还元本，办法颇为妥善，人民尚复观望不前。此其明效大验。息借银行资本，纵令可以实行，设公司损失巨资，应由何人赔补？未雨绸缪，正非过计。否则集股之外，全恃官股加入。历年要政繁兴，财政奇绌，久已入不敷出，罗掘俱穷，实无此大宗闲款，足资挹注。因噎废食固非良图，挖肉补疮亦岂得计！

　　案内于添设商轮一项，估计需银一百万元，并举兼营，自须此至巨之股本。所虑规模愈大，收效愈难。为今日计，公司股本自宜从速招集。商轮一项，尽可陆续添置，得尺得寸，较易为功。

　　案内又谓公司成立，须呈部立案，嗣后只准加股，不许别立公司。查航业专利，大部本无明文，自未便加以限制，致滋纷扰。

　　余如培养人才、组织公会、改订章程、清查账目、清洁船厂以及联合汉口华商两湖开齐公司合资贸易，均属振兴航业应有之文，应俟公司成立，分别照案办理。

　　所有原案碍难公布施行各节，合行说明原委事由，札知谘议局。希俟将来开会时公同覆议，以凭核夺施行。为此札行谘议局查照，须至札者。

湖南谘议局呈报覆议湘汉航业案原文

　　湖南谘议局为呈报覆议事。窃照本局前届议决提出筹办湘汉航业一案，奉前抚部院札开"碍难公布，说明原委事由，俟开会时公同覆议，以凭核夺施行"等因，奉此，兹于临时会本月十九日开会覆议，佥称湘汉航业为外商所攘夺，利权尽失，振兴实不能缓，原案指陈已极详晰。此事为交通要政，关系全湘利害极巨，无论官款如何支绌，要当设法维持兴盛。虽一时难期创设，实目前要务。若官不提倡，坐失大计；商无远志，莫知挽回，则湖南航业终无发达之一日。细绎来札，有"组织公司，诚得资本丰富、乡望素孚、熟悉商情之人慨捐巨股，极力提倡，无庸官为保息。若空言组合，全无实力，官为出示，亦属虚文"等语，查欧美各国，民智大开，商务甚盛。然兴一事业，创一会社，犹待国家极力提倡。保息之法，已成为世界通例。如日本邮船会社，则保息之外更有补助金，官款之外更有官物集合，亦无非以国力助长商业。今中国商智尚未大开，商情尚多涣散，况创办此事，本无近利可图，徒以国权所在，万难放弃，乃于区区保息，尚靳不肯与，但空言保护，而冀其自行组合团体以维公益，是亦终任利权之外溢而已。应请抚部院仍查照原案，筹指官款保息。保息既定，自有资本丰富、乡望素孚、熟悉商情者，出而组织公司，以昭信用。官为出示，断不至于徒属虚文。

又来札有"发行债票一节，官为指款保息，亦恐难生效力。前年广东试办公债，指定粤海关税的款担保息金，人民尚复观望不前"等语，查广东试办公债之事，本非生利事宜；且昭信股票，既失信于前，公债更纯系官办性质，民信未孚，以拟航业，殆非其伦。

又来札有"息借银行资本，纵令可以实行，设公司损失巨资，应由何人赔补"等语，查外国人数万里来湘经商，不虑亏折，而吾湘人集资自办，独虑其损失至巨。两相比较，不免不情。招商局开办数十年，未尝有亏成本，尤为可证。

又来札有"集股之外全恃官款加入，历年要政繁兴，财政奇绌久已入不敷出，剜肉医疮亦岂得计"等语，查库储固极困难，而民利尤宜兴办。原案请加入官款，不过藉官实力提倡，以期信从者众，易于成功，固非专恃官款遂足济事。

又来札有"公司股本自宜从速招集，商轮一项尽可陆续添置"等语，查原案估计通共八十万元，或有他项增款，亦只以百万为限，非必须款百万，不得则不办。且公司招股满足，敷一轮之用，即先定购一轮，敷两轮之用，即先定购两轮，非必俟股本招足百万始可开办也。

又来札有"航业专利，大部并无明文，未便加以限制"等语，查原案系为预防争夺起见，既为部章所未定，自应将末条以后"湘汉航业只准加股扩充，不许别立公司"诸语一并删去。

要之，此案意在保守国权，振兴实业，请筹拨保息的款至多岁六万元，且亦未必动用，是希望于官府者不奢，而裨益于国民者不鲜。至于发行债票，息借银行、官款入股三者，皆推类至尽之辞，非急切必需之款，无妨宣示以为提倡。所有覆议此案缘由，除末条删去数语外，理合备文呈请裁夺，仍予公布施行，须至呈者。

札覆前案覆议各节与前此札覆颇有出入照章抄送资政院核议文
（宣统二年六月十七日）

为札覆事。案照《谘议局章程》第二十四条内开"谘议局于督抚交令覆议事件，若仍执前议，督抚得将全案谘送资政院核议"等因，兹据谘议局呈送覆议湘汉航业一案前来，本部院覆加查核，案内如保息、招股两条为全案最要问题，若一时不能解决，则其他各节，均失其根据。卷查前部院岑（春蓂）札覆文内，于此项公司之组织，注重商股经营，官为保护，诚知湘省财政奇绌，航业亏折，实多全恃官款维持，碍难遽行照准。来呈反复引申，仍请悉照原案办理，是覆议各节与前此札覆颇有出入，自应照章抄录全案，谘送资政院核议，以期折衷一是。除咨明资政院外，合行札覆，为此札行谘议局查照。须至札者。（"湖南湘汉航业核议案"，《宣统二年资政院议案条文》，清末铅印本；参考杨鹏程主编：《湖南谘议局文献汇编》，湖南人民出版社2010年版，第224—228、423—426页）

资政院第一次常年会第九号议场速记录

【标题】以"速开国会"一事为中心展开的讨论

【关键词】速开国会 《地方学务章程》《著作权律》 振兴外藩实业并画一刑律议案

【内容提示】本次会议虽讨论了一些其他问题，但中心是速开国会。在讨论其他问题时，副议长按照预先排好的发言顺序指令某某议员发议，均自陈愿撤销而不发议。因为议员们认为其他都是枝节问题，只有国会速开一事为关系国家存亡的根本问题。有议员驳斥了在数千年专制之下，民众程度不足，不足以开国会的观点，并以谘议局成立一年来并未出风潮为据来证明国会应速开。表决速开国会案时，全体议员应声蠹立，鼓掌如雷，并齐呼"大清帝国万岁！大清帝国皇帝陛下万岁！大清帝国立宪政体万岁！"者三，全场震动。

宣统二年九月二十日一点三十分钟开议。

议事日表七号：

第一，《地方学务章程》议案，续初读（股员长报告）；

第二，《著作权律》议案，续初读（股员长报告）；

第三，振兴外藩实业并画一刑律议案，会议（股员长报告）；

第四，提议陈请速开国会议案，会议。

副议长：本日议员到院者一百四十一人，现由秘书官报告文件。

秘书官（张祖廉）承命报告一切文件，各股员会报告书及议员汪龙光等及议员邵羲等质问说帖。

副议长：方才报告质问说帖两件：第一，汪议员龙光质问度支部说帖①一件，照章应由议长咨询本院决定，大家赞成否？

众议员起立赞成。

副议长：第二，邵议员羲质问宪政编查馆说帖②一件，大家赞成否？

众议员起立赞成。

副议长出临议台：十七日议事日表第一是议设审查河南试行印花税核议案特任股员，第三是议（股）[设]审查湖南湘汉航业核议案特任股员，第六是议设审查各省谘议局关系事件特任股员。在本议长的意思，第一、第三之特任股员是为审查已成核议案之案而设，第六之特任股员是为审查未成核议案而设，因为本院连接各省督抚与谘议局电报，其中有照章应核议者，亦有照章不应核议者，设立审查各省谘议局关系事件特任股员其意在此。本是暂设之特任股员，而当时议员中有倡议将议事日表第一、第三、第六并而为一者，又有议员倡议此项特任股员应该常设者，又有倡议既然常设宜用投票法选举者，本议长并未有宣告表决，各议员遂多数起立。其后本议长不及详细研究，遂亦允许，及散会后查本院《分股办事细则》，并无此项常设名目，自应按照《院章》仍由议长指定，且前票举特任股员十八位，今已有十七位辞职，本议长拟将前日票举之特任股员一律撤销，另行分项指定，特此申明。

110号（于议员邦华）：据议长所说常设特任股员将三案并而为一，更有末尾一件说特任股员因系各省谘议局事件而设，据议员意见，应照《分股办事细则》第十三条，资政院为审查特任事件得议决选定之，此是原则；但有不能议决之件即由议长指定之，此例外者。未始不可仿照办理。

5号（议员润贝勒）：请议长按照《分股办事细则》第十五条，特任股员由议长就总议员中指定之，第十三条资政院为审查特别事件得议决选定特任股员，此皆为审查特别事情，是否专因一案而设，抑系常设？

副议长：此系暂设者。

5号（议员润贝勒）：凡关于资政院特别事件都可归于特任股员，请问此项股员是否专为此一事而暂设？

副议长：本系暂设，因前日未能详细研究，即行表决，至今日有十七位辞职，所以拟一律撤销。

117号（雷议员奋）：前日公举审查各省谘议局关系事件特任股员十八人中，本议员亦在被选之列，而今日提出辞职十七人，本议员亦居其一，请说明辞职之理由。因为十七人中有在法典股者，有在公债税法股者，有在预算股者，有在陈请股者，事务繁杂，不能兼顾，是以必须辞职。但是方才议长以十七人辞职就以为前日选举特任股员不合规则，本议员对于此种理由有不能不申明者。今日议长宣布之〔之〕言，我们可以作一个问题，不能以此理由取消前日之选举。因前日票举特任股员系经议场表决者，况《分股办事细则》第十三条所谓议决选定特任股员条文，极为明白。现在特任股员十七人既经辞职，则此项特任股员即由议长指定，不必仍用投票，本议员亦甚赞成。然此系就实事上而论，非法律上必不可以选举也。选定特任股员有两种方法，一种是票举，一种是由议长指定。由议长指定固不可说违背章程，即用票举亦不可说违背章程。（拍手拍手）本议员以为，现在议长既经提出指定之说，议员等为节省时间起见，未尝不可以赞成也。

副议长：雷议员说第十三条资政院为审查特别事件得议决选定特任股员，"选"即"选举"，似属大误，此项"选定"意即"选择"而"指定"之，并无许其投票选举之意；第十五条即言选定方法，两条相因，不能分为两项。

117号（雷议员奋）：现在十七人辞职以后，特任股员由议长指定，应请咨询决定。

115号（许议员鼎霖）：本议员前日曾经说明修正办事细则最为重要，以前未有通过，所以有如此争辩。现在因"选定"两字，大家不无异议。其实此种字句暂时亦可以不必讨论，还是由议长指定为妙，将来提议修正，作为先例，自可一律遵守。

117号（雷议员奋）：对于议长还须将意见说明。今日议长提出意见，议员对之有两种责任，一是应当保全议长之地位，一种是今天议事日表有重大之事件，此等过去问题可以不必再加讨论，此事就可以依第十五条，由议长指定为是。

7号（议员全公）：请议长就议员中指定，不必讨论，耽误时光。

副议长：现在不必讨论，按照议事日表开议。

7号（议员全公）：请问特任股员是常设抑是暂设？

副议长：是暂设的。

7号（议员全公）：特任股员如系暂设，将来有特别事件可由议长指定。

5号（议员润贝勒）：特任股员无常设之名目，但就一件案子或一件事情，应当设特任股员。

副议长：诸君请不必再言此事，现在按照议事日表开议。

129号（汪议员龙光）：日昨所举特任股员十八人有十七人辞职，是因事实上办不过去，并非因前日选举认为违背章程。盖十七人辞职者，因为十七人都是专任股员，不能分神并理，而独留魏君不辞职者，以明前日选举并非违背章程。查《分股办事细则》十三条、十五条，选定、指定显分两项，如谓选定即是指定，此"选"字应解为"选择"之"选"，则上文应冠以"由议长"三字。兹查上文是"议决"二字，议决者全院之议决，则选定者自然由全院选举而定，毫无疑义。十五条由议长指定原是省事之方，固应适用，然遇特别重大事件有人倡议，请用十三条，如经议决，则仍当用选定。

5号（议员润贝勒）请登台发言：按照今天议事日表，应办事情甚多，此一层本可以无须讨论，但按《分股办事细则》第十五条规定，由议长就议员中指定特任股员。由第十三条与第十五条表面观之，似乎可以并行，其实于两方面上殊有不合。若以选定为票举，则此条之下，应照第八条，就应有"各该股员用无记名法互选以得票多数者为当选人"等字样。为何？第十五条未有此项规定，由十三条至十五条应蝉联读之，不能以一己之私意断章取义，此项特任股员仍请议长指定。

109号（籍议员忠寅）请登台发言：此项特任股员前天所以表决用

票举者，缘系常设之特任股员，现在既改为由议长指定，则应当把"常设"二字取消，作为暂设。既是暂设，则议事日表所载之题目又有不合谘议局关系事件。一、会期内三个月之久，随时发生，不到闭会不能终止。若专为审查谘议局关系事件设特任股员，则不言常设亦是常设。据本议员意见，此项股员可不必设，盖各省谘议局关系事件可以依其事项之性质交专任股员审查，譬如关于法典者，应交法典股审查；关于税法公债者，应归税法公债股审查。特任股员无庸再设，倘有无专任股可归之件，则临时设特任股员，此乃一定办法，事实上亦便利。如其不然，专为谘议局事件设特任股员，则凡系谘议局与督抚异议者，无论为何种事项，皆须归其审查，譬如有税法问题，若归税法公债股审查，自与他案审查之结果方针一致，彼此相愿；若归特任股，则与税法股所审查他案难保无矛盾之虞也。（拍手拍手）又议长云此项特任股员系审查其应否核议，此与本议员意见稍有出入。查《院章》第二十三条，各省谘议局与督抚异议事件，或此省与彼省之谘议局互相争议事件，均由资政院核议，议决后由总裁、副总裁请旨裁夺。据此，则是凡各省谘议局与督抚异议事件，我们资政院皆应核议，并不是看看哪一件应该议，哪一件不应该议。盖既有问题发生，自是督抚与谘议局有冲突，若不核议，何能解决乎？故凡谘议局关系事件无不当核议，而核议案不必皆设特任股员，有专任股员，可归者则归之，无可归者方设临时特任股员其可。

153号（易议员宗夔）：请议长按照议事日表开议。

5号（议员润贝勒）：今天并不是专论选举特任股员，所议《分股办事细则》第十三条、十四条、十五条是否为违背《院章》。凡事总要按照章程办理，《资政院院章》《议事细则》与《分股办事细则》，议长、副议长及众议员（多）[都]应遵守。若不按照《院章》《细则》，就是藐视朝廷。所以本议员所争论系是否违背《院章》问题，非此次选举问题。

117号（雷议员奋）请登台发议：现在议长提出的意思是就事实上发生因为有几个要辞职，所以提到此件事，方才第五号议员所说违背《院章》、违背《议事细则》、违背《分股办事细则》，此问题非三言两语可以解决。本议员初意以为今天议事日表重大问题就是第四条，请开国会的问题，所以议长提出之意见，本议员但就（是）〔事〕实上着想，愿意赞成，想各员必有同心也。今既提出违背《章程》、违背《议事细则》、违背《分股办事细则》之说，则非详细辩明不可，多费时间亦属无法。兹将是否违背《院章》、是否违背《议事细则》、是否违背《分股办事细则》略为说明。资政院是何等重大的地方，是何等尊严的地方，是何等可宝贵的地方，资政〔院〕有违法举动，议员、议长，无论何人皆担当责任。但是我们全体是否已经违背《院章》，须仔细看《分股办事细则》第十三条，说资政院为审查特别事件得议决选定特任股员，此条文中若无选举的意思，就不应用"选定"两字，所以据十三条可以选举，据十五条可以指定，与专任股员明定选举，无指定之余地者不同，故谓《分股办事细则》第十三条议决选定之文有疑义则可，谓前日之选举违背《细则》则不可。我们既为资政院议员，应当保全资政院章程之效力，应当保全资政院《议事细则》《分股办事细则》之效力，《院章》《细则》果有疑义，应当解释，应当修正。然在解释未经决定、修正未经通过以前，苟有二种以上之解释，即不能谓为违法。资政院为国家设立之立法机关，为研究法律的地方，所以对于资政院章程，议员内若有一个倡议反对，这个议员就是违背院章程；对于资政院照章议决之事，若有一人倡议取消，这个议员就是违背章程。前天要选举特任股员，议长没有宣告表决之前，有劳议员倡议，大家多说赞成。第二次议长宣告表决，才表决此项问题。为何解决此项问题？因为第十三条有疑义故也。因为有疑义，故须多数表决。多数表决是朝廷所许，必经多数表决而后选举，就是尊重朝廷，就是尊重《院章》，就是尊重《议事细则》，就是尊重《分股办事细则》。《资政院院章》是经过上奏奉旨依议的，不能遽加"违背"两个字。今日既有十七人辞职，则前日之选举事实上不能不归无效，议长尽可不必提前日之事，就依据第十五条办理可也。

110号（于议员邦华）：请议长照议事日表开议。

153号（易议员宗夔）:〔谓〕本员并非反对此章程，因学部不将张文襄奏定全部学堂章程提交本院修正，徒交此无关宏旨之地方学务章

程，议决亦无效力。况今日有重大之国会问题在后，本员不暇毛举细故，愿取消发议知会。（众皆拍掌）

126号（陶议员镕）：特任股员不必今天指定，请照议事日表开议。

115号（许议员鼎霖）：赞成讨论《议事细则》。若按资政院章程，原来是两个议长，两个副议长，如今仅有两位，已经与《院章》不合，所以《办事细则》亦未尝不可变通。其不适用地方作为现例，到闭会后时再为奏明，明年开会必不致如此纷扰。本议员在石桥别业就提到这层，说是送到军机处详议以后上奏的。本议员以为，既经军机处详议，就没有不适用的地方，不料"选定"两字还没有议好，（拍手）将来还要讨论，将此间疑义大加修正，不至于开议之（候）[时]，又因争论空费时间。

副议长指定审查各省谘议局关系事件特任股员十八人，命秘书长当场报告如下：睿亲王、陈懋鼎、魏联奎、王璟芳、长福、章宗元、书铭、齐树楷、许鼎霖、雷奋、江辛、郑际平、易宗夔、蒋鸿斌、李文熙、刘述尧、吴赐龄、牟琳。

159号（蒋议员鸿斌）：审查各省谘议局关系事件，可以常设。河南印花税是各省谘议局关系事件，应交常设特任股员。③

众议员请议开国会议案，声浪大作，议场骚然。

副议长：现在开议，按照议事日表第一议地方学务章程议案，请法典股股员长报告。

法典股（股员长润贝勒）：本议员按照《分股办事细则》第五十三条，委托股员汪议员荣宝报告学务章程审查事件。

73号（汪议员荣宝）：诸君，本议员现在报告地方学务章程审查的情形。此件审查的经过已经股员长报告，本议员更将修正的要旨与诸君说明一番。学部提出此项地方学务章程的理由已于该部奏折内声明，大概地方学务章程最要紧是小学，要小学普及，不能无办理学务的机关。各国教育普及，要是全赖官立学堂，固属不能；全赖私立学堂，亦万做不到。就中最要紧者，莫如公立学堂。公立者，即自治团体所立之谓。以中国制度言之，即城镇乡所办学堂之谓。我国办理学堂较办理各种新政为早，其时并无所谓自治制度，故地方学务不能不另设一种机关办理之。光绪三十二年学部有《奏定劝学所章程》一种。这劝学所制度是将地方学务总归劝学所总董办理，将所管地方分为若干学区，每区设劝学员，受总董的指挥命令，分别总事。这劝学所总董以下各员，纯由官派，一切事务承地方官监督办理。到光绪三十四年、宣统元年，先后颁布《城镇乡地方自[治]章程》《府厅州县地方自治章程》，于是中国方始有了自治制度。这自治制度是将地方分为上下两级，上级便是府厅州，下级便是城镇乡。凡地方公益事务，都归入自治范围以内。照地方自治章程的规定，学务即是自治范围里面的一种事宜。若是关系一城一镇一乡的，即由城镇乡自治机关去办；关系府厅州县全体或是城镇乡所不能担任的，即由府厅州县自治机关去办。于是同一的地方学务，有了两种的办理机关：一种是劝学所，一种是自治职（就是府厅州县议事会、参事会、城镇乡议事会、城镇董事会及乡董）。劝学所据了劝学所的章程，他说地方上的学务是应该归我们办的；自治职据了自治章程，他说学务是自治范围以内之事，应该归我们。分别办理的机关重复，自然两相冲突。但是自治章程的颁布在劝学所章程施行以后，照普通法理言之，新法令有变更旧法令的效力，新法令一出，旧法令有与新法令冲突的地方当然消灭，所以府厅州县城镇乡自治机关一旦成立，这劝学所的组织便应该废止。然而自治机关不是一时能全数成立的，所以各地方劝学所亦不是一时能撤销的，彼此接续的时候，不能不想一种妥当的交代办法。现在两种制度尚未有妥当的交代办法，地方自治章程已经颁布，而劝学所章程却未有废止的明文。这两种制度同时存在，于是生出种种的问题、种种的弊病。这弊病是怎么样的呢？现在要讲两种同时存在的弊病，试先说两种同时存在的办法。此项办法大致不出三端：第一，城乡镇地方自治机关办自治机关的事，劝学所办劝学所的事，各办各事，不相侵犯，这是第一种办法。照此办去，不独地方学务经费永远争执不了，便是一切办法亦必彼此两歧，不能统一。第二，凡是设立劝学所地方的自治团体，都把自治范围以内之一部分的学务全数分割出来仍归劝学所办理，自治机关全然不管，这是第二种办法。照此办去，便叫地方学务永远划出自治范围之外，凡有劝学所的地方，于《城镇乡地方自治章程》第五条第一款的规定全然不能适用，不独与朝廷颁行自治制的意思不能相符，即与学部原奏发达地方学务的意思亦相矛盾。第三，将议决权与执行权分开，所有地方学务均归自治机关议决，而独以执行权保留于劝学所总董之手，这是第三种办法。学部原案第八条规定即是此意。照此办去，是执行机关仅只一处，而议决机关分作几处。以多数之议决机关共同拘束一个之执行机关，不特于法理上讲不过去，且于事实上亦多窒碍。以上三种办法都有弊病，所以地方自治职与劝学所断不能同时存在。本股员会讨论数次，多数意见相同，这修正案的要义便是将劝学所作为地方自治职成立以前之学务机关，地方自治职何日完全成立，这劝学所便何日废止。譬如一县有一城及甲、乙、丙、丁四乡，今年城自治职成立，劝学所即应将一城区域内的学务交与城自治职办理；明年甲、乙两乡自治职成立，再将甲、乙两乡的学务交出；后年丙、丁两乡自治职成立，又将丙、丁两乡学务交出。此时劝学所便专办上级自治职（即县议事会县参事会）所应办的事。及至上级自治职又复成立，劝学所无事可办，即行裁撤。这便是修正案与原案主义大不相同之处。其余条项文字酌量修改的地方尚多，因今天还有别项重大问题，不及细说，甚望诸君多数赞成此议。

副议长：请问学部对于修正案有无意见。

学部特派员（范源濂）：地方学务章程自学部提出后，曾开分科会、股员会，叠经与本部讨论。本部提出此案之主旨，实以世界各国所以能使教育普及者，无不注重地方学务着手。盖教育普及莫要于多设小学，而官立与私立之小学其数有限，断难敷用，欲求普及教育，所最宜注重者，莫如地方之公立学堂。本章程即为发达公立学堂而设者也，至说劝学所存废之关系，前在股员会业已商定，方才听汪议员之报告，与本部提出此案的主见，并按之《奏定学务章程》与《地方自治章程》，均无违背，本部对于修正案都无异议，可以承认。

126号（陶议员镕）：本员对于地方学务章程报告颇有意见。本员亦法典股员之一分子，日昨开股员会讨论之结果，本员却未起立赞成。

其所以不起立赞成者，并不是提议（语未毕，众议员因时间不早，应研究国会问题均止之，声浪大作）

副议长：陶议员请缓发议。

117号（雷议员奋）：《分股办事细则》第五十六条在股员会以少数被黜之意见，如得到会股员三分之一以上之同意，得附股员会报告提出说帖于议长，请问陶议员是否有股员三分之一以上之同意？（拍手）

副议长：陶议员并未遵照《分股办事细则》第五十六条提出说帖，不得以少数被黜之意见论，应按照《议事细则》第四十条办理，请缓发议。

126号（陶议员（议）[镕]）：前日审查地方学务章程，第一，审查长以为劝学所与自治职冲突，万不能不取消劝学所。本议员窃有所疑，按劝学所即视学官办事之处，究竟视学官能否取消？自治职能否兼办？学务股员会审查时，本议员颇为辩论。查《日本小学校令》，视学官之下尚有学务委员，即我国劝学员以四年为一任，小学校所有之事归其执行，今欲取消劝学所，将来学校有无阻碍，其说甚长，今日尚有极大问题，可不具论。惟按照《议事细则》二十八条，不应先行提出修正案，应先报告大家讨论，议决可否再读。今既不俟讨论，先提出修正案，是侵夺公众议决作废之权，于《议事细则》似有违背，此事极有关系，请各议员注意。

副议长指令某某议员发议，均自陈愿撤销知会不发议。

副议长：此案讨论大体既毕，请诸位议决应否再读。

众起立多数可决，应再读。

副议长：按照议事日表第二议《著作权律》议案，请法典股员长报告。

法典股员长润贝勒：本议员按照《议事细则》第五十三条，委任胡议员礽泰报告。

72号（胡议员礽泰）：修正《著作权律》之主旨本应详细说明，因为时候不早，所以择其要紧者略为说明。（拍手）这《著作权律》审查之结果，经修正后，先要明白著作权性质。认定著作权是私权之一种，其中分两个学派：一是法国学派，一是德国学派。按照法国学派，以著作权为所有权，应在民法之内；按照德国学派，著作权是私权中一种〔事〕特别权利。不知民政部定著作权之时，其采用者系法国学说，抑用德国学说？然不必问民政部亦可以决定宗旨，法国学说决未有单行法，就是一种（说）[所]有权。查日本民法之内有一种著作权，日本民法系法国人起草，我们既仿照日本，所决定应是采用法国学说为近，但是经审查之后，认定著作权是私权中特别权利之一种，并非所有权之一权，私权初发生时候即有当然享受之利益。著作权既是私权，亦就有当然享受之利权。民政部原案有三要点：第一，著作权之保护与教科书审定不同，著作权经注册后即有当然享受的利权，至于著作之好与否，全不能计较。如果著作有妨害治安或有荒语之议论，另在出版律上所规定。然则著作权律是保护主义，出版权律是禁止主义，两种法律之性质不同，所以说著作权是一种特别权利。至于教科书之审定与此不同，因为教科书是关乎教育事情，所以必要审定。如果两事不能并在一列，将来必需另定章程。（拍手）第二，是著作权注册与意匠商标特许注册不同，文艺美术是属于著作权，至于工业发明是属于意匠商标特许者，查各国章程便可明白。当十七纪以前，欧洲各国保护著作权之办法与商标特许所差不多，惟专利一项另有年限。现在各国通例审定著作权属于私权之一种，所以与意匠商标特许不同。然则专利与特许又当分明，所以意匠商标特许应归农工商部注册，著作权应归民政部注册。照事实研究，著作权归农工商部注册，归民政部检定，殊为不便。既然民政部检定著作物，其注册一节自应规定在民政部办理。（众议员云重大事情尚未开议，请简单言之）此项著作与出版权相为表里，著作权是保护主义，出版权律是限制主义，将来民政部另定出版律，可以与著作权相辅而行。

副议长：请问民政部对于修正案有无意见？

民政部特派员（孙培）：此项审查事件日前开股员会，本议员亦在会讨论。现在时光甚可宝贵，还有重大事件尚未开议，本议员对于此项事情没有意见，可不必说。（拍手）

副议长：这个议案应否再读？

众议员云应再读，但今日无须再读。（声浪大作）

副议长：如此，就作为应再读之案。按照议事日表第三议振兴外藩实业并画一刑律议案，请特任股员长说明审查之结果。

15号（议员那亲王）：本股员［会］审查已毕，按照《分股办事细则》第五十三条所定，得委任股员报告，兹请孟议员昭常代为说明审查事件。④

116号（孟议员昭常）登议台报告：此议案提出时，就有许多人质问政府特派员如何办法，政府特派员答覆未能明了。当时就有人说不必交付审查就可作废。旋经众人辩论，谓政府提出议案，大家应当尊重，不能径行作废，定要经过一次审查，看到底有办法没有办法决定，此案可以成立不可以成立，所以付了审查。前天开审查会审查时，大家说我们要仔细研究，看他到底有无办法。仔细看来，这个议案中间所说应办事项分甲、乙、丙、丁、戊五项，五项之中却是全无办法。其第一节所说设立公司、设立银行，似乎是个办法，然但说设立公司而无公司之办法，设立银行而无银行之办法。既无办法，就连公司、银行亦不能算数，就连这个甲、乙、丙、丁、戊，亦只可作调查报告，不能成为议案。至于调查报告之内容，是否确实姑置无论，据当时理藩部特派员所说，还是不实不尽，就可见得连调查报告都算不上了。如此看来，这个议案是断断不能成立，可以决定。不过理藩部是国家一种行政的机关，一年之中用去行政经费亦复不少，亦多是国民负担，理藩部对于外藩应当负有行政上之责任，此案作废，即算没有这回事，理藩部不愿出此，即我资政院亦不忍出此。外藩为我中国国家之外藩，即为国民所极愿意振兴之外藩。理藩部管理藩务，如何规划，宜有一定之政策。就说振兴实业，也还有一个根本上的政策。（拍手）根本上的政策当是交通、教育，交通、教育不兴，则虽欲振兴实业，亦怕振兴不了。此根本问题，理藩部丝毫没有想到，这可是理藩部不能尽职之处，似乎应由本院知会理藩部，请他另定一个有办法的议案交来再议。这审查振兴外藩实业之结果如此。至于画一刑律，原来与振兴外藩实业是两件事，不能并在一起。现在看来，其中所说东西盟互相调发，由东盟至西盟，中间相隔几千里，东西盟地方又各几千里，其发配年限有六年者，有十年者，有十二年者，究竟是何理由，均未说明，亦未便遽作为议案。（拍手）应请理藩部将此中实在理由说明，再交本院会议。这审查画一刑律之结果如此。至于报告书，已交给诸位阅过，似可省略朗读，应如何斟酌之处，仍请讨论公决。

众议员云可以省略。

副议长：请问理藩部对于报告书有无意见？如有意见即请说明。

理藩部特派员（吉章）：本部所交议各件原不能算议案，其所以特为提出者，因为外藩情形与内地不同，如各部办此实业事项，不过行政方针，无庸提议，所以上次提议时，内地诸议员无不以振兴实业为全体认可之事，不过无条则章程，而外藩诸议员均无可否，所以要先通过资政院全体无异言，然后规定章程，再交资政院会议。

副议长：此议案是否照股员会报告书办理，请大家表决，以为应照报告书办理者请起立。

众议员多数起立赞成。

副议长：多数赞成，原案否决。议事日表第四就是提议陈请速开国会议案，此项讨论，按发议表，头一位是罗议员杰，请发言。

149号（罗议员杰）：国会速开一事为我国存亡问题。何以言之？外患日迫，非国会担负财政、扩张国防，不足以抵制；内政腐败，非国会与责任内阁对待，不足以促其负责任，而发展助长交通诸政。各省国会请愿，本员曾为与闻之一分子，于兹有年，现在国民之断指割臂挖股者相继，皆表示国民［以］死［请］愿之决心，且各省谘议局议员前在北京开联合会议决，代表国民心理，不速开国会，互选资政院议员不能承诺新租税。非本员一人要挟，实国民全体迫于外忧内患不得已而援各国国会请愿不出代议士不纳租税之通例。本议员对于此案，一、此案不决，诸案均不能决，要求本院议员全体赞成通过；二、要求议长从速上奏；三、要求到院政府及特派员暨我国有气力之人，设法使摄政王见信即允速开。此案既关国家存亡，想在院诸公皆具有忠君爱国天良，皆赞成本员之请。本院《议事细则》所载，凡表决先用起立方法，次用投票方法。请议长宣布起立表决。

副议长：第二位是江议员辛，请发言。

123号（江议员辛）：今天所提陈请速开国会的议案，于此可见，现在中国人民政治思想渐渐发达，本院议员想无有一个不赞成的。但此案经表决后，还望从速上奏。盖国会早一日成立，即国家早一日有些转机。现在国家危险已达极点，救亡问题除速开国会更无别法，如再迟延，则国家前途，本议员就不忍再说了。据本议员个人的意思，大约此事无难通过。前此政府所虑，不过说中国人民程度不足，且数千年来都是专制政体，恐国会一开，民气嚣张，转可生出种种妨害。然各省谘议局开议一年，亦未闻有什么风潮，可为民气并不嚣张之一证据。况九年筹备的事宜，若无国会完全监督的机关，决不能生什效力。所以本议员谓所提出的议案，总以国会为最有关系，从此大家对于这个议案务须争，至达其目的而后已。若谓开国会尚有种种手续，非一年半载所能集事。这更容易解决了，盖各国议院选举法已为我先导，均可采取，是一两月之间便可编定。至于责任内阁与国会是对待机关，政府自会研究，本议员不敢置议。

副议长：牟议员琳请发言。

196号（牟议员琳）：开国会之利益是经过几次代表上书，并各报馆鼓吹，都已透切说明，本议员不必再说。但照现在时事而论，我们与国会有最重之关系，请稍为表明。现在最重要的是财政问题，国家存亡就在财政。譬如现在度支部每年预算款项就差到五千万，此项最重大的款将从何处凑集？势不能不取之于民。现今计议加税，人民多起反对。此项加税何以如此之难？人民以为国家的用款我们都不知悉，不能将人民脂膏饱其私囊，所以人民有不肯纳租税，遂起而反对。即如试办印花税，亦难举行。不能举行，国家就差了几千万，毕竟从何处支出？我中国事情，现在都要赶紧去办。因没有款项，所以不能举办，有许多事情都搁起来不办，总是无这个国会的缘故。现在我们务须将这个国会的问题速为议决。议决之后，我们人民才能负担租税，国家就可以生存。此个国会不独于人民有利益，于政府亦有利益。从本议员观之，外国与中国情形不同。外国情形，内阁与国会冲突之时，第一次国会可以解散，第二次内阁必须解职。而我们中国情形，政府与督抚各部大臣立于同等之地位，与各国地方长官归中央政府管辖者不同，就是内阁大臣与国会冲突至于辞职，此非人民所得参与，则移内阁大臣作各省督抚，于内阁大臣亦毫无所损。政府苟明此理，亦断无反对之理。故速开国会一事，上自政府下至人民，都要全体赞成。国会早开一日，国家早强一日，本议员不胜盼祷之至。

副议长：于议员邦华请发言。

110号（于议员邦华）：国会问题，从前几次陈请书言之已详，本议员不必再述。今日本议员对于众议员、军机大臣、各部行政大臣、政府特派员先行叩一个头，当今时局正在危急存亡，今日同堂研究，可先把一切自私自利心肠一齐抹去。（掌声如雷）本议员亦不能挂念本院几百元公费。（拍手拍手）中国时局日变，前半年一种模样，后半年又是一种模样，请问诸君：除却开国会以外，还有何项方法可以救亡？国会譬如人心，人心若死，手足安能灵便？现今各省谘议局与督抚冲突事件，不能说是民气嚣张，而归咎于各省谘议局。实缘议决之事，各省督抚不去执行，所办之事又不能洽于民心。心之不平，其气亦不可遏，然亦不能归咎于各省督抚。我国行政机关有种种牵掣，况近日民间搜刮殆尽，财政无着，又有中央集权之说，使督抚不能办事，是以对于议决之事，往往不能执行，甘受人民唾骂。则督抚自有督抚难处，然则过在中央各部大臣乎？其实亦不尽然。盖中央亦无统一机关，各部各自为谋，此部有钱或用不得宜，彼部钱无则事不能办，彼此各不相顾，以致事出两歧，种种困难因之而生。凡此皆系国会未开之故。本议员无他意见，甚愿军机大臣、各部院行政大臣、政府特派员及本院议员赞成速开国会。

126号（陶议员镕）：本议员对于今日此事，无他议论，惟觉欢喜无量。凡事无论如何，必有反对者，独今日发言表意，无一反对之人，此可见一般之心理。盖全国上下无不愿速开国会，且不但中国如此，即海外诸友邦亦甚望我国为完全立宪国。若无国会，何得谓之完全立宪？现在既无反对，已表示全体一致之可决，请议长即行宣布表决，无庸讨论。

副议长：现在讨论已毕，按照《议事细则》第七十六条，议长认为重要事项，得不用起立法，以记名或无记名法表决。

110号（于议员邦华）：请问议长，此事全体既已赞成，何必再用票决？

副议长：此事重大，不能不用他法表决。

149号（罗议员杰）：凡议会表决，起立之时恐有疑义。今既全体起立，有何疑义？既无疑义，何用投票表决？

110号（于议员邦华）：现在并无异议，以起立表决为是。

副议长：似宜用记名表决法。

各议员齐声大呼，议长为何坚持不用起立表决法？

109号（籍议员忠寅）：暂用起立法表决，议长如有疑义，再用票决。

148号（陶议员峻）：按《议事细则》第七十五条，有赞成者起立。

副议长：全体意见如此，拟即用起立表决。

副议长：如有赞成请开国会者起立。

全体议员应声蠹立，鼓掌如雷，并齐呼"大清帝国万岁！大清帝国皇帝陛下万岁！大清帝国立宪政体万岁！"者三，全场震动。

87号（沈议员林一）：赞成之后必有一进行的手续，资政院与国会不同，是两种，第一层选举，第二层是根据宪法。现在我国宪法未有发表，本院互选议员是间接选举，与国会议员不同。国会既已表决，但年限宜速不宜迟，如果即刻开国会，不能无宪法，总宜先请早颁宪法为妙。（拍手）国会若无宪法之根据，亦是无效力，此是上奏折辞之方法。

109号（籍议员忠寅）：方才沈议员的意思，一在欲讨论年限迟速，一在欲请速颁宪法。本议员意思，此次具奏只请速开，至于年限，应请旨裁夺。又今日议决者系国会问题，尚未讲到宪法。国会问题既已表决，即请议长具奏。其宪法问题，可另作一次研究。抑本议员更有所申明者，陈请说帖内有"请代奏"字样，系错误。资政院是议决机关，不能代奏，须请议长据《院章》所规定特为具奏，此系在法理上解释。且以实事言之，若仅代奏，即是本院不负责任，则不能得朝廷之信用。故须定案，方有效力。

73号（汪议员荣宝）：本院全体将陈请速开国会一案通过，应作为本院具奏案，由议长、副议长具奏。

各议员请议长指定请速开国会奏稿起草员。

73号（汪议员荣宝）：请议长仿照上次陈谢折稿之例，就议员中指定六人为起草员。（拍手）

副议长：本议长委托起草员六人恭拟具奏请速开国会折，起草员赵议员炳麟、陈议员宝琛、孟议员昭常、汪议员荣宝、许议员鼎霖、雷议员奋。拍手拍手。

115号（许议员鼎霖）：今日宣布表决全体赞成速开国会，无不欢声雷动，想政府一定欢迎，皇上及摄政王一定许可。但许可之后必须预备办法，明日假财政学堂开一全院研究会，大家无论有何项事情，都望拨冗，于一点钟准到，研究一个办法，务请各抒所见，以谋将来地位。

108号（刘议员春霖）：今天因为速开国会一事，全体赞成无一反对者，真可为中国前途贺。本议员以为，人人希望国会者，盖因资政院章程、规则多与国会不合，然细看《院章》，亦有合于国会之处。其相合者，本院不可以不以全力保守之。国会之期限至早当是明年，而今年之资政院要当就其相合处，实力作成国会之基础。国会之完全与否，固在章程、规则之所定，然亦视议员之能力何如。即如今年资政院开会以来，所议皆一枝一节之事，惟有今天所议速开国会算是一件要紧之事。要知还有一件最要之事尚未提出。最重要者何？就是预算案。预算可以察看一国大政之方针，若预算不交，而仅议零星末节，即终年开会，于国计亦无所补救。按《资政院章程》第十五条，预算案应由政府先期编制具奏，请旨于开院之时交议。此正《院章》合于国会之处，今隔二十日尚未交出，这便是资政院不能保守章程之过，应请议长用正式公文催政府早为交出。

108号（刘议员春霖）：方才有位议员说明日可以交出，本议员甚为欢迎。如果明日不交，请议长即行催问。

副议长：且看明日。如果不交出，可以催问。

副议长：散会。

副议长离席，各议员以次退场。

下午六点十五分钟散会。

注释

① 议员汪龙光质问说帖

　　查本院《议事细则》第一百七条，议员依《院章》第二十条"欲行质问者，应具说帖，得三十人以上之赞成，由议长咨询本院决定之"等语，查光绪三十四年十二月间，度支部奏遵旨妥议清理财政办法折内第二条内载：请嗣后在京各衙门，将现在已筹及将来应筹之疑款，分别情形，或由臣部直接经收，或由各衙门经收，统由部库收发。各衙门应销款项，暂仍照常支拨，将来随时损益。如实有不敷，再由臣部核定，奏明拨补，以资办公。本月二十五日奉旨，依议，钦此。查折内所谓或由各衙门经收者，如邮传部之四政所入，民政部之铺捐、车捐等款，势不能不借各该管衙门经收。然此只是征收各款办事上之手续，而其主要则在注定"统由部库收发"一语，着实遵行，庶度支部有统一财政之权而有合手。立宪国尊崇国库独立之道，查本院《分股办事细则》第四章预算分科，只第一科预算声明是度支部所管，其第二、第三、第四科皆非度支部所管。虽是本院分股办事手续如此，可见奉旨两年，在京各衙门仍是自收自用，度支部卒无统一财政之权。是否系各衙门抗旨不遵，抑是度支部自行放弃？而军机处、内阁会议政务处，当责任内阁未立之时，不能不自任为政府，何以对于此事不竭力主持，尊崇国库独立，仍听其紊乱如前？为此遵章质问。敬请议长咨询本院，如经决定，恳即照章咨请军机大臣、内阁会议政务处大臣馆酌定日期，以文书或口说答覆，是为公便。（"议员汪龙光具说帖质问军机处政务处妥议清理财政折内事"，《资政院知会折奏章程、说帖、质问、知情等案件》第七册《资政院第四类议员具说帖质问各案件 其一》，清末铅印本）

　　宣统二年十月初四日会议政务处回覆，云："内阁会议政务处为咨覆事。准贵院咨开。查《院章》第二十条，资政院于各衙门行政事件及内阁会议政务处议决事件如有疑问，得由总裁、副总裁咨请答覆等语，兹据议员汪龙光提出质问说帖，业经咨询本院，决定相应刷印说帖，照章咨呈贵处王大臣，酌定日期以文书或口说答覆等因前来。说帖内称，'查光绪三十四年十二月间，度支部奏遵旨妥议清理财政办法折内第二条内载，请嗣后在京各衙门将现在已筹及将来应筹之款，分别情形，或由臣部直接经收，或由各衙门经收，统由部库收发，各衙门应销款暂仍照常职拨，将来随时损益，如实有不敷，再由臣部核定，奏明拨补，以资办公，本月二十五日奉旨，依议，钦此。'查原折内所谓或由各衙门经收者，如邮传部之四政收入，民政部之铺捐、车捐等款，势不能不借各该管衙门经收，然此只是征收各款办事上之手续，而其主要则在注定'统由部库收发'一语，着实遵行，庶度支部有统一财政之权，而有合乎立宪尊崇国库独立之道。兹查本院《分股办事细则》第四章预算分科之第一科预算，声明是度支部所管。其第二、第三、第四科皆非度支部所管，虽是本院分股办事手续，如此可见。奉旨两年，在京各衙门仍是自收自用，度支部卒无统一财政之权，是否系各衙门抗旨不遵，抑是度支部自行放弃？而军机处、内阁会议政务处当责任内阁未立之时，不能不自任为政府，何以对于此事不竭力主持，尊崇国库独立，仍听其紊乱如前，为此遵章质问等语，查光绪三十四年十二月二十五日，度支部奏妥议清理财政办法一折内，中央财政任成分划之形，殊非宪政国库独立之法，请嗣后在京各衙门将现在已筹及将来应筹之款分别情形，或由部直接经收，或由各衙门经收，统由部库收发等因奉旨依议，钦此。当此度支部刷印原奏咨行各衙门，将经收各款如何交收之处，拟订办法，声覆过部，以凭核办等因在案。嗣经各衙门拟定交收办法陆续声覆，复经度支部往复咨商，至本年七月间，始一律覆齐。其时度支部正在核办预算，未遑兼顾，现在正拟查照奏案分别情形，酌定画一办法，专案奏明办理。盖各衙门已筹各款性质各有不同，现如改归部库收发办法，即难免两歧，而各衙门出纳款项，关系行政要需，必求两无窒碍而后可。创办伊始，不厌求详，往复筹商，务期妥洽，并非各衙门抗旨不遵，亦非度支部任意放弃。相应备文咨覆贵院查照可也。须至咨者。上咨覆资政院，宣统二年十月初四。"("内阁会议政务处咨覆议员质问关于财政事"，《资政院文案七种》第二册《资政院第十七类各部院衙门咨覆各案件》，清末油印本）

② 议员邵羲质问说帖

按照本院《院章》第二十条，《议事细则》第一百七条，对于各衙门行政事件，如有疑问欲行质问者，谨具说帖如下：谨按《资政院章程》第二十三条，各省谘议局与督抚异议事件均由资政院核议具奏。又《议事细则》第一百五条，关于《院章》第二十三条规定之具奏事件，经本院议决后，由议长、副议长照各本条，分别具奏等语，是《院章》规定，如有各省谘议局与督抚异议事件，非按照《院章》二十三条及《议事细则》一百五条之规定，经过此种一定办法，不能解决。可知无法令规定明文，不得由他种机关代为解决，毫无疑义。如有他种机关出为解决，即为侵夺本院权限无疑。九月十八日《政治官报》载：宪政编查馆覆浙抚电云："青电悉，查《谘议局章》无自行停会之文，该局自行停会是其自弃职务。如所提议事件实系踰越权限，不便代奏又不受劝告者，应由贵抚按照《局章》第四十七条第一项，饬令停会。若屡经停会仍不悛改，即照第四十八条办理。除知照资政院外，特此电覆"等语，查浙抚致宪政编查馆青电有谓"查《局章》并无议员自行停议之规定，此等问题应如何解决？除将来往文件于初五、六、七等日咨呈资政院查照并电闻外，乞核示"等语，是浙抚与浙谘议局异议事件，已由浙抚查照《院章》第二十三条，将此项来往文件咨呈本院核议，应俟本院核议具奏后，方有解决办法。因本院为各省谘议局之上级立法机关，《院章》规定凡各省谘议局与督抚异议事件，由本院核议。今本院业已成立开会，宪政编查馆不俟本院之核议具奏，竟先发命令饬浙抚，按照

《局章》第四十七条第一项饬令停会，仍不悛改，即照《局章》第四十八条办理，并于电文末尾加"除知照资政院外"一句，匪特侵夺本院核议具奏之权限，且轻视本院为宪政编查馆之下级机关，殊于《院章》规定不合，且失朝廷设立资政院之本意。究竟宪政编查馆所处之地位、执行之权限，为最高行政机关乎？为最高立法机关乎？抑包括行政、立法两部兼而有之乎？对于《资政院章程》规定之权限是否可以任意侵夺？对于各种机关所发命令，有无界限？敬请议长咨询本院，如经决定，恳即照章咨请宪政编查馆酌定日期答覆，实为公便。（"议员邵羲具说帖质问宪政编查馆浙抚与浙谘议局异议事"，《资政院知会折奏章程、说帖、质问、知情等案件》之《资政院第四类议员具说帖质问各案件其一》，清末铅印本。另见"为宪政编查馆侵夺资政院权限事的说帖"，中国第一历史档案馆藏民政部卷宗，档号：21-0276-003）

宪政编查馆于九月廿八日回覆：宪政编查馆为咨覆事。准贵院咨开"查《院章》第二十条，资政院于各衙门行政事件及内阁会议政务处议决事件如有疑问，得由总裁、副总裁咨请答覆"等语，兹据议员邵羲提出质问说帖，业经咨询本院，决定相应刷印说帖，照章咨呈贵处王大臣，酌定日期以文书或口说答覆可也等因。准此，查本馆奏议覆考察宪政大臣于式枚奏陈谘议局章程权限折内声明，"原定《谘议局章程》十二章六十二条，词简意赅，不能借引申以明其义。而前此所以只将条文略具按语，不加笺释者，则以督抚对于兹事苟有疑义，不妨随时电询，如办理初复选举，间有疑义，督抚之于臣馆旋询旋覆，便可迎刃而解，无所疑阻也。又人民各具国家思想，苟实有所见，不妨上书陈请，定例在内由都察院代奏，在外由督抚代表，已开其例，其必以谘议局代为陈请建议者，因表示众意所在，以备督抚采择，其裁夺之权，则仍统诸督抚，谘议局固不得强督抚以执行。又谘议局为采取舆论之机关，予以决议权者，所以冀达情通隐，图省治之改良。督抚为督率行政之机关，予以监督权者，所以冀救弊补偏，期政务之统一。又今岁九月方为各省谘议局第一次开会之期，此后按照清单递年筹办，行得其道，则循序渐进，上理自可日臻；行失其道，则动辄龃龉，大局或虞纷扰，得失之机，间不容发。惟望凡百臣工以及士庶均能和衷共济，开诚布公，臣馆更当随时随事，遇有纷歧侵越之处，力为指正，请旨办理。又片奏立法之权统之君上，断不容人自为说，致淆观听而紊政纲。自上年《谘议局章程》通行后，各省遇有疑义，皆电咨臣馆，随答随覆，或推广待申之意，或驳正质难之词，皆期得所折衷，俾免阻碍，已由臣馆将历次答覆电稿咨稿汇印成册，先后通咨各省，一示奉行者以率循，一资讲习者之研究"等语，均于宣统元年七月十六日奉旨，依议，钦此，钦遵在案。是各省对于《谘议局章》所有疑义咨询，均由本馆解释答覆，已为奏准遵行定例。此次据浙抚电称，谘议局停议待奏，经该抚将未便代奏理合札覆等因电询到馆。本馆查《谘议局章》并无呈请督抚代奏之文，亦无谘议局得自行停议之文，浙抚既以《局章》所未规定者疑而见询，本馆即以《局章》所已规定者据以答覆。故寒电所称各节，不过申明督抚与谘议局两方之权限及其办法，《局章》本已规定，均应互相遵守而已。兹准贵院咨送议员邵羲说帖，以为"此案系谘议局与督抚异议事件，照章应由资政院核议。今宪政编查馆不俟本院之核议具奏，竟先电饬浙抚，匪特侵夺本院核议具奏之权限，且轻视本院，为宪政编查馆之下级机关，殊于《院章》不合"等各因，查谘议局与督抚异议事件，与呈请督抚代奏事件迥然不同，代奏事件以陈请建议为限，至于异议事件则照章将全案咨送资政院核议足矣，决不须呈请代奏也。又查《院章》第二十三条所谓异议事件者，即《局章》第二十四条之所规定，文义甚明，不难领解。兹查该议员说帖以陈请建议、强督抚代奏之件，认为异议之件，未免误会。至本馆电覆浙抚后，仍知照资政院者，所以资接洽而备参考，其文书程式亦系京外各衙门平行通例，并非视为下级机关，更不待言。总之，本馆电覆浙抚解释《局章》，系本馆应有之权，于贵院核议具奏之权，毫无干涉，而于《院章》所规定，并无不合之处。相应备文答覆，即希贵院查照可也。须至咨者。上咨资政院，宣统二年九月廿八日。"（"宪政编查馆咨覆议员质问关于谘议局章程权限事"，《资政院文案七种》第二册《资政院第十七类各部院衙门咨覆各案件》，清末油印本）

③ 资政院为咨覆事。准咨称据政府特派员等报告称，本月十五、十七两日，资政院所议有与《院章》及《细则》不合者二端。一，十五日度支部特派员于会议河南试行印花税一案，按照《院章》第十九条陈述所见。有某议员驳谓"发议云者，系限于《议则》第三节讨论之时，现在既非讨论，即不应发议"等语；一，十七日议设审查各省谘议局关系事件特任股员时，有议将第一、第三两案并归第六，不必另设股员，有"议应为常设机关，经议长以此议付之表决，多数赞成皆与定章不合"各等语，咨行查明见覆等因到院，查《院章》第十九条载"资政院会议时军机大臣及各部行政大臣得亲临会所或派员到会，陈述所见"等语，《议事细则》第四十八条又有"无论何时议长应许发议"之文，是《议事细则》固明明根于院章而言，则《院章》所谓"会议之时"，即《细则》第四章之"会议"是也。惟是日，议员曾有误会章程辩论歧异者，旋经议长确据定章申明意义，嗣后当可了然。至议设审查各省谘议局关系事件特任股员一节，系因各省谘议局来电多有出于院章范围者，故设此项特任股员，审查该电应否认为核议之件与审查各省已成议案之特任股员性质，固自不同，亦无所谓常设机关，当时提议之先议员中曾有创为归并之说，此又由于误会而致生此问题也。复经议长照章指定，此项特任股员现在业已选举，股长逐件审查。以上二端相应咨覆贵处查照可也，须至咨呈者。右咨呈军机处。宣统二年九月二十八日。（"为选举股长逐件审查《院章》及《细则》不合二端事致军机处咨文"，中国第一历史档案馆藏军机处全宗，档号：03-7473-025）

④ 审查振兴外藩实业并画一刑律议案报告书

为审查报告事。本月十八日为审查振兴外藩实业并画一刑律议案，开特任股员会审查此案。第一节以兴办实业拟先由设立各项公司入手，并先设立实业银行，与公司相辅而行。后将所查应办事项分别甲、乙、丙、丁、戊五项，而五项之中毫无办法，只可作为调查报告，不得作为议案。其调查所得是否确实姑弗深论，惟据前日理藩部特派员所云，各处报告尚未齐全，可见此次所提出者，即认为调查报告亦尚有不实不尽之处。第一节所云设立公司并先设立银行等语，乃理藩部惟一之主旨，不知公司当由商人集股然后成立，投资悬巨，收效甚迟。理藩部既无奖励补助之法，但听商人招股办理，谁有轻掷巨资，为此茫无把握之事？其所谓设立银行，亦不明言官办、商办或官商合办。总之无论如何举办，其无方法、无把握则一。此种议案似无成立之理。若谓先以应办事项作为议题提出，本院询问可否，俟本院可决，然后再定办法，是分议题、议案为两橛，实无此提案之法，应由本院以未有办法无从决议咨覆该部。惟理藩部对于外藩负有行政上之责任，一切规画宜有一定之政策，断非振兴实业一端即称尽职。况所列五项，不从根本着想，如交通之不便、教育之不兴，一切施为，几于无从下手，理藩部绝不提及。而所云振兴实业者，又仅以不完全之报告提交本院，似未免于行政上之责任稍有所亏，应请该部仍将规画外藩根本上之政策，定有办法，再行交议。其画一刑律一节，与振兴实业截然两事，本不应并未一案，其中所称东西盟互相调发，收所习艺，于所定道里之远近、年限之长短，均未将理由详细说明，应请该部另具议案及理由书提交本院会议，本股员会一再讨论，多数决议，特此报告。九月十九日审查理藩部振兴实业并画一刑律议案特任股员会提出。("审查振兴外藩实业并画一刑律议案报告书"，《资政院知会、折奏、章程、说帖、质问、陈请等案件》之《资政院第十类审查报告各案件》，清末铅印本）

资政院第一次常年会第十号议场速记录

【标题】继续讨论速开国会事和再读《地方学务章程》探讨推广教育事

【关键词】速开国会具奏稿 《地方学务章程》《运输规则》

【内容提示】主要讨论速开国会案具奏稿和《地方学务章程》之再读。在讨论前者时，议员们纷纷言速开国会之必要，简言之，即立宪政体可以救亡，何必一定要待到三五年之后，民心难得而易失，不然朝廷恐怕就没有开国会的机会了；并驳斥允开国会便失朝廷威令的说法。在讨论后者时，议员们主要就章程大体发议，有认为它不能达到教育普及之目的，质问"学部亦何必为此睡觉之章程来资政院点缀风景？"也有议员直截了当指出，教育一事，尤非不谙学务者所能办；我国大人先生都是以章程为能事，并不考虑其能否施行。

宣统二年九月二十四日下午一点四十分钟开议。

议事日表第八号：

第一，陈请速开国会具奏案；

第二，《运输规则》，初读；

第三，《地方学务章程》，再读；

第四，《著作权律》案，再读；

第五，提议陈请申明资政院立法范围议案[①]，会议。

议长：今天议员到会者一百七十一人，现在由秘书官报告文件。

秘书官张祖廉承命报告文件及各股股员长报告书共十三件。

议长：报告文件已毕，请度支部说明预算案之大旨。

度支部尚书泽公：本部总司财政，始事清理，今年初次试办预算，限期甚为紧迫，一切编制粗具大概，不敢说丝毫没有错漏，但是全国一岁的出款入款、盈亏比较，可以知其约略。宣统三年全国岁入岁出，不敷者五千余万，再加各处报到本部追加预算各款又两千多万，全是无着之款。中国财政向来是量入为出的办法，自从甲午、庚子以后，每年骤添国债数千万，现在时局艰危，添练陆军以为国防之计，而教育、司法、实业、民政、交通诸事，无一件不关紧要，无一件不需巨款。现又筹办海军，财政困难已达极点。近奉明诏禁烟，朝廷不惜税款两千万为民除害，所以又为虚亏之一大宗。如此匮乏，在东西各国不甚为难，东西各国都是量入为出。我们中国必仿外洋办法，一时颇难做到。中国实业未经发达，税法未尽规定一切，收支亦未及改良。本部每念民力艰难，无时不加体恤。比方上年江苏、安徽等省议将地丁征银解银，本部以为事近加赋，两次都已议驳。近来如赈务、边务，意外事情层见迭出，用款极多，都集于中央一部，本部势处万难。但是时艰日迫，固不能专用积极主义置财力于不顾，又不能反用消极主义碍宪政之进行。本部此次预算，不敷之数目极多，现在惟有就节流的办法，会商各省督抚，公同筹度。至于朝廷大政，有许多不容易办的，又不能不办。现在责任内阁未成，国会未开，本部困难情形难以尽述，惟有盼望将来国会一开，诸位竭力赞成担负义务，实本大臣之幸也。（拍手拍手）

议长：现在开议，照议事日表，第一议陈请速开国会具奏案，应由秘书长朗读具奏折稿。

秘书长承命朗读奏稿读时，于议员邦华请大家起立敬听，于是全体起立。

秘书长读毕。（拍手）

议长：请问起草员有无说明。

115号（许议员鼎霖）：公推汪议员说明。

73号（汪议员荣宝）：这个奏稿是照《资政院议事细则》一百零六

条办理的具奏案。这个具奏案就是各国所谓上奏案,与都察院代奏不同,都察院代奏照原本不加案语即行上奏,今既成具奏案,应该将自己意思写上去。现在此折的体裁,第一是先把陈请的要义铺叙一遍,所有陈请书原本既须简折一并奏上,故其中繁杂之处不必复述,只将精义提出铺叙上去,合计陈请书共三件:第一,各省谘议局陈请书,第二,代表孙洪伊等陈请书,②第三,海外华侨汤觉顿等陈请书。③叙述三件陈请书大意之后,然后加入本院自己意思。从资政院的口气内要说到国会不能不开,须另有一种说法。我们起草员斟酌几次,以为资政院近于国会的样子,又近乎各国一院制的样子。现在各国除德意志小邦及瑞士外,没有行一院制的。各国国会多半是两院制,这两院制出于英国。英国因他的历史、他的国情不能不行两院制,但是现在欧美各国有国会之国家,不必有英国的历史、英国的国情,通通都是两院制,此并非盲从英制。盖两院制自有两院制的好处,此是学说上一种问题,折稿上不必详细说明。简单言之,这两院制有两种要义:第一,有两院之后,议事可以郑重,经两院均以为然,事理详尽,必无窒碍难行的弊病。而一院制不能有此,所以一院制不如两院制者,此其一也。第二,立法、行政两个机关不至常起冲突,若一院以为然,一院从而非之,这个时候自然相争相杀,纵有许多争端,常可消灭于无形。若是一院制,则议院之所议决者,政府即有执行之义务,万一议院与政府意见反对,非解散议院,就是政府辞职。若是年年都有这种事情,不特于政府不利,即国民亦间接受其影响。所谓一院制不如两院制者,此其二也。说过两种理由之后,然后说到设立国会是立宪政体题中应有之义,无论如何,国会是万万不能不设。既然知道立宪政体可以救亡,何必一定要待到三五年之后,民心难得而易失,事机一去而不还,现在已经到了十分危险的时候。若从此赶紧设立,还可以巩固国家的大局,不然就有难言之隐。所以本院的意思,务求皇上毅然独断,把上下议院提前设立,这便是奏稿体裁及大旨。再者,此件初稿是赵议员炳麟起草后,经孟议院昭常修改,又经本议员修改一次,三次斟酌乃始定稿,起草同人均以为然,并经议长、副议长阅定。不知诸君有无修改之处?(拍手)

议长：奏稿主旨现已说明，诸君如赞成请起立。众议员全体起立。（拍手）

153号（易议员宗夔）：请议长从速具奏。

议长：可以从速具奏。

107号（李议员桀）：现在请求速开国会具奏案，皇上允准与否，尚未可知。如邀允准，固为国家幸福；如不允准，不能达速开之目的，将来再有别项举动，甚为可虑。今天本议员请求议长者，第一件事，在皇上及摄政王前可以进言者惟议长，请议长将各省谘议局请愿之热诚、各省人民代表请愿之热诚、各华侨代表请愿之热诚与资政院全体议决请求速开国会之热诚、暨旁听之本国人与外国人因议决请求速开国会当时之或拍掌或摘帽欢忻之出于不自知，一一于皇上及摄政王前详细奏明。譬如有一段喜事，在画报上阅过固是动心，若再有目睹其事者为之说明当日之情形，未有不更为感动者；且此事无人反对固好，若有人反对，请议长力争将来中国可望有转机者惟速开国会。此时不能解决，恐将来欲开国会而不可得。第二件本院所陈请者是速开国会，能早开一日，中国即早一日有安存之望，国会问题与九年筹备立宪无多关系，然所以迟疑不决者，各大臣或以筹备尚未有完全为词，不知筹备立宪与国会有关系者，惟议院法与选举法，此外与国会全无关系。议院法与选举法，以宪政编查馆之济济多才，数月之间可以编订竣事，国会早一日成立，人民可以早一日得享幸福，国家可以早一日得免纷扰。若再延耽数年，恐中国即不可收拾。（拍手拍手）

议长：贵议员所说甚是，本议长当极力陈说。（拍手拍手）

110号（于议员邦华）：本议员甚为赞成李议员所说，现在本议员再有一言：此时机会甚好，我们全国一动一静，其精神全向我皇上而来。皇上一旦答应，大家更加亲密，民心为之一振，从此上下隔阂之病一旦消除。况现在各国进步有一日千里之势，我国急起直追，犹恐不及，岂可仍事迟疑？所以请速开国会者，此是一层。就内政上说，现在一天困难一天，民穷财尽可不必说，实业不能发达，教育不能普及，因为政治不完全之故。究其原因，多由不早开国会而来。若国会早开一天，各部衙门亦（天）[减]少一天难处，请议长对于皇上、摄政王说明国会不可不速开的缘故。若是缩短一年、二年，大家再争请愿，于表面上殊不雅观。不如将此意说明于前，就不致激烈于后。本议员与人民同一国家为心，所以请议长上达此语。我皇上素以民心为心，爱民如子，想必深体此意。现在人心如此，亦是大势所趋，不得不速开国会，以慰人心之盼望，请议长竭力达到。二则还要请军机大臣、各部行政大臣及政府特派员诸位极力维持，极力赞成。本议员草莽下士，所言无足轻重，望诸君以国家为心，国家早安一日，就自己地位亦早安一日，必须上下一心，联合一气。所以本议员盼望议长将此意思上达，是为我国家万年无疆之基。（拍手拍手）

86号（喻议员长霖）：此事于一般国民之心看来，摄政王无不答应。何以故？因为民之所好好之，民之所恶恶之。速开国会事情，朝廷以民心为心，同民好恶。据本议员看来，速开国会的事我们已经决定，摄政王没有不竭力赞成的。但今天还有几件事情，请议长宣布开议。

153号（易议员宗夔）：国会事体，上下一心，此件事体，皇上一定答应。如必谓许允开国会便失朝廷威令，未免误会。盖速开国会是出于有益之请求，非出于无益之迫胁。既然是人民请求，何致损失朝廷威令？请议长如此解释为要。

议长：按照议事日表，第二议运输规则议案，现在是初读，由秘书官朗读。秘书官（曾彝进）承命朗读运输规则议案④毕。

议长：请农工商部说明议案之主旨。

农工商部特派员胡子明：本部总核农工商政，于商务有提倡之责任。我国与外国通商以来，我国商人每多吃亏。此中有种种原因，在外国，有银行可以汇兑，有保险公司可以保障，而最要则在交通机关运输便利，国家有保护之法律。我国商人不但不敢向海外贸易，即各处贸迁亦多不便。我们中国之看待运送营业人，不过是一个劳动人，其于委托之义或尚未知，且漕运载在《则例》，外无一定规则。各处虽有习惯，亦不通行，其阻碍于商务之前途，非浅鲜也。近来学问家研究商人之定义，有固有商，有补助商。运输者，补助商人之最要者也。且运输不但关系商务，凡一国文化进步，其交通机关必日求其备，于是权利义务之问题发生日多，不能无规则以为之准绳。各国运输法令，多由地方习惯及特别法而成。但凡有商法商典的国家，其表示运输之法律行为，则必于商法中定之。宪政编查馆所定行政纲目有云运输一事，农工商部须与邮传部区划联络。何谓区划？如邮传部所管为轮船、铁路运输特别事宜，农工商部管理运输普通事宜是也。至本规则所采者，即委托主义。盖以运输为业者，要有负责任的精神，不仅以劳动人看他。此本规则之主旨也。秘书官所读刊本有错字，第十六条第四款"运"字应作"提"字，二十九条"发货人"底下有个"等"字，请大家注意。

140号（康议员咏）：第二十二条所定"金银"字样，是否纸币在内？

农工商部特派员胡子明：如《邮政章程》，信内纸币亦系贵重物，如寄纸币，非提出汇寄，邮局不负责任是也。

140号（康议员咏）：在日本商法三百三十八条系作货币有价证券及其他高价品，似较概括；又五十三条旅客不及起程已付运费概不退还，然运送营业者于车船开行时刻延误迟到，致旅客不能启行时，应如何处分？

73号（汪议员荣宝）：本议员有质疑之处，运输规则现在已提到资政院，此项规则是否认为一种法律？如果认定作为法律，则附则第三条云云，恐于立法权之保障不甚完全，请农工商部答覆。

农工商部特派员胡子明：此规则订定以后，本部如有修改的时候，亦要请旨交议，届时还须奏明。

137号（邵议员义）：第四条所说普通运输是否有一定范围？请农工商部举例答覆。

农工商部特派员：在日本国，轮船、铁路多有特别的法律，运输是一种商行为，邮传部所定不必说明。

87号（沈议员林一）：究竟提货单所载条件是否除前条之外，并无别项条件？

农工商部特派员胡子明：无别项条文。

议长：现在无人质疑，应将此案付法典股员审查，但审查期限以何时为定？

5号（议员润贝勒）：审查期限下月初二可以报告。

议长：按照议事日表，第三地方学务章程议案现在系再读，应由秘书官朗读法典股所提出之修正案。

秘书官（曾彝进）承命朗读地方学务章程修正案。⑤

议长：按照发议表，应请孟君昭常发议。

116号（孟议员昭常）：本院开会以来，此是第一个议案。初读之日，本不应当讨论，日前说话的人甚多，所以本议员亦没有发表意见。至审查报告之后，本应当讨论大体，决定应否再读。前日因国会问题要紧，所以没有什么十分讨论。今天再读应该逐条议决。不过讨论条文之始，于大体有关系者，不能不补叙一段。论起此项议案，名为地方学务章程，其大体亦不过如此。凡是一种法律，必要有种种法律相辅而行，若与他种法律不相呼应，则这一种法律亦归无效。本章程原案第一条说是应遵照《奏定学堂章程》办理，修正案第一条说是按照关于学务之法令办理；又原案执行机关以劝学所为原则，以自治职为例外，此为根本上之错误，修正案已改过来了。然而本议员于此却有两个疑问：一个是法令上之疑问，一个是机关上之疑问。法令上之疑问，如按照关于学务法令办理，如现在之学务法令是否可以按照？按照之是否能令地方学务一天发达一天？前据学部尚书演说，行政方针以小学为最急。即以小学论，现在之小学堂章程是否可行？是否能令地方上之小学为最急？是否能令地方上之小学一天多似一天？小学章程乃地方学务之根本，根本法不可通，则地方学务如何能兴？小学堂章程去年改过一回，其中所谓完全科、简易科，非常之烦重，决非教育普及的道理。一烦重，则地方上的财力决计办不到；教员程度一高，就请不起，就是请得起亦怕请不到。通算一州县总要用几千个教员，请不到教员，如何可以办学？所以说这个地方学务章程与根本法不相应，是决计没有效力的。再说机关，现在的执行机关就是一个劝学所，劝学所章程已颁布了三四年，有何成效？从前既不能得力，恐怕以后还是一样。若说不问能行不能行，等到地方自治成立之后自然有效，则这个章程通过之后还搁起，搁了三年、五年再说，这三年、五年之中直可睡觉，学部亦何必为此睡觉之章程来资政院点缀风景？所以本员的意思，要请学部将小学堂章程与劝学所章程通同改过，然后可使地方照办，不然则一定无效。至于讨论条文，亦要从执行机关上着想。修正案第一条第二项但云府厅州县自治职对于学务上应有之职权，而不言城镇乡；又但云府厅州县自治职未成立以前常由劝学所执行，亦不言城镇乡；末一句说由府厅州县劝学所行之，是因为只有府厅州县有劝学所，而城镇乡不能各设一劝学所，府厅州县劝学所就可以兼管城镇乡之学务。这是不错，不过上两句但说府厅县州，而不说城镇乡，总有点脱漏。究竟府厅州县自治职应办之学务与城镇乡稍有不同，府厅州县兼中学、高等小学、师范、女子师范等在内，城镇乡则专重小学，不能说府厅州县自治职应办之学务，在府厅州县自治会未成立以前，则以劝学所代之，城镇乡应办之学务即可不问也，此中似有宜添"城镇乡"三字。再第三条所说分区是照自治会成立以后之区。若是自治区域未曾划定之前，这学区如何划法，亦要有一个办法。现在划分学区，似乎应照《城镇乡地方自治章程》划分自治区域之法来划分学区。划分自治区域之法，照《自治章程》，是按照市镇、村庄、屯集固有之境界为准。今日划分学区，亦当以此为准。然后可与将来自治区域相合，这一层是否要添入？第七条第二项只说府厅州县不说城镇乡，亦是与第一条同病。末一句说以府厅州县劝学所职员代之，劝学所职员断不能尽管城镇乡之事，在城镇乡地方总要有个执行机关，若是用固有境界为学区，则固有境界内就有固有之董事，由劝学所督率，固有之董事就是一个执行机关。这一层是否应在第七条下添一项或添一条，这是关于条文上之讨论。总之，条文上之关系尚轻，而根本之关系甚大。若是小学章程不改，则地方学务永无发达之望。虽有地方学务章程，与无章程等。至于修正小学堂章程，我们资政院亦可以提出修正案。不过我们议员只有三个月功夫，如何来得及？只可以要求学部将小学堂章程修改好了，教我们来议。这修正的章程能早一日颁行，则学务就可早一日发达，这是我们最大的希望。（拍手）

126号（陶议员镕）：本议员对于此案，与方才孟议员所说意见相同，所以前日初读时，即申明应先讨论大体。凡属一种章程，必与各种法令相维系，若小学校法令不修改完全，奏定颁布此种章程必不能发生效力，教育亦断不能普及。即使规定尽善尽美，亦不过一种具文，毫无益处。盖此种章程专为偏僻与贫瘠之区儿童受国民教育起见，现在富庶及交通便利地方，教育且未能普及，遑论其他。且儿童就学之年龄与就学之时间及期限均未规定，求一统计年龄簿尚不可得，则是此种章程虽属必要，不过今非其时。惟既经决议再读，不能不修正完善，以为他日强迫教育之计划。本员对于修正案不能满意者，劝学所不但不能取消，而且仍须多设劝学员，以专其责。劝学所只视学员一人兼充学务总董，断不能执行乡学之事。况偏僻与贫瘠之区，一府厅州县无虑数十或数处之连合会，更何能以一身为执行？查日本市町村所特设学务委员，每市例得设十五人以下，每町村例得设十人以下，以四年为一任，系由公民中推举合格者任之。盖责宜专而事宜分，而教育一事，尤非不谙学务者所能办。今自治职系二年为一任，且每年改选一半，姑无论无合格之人，若时时更易学务委员，似非慎重学务之道。且修正案条文多有不合法理之处，仍宜就原案取决，只要将第八条"府厅州县城镇乡或乡学连合会及其区关于地方教育事项之下，均由已设之劝学所执行"一句删去，改为"得遵照《学部奏定章程》设劝学员"，而将第二项条文全行删去，则得矣。此案最为重要，当格外郑重修正为是，望诸议员注意。

议长：现在是再读的时候，这修正案应逐条讨论为是，如仍讨论大体，便泛滥无归了。

议长：应由第一条讨论起。

87号（沈议员林一）：今日对于本案，既经讨论大体，本员亦有数语表明。方才所说困难地方，皆因劝学员执行而起，惟看学部原定章程之一本以地方学务归自治职员管理为原则，劝学所是例外，非待自治成立，学务必不能发达，自是一定之理。惟本员对于此项章程，实觉其有不甚完全之处。何也？"地方"二字包府厅州县城镇乡而言，日本专为町村而设，地方甚小，所以注重村町组合。中国地方甚大，则不能专注于一乡之内；况不满五万人者为乡，则乡之不用连合会者正多，断非办一连合会，即可振兴地方学务，此其不甚完全一也。日本《地方学务通则》是明治三十三年所定，至于学务发达之后，所以寥寥数条即可通行。中国学务方在萌芽，章程还未完备，应如何分化区域、筹集经费、调查学龄儿童，必须逐一规定，方有入手办法。若照第二条所定，仍令自议，必致徒托空文，此其不完全二也。《城镇乡地方自治章程》"学务"兼中小学堂而言，此项章程究竟系指中学、小学，或高等小学，或初等小学，或简易识字学塾，并未指明。第十条所谓使用费者，中国并无此项章程，实系抄袭日本学务通则，而不知其从何而来，此其不完全三也。依本员所见，必须逐一补订，方能完备，于教育有益。

144号（胡议员柏年）：大凡法律，先有根本之法，方能定一完全之法。犹之将来开国会以后，他种宪政才能办好。学务全体的章程，从奏定颁行以后，将及十年未曾修改。我们就是有国会的时候，经国会议决之法令，一年两年亦须修改。本议员意见，此地方学务章程总算学务法令之一端，非学务法令之根本，须请学部将全体章程修改，再交本院合并讨论，方能无弊。

128号（邹议员国玮）：本议员对于修正地方学务章程的议案，有简单的讨论。现在第一种章程交本院通过，此种法律通过以外，其实行时候不惟无益而反有害，所以要讨论。而学部章程最注重"乡学联合会"五个字，其设立之意思是为推广教育，恐穷乡僻壤势力不及，终亦不能普及。照《地方学务章程》十三条，地方公立学堂及各项教育处所所取之学费、公费、使用费等项，均得作为基本公产或储备公款，意思甚好。可是此项章程颇有违背从前初等小学堂所规定约四百家设一学堂，后来改作二百家设一学堂，最后改作一百家设一学堂，如此则教育才能普及。乡学连合会，两乡设一个学堂，这是不好处。照《地方自治章程》，五百家为乡，两乡合立一个学堂，地方相距甚远，两乡子弟往来不便，所以筹集款项亦有不能。照《地方自治章程》，一乡要办几十个学堂，又如何办法？而穷乡僻壤更恐有不到之处。所以本章程与从前所定的章程有冲突者如此。第七条第二项令连合会于各乡内独办小学堂一所或数所，各处的学堂为财产起衅，则教育未曾推广而争端甚多。从前学堂章程，每年款项都归劝学所筹办，是地方自治的人担任筹款。若是劝学所又要筹款，必要生出不良结果。如果董事会大家担任，则事可举行者，如乡学连合会，由我们自治职员办的，劝学所不得干预，要是创立以后我们可以禀请立案，至于议事会、董事会办成，与自治职员、劝学所分清权限。若权限不分，不惟教育不能普及，必有一大冲突之处。资政院通过时候，请大家细为讨论。

123号（江议员辛）：这个地方学务章程议案，经各议员研究均已明了，本议员则于修正案颇不满意。学部提出原条文，大抵根据日本地方学事通则，无须删改，但从第三条起至十五条止，多半是筹画地方办学经费。经费为万事之母，若无经费，如何能谋教育普及？据本议员看来，条文可以不必修正，可将议题改作《筹定地方教育经费章程》。至于完全小学教令，还请学部从速另编交议，是为至要。

某议员：是否可以请学部特派员答覆？

议长：请学部特派员答辩。

学部（李侍郎家驹）：议员孟君提议欲实行地方学务章程，须将关于学务之法令一律修正，诚为至当不易之论。然"法令"二字，据法学上之区别，性质不同。其关于法律者，提交议会协赞；若关于命令，应由行政各部门分别奏请办理。现在资政院已经成立，凡交议及议决事件都是法律的性质，而非命令的性质。查教育行政之法规，大约关于法律的甚少，关于命令的居多。学部从前《奏定学堂章程》，全是命令的性质，非法律的性质。照日本办法，凡关于教育之行政，以命令规定居多，虽有敕令、省令、训令之不同，而其以命令规定则一也。《学部奏定章程》自光绪二十九年颁行以后，虽时有修正，而前后尚未能贯通，亦新旧过渡之时所必经者也。本月初二日提议时，旧方针与新方针之大旨，曾经本部尚书说明。所谓新方针者，就是注重地方教育；既注重地方教育，即不能不以地方学务章程为要图。盖必养成地方自治之能力，始可达教育普及之目的也。至于此项章程相辅而行者，其中有关于命令者，有关于法律者。其关于法律者，亦不止《地方自治章程》一种。方才各议员所说学部各项章程能修改不能修改一问题，本部可以承认，可以次第修改。惟中国现在情形，即当以地方学务发达为要，即当以地方学务章程为先。若能经过立法机关协赞，成为一种法律，则学务应据此为标准，以随时修改他项之法令，自不致有所违异。

182号（万议员慎）：此案本议员第一次即行反对，孟议员所说甚为合法，而高议员所说亦有条理。此项章程若实行以后，不但无效而且有害，所以本议员不能不说。我国大人先生都是以章程为能事，其实章程是章程，办事是办事。不但此章程与彼章程不同，而前章程与后章程就有冲突。从先学部章程颁出，不但办理不动，而且有坏处，而且还有冲突处。此说孟议员都已说过，自治章程有划为若干区，而地方学务又划为若干区，前后两次区域，无所适从。第七条自治会章程是专任的，比如国会成立，而资政院必定消灭。若不消灭，两个机关必有起冲突。第二条就是仿照自治章程来的。学部章程在先，自治章程在后。学部办理十年，自治会未有头绪，如何可以相合？至于学部章程第十二条可以不要，不惟无益，而且有损。如学务上年年有冲突，冲突都是为经费。我国人有公德心者甚少，穷乡是穷乡，富乡是富乡。比如有钱，无论何乡都可以办；无钱，则虽有一定之法令，亦不能行。本议员对于此案，是不能不请再为修正。

196号（牟议员琳）：今日众议员之演说，都是讨论大体的事，非本日议事范围。查本院《议事细则》第三十四条，再读应将议案逐条议决之；三十五条再读已毕，议长得将议案付该管股员，令整理议决修正之条项及字句。照条文看来，再读之际必须逐条议决。再议第二条，如此逐次议去，方是议一条决一条，不致空言泛论，徒费时间了。

129号（汪议员龙光）：本议员早主张要讨论条文，免得言论分歧，茫无归宿。本议员对于审查之第二条有个疑义。学部原拟章程注重在乡学连合会，颇具有苦心，诚恐分区一层太板，不能听人自然联络，兴学反多沮滞，乃准设乡学连合会以补救之，故揭出原因为"地处偏僻、财政薄弱"八字。审查人之意，恐此八字包括种种原因不可，乃以"遇有必要情形"六字浑括之，立意甚善，而收效乃必相反。天下无论何事，有举办之人，便必有阻挠之人，而地方学务尤甚。学部订立学务章程，本为保护兴学一面，而章程字句一有不检，兴学一面方以此为护符，阻挠一面亦即借此为利器。如依审查所规定，热心学务之人以为非设立联合会不可，阻挠一面之人便问他必要情形何在，必瞠目而不能答；即有词可答，此认为必要者，彼不认为必要。以"必要情形"四字太无标准故也。学部原文所载"地处偏僻、财政薄弱"八字是原因，亦即是标准，应依原文为是。如谓包括原因不可，万不能以"遇有必要情形"六字作代。

117号（雷议员奋）：前天地方学务章程初读之时，本议员曾就条文中疑义有所质问，此可以证明本议员对于地方学务章程未尝全部反对也。按照《资政院章程》及《议事细则》，凡经本院表决之结果，不宜轻易取消。前天（遇）大家注重国会，未能将此案大体详细讨论，然当时若不即行表决，则今日仍为初读，仍可讨论大体。但是前天已经议长按照《细则》宣布表决，议员起立赞成应付再读者居多数，似乎今日不能再行讨论大体。现在诸君主张俟学部将关于教育之法令全部修正而后再议地方学务章程，所以有此主张者，恐《地方学务章程》与我辈希望修正之教育法令或有冲突之处也。本议员以为此可无虑，因《地方学务章程》所规定者不过担负办学责任之机关与夫定办学经费之方法而已，其余一切教授、管理、科目、年限，皆不在此项章程范围之内，故与他种法令无发生冲突之机会。即将此案先行议决，仍与我辈修正教育法令之希望无所妨碍。今天是再读，再读应当逐条讨论，应按照《议事细则》办理。（拍手）

134号（余议员镜清）：请议员注意《议事细则》五十七条，请照行。

议长：现在还是由第一条起逐条讨论议决。

某议员：请秘书官再行逐条朗读，以便表决。

153号（易议员宗夔）：要议决，不要表决。

126号（陶议员镕）：此议案关系极重，原案较修正案妥协，宜废去修正案，仍就原案稍加修正，逐条表决为是。凡一种法典，务要慎重修定，以垂久远，万不可朝令夕更，失国民之信用。

137号（邵议员羲）：今天照章已到散会时候，此案大概一时难以议决。请议长可否照章宣告散会。（拍手）

议长：宣告散会。

下午五点三十分散会。

注释

① **为陈请申明资政院立法范围提议案**

为陈请申明资政院立法范围，以确立议院基础事。窃今海内外人士奔走号呼，旦夕请求开设议院者，诚以立宪之国必确定议决机关而后执行者，乃有所守。资政院非议员之组织，即不能有议院之精神，惧将如各省之谘议局决议者，终无效力。公布者，多难实行，卒之有议决机关与无议决机关等故，欲立议决之机关，必先有完全之组织也。屡奉圣训，国会开设无缩短之期，而以资政院为议院之基础，谘议局等经过困难之已事，虽深维资政院之范围，有不能不为贵院陈请者，伏读先朝明诏及去年七月初八日上谕，均以资政院为上下议院之始基，《钦定资政院章程》第一条即声明取决公论，预立上下议院基础之宗旨，是无论开设国会将来缩短与否，而今年资政院开院，在为我国确定立宪之根据，可断言也。立宪国家虽分三权，实只议决、执行二事，议院为立法机关，专司议决一切，司法行政两机关司执行，令资政院得为议院与否，资政院议决事件五项，得如各国议院权限与否，姑不具论。恭读本年五月二十一日谕旨，一则曰"参预立法"，再则曰"议院基础"，三则曰"议院精神"，是资政院虽非国会，而实具有完全立法性质。查广义之法律，包含法律、命令二种，而议决之事实，兼具有参预及承诺二种，我国预备立宪以来，编订法律颁行法令，皆在未有议决机关之前，统系未分、推行多阻，贵院为参预立法之地，即具有事后承诺之权，必如此而始得为议院基础，始可振议院精神。此征之先后谕旨，不得不请申明范围者，一也。再查改设宪政编查馆原案，宪政编查馆系仿各国政府附设法制局之制，冀统一法制而付议院议决，其原奏内称"臣馆职司编制，应一面调查各国宪法成例，拟订草案，一面于各部、各省所订之各项法制，悉心参考，渐谋统一方法，俟资政院设立后，随时将臣馆核定之稿送由院中陆续议决。盖一司编纂、一主赞定，庶政府尽提议法案之责而国民有参预议决之权，立宪之基由此以巩固"等语。光绪三十三年七月十六日，业已明降谕旨，依议，是议院未开以前，人人误会宪政编查馆为立法机关者，资政院既开，宪政编查馆之地位主司编纂，资政院之地位责在赞定，不待言也。资政院赞定之范围，以宪政编查馆所编纂之范围为范围，又不待言也。今《资政院章程》第十四条三、四两项，虽为具体之列举，然四项但书指明，宪法不在此限，则宪法以外之法律均须资政院之赞定，可知实具有抽象意思，国家何事不经法制，即何一不经资政院赞定。国会未开，专恃贵院为完全统一之计画，征之宪政编查馆原案，不得不请申明范围者，又一也。各省谘议局议决本省单行章程规则，载在定章。去年开局，已往之单行法，督抚既未提出，现定之单行法，多不经谘议局通过，谘议局等受毛举细故之讥，行政官无完全遵守之则，影响所届□然共忧。今贵院为全国议决之枢机，为将来议院之根本，若不预行申明范围而仍犯毛举细故之嫌，全国人心将何所恃。谘议局等希望国家不避越俎以为参政权之起，然实系乎立法权之范围，为此联合陈请贵院申明范围以确立议院基础。须至陈请者。宣统二年九月四日。（"各省谘议局联合陈请申明资政院立法范围提议案"，中国第一历史档案馆藏民政部卷宗，档号：21-0276-0004）

② 孙洪伊等请速开国会呈

直省国会请愿代表孙洪伊、李长生、乔占九、文耀、雷奋、姚文坍、沈懋昭、杭祖良、余德元、陆乃翔等谨呈王爷、公爷。中堂、大人钧鉴：

敬肃者：洪伊等于本月初十日呈递国会请愿呈词于察院后，现已浃旬，日夕彷徨，仰望明诏，有若云霓。今日捧读谕旨，敬悉政务处王大臣于明日会议。闻命之下，欣悚交并。夫所会议者，果为何事，虽非民间所得妄揣，然速开国会一节为国家安危所系，而王爷、公爷、中堂、大人之一言一行，亦国家安危所系，则会议时自当提议此事，精详擘画，赞助圣明，俯顺民情，速定大计。洪伊等识陋才疏，原不足讨论国政。但外考世界大势，内证中国事实，觉国会有万不能不速开者，其理由已详陈于各请愿呈词中，兹不复续。窃谓国会之果能速开与否，即于明日政务处会议卜之。倘王爷、公爷、中堂、大人能力持大体，则四海之颂声作，否则四海之泣声起。此所谓善不善千里之外应之，一言可以兴邦，一言可丧邦也。庙堂一席之讦谟，指顾间即腾播于寰球，流传于史乘，天地鉴临，鬼神瞰室，其枢机全系于政府诸公之齿颊也，顾可不慎欤。夫今日朝廷之厉行宪政，取舍原无成心，惟视左右辅弼之陈词何如耳。在洪伊等既各膺代表之重任，势难中止。且近日各省督促洪伊等请愿之函电极多，皆力陈大局危迫，乱机四伏，非速开国会不能挽救，读之动魄。倘朝廷此次而不能速定大计，哀恤舆情，则洪伊等真进退两难。若再作第三次之请愿耶，则恐上触君父之严谴；若即畏难苟安耶，则下受人民之抨击。洪伊等虽死不足惜，然国事人心，从此必更难收拾。故今日疏狂无状，沥陈下情，敬恳王爷、公爷、中堂、大人俯察苴莪，力持速开国会之议，则不独宗社民生之大幸，亦洪伊等身受生死肉骨之恩也。惶懔上言，仰希钧察。附呈上政府书稿一件，伏乞垂鉴。

请愿国会咨议局代表孙洪伊，绅民代表李长生、东三省绅民代表乔占九，旗籍代表文耀，教育会代表雷奋、江苏教育会代表姚文栅、商会代表沈懋昭，上海苏州商会代表杭祖良、政治团体代表余德元、南洋暨澳洲华侨代表陆乃翔等谨上书。

敬肃者：窃中国今日之国势，其忧患危迫可谓极矣。政府梦乱于上，土民怨跨于下，各国协商协约于外。以国内之梦乱谵言之，则无时无事不可以亡国。以各国之协商协约言之，则无时无事不可促我以亡国。譬如孤舟遇风，生死呼吸，同舟者既束手待毙，而四面又皆敌人，安有幸存之理！观近来外人之评论吾国也，曰财政紊乱，可以亡国，吾侪当监督其财政。饥民流寇，可以亡国，吾侪当派遣舰队，以资镇压。夫外国人谓吾国之必亡，犹可言也。乃吾国人士，亦终日皇骇，奔走呼吁，若皆有汲汲顾影不可终日之概。儒者明知国之将亡，而始终存一灰冷之心，健者日求所以救亡，而遇事挫折，不获一逞，亦时萌灰冷之念。哀莫大于心死，今吾国人之于国事，其心未死者有几。呜呼！国家将亡，必有妖孽。人之将死，其言也哀。

此代表等今日所以万难含默，而披鳞触忌，剖心泣血，欲与我执政诸公一痛陈之也。窃谓吾国致亡之途虽多，然其总因则首在国家政体不定。代表等所谓政体者维何，即立宪政体也。立宪政体与专制政体之区别，即首在宪法之有无，而国会者又为宪法上之最重要机关。无国会即无宪政之可言，此非代表等之私言，实世界各国极平常之见解也。此中理论，万盲难宣。代表等昨呈都察院代奏之请愿书，已将吾国速开国会之利益与吾国有决可速开国会之理由，一一论列，兹更无烦复述。代表等今只就政府一面之危急情形，非速开国会不能挽救者略言两事可也。

一曰：吾国若不速开国会，则一切现行法律皆无根据不能推行也。夫国家所恃以存立者，在有法律以维系一切秩序。各立宪国之所以尊重国会，与国会之所以能维持国家者，首在国会之握有立法权以编纂一切法律法规也。今吾国无此立法机关，故政务日益繁乱，官民毫无遵守。近来宪政编查馆与各部院所颁布之现行法律规章非无妥惬者，司员中非无明达者，然颁布之后，不独无甚效力，且多置若罔闻。若因此即谓人民无研究法律之程度耶，则民间号称法政淹通之士，平日素喜研求各国法律者，今对于国中之现行法，亦多不经意。且非独在野者如此也，即主持立法之各部院与各省行政官吏，又何尝有信奉此种法律之心乎？甚或本身行事显犯本身所订之法律，亦悍然不顾。推此原因，则由于此种法律，非协赞于国会之中，无论其优劣，不足以耸朝野之观听，人民必鄙屑之。此世界人类普通之性情，非独吾国为然。倘非人民所信仰之法律，而可使人民尊重耶？则欧美各国又何不召集国中人才于行政部院之中，命其编纂法律，而必斤斤设立国会，畀以立法之全权耶？此其故可深长思矣。夫人民之所以要求国会者，必因目前极厌恶此种专制政体，极不信任此种官僚，故必欲参与立法，使立之独立于行政部之外。若人民所要求者在立法权，而政府则曰：我亦能立法。是人民所要求之物在此，政府所畀与之物在彼，所答非所问，其根本上已与人民之心理相反。人民走于狂热，其物之美恶不暇辨，必不任受，无怪其然。况国会既开之后，经多数之讨论，其编纂之法律，必与少数司员之讨论者较为详备乎！故吾国若一日不开国会，法律必无效力，则国家可谓为无法律之国家，官吏为无法律之官吏，人民为无法律之人民。上无道揆，下无法守，国家安得不亡。此最可痛心者。故吾国今日人民只知要求国会，对于一切不完善之法律皆可视若弁髦。政府既不授人民以立法之权利，人民即无遵守法律之义务。日后人民虽酿成大变，虽仇视政府，虽显有不法之举动，代表等亦无力可以导喻之；惟有束手以坐视宗社之墟耳。虽然，谁无祖宗庐墓，谁无室家，岂有不思患预防之理。此代表等今日要求速开国会之一大理由也。

一曰：吾国若不速开国会，则政府一切政策皆不能确定也。夫国家之所以能日即于强盛者，其行政上一时有一时之政策。若政策不确定，则政务不能酌别先后缓急之序，虽如何励精图治，必无裨于国福民利。甚或求治日殷，反以益国政之棼乱，促国运于危亡。此各国政府所以必有一定之政策以为行政之纲领也。政策既决定之后，则内阁各部大臣皆加入此连带责任之中，兼程并进，故百政俱举，国势日隆。今吾国则不然，事事无一定之政策。全国官吏，西突东奔，渺无意识。军机按日入值，不知所值者为何事。各部堂宪、各省大吏，掌握行政，不知所行者为何事。其因循苟且不负责任者，固为溺职殃民，即恪恭尽瘁夙夜勤劳者，亦无一政绩可睹。均之无益于救亡也。此非苛论，按之现在事实，即可眩然。例如枢府欲取中央集权政策,则各省督抚联衔电争以挠之。督抚欲取地方分权政策,则枢府可奏陈圣听以扼之。海陆军大臣欲取扩张军备政策,则度支部与各督抚皆不协筹军需。农工商部欲取整顿实业政策,则度支部既不拨给经费,而海军处又到处争拨巨款,致无余力可以经营实业。度支部欲取财政统一政策,则地方长官暗中梗议,虽清理财政一事,亦受把持。他如筹一的款,拟办一事,则各部或奏请扩充,各省或奏请截留,函电纷驰,辗转请托,竞争国帑,如攘私利,令人骇然。全国政务如乱麻,全国政策如飘蓬,扰扰纷纷,徒以召乱。夫吾国何以毫无政策一至此耶?则亦因无国会之故。盖无国会,其始也,则责任内阁无所倚重,不能成立,各部政务无连带责任之关系,故行政上各不相谋,必至各部有各部之政策,或各部均无所谓政策。其继也,因无国会以公共讨论,则所谓政策者必系政府一面之理想,不能餍于国势民情,合于世界大势。其终也,则所取之政策,无论是否,不能得全国人之信用而遇事阻挠,甚或惹起民间之激争,足以隳非常之大业,灰当国者之热心,此祸之最显著者。若既经开会之后,而共同讨论其政策,则朝野联为一气,政府始能贯彻其主张。虽此时国会程度或有不逮,然政府与国会常相接洽,出以大公,则议员亦不至轻于反对,可提携扁导,以跻于中正。且政府之苦心,亦可邀人民之共谅。国家者,为全国人之国家,其政治又何不可与国人共之也。乃吾国执政诸公,因近来国中舆论混淆,以为纵开会恐亦无裨于国家大政,殊不知吾国今日何尝有正当之舆论乎!凡国中一大事之发生也,则民间所倡之言论,不过少数人之意见,一时一事之感触,故申甲说与乙说相反,前说与后说相违,是非难于决择。盖吾国宪政未成,既无国会,复无政党,不能集合数百千人讨论国事,其舆论原难悉当,无足深怪。而国中人才虽有卓识远见者,不能遽显其清议于社会,故其理终湮,国事易败耳。若速开国会之后,则必有伟大稳健之舆论腾布国中,而异说必见渐消,纳于一轨,政府乃可借重此等舆论,以为施政之方针。夫国会既赞成之于前,自能协助之于后。考各国历史,当未开会之时,则舆论散布社会,辄与政府为敌,既开国会之后,则舆论集中于国会,遇事可资协赞。故代表等窃计此时若能上下一心,共趋于国利民福之一途,纵议论或有参差,情势并无隔膜,亦正不难调和之也。此代表等今日要求速开国会之一大理由也。

　　以上所论,吾国若不速开国会,其害之大,至易明了。代表等深察查国中情形,朝不保夕,觉即从速召集国会尚恐不能救亡,况并此国会亦靳而不予。窃恐人心一散,危局更难支持。观近来各省兵变民变之事,数月之间,已数十起,为前此所未闻。虽幸扑灭,未即蔓延,而祸机隐伏,有触必发。汉、唐、元、明末造之祸必将复见于今日。盗贼蜂起,人民涂炭,宗社邱墟,思之良可寒心。何则?各省民穷财尽,今已无可为讳,况复加之以饥馑,激之以外患,煽之以革党,而政令纷歧,官吏贪婪,又无时无事不可以速乱乎!代表等鳃鳃过计,与其俟大难已作;同遭玉石俱焚之惨,何不及今力持大体,俯顺民情,速开国会,以弭乱于无形乎。此非代表等丧心病狂,故作危耸之词,以荧执政诸公之听也。诚上迫宗社之危亡,下逼人民之委托,惶恐陈请,势难中止,故语无忌讳,不及选择。惟原其心而宽其罪,幸甚。除胪列情形,呈由都察院代奏外,合再泣陈愚悃,仰候钧裁,不胜悲悚待命之至。
(中国第二历史档案馆编:《中华民国史档案资料汇编》,第一辑,江苏人民出版社1979年版,第129—135页)

③ 日本横滨神户大阪长崎四埠华侨代表汤君觉顿请愿速开国会书

呈为时局艰虞，人民望治，谨近鉴日本吁陈早开国会之利，呈请代奏事。窃职等侨寄海外，怙恃宗邦，伏读先朝大诰，定中国为君主立宪政体，以树国家亿万年有道之基，诚欢诚忭。惟是宪政之与国会，实相倚而不可离，无国会而言宪政，恐空谈而终无实。今年正月，各省谘议局议员孙洪伊等呈请缩短国会期限，实为深探本源。嗣奉正月十六日上谕，奖其忠诚，戒其操切。职等逖听之下，感激涕零。旋闻该议员等及各省商界、学界诸团体，乃至南洋澳洲诸侨民，揆度时势，细绎圣意，更为第二次请愿。职等闻风兴感，深有同情。徒以疏逖谫陋，不敢妄有所建白，且亦以早开国会之义，既已普天率土，万口同声，舆论所趋，民情可见。我皇上视民如伤，所欲与聚，谓当必俯如所请，以慰民望，无劳羁旅小民更赞一辞。是以虽怀欲陈，旋默而息。恭读五月二十二日上谕，以行政筹备尚未完成，谕令静候九年，毋许再三渎请。仰见圣谟宏深，慎终于始，反复循诵，钦佩莫名。草莽庸愚，更何敢摭拾陈言，自干罪戾。惟是职等旅居日本或三四十年，或一二十年，目睹其宪政过渡之际，消息得失之林，窃深有所感，用敢不避斧钺之诛，敬效芹曝之献，为我皇上陈之。

一曰日本之财政，因开国会而始能发达也。考日本当明治二十年以前，其政府之岁入不及一百兆，而收营业税、家屋税、印花税等，民怨沸腾，莫可名状。至于所得税、遗产税、通行税，以及盐专卖税等，在欧美各国，类皆以此为政府收入大宗，而日本无一能行。故其时日本财政竭蹶万状，一切政费惟恃不换纸币以支给。识者忧之，谓其国将不免于破产。及国会既开以后，其第一年政府提出于国会之预算案，为一百五十八兆九千七百九十余万，其案竟能在国会通过。自兹以往，岁岁增进。至今政府收入，竟为八百四十六兆有奇。财政基础，稳固不摇，故能聿扬国威，以有今日。推厥所由，皆缘人民既有出代议士之权利，即乐于负纳租税之义务。前此种种良税，不能负行者，既有国会而次第克举也。

二曰日本之内乱，因开国会而始能消灭也。考日本之宣布立宪，实始自明治初年五条誓庙之文。然因国会未开，宪政徒托空言，以故内乱纷起，几无安岁。故明治七年则有江藤新平等作乱于佐贺；九年则有上野谦吾等作乱于熊本；十年更有西乡隆盛等作乱于鹿儿岛，宗社几为颠覆，仅及获安。十年更有片冈健吉、林有造等作乱于高知，同年有水野桥一郎等作乱于福冈，三添卯之助等作乱于东京；十五年有陆奥宗光等作乱于土佐。其余小乱不可枚举。而暗杀大臣之事，则自明治十四年以后，无岁无之。若大久保利通、森有礼之被刺而死，大隈重信之被刺而伤，其尤著也。盖当时日本人民愤国会之久不开设，乃竟倡民权自由之论，主义日趋于急激，民气日趋于嚣张。当此之时，日本皇室危若累卵。及国会一开，民始憬然于朝廷之真意，而畴昔热狂之态，乃敛就范围。故林有造、陆奥宗光、片冈健吉等，前此实为乱民，而后此乃为大臣，效忠皇室。彼陆奥宗光，即曾以作乱下狱六年，而甲午之役，乃亲为外部大臣，以与我国议和者也。此无他故，盖既有国会之后，则人民不平之气自靖，上下一心一德，内乱则无自而生耳。使日本国会而再缓开数年，则其皇室之安危，盖未可知也。

三曰日本之外交，因开国会而始能平等也。日本当明治以前，与欧美各国所定条约，其损辱国权之处，不一而足。最甚者则其租界内各国有领事裁判权，而关税则为外国所掣肘，不能自改税率也。日本君民上下深以为耻，日思改正条约而不能有成。自明治十五年，井上馨始开交涉。至十九年前后，与外国谈判者亘二十八次，莫之肯应。二十一年大隈重信继之，二十二年青木固藏继之，二十三年榎本武扬继之，皆无成议。及国会既开，责任内阁确立，其所制定各种法律，实见施行。乃由下议院上奏改正条约之议案，外部大臣陆奥宗光持之以与各国交涉。英国首先公认，各国次第赞成。然后领事裁判权将以全撤，而税权得恢复一部分。使无国会之后援，则此事之成，不知期以何日也！

由此观之，日本之所以能安内攘外，百废俱举，蒸蒸日上，以有今日者，其根源盖无一不在国会。当彼国会未开以前，其政府方疑国会既开，将有大权旁落之患。不知立法、行政，范围本不相妨，而大权政治之精神，愈得以发挥光大。至今彼都元老，每有集会演说，常自述其前此压制舆论之隐衷，毫不自讳，而皆谓由今思之，不禁哑然失笑也。今我国频年以来，人心思乱，加以水旱洊臻，物价腾贵，伏莽丛地，在在堪虞。而复有不逞之徒，假泰西革命邪说以煽之，愈益嚣然不靖。而考其煽动之口实，本不过曰专制政体未变也，预备立宪托空言也。既开国会，自足以杜莠民之口。虽诪张为幻，而民听不惑。此国会之宜速开者一也。

自互市以来，国权损失，外侮凭陵，屡思补救，终无大效。及今不振，滋蔓愈深。而推原外国所以不以平等相待，实缘今世各文明国皆有国会，我尚无之，人乃羞与为伍。观于土耳其自开国会以后，距今不过三年，而撤回领事裁判权，已将有成议，其效果与日本相等。是知外交之后援，必借舆论矣。此国会之宜速开者又一也。

然此犹得曰与国会非有直接之关系也。独至财政一项，为全国命脉所关。而纵观世界各国，苟非国会既开之后，则财政殆无整理之期。今我国中央财政，大半仰给于各省。而据各省所奏报，每省财政入不敷出之额，少者百余万，多者动数百万。中央之不敷者，尚不在此数。合计年年不敷之额在数千万以上，而新政之待举、经费之增加，且未有已。而欲加新税，则民怨沸腾；欲办公债，则莫肯应募。夫以私人生计而论，苟一时偶然竭蹶，尚可以设法弥缝。若年年所入，恒不足以供事畜之资，则家之倾覆，可立而待矣。国家亦何莫不然。年年岁入不足以数千万计，苟非别有术焉，以得确实之财源，则岌岌之势，何堪设想！然国家财政，必取诸民，民非乐输，财无由理。故英吉利、匈牙利两国议院，实为今世国会之滥觞，而动机皆起自筹款。盖承诺租税之机关，实理财家所最欢迎故也。今使朝廷能别有道焉，以扩充税源、募集公债，则国会开设之迟速，原可置而勿论。然今者司农仰屋之象，亦既情见势绌矣。国会不开，恐更无复筹款之途。恭读谕旨以筹备未完，欲待其完而始开国会。皇上郑重宪政之意，职等敢不懔遵。顾所最虑者，则财政不理，恐筹备断无获完之时。而国会不开，恐财政亦断无获理之日。更阅数年，竭蹶愈甚。必至官俸兵饷，无从给发。而吏治之隳、兵队之变，皆在意中。事势至此，岂复臣子之所忍言。窃恐其时欲开国会以图补救，而亦有所不及矣。此国会之宜速开者又一也。

职等懋迁海外，于政治学理毫未讲求，何敢妄陈大计，况明谕煌煌，宣示利弊，凡有血气，皆已晓然于圣意所在，宣统八年之必开国会，已属毫无疑义。职等亦何必不稍忍须臾，而哓哓然干冒宸严，为兹渎请。徒以财政危机之迫，至今日而已达其极，故就他种行政一面论之，国会不宜速开，诚如圣谕言；而就财政一面论之，则国会之速开，又似属万不容已。职等食毛践土，具有天良，苟心所谓危而不以告诸君父之前，罪莫甚焉，用敢不避严谴，再以渎陈。伏乞皇上外鉴邻治，内察舆情，早颁召集国会之明诏，天下幸甚。职等经联合横滨、神户、大阪、长崎四埠中华总会、中华教育总会，公同集议，意见相同，理宜阖埠商民，齐集阙下，沥陈管见。特以远隔重洋，不敢造次，谨举代表具呈。除分呈部外，谨专呈大人台前。伏请代奏皇上圣鉴。谨呈。(《南洋群岛商业研究会杂志》，1911年第4期，"来稿"，第1—7页)

案：汤觉顿出自康有为万木草堂，为康门高弟，更与梁启超相交莫逆。因康、梁尚以政治犯身分流亡海外，汤氏以日本四埠之华侨代表名义向资政院所上之陈请书，可视为康梁一派立宪党人在当时关于宪政运动的主张。(参考丁文江、赵丰田编：《梁任公先生年谱长编(初稿)》，中华书局2010年版，第269—272页)关于汤氏生平，梁启超有《番禺汤公略传》和《番禺汤公墓志铭》叙其生平，两文事迹相类，后者略详，情感更炽。《番禺汤公略传》云："汤公讳叡，字觉顿，广东番禺人，幼与梁启超同学于万木草堂。戊戌政变，急师友之难，间关海外，相从十余年。庚子秋，唐公才常起义汉口，公常来往港沪间策划，事败仅免。遂留学日本，治生计学，著作为时传诵。民国元年，任中国银行总裁，行方草创，一切规模，悉公手定，后此全国金融业多宗之。帝制议兴，公先期辞职，奉母隐天津，衣食不给不计也。蔡公与袁相持于蜀中，公奋身入广西，以大义劝陆荣廷。陆方有志讨贼，闻公言立决。公又为陆使于广东，风谕龙济光，晓以利害，侃侃一昼夜。龙亦附义宣独立。然龙固首鼠，且为其下所劫持。翌日开会议于海珠，伏甲焉。议方始，其部将猝起狙击公，公及王、谭两公殉焉。时民国五年三月十三日也。"(《饮冰室合集》，"文集之三十四"，中华书局1989年版，第24—25页)梁启超在《番禺汤公墓志铭》中铭曰："包胥力能复楚，鲁连义不帝秦，功在天下而灾逮其身。是之谓志士仁人，无求生以害仁。百世之下，将亦有感于斯文。"(《饮冰室合集》，"文集之四十四(上)"，中华书局1989年版，第16页)

④ **运输规则议案（政府提出）**

第一章　总则

第一条　凡商人或公司，遵章呈请注册，设立运送店栈或公司，代他人办理转运事业者，谓之运送承办人。

第二条　凡开设店栈公司于陆地水面，以运送货物及旅客为业者，谓之运送营业者。

第三条　不论名目如何，惟其营业性质实系运输者，均适用本规则。

第四条　本规则系规定普通运输事宜，其有轮船、铁路特别运输事，隶邮传部职掌者，得由邮传部自订规则施行。

第五条　运送承办人、运送营业者如令使用人或他人处理运送事务，应由本人自负责任。

第二章　运送承办人

第六条　运送承办人于货物之交收、起卸、存留均有切实照料之责，倘有遗失、毁损、迟到等事，苟不能证明实非自己及使用人之过失，不得免损害赔偿之责。

第七条　运送承办人如有数人时，遇有货物遗失、毁损、迟到等事，各承办人同负责任。

第八条　运送承办人关于运送货物之运费报酬，及曾受发货人之委托垫付，或挪借款项未经发货人偿还者，得于货物中择其价值相当者暂为留存。

第九条　运送承办人如有数人接续承办时，后之承办者应代前者行使其权利，并负担其义务，后之承办人如将前者应得报酬代为垫付者，即取得前者之权利。

第十条　运送承办人若将运送代垫付于运送营业者，即取得运送营业者之权利。

第十一条　运送承办人既将运送之货物交付于运送营业者，非约定由收货人交付运费，即向发货人领取运费。运送费或地方向有定章，或临时面同约定，除别有特约外，不得另索报酬。

第十二条　运送承办人亦可自行运送，此时承办人之权利义务与运送营业者无异。

第十三条　运送承办人之责任，经过一年即可消灭。若运送品之全部遗失时，从应行交货之日起算，但因运送承办人之故意致有迟失到者不在此例。

第十四条　运送承办人对于发货人、收货人之债权，经过一年即行消灭。

第三章　运送营业者

第一节　货物运送

第十五条　发货人交货于运送营业者，可并付以运送委托书。此书由发货人署名并记明事项如下：一、所运货物之种类、重量、容积及其包装之种类、件数并记号；二、到达地；三、收货人之姓名或店号；四、作此运送委托书之地及年月日。

第十六条　运送营业者收到货物及运送委托书，可将提货单或提货证据交付发货人，以便到达时按据收货。提货单上由运送营业者署名并记明事项如下：一、前条一二三所揭之事项；二、发货人之姓名或店号；三、运费；四、作此运货单之地及年月日。

第十七条　凡运送一切事项，运送营业者与执提货单者，均照提货单中所定条件办理。

第十八条　提货单之反面印有买者、卖者之空格，当买卖时可将姓名填写盖印。依此方法则买卖此券与买卖现物有同一之效力。

第十九条　运送营业者非有法律上正当理由，不得拒绝发货人之委托，或有留难检查情事。

第二十条　发货人以违禁品物朦委运送，经官厅查出者，如查明运送者实不知情，由发货人自任其责。但运送者明知其为违禁品物，而代客运送者，应查照刑律办理。

第二十一条　发货人以包装不固及易于损伤腐败之物，经运送人指明或驳还仍委托运送者，倘有破坏新情事，运送营业者不任其责。

第二十二条　发货人以金银及各种贵重货物委托运送者，如不明告其种类及价值，倘有遗失情事，除按照委托书赔偿外，运送营业者不任其责。

第二十三条　运送货物之全部或一部，如因天灾及其他不可抗御而遗失者，运送营业者不可向索运费，若收运费之全部或一部须即退还。

第二十四条　运送货物之全部或一部，如因第二十一条、第二十二条之情事将货物遗失或毁损时，仍得向索运费之全额。

第二十五条　运送营业者自承受运送起，至收货人接收止，于运送之货物遇有遗失、毁损或迟到情事，如不能证明非自己或使用人或运送承办人之过失，均不能免损害赔偿之责。

第二十六条　运送之货物若因运送营业者之故意，致令遗失、毁损者，运送营业者当任一切损害赔偿之责。

第二十七条　如有数人接续运送时，于运送之货物有遗失、毁损或迟到情事，如运送营业者同负损害赔偿之责。

第二十八条　运送之货物如未约定到达之期限，亦无特约者，自提货单作成之日起，照通常应可到达期限延不运到时，即谓之迟到。

第二十九条　货物迟到之损害赔偿，如无特约，照运费三分之一偿之。但发货人据理以为不相当时，得酌量增减。

第三十条　运送之货物如有一部遗失或毁损者，其余部分若仍可使用或出卖时，可自全额中减其赔偿之价额。

第三十一条　迟到之货物因一部遗失毁损，致全部不能使用或出卖者，或其价额已减少至四分之三者，可将其货物全交于运送营业者，向索全部价额之赔偿。

第三十二条　损害赔偿之价额在一部遗失时，照其余部分到达之日市价计算；在全部遗失时，照应可到达之日当地市价计算。其遗失或毁损之部分应支付之运费及其他费用，应自赔偿额中扣除之。

第三十三条　运送之货物因损害之多寡及损害之价额，两面有争议时，可延请公正人判决。其公正人或由两面公请，或由地方官委任，如提货单上已载明物价者，仍照单计算。

第三十四条　运送之货物如有易于毁伤他人之货物者，随时可令发货人起卸。如已为之运送，可照收最高之运费。但毁损他人货物时，或损坏运送器具，仍可向发货人索取损害赔偿。

第三十五条　发货人可以请求运送营业者停止运送，或返还运送货物，此时须按照既算之路程照算运费，并支付其他之费用。但运送之货物已送交收货人时，则其请求无效。

第三十六条　收货人于收取货物后如无特约，即有照约交付运费及其他费用之义务。

第三十七条　既作提货单，必执此单方可接收运送之货物。

第三十八条　执单取货不限于运送委托书中指定之收货人。

第三十九条　如不能访知收货人之住所，而收货人又延不来取，则运送营业者可将其货物寄存堆栈或商店。若寄存需费，可向将来收货人或原发货人索取。遇有前项情事，运送营业者应催告发货人定一相当期限询明如何处置，并登报声明。若发货人经过期限无回答时，即将货物拍卖，但拍卖时仍须先行通知发货人。

第四十条　前条之规定，收货人于收货时如有争执，亦准用之。运送营业者于拍卖之先，预定一相当期限，从速催其收货，如过期不收，应速催告发货人。

第四十一条　前二条之情事，如确系易于损败之货物，不须催促即可拍卖。拍卖之款除充运费及一切费用外，余者存储候领。

第四十二条　运送营业者之责任，自收货人接收货物，并支取运费及其他之费用后即行销灭。但运送货物之毁损或一部遗失一时不易发见者，收货人由接收之日起，二星期内仍可通知于运送营业者，追究损失之件。前项之规定，运送营业者如有故意损失时不在此限。

第四十三条　第八条、第十三条、第十四条之规定，运送营业者亦准用之。

第二节　旅客运送

第四十四条　旅客之车船票，如其票为记名式或附特别之条件者，不得转卖于他人。

第四十五条　旅客所带之行李，如不超过章程所载重量或约定之范围，不得别索运费。

第四十六条　旅客对于运送营业者之义务不能履行，不妨扣留其行李，但旅客之身体及随身衣服不得扣留之。

第四十七条　旅客于运送途中，因意外之危险致受伤害者，运送营业者苟不能证明非自己或使用人之过失，不得免损害赔偿之责。

第四十八条　前条损害赔偿之额，如协议不谐，即就近呈诉该管审判厅审理。其未设审判厅地方，由该管地方官审理。

第四十九条　旅客死亡时，运送营业者即就近禀明地方官厅验明，会同旅客亲族收领，并须以最有利益于其家族之方法，处分其行李。

第五十条　旅客之行李，虽不别付运费，但运送营业者与运送货物负同一之责任。

第五十一条　行李至到达地，旅客延不来取，运送营业者应将其行李存寄，催告旅客定一相当期限来取，并登报声明。如到期仍不来取，即行拍卖。但于拍卖时仍当通知于旅客。如旅客之住所或居所不明无可通知，只须登报声明，经过期限，不须催告。

第五十二条　旅客之行李，如未交明运送营业者，遇有遗失毁损情事，除自己或使用人过失外，不任损害赔偿之责。

第五十三条　旅客于车船应开行时，因事自误不及起程者，运送营业者又无久待之理，此时旅客即已付运费概不退还。

第五十四条　旅客于未起程前已交出运费一半，如时有事故发生不能起程者，运送人不得向索全数；若既起程后，非将全数交付不可。

第五十五条　如于途中修理运送器具，或因他事不能运送时，只可照已经运送之路程算收运费，或另托他运送营业者代送至到达地。

附则

本规则于议准后请旨施行。

本规则系属暂行，将来增订商律时，或即归入商律，或为永远单行规则，应俟酌量情形奏明办理。

本规则如有应行修改之处，随时酌量情形，奏明办理。（"运输规则议案"，《资政院知会、折奏、章程、说帖、质问、陈请等案件》之《资政院第二十类政府及议员提出务案件法典》，清末铅印本）

⑤ **地方学务章程修正案**

第一条　地方学务由府厅州县及城镇乡自治职，按照《地方自治章程》及关于学务之法令办理。府厅州县自治职对于地方学务应有之职权，在府厅州县自治职成立以前，由各府厅州县劝学所行之。

第二条 各乡办理学务遇有必要情形，得照《城镇乡地方自治章程》第十三条之规定设立乡学连合会。照前项设立乡学连合会者，应于协议时将连合会议之编制事务之管理及经费之筹集处理方法，一并规定。其协议不决者，由府厅州县参事会代为议决。

第三条 城镇乡或乡学连合会为办理学务，得将各该区域画分为若干区。

第四条 在城镇乡或乡学连合会区域内居住流寓，有不动产或营业者，对于该地方公用之学堂，均负担设立及维持之义务。其本地方原有公款者，应先以公款公产之收入，充设立及维持之用。

第五条 府厅州县长官得将所属各乡学连合会，或其分区内之儿童教育事宜，令所司他乡乡学连合会或其分区代为办理。[办理]事务之关系而生财产上之纷议者，由府厅州县参事会代为议决。各乡因代办儿童教育所需酬金之有无多寡，及其他必要事项而生分议者，照前项规定办理。

第七条 府厅州县及城镇乡为办理学务，得于自治委员或办事员内酌设学务专任员执行之。前项府厅州县常务专任员，在府厅州县自治职成立以前，以各厅州县劝学所职员代之。

第八条 府厅州县城镇乡乡学连合会或其分区，为办理学堂、蒙养院、图书馆，得置基本财产及积存款项。前项基本财产及积存款项之筹集处理，须经官府之核准。其照原定宗旨动用积存款项者，不在此限。从基本财产所生之收入，不得于原定宗旨以外移充他用，从积存款项所生之收入，应加入积存款项之内。

第九条 府厅州县城镇乡学连合会或其分区，遇有捐助学务经费者，应作为基本财产，其捐助人指定作为办理某项之用者，不在此限。

第十条 公立学堂、蒙养院、图书馆所收学费、公费及使用费，均得作为基本财产或积存款项。

第十一条 府厅州县城镇乡学连合会或其分区每年经费若有赢余者，得于岁入内酌增若干作为基本财产或积存款项。

第十二条 从前为地方学务筹集之款项，嗣经按照地方算法章程列入自治经费移充他项之用，自本章程实行后三年之间，得以府厅州县参事会之议决，分别划还专作为学堂基本财产。

第十三条 本章程自颁行文到之日施行。

第十四条 本章程施行细则，由学部以命令定之。

第十五条 本章程内所定应由府厅州县参事会代为议决之件，在府厅州县参事会成立以前，由各该地方官代办。("地方学务章程修正而案"，《资政院知会折奏章程、说帖、质问、知情等案件》之《资政院第二类地方学务章程议决案》，清末铅印本)

资政院第一次常年会第十一号议场速记录

【标题】讨论速定官制议题及再读《地方学务章程》

【关键词】速定官制 《地方学务章程》《著作权律》 陈请申明资政院立法范围议案

【内容提示】主要讨论将速定官制列入资政院议题以及《地方学务章程》的再读。值得注意的是，有议员指出，中国筹备新政先自治而后官治，与日本等先进国相比，次序相反，且官制不定，自治万不能办好，认为今日要事第一是速开国会，第二是设责任内阁，第三是速定官制，第四才是清理财政，因此要速定官制。在讨论《地方学务章程》时，本应是逐条议决，却在讨论大体上占用太多时光，以致在逐条讨论时因天色已晚，有草草通过的情形。因此有议员郑重提出，于议决之案必须细心讨论，然后可以表决，无论何时总要存一个郑重的意见，不可存一个潦草了事的心。因为时间没有把握好，往往当日议事日表中所列之事，很多时候不能议完，此次会议的重点本来应该在"陈请申明资政院立法范围议案"上，但实际上被拖延。

宣统二年九月二十六号下午一点三十分钟开议。

议事日表第九号：

第一，《地方学务章程》议案，再读；

第二，《著作权律》议案，再读；

第三，提议陈请申明资政院立法范围议案，会议；

第四，湖南发行公债核议案，会议。

议长：今天议员到院者共一百四十人。

议长出临议台：今天本议长、副议长具奏请速开国会一折，今天已有谕旨，请大家起立静听。

众议员起立。

议长：九月二十六日军机大臣钦奉谕旨，本日资政院具奏，据顺直各省谘议局及各省人民代表等陈请速开国会一折，又据锡良等及陈夔龙、恩寿电奏组织内阁、钦颁宪法、开设议院等语，著将原折电交会议政务处王大臣公同阅看后预备召见，钦此。

读毕，众议员就坐。

议长：由秘书官报告文件。

秘书官（张祖廉）承命报告文件，共九件。

141号（杨议员廷纶）：前天福建谘议局来电，为岁预算案有岁出无岁入，现在该局已经停议，此事异常紧急，业经电达资政院，未蒙答覆，请议长速复并咨询度支部电饬闽督，照章将岁入一并交出，以便预算进行。

议长：此案已经咨行度支部，候度支部回覆之后再议。

137号（邵议员羲）：前天陈请股审查陈请禁止妇女缠足一案，以为无庸会议，本议员看起来此事很关重要，按照《议事细则》二十三条第二项，议员提起倡议，得三人以上之赞成即可作为议题，请议长交出会议。

议长：此种倡议须得三十人以上。

114号（胡议员家祺）：查禁止妇女缠足一事，关系重要，陈请说帖经陈请股员以为无庸会议，今邵议员提起倡议，以为应付会议，本议员亦极赞成，应请议长作为议题，列入议事日表。

168号（李议员素）：国会问题，据一般传言，恐有缩短五年之说，看现在情形，外人对我国势事，不止一日千里，而我政府必主张迟迟缩短，只就我一方面言，何不可恪遵先朝谕旨，待以九年，诚恐人不我待，请议长极力主持速开国会，中国幸甚！

议长：国会问题今天可以不必再提，自然有下文。

议长：请邵议员再说明方才倡议之主旨，可以登议台发言。

137号（邵议员羲）：因为缠足的事情，前天陈请股审查以为无庸会议，本议员今天提起倡议，已经许多人赞成，可以作为议题。

起立呼赞成者甚众。

议长：邵议员提起倡议，请将陈请禁止妇女缠足一案交会议，已得三十人以上之赞成，应作为议题。

议长：前天陈请股员长报告各省谘议局陈请速定官制说帖①无庸会议，今天孟议员昭常提起倡议，请交会议，应由孟议员说明理由。

116号（孟议员昭常）：这个议案是谘议局联合会陈请案，交到资政院，经陈请股报告，以为无庸会议。但无庸会议的理由，因为陈请速开国会书中已经有责任内阁一节，此案就可以无庸再说。不知国会与官制是两件事体，所以请速开国会，必先要改定官制。今天本议员倡议改定官制应该会议者。如果作为议题，俟陈请书刷印出来再议，现在亦可以不必再说陈请书之理由。

122号（江议员谦）：对于改定官制问题极力赞成，并且有意见陈说。

议长：请登台发议。

122号（江议员谦）：速定官制，陈请股意思以为无庸会议，一方面以为没有设立责任内阁以前，可以不必提及；一方面以为宪政馆因定官俸章程，已请于定官俸前先定官制，但速定官制应该提议之理由，不惟于改定官俸上有关系，于一切行政上都有关系。国家譬如一个制造厂，一切行政是制造品，官制即是机器，内阁即是引擎，国会即是锅炉，机器未设备而先求制造品之精良，断无是理。现在立宪政体与从前不同，所以官制亦应改定。从前是专制政体，对于行政上以简为宗旨，所谓居敬而行简，无为而治是也；现在要照外国办法筹备宪政，其组织之繁密，殆如茧丝牛毛，须知茧丝牛毛组织得好便是锦绣文章，组织得不好则纷纭错乱，一切宪政只以速乱而已。组织之好不好，全在机器之适用不适用。专制政体之官制之不能筹备宪政，犹之纺纱机器不能织布，其组织之繁简不同故也。这几年筹备，总不知从根本上下手。若照此一年一年的办下去，恐难见效。现在已经到了三年，一切新政大有不能进行之势。所以然者，因为机器没有改良的缘故。故日本筹备立宪亦是九年，中国筹备立宪就是仿照日本的。日本筹备立宪先从官制下手，官制一定，一切司法行政权限才得分明，责任才能专一，某事归某部办就不至紊乱，所以筹备立宪一定先要从改定官制下手。就是自治一边的事，亦是从官治一方面分划出来的。无论种种机关、种种法令，大约不过官治、自治两种而已。现在筹备，应先整顿官治而后自治乎？抑先自治而后整顿官治乎？先官治而后自治，各国所同，因为地方上思想不易开通，就是有自治章程可以遵守，有地方税可以办事，还要地方官督促之，才能举行，且须教育以开通之，实业以补助之，才能有自治之实力。然此是百年毕世之事，故日本立宪先整顿官治，而后扶助自治。现在中国筹备，反先自治而后官治。据筹备清单，便与日本相反。日本筹备初年，就从官制下手。明治十八年设内阁，其时已将各部官制改定，到明治二十一年才颁布完全之市町村自治章程。我中国第一年就颁布城镇乡地方自治章程，而实行新官制反在第九年。（拍手）其意以为，俟地方自治实在有个程度，然后才整顿官治。现在士大夫议论，亦以为官场非常腐败，没有什么希望，希俟自治有个程度，然后再监督官治。此等议论是万无此事实的。所以现在无论政府、无论我们议员，都应晓得必要先整顿官治而后能望自治，断不能先望自治而后整顿官治。如果官制不定，官治是万不能整顿，自治是万不能办得好的。（拍手）所以各省陈请速定官制之理由甚长。今日要事第一是速开国会，第二是设责任内阁，第三是速定官制，第四才是清理财政。因为官制不改，此财政是无法清理。（拍手）从前官制与财政相辅而行，每一个行政衙门就有一个度支部，各有各的财政，彼此不能通融办理，所以稽查亦难着手。今欲图财政之清理，就在财政之统一。若财政统一，统归度支部管辖，则此外官吏何从作弊？（拍手）现在作弊之全权，全付之藩库，付之州县，但令和盘托出，度支部既不能指出实在中饱之数，谁肯托出乎？若官制改定，经理财政之机关统一，岁入岁出，度支部皆能通晓，彼焉得

中饱焉？能不和盘托出？（语未毕）

153号（易议员宗夔）：请问议长，今天议事日表曾否已经改定？如未改定，仍应按照议事日表，请议长宣告开议。

122号（江议员谦）：本议员已得议长之许可，就是奉议长命令说明理由，不应中止。

议长：没有改定议事日表，待江议员说完再行开议。

122号（江议员谦）：此项事情，本议员亦不必多说，将来提出议案，各位高见甚多，再行讨论。（拍手）

议长：大家对于孟议员所提起之倡议，以为可者请起立。

议员起立者甚众。

议长：孟议员提起倡议，请陈请速定官制一案交会议，已得三十人以上之赞成，应作为议题。

121号（方议员还）：本员系陈请股股员，前日审查速定官制提前实行案，该说帖呈递后，已于九月十四日奉上谕官制颁布提前及试办期限，因此议决该件无庸会议，现在孟议员倡议，大概是再要提前。

议长：现在开议。

129号（汪议员龙光）：学部章程前天言论纷歧，有主张请学部将奏定章程通盘改定再行归并讨论者，有主张此项议案已经提出审查就可逐条讨论者，请议长咨询本院决定：（还）是待学部通盘改定之后再行讨论，还是就此项议案逐条讨论？

议长：现在是再读，应当将议案逐条讨论议决。

107号（李议员榘）：地方学务章程上次开会初读，因为有速开国会议案，所以随便通过，未经讨论大体，现在是要逐条讨论，然逐条讨论必须先定一个宗旨。譬如作文章把题目没有审定，文章如何做得好？既不能将此议案作废，就宜先定了宗旨，所有条件务臻完善，不然此项章程行到各处，生出许多流弊，则地方学务受莫大影响。上次开会，学部大臣说明学务方针注重初等小学，将来小学办法悉由学部命令，于章程决不能相违背云云，是将来学部办地方学务之命令，即以此项章程为根据。此项章程关系非常重大，必期有利而无弊。乃章程并未十分完善，宗旨亦未分晓，断难实行。且地方学务统归地方自治办理，抑仍归劝学所办理？尤不可不从长计议，先行解决。据本员意见，似宜仍归劝学所办理。现在地方自治方在萌芽时候，如骤以学务归自治办理，则初等小学必至一律破坏。盖劝学所及劝学总董在乡间专办学务，为人民所共认，几成习惯；且变法以来，本是由学务入手，继而警察，继而地方自治。办学务之人都是开通最早，热心新政，且在地方上名望素著，赴日本调查颇有心得，嗣后见新政不得不办，乃有学警察之人。至于学自治之人，多从前反对新政之人，因风气所致，不得不从事于此。然既学自治，学识自然开通，惟自治机关尚未组织完备，而骤将学务归其办理，恐于地方学务大不利益。本议员以为，此时地方学务仍归劝学所办理，俟自治组织完备，即以现在之劝学所归入自治范围，至为便当。如不先从此判定，此项章程由资政院议决，行之乡间，生出许多流弊，岂不是一个笑柄？

114号（胡议员家祺）：地方学务章程最要紧者有两项：一项是乡学连合会，一项是初等小学，〔基本〕今就事实上着想，颇关重要。因初等小学从前有连合设立者，不过未有章程维持，旋立旋散。又初等小学不能振兴者，多因经费问题。若有基本财产，学务始有成效。惟学部原案是归劝学所主持，股员会修正案是归自治职主持，两相比较，本员赞成学部原案第八条，关于劝学所者稍为改正，两面都无妨碍。现在各省府厅州县议事会有成立者，有未成立者，成立地方就归自治职，未成立地方就归劝学所。因《城镇乡自治章程》亦有劝学所也，所以对于议事会未成立的地方，总由劝学所执行；至城镇乡自治成立以后，就可以归自治职执行，皆无妨害也。故本员主张就学部原案细心讨论。学部原案与自治章程容易起冲突者只在第十五条，因学务经费按照地方自治章程拨归他项自治经费，再议拨还，必生异议，但稍加修正即可无虑，本员之意如此。总之此项地方学务章程关系重要，不可视为无足轻重，至逐条讨论之时必须注意为是。

议长：地方学务章程议案已经议了三次，尚无头绪，各位议员对于这个议案若有意见可以提出修正案，若屡次皆就大体讨论，日复一日，

何日才能逐条讨论？何日可以解决？（拍手）

121号（方议员还）：修正案与原案之异点在废劝学所与不废劝学所，只须此一问题解决后，即可请议长宣告逐条通过。

196号（牟议员琳）：本议员还请议长逐条讨论为好。

学部特派员范源濂：《地方学务章程》议案现在已是再读，诸位仍要讨论大体，特派员遵照《议事细则》，前天各议员有关于大体的讨论未曾发言，若今日再不能逐条讨论，耽延时日，未免可惜。再说明此案之主旨，以解诸位之疑难。这《地方学务章程》学部何以不早发布，何以必到宣统二年资政院开院之时才提出此议案？因为此事重大，非经大家议定不可。国家特设学部，图教育之普及，自是学部的责任。《地方自治章程》未颁布以前，地方学务只能责成官办劝学所，亦是官立的机关，因为地方没有自治的机关，学部行文到各省提学使，提学使行文到各州县，各州县但能按照章程分办一二学堂，即算已尽该管地方官之责任。乡间多有不及闻知者，虽要教育普及，从何着手？自本部发布劝学所章程近两年来，各处城乡地方，虽是没有按照实行之处尚多，然而全国中业已实行者亦不为少。地方自治未有基础，设一劝学所，使之隶于州县，凡有劝学所的地方，该地方之学务虽未必即兴，然亦颇得劝学所之利益。即在劝学所章程发布以后，有许多事方有着落，何以故？因为劝学所既经设立以后，前州县所不能办之事情，如调查、执行各项，便可以划归劝学所办理，该劝学所即可照章实行。但是这劝学所章程原不过为地方学务一时过渡的办法，现在府厅州县、城镇乡两种地方自治章程均已发布，仍要候到地方自治办好之后，地方学务才可以希望发达的。现在提议的《地方学务章程》，其中规定关于筹款之事居多。初办地方自治，样样需款，地方上的款并非容易筹得，所以学部特将这个章程，请交资政院议定，以（照）[昭]郑重。此项章程虽只十余条，并非参照《日本学事通则》，然决不可轻视之。现在大家所切望者，是行强迫教育一事，学部亦未尝不欲急办。然欲行强迫教育，必须有施行之设备，非贸然下一强迫命令，即有教育普及之望也。设若中国此时一般人民都愿使子弟入学堂，所有设学费用悉仰给于官款，试问国家力量何能办到？所以最当注重者，莫要于使各处地方遍设公立学堂。有因地势、财力难于设学之处，更可用乡学连合会等办法以为补救。故有此章程，强迫教育始有可行之势，无之则永不能行矣。其重要实至如此。至论地方学务，在《地方自治章程》中原有规定，若竟将学务置于自治之外，永归官设之劝学所办下去，自然不是正常的道理，修正案改定于地方自治未成立以前将学堂仍归官办，既成立以后就归地方自治职办，于理相合，所以本部已经承认。至于各位说将劝学所裁去，恐有流弊，所虑颇为周密。现在本员可再说明：即照修正案办法，当不致将劝学所之成绩败坏，因学部另有法可以补救。如修正案第七条所云酌设之学务专员，其人数的多寡及充当专任员的资格，本章程均未规定，可以由学部拟定施行细则时，时加注意，可使将来为学务专任员者，其资格等项，能称其职，与现在办劝学所者不相差殊，或更能得优于现在办劝学所之人，亦未可知。因为各议员对于修正案将逐条讨论，所以本员不嫌辞费详为说明，如果仍有疑义，当再答覆。

129号（汪议员龙光）：此案应由秘书官朗读，揭出［第］一条则讨论第一条，揭出第二条则讨论第二条，言论界线不得出本条之外。

议长：此案应由秘书官逐条朗读。

126号（陶议员镕）：本议员有意见要质问学部特派员，劝学所即视学员办事之处，能否以一人兼办乡学连合会之事？至自治职每年改选一半，二年全行改选，不惟无办学之学识及经验，若年年更换，于学务前途必多妨碍，能否兼充，抑以专设为是？

学部特派员范源濂：办学的人数及资格，本部将来一定定出，并不是漫无限制。

议长：现在由秘书官朗读修正案第一条。

秘书官（曾彝进）承命朗读第一条毕。

议长：第一条修正案，请问诸位对于此案有何意见，请发议。

196号（牟议员琳）：今天各议员有许多疑问，都从第一条第二项生出者。第二项谓府厅州县自治职未成立以前由劝学所行之，原文之意，谓自治成立以后则无劝学所。本员对于此意，尚欲有所说明。教育是关于国家盛衰，非常重大。在日本制度，府县即是我国之省郡，即我国之厅州县郡，之内有郡视学、郡书记，即是我国之劝学所总董一样。郡书记专任一郡所办之事，大概关于学务的事情为最多数，而查学的事委之于郡视学。可见我国厅州县自治成立以后，则县视学是一定不废的。不过现在的劝学所兼任筹款之责、查学之责，自治成立以后则劝学所专任查学之责，而筹款设定学堂之责属于自治团体而已。照地方学务内容观察之，其重要之点有二，一设乡学连合会，二筹积公产公款。此二件皆城镇乡自治团体之责，与府厅州县之自治职无大关系，鄙意不如将二项删去较为妥善也。且修正案第八条亦有此误解，应从删改，以清眉目。

148号（陶议员峻）：本员对于第一条简单说明，劝学所必不可废之说，系由习惯上生来。其实劝学所乃暂设机关，自治会成立以后，教育事件乃其一大责任，自应力谋发达，劝学所自应裁撤。如谓自治会中人往往不能办理学务，此乃个人之偶然不能，非机关之绝对不能也。其实劝学所、自治会，同是地方绅士，彼能办，此亦能办。即恐有不能周密之处，于自治会中多设一办理学务之人，亦已足矣。民力维艰，无取多设名目也。至视学员为官治，自治会即为民治，国家地方机关并峙，毫无缺陷也。

129号（汪议员龙光）：每案讨论，即请议长逐条表决。不然，议论终日，究无一成，转耗时光，毫无补益。

议长：自然要照章将议案逐条讨论。

110号（于议员邦华）：已经讨论，或是有赞成，或是有反对，或是赞成修正案，或是赞成原案，均请议长分别表决。

73号（汪议员荣宝）：法典股股员请声明理由。本议员简单说明修正案第一条第二项何以没有"城镇乡"字样？因为地方自治有上级机关，有下级机关，上级机关是府厅州县，下级是城镇乡。下级机关不能担任的事情，方是上级机关办理；下级机关所能办的事情，由上级机关监督他去办。下级机关成立在先，上级机关成立在后，所以城镇乡自治何日成立，这地方学务自然照自治章程归城镇乡去。不过在上级机关未成立以前，留这劝学所代行监督而已。

196号（牟议员琳）：如果各省府厅州县自治成立以后，是否仍须视学员？

73号（汪议员荣宝）：议决与执行均系地方自治之事，视学是另为一事，有了地方自治机关，视学官仍是必要的。

196号（牟议员琳）：地方学务还须归国家审查。

73号（汪议员荣宝）：本议员赞成此议。

112号（陈议员树楷）：第一条第二项与第七条第二项均是一样，若讨论此条，到第七条时候，则第一条第二项可以删去。

117号（雷议员奋）：因为第一条第二项与第七条第二项有重复之嫌，遂谓第一条第二项可以删去，本议员不能同意。第一条第二项言劝学所，其范围广；第七条第二项言劝学所之职员，其范围狭。所以本议员以为，第七条第二项或可以删，第一条第二项不可以删。

48号（陈议员懋鼎）：按照《议事细则》五十九条，讨论之际，非赞成、反对各有二人以上发议之后，不得提起讨论终局之倡议。现在赞成、反对者均在二人以上，本议员请提起讨论终局之倡议。（拍手）

议长：现在表决第一条，赞成修正案第一条者请起立。

多数议员起立赞成。

议长：赞成者多数，可决。现在第一条已经表决，暂行休息三十分钟。

议长离席，各议员退出议场休息。

下午三点四十五分钟议事中止。

下午四点十五分钟接续开议。

153号（易议员宗夔）：以后议决事件，请议长先为宣告，每人应择紧要者发言，不得发言二三次。比方有二人反对，就可宣告讨论终局，不必再为发言，免得耽搁时光。此种时光甚可宝贵。今日议事日表第三条资政院立法范围议案，有国会性质在内，关系甚重。何必于此一条议案刺刺不休？请议长宣告。

议长：易议员所说，请诸君注意，现在表决第二条。

129号（汪议员龙光）：对于此一条，上次开会已经讨论及之，兹乃请简单发言。原文中设立乡学连合会，以"地处偏僻、财力薄弱"八个字为原因、为标准，最好不妨明揭出来。审查员易以"遇有必要情形"六字，恐反对办学之人借此以为口实，不如原文为佳，或删此六字不要亦可。

73号（汪议员荣宝）：学部原案设立乡学连合会的条件以地处偏僻、财力薄弱为限，《城镇乡地方自治章[程]》第五条规定的条件不同，城镇乡章程但说二乡以上，有彼此相关之事，必须连合办理者，得设连合会，可见连合会设立之条件，只要有彼此相关必须连合的情形，并不以边僻贫瘠为限。修正案改为必要情形，正与城镇乡章程所谓"必须"二字同义，至如何而后谓之必要，则委诸各该地方之协议。只须该地方议决，自不致生出许多问题。

75号（长议员福）：本议员看来，汪议员龙光要删的八个字，删去亦可。

议长：第二条第一项应否朗读？

众议员：不必朗读。

122号（江议员谦）：原案第二条所云"地处偏僻、财力薄弱"八个字最紧要，若改为"必要情形"，则范围太广。此中甚多弊病，何以故？现在办地方学务的人有优有劣，第二条范围是但指财力不足的地方而言，如果财力足以自办之乡，亦滥引第二条为借口，则地方学务之进步必益迟钝。请从原案改为"遇有地处偏僻、财力薄弱之实在情形"云云。

议长：现在表决第二条，赞成修正案第二条第一项者请起立。

众议员起立，秘书官计算人数，报告赞成起立者六十四人。

议长：现在赞成修正案者居少数。

议员对于表决人数提起异议。

议长：再行反对表决，反对第二条第一项者请起立。

众议员起立，秘书官计算人数，报告反对修正案第二条第一项起立者六十七人。

议长命秘书官计算在场人数，秘书官报称一百四十人。

议长：现在议员在场者共百四十人，赞成修正案第二条第一项者六十四人，赞成原案第二条者六十七人。

议长：现在表决两方皆居少数，且赞成反对相合之数与在场人数不符，请再表决。

114号（胡议员家祺）：此案似无须再付表决。查数目不符者，因赞成原案者与赞成修正案者两数相加与到会议员之数不符，然此亦有故，因赞成原案及赞成修正案之议员外，尚有一部分之议员于原案及修正案皆不赞成，是以两次皆未起立，然已居最少数，故可无庸再付表决。请议长比较赞成原案及赞成修正案者孰为多数，即可定议。

81号（章议员宗元）：此项反对，必须反对者过全数之半，方可以表决。

议长：请再行表决，赞成修正案第二条第一项者请起立。

众议员起立。

秘书官报告起立者六十八人。

议长：起立者六十八位，是少数。

议长：现在赞成修正案既是少数，赞成原案第二条者请起立表决。

众议员起立。

秘书官报告起立者九十三人。

议长：赞成原案者第二条者多数。

115号（许议员鼎霖）：请议长宣告赞成原案者就是赞成"地处偏僻、财力薄弱"八个字。

议长：修正案第二条第二项应否朗读？

众议员：无须朗读。

议长：赞成修正案第二条第二项者请起立。

多数议员起立。

议长：赞成者多数。

73号（汪议员荣宝）：法典股员还有声明的意思，即第三条修改。

议长：请汪议员将第三条条文朗读一遍。

73号（汪议员荣宝）朗读第三条条文。

议长：现在汪议员拟修改的第三条，诸君以为何如？

62号（刘议员泽熙）：顷汪议员所声明之处，本议员以为可省几字，似不如改为"得就各该区域内划分为若干区"，盖"各该"云者，即承上文城镇乡或乡学连合会而言也。

136号（王议员廷扬）：乡学连合会范围已属最小，何必再分若干区？

议长：请刘议员将所拟修改之条文朗读一遍。

62号（刘议员泽熙）朗读订正第三条条文。

议长：汪议员以为如何？

73号（汪议员荣宝）：本议员赞成，请议长宣告表决。

62号（刘议员泽熙）：顷某议员以为城镇乡区域曾经划分一次，今又划分学区，未免纷扰。本员以为第三条所称"得就各该区域内划分若干者"，并不是定要划分。盖法律上之"得"字，并无强制之力，有酌量情形可分则分，不可分则不分之意。且所谓划分若干区者，就城镇乡区域内划分之，并非于城镇乡以外又划分若干区也，何纷扰之有？又况我国旧有之团邮图集，无论用何名称，其下均有小区。将来划分学区，必仍其旧。盖因各区内向有公款公产，为一区办公用费，断不能重行分划，以甲区之财产移其半为乙区之财产也。从此点观之，更无所谓纷扰。（拍手拍手）

73号（汪议员荣宝）：条文查有"城镇乡"三字，城镇区域，大者甚多。

109号（籍议员忠寅）：此事大家都不明白分区之必要，原案上有分区必要。原案上有分区必要，还要请学部特派员宣布一切。

学部特派员范源濂：这个乡学连合会的分区是应有的，所以要设乡学连合会的缘故，是因为地处偏僻或财力薄弱的两件事。但是有合此两件事须设立连合会的，亦有只因一件之不便，即不得不设立连合会的。比方有个地方财力极为薄弱，而居民却非常之多，若不设一个连合会，就不能设立学堂，所以不能不设立连合会。但连合会中只设一处学堂，亦难将其他就学之子弟悉数收入，更非分立学堂数所不可。学堂既须分立，则分区之事自然也是应有的了。

182号（万议员慎）：请上加"自治"二字，下加一个"学"字。

议员有请议长表决者。

122号（江议员谦）：原案不改亦可；若要改，则请于"各该区域"之"区域"上加"自治"二字，"若干区"之"区"上加一"学"字。

议长：汪议员、刘议员均改过此个条文，现在江议员亦有改正，请将改正条文朗读。

122号（江议员谦）朗读条文。

73号（汪议员荣宝）：得就各该区域内，"内"字不可少。

62号（刘议员泽熙）：顷汪议员欲改为"得就各该自治区域内划分为若干学区"，本员以为"各该"二字即承上文城镇乡或乡学联合会而言，若添"自治"二字，文气似为不顺。且城镇乡为自治区域，乡学连合会非自治区域，似不如"各该"二字可以概括，仍以用"得就各该区域内划分为若干区域"为是。（拍手拍手）

议员有请议长表决者。

议长：现在由秘书官朗读几位所拟改的条文。

秘书官承命朗读汪议员所改正条文、刘议员所改正条文、江议员所改正条文毕。

126号（陶议员镕）：连合会亦可以划区，系因其便利，将儿童委托于他区教育，原案条文甚妥，请议长就原案表决为是。

议长：现在仍就修正案第三条原文表决，赞成修正案第三条者请起立。

秘书官计算人数，报告起立者共七十八人。

议长：起立者七十八人，多数。

议长：修正案第四条有无讨论？

73号（汪议员荣宝）声明此条印刷遗漏"公产"两字。

议长：现在表决修正案第四条，赞成者请起立。

众议员起立。

议长：多数。

议长：修正案第五条有无讨论？

129号（汪议员龙光）：本议员对于第五条有一疑问，原文城镇乡或乡学连合会及其区应受他处城镇乡或乡学联合会及其区之委托代办儿童教育事宜，审查人将"城镇乡"三字删去，以为万无此城镇乡托彼城镇乡办学之理，或乡学连合会及其区则有之耳。本议员以为，此区托彼区容或有之，至于连合会托连合会亦决其必无之事。地方因办学而设连合会者，原为该区无人无财不能办学，因之而谋连合会，则必达到力能办学之目的为止。况所办者不过是儿童教育事宜，如起一初等小学、单级学堂、简易识字学塾并非难事，安有组织连合会而复托别会办学之理？

117号（雷议员奋）：本议员对于汪议员之疑问略有解释，乡学联合会是二乡以上因有共同的关系所以联合起来，不一定因为一乡的力量不能办个小学才（堂）[需]要联合，亦不一定一个乡学连合会只办一个小学堂，所以与分区及委托代办的办法不是不相容的。

126号（陶议员镕）：本议员对于此解释尚须说明，乡学连合会因偏僻之区及龄学童少，不足一学堂之额；或因财力困难，不能办一小学；或道路不便，所以有种种困难，于是设立联合会，俾得彼此磋商，委托儿童教育，不是雷议员所说创办高等小学之类。

120号（潘议员鸿鼎）：本议员对于修正案第五条本来无甚反对，因为此种法律将来必要颁行，条文解释不妨从严。本议员意思，原案第六条即《日本地方学事通则》之第四条，所以称"委托"者，因城镇乡或乡学连合会，以初等小学为义务教育，一乡之中有时不能自尽义务，所以委托他乡为其义务，故"委托"二字断不能删去。反之，受委托者亦是一种义务性质。原案从城镇乡一面说起极是，今修正案从地方长官说起，但云得令甲乡为乙乡代办学务，认为地方长官权利的性质，是城镇乡等两方面义务的性质都消灭了，本议员窃以为未妥也。

153号（易议员宗夔）：这个议题如此表决，甚费时光，诸位对于此议案若有声明，请到该股员会陈述意见，何必在大会多说，耽误光

阴？今天时已不早，请议长宣告表决。（拍手）

议长：现在表决修正案第五条，赞成者请起立。

议员起立。

议长：少数，但尚有疑义者再行表决，赞成原案第（六）[五]条者请起立。

众议员起立。

秘书官计算起立人数报告议长。

议长：赞成起立者七十二位，多数。

某议员要请议长延长几分钟以了此事。

议长：今天无论到何时候，总将此案完结，今天自然非延长不可。

议长：现在表决修正案第六条，赞成者请起立。

众议员起立。

秘书官计算人数报告议长。

议长：起立者共九十三人，多数。

议长：修正案第七条有无讨论？

109号（籍议员忠寅）：本议员对于第七条所规定，殊嫌活动，应当将原文"府厅州县及城镇乡未办理学务得于自治委员"之"得"字改作"应"字，这里又因为第一条诸位讨论半天方才解决，将来自治职对于办学务没有经验没有智识，于学务前途未免有所妨害。所以深恐劝学所消灭之后，对于学务上定没有专任之人，就于学务上大有妨害。大家都是这个意思。然据本员看来无大妨害，《府厅州县自治章程》内有议事会、参事会，多是办学的机关，中间多是执行办学的人，在城镇乡内所设立专任学务办事员一人或二三人，就是办理学务的专职。有此专职，而教育之前途，亦可期其发达。然事虽如此，必须自治委员内设专任办学委员以后，办学方有专职。若没有专任委员，就是用普通各种办自治的人办学务，恐于教育前途一定大有妨害。

议长：现在籍议员拟修正第七条字句，请秘书官朗读。

秘书官曾彝进承命朗读籍议员拟改订修正文。

73号（汪议员荣宝）：将此条"得"字改为"应"字，本议员赞成。

议长：籍议员所修正的第七条已经秘书官朗读，大家赞成者请起立。

众议员起立。

议长：赞成者多数。

议长：修正案第八条有无讨论？

有呼不必讨论者。

议长：赞成者请起立。

众议员起立赞成。

议长：多数。

议长：修正案第九条有无讨论？

有呼不必讨论者。

议长：赞成者请起立。

众议员起立赞成。

议长：赞成者多数。

议长：修正案第十条有无讨论？若无讨论，赞成者请起。

众议员起立赞成。

议长：修正案第十一条有无讨论，如无讨论者，赞成请起立。

众议员起立赞成。

议长：修正案第十、第十一两条，赞成者多数。

议长：修正案第十二条有无讨论？

153号（易议员宗夔）：请倡议将第十二条原文修正二字，本议员对于"嗣因"二字欲改为"如有"二字为好，因各处小学堂经费有并未拨作地方自治经费者，"嗣因"二字觉不甚妥。此种章程颁布后，小学堂与地方自治机关必要生出许多冲突，应将"嗣因"二字改为"如有"二字较妥。（拍手）

117号（雷议员奋）：第十二条内有"款项"二字，应作为"基本财产"四字方妙。

73号（汪议员荣宝）："如有"二字可将"如"字删去，专用"有"字便是。

153号（易议员宗夔）：仍以"如有"二字为好。

73号（汪议员荣宝）：改作"若有"二字亦可。

学部特派员王季烈答覆：从前地方学务款项不尽是基本财产，盖常年经费亦可称为款项，故宜从习惯上用"款项"二字较为妥洽。（拍手）

117号（雷议员奋）：第十二条最为要紧，因为本条的规定关系经费之出入，稍稍有不慎，则章程发布后易生冲突，所以条文不能不斟酌。"款项"二字所包甚广，如果以并非基本财产之学务经费办别项之事，则其款既已用去，划还时将向何人追还？故不如称为"基本财产"可免许多冲突。

学部特派员王季烈：从前办学务之款，非属基本财产者，其例甚多，如各项附加税或地方杂税等、随收随用之款，故不得谓之基本财产。然此等款项各处用作学堂常年经费者甚多，设因《地方自治章程》颁布后而移作他用，则照雷议员所改条文，不能使之仍归学务之用，故"款项"二字断不可少。（拍手）

117号（雷议员奋）：然则"款项"二字可不必改，但"分别划还"四字须改为"分别划定"为妥。

众议员赞成。（拍手）

议长：修正案第十二条，现在由秘书官将易议员、雷议员拟改之字句朗读。

秘书官承命朗读修正案第十二条条文。

议长：赞成者请起立。

各议员起立赞成。

议长：多数赞成。

议长：第十三条、第十四条、第十五条修正案有无讨论？如无讨论，即行表决，凡赞成者起立。

各议员起立赞成。

议长：多数赞成。

110号（于议员邦华）：本议员请议长与各位议员当注意，对于议决之案必须细心讨论，然后可以表决，无论何时总要存一个郑重的意见，不可存一个潦草了事的心。现在因天色甚晚，有草草议决之意思，恐怕于议决之事都受影响，大家总要存个慎重的心方好。（拍手）

107号（李议员桀）：今天《地方学务章程》，若以为无足轻重，潦草通过，不知将来关系实在不小。嗣后审查章程，宜宽报告之期限。盖调查、参考非仓促所能办到，不详细研究，草草议决，至推行时必多阻碍，殊失资政院参与立法之本旨。（拍手）

议长：现在《地方学务章程》付法典股整理议决之字句。

115号（许议员鼎霖）：浙江谘议局事件当审查时候，本议[员]电咨浙江巡抚，劝谘议局开议，不意昨又接到秘书厅送来电报，云抚台于二十三日亲莅谘议局开会，正议长、副议长均到会。俟摇铃开会，而议员入席者甚少，浙抚已饬令停会。前天议电覆一节可以作罢，今天应当报告。

149号（罗议员杰）：湖南谘议局公债核办案甚属紧急，请议长将下次议事日表变更，提前开议。

190号（吴议员赐龄）：浙江谘议局事前经关系谘议局事件特任股员开会审查决议，请议长交陈请股审查，业经报告。今许审查长宣告以浙抚来电，已遵照宪政编查馆电示办理，当取消报告书。本议员亦在特任股员之列，审查长以一人意思径消灭全体已报告之件，本议员绝对不能承认。

议长：湖南公债一案，可以于下次议事日表内提前开议。

115号（许议员鼎霖）：查核议案总是谘议局与督抚两方面异议事件，现在浙江谘议局并无来电，只有抚台一方面来电，我们碍难就一方面照核议办理。

议长：今天已晚，散会。

议长离席，众议员退出议场。

下午五点五十分散会。

注释

① **陈请建议速定官制提前实行案**

为陈请事。窃维立宪政体，立法之权操诸国会，行政之责归诸官府，两者虽各独立，实则密接而不可离。国会速开为国家救亡之胜策，即为谘议局等唯一之希望。而希望之相缘而起者，同时即生改定官制从速施行之问题。盖专制时代之官制不适用于立宪时代，久为朝野上下所共见。今日筹备宪政而日即于失败者，国会不开固为最大之原因。而以旧官制行新政事，即有国会为之鞭策，亦将终归于无济。何者？国会者，监督政府之机关也。监督有能力，而被监督者无系统，凡百庶政施行无术，董理无策，治乱丝而棼之，求为有效之监督，天下臣民之所不能信也。今内而军机各部以至司员，外而督抚以至州县，其所施行而董理之者，安在？非谓军机大臣以下官皆不胜施行董理之任也。施行董理之机关不备，虽欲施行而无可施行，虽欲董理而无可董理也。此则制度之累也！且夫厘定官制之役，不须穷年累月之久也，又可得而言矣。谨按筹备清单，厘定官制在宣统元年，而颁布则在宣统四年，实行则在宣统八年。夫厘定至颁布乃须四年之久，颁布至实行又四年之久，其理由安在？朝廷筹备立宪而不设筹备之机关，可为第一缺点。今开院伊始，似应在陈请建议之列。谘议局等略有所见，不可无陈请之文。兹谨将今官制不适用之理由与厘定官制无须多费时日之理由略陈如下：

一国之政事皆汇集于中央政府，今之所谓中央政府者安在？一国之中必有所谓（政）[国]务大臣，今之军机大臣与各部尚书是否可为国务大臣？中央政府当指挥全国之行政而监督之，今之军机各部是否能指挥全国而监督之？国务大臣当立同一之方针，今之军机各部是否有同一之方针？今天下之言巡警、言教育、言自治、言理财者纷纷矣，军机各部何尝有贯彻首尾之精神，注及于全国巡警、教育、自治、理财等事！而一国之巡警、教育、自治、理财等事，何尝能程功计绩，为军机各部之考成。盖制度未定，机关未备，虽举伊吕之圣，亦无能为此。虽质之军机各部，亦自信其良，然而不可为讳也。中央如是，行政亦即从同，要职则缺而不全，冗员则存而不革。承转之衙门多，官费申详而延搁因之，吏费保守而需索因之，有百害而无一利。至于佐贰杂职，既禁使不预公事，又留使生靡廉俸，是诚何心？若夫要职既缺，责任乃无所归。关局漕盐各自为库，财政紊乱，实根本之害。他如关道，挟洋务以自重，而交涉不可问。谋生为人民之私事，而实业不忍言，皆荦荦大者。此现行官制之不适于筹备之理由一也。

夫厘定官制之所以必宽假之期者，而欲其参考研究以致其详也。应参考者，各国之成法；应研究者，本国之沿革。成书俱在，参考研究当费几时？以宪政编查馆科员之多，分门参考，分门研究，似无穷年累月之理，亦更无四年颁布，八年实行之理。且自宣统元年厘定起，至今几及二年，宪政馆员果无日不在参考研究中乎？抑以颁布之期尚远，并未尝有一日之参考，有一日之研究，尽坐废此数年岁月乎？谓参考复参考，研究复研究，终无满全之时，则天下之民之所不能信也。二年以来，参考研究之成绩安在？行政纲目是否为参考研究有得之书？如其是也，则行政纲目已发表矣。吏、礼两部，翰林院、都察院之当裁并，既已公示于众矣，则曷不遂明定之？裁者，裁并者，并以勒为一代之典章乎？行政纲目不言内阁，为众论之所吒，岂仅此内阁一事便当参考三四年之久，抑别有所顾忌而忍不能与乎？稽延日月，于厘定无丝毫之益，而万端待理。无官制即无国家，既如前述，此实行官制必需提前施行之理由二也。

　　本以上之理由，作为速定官制提前实行建议案，拟请贵院议决，请旨饬下宪政编查馆，速将京外官制厘定具案，限年内上奏请旨，立予施行。至改定官制最要之枢机，首在责任内阁。贵院开院之始，即应有互相对待，能负责任之机关。盖贵院为议院基础，久著明文，欲行使议决之权能，必不可使朝廷当其冲，行政大臣反退处于无责任之地。拟请另案议决，请旨饬宪政编查馆速定责任内阁草案，于开会期内奏请实施。在改革官制可以收振裘挈领之功，在即贵院亦不至以直接冒渎宸严，常立于不确实之地位。以上数条，谘议局等意见相同，敢合词陈请，即付议决施行，须至陈请者。("陈请建议速定官制提前实行案"，《资政院知会、折奏、章程、说帖、质问、陈请等案件》之《资政院第六类各谘议局陈请案件》，清末铅印本）

资政院第一次常年会第十二号议场速记录

【标题】与军机大臣探讨速开国会问题

【关键词】速开国会 湖南发行公债核议案 《著作权律》

【内容提示】主要讨论了三个议题，即军机大臣莅院谈开国会的问题、湖南发行公债核议案会议和《著作权律》议案再读。军机大臣到会演说，各议员纷纷陈述需速开国会之理由，更有议员要求军机大臣对此问题明确表态，还有议员提到如果是迟开国会的上谕，军机大臣应承担副署的责任，结果军机与议员们不欢而散，为以后弹劾军机根源之一。资政院在讨论湘抚发行公债这个谘议局和督抚异议案件上，有议员主张给湘抚以"侵权违法"，请旨加以处分的具奏。《著作权律》再读时，有议员主张对相关法规变通以达到便捷之目的，被众多议员批评，认为资政院是立法机关，自己尤其要守法。

宣统二年九月二十九日下午一点三十分钟开议。

议事日表第十号：

第一，湖南发行公债核议案，会议；

第二，《著作权律》议案，再读；

第三，提议陈请申明资政院立法范围议案，会议；

第四，《地方学务章程》议案，三读。

议长：今日议员到会者一百三十八人，现由秘书官报告文件。

秘书官（张祖廉）承命报告文件。

177号（李议员文熙）：对于陈请股报告审查各省盐法事情应提为议题。

议长：如有赞成李议员倡议者，请起立。

各议员起立报号数者约五十余人。

议长：现在赞成者已过三十人，可以作为议案。

议长：现在罗议员杰有质问农工商部说帖①一件，可否省略朗读？

各议员：可以省略朗读。

议长：有赞成此项说帖者，请起立。

各议员起立赞成者在三十人以上。

议长：罗议员杰质问陆军部说帖②一件，是否可以省略朗读？

各议员：可以省略朗读。

议长：有赞成此项说帖者，请起立。

各议员赞成者在三十人以上。

议长：罗议员杰有质问外务部说帖③一件，是否可以省略朗读？

各议员：可以省略朗读。

议长：有赞成此项说帖者，请起立。

各议员起立赞成者在三十人以上。

议长：本日军机大臣到会，请军机大臣出临议台演说。

军机大臣（朗贝勒）：本大臣等今日系第二次到资政院，原以资政院本上下两议院之基础，为中国数千年来未有之盛举，本大臣实钦佩之至。自先朝宣布德音预备立宪，我皇上御极以来，复经迭次谕令内外臣工按照清单实行筹备，次第举办，是大政方针早已定自朝廷，不可移易。本大臣等奉命入直枢廷，忝参机务，惟有恪遵圣训，悉心经画，与内外行政各衙门协力进行，以期毋误期限。其中先后缓急次序，如揆诸时势，有不得不量为变通者，随时具奏，请旨遵办，而大纲终确守不渝。方今时艰日棘，正危急存亡之秋，无论如何为难，总当淬砺精神，迅速前进，俾宪政早日观成。尚冀朝野一心，共图补救，上赞盛世维新之化，下慰薄海望治之心，区区苦衷愿共谅之。

153号（易议员宗夔）：有两句简单的话问军机大臣：顷所说者有

"正危急存亡之秋"一语，本院已经具奏，各省督抚又联名电奏，现在已有谕旨交会议政务处会议，虽说各部尚书都到政务处会议，究竟军机大臣还是主体，要请军机大臣今日当场宣示对于国会之意见。

军机大臣朗贝勒：国会的事情，朝廷亦深知最为重要，但是万几决于公论，方能筹策万全。现在各省督抚速开国会之电奏以及各省人民速开国会之陈请，先后均经上达天听。惟此事必须询谋佥同，才能定夺。所以要各部院行政大臣各具说帖陈述所见，始可定此方针。现今已有谕旨，将资政院原奏发交政务处公同阅看，不日开御前会议，妥商办法。

110号（于议员邦华）："万机决于公论"，此语甚当，请求开国会一事，闻昨日交政务处会议。皇上、摄政王、王公大臣同行政大臣以及天下人民无不望开国会，各省督抚亦联衔具奏，看此时候，就是军机大臣对于此事大约无不赞成者。昨天已交议，总望军机大臣竭力主持，则国会无不早开之理。况且如今时候，前半年一样，后半年又不一样。先有日俄协约，不几日又有日韩合并，各国对于中国，大有一日千里之势。因为根本上在国会（设）〔没〕有解决，至军机大臣同各部行政大臣想及此次情形，种种困难，天下无不知道。〔如果〕速开国会才能解决，即军机大臣亦甚明白，以故望军机大臣竭力主持，早日成全此事。况且资政院虽属上下议院基础，然不能为国会。其所以不能为国会者，一院制不同两院制，钦选议员与民选议员一堂议事，多有不便之处。国会不成立，则内阁无由负责任。甚望军机大臣一念国家全体之生命，二念我祖宗创业之艰难，三念皇上望治之殷勤，四念全国人民盼望国会之迫切。我们为议员的说话，对于现今的事情无有别法，就是一腔热血而已。无识者往往说民气嚣张，其实人民盼望之切，多有说我们不能办一切事者，但即为议员，自不能不抱一点诚心。我今替国民，惟有对军机大臣叩头而已。

149号（罗议员杰）：本员对于各位军机大臣无穷希望，于现在出席军机朗大臣，尤有特别希望。去岁本员与开国会请愿，曾谒军机朗大臣，请求赞成即开。是时军机朗大臣尚为军谘处总理，极力许可，但以不在政府，未便主持。自军机朗大臣入军机以来，本员异常欣慰。因为军机大臣公忠体国，海内钦仰，出语切实，尤所倚信，对于国会必极力主张。来日御前会议要求诸位军机大臣极力主张，于军机朗大臣要求尤切。万一虽蒙俞允速开，不能达即开之目的，敬求军机朗大臣坚请即开，俾国家转危为安，全国幸甚。

129号（汪议员龙光）：朝廷原定宗旨，在将九年清单筹备完全之后始开国会，但把九年清单一看，必事事核其成效，即待宣统八年亦决不能筹备完全。目今内忧外患日甚一日，非速开国会，万不能救亡。九年筹备清单可以付诸不顾，只须专言筹备国会手续，将选举法、议院法赶紧办好，约计数月可以成功，便可以召集国会。至如宪法一节，我国是君主立宪，自应先颁宪法后开国会，然选举法同议（员）［院］法可以数月编成，宪法寥寥数十条，自无不可于数月内订定。总要请求军机大臣即将根本之宪法及选举法、议院法赶紧办起，早开一日，早有一日之幸福。若手续上本赶赴得及，而必多延缓一年两年，似无理由可说矣。

190号（吴议员赐龄）：今天军机大臣对于国会问题或赞成或反对，总要有一个切实的表示。国会的问题现已经过各省人民陈请至再至三，各省督抚又联衔入告。开国会与不开国会之利害，各省督抚已经研究，则军机大臣较各省督抚必是更加研究的。军机大臣既然已经研究有素，究竟应速开国会不应速开国会？今天请军机大臣当场宣布。

军机大臣（朗贝勒）：方才有位议员所说的情形，对于国会问题，现在奉到朝旨，已经交会议政务处公同阅看，将来各具说帖，筹定方针。现在尚未决定，本大臣亦无从预言。但据全国人民对于此事都是为公为国，（拍手）并不是为私为利。（拍手）朝廷之上已经深悉，不久即可宣示。凡事都要决诸公论，始能面面周到。现今朝廷既未决定，本大臣所以不能宣布。

132号（文议员龢）：方才军机大臣所说"都是为国为公，不是为私为利"，即此两言，已足表明实与全国吁请速开国会之人心为一致，此即是军机大臣欲速开国会之证据。现在吁请速开国会之折件已交政务处王大臣公同阅看，则转移之枢纽，实系于军机大臣、政务处王大臣之一言。古人所谓一言兴邦，即赖是矣。且国会之必开，系奉先朝谕旨宣布，今所争者，不过迟速之问题耳。譬如医家诊病，当其危殆之顷，群以为非服药必不能生，则当急以进之，万勿狐疑犹豫，待其元气日削，外感交乘，以至于束手而不可治。传曰：圣人不能违时而亦不失时。又曰：趋时，若鸷鸟猛兽之发；时者，固易失而难得者也。间尝历观前史，迨其末季，曷尝不有人才？曷尝不发愤图存？曷尝不有一二事力矫前非？差强人意，而卒之无救于危亡者，则以不知本原之所在，或知之而误于群疑之荧惑，不能以毅力行之，遂致如此。今日之速开国会，即本原之所在。愿军机大臣深体默验，当机立断，据以为请，毋再迟回。此则全国之人民所昕夕企祷者已。

108号（刘议员春霖）：速开国会事情，资政院已经具奏，奉旨交会议政务处议决。既是全国的人都有陈请书，又经本院议决，可谓万众一心。本院议决国会之时，无一人不赞成，且三呼万岁，欢声如雷，凡旁听人亦从而欢欣鼓舞。如此情形，譬如（爪）[瓜]果已届成熟之时，无论何人断不能再勒令不成熟。国朝三百年来，列圣唯一之政策，无不以顺民心为宗旨，想我皇上、我监国摄政王，亦必心列圣之心。既以顺民心为宗旨，则今日万众一心，皇上必能俯允。现交会议政务处，则天下所共倚赖，所专责望者，就在军机大臣同政务处诸大臣而已。

115号（许议员鼎霖）：外国立宪都是由人民要求的，不知费多少笔墨多少唇舌甚至流血然后始能立宪；我中国立宪出自先皇太后、先皇帝特诏颁行，由军机竭力匡助，才能成功，所以我们无有不感激的。此次请开国会，想军机大臣断无有不赞成的，将来一定可以对天下人民，不致使天下失望的。本月二十日资政院表决国会，无一人不赞成，三呼万岁，欢声如雷，诚为数千年来未有之盛事。观二十二行省人民的代表请愿书，各省谘议局的请愿书，海外华侨的请愿书，都说得沉痛悲切，无不愿意早开国会，惟有革命党、哥老会、土匪不愿意开国会。想政府看见四万万人民无不一心情形，必愿赞成速开国会。至于各省督抚亦皆联名电奏，请即开国会，所反对者不过一二人。此一二人不过是顽固党，无甚主张，被一种赃官污吏蛊惑，恐怕速开国会即难自私自利。可惜此等顽固督抚未能亲到会场，听大家讨论。苟能听至大家讨论，何至犯天下之不韪！想政府看见各国、督抚同意情形，更愿速开国会。当二十日议决国会问题后往六国饭店，外国人当晚即发出电报六十七件，皆说我们以后同中国的交情应当愈密，我们到中国通商亦可以放心，因为有国会则有监督财政的机关，中国前途实有莫大之希望。见报传有宣统五年开国会之说，本议员想这个国会总是要开的，早一年好一年，早一日好一日，五年与三四年又有何分别？所望军机大臣将此种意思代为奏明，以副天下之望。

109号（籍议员忠寅）：对于军机大臣颇有质问：方才有一位议员请军机大臣宣布国会的意思，据军机大臣所说，现在不能宣布，因为皇上没有一定方针，所以无从宣布，足见军机大臣郑重朝廷的意思。但是上谕未下，是朝廷的方针未曾宣布者，不是宣布朝廷的意思，是请军机大臣对于国会以表示个人意思。朝廷虽锐意维新，尚无效力，因为全国人无不希望国会，并非资政院两百人议员的意思。前天上谕，可见我皇上同监国摄政王对于国会毫无异同，所赖以表决者，即是军机大臣同各部行政大臣会议时力为主持。如果将来全体赞成，则国会即可速开。如果军机大臣或者不全体赞成，或者个人尚有他项意见，则国会恐一刻不能速开。这个结果全在军机大臣，所以大家请军机大臣宣布主旨者如此。

军机大臣朗贝勒：方才各位议员所说的，本大臣都已明白。今日本大臣以法人的资格到院，所以所说的话不能越法人资格的范围。若说个人的意见，本大臣未经陈明君上之前，自不便先为宣布。总之，国会问题大概自上至下，无有不赞成的。（拍手拍手）如今地球之大，大半是立宪之国，没有一国没有国会的。岂但本大臣等无别的意思，想我朝廷亦无别的意思。况且各位议员代表舆论，请速开国会都出于忠君爱国之至诚，本大臣等是很佩服的。（拍手）

137号（邵议员义）：东西各国通例，凡是君主的命令，都由国务大臣副署，其副署之原因，一方代表君主负行政上之责任，一方对于国会负责任。今中国所有上谕，已由军机大臣副署。现在国会未开，资政院已经成立，副署之事，是否与各国副署用意相同，上代君主负责任，下对于资政院负责任？究竟与各国国务大臣副署之意有无区别？

军机大臣（朗贝勒）：方才这位议员所说的话，本大臣听不甚懂。是否副署的话，如果是副署问题，先已有说帖过去，将来可用文书答覆。

153号（易议员宗夔）：方才本院各议员对于军机大臣所希望的，要求军机大臣说明是否赞成的意思。军机大臣说明赞成，本院非常感激。但是上谕出来的时候，如果国会明年可开，就可以达全国人民之目的；如果明年不能即开，军机大臣就有副署的责任，即请军机大臣不必将名字副署。现在有反对的，说是人民一请，国会即开，未免有失国家威令。殊不知请速开国会，出于人民善意之请求，非由于人民恶意之胁迫。朝廷取重舆论，一定无不可行。军机大臣如果能够赞成速开国会，本员可代表全国人民十分感激。但外间有人传说，必须宣统五年才能开国会。如果待到五年，不但生出许多危险，就是天下人民亦大失所望。（拍手拍手）

168号（李议员素）：我中国之最可宝贵、最可凭恃者，惟此民气。倘迭次请愿不准，人民爱国之气，稍一冷淡，则中国真亡矣。请军机大臣要利用现在之民气，赶速扶植之，以救我中国于不亡，则人民爱戴各军机大臣，当何如也！

115号（许议员鼎霖）：我看众议员所说的话，已甚悲切。军机大臣已经说过，没有不赞成速开国会的，请大家于这个"速"字注意就是了。（拍手）今天时已不早，请议长按照议事日表宣布开议。

52号（毓议员善）：按《资政院院章》第二十三条第二项所云，前项核议事件即指有各省谘议局与督抚异议事件，凡关涉某省者，该省谘议局所选出之议员与议。前议广西禁烟事时，亦曾有议员疑问。有人解释说是不得与表决，并不是说不得与议。然照《院章》所规定，则明明是说不得与议，并非是说不得表决，应请议长酌定。

议长：俟查明再行答覆。按照议事日表，第一件是湖南发行公债核议案，可否省略朗读？

有呼不必朗读、不必朗读者。

议长：请特任股员长说明审查之大旨。

115号（许议员鼎霖）：湖南公债之案，本股已于本月二十二日审查过了，秘书官亦宣读过了，今天本议员将审查的理由再为报告。此项议案是湖南巡抚因今年的湖南乱后无款补亏，所以发行公债一百二十万，仿照湖北、安徽的办法，第一年是七厘利息，第二年八厘，第三年九厘，第四年一分，第五年一分一厘，第六年一分二厘。这个利息甚大，大家要注意的。向来督抚奏此等之案，多半是着照所请，此项上奏亦然。湖南谘议局则称，局章第二十一条第四项本有议决本省税法及公债之权，湖南巡抚当时就应该交谘议局先为议决，议决之后再行上奏。乃湖南巡抚并未交谘议局去议，即行上奏，在该抚实系侵权违法。在湖南巡抚则称，当此乱后之时，既不能请拨部款，又不能剥削商民，除了发行公债，并无别的办法。且发行公债是各省通行，并不是湖南一省担任。如湖北、安徽等省都已办过，并没有交谘议局议过。嗣后湖南谘议局又一再来电，说杨抚所说湖北、安徽等省发行公债，万万不能作比例。因为这几省发行公债，在谘议局未开以前。而湖南发行公债，在谘议局既开以后。若说乱事以后，时势仓猝，不能交议，而五月之间，正是湖南开临时会时候，何以仍不交议？其违法显然可见。两方面大概情形如此。现广西、四川、江苏均有电来，或说明湖南巡抚违法，或说公债应否交议。本股详晰审查，实是湖南巡抚违背法律。然而我们亦有原谅湖南巡抚的地方，向来外省督抚拿着上谕，就没有放在心里，一经发布后即如取消。一般所以外国人说我们中国为无法律之国。（拍手）我们中国并非没有法律，不过不遵守法律。孟子云：徒法不能以自行。诸葛武侯有言：有法而不能用，与无法同。有法律而不能遵守，遂与无法一般。现当预备立宪之时，谘议局是立法机关，资政院也是立法机关，所定之章程若是不能遵守，则将来开了国会，亦是一个无法律之国。（拍手）所以我们公同议决，应当遵照《院章》第二十一条办理，请议长照章交专任股员审查。大概情形如此，报告诸君。本议员对于公债问题还有自己的意见，请问议长可否发言？

议长：可以发言。

115号（许议员鼎霖）：本议员对于公债的事情有最痛心之处，不能不痛陈于大众之前。当初北洋创办公债的方法甚好，实在是为本国开公债风气的。第一年是七厘的利息，每年递加一厘，至第九年增至一分二厘为止。这个利息究竟是归本国百姓所有，正是国家厚待百姓之意。所以当初北洋公债事情，本议员甚为赞成。现在各省公债就失了这个本意。章程上有"无论何人皆可转买，认票不认人"之条，这一句话甚有流弊。到了今年，有许多外国人来买中国的公债，票在伦敦发卖，已经每票涨到一百零八两。为何一百两的票涨到一百零八两？因为外国公债票不过三厘、四厘而已，而中国公债票自七厘至一分二厘，这种大便宜何处得来？由此而观，深恐公债票为中国一个大害。试问这些公债票有无外国人托人至上海购买？请各督抚扪心自问所办之公债票，是卖与外国人的多，还是卖与本国人的多呢？同一借钱，与其以一分二厘利（将息）[息，将]公债票卖给外国人，何如以轻利息明目张胆去借外债之为愈也？从前民人程度不高，但见各省借外债之害，如九三扣五厘利息之外仍要二十万镑酬劳，并交款时要二厘五汇费，还款时要二厘五汇费，以及我们中国人在外国存款则仅出利息四厘，我们中国人在上海用银则要六厘利息，且处处干预我们的主权。如造路买材料需九五扣，派洋人查账，派洋工程师督工等种种积弊，遂皆反对借外债。如果开了国会，则财政有监督机关，将来中国借款就不致乱用，办铁路可以赚钱，办实业可以赚钱，一切农工商应办之事，皆可以借外款兴办，大约九七扣四厘利即可借到，岂不胜于一分二厘卖公债票多多？由此看来，还是借外债为美，抑将公债卖与外国人为美？（拍手拍手）以上所说的话，望大家开会审查的时候，将公债、外债比较比较，就有一个主见。

195号（刘议员荣勋）：刚才审查长报告谓此案须再交税法公债股审查，或交特任股员审查，本议员的意见不然。盖此案之主旨须认明，不是试办公债的案，是湖南巡抚因办公债与谘议局异议呈请本院核议的案，故不必再交公债股审查。且湖南巡抚违背法律侵夺权限业已显然，并请不交特任股审查，徒费时日。请议长直照《院章》第二十一、

二十二、二十三条作具奏案表决办理便了。又谓此案既不可作公债案办理，尚请将议题更正。

议长：现在按照发言表，对于这件议案。（语未毕）一四九号请发言。

149号（罗议员杰）：本员对于湖南公债案，湖南巡抚不交谘议局议即为违章，不经谘议局议决遽行即为侵权，审查报告断定违法，但须加"断定侵权"字样，请议长速付特任股审查，从速上奏。湖南谘议局于本月二十五日电称，此案不直，谘议局全体辞职，现距闭会期不远，请议长注意。

议长：现在按照发言表，先请易议员宗夔发言。

153号（易议员宗夔）登台发言：湖南巡抚试办公债的案件不交谘议局议决，据本员看来，是一个侵权违法的案件。因为谘议局的章程是钦定的章程，湖南巡抚不遵守《谘议局章程》，即是不尊重钦定的法律，即是目无君上的举动。（拍手拍手）湖南巡抚违法侵权，毫无疑义之处，本员可细为声明。按《谘议局章程》第二十一条第四项，谘议局有议决本省税法及公债事件，这个事件前既不交临时会议决，事后又不通知常驻议员，到九月初一开常年会，又不交谘议局追议，其侵夺谘议局之权限、违背朝廷之法律，显而易见。在湖南巡抚电称谘议局是否能取消奏案，是否能取消已经奉旨允准的奏案？不知他自己早已违背久经颁布钦定的局章。既是违背宪法，就是违旨欺君。（拍手拍手）中国的法律既经颁布，督抚大臣往往不能遵守。所以本员将他这个案件看为侵权违法的问题，且即于此时交局追议，亦为不合。查宪法大纲十二条所定君主大权有云，一在议院开会时，得以诏令筹措必需之财用，惟至次年会期，须交议院协议等语，杨抚当此预备立宪之时，胆敢僭用君主大权，尤为不合适。这个事件总要请议长指定特任股员审查，不能归入税法公债股审查，审查之后还请据实上奏。

52号（毓议员善）：议长既说是二十三条不得与议，是不得表决，并非是不得与议，则《院章》第三十九条不得与议是否同一解释？亦是不得表决，并非是不得与议？请议长解释。

议长：无论是不得表决、不得与议，并不是不得发言。（拍手拍手）

52号（毓议员善）：照《院章》三十九条规定，凡关于本省事件，该省议员就不得表决。

议长：上次已经行过，经大众认为不得表决，亦非不得与议。

37号（议员李子爵）：本省事件若不要本省人发言，则一切详情万不能知悉，不过不得表决而已。前因广西禁烟一案，请示议长允许发言，又将章程当众解释一次，该省议员不在表决之内，有案可援，湖南事同一律办理。

177号（李议员文熙）：方才所说的事情，是资政院对于各省来的案件，有关系于全国，各省的人都应当与议。若不准说话，则资政院办全国的事件，难道全体议员都不能说话？（拍手）

议长：按照发言表，请罗议员杰发言。

149号（罗议员杰）：本员以为巡抚借募集公债之名，实则滥借外债。现在国会未开，监督财政权尚未发达，何能借用外债？此案名为湖南公债案，实则各省攸关。倘湖南巡抚可以侵权违法，湖南谘议局放弃不问，是坏先例。若坏，各省随之。

109号（籍议员忠寅）：湖南公债事情，本议员以为关系章程的事情。我们国家定出一个章程，与寻常人行为不同。比如两个人随便定一件事情，无论何时不与人商量就可去做，亦无甚关系。因为不是法律上的关系，亦不是章程上的规定，故可以自由行动。若国家定一个章程，则其具有强制力，非个人所比。比方有一件事情，必须经过这个机关始可去做，所以按照《谘议局章程》第二十一条规定，应归本省谘议局议决事件，而本省督抚非经谘议局议决之后不能实行。（拍手拍手）不交谘议局议决，就是侵权违法之确实证据。方才有几位所说甚属透切。该巡抚既是侵权违法，有议员倡议请交特任股员审查，想议长定交特任股员审查，一定认湖南巡抚是侵权违法，确无疑义。本议员还有两句话：湖南巡抚一定是侵权违法，就是资政院将来具奏，亦说湖南巡抚侵权违法，而湖南巡抚岂患加上"侵权违法"四个字？徒有侵权违法的名目，而不能惩罚，亦属无益。对于湖南巡抚，总要有个相当的处分，而后可以儆戒各省督抚。况且督抚在各省办事，向来是惟我独尊，除却几个幕府，都要听他们的指挥，并没有第二个人可以说话，他并不晓得有监督的机关，所以肆然甘冒侵权违法之法令。然既侵法，必须有相当处分，方可以惩警其余。现在应交议与不应交议的核议案虽当审查，但是此案与广西案不同，广西的案件是自己变更公布，这个湖南案件明明应交议而不交议，其视广西已交议而变更的情形不同。况且（广西）[湖南]案件若无稍加处分，将来各省督抚更不以谘议局为意。这个事情我们资政院若是办不好，以后督抚侵权违法的事情可以不必交资政院核议。（拍手拍手）本议员想这个案件并不是核议案，照《院章》二十四条所规定是核办的案件。既为核办的案件，资政院就可以具奏，并不是不可请示处分。不过资政院不能侵夺君上之大权，若在奏折上加上"应如何处分之处，恭候圣裁"两句，这是可以说的。（拍手拍手）资政院对于湖南巡抚若不定一点处分，则将来对于各省督抚与谘议局异议事情，就不必核议，就不必核办。请特任股员审查，转请议长具奏。

144号（胡议员柏年）：这个案本应为核办案，方才籍议员已经说过，既归核办案，可不必在公债一方面说。就是公债这一方面，许议员已经说过。但本议员是湖北人，可将去年湖北发行公债情形补说一遍。湖北去年办这事是八月二十四日奉旨，谘议局是九月初一开的，谘议局要提议，这件事情既已奉旨，无可挽回。不惟无可挽回，到九月初十间，欲买债票的本国人已经一张都买不到，全被外国人买去，其害甚大，所以地方上为之震动。湖南这个案本应归谘议局议决，如果交议，必议一限制之法，以免受害，而湘抚不交局议，此是湘抚的错。查本院本月初十接湘抚来电中有句话说谘议局是否有更改奏案之效力，是恃其已经奏准，而欲加谘议局以更改奏案之罪名。不知《谘议局章程》亦是钦定的章程，不交局议，这是湘抚先已显然违旨更改奏案了。这个更改奏案的罪名，不得在湖南谘议局了。且湖南谘议局今年曾经开临时会，政府中焉知其未交该省谘议局议决的？如其交谘议局决过的，自应照准。此正是湘抚朦蔽朝廷、巧行私意之处。上侵君权、下压舆论，湘抚罪名不止违旨背法而已，本议员意见如此。

196号（牟议员琳）：今天已至三下钟，照议事日表计有四件，这一件事就请议长指定（将）[特]任股员审查，即行再议第二件。

议长：这个议案，办法还未决定，即应付特任股员审查。

议长：本议长拟仍交原先指定之特任股员审查。

有呼赞成、赞成者。

议长：如此，就决定交审查各省谘议局关系事件特任股员审查。

议长：按照议事日表，第二《著作权律》议案再读，应由秘书官朗读修正案。

112号（陈议员树楷）：本议员按照章程，议员修正案在审查修正案以前取决，请将本员修正案报告。

153号（易议员宗夔）：照章所定时候已到，可以休息数十分钟，现在大众多有自由离席休息者，不如请议长宣告暂时休息，以整秩序而肃议场。

议长：暂时休息三十分钟。

73号（汪议员荣宝）：请休息二十分钟。

三点十五分钟议事中止。

下午三点三十五分钟接续开议。

议长：现在续行开议，由秘书官朗读《著作权律》修正案。

秘书官（曾彝进）承命朗读《著作权律》修正案第一条第一项。

议长：《著作权律》修正案第一条第一项赞成者请起立。

众议员起立赞成。

秘书官（曾彝进）承命朗读陈议员树楷提出之第一条第二项修正案。

议长：第一条第二项陈议员提起修正案有无说明？

112号（陈议员树楷）：照第二十八条从外国著作译出汉文者，应有著作权，但可于第一条通则内说出，第二十八条方有根据，第四条方有着落，所以本议员以为应先于通则内说出。

民政部特派员（孙培）：现在我国科学尚未发达，一切科学全恃翻本者，第一条明定译本事项，恐引起外人要求著作权同盟。倘使加入同盟，则此后输入文明必多阻碍，故第一条未经规定。然于翻译一事毫无规定，又无以资提倡，是以第二十八条特表明之。此本部之原意也。

153号（易议员宗夔）：本议员意思，翻译不必亲定翻译而有著作权，真成笑柄，所以还是不规定为好。现在中国未入万国版权同盟会，若翻译书而有著作权，外人一定要来干涉，就是二十八条也可以取消。

81号（章议员宗元）：版权同盟会系各国自由入会，外国不能强我加入。且外国人所著书不多，故中国加入版权同盟会，甚不合算。我不加入，外国人岂能干涉？（拍手）

73号（汪议员荣宝）：易议员说的似少欠斟酌。比如有一种著作必经注册方能享《著作权律》的保护，翻译之书亦是一样。若将二十八条删去，将来翻译的著作就不能享保护，此层还须注意。

议长：陈议员提起第一条第二项之修正案现在应行表决，赞成者起立。

无一人起立。

112号（陈议员树楷）：现在我们中国一切新书全恃翻译，既是如此，则翻译之权应当保护。然恐外国干涉，不可不〔肯〕列入通则之内。至二十八条始行揭出，于编制之体例不合；至二十八条应否取消，俟议至二十八条时再行参酌。

130号（刘议员景烈）：这个翻译权有总须规定在第一条者，或云不必规定，或云取消，据本员意思，第一条所称著作权是原则，第二十八条所称著作权是例外，不能将例外的事规定在原则内，应将两条并立。

73号（汪议员荣宝）：现在第一条第一项照修正案凡著作物而专有重制之利益者曰著作权，并无文艺、美术等字样。陈议员修正案第二项又云没有根据。

议长：陈议员提起第一条第二项之修正案，试再行表决，赞成者请起立。

仍无一人起立。

议长命秘书官读股员会提起之修正案第一条第二项。

秘书官（曾彝进）朗读股员会提起之修正案第一条第二项。

议长：股员会之修正案第一条第二项赞成者请起立。

议员多数起立赞成。

议长命秘书官朗读修正案第二条。

秘书官（曾彝进）朗读修正案第二条。

议长：如无异议，即请起立。

议员多数起立赞成。

议长命秘书官朗读修正案第三条。

秘书官（曾彝进）朗读修正案第三条。

135号（郑议员际年）：对于此条颇有疑问，这该管辖衙门到底是何项衙门，请说明界限，以免朦混。

民政部特派员孙培：原定"各"字因有学部关系，现在既归民政部专理，则"各"字当然删去。此为修正时错误，无足深辨。此外尚有声明者，本律既经修正归本部专理，则第十六条规定云"凡愿受检定或审定之著作"应改为"愿注册之著作"；又第十七条第二项除依第三十一条第一项规定外云云，"项"字为"款"字之误；又"分别咨报民政部或学部存案"，应改为"咨送民政部存案"；又第七条著作权得有三十年"三"字上脱一"至"字。

72号（胡议员礽泰）：这修正案现在不必字字研究，再读之后再交法典股再行修正。

35号（议员曾侯爵）：请问议长，著作权修正案油印尚有否？本议员尚未收到。

议长：俟后补发。

议长：现在表决修正案第三条，有赞成者请起立。

各议员起立赞成，有声称宜删去"各"字者。

议长：现在已经删去。

秘书官（曾彝进）朗读修正案第四条。

议长：有赞成者请起立。

议员多数赞成起立。

议长：原案自第五条至第十七条皆无修正案，请问还是逐条表决抑由秘书官朗读之后归并一同表决？

153号（易议员宗夔）：请省略朗读，毋庸逐条表决。

137号（邵议员羲）：照《议事细则》应逐条表决。

153号（易议员宗夔）：本议员的意思以为既无修正案就可省略朗读，于议事进行之方法亦觉快便。

137号（邵议员羲）：如要求快，非变更《议事细则》不可。

153号（易议员宗夔）：所谓逐条表决者，是有疑义之条。既无疑义，何必逐条表决？如必欲秘书官朗读一次，大家随即起立表决一次，有何意味？（拍手）

某议员：这个逐条讨论是看上条与下条有否冲突的地方，我们资政院大家不能互争意见，应宜尊重法律才好。

73号（汪议员荣宝）：照《议事细则》三十三条云云，如果没有提出异议，就可以归并讨论。既然如此，请议长俟将来有提起异议者，得有赞成员，再行咨询本院决定。

137号（邵议员羲）：按照三十三条有归并讨论的，有逐条讨论的〔者〕，现在是再读，应该逐条讨论。《议事细则》是本院应遵守的规则，本院若不遵守，则议决之事，亦难望其生有效力。

议长：现在有两种办法：一个是逐条讨论，一个是归并一同表决。

109号（籍议员忠寅）：今天本当逐条表决，如果此三条是一气，就毋庸逐条表决。

110号（于议员邦华）：请秘书官仍当逐条读下去，照大家如此争议，反致耽误时间。

议长：现在即行逐条表决，毋庸争议。（拍手）

秘书官（曾彝进）朗读原案第五条。

议长：如无疑义，可以不必表决。

108号（刘议员春霖）：本议员对于第五条有一疑问："子嗣"二字与外国著作权"相续人"三字之意相同，惟外国之"相续人"别有法律规定，此"子嗣"二字能代"相续人"否？若无子嗣而有兄弟能相续否?

民政部特派员孙培:贵议员所虑决无妨碍,因第十六条末(断)[段]规定尚有不著姓名之著作呈报时亦应记出本身真实姓名云云,不惧绝无人知其真实姓名也。

73号(汪议员荣宝):据本议员意见,"子嗣"二字不如改"承继人"三字较妥。

议长:汪议员倡议者,各位议员赞成否?

议员多数起立赞成。

秘书官(曾彝进)再朗读原案第五条"子嗣"二字改"承继人"。

议长:第五条原案修正二字,赞成者请起立。

议员多数起立赞成。

政府特派员孙培请发言,众议员皆云已经表决不宜再发言。

议长:照章表决之后,不应再发议。

议长命秘书官朗读原案第六条。

秘书官(曾彝进)朗读原案第六条。

68号(文议员溥):以下"子嗣"二字亦应该作"承继人"。

73号(汪议员荣宝):落"其著作权"四字。

秘书官(曾彝进)再朗读原案第六条,加"其著作权"四字,"子嗣"二字亦改"承继人"。

73号(汪议员荣宝):请议长逐条表决,有异议者发言,无异议者就不必起立。

议长:第六条若无异议,即可以决论。

有呼"无异议、无异议"者。

秘书官(曾彝进)朗读原案第七条。

73号(汪议员荣宝):遗一"至"字。

秘书官(曾彝进)再朗读原案第七条加一"至"字。

有呼"无异议、无异议"者。

议长:本议长认为诸位皆无异议,由秘书官朗读原案第八条。

秘书官(曾彝进)朗读原案第八条。

某议员："权"字上似遗"其著作"三字。

秘书官（曾彝进）再朗读原案第八条加"其著作"三字。

有呼"无异议"者。

秘书官（曾彝进）朗读原案第九条。

某议员：本条第三句"著作权"上似宜加一"其"字。

73号（汪议员荣宝）：法律上"准用"与"适用"意义不同，此条不能说"准用"，应该改作"适用"。

137号（邵议员羲）："不著姓名之著作"一句不妥，本员意见凡著作人皆有名，不过不用真实姓名，不如改用"不著真实姓名之著作"为妥。

109号（籍议员忠寅）：不著姓名之著作，宜于"姓名"上添"真实"二字，为"不著真实著名"云云较妥。

民政部特派员孙培：决不冲突。凡不著姓名之著作，是著作者欲将其著作公之于世，而不欲将其姓名使世人周知也。然虽不欲将其姓名使世人周知，未必不欲将其姓名使保护之主管衙门得知。何则？盖保护之主管衙门若不能知著作者之真实姓名，则遇有侵害其人著作权之事，主管衙门无从尽其保护也。

116号（孟议员昭常）：第九条有语病，因为自己著作的著作权可以专利三十年，而不著姓名之著作亦得专利至三十年，似不平允。

73号（汪议员荣宝）：第五条著作权是本人终身有之，又著作者身故后承继人得享有至三十年，与此不同。

137号（邵议员羲）：有姓名之著作固当注册，不着姓名之著作似可用其别号（着）[注]册。

108号（刘议员春霖）：第六条修正案照日本著作权法律第十五条第四项，是非著姓名不可。

196号（牟议员琳）：议事日表每次不能议完，现在字句推敲，耽误时日，实在可惜，不若三读时再行研究。

109号（籍议员忠寅）：牟议员主张三读再行研究，本议员赞成。但是草草通过，本员以为不妥。资政院是立法机关，对于议案不能不慎重，议事日表能议完固好，若不能议完亦无关紧要。

73号（汪议员荣宝）：与其草率，毋宁郑重。

秘书官（曾彝进）再朗读原案第九条，首句"姓名"上加"真实"二字，二句"著作权"上加一"其"字，末句"准用"改"适用"。

众议员有反对首句加"真实"二字者。

153号（易议员宗夔）：此案与十六条有关系，还照原文为好。

秘书官（曾彝进）又朗读原案第九条首句用原案，删"真实"二字，余如再朗读。

呼"无异议、无异议"者甚多。

秘书官（曾彝进）朗读原案第十条。

73号（汪议员荣宝）："不在此列"之"列"应改为"限"。

有呼"无异议、无异议"者。

秘书官（曾彝进）朗读原案第十一条无异议。

秘书官（曾彝进）朗读原案第十二条无异议。

秘书官（曾彝进）朗读原案第十三条无异议。

秘书官（曾彝进）朗读原案第十四条"子嗣"二字改"承继人"，无异议。

秘书官（曾彝进）朗读原案第十五条"子嗣"二字改"承继人"，无异议。

137号（邵议员羲）："批准"二字可以不要，既有"注册"二字，就不必再用"批准"。

秘书官（曾彝进）再朗读十五条，删去"批准"二字，呼"无异议、无异议"者甚多。

秘书官（曾彝进）朗读原案第十六条。

某议员：据修正案第二条，已将"检定、审定"等字样删去，本条似应改为"凡著作物呈请注册者，呈报时应用本身姓名"。

有呼"赞成、赞成"者。

秘书官（曾彝进）再朗读第十六条，照某议员所议改正。

108号（刘议员春霖）：对于第十六条呈报人应记出真实姓名，本议员颇有意见。其愿记真实姓名与否，应出于本人自由之意思。若如原条"应"字，则是必须记出。鄙意拟将末句改为"亦可请记出真实姓名"。

137号（邵议员羲）：此项根本之错误，在从前原案有"审定、检定"字项，此刻著作权中将"审定、检定"删去，似可不必再有。

86号（喻议员长霖）：原文无语病。

72号（胡议员礽泰）：因为注册可以享著作权的保护，将来既有根据，亦得享著作权。

108号（刘议员春霖）：亦有一种著作权，不欲社会知其真姓名者，此应有自由之权，所以日本著作权律第十五条第四项云：无名或变名著作物之著作者，可请登录实名。"可"字甚活，宜采用。

81号（章议员宗元）：本议员以为不能不记真实姓名，因注册后可享三十年之权利。如不记真实姓名，倘呈报之后，三十年中有人侵夺其著作权，则控诉之时，彼何能证明其为自己之著作？（拍手拍手）

秘书官（曾彝进）又朗读原案第十六条，照某议员所议改正。

呼"无异议、无异议"者甚多。

秘书官（曾彝进）朗读原案第十七条第一项。

议长：原案第十七条第一项有无异议？

73号（汪议员荣宝）："团体"二字可否改为"法人"？

81号（章议员宗元）：局所等并非法人，故"法人"二字不宜滥用。

73号（汪议员荣宝）："团体"二字是否可以包括学堂、寺院等在内。

81号（章议员宗元）：不如用"该学堂"等字样。

有呼"赞成"者。

59号（顾议员栋臣）：应用"各该处所"。

有反对者。

秘书官（曾彝进）再朗读原案第十七条第一项，"团体"二字改为"学堂等"三字。

有呼"应无异议、无异议"者。

议长：第十七条第二项陈议员树楷提出修正案，由秘书官朗读。

秘书官（曾彝进）承命朗读陈议员提起第十七条第二项修正案，原案"或学部原案"五字删去。有呼"无异议"者。

议长：现在朗读股员会提起第十八条之修正案。

秘书官（曾彝进）朗读修正案第十八条。

议长：有无异议？

各议员无异议。

议长：现已五点钟，可以散会。

议长离席，各议员退出议场。

下午五点零十分钟散会。

注释

① **罗杰议员质问农工商部说帖**

具说帖议员罗杰等谨提出为质问关于农工商诸务事。查资政院《议事细则》第一百七条："议员依《院章》第二十条欲行质问者，应具说帖得三十人以上之赞成，由议长咨询本院决定之"等语，兹谨提出质问关于农工商诸务说帖一件，经规定赞成议员会同署名，应请议长咨询本院决定，照章咨请农工商部酌定日期以文书或口说答覆，须至说帖者。一、关于农工商之方针如何：（1）注重工？（2）注重农？（3）农工并重？二、关于农工商之法律如何：（4）农工商应用法律是否一律编成？（5）矿章内容是否能保存主权及应于开发国富之必要？三、关于农工商之需才如何：（6）本管京内外衙局必要之专门人才是否统筹全国分年养成？（7）现在本管京内外衙局各官是否用其所习？（8）是否因人才不敷，令各劝业道招致有农林蚕畜知识之人巡回讲话？四、关于农工商之调查如何：（9）全国矿质是否派人调查齐全，分别矿质列表成书？（10）全国官有林野、民有林野是否调查，分别绘图？（11）全国土质是否派人调查实验，以为种植之基础？（12）水产陆产是否派人调查，有详确报告？五、关于农工商提倡之方法如何：（13）是否令各劝业道限期转饬所属用如何方法设立农工各种实验场，并动植物换种及物品改良之先导，并尽其他责任？（14）是否与关系官厅商用如何方法设各省农工商银行，并奖励航海商船？（15）是否令各省劝业道提倡本管厅州县办共进品评各会，以为分设各商品陈列馆之基础？（16）是否令各省劝业道用如何方法筹购工业需要，民力难办之机器，租借工厂？六、关于农工商之天时地理物害补救方法如何：（17）是否令各劝业道用如何方法渐次遍设气候气象台所预报，以避农商诸事之障害？（18）是否令管内讲求水利，变化土质以发展生产？（19）是否令各劝业道用如何排除有害农林蚕畜诸事方法，使之发育？七、关于农工商之监督方法如何：（20）是否令各劝业道筹设检查各重要品输出所？

（21）是否限劝业道有详确统计报告？（22）劝业道不依法律及本管命令范围内之期限执行，如何处置？（"议员罗杰具说帖质问关于农工商诸务事"，《资政院知会折奏章程、说帖、质问、知情等案件》之第七册《资政院第四类议员具说帖质问各案件其一》，清末铅印本）

农工商部于十月二十五日答覆：

  农工商部为咨覆事准据资政院议员罗杰提出质问说帖，业经咨询本院，决定照章咨请答覆等因，并附说帖一件前来，应将答覆各条开列于下：

  一、关于农工商之方针：农工为重，先农次工。

  二、关于农工商之法律：（1）农政已奏定《农会章程》《推广农林章程》，又《农事试验场章程》并《奖励棉业章程》正在拟订，工政已奏定《矿务正附章程》《画一度量权衡章程》《人师劝工陈列所章程》《工业试验所章程》，《工艺章程》《化分矿质局章程》，因立法机关未备，故不作为法律。商政已奏定《公司律》《公司注册章程》《商会章程》《实业爵赏章程》《商标章程》《奖励华商公司章程》。其《保险运送章程》现正交议。又改定《商律总则》公司两编，正拟奏请交议。（2）此次修订《矿章》即以尊重主权为宗旨，一面注意提倡保护与开发国富之计，凡于矿产、矿商、矿工有所窒碍者，无不详酌剔除。

  三、关于农工商之需才：（3）实业教育为本部与学部合办事项，本部高等实业学堂、中、初两等工业学堂，递经先后毕业，而农事试验场、工艺局亦均有实习生徒。至各省所办农工商各实业学堂，如奉天、吉林、直隶、江苏、山东、山西、甘肃、浙江、江西、湖北、湖南、四川、广西、贵州等省均经先后成立，分年毕业，以养成专门人才。（4）本部送经调用农工商各科毕业人，而各省劝业道分科治事，照章亦应聘用各专门人才。即是用其所习之业。（5）各劝业道有筹设农会之责，照章于分会、分所地方筹办农事演说会场，召集农民授以农学大意，与日本巡回讲话之意相符。

  四、关于农工商之调查：（6）本部于光绪三十年刊发矿表，通饬填报，三十一年又通饬将矿品类随表附送。旋据各省陆续查报，现订《矿章》将调查事项列入劝业道暨矿政调查局职掌，本年筹设化分矿质局。江西、四川、广东、广西等省亦均遵章开办，所有全国矿质一俟调查完备，自当分别列表，编辑成书。（7）本部于宣统元年三月间奏请通饬各省调查造林区域暨天然森林，迭准奉天、湖北、湖南等省造送图说到部。（8）本部调查官民各？暨造林区域即从试验土质入手，其各省所报图册亦均详列气候、土性，现尚未据一律报齐。（9）水产、陆产，前经本部厘定土货调查表，通饬填报，旋准直隶、江苏、安徽、山东、山西、河南、陕西、甘肃、新疆、江西、湖北、湖南、广西、四川等省先后造送表册到部。

  五、关于农工商提倡之方法：（10）本部于光绪三十三年奏办农事试验场，其奉天、吉林、直隶、江苏、山东、山西、河南、福建、浙江、江西、湖北、广东、广西、贵州等省亦均先后筹设，现既设立劝业道，迭经行令切实经理，以为换种改良之先导。（11）本部于光绪三十二年奏办商业模范银行，后归入度支部办理，至航海商船事件系邮传部职掌。（12）本年开设南洋劝业会，先由各省分设出品协会，此制与日本之共进品评会相似。至商品陈列馆，除京师由本部筹设外，奉天、直隶、江苏、湖北、四川等省均已设立。（13）公家财政支绌，所有筹购机器等事一时难以办到。

六、关于农工商之天时地理物害补救方法：（14）本部农事试验场设有农业气象器，并行令各劝业道将旧设气象器具渐次改良，推广台所。（15）迭经行令各省讲求水利，切实办理。（16）前经通饬各劝业道暨各试验场研究排除害虫方法，并绘图列说报部。

七、关于农工商之监督方法：（17）上年二月间本部议准饬令上海商会会同丝业公所检查出口生丝，其茶叶已饬各省筹设茶叶讲习所研究改良方法，并严饬沪汉商会提出掺杂作伪诸弊。（18）实业统计业经厘定表式，通饬各劝业道按年报告。（19）劝业道如有不依法律及本管命令，本部、邮传部及该省督抚均有照章参劾之权。

以上各条想应照章用文书答覆咨行贵院查照可也，须至咨者。上咨资政院，宣统二年十月二十五日。（"农工商部咨覆议员罗杰质问事一件"，《资政院文案七种》第二册《资政院第十七类各部院衙门咨覆各案件》，宣统二年油印本）

② 议员罗杰质问陆军部说帖

具说帖议员罗杰等谨提出为质问关于陆军诸务。查《资政院议事细则》第一百七条"议员依《院章》第二十条欲行质问者，应具说帖，得三十人以上之赞成，由议长咨询本院决定之"等语，兹谨提出质问关于陆军诸务说帖一件。经规定赞成议员会同署名，应请议长咨询本院决定，照章咨请陆军部酌定日期以文书或口说答覆，须至说帖者。一、关于陆军行政事件：（1）陆军所计各镇是否可以限年练成？（2）各省参谋、教练、兵备各处总办以次各官，是否由陆军行政机关一律派出陆军毕业出身之人充当？（3）外省统制有非由陆军学堂毕业之人充当，是否于有事之时决其胜任愉快？（4）各省防营是否限年一律即行裁撤，以其兵费改练新军？二、关于陆军财政事件：（5）陆军财政为预算决算各案之基础，其陆军监督会计机关是否设立？（6）陆军关于手指之布记及报告是否部颁定式，以便检查而昭画一？（7）军需购入各项契约是否编定？三、关于陆军教育事件：（8）陆军教育是否统一？（9）陆军各项应用学生是否限年逐渐养成，以敷陆军之用？（10）各军队是否有精神谈话，以激发军人国耻而资振作？（11）经理学堂是否年内设立？（12）驻边新军是否令军官之年轻质敏者补习适用之外国语？四、关于陆军法律事件：（13）陆军应用法律是否编成？（14）各边如有适用屯田兵制之处，屯田兵制是否编定？五、关于陆军制裁事件：（15）宪兵是否限各镇一律编用？（16）陆军监狱是否一律建筑？（17）惩治队是否一律饬编？六、关于陆军关系事件：（18）测量限若干年告成？（19）测绘学堂之办法是否统一，其经费是否中央规定？七、关于军需事件：（20）军用品以何方法使我国能独立自制？（21）用品及食品与他主管官厅咨商以何方法奖励商人自制供给军需？（"议员罗杰具说帖质问关于陆军诸务事"，《资政院知会折奏章程、说帖、质问、知情等案件》之《资政院第肆类议员具说帖质问各案件　其一》，清末铅印本）

③ 议员罗杰质问外务部说帖

具说帖议员罗杰等谨提出为质问关于外交诸事。查《资政院议事细则》第一百七条"议员依院章第二十条欲行质问者，应具说帖得三十人以上之赞成，由议长咨询本院决定之"等语，兹谨提出质问关于外交诸事说帖一件。经规定赞成议员会同署名，应请议长咨询本院决定，照章咨请外交部酌定日期以文书或口说答覆。

须至说帖者。一、对外必有方针，然后应付悉协。政府对外方针果已预订，不致有贻误否？二、不对等之条约如法权、税权之类，必先设条约改正准备会，以互相研究，是否已设？如已设立，其改正有期限否？三、海外华侨亟宜保护，而保护必先由驻在国领事调查人口若干、所执何业，以资保护。现在我国领事是否皆有详细报告，以为编制人口统计及商业统计报告之底本？四、考察军务须在平时，故各国使署有附武官之设。我外务部抑有各驻在国派有胜任愉快之武官在各使署随时考察并报告否？五、商战之世，必调查各国商业状况，随时报告，以资参考。现在我国使署商务委员一律派出否，及已派出之商务委员报告勤确否，又未派出之商务委员之国是否有嘱托员代为调查报告？六、各国外务部皆有朝野通信机关，借知外国之情，以便先事应付。我国政府注意此事否？七、各租界面积若干，是否测绘成图，以防界务翏轕？（"议员罗杰具说帖质问外务部关于外交诸事"，《资政院知会折奏章程、说帖、质问、知情等案件》上函之《资政院第肆类议员具说帖质问各案件 其一》，清末铅印本）

外务部于十月二十二日答覆：外务部为咨覆事。宣统二年十月初一日接贵院咨称，"查《院章》第二十条，资政院于各衙门行政事件及内阁会议政务处议决事件，如有疑问，得由总裁、副总裁咨请答覆"等语，兹根据议员罗杰提出质问说帖一件，业经咨询本院决定相应刷印说帖，照章咨呈贵部酌定日期以文书或口说答覆等因。兹经本部按照《院章》备文答覆，相应将答覆条件咨行贵院查照可也，须至咨者。上咨资政院，宣统二年十月二十二日。

附件

一、对外必有方针，然后应付悉协，政府对外方针果已预定，不致有贻误否？

本部办理外交，只在维持和平，保守权利，准情酌理，相机因应。凡有关于条约成案者，务考核详实，借为依据。

二、不对等之条约，各法权、税权之类，必先设条约改正准备会，以互相研究，是否已设？如已设立，其改正有期否？

我国与各国从前所订条约，其中以法权、税权两项，所关最巨。故本部于上年即设立条约研究所，派员研究。查英、美、日等国前订商约中有云"一俟查悉中国律例及其审断办法及一切相关事宜皆臻妥善，该国即先弃其治外法权"等语，是法权一层须实行改正法律后，方有着手之处。加税免厘一层，屡经催商各国提议。至改正约，关系全国政治进行问题，非一时所能预定。

三、海外华侨亟宜保护，必先由驻在国领事调查人口若干，所执何业，以资保护。现在我国领事是否皆有详细报告，以为编制人口统计及商业统计报告之底本？

查保护华侨一事，本部于宣统元年闰二月二十八日奏定筹备事宜折内详定报告章程，颁布格式。除分馆外，有驻在国领事二十一处，均令其将本国人往来该埠及本国人佣工情形，分别填注，按季报部。迭据各该领事呈报到部，能得其总数者少，不能得其总数者多。其原因有二，一系居留国为我权力所不及，不能编查；一系行止无定，卒为官吏所不及知，无从编查。就所查明者计之，惟新加坡一埠占多数，已达十六万四千余人；其余各埠，多少不齐，一时尚难统计以为定本。至于各国属地，有未设领事之处而华侨众多者，亦正在磋商设领，以期出洋人口均得保护之益，而无失业之虑。批阅现在已经报告之清册，于人口、商业两端，虽未能节节清晰，要亦可得其大凡。惟必一律全备，则尚未一时所能及也。

四、外务部抑于各驻在国派有胜任愉快之武官，在各使署随时考察并报告否？

海陆军完备之国，无不于驻外各使馆设有附属武员以资调查报告，事关军政，我军谘处正在筹画遣派，而本部于上年奏定《出使报告章程》内已列海陆军随员之报告一门，规定凡关于海陆军各项事宜，应由海陆军武员详细调查，由该员一面报告陆军部，一面呈由该管出使大臣核阅，报告外务部。其未设海陆军武员之前，由出使大臣报告等语。现在此项武员尚未由海军处、军谘处派定，仍暂由出使大臣分别咨报。

五、商战之世，必调查各国商业状况，随时报告，以资参考。现在我国使署商务委员一律派出否？及已派出……（下缺页）（"外务部咨覆议员罗杰质问事一件"，《资政院文案七种》第二册《资政院第十七类各部院衙门咨覆各案件》，宣统二年油印本）

资政院第一次常年会第十三号议场速记录

【标题】讨论湘抚发行公债案奏稿及再读《著作权律》

【关键词】湖南发行公债案 《著作权律》 陈请申明资政院立法范围议案 修正报律

【内容提示】讨论湘抚发行公债案的奏稿，加入了议员修正的"请旨处分"字样。有议员指出"我们资政院作事要从实事上着想，不要流于苟且，今日有一分的苟且，将来就有一分的流弊"。接续再读《著作权律》议案，重点是议员关于译著应在《著作权律》中有何等保护的讨论。

宣统二年十月初二日下午一点五十分开议。

议事日表第十一号：

  第一，《著作权律》议案，再读；

  第二，提议陈请申明资政院立法范围议案，会议；

  第三，《地方学务章程》议案，三读；

  第四，修正报律条文议案，再读；

  第五，湖南发行公债核议案股员长报告，会议。

议长：今天到会议员共一百四十五人，现在由秘书官报告文件。

秘书官（张祖廉）承命报告文件。

议长：方才报告之李议员文熙质问内阁会议政务处说帖[①]一件，系质问步军统领衙门职权事宜，秘书官已经朗读，赞成者请起立。

众议员起立赞成。

议长：赞成多数。

秘书官（张祖廉）接续报告。

议长：方才报告之陈请股员长赵炳麟报告湖南谘议局不认铁路借款电②应咨行邮传部，赞成者请起立。

众议员起立赞成。

议长：现在多数赞成。

议长：还有邮传部片奏铁路公司与普通公司不同，四川谘议局请速定路律、保全商律电，据陈请股报告，也是要咨行邮传部，赞成者请起立。

众议员起立赞成。

议长：现在赞成多数。

秘书官（张祖廉）接续报告毕。

议长：现在开议。

153号（易议员宗夔）：有句话请问议长，照内阁会议政务处议决件如有疑问，得由总裁、副总裁咨请答覆。对于宪政编查馆应该用咨请文书，何以议长这两次对于宪政编查馆用咨呈字样？这"咨呈"二字是下级官厅对于上级官厅所用的，我们资政院与他是平等的地位，如何用"咨呈"字样？

议长：向例凡是有亲王做堂官的，虽是平行衙门，也要用"咨呈"字样；没有亲王做堂官的衙门，始用"咨行"字样。

153号（易议员宗夔）：《院章》上是"咨请"，以后请议长用"咨请"为是。

议长：以后可改用"咨请"字样。

149号（罗议员杰）：各官厅虽有亲王，我们资政院也有亲王，况资政院与各官厅立于对待的地位，（拍手）无用"呈"之理，以后请议长改用"咨请"。

149号（罗议员杰）：前请速开国会上奏案，今天有上谕没有？

议长：还没有消息，今天已经召见会议政务处王大臣，但是还没有上谕下来。

149号（罗议员杰）：几时才有上谕？

议长：本议长不是会议政务处王大臣，不能悬揣。

112号（陈议员树楷）：请速开国会的奏案现在未奉明谕，我全国人民甚属盼望，外间议论纷歧，有说是明年开的，有说必待五年的。将来上谕一下，挽回甚难，请议长再将王公大臣官绅士庶合意请求速开国会的意思，代达天听，力请明年就开才好。

议长：这些意思都已明白，倘有机会，一定说到。

112号（陈议员树楷）：此项请求速开国会，各省督抚都已知悉，所差一点就是会议政务处、军机大臣，大家要研究，如诸王大臣研究明白，此事没有不成的。现在全国人民盼望甚切，即在于请开国会。此是全国上下一心，倘或不成，于国家前途恐有妨碍。

议长：现在已经开议，按照议事日表议事。易议员宗夔倡议湖南发行公债核[议]案，事关紧要，请改定今天的议事日表，将这一件提前开议，赞成者请起立。

众议员起立赞成。

议长：赞成多数。

议长：现在先议湖南发行公债核议案，请特任股员长报告并说明审查之主旨。

审查湖南发行公债核议案特任股员长许鼎霖：湖南发行公债核议案审查报告书已经刷印，分送全文，还要报告否？

有呼"可省略、可省略"者。

115号（许议员鼎霖）：湖南发行公债事于二十二日已经审查报告，上次大会仍交特任股员审查，现在应将审查之结果说明理由。查九月初四日湖南谘议局来电，照局章二十一条有议决本省税法公债事件的权限，湖南巡抚未交谘议局议决，竟公然发行公债一百二十万两，实是违法侵权，照局章第二十七条呈请由资政院核办；九月初十日接湖南巡抚来电，他说发行公债已经奏明，奉旨允准施行，该局无更改奏案之权，而且湖北、安徽等省发行公债都没有交谘议局议过。至九月十五、二十五两日，湖南谘议局又来两个电报，说是饥民乱后于五月开过临时会，那时就应该将此案交谘议局议决，该抚并不交议，公然施行，实系侵权违法，欺罔朝廷；湖北、安徽公债在谘议局未成立以前，不得援以为例。现在奉天总督锡已将公债交议，更见杨抚违法侵权。本股审查杨抚侵权违法属实，应请公决，照《院章》二十四条具奏请旨裁夺。本股审查之结果如此。

109号（籍议员忠寅）：看这个特任股员会报告书审查的侵权违法是一点不错，但前几日本员于此案未交特任股员会之先已经说过，照《院章》二十四条系核办之案，似可以拟出办法。不过对于督抚拟定罪名这层，资政院无此权利。至于请旨议处，则本院所应有者。若是对于督抚连这个都（造）[办]不到，以后各省督抚可以放胆侵权违法了。（拍手）假为未请资政院核办以前，各省督抚对于法律、对于谘议局权限尚不敢违背侵犯。他既然侵权违法，既请资政院核办，还不能加以处分，以后各省督抚哪里有资政院在眼里？从前广西禁烟一案，原是侵权，并系自己变更公布议案，那件事情本来资政院具奏没有请旨惩处的话，亦有原因：一则是他并未违法，因为他是已交谘议局议过，并非如杨抚不交该局议决；一则是资政院未上奏之先，他已经自请议处，奉旨著无庸议云云。资政院既不应再有请旨惩处的话，所以广西的案可以无处分。此次与上次不同，又没有无庸议处之朝旨，并且确是侵权违法彰明较著的，若是再不加以惩处，资政院对于各省督抚毫无权力了。本员意见对于报告书要加上两句，既为侵夺权限、违背法律，毫无疑义，在这个底下应添入"若各省督抚相率效尤"，还有一句尚未想妥，以下再应加入"至应如何处置之处，请旨裁夺"云云。请议长将本员修正案问各议员以为然否。

149号（罗议员杰）：请议长把籍议员的话问各议员赞成否，况且这个事情并不是关系湖南一省谘议局事，章程就是法律，以督抚之意见不能变更奏定法律，未审定各议员以为何如？

52号（毓议员善）：按照章程二十四条不过前项核办的事情审查属实，照二十一条办理，查二十[一]条系请旨裁夺，籍议员提议，亦是惟总以请旨裁夺，方与《院章》相合。

109号（籍议员忠寅）：照二十一条办理，本员亦是这个意思，第一项是对于军机大臣、各部行政本臣侵权违法事项，由总裁、副总裁具奏请旨裁夺；第二项对于各省督抚侵权，亦是据实具奏，请旨裁夺。前项奏陈事情，非有三分之二以上之同意不得议决。至于对于各省督抚侵权违法，亦是这个样子，比照二十一条第二项请旨裁夺。我们若加上应如何惩处之处，并不出请旨裁夺范围之外（拍手）。

126号（陶议员镕）：籍议员所说，其理极为正当。湖南公债，该抚不交谘议局议决，违法侵权，毫无疑义。况举行公债稍一不慎，大有害于全国。即如安徽去年奏办公债，亦未交；且系为经常之用、经常之费，万无发行公债之理。皖谘议局现在提议绝不承认，若此案湘抚毫无处分，将来各省效尤，为害非浅。请仍照籍议员所加之语为是。（拍手）

177号（李议员文熙）：向来各省督抚惟我独尊、任意自由，已成习惯，故对于中央机关的命令，往往视为具文。今忽有监督机关，渠等已先有不愿意处。《谘议局章程》，渠等岂不知之？而敢于尝试者，亦为后来自由地步。故本院对于此事若不认真办理，则各省督抚相率效尤，不惟谘议局之权限剥夺（始）[殆]尽，将来国家法律，将无实行之一日。故今日之当于处分，不是专对湖南巡抚一人，实为维持国家法律之必要。（拍手）

180号（刘议员纬）：籍议员的话，本员极赞成的。各省谘议局，朝廷所设之谘议局也；《谘议局章程》，朝廷所设之法律也。湖南巡抚敢于违背法律、侵越权限，非破坏谘议局，实即轻视朝廷也。朝廷所设之法律不重实行，将来官之专横愈不可收拾。即如广西巡抚违法侵权，不惟不加以相当之处罚，反因此而升署两广总督。据此看来，在官者个个皆有违法侵权之思想，即个个皆有升官发财之思想也。故籍议员请添加字句之处，本员是很赞成的。

75号（长议员福）：本员是审查这个事情的一分子，初意审查（的候）[时候]，已拟加上"应如何给与相当处分，恭候圣裁"等语，再复思维，与《资政院院章》究属不合，是以大家商议《院章》即是"请旨裁夺"四字，报告中只好说到"请旨裁夺"，庶乎不越范围。至于与广西巡抚不同之处，所谓桂抚侵夺权限者，是侵夺谘议局权限；湘抚违背法律者，是违背朝廷法律。本院按照《院章》二十四条据实请旨裁夺，将来上奏后，两抚罪名不同，不虑不予以处分。

9号（议员铠公）：还是照《院章》请旨裁夺为是。若请处分，是与《院章》不合。

144号（胡议员柏年）：籍议员的话，本议员是赞成的，但是不赞成加入审查案内，作为修正。为此，审查报告已属妥适。籍议员拟增的两句话可以加入案内，不必添在报告书内。（拍手）

126号（陶议员镕）：请议长将此数语写入奏案上。

112号（陈议员树楷）：这个报告书是将来奏案的底子，大家既以此语为然，将来奏案上"应如何惩处之处，恭候圣裁"等语就可以添上，况且"如何惩处"字样就是根据侵权违法来的，添上亦无甚要紧，似不必如此争执了。

129号（汪议员龙光）：募公债与借外债迥然不同，一省举募公债，必先募诸本省，然后推及外省，并可推及外国，应总以本省为注重。既以本省为注重，则万不能不与谘议局商量。因为与大家商量，方可使全省担负公债。而杨抚独不与谘议局商量，即行上奏者，可见他的意思不重在本省，亦不必重在外省，而重在外人。以七、八、九厘以上之重利募公债于外人，自然容易到手。名曰募公债，与借外债何异？此种以借为募的手段，其心可诛，万不能不照籍议员的话加上一层，并不出请旨裁夺范围以外。

182号（万议员慎）：这件事情与广西大同小异，广西是交谘议局议而谘议局不议，至于湖南他并不交谘议局议，悍然不顾，可见他侵权违法是不错的。这个事既然上奏，就不必审查。本议员意思应加上"侵夺权限、违背法律、轻蔑朝廷"十二个字，请议长交起草员斟酌办理。前广西一事奏稿后数语无甚结束，稍松懈。本议员意欲发言，因稿已起好，成事不说，故此事不能不郑重。

议长：籍议员倡议修正报告书，诸位议员颇有赞成者，即可作为议题，现在应由秘书官将籍议员之修正之处朗读一遍，即付表决。

73号（汪议员荣宝）：本议员的意见，应在报告书"毫无疑义"之下，加"若各督抚相率效尤，则国家法律将同虚设，自应照《院章》第二十四条规定，由本院据实秉陈，至应如何惩处之处，请旨裁夺"云云。（拍手拍手）

议长：汪议员修正之点与籍议员意思相同。但字句稍异，不知籍议员以为何如？

109号（籍议员忠寅）：本员很赞成汪议员的话，不过这几句话不能写在报告书上，当写在奏稿上为好。

136号（王议员廷扬）：本议员对于这件议案的报告书颇有疑义。所谓"侵权违法"四字，对于本案核议仍无结果，且发行公债不论有无利弊，现在公债已否发行，应责成该抚将所发公债一律收回，方是正当办法。

149号（罗议员杰）：本院只问巡抚违法侵权，至于公债应否发行，系湖南谘议局权限，今既断定交议，本院可以不问。

136号（王议员廷扬）：汪议员所说的话，应当加入奏案，不应当加入报告书。

153号（易议员宗夔）：请议长命秘书官朗读汪议员修正案，即付表决。

117号（雷议员奋）：奏稿拟成后，是否再由本院通过？

议长：恭拟折稿告成以后，总要朗读给诸位议员听听。

117号（雷议员奋）：今天所说的话多是报告书上的话，不是奏折上的话。将来奏稿拟成的时候，还要问各议员赞成不赞成，并非今天应议的事。今天所议的是湖南巡抚是否侵权违法，至于奏折上的话，应当候奏折草稿成后表决，不必在会议审查报告时表决。

153号（易议员宗夔）：雷议员所说的话本员颇不赞成。广西奏案并未有经会场通过，当时决议即行上奏，此亦有例可援。本议员意见，请议长先将此案即付表决，由秘书官朗读汪议员倡议之修正案。

秘书官曾彝进承命朗读汪议员修正案。（拍手）

议长：赞成者请起立。

众议员多数赞成。

议长：赞成者多数。

153号（易议员宗夔）：就请秘书官起草或请议长指定议员起草。

议长：广西一案由秘书厅起草，此次自可照前例办理。

126号（陶议员镕）：请议长不必交本院通过，照广西核议案之例办理。若迟数日，谘议局常会之期已过，不及交湖南谘议局议决矣。

56号（李议员经畬）：此系奏稿，其奏稿不必另在议场通过。

109号（籍议员忠寅）：应在议场通过。

153号（易议员宗夔）：若再到议场通过，未免耽延时间。

议长：现在休息三十分钟。

下午三点十分钟议事中止。

下午三点四十分钟接续开议。

秘书长报告：议长因事先回，请副议长代理。

117号（雷议员奋）：方才湖南巡抚发行公债的事情已经表决，本员本无异议，但是我们资政院所表决的事情，总以不使外间有后言为是。本员提出二层意思，请大家斟酌：第一层，报告书是特任股员的审查报告，后来籍议员倡议，经汪议员加入一段，这是对于报告书审查之结果，本是应有的事；至于加入奏稿，这又是应有的事，已经本院表决过。而本员还要请长再付表决者，因为照资政院章程，关系各省谘议局的事，该省议员应该回避，我们资[政]院做事处处要依靠章程，方不致受外人的指摘，此是第一层。第二层就是奏稿问题，应由议长起稿，然后再置本院通过，不要交秘书厅办理。因为我们资政院作事要从实事上着想，不要流于苟且，今日有一分的苟且，将来就有一分的流弊，资政院奏案是全体的，不是总裁、副总裁的。（拍手）从前广西的事情已经过去，自此番湖南事件以后，无论有什么事，奏案都要经大会通过，不可交秘书厅办理。

153号（易议员宗夔）：方才雷议员所说的话本员非常赞成。但方才表决是表决汪议员审查之结果，如果再有审查报告表决的时候，请议长命湖南议员退出议场。

80号（劳议员乃宣）：照《院章》二十一条议决时候，非有到会议员三分之二以上之同意，不得议决，如果再有表决时候，请议长数清人数。

副议长：现在表决报告书，请湖南互选议员暂行退出议场。

湖南议员易宗夔、罗杰、汤鲁璠、唐右祯等退去议场。

117号（雷议员奋）：对于表决报告书，本员是特任股员一分子，拟请先把报告书的理由说明一遍，再付表决。

37号（议员李子爵）：今日雷议员所言遵章不得与议之说，本员赞成，如不以规矩不能成方圆。至广西禁烟的事情，当时将此条请问议长解释一次，准其发言，不过不在起立表决之内，又经众议员多数赞成。据本员意见，湖南议员事同前一律，亦不过不在表决之内，如定必退出议场回避，未悉前次广西议员退席否？若退席，则湖南议员定必遵章办理。

各议员：从前表决广西事件时，广西议员已经退出，不过钦选议员没有退出。

117号（雷议员奋）：本议员请说明报告书之理由。

117号（雷议员奋）：湖南巡抚发行公债未交谘议局议他就出奏，奏了之后奉旨交度支部议准，奉旨依议。后来湘谘议局请巡抚交议，仍没有交议。我们资政院要认清楚，此事不仅关系湖南一省，中国二十二行省，凡有谘议局的省分都有关系。为议决的正当，各省都受其福；如不正当，各省都被其害。在谘议局的章程明明定好的，湖南此事应当交议，巡抚不交议就出奏，是明明用奏案以取消谘议局章程。（拍手）请各位议员不要说是湖南一省的事，亦不要问湖南巡抚是何人，（拍手）若一问是何人，就有许多窒碍。这是特任股员报告书中未说的话，所以本议员特为说明。

73号（汪议员荣宝）：不是湖南一省的事，也不是谘议局的事，是中国全国的事。

副议长：现在表决报告书，以为可者请起立。

众议员起立赞成。

副议长：赞成者过三分之二。

117号（雷议员奋）：汪议员的话到底加入奏案与否？请议长交秘书官报告一遍，再付表决。

87号（沈议员林一）：汪议员所拟加入数语，前已表决过，无庸再行表决。现如再为表决，就是更正表决，与《议事细则》不合。（拍手）

117号（雷议员奋）：这个条件如果一定加入奏稿，则不再付表决，本议员亦可赞成。

62号（刘议员泽熙）：顷所表决本已包括审查报告书及汪议员修正案在内，乃雷议员倡议谓初次表决，湖南议员未退出议场，请再付表决。易议员因分析报告书及修正案为二，谓初次表决为修正案，非报告书。议长乃将报告书重付表决，已属不合。今雷议员又倡议将汪议员修正案再付表决，本议员以为断无再付表决之理。盖凡议案表决，总是多数不能全体。若一议员不合意，倡议表决，将表决后，又一议员不合意，必又倡议表决。由此而再而三而四，终无已时。此风一倡，恐资政院无表决之议案矣。故汪议员修正案断不能再行表决。（拍手拍手）

48号（陈议员懋鼎）：方才汪议员修正报告书即不表决，于事实上并无妨害，将来奏稿拟就后，既须朗读表决，现在自可以不必表决。（拍手）

副议长：折稿案拟既成，自然是要读给大家听的。

126号（陶议员镕）：本议员意思，奏稿若成，就要出奏，不及再行通过。今日初二，去谘议局闭会之期仅有八日，若再俟下一会通过，再行具奏，辗转迁延，谘议局常会之期已过，必不能交湘局议决，于事实上大有妨碍。请照上次广西咨议案具奏之前例办理。

190号（吴议员赐龄）：现在已经表决，只好将修正案加入奏稿，请议长命秘书厅赶紧拟就，今天就拿出来通过。

副议长：奏稿要详细斟酌，今天无论如何不能赶就。

137号（邵议员羲）：照章表决之后，无论何人不得发言。

副议长：按照议事日表，原列第一《著作权律》议案续再读，照章应逐条表决，由秘书官朗读。

秘书官（曾彝进）朗读原案第十九条。

87号（沈议员林一）：十九条呈报之后，每次发行仍应呈报，未免太繁。比如编辑一种杂志，发行六次，可于首次呈报时预先声明，但须于声明次数外再有续出，令其呈报。若发行六次就要呈报六次，在呈报者及受呈报人均嫌烦累，本议员意思当以次数为限，如于限外另行添出，再令呈报。且呈报如须交费，更属不宜。此条似须斟酌。

副议长：沈议员有修正案否？

87号（沈议员林一）：本议员与陈议员等意思相同，但发行后有改良者是否另为一件事情，呈报注册总须声明，庶免临时各为解释。（声浪大作）

副议长：未具修正案，不好议决。

67号（王议员璟芳）：通过条文，非于开会以前审查修正条文之时，在会场有异议者，不能临时提出修正案。

政府特派员孙培：第十九条末段系根据第十二条规定，而第十二条规定理由则在使各著作物均能享有至三十年之权利，不致有畸轻畸重之弊。

87号（沈议员林一）：本条既与前条牵涉甚多，前次会议本议员有事未经到院，致未接洽，业经通过条文，无从追改，本议员提议即可取消。

副议长：诸君对于此条有无异议？

有呼"无异议"者。

副议长：如此，则本条可决。

秘书长（曾彝进）朗读原案第二十条。

副议长：有无异议？

72号（胡议员礽泰）：法典股审查时，本员对于二十条有疑义。第五条、第七条规定，其子嗣当继续著作权时，应付该管衙门呈报，何以第六条未有规定？

73号（汪议员荣宝）：第五条遗漏一"至"字，应作第五条至第七条之规定。

副议长命秘书官如汪议员改正，并命将"子（祠）[嗣]"二字改作"承继人"。

秘书官（曾彝进）承命再读第二十条。

有呼"无异议、无异议"者。

140号（康议员咏）：第六条于第十五条已经规定，这个"至"字可以不要。

72号（胡议员礽泰）：因为第十五条是计算年限，第二十条是呈报年限，已经分作两件事。

副议长：本条可决。

秘书官（曾彝进）承命朗读原案第二十一条，有呼"无异议、无异议"者。

副议长：既无异议，本条可决。

秘书官（曾彝进）朗读陈议员树楷提出之修正案第二十二条。

副议长：请陈议员树楷说明修正之理由。

112号（陈议员树楷）：原案上是说重制者应付该管衙门呈报，但是"重制"字样即有翻版之意，当说明本意，以免含糊。

87号（沈议员林一）：这个条文还要修正，因为著作兼美术在内，美术亦有改良时候，不能专就书本而言。

109号（籍议员忠寅）：沈议员解释颇错，不能分两项。如果将原案作为第一项就是矛盾，何以故呢？因为重制就有翻版改良意思在内，陈议员修正案不去重制字样，就是想不必分两项了。

政府特派员（孙培）：二十二条规定著作权期限内将原著作重制的，重制意思是就订正而言。至陈议员修正本条，谓改良内容重制之著作应从重制发行时起算年限等语，本员对此颇有疑问。倘如陈议员所云，则原著作是否仍有著作权？若谓仍有著作权，是一种著作而有两种著作权矣；若谓原著作之著作权归于消灭，则此后他人即可任意翻版，且将侵损改良内容之新著作权矣，是不可不研究者。

87号（沈议员林一）：意思是相同，但发行后有改良之时，改良之

后就是另为一件事情，须另为呈报，这一项专为改良著作而言。（声浪大作）

112号（陈议员树楷）：本议员意思，第二十九条著作权即以阐发新理为断，足以视为阐发新理者，即与以著作权，但看以下所揭各项，未免挂漏，所以主持删去。

某议员：重制既然不是翻版，请特派员把"改正内容"四个字解释明白。

政府特派员（孙培）：第一条重制意思，翻版亦在其内，即改正亦在其内。

某议员：翻版应在出版条例内说，是重制有翻版的意思，这解释不甚清楚。

137号（邵议员羲）："重制"二字似乎不甚明晰。

73号（汪议员荣宝）：二十二条"重制"之上不妨加"订正"二字。其不加订正者，自然不在此限。

109号（籍议员忠寅）："重制"二字解释很不容易，因为此二字不甚明白之故。日本著作权律内有"复制"二字，"复制"就是"再版"的意思。我们著作权律内二十二条所谓"重制"，与日本复制相同，不如加"订正"二字较为明晰。至于解释条文，必须加以订正才可呈报。呈后，新效力即可发生。如政府特派员所谓由头一次呈报计算年限，是后来再不能发生新效力了。

72号（胡议员礽泰）：方才籍议员的话，本议员赞成一半。因为发生新效力不很正当，订正即可以呈报；若是再报，就无须呈报。此条意思，是恐人家侵夺著作权翻版去卖，所以说将原制作重制者应赴该管衙门呈报，原为保护他的著作权，若不呈报就不能保护，立法的主意在此。

109号（籍议员忠寅）：如果他自己不呈报，如何知道是他自己翻版，或是他人翻版的？所以必经本人呈报，然后才能受法律保护，如他自己翻版的时候不来呈报，亦无可议。

87号（沈议员林一）：这个不但为出报起见，并包美术等在内。既有美术在内，这美术的改良还是在内，抑是在外？至于呈报之时，并无所谓重制呈报之费。据本议员看来，不如照原案在著作权期限内将原著作重制者稍加修改，没有大变动的，可以作为另外。

99号（陈议员瀛洲）：今日为著作权律第二十二条"重制"二字，经众议员讨论，越三十分钟之久尚未解决。现距闭会期限不足俩月，若如此逐句逐字讨论不休，深恐误事。究竟赞成原案或修正案，应请从速表决，如再更番辩驳，坐使此宝贵之光阴竟成虚掷，岂不可惜？

48号（陈议员懋鼎）：二十二条还是照原案好。

112号（陈议员树楷）：本议员意思尚未说完。此重制的意思不是更正内容的意思，既是到该管衙门呈报，就有发生效力，所以翻版一层无须呈报。

62号（刘议员泽熙）：顷陈议员修正案所谓订正重制而改其内容者，本员以为不必如此修改。盖制者，制造之意，重制即是修正，修正即是改其内容，并非再版之谓，且第一条业经标明，重制此处又添"订正"等字样，亦似矛盾。

48号（陈议员懋鼎）：重制就是包含修正在内，不止翻版一端，且第一条已有"重制"字样，不能不归一律。

126号（陶议员镕）："重制"二字自是包涵修正意义在内，不难解决，只须认明此为《著作权律》所谓重制，即是将著作物重行改制，至翻印之事当在《出版律》内，规定此"重制"二字，绝非"翻印"可知。

153号（易议员宗夔）：因为两个字讨论了四十分钟之久，尚未解释清白，请议长即付表决。

副议长：现在表决，以陈议员树楷之修正案为可者请起立。

无起立者。

112号（陈议员树楷）：本议员再把修正案读一遍。

52号（毓议员善）：请议长将"变其内容"四字删去，再行表决。

众议员请表决原案。

秘书官（曾彝进）朗读原案第二十二条。

副议长：赞成原案者请起立。

起立者六十八人。（声浪大作）

副议长：少数。

56号（李议员经畬）：请议长加入"修正"二字再行表决。

115号（许议员鼎霖）：两次表决均属少数，请议长加入"修正"二字再行表决。

副议长命秘书〔书〕官如议加"修正"二字于"重制"之上再朗读。

副议长：以为可者请起立。

众议员起立。

副议长：多数。

秘书官（曾彝进）朗读原案第二十三条。

有呼"无异议"者。

副议长：既无异议，本条可决。读原案第二十四条。

秘书官（曾彝进）朗读第二十四条。

73号（汪议员荣宝）：遗漏一个"权"字。

秘书官（曾彝进）添入"权"字再朗读。

有呼"无异议"者。

副议长：第二十五条，陈议员树楷有修正案，由秘书官朗读。

秘书官（曾彝进）朗读陈议员修正案毕。

副议长：请陈议员说明理由。

112号（陈议员树楷）：这个原案"搜集他人著作"数字，解释不清楚。因为搜集他人著作一定不是一个人的，是多数的著作，所以要改搜集多人的著作，编集权归编者有之。

某议员：陈议员修正案未听清楚，请再读一遍。

秘书官（曾彝进）再读陈议员修正案。

副议长：赞成陈议员修正案者请起立。

无人起立。

副议长：朗读原案，"例"字仍改"限"字。

秘书官（曾彝进）承命朗读。

副议长：赞成原案第二十五条者请起立。

众议员起立。

副议长：多数起立。

秘书官（曾彝进）朗读原案第二十六条。

有呼"无异议、无异议"者。

112号（陈议员树楷）：第二十六条有遗漏。

112号（陈议员树楷）：二十六条尚未表决，并且遗漏"其著作"三个字。

众皆云"有遗漏"。

副议长：如此就加入此三字再朗读一遍。

秘书官（曾彝进）承命加入朗读。

呼"无异议"者、"无异议"者甚多。

秘书官（曾彝进）朗读原案第二十七条，如前例，将"例"字改"限"字。

有呼"无异议"者。

副议长：王议员璟芳第二十八条之修正案由秘书官报告。

秘书官（曾彝进）：王议员璟芳提出修正案，将第二十八条作为附则第五十一条。

190号（吴议员赐龄）：二十八条应该取消，何则？凡所有权者，皆含受特别利益之保护。此种条文既不能享受个人独有之利益，又不能享受数人共有之利益，不独与上面种种保护条文冲突，且与议题冲突，实属画蛇添足，必须删去，免贻笑柄。

67号（王议员璟芳）：提出修正案第二十八条作为附则五十一条的缘故，尚须简单说明。因为《著作权律》全篇皆是规定著作的权，若译出的书，总要有点分别，改入附则内视为特别条文，全律的体裁较为完善。

副议长：现由秘书官朗读。

秘书官（曾彝进）朗读王议员璟芳提出之第二十八条修正案。

副议长：请王议员璟芳说明理由。

67号（王议员璟芳）：这原案语，译书的便有著作权，译与著本是二事，这是第一层不合。又就原作另译华文不在禁止之列，这是第二层。对于保护不确实又译文无甚异同者，不在此限。"无甚异同"四字不定确实解释，将来实行的时候，对于这一层更有许多困难。本议员（一想）[想，一]条法律总要有一个一定的办法，若一种书准两人译的，必有两个著作权，彼此都有损害。一有损害，凡被损害之人难免不互相诉讼，这是立法的时候不能不想到的。将来各种新书从外国文翻译出来的，若不将保护权先规定个限制，将来一定要受外国人的干涉；而且译外国各种的，多是直译文义，不甚明晰。若这等书均有著作权，不定一个制限，于输入文明国家学术，并无一点进步。所以本议员修正案对于译书要加"特出心裁"四字。既经特出心裁，便可算本人的著作，所有的著作权必不致受外国人的干涉，且于学术上较有进步，在于国家著作权法律亦较完全。至"特出心裁"如何解释，则有规定之第二项"引申意义、摘录要旨、加注案语"皆是等语。

73号（汪议员荣宝）：王议员修正案的意思即是二十九条的意思，二十九条对于阐发新理者已有规定，似乎不必增此一条。

67号（王议员璟芳）：第二十九条所指"他人"二字，没有规定是本国人是外国人，大约其意是专指本国人所著的书。

137号（邵议员羲）：第二十八条翻译者著作照各国通例都可以算作著作权。

副议长：王议员璟芳修正案现在即付表决。

秘书官（曾彝进）朗读王议员提出之修正条文。

副议长：赞成者请起立。

赞成者少数。

副议长：股员会修正案第二十八条，由秘书官朗读。

秘书官（曾彝进）承命朗读股员会修正案第二十八条。

副议长：赞成者请起立。

众议员起立赞成。

秘书官计算起立人数。

副议长：起立者八十一人，多数。

副议长：第二十九条，陈议员树楷有修正案，现由秘书官朗读。

秘书官（曾彝进）朗读陈议员树楷之修正案。

112号（陈议员树楷）：据本议员意（看思）[思看]，只他重制时修正与否，若不修正，就不能发生新效力。

秘书官（曾彝进）承命再朗读陈议员修正案。

副议长：赞成者请起立。

各议员起立，赞成者少数。

副议长：再读原案。

秘书官（曾彝进）承命朗读原案第二十九条，仍将"例"字改为"限"字。

副议长：赞成原案者请起立。

各议员起立赞成。

秘书官计算人数。

副议长：起立者七十四人，多数。

副议长：朗读原案第三十条。

秘书官（曾彝进）承命朗读原案第三十条。

59号（顾议员栋臣）：第三十条有著作权者得向该管衙门呈诉，这个"得"字可以不要。

73号（汪议员荣宝）：应将"准有"二字删去。

副议长：照顾议员所说去"得"字。

秘书官（曾彝进）承命改正朗读。

副议长：有无异议？

有呼"无异议""无异议"者。

秘书官（曾彝进）朗读原案第三十一条。

182号（万议员慎）：此议案各位都研究过来，据本议员意见，别条都无异议，惟有三十一条关系最重，是与学部以前订出章程，学生不得发言政治，只准言实业，同一专制主义、秘密主义，况与第八条大有冲突。官署、学堂、公司、局所所出名发行之著作权，所谓官署发行者，若非文书案牍，试问其所指者果系何件？至于公牍文字，其来最古，姚惜抱云两汉文字皆官行文书，何古雅乃尔？章实斋云古无私家著述，故汉魏以至陈隋，凡封事章表檄移教令，皆谓官行文书，而他体甚少。至唐宋来文体略备，然欧苏四六，多官行文书，故有以东坡之制诏批判教子弟者，如张鷟之《龙筋凤髓判》以教子弟，国初常有，本议员亦曾见过。至于本朝文家长于公牍者尤多，不可缕述。虽此是议场，非讲学之地，然既曰著作，不能不将著作家略说一二。如姚石甫之《复堂纪实》，蓝鹿州之《鹿州公案》，薛叔耘之《浙东筹防录》，樊二山之《樊山判牍》，是以公牍官文而入私家著述者，不知有著作权否？总之近今通行社会朝野上下，官行文字为多，即议案亦公牍之一种。若必认真古文而后有著作权，是必如张濂清、吴挚甫、王壬秋，此海内不过数人，即有岩穴之（土）[士]本议员不知者，亦不过一二十人。是文章有著作权者，尽稗官小说而已。请将三十一条官文案牍删去较为妥当，否则亦请解释。

137号（邵议员羲）：现在时候已到了五下钟，况人数已不及三分之二，照《议事细则》第十条，议员离坐至不满总数三分之二以上者，应照十一条办理，请议长宣告展会。

副议长：命秘书官计算人数。

副议长：现在在场人数共一百二十二人，尚有三分之二，可以开议。

副议长：再朗读原案第三十一条。

秘书官再朗读原案第三十一条。

副议长：赞成者请起立。

多数起立。

副议长：朗读原案第三十二条。

秘书官朗读原案三十二条。

副议长：有呼"无异议"者，既无异议，本条可决。

副议长：朗读原案第三十三条。

秘书官朗读原案第三十三条。

有呼"无异议"者。

副议长：朗读原案第三十四条。

秘书官朗读原案第三十四条。

副议长：有呼"无异议"者，既无异议，本条可决。

副议长：朗读原案第三十五条。

秘书官朗读原案第三十五条。

有呼"无异议"者。

副议长：既无异议，本条可决。

议长宣告散会，议长离席，各议（长）[员]退出议场。

下午五点三十分钟散会。

注释

① 内阁会议政务处十月二十一日答覆

内阁会议政务处为咨覆事。准咨开"查《院章》第二十条，资政院于各衙门行政事件及内阁会议政务处议决事件，如有疑问，得由总裁、副总裁咨请答覆"等语，兹根据议员李文熙提出质问说帖一件，业经咨询本院决定，相应刷印说帖，照章咨请贵处酌定日期以文书或口说答覆等因前来。查议员李文熙等说帖所称，步军统领衙门之权与陆军部等衙门冲突一节，查新官制尚未颁行，所有新旧各衙门职掌牵掣，不止步军统领衙门一署为然。现值本处会同宪政编查馆厘定新官制时，自应审量职权，详细规定，奏明办理，相应遵章答覆贵院查照可也。须至咨者。上咨资政院，宣统二年十月二十日。（"内阁会议政务处咨覆议员质问步军统领衙门取权与陆军部等衙门冲突一节"，《资政院文案七种》之《资政院第十七类各部院衙门咨覆各案件》，清末油印本）

② 九月初四日收湖南谘议局电一件

资政院钧鉴:《局章》第二十一条第四项议决本省税法及公债事件。今杨抚未交局议，遽奏准发行公债百二十万两，显系侵权违法，万难承认。敬遵第二十七条规定，呈请核办，伏其迅赐施行。湘议局，叩支印。（"九月初四日湖南谘议局电一件"，《资政院知会折奏章程、说帖、质问、知情等案件》之《资政院第十五类各省谘议局等电案件》，清末铅印本）

资政院第一次常年会第十四号议场速记录

【标题】讨论究竟能否速开国会问题及资政院立法范围议案

【关键词】谕旨　资政院立法范围　宪政编查馆　《地方学务章程》《修正报律》　河南印花税核议案　湘汉航业核议案

【内容提示】会议重点是围绕不能速开国会之谕旨和申明资政院立法范围议案之发议，之后简单审查了河南试行印花税议案、湖南湘汉航业核议案。易宗夔有质问王大臣关于不能速开国会的说帖，及宣读江浙贺国会电，引起议员对宣统五年开国会谕旨的讨论。有议员以为，对贺电所说，不觉痛心。倘我中国有幸到宣统五年，仍是完全无缺之中国，尔时致贺犹不为迟。有议员对王大臣坚持宣统五年才能开国会的理由进行了驳斥。有议员提出要请会议政务处王大臣到会，以便质问。在讨论申明资政院立法范围议案时，引出了与宪政编查馆职权冲突的问题，有议员提出与宪政编查馆划清权限是申明资政院立法范围最要之处，甚至有裁撤宪政编查馆的提议。

宣统二年十月初六日下午一点三十分钟开议。

议事日表第十二号：

　　第一，《著作权律》议案，再读；

　　第二，提议陈请申明资政院立法范围议案，会议；

　　第三，《地方学务章程》议案，三读；

　　第四，《修正报律》条文议案，续初读；

第五，河南试行印花税议案，会议；

第六，湖南湘汉航业核议案，会议。

议长：山西来文，民选议员渠本翘辞职，并已举定议员刘懋赏，现在已到会。

议长：今天议员到会者一百三十四人，现由秘书官报告文件。

秘书长（张祖廉）承命报告文件及各省来电。

议长：有罗议员杰质问学部的说帖①一件，已经刷印分送诸位议员，谅已接到，现在省略朗读，请问各位议员赞成否？

163号（李议员时灿）：本议员对于罗议员质问学部的这件事情还有两句话说。第一项教育的方针，学部大臣已经宣布，有急办、缓办之分。急办的是初等小学及师范等学堂，缓办的是高等以上学堂，这个高等与普通不是对待的名词。我们要质问，只可就他已经宣布的范围质问。各国教育，以普通为国民教育，以专门为人才教育，无不并重，我国普通固所当急，专门为什么要缓办？况现在将定文武官考试，若不设高等学堂，人才从何处采取？（语未毕）

123号（江议员辛）：现在议长所问的是赞成不赞成，不是讨论的时候。

163号（李议员时灿）：虽在表决赞成时候，而议员有意见，亦可以稍为说明，以示赞成与否。

149号（罗议员杰）：本议员云质问学部案第一项不应再问学部方针，学部方针前日学部大臣已经宣布，本员以为前日学部大臣所言方针，非本员所问之方针，本员所以不能不问。又李议员谓第一项应问专门与普通对待，不应问高等。本员以为高等包专门、实业二种，恰与普通对待。

议长：说帖已经印刷分送，各位议员已经看过，可以省略朗读，现在表决罗议员的说帖，赞成者请起立。

各议员起立赞成。

议长：起立者多数，还有罗议员杰质问度支部说帖②一件，亦已刷印分送过了。有赞成此说帖者请起立。

各议员起立赞成。

议长：赞成者多数。

153号（易议员宗夔）当场呈递说帖一件于议长。

议长：王议员佐良质问邮传部关于津浦铁路说帖③一件，赞成者请起立。

各议员起立赞成。

议长：赞成者多数，还有邵议员羲质问邮传部说帖④一件，赞成者请起立。

各议员起立赞成。

议长：赞成者多数。

153号（易议员宗夔）递说帖于议长。

议长：易议员宗夔说帖已收到，但即刻不能印刷，应否今日朗读？或俟下次会议时再行宣布？

153号（易议员宗夔）：请议长命秘书官将本议员说帖朗读一遍。

议长：现在由秘书官朗读易议员质问说帖。

秘书官（张祖廉）承命朗读易议员宗夔说帖一件。

议长：现在易议员说帖已经朗读过了，赞成者请起立。

各议员起立赞成。

议长：赞成者多数。

秘书官（张祖廉）续行报告毕。

168号（李议员素）：本议员今日听宣读江（浙）[苏]贺国会电，⑤不觉痛心，何者？外人对我国家瞬息万变，实有不可思议之状态。倘我中国有幸到宣统五年，仍是完全无缺之中国，尔时致贺犹不为迟。今速开国会之目的不能达，人民失望而江（浙）[苏]独争先电贺，以懈怠民气，本员甚觉痛心。

137号（邵议员羲）：宪政编查馆答覆本员说帖一件，本员对于此项答覆未能满意。今日还要以口述质问，不知道宪政编查馆特派员今已到会否？即请特派员以口述答覆。

宪政编查馆特派员（顾鳌）：本员对于质问事件不应答覆。

137号（邵议员义）：何以不应答覆？

宪政编查馆特派员（顾鳌）：照章质问事件以口说或用文书答覆，军机大臣及行政大臣始有此特权，特派员按照《议事细则》并无得以口说答覆明文，是以不应答覆。

153号（易议员宗夔）：方才质问说帖因为会议政务处王大臣一定要宣统五年开国会，但是资政院只有两百议员，这三年之内内忧外患，我们两百议员能否担此责任？如果担此责任，本员无话可说。若不能担此责任，则本员意见有两个办法：（一）本院再行议决具奏，请再行缩短年限（拍手）；（二）这件事若办不到，则本员还有下策，就是将《资政院院章》改良，将《议事细则》改良，或者不无小补。总之三年之内，我们两百议员若不能担此责任，上何以对我皇上、摄政王，下何以对四万万同胞？（拍手拍手）本议员意见就是如此。

190号（吴议员赐龄）：易议员宗夔提出这个质问书很明白的，此次本院陈请速开国会具奏案，钦奉初三日上谕，⑥仰见我皇上、摄政王毫无成见，四万万同胞非常爱戴，但政务王大臣的意见何以速开国会必待至宣统五年？而筹备宪政何以必须三年？就王大臣所列举者而言，除宪法条款寥寥百数十条文外，议院法亦甚简单，惟上下议院议员选举法颇费研究。以现今中国这个时候，一切机关未备，就是筹备三十年，恐亦未必完善。不如就从前办谘议局的选举法略为变通规定，断不至于选举不当，并且三两个月可以成事。王大臣所谓关于宪政应提前赶办事项，虽用概括名词，大抵不外各省督抚电奏组织内阁，设弼德院、会计检查院及行政裁判所，此皆厘定官制内事，未可与国会同时并举，不是召集国会以前必举办的。国会即开，人民乐于负担，预算方能成立。该王大臣以为必须三年然后所筹备者方得完全，这个道理易议员质问说帖上已经说过，本议员还有一点意见可以发表。日前国会议案已经全院表决具奏，凡在立宪国，一个议案经表决之后，须请皇上裁可。所谓裁可者，不过是名义上之裁可，并没有经议院表决之后不实行的道理。前天表决这个议案的时候，王公大臣庶士人民无不欢欣鼓舞，以期翘日公布施行，即外国人亦皆分电各国，以为已经通过之后必定有效。如果无效，我们资政院必为外人所轻视。今本院具奏案主张明年速开而王大臣议定宣统五年，则这议案效力全失。所谓资政院立议院基础，养议院精神者何在？还有一层，自筹备宪政以来，朝廷无日不以消融满汉界限为事，前天表决国会，无论王公大臣士庶人民都是欢欣鼓舞，意气相同，感情非常之深，满汉界限已经破除净尽，何以会议政务处王大臣必要迟至宣统五年表示保全朝廷自动力的意［思］？此等意思即是不信任人民的意思，其不引起满汉之恶感？不知该王大臣是何意见？况且这个事情是各省督抚与人民同意请求，其有不同意者就是少数王大臣，如果全国人民与督抚协谋对待王大臣，不识王大臣何以应付？至于宪法条款、议院法、选举法，数月之间未始不可以办好。但自筹备宪政以来，皇上尚在冲龄，监国摄政王采纳群言，一切立法悉委任宪政编查馆王大臣。而宪政编查馆之起草的就是一二小臣，大概全是在东洋留学的。其程度之高下，本议员不敢轻议，但是他自己以为程度非常之高，遇事迎合王大臣意旨，附会以文明学说，卖弄手段。揣度其心，不过为固宠邀荣之计，恐国会一开，多数新人才出现，使他们无立足之地，所以此次彼辈百般运动主持，迟开国会，以抑民气。现在已有资政院，当请议长咨商宪政编查馆，从速将宪法、议院法、选举法起草，交资政院通过。与其信一二人之意见，何如信多数人之意见！这个事情请各位注意（拍手）。

110号（于议员邦华）：初三日上谕下来，本议员看其内容，对于我皇上、我摄政王非常感激，就晓得我皇上、我摄政王本无成见，天下人民及各省督抚请求亦属同意，但是中国政体，凡遇有特别事情，不能不商之会议政务处王大臣。而该王大臣既已署名，当有副署之责任。今既不能提前速开国会，而必延至宣统五年，非该大臣之意见，何以至此？本议员对于该王大臣不能不滋疑惑。若说三年二年不要紧的，就是九年又何尝要紧？因为天下人民及各省督抚所陈请的已经说（极的）［得极］详，所以不能不速开国会者，就是因事变日亟，有瞬息千里之势。若是可缓，又何必变更先朝的谕旨？现在要开，以遂天下臣民之望。若必俟宣统五年始开国会，试问此两三年内，倘有意外的事情，该王大臣等将何以对付？贪黩之臣本来有的，如果有了立宪期限，彼贪黩之臣不于此时用辣手段再弄几个钱，更待何时？所以该王大臣定了五年期限，不要即开，是为贪官污吏开搜括之门。前天上谕发表后，四川、湖北来电均主力争，惟江苏来电致谢。试问国家是何人的国家？天下臣民人人都有义务，江苏之谢，并不是谢资政院，是说我们资政院议员不能办事的意思。要请议长请会议政务处王大臣到会，以便质问。

113号（李议员搢荣）：本议员今天在前门外看见贺国会者，满街悬挂龙旗，这是一个现象。及到资政院，见议员等因未达明年即开之目的，甚至于痛哭流涕，又是一个现象。本议员想大家痛哭流涕，必以为已经宣布不能挽回，且上谕亦说是确定年限万不能再议更张，但本议员恭绎上谕的精神所在，全在揆夺时势，瞬息不同，危迫情形，日甚一日。朝廷宵旰焦思，急图挽救，惟有促行宪政，俾日起而有功，不待臣庶请求，已计及于此。这几句话盖因"急图促行"等字，皆愈速愈好的意思，我皇上、我监国摄政王的本意，并不是必要到宣统五年始开国会。若以"不待臣庶请求，亦已计及"，于此二句言之，虽无各省督抚联衔奏请早开，及人民代表屡次请求早开，已打算早开才好。然则就是宣统三年，还以为迟，不过因皇上方在冲龄，监国摄政王不能自作主张，所以付交廷议以取决之，而发此明谕。可知五年之期限不在皇上及监国，而在会议政务处王大臣。据上谕以观王大臣意思，亦无一定理由，不过由宪法、议院法、选举法未尝编订，然编订何必须三年之久，方能颁布？现议长已奉旨简派为纂拟宪法大臣，将来议长与国会甚有关系，使议长督饬协纂各位，一半年可以编定，安见宣统三年不可以开国会？如为以一定五年的限期，不能再行请求，本议员以为不然，何以故？我皇上是继志述事，所谓继志者，非继九年筹备之志，乃继立宪以救危亡之志也。既因时势危迫，变更先朝所定九年期限。现在皇上所定的期限，又何尝不可变更？（拍手）上谕说"验向背于舆请"，此次颁布上谕之后，本院及各省代表若不思挽回，则是五年期限，舆情已经满足，朝廷于何处验舆情之相背乎？至初三日第二道上谕，所有各省代表人等著民政部及各省督抚剀切晓谕，即日令其散归，各安职业。本议员恭绎上谕，有深意存焉。因为各省代表久困京城三年，开国会未邀俞允，无面目回家见乡间父老，所以著民政部及各省督抚劝谕他们回家，作一个下场的方法。并不是皇上意思，未达三年之目的再行请求，则舆情之相背更可验矣。莫曰先朝谕旨可以更张，现在上谕所定期限绝不可以更张也。本员意思，大家如能继续请求，自能挽回天听，宣统三年即可以开国会是最好的。

149号（罗议员杰）：本员对于国会开设年限，不能不要求议长。前易议员谓本院二百议员难于负责任，本员则谓此项上谕，皇上及监国已知睽度时势，瞬息不同，危迫情形日甚一日，本欲即开，因政务处王大臣多主张五年，是以不能即开，此后内忧外患，要请副署王大臣负其责任。但本院既已具奏，未能达即开之目的，明知内忧外患如此逼迫，心实难安，请求议长咨询本院，可否指派特任股员，再具议案，请求即开，请议长速将再具即开国会案倡议宣付表决。

86号（喻议员长霖）：开国会的问题，方才听大家讲得很痛切。这个事情固是早一天好一天。况是国会一开，国民都有负担，于朝廷很有益。然朝廷不欲即开者，岂是王公大臣的知识都不及我们的高明？王公大臣的关系不如我们的紧要？不过中间有许多理由在。宪政的大体是行政、立法、司法三权并立，议院是立法的机关，行政统于内阁。现在请速开国会，上下之情甚属踊跃，然无内阁，则国会无所对待。故欲速开国会，必先组织内阁。查日本未开国会以前，明治八年颁地方自治，十二年行府县自治，十八年组织新内阁。由此而观，十九年就可以开国会，乃日本直待二十三年始开国会，他岂不知早开国会好的？因为此中有个道理，我中国现既改为宣统五年，已经比日本速的多了。（语未毕）

众论纷然，声浪大作。

议长摇铃，众均静默。

议长：本议长有一言，请大家静坐一听。

议长：这件事情已奉上谕，大家的意思，本议长均已领会。此事关系很大，早晚也不在几天工夫。现在易议员已有质问会议政务处王大臣的说帖，说的理由亦甚透彻，本院从速质问，请政务处王大臣以文书或口说答覆,看政务处王大臣有何理由再作道理。(拍手拍手)若政务处迟疑答覆,本院尚可以力催。(拍手拍手)上谕既是王大臣署名,本院就可以质问王大臣等说出理由。本院若有疑义,还可以再质问。(拍手怕手)今天的事情很多,请先开议罢。

149号(罗议员杰):本院质问说帖政府答覆很迟,此项为国会质问,关系尤重,请议长限期答覆。

110号(于议员邦华):今天议长所言甚好,议长的心,本院议员无不知道,请议长就从速质问为定。

196号(牟议员琳):我们资政院两星期以来,每一星期内只开会二次,每次开会,议事日表总不能议完。如此议法,恐政府交来之议案,三个月之后亦不能议完,至议员提出之案及人民陈请之案,更不能议到矣。请议长决定以后每星期需开会三次。

140号(康议员咏):各省谘议局多有因预算案事件来电,现在还没有开会,请议长再发一电才好。

议长:这事已经办过了。

130号(刘议员景烈):方才易议员质问书,据本员看来还有一个意见认为必要:今日中国现状日迫一日,倘必须迟至宣统五年始开国会,则此数年内关于中国前途之种种,会议政务王大臣能否当任维持现状之责?

99号(陈议员瀛洲):今天议事日表并未列有国会议题,乃众议员纷纷提议,而议长并不禁止,诚以国会问题关系重大,为当今救亡之惟一政策也。本议员是东省人,窃以为国会能即开,全国受其福;国会不速开,首膺其祸者必在东三省。现在东三省危迫情形已达极点,想早在议长洞鉴之中。本议员无烦赘述。今既明奉上谕,何敢妄议更张,惟有请求议长质问军机大臣,除速开国会外,当有何种政策以救东三省之危亡?

议长:湖南发行公债核议案的奏稿由秘书长朗读。

秘书长承命朗读奏稿。

64号(赵议员炳麟):前天议决还有几句话,何以没有加上?

议长：所以脱落两句者，(由)[有]"启疆臣藐视朝廷之渐"一语不甚妥当，现已有"量予处分、出自圣裁"云云，则"藐视"一语，似无庸赘叙。

110号（于议员邦华）："藐视朝廷"一句本不甚好。

议长：这件奏稿赞成者请起立。

各议员起立赞成。

议长：多数赞成。

议长：此案明天就可以出奏，现在可以开议。

35号（议员曾侯爵）：谘议局系本月初十日开会，如果明天具奏，恐于事无济。

议长：至快也只能明天出奏。

153号（易议员宗夔）：请议长照牟议员所说每星期开正式会三次，每次开会按照一点钟，不要到两点钟方才开会。现在开会已经一个多月，所议事情甚少，外间传为笑柄。本议员还有一个倡议，各省谘议局核议案要提前会议，不然无以副各省谘议局之望。请问议长，今天议事日表第五、第六条可否提前，作为第一、第二议案？

议长：易议员所说第一节可以照办，第二节应付表决。

110号（于议员邦华）：本议员还有一个倡议，特任股员审查各省事件回电电文，全院许多不知，以后回电总要通告全院议员，俾人人皆知才好。不然本院的事有许多不知，就如福建预算、决算事情回电及质问度支部，都没有在议场通过。

议长：现在易议员倡议将本日议事日表所载第五、第六二件提前会议，赞成者请起立。

众议员多数起立赞成。

议长：审查河南印花税核议案，请特任股员长说明审查的理由。

10号（议员振将军）：特任股员审查已于上月二十三日，由本股员委托雷议员奋代为说明。

议长：请雷议员说明审查的理由。

117号（雷议员奋）：河南印花税核议案审查的时候有两个问题，

一是河南巡抚与河南谘议局意见不同的地方，一是印花税是否可行。当初河南巡抚以印花税交谘议局，谘议局以为印花税不能举办，所以请巡抚奏请核办。我们要问河南巡抚交谘议局议的是应该不应该。印花税不是河南一省的事，是各省通行的事，要办各省一齐都办，要不办就都不办。河南巡抚既要变通办理，或是上奏或是咨行度支部上奏，或是由资政院提议，不应该交谘议局决议，谘议局只能议本省一省的事，不能议全国的事，所以此项核议案不能成立。照《院章》二十三条所谓谘议局与督抚异议事件，应由本院核议。但是这个印花税既不是一省的事，就不应交河南谘议局决议，既不应交谘议局议，则河南巡抚与河南谘议局的意见都可以不论。我们审查之结果，以为应由资政院打电到河南巡抚，教他将已经交到谘议局议案撤回。至于印花税应当提议与否，应当由本院全体议员决定。本股审查情形如此。

议长：众议员对于此案有无讨论？若无讨论即付表决。

有呼"不必讨论"者。

议长：既不讨论就表决，请河南互选议员离席，以股员会报告书所拟办法为可者请起立。

议长：多数。

议（员）[长]：湖南湘汉航业核议案请股员长说明审查的理由。

80号（劳议员乃宣）：审查湖南湘汉航业，本月二十五日审查之后已经报告一过。今日应报告的理由，本议员按照《分股办事细则》五十三条，委托孟议员昭常说明。

议长：请孟议员昭常说明。

116号（孟议员昭常）：湖南湘汉航业报告书，前天已经秘书官朗读一遍，现在所要说明者是审查时所以得此结果之主旨。当审查时，大家的意思以为要分几层审查：第一，湖南谘议局要设湘汉航业公司是否正当？第二，谘议局要求巡抚保息金这个要求是否正当？第三，湖南巡抚答覆谘议局不肯答应保息金，这不允许的理由充足不充足？第四，谘议局覆议要求巡抚照原案施行，这个理由充足不充足？第五，两方面到底是哪一方面不是，应如何解决？那天有邮传部特派员在坐，说此事

〔是〕湖南一省的事，并没有达到中央政府，本部自无须陈述意见。推论保息金之性质却是应当有的，就说到如此。因此审查出来，第一层，湘汉是天然之利，湖南人应当利用，不应当放弃，听他人享受。设立公司保全利源，湖南谘议局案所主张是极正当的。第二层，要巡抚提倡、筹拨保息金这个办法，在商业上亦是一种政策，盖湖南人因为要保全湖南的利源，动用湖南的公款，拿自己的钱办自己的事，并不是向湖南巡抚要钱，这也是很正当的。湘汉航业公司成立之后，与湖南富源大有关系。湖南既有湘汉航业公司，凡输入、输出的货物均可以自己运送，这一笔运送费保留在湖南本省，这就是绝大的富源。我国与外国通商〔留〕〔贸〕易亦应当如此，不独湖南一省。第三层，湖南巡抚因湖南没有钱，这项保息金无从筹措，所以将谘议局所提出的事视为空话，总之是不愿拿出钱来补助公司。其实是湖南巡抚没有分别出这个保息金并不是拿国家的钱来保息，是拿湖南本省的钱来保息，以本省的钱补助本省的事，在行政经费内可以如此，亦应当如此。第四层，湖南谘议局覆议之后呈报巡抚请照原案施行，其呈报文内说，公司未成立以前，要请巡抚向大清银行借款，或由官入股两层，是因为公司没有成立，恐怕入股人不踊跃，所以要请巡抚出示提倡，并不是真要官钱入股，就是保息金也是备而不用。说到如此，是谘议局之理由还是充足的。第五层，是要有个解决。湖南巡抚说没有钱不能补助，其实湖南的钱不是巡抚的，是巡抚与谘议局共有的。一省行政经费，谘议局与巡抚皆可主张，巡抚有监督之权，谘议局有议决之权，此事正可在预算案内主张。当谘议局覆议的时候是临时会并非常年会，当时并不知今年一定有预算案，所以争执。现在既有了预算案，自可在本省行政经费内增加六万元之劝业费。如巡抚以为不然，亦可与谘议局协商，协商之后，自然有个结果。现在既到资政院，我们就答覆他，请他在预算案内两面协商，就没有争执了。当审查之结果如此，是不是照此办法，仍请大家公决。

议长：湘汉航业核议案，按照发言表，请易议员宗夔发言。

153号（易议员宗夔）：本议员对于股员会修正案甚是赞成。但中间要修改两个字，因为谘议局所争的是六万元，而审查之结果以为很正当，既是要钱就当在预算案内规定，所以本议员要把"定夺"一字改为"筹措"，本议员没有别的意思。

议长：按照发言表，请罗议员杰发言。

153号（易议员宗夔）：罗议员已经离坐，可以取消。请问议长咨到湖南巡抚与湖南谘议局，是否将报告书答覆？

议长：易议员倡议修正报告书，拟将"定夺"二字改为"筹措"，赞成者起立。

众议员多数起立赞成。

议长：现在表决此案，请湖南议员暂行离席。

湖南议员易宗夔、罗杰、唐右桢、汤鲁璠等照章退出议场。

议长：以此项报告书所拟办法为然者请起立。

众议员起立赞成。

议长：多数。

140号（康议员咏）：请议长把立法范围议案提前会议。

议长：康议员倡议将本日议事日表所载第二提前会议，赞成者起立。

众议员起立赞成。

议长：多数。

57号（林议员炳章）倡议云：迭次开议，大家将政府所交之法律案逐条斟酌，在议场上咬文嚼字、拖延时间不少，故开会已月余，政府所提出四案，地方学务尚未及三读，著作权仅五十余条，开议两次才通过，三十余条《报律》尚未再读，《运输规则》并未初读。似此无谓辩论，耗去宝贵光阴，真觉可惜。且如《新刑律》之四百余条，若照前此办法，将后来所余之月日专为通过《新刑律》尚且不敷，何论其他议案？本员主张，凡法律案条文上有应改正之处，各议员如有意见，可到股员会悉心讨论，冀成尽美尽善。至向会场宣读时，有与原案宗旨矛盾者，方为讨论研究，其余字句之间，可从省略。

众皆赞成。

议长：这句话无所谓赞成不赞成，不过请大家注意就是了。

129号（汪议员龙光）：今天是初六，离各省谘议局闭会日期不过四天了。易议员请将湖南、河南核议案提前会议是很不错的。本议员以为，不徒湖南、河南案件应提前会议，就如我江西来电，为的是抚台对于统税改收洋码，虽经度支部议驳，我们资政院亦应该提出核议，有个答覆。且不惟江西应有答覆，凡各省谘议局关系事件有以电报来者，皆应于几天内一体有个答覆。请问议长，还是用以前的审查股员抑或另行指定股员？嘱将关于各省谘议局事件趁这几天一概审查清楚，限初十日一概答覆才好。不然督抚是仰承宪政编查馆，谘议局是仰承资政院。督抚致宪政编查馆的电，该馆立刻回覆；而我们对于谘议局积电累累，许久未复，虽是我们这里办事要审查，要讨论，种种手续，困难多端，与编查馆少数专制裁夺不同，然谘议局中人不能体贴到此，只将督抚对于编查馆两相比较，觉得资政院做谘议局后援便有几分倚靠不住。据本议员意见，无论如何案件暂且搁下，今天要请议长指定审查股员，将各省谘议局事件这几天通同审查，立即答覆，庶于各省谘议局，不令其失望。

115号（许议员鼎霖）：汪议员所说昨天是星期，今天到院，见关于各省谘议局电报又属不少。现在云南盐斤加价的事、福建谘议局及浙江谘议局的事，均关紧要，前次特任股员本系暂设，请议长还是另指定特任股员，以便明天开股员会，将一切事情审查清楚为好。

议长：无所谓赞成不赞成。要是不关紧要的事，自然可以在股员会讨论；若事关重大，还是要在议场讨论。请大家注意就是。现在会议申明资政院立法范围议案。

153号（易议员宗夒）：汪议员倡议要请议长将各省谘议局关系的事件交股员会从速审查清楚，以便答覆，请议长另指定几个特任股员审查才好。

议长：这些话，本议长都可以办得到。

99号（陈议员瀛洲）：本议员对于特任股员有几句简单的话，查本院《议事细则》，原定有专任股员。夫既为专任股员，各有专司，即不能兼顾他事。乃本院自开会以来每遇应行审查事件，半由专任股员中指定之，而股外议员一若晏然无事者，非特劳逸不均，而于事实上亦稍有妨害。嗣后遇有特别事件必须交特任股员审查者，可否由股外议员中指定之，请议长注意。

129号（汪议员龙光）：请议长就各省谘议局关系事件，用特任股员或十二人或十八人审查，今日即行指定，明后天就可发电回覆各省。若是明天再指定，必缓至初九、初十了。大凡各省来电，多是督抚、谘议局相持，督抚请示宪政编查馆，一两天就可得回电。而谘议局候我们资政院的电，迟之又久，毫无音信，谘议局不知如何盼望。这一层要请议长悉心体贴。

议长：今天就可以指定特任股员。

153号（易议员宗夔）：现在预算股员非常忙冗，请议长可以不必再将预算股员指定。

议长：现在开议申明资政院范围议案，此案印刷分送过了，请陈请股股员长说明作为议案之理由。

64号（赵议员炳麟）：前天已经报告了。

议长：前天是报告书，今日仍当说明理由，现在就请说明理由。

陈请股员长赵炳麟：请方议员还代为说明。

121号（方议员还）：申明资政院立法范围议案是各省谘议局提起来的，因请求国会缩短年限，其时尚未允准，所以提出这个议案，今已缩短三年了，但是资政院办一天，其章程总要申明一天，章程完全才可以达资政院的目的。就各省谘议局提出来的，其中有两大纲。这资政院立法范围的事情，据法律看起来，凡属法律没有颁出的时候，要先交资政院议决，资政院议了以为可行就行，不可行就不行，或哪一条要改，哪一条不改，均由本院讨论，是为赞定权。若事机紧迫不及付议，先行颁布者，则事后总要将这件事仍交国会得其承诺，此系各国通例。然则我国现在之承诺权应该归资政院，此是申明立法范围第一最要紧的，不能不解决。第二，是就现在法律而论，现在法律由宪政编查馆与法律馆研究出来者甚多，凡属编出来的法律，在未有资政院的时候一经编出，即可颁行；既有资政院以后，总要通过资政院经我们议决方可颁行，这是一定要申明的。现在这宪法大纲已经颁行了，其余没有颁行的法律是应当由资政院通过，资政院不通过就是没有效力。这个问题缘何提出呢？因去年各省谘议局开办以来，本省举行的章程都没有交谘议局议决，然则谘议局之承诺权、赞定权都消灭了，其究竟因范围未定，以致谘议局同督抚往往冲突。照以上的情形比较起来，恐怕将来资政院亦有到谘议局的地步，与其事后冲突，不若事前申明资政院立法范围究竟如何。早早规定了，自然是没有冲突了。现在宪政编查馆、法律馆所定的法律，他说是奉朝廷圣旨，殊不知这承诺权、赞定权是应该资政院有的。审查、陈请之两大纲就是如此。

180号（刘议员纬）：据《资政院章程》总纲第一条云云，资政院虽非具有完全议院之性质，而不能不具有完全议院之精神。欲具有完全议院之精神，先当申明立法之范围。据各省谘议局陈请之意，资政院一则应有参预承诺之权，一则应有赞定之责。此二说本员均极赞成，但由根本上之研究，非裁撤宪政编查馆万万不可。裁撤宪政编查馆，即以保持资政院立法独立之权，而后资政院得以其权能监督政府。查立法、行政两权分立，立宪国之通例也。今宪政编查馆仿立宪国法制局之制，自应隶于政（管府）[府管]辖之下，何以宪政编查馆对于立法事项既司编订核订之权，对于行政机关又复发强大之命令，名实不符，政体淆乱，此宪政编查馆当裁撤以申明资政院立法之范围者一也。各省督抚与各省谘议局冲突事件处处皆然，而宪政编查馆往往压制谘议局而扶助督抚，督抚即利用宪政编查馆而力反对谘议局，故数十字之馆电顷刻可消无数议员之公论，谘议局因此而失其权利者，不可以道里计也。今资政院对于中央政府有利害之关系，犹之各省谘议局对于督抚有利害之关系；宪政编查馆既可以扶助督抚，安知不以捍卫枢（之府）[府之]手段而反抗资政院，此应当裁撤宪政编查馆以维持资政院立法独立之范围者二也。资政院未开设以前，宪政编查馆所侵佔者，无一非资政院之权。资政院既成立以后，宪政编查馆仍复侵越资[政]院之权，是宪政编查馆存而资政院万无完全立法之机关。资政院既成立，而宪政编查馆万无存立之理由，此宪政编查馆当裁撤以巩固资政院立法独立之范围者三也。宪政编查馆既裁撤，即可改为法制局，统归于会议政务处，而后政务处负宪政筹备之责任；如建立责任内阁，建设议院，庶乎可望有成。不然资政院空言立法，诚恐法未立而擅作威权者早已窥伺其旁，不至侵越权限，摧残舆论不已也。故本员敢断言之曰，宪政编查馆不裁，资政院万无完全立法之权，即国会亦万无速开之理。

议长：按照发言表，应请罗议员杰发言。

149号（罗议员杰）：本员是赞成国会的，是很希望国会即开的，但是不能即开，总还要有个办法。资政院是议院基础、宪政的精神，应当有个赞成权，但是要紧的第一条就是宪法以外议院法、选举法，要经本院的人赞成，选举法同议院法，按照本院议决权，这两条得交本院议决为好。

议长：请易议员宗夔发言。

153号（易议员宗夔）：这个议案，刘议员倡议要裁宪政编查馆，罗议员赞成宪政编查馆施行的法律要交本院议决，这两种意见本员都是赞成的。但刘议员所说裁宪政编查馆，本院能否有这个权限，这是另外一个问题。至论该馆现在是立法机关而兼行政机关，究竟权限不在王大臣，而在三五小臣，对于行政这一方面随便可以解释法律，对于立法这一方面随便可以编订施行。宪政编查馆在资政院未成立以前，全是他的势力所到之处；资政院既成立以后，应当与他划分清楚。宪政编查馆每次于各省谘议局，章程本来是很好的，后来又恐谘议局权限太大，以故去年该馆于督抚询问谘议局疑义之案，往往曲意解释，处处是剥夺谘议局之权。今年若再不划分清楚，以后恐该馆将以施之于谘议局的手段，又将施之于我资政院。本员的意见，要将宪政编查馆设立以来所有奉过的上谕都调查清楚了。此刻要知道，当时的上谕以为宪政编查馆在资政院未成立以前，有编制权、议决权。现在资政院已经成立，则宪政编查馆只有编制权，议决权应当还我们资政院。要请议长选特任股员十八人，将上谕解释明白，将权限划分清楚以后，要请把宪政编查馆归并会议政务处改作编制局，本议员意见如此。

议长：请江议员辛发言。

123号（江议员辛）：各省谘议局陈请申明资政院立法范围议案，

易议员讲的甚详细，本员极表同情。大抵法治国有两个机关：一议决，一执行，军机大臣、各部院行政大臣是执行的机关，资政院是议决的机关。查《院章》，本院职掌，除宪法外，一切法典及嗣后修改事件均可议决，所以将来的议院法及选举法，非经本院议决通过，断不能行。况资政院同宪政编查馆是不能并立的，有了资政院，则宪政编查馆应裁撤。犹如有了国会，则资政院应取消。至于现在本院与行政衙门权限，《院章》本自分明。凡议决事，均以本院为主体。例如异议事件，则由总裁、副总裁及军机大臣或各部行政大臣分别具奏；议决事件亦由总裁、副总裁分别会同军机大臣、各部行政大臣具奏。先总裁、副总裁，而后军机大臣、行政大臣者，明主体之所在也。今各省谘议局陈请申明，不过望保其固有之权限，非敢妄议扩充也。请议长即付特任股员审查可也。

议长：请刘议员曜垣发言。

183号（刘议员曜垣）：此项议题为申明资政院立法范围，资政院为议院基础，迭经奉有上谕。欲使其基础巩固，当先定其职掌范围。查外国的议院，所最重要者莫如监督财政、参预立法之权。照我们《资政院章程》第十四条第一、二、三项，都是财政上事件，第四项是立法事件，其职掌范围本与外国议院无甚差异。现在政府已将预算案提出来，但是皇室经费与官有财产尚未分明，国家税与地方税尚未划定。此次试办，甚难着手。至于新定法典，其重要之部分如公法中之行政法、诉讼法、刑法，私法中之民法、商法等，均未提出。其中因多未编成者，固无足怪。至于已核订之新刑法，犹未提出，将来我们资政院还有数十日会期，而刑法对于国民之生命财产自由等权利，关系十分重要，修正时须如何了事。现在所提出者，仅民法一小部分之著作权，商法一小部分之运输规则、保险规则等，无怪人疑及资政院立法范围之太狭，所以各省谘议局有申明资政院立法范围之陈请。本议员请议长咨请宪政编查馆速将新刑法奏请交议，其未编成之民法、商法、诉讼法等赶紧编成，提出议决，如此则资政院才能成议院基础。至资政院与宪政编查馆权限不同，宪政编查馆只有编制之权，资政院是有赞定之权。此是早经奏明在案，本院不可不十分注意。

148号（陶议员峻）：本员对于申明资政院范围拟改为实行资政院职务。谕旨谓资政院为议院基础，则议决法律乃资政院惟一之职务。近日交议诸法典，皆系碎细之件，其各项大部法律章程并未由本院议决。缘《院章》十四条四项仅云新定法典及嗣后修改事件，此各项法律章程之所以未经本院议决也。《院章》不改，则诸法律章程不得议决。法律章程不得议决，则一切错误之政治无从改良。《院章》及《议事细则》乃新定法典之类，照《院章》可由本院议决。一经议决改订，则诸事俱可迎刃而解，否则《馆章》与《院章》相冲突，此部与彼部相歧异，号令不一，政出多门，以是求治必不可得。敢一言决之曰，求治效必自实行《院章》始，实行《院章》必自改订《院章》始。

177号（李议员文熙）：欲申明资政院立法范围，须先划分法律与命令界说。各国通例，命令不能变更法律，遇有紧急状态时，得以命令变更之。今邮传部未公布铁道专章，即以一命令取消公司法律一部分之效力；又农工商部复易议员宗夔说帖谓此修改之矿章暂作为命令，不作为法律[7]。此二部皆非正当办法，设不于章程内规定明确，本院只能议法律不能议命令。将来我辈认为法律，各部认为命令，争点必多，立法之范围终不能明。

议长：此案现在已经作为议案了，但是应付法典股审查，抑应付特任股员审查？请诸议员决定。

137号（邵议员羲）：今日提起欲申明资政院立法权限，非首先与宪政编查馆划清权限不可。因宪政编查馆答覆各省督抚解释《谘议局章程》，任意解释，前后矛盾之处不少。宪政编查馆之任意解释法律，已成习惯。今资政院业已成立，再不容宪政编查馆之任意解释，以致法律无完全之保障。即如前次浙抚电问的事情，明明是彼此争议，应该归资政院核议，而宪政编查馆不待资政院核议，竟公然打电答覆，应照第几条如何处分。此即为宪政编查馆侵夺本院权限之发端。（拍手）若此时不与之划清权限，又被侵夺，则将来本院章程所规定之权利亦难确定。（拍手）故必与宪政编查馆划清权限为最要着手处，况光绪（二）[三]

十二年七月上谕，宪政编查馆暂由军机处王大臣管理，现在立法机关已有资政院，则宪政编查馆不容再有立法权，非将其组织改变成为一内阁附属之法制院不可。

129号（汪议员龙光）：本案须与宪政编查馆划清权限，请议长指定特任股员时，不必指兼有馆差之员。

153号（易议员宗夔）：汪议员的话，本议员甚属赞成。因为议长若指定该馆兼差之议员，该议员自然不好说话，请议长不必指定在宪政编查馆有差使的人。

议长：此层大概可以办得到，由本院长详细查一查。

议长：现在休息三十分钟。

议长离座，各议员退出议场。

下午四点四十分钟议事中止。

下午五点十分续行开议。

议长：审查资政院立法范围议案，由本议长指定特任股员十八人，由秘书长报告。

秘书长承命报告特任股员姓名如下：

润贝勒、全公、赵椿年、曹元忠、吴士鉴、喻长霖、书铭、籍忠寅、孟昭常、雷奋、方还、江谦、汪龙光、邵羲、陶葆霖、罗杰、李文熙、牟琳。

7号议员（全公）：本议员现在预算股，恐兼顾不及，请议长另行指定。

议长：这个并无关系，如果另行指定，亦是有兼股兼科的。

议长：命秘书官计算在场人数。

议长：此次议员到场者不到三分之二，碍难开议。现在各省谘议局核议案四件：一湖南禁烟案一件，一广西限制外籍学生案一件，一江西统税改征洋码案一件，一云南盐税加价案一件，应付特任股员一并审查。现在本议长指定特任股员十八人，由秘书长报告。

秘书长承命报告特任股员姓名如下：

十月初六核议各省事件特任股员：

陈懋鼎、胡礽泰、汪荣宝、长福、周廷弼、罗乃馨、桂山、吴德镇、胡家祺、马士杰、江谦、（邵）[邹]国玮、（金）[余]镜清、郑际平、邵羲、陶葆霖、蒋鸿斌、万慎。

95号（宋议员振声）：甘肃来电是否已经付审查？

64号（赵议员炳麟）：已经交到陈请股，明日即行审查。

议长：上次指定关系各省谘议局事件特任股员暂且不必撤销，随时尚有应付审查之事，今天可以散会。

议长离席，各议员以次退出议场。

下午五点五十分钟散会。

注释

① 学部于十一月初二日答覆

学部为咨覆事。总务司案呈准资政院咨开，据议员罗杰质问关于教育方针、关于高等教育计划、关于普通教育计划、关于教育行政统一方法等条说帖一件，业经咨询本院，决定相应刷印说帖，照章咨请贵部大臣，以文书或口说答覆等因到部。查该议员所提各件，本部业经逐条答覆，相应以文书咨覆贵院查照可也，须至咨者。

计开：

一、关于教育之方针如何？（1）注重高等；（2）注重普通；（3）高等普通并重。

答：教育方针经本部大臣到场说明，注重普通教育。惟高等教育为造就专门学术之地，亦未能一概不办，所谓注重普通者，乃以小学为最急，而其余各种学堂则量力兴办耳。

二、关于高等教育之计划如何

（4）送学生出洋学习专门实业，系统筹全国递年应用各项学生多少而送，抑未计划将来应用各项学生多少任意而送？

答：兴办各种实业，高等专门人才愈多愈善，决无满足之时。若就需用之数而遣之外洋，财力断乎难胜。现在本部所规画者，一、美国退还赔款，每年派学生五十人以上往美游学，以十分之八习实业，十分之二习文法商科。二、与日本文部缔约，每年派一百六十五人，计入高等工业学校者四十人，医学专门学校者十人，高等商业学校者二十五人，高等师范学校者二十五人，第一高等学校者六十五人。将来此两项学生逐年毕业，分布各省，应用或嫌不足，然为财力所限，只好徐图推广也。

（5）除海陆军教育应归各主管衙门自任外，其余民政、邮传、外务、度支各部所管必要养成之各科学生，是否应送出外洋学习外，内国自办各学堂将来毕业，可供京内外各衙门及局所之用？

答：现在行政尚未统一，民政部之高等巡警学堂，度支部之财政学堂、银行学堂、农工商部、邮传部之高等实业学堂、交通传习所,外务部之俄文学堂等皆系各部自行筹设。此项学生将来毕业人数能否与应用之数相副,本部无从核计。

(6)边患日迫,边才尤宜培养,培养边才之学堂全国共有几所?其卒业后可敷边地之用否?如不敷用,如何设法扩充?

答:边地所需各项人才,与内地所需材能无甚差异,惟熟悉边情及通达语文为特要耳。本部现设有满、蒙文高等学堂及中等学堂内分满、蒙、藏三科,理藩部奏明立案之公立殖边学堂,教授蒙藏语文等学科,皆为应此急需而设者也。两堂合计现有学生千余人,将来如何扩充之处,应以财力为准。

三、关于普通教育之计划如何

(7)外国谋教育普及,必先预算逐年学龄已及学童多少,养成师范,是否督饬各省养成师范,为预算逐年普及教育之用?

答:预算学龄已及学童多少,必须以学龄儿童簿为据。按学龄儿童簿实与人口册关系极切,学龄儿童之详数非俟人口册办成后无从得知。而调查户口事务,又必有赖于下级自治体之力,始能就绪者也。查民政部奏准《调查户口章程》,至宣统四年,人口册始能告成。城镇乡地方自治成立期限,尚在宣统五年。现在人口册既无可征,学童之数即无从统计。故预算逐年学龄以及学童多少,其事实非学部现时所能办到。至于养成师范,虽难对于学童人数有一定之比例,然本部则早有筹画。查光绪三十二年三月曾经通电各省,使迅养成优级师范选科生二百名,初级简易科师范生五百名。据各省咨覆,除新疆一省外,各省一律照办,均经次第毕业,简科毕业生则多有超过五百人以上者。今年二月停办选科及简易科,一律改办完全科,使教员增高其程度。据各省筹备报告,省城优级师范及各府初级师范完全科,亦皆陆续成立。且本年实行检定小学教员,更足弥缝其缺。惟现在师范毕业生未尽义务者尚多,鲜有开办小学,悬缺待人者,或有咎师范生过多之弊。其实非师范生之多,实学堂不能推广之故也。所以本部提出《地方学务章程》议案,期使各地均担任设立及维持小学之义务,小学多则师范生之为用始著也。又本年七月,本部通咨各省,使各省推广师范人数,应与推广小学人数预为分配,并随筹备教育事宜清单,一律报部。此实试办养成师范预算之初步也。

(8)蒙回藏卫师范养成是否筹有办法?

答:查本部奏定预备立宪清单,《蒙回藏兴学章程》定于本年订拟。又查四川设立藏文学堂,于宣统元年正月派出毕业生数十名出关,充任教员。新疆于光绪三十四年七月,设立师范学堂。乌里雅苏台于宣统元年,设立满蒙汉语文传习所,喀喇沁亲王建设师范学堂,饬两盟各旗选送学生入堂肄业。均经报部及本部核定各在案。

(9)家贫多故不能刻即离家就学之子弟,其犹豫期限若何?

答:必学龄儿童有强迫就学之规定,始有所谓就学犹豫期限,今尚非其时也。

(10)奉教之人之子弟皆为国民,既为国民,当受国民教育,现在外国教士在各省设有小学校,是否代我国授以国民教育?又我国将来实行强迫教育,是否凡奉教之人之子弟一律强迫?

答:现在地方中小学堂为数甚少,年幼子弟颇有附入教会所设学堂肄业者,自应听之。惟现在尚未规定代用小学校及强迫教育办法,无从答覆。

（11）国语统一为普及之利器，国语科教法如何？

答：本部现经通咨各省，所有省城初级师范学堂及中小学堂一律兼习官话，于正课外加习二小时或三小时，暂用《圣谕广训直解》教授。其教员必须长于官话者，始准聘用。并准各学堂连合通聘教员，轮流教授，以期教员易得且可撙节经费。官话课本前经奏准，于宣统三年颁布。本部主旨以练习官话不止恃官话一科，必小学堂教习于各种学科均用官话教授，始可确收实效。故前咨于师范生之练习官话尤注重也。

四、关于教育行政之统一方法如何

（12）对于各省提学司是否有拘束力？

答：查本部奏定《各省学务详细官制及办事权限章程》内开，提学使自到任之日起，每三年作为俸满。俸满之前，各督抚将其平日所办事项详细咨部，本部证以三年内派出视学官所切实考察者，该司办理学务有无实效，详晰奏陈，或留任，或升擢，或调他省，或调回本部。又提学使照各直省藩臬两司例，归各督抚节制，一面由本部考核，不得力者奏请撤换。以上各条历经遵办有案，可考而知也。

（13）学堂职员教员是否将部定画一薪修章程，以削减之余金为推广之新款？

答：职员办事有繁简之不同，教员分任学科亦有难易之别。此时堪任职员、教员之人材既少，而各处之生活程度又复不同，其势碍难统行《画一薪修章程》。本部现拟先从小学入手，酌定职员教员薪修数目，以为试办之方。惟此事能否推行无阻，尚须切实研究。至于裁减浮费冗员以备推广学堂之用，本部固素抱此宗旨，已屡见之于文告矣。

（14）各专门学堂监督是否一律渐尽性质相近之专门毕业学生充当？又各校之教务长是否皆用知本校科学之人充当？

答：专门学堂监督及各校之教务长，从前以毕业专门通达科学之人寥寥，任用之时不无迁就。近年习过专门科学者为数渐多，监督及教务长之职自当渐尽学业相习者任之，仍俟新官制颁行时一律规定。

（15）学堂建筑，须为各省设计数种图式，任人择仿，以便管理教授，而适卫生为主。其建筑费亦须略估大概，是否筹及？

答：奏定《学堂章程》中将建造学堂法式列为专章，即为便于管理教授之计。至建筑图式，各省多有呈送到部者，亦有由学务公所酌定中小学堂数种图样，饬属择照盖造者。惟全国之大，气候、物价等事种种不齐，若欲并各省学堂概为设图估值，本部现在实未能筹画及此。

（16）各省学务公所议长、议绅及视学员，是否一律遵章，皆深通学务之人充当？

答：各省学务公所议长、议绅均由督抚选择，或学界公举。议长由督抚咨明本部奏派，议绅由督抚咨明本部立案。既系督抚选择，或学界公举，自非名望素孚、通晓学务之人不能应选。其视学员一项，照章由提学使详请督抚札派，部定资格必须曾习师范或出洋游学，并曾充当学堂管理员、教员积有劳绩者，始得充任。

五、关于教育补助金之计划如何

（17）各校费少而效著者，纯恃学部维持，学部备有教育基金，体察各校情形，酌度津贴以资鼓励否？

（18）回民多未受国学教育，又不愿出款兴学，现在该教办有小学堂，不得已纯恃彩票津贴，刻将停禁，是否为筹津贴？

答：公立私立各种学堂，往往有因款绌之故难于维持者。若得官款酌予补助，自必多所裨益。本部亦深以此为良法也。惟国库补助法应以法律规定，其补助金额亦应列入预算之中，此项补助法将来本部自应提议，以待协赞。

六、关于精神之教育何如

（19）伦理修身为德育注重之点，是否就外凡应有伦理修身，各校认真教授？

答：伦理修身为德育注重之点，本部实以此为精神教育之要端。京外各学堂如查有于此科不能认真教授者，随时指正。其为闻见所不及者，固亦有之，然教育宗旨所关，固未尝忽视之也。

（20）将欲国民肯负责任重公经济，必使皆有法制经济常识，然后可。小学且勿论，部章于中学堂定有法制、理财二科，是否各省一律照章教授？

答：法制、理财二科，所以养成国民法制经济之常识，光绪二十九年奏定《中学堂章程》，第五年课程即列有此学科。上年本部《改定文科实科中学章程》，复以此为第三、第四、第五等年主课，各省中学堂自应一律照章讲授。

七、关于特种之教育如何

（21）盲哑学校是否令各省限期一律设立？其已设立者成绩若何？

（22）如苗番之类，无本来教经以为之基，又不愿遵受汉文教育，是否筹有容易使之受教办法？

答：此二者均谋教育普及所应筹及之事，惟现在一般学龄儿童，尚未能概令就学，此项特种教育势不能提前筹办也。

上咨资政院，宣统二年十一月初二日。

（"学部为咨覆事总务司案，呈准资政院咨开据议员罗杰质问关于教育方针、关于高等教育计划、关于普通教育计划、关于教育行政统一方法筹条说帖一件，业经咨询本院决定，相应刷印说帖照章咨请贵部大臣，以文书或口说答覆"，《宣统二年资政院议案条文》，清末铅印本）

② 议员罗杰质问度支部说帖

具说帖议员罗杰等谨提出为质问关于度支诸务。查《资政院议事细则》第一百七条，"议员依《院章》第二十条欲行质问者，应具说帖，得三十人以上之赞成，由议长咨询本院决定之"等语，兹谨提出质问关于度支诸务说帖一件，经规定赞成议员会同署名，庶请议长咨询本院决定，照章咨请度支部酌定日期，以文书或口说答覆，须至说帖者。一、闻近因上海市面银根紧急，度支部借与二百万，大清银行借与一百万，两江总督、上海道各借与三百五十万，广东亦因市面恐慌借款三百万。此项借款是否外人贷与？抑内国人贷与？其偿还金已准备不致失信否？总之经济界如斯窘迫，若不未雨绸缪，长此举债，势必影响及于政治。二、《币制则例》业经奏颁，自应于一年内将新币陆续发行，以立改换计数名称之标准。须闻造币厂已造成之四百余万元，因数目字在廓轮之边，令厂镕毁改铸，停工造模。查币制一宗，重在为信用之媒介，不在形式之尽合某国。若果镕毁改造，费工耗质，其害一也。现币呆存，坐耗利息，其害二也。市面少四百余万元之流通，惹起恐慌，其害三也。此次借债本可以少借四百余万，因形式不合而多借四百余万，即多四百余万利息，其害四也。造币厂因待祖模，停铸数月，少铸若干应铸之币，即虚縻若干设厂之费，其害五也。各造币分厂均未开铸造币，总厂前曾停铸，本年年底出币必减估计之额，约偿之债将何以应？流通之货将何以供？其害六也。万一明岁换发新币之期已至，无以应之，大信一失，万事不行，其害七也。有此七。三、国家银行为操纵全国市价，及维持市面而设，大清银行是否为国家银行？质问议员罗杰。（"议员罗杰具说帖质问度支部关于度支诸事"，《资政院知会折奏章程、说帖、质问、知情等案件》第七册《资政院第肆类议员具说帖质问各案件其一》，清末铅印本）

度支部于十月十五日回覆

度支部为片覆事。准贵院咨开据议员罗杰提出质问说帖一件，由本部答覆等因前来。兹本部按照质问各节另具说帖答覆，相应片覆贵院查照可也，须至片者。上片（附说帖）行资政院，宣统二年十月十五日。

附说帖

查本年因沪埠市面紧急，先后由两江总督奏奉特旨，准允借用外款维持。系因银号亏闭，牵动全局，为权宜救急之计，以免全市败坏，损伤商务。该省均奏明有可指的款，本部与大清银行各拨借一百万两，系为接济要需。说帖内度支部借与二百万两，自系传闻之讹。广东借款亦因市面吃紧，权借外款，暂资周转，并非长期，自无他患。总之，本部总持财政，权衡缓急，皆期于事有济而已。

此次厘定币制，成色分量既须较准，花纹字迹尤贵精深，方可焕然改观，一新耳目。是以出之慎重，以期中外信用，未便计较极少之改铸工耗利息。查此次祖模系由奥国币厂代铸，初由此祖模印出银圆，花纹尚属清楚，惟翻模数次，兼之加速压印，即觉花纹模糊。多方考验，始知奥模之阴阳疏密未尽配合，压印稍速，则阴纹银质不能逼入阳纹，致有此弊。不得已再作图样，另行铸刻，并非因摹某国之式与其数目字在廓轮之边也。况叠次试造银元，只二百余万圆，并无四百余万之多。即此二百余万圆，亦系拨部库存银所铸，并非收市面之银改铸，实与市面用银及借款多少均无关涉。至我国市面交易，向例用银，现虽奏闻改定币制，新币未发行前，仍有生银及旧币流通，亦尚不致碍及市面。前奏清单内虽限一年内，凡官款出入改换计数名称，并未声明换发新币之期。现计裁留总分各厂之机力，恐所铸之数，一时亦断难敷全国之用。本部正拟扩充总厂，多开分厂赶造，以冀早一日发行，即可早一日改整齐之效。

查调和国内金融，系国家银行之当力为之事，至全国市价涨落，市面减衰，其原因甚多。调和金融亦只能救其一方面而已。英伦银行乃世界上国家银行之最有势力者，然自建设二百余年以来，英国市面之成大恐慌者竟二十余次。可见国家银行维持之术，亦未可尽倚赖也。大清银行系经奏明为中央银行之基础，遵商业有限公司办法，集官商之股份而成。现虽基础甫定，而于光绪三十三年营口东盛和之倒闭，三十四年国恤时，与本年九月京城市面以及天津、汉口等处皆曾经补助，赖以维持，渐收国家银行之效也。"（"度支部咨覆议员罗杰质问各节事"，《资政院文案七种》第二册《资政院第十七类各部院衙门咨覆各案件》，宣统二年油印本）

③ 议员王佐良质问邮传部说帖

具说帖议员王佐良，按照《资政院议事细则》第一百七条，"议员依《院章》第二十条欲行质问者，应具说帖，得三十人以上之赞成，由议长咨询本院决定之"等语，查津浦铁路于光绪三十三年十二月初十日由外务部督办大臣奏准废津镇铁路旧草约，改归中国自办，并订立借款合同，向英、德两国银行借款五百万镑，以直隶、山东、江苏、江宁厘税三百八十万两作抵，三十年清还。借款、办路分为二事，当时交涉颇费苦心，惟该路自三十四年春间开工，至今工事未竣，又续借四百八十万镑。本员对此不无疑义，兹略举数端如下：

一、查借款合同内载，以四省厘税作抵，三十年本利清还。而如何归还方法，该合同及原奏均无明确规定。若云待铁路进款，设日后路无余利，或有余利而拨充他用，将以何项抵补？至所谓别项进款，又甚含混，不过在使四省负担，若日后四省无力清偿，则所有厘税必尽入外人之手。不知邮传部督办大臣筹画及此否？此应质问者一。

二、该路线共长二千一百七十里，当时经工程师估定，大数用款总不过五百万镑。乃五百万未已，又复借四百八十万，岂估工之错误耶？夫工程师薪金月数千元或数百元，不但外国无此荒谬之工程师，即中国工程师亦不致如此荒谬。邮传部督办大臣是否别有用途？此应质问者二。

三、此次所借之四百八十万镑，不知用何项作抵，是否归四省摊还，抑邮传部自行担任？且续借之时，何以不谋之四省绅民？倘日后四省绅民不承认将若何？即承认矣，而或无力负担，不知邮传部督办大臣有何善后良策？此应质问者三。

四、该路借款统归四省负担，现今开办已及三年，五百万镑耗费已尽，亦当将公司账目表示后，再议续借。何以并不表示，即行续借，岂公司账目不堪示人耶？抑应守秘密义务耶？否则俟工竣之后再行宣布，或终不宣布而强迫四省以负担耶？此应质问者四。

以上数端，谨就本员意见所及，略陈梗概。试思津浦铁路为四省命脉所关，亦即全国信用所系，邮传部所司何事，一官办路如此，他之官办者可知。而对于商办铁路，反多方阻抑，究竟是何用意？为此遵章敬请议长咨询本院，如经决定，恳即照章咨请邮传部督办津浦铁路大臣，酌定日期以文书或口语答覆，实为公便。（"议员王佐良说帖质问津浦铁路由外务部奏准废津镇铁路旧草约改归中国自办案"，《资政院知会折奏章程、说帖、质问、知情等案件》第七册《资政院第四类议员具说帖质问各案件其一》，清末铅印本）

邮传部于十一月初七日答覆

邮传部为咨覆事。宪政筹备处案呈前准咨称"查《院章》第二十条，资政院于各衙门行政事件，及内阁会议政务处议决事件，如有疑问，得由总裁及副总裁咨请答覆"等语，兹据议员王佐良提出质问说帖一件，业经咨询本院，决定相应刷印说帖，照章咨请酌定日期以文书或口说答覆等因，当即咨行督办津浦大臣去后，兹准将说帖质问各条逐一答覆，咨行前来，相应抄粘原件，咨送贵院查照可也，须至咨者。上咨（附抄件）资政院，宣统二年十一月初七日。

津浦铁路总公所答覆议员王佐良质问说帖

第一条

1. 借款合同第四、第五两款载明，归还本利由铁路进款交付，或由中国国家以为合宜别项进款交付。

2. 借款合同第八款声明"或进款不敷，督办大臣奏明由中国国家设法以别项款项补足"等语，届时国家如何设法，事前无从悬揣。

3. 现在路工甫及一半，进款甚微，将来有无余利可拨充他用之处，实难悬拟。即有余利，非经储备还本之后，决不拨充他用。

4. 津浦正续借款合同所指定直隶、山东、江苏、安徽四省厘税作抵一节，查历年我国借款以及偿还洋债均以关税作抵，从前向无责成人民负担之说。此次津浦借款系光绪三十三年签定，仍仿照历届成案办理。

第二条

1. 路线共长二千一百七十里，系由津镇推广，查津镇原线一千八百余里，原定草合同计估费七百四十万镑，正合同稿增为八百万镑。自改线后，又预估九百万镑，均各奏明有案，并无估定大数总不过五百万镑之说。

2. 津浦一路系光绪二十五年与奥、意两国商定借款筑造，旋因直隶、山东、江苏三省京官力请自行筹款建造，始与两国改定合同，借款五百万镑，仍于第十五款内声明"设若不敷修造，先由中国款项提付，以免延误工程，如仍有不敷，则向银行续借"等语，嗣经奏办设立四省铁路商股公司，拟定章程，亦经载明倘有不敷，即归商股提用，无庸续借洋款。是以光绪三十三年本路预借少数洋款，本为将来拨用商股地步，曾经奏明有案。

3. 合同第十四款声明提用款项由总办出具支取凭单，并将提用之款，另单声明缘由，方能支取，督办无从拨作他用。

第三条

原借款不敷之数，两段总工程司造具估单，由督办大臣切实核减为四百八十万镑，复经开送度支部核定，得复中国无款，可循案办理。又同时开送四省公司，请拨商股，亦得复并无大宗的款，当经奏明仍向两公司续借，奉旨允准。

第四条

本路开办甫逾二年，所有原借款之五百万镑，折实后实得三百三十余万镑，奏明有案。所有公司账目，每月按照合同，由两银行所派之查账人查核一次，此项账目尽可随时阅看。惟账目性质分有两种，一为流水记载，系每月实在收支数目，即查账人阅看签字之账；一为报销表册，系将每月流水汇总核算后，仍与公司核对符合，造册奏销。（"邮传部咨覆议员质问关于津浦铁路事"，《资政院文案七种》第二册《资政院第拾柒类各部院衙门咨覆各案件》，宣统二年油印本）

④ 议员邵羲质问邮传部说帖

据说帖议员邵羲为质问事。按《院章》第二十条及《议事细则》第一百七条，对于各衙门行政事件如有疑问欲行质问者，应具说帖，得三十人以上之赞成，由议长咨询本院决定之。本员对于邮传部行政有所疑问，谨提出质问如下：谨案：邮传部于宣统二年八月二十一日具奏，铁路公司与普通公司情形不同请饬照奏案办理一片，谓各国铁路办法属于国有者居多，吾国幅员辽廓，亟谋实业，特准设立公司商办，一若商办公司，各国实无先例。查各国铁路办法，属于国有者有之，全属民有者有之，国有民有兼营并施者亦有之。惟各国所持国有民有之方针学说甚富，无烦缕举。总之，全视国家财政之充足与否，与国民经济力之强弱而定。国有、民有无所轩轾，同为国内之交通事业，不能不设特别法以监督管理之。故对于国有者有官设铁路法，对于民有者有私设铁路法。非谓私设者，始与国家有特别关系，始应受国家之特别监督，而官设者一若即可放任自由，不受国家之特别监督，此不可解者一也。既谓铁路公司非寻常公司可比，此组织铁路公司者，必有其他事之律律可以根据，而后与普通公司始有区别。今国家路律尚未颁布，商民无可遵从，欲组织公司，惟知依据奏定颁布《公司律》办理。与其无法律遵守而设立不规则之公司，无如依据《公司律》而尚有范围可以遵守。况在路律未颁布以前，铁路公司试用《公司律》之组织实为合法。就专供军用之铁路而言，铁路性质容与寻常之商业有异，就一般之交通铁路而言，铁路实为一种营业之事业，即不得谓非寻常商业之一种。所谓关于转输军务者，不过国家有事之际，铁路公司对于国家负一种特别之义务。若因此而即为其无商业性质，不得适用《公司律》，此不可解者二也。既谓铁路公司不得适用《公司律》，而令其遵照历次奏案办理。奏案不过一种事例，与已颁行之法律相较，其效力显有强弱之不同。况所谓奏案者，仅札派、奏派、奏请、特派等名目，此惟关于一部分委任之手续，与全部之立法无关。若因一部分之关系，而致全部分之《公司律》受其影响，则凡百兴办实业之公司，皆存疑虑，以为依据《公司律》组织公司，仍不能始终受法律之保护，部中得自由以命令变更之，财产将无时不处于危险之地，则恐无人投资本于公司而营实业，所关于吾国前途者甚大，此不可解者三也。以上之三种疑问，敬请议长咨询本院，如经决定，恳即照章咨请邮传部酌定日期答覆，实为公便。（"议员邵羲具说帖质问邮传部具奏铁路公司与普通公司情形不同请饬照奏案办理事"，《资政院知会折奏章程、说帖、质问、知情等案件》第七册《资政院第四类议员具说帖质问各案件其一》，清末铅印本）

十月二十九日邮传部答覆称：

  邮传部为答覆事。参议厅法制科案呈，接准咨送议员刘纬、邵羲质问说帖各一件前来。其刘议员质问说帖业经本部答覆在案，查邵议员说帖内称"邮传部片奏各国铁路国有居多，我国幅员辽廓，特准设公司商办，一若商办公司，各国实无先例，国有民有，无分轩轾。非谓私设者，始与国家有特别关系，应受国家之特别监督。而官设者，即可放任自由，不受国家之特别监督"等语，查质问第一层实属误会。原片之意谓各国办法属于国有者居多，并非谓各国绝无商办之铁路公司也。至谓官设者，若可放任自由，不受国家特别监督一节，原片并无此意。原片谓办路虽属公司，其铁路仍与国家有特别之关系，自应受国家特别监督。若官设铁路系国家所自办，应由国家直接管理，不止监督已也。其有特别之关系，自不待言。惟原片仅及商办公司之事故，未提及官设铁路耳。又质问第二层，谓路律尚未颁布，商民无可适从，不如试用《公司律》之组织等语。查原片所谓《公司律》第七十七条不得适用者，谓总理任免之法，业有奏案，故不必援引此条，非谓公司全律皆不适用于铁路公司也，其余引申解譬系说明从前奏案之理由，初未于第七十七条以外别有变更。当路律未颁以前，除普通事件自照《公司律》办理外，其对于《公司律》预有特别奏案者，自应援照历次奏案办理，正恐商民无所适从也。又质问第三层，所谓"奏案不止一种事例，其效力不同于颁行之法律"等语，查事例本非一般之规定，自非法律，惟事例系对于有特种事情之公司而设，其公司成立情形为《公司律》所不能载者，自当特定事例，以资遵守。本部系援照商部原奏办理，而商部原奏多在《公司律》颁行之后，并非以命令变更法律，正恐商民财产处于危险之境。以上三层相应说明，咨覆贵院查核可也，须至咨者。上咨资政院，宣统二年十月二十九日。（"邮

传部咨覆议员质问关于铁路事",《资政院文案七种》之《资政院第十七类各部院衙门咨覆各案件》，宣统二年油印本）

⑤ 北京资政院钧鉴：请愿有效，天恩高厚，感极涕零。钧院大力维持，谨代表大江南北，泥首叩谢。江苏咨议局叩。

苏州抚部院钧鉴：国会请愿有效，天恩高厚，感极涕零。回念大力联合各帅维持其间，谨代表全省人民泥叩恭谢。咨议局支。

上海教育总会、苏州商务总会并速转各团体：旨准宣统五年召集国会，速电资政院恭谢，竭力致欢忭为叩。咨议局。

各省咨议局鉴：请愿有效，感极涕零，已电院叩谢，想表同意。宁局支。（《申报》，1910年11月9日第5版，"各团体对于国会年限之满意　江苏咨议局电"）

⑥ 宣统二年十月初三日，内阁奉上谕："现经降旨，以宣统五年为开设议院之期，所有各省代表人等，著民政部及各省督抚剀切晓谕，令其即日散归、各安职业，静候朝廷详定一切，次第施行。钦此。"（中国第一历史档案馆编：《光绪宣统两朝上谕档》，第三十六册，广西师范大学出版社1996年版，第378页）

⑦ **农工商部覆议员易宗夔说帖**

农工商部为咨覆事。接准咨称据议员易宗夔提出质问说帖案，经咨询本院，决定照章咨请答覆等因，并附说帖一件前来，应将答覆各条开列于下：

一、查殖产兴业与国家财政、国民富力有密切之关系。现在国民富力薄弱已极，具不能厚集资本为殖产兴业之举，自不待言，要非国家实力经营不可。而近来国家财政困难情形，人所共悉。即就实业行政费一端而言，乃仅占岁出五十五分之一。此有度支部预算案，可见其不能注重经业，已可概见，其何能达殖产兴业之目的，以与各国相竞争乎？故本部历年规画，从提倡保护入手，筹设农务、商务总分各会，颁布《公司律》、农会、商会章程，厘定爵赏商励奖励公司等等，一则以法律为保护，一则以奖励为提倡，为得寸得尺之计。至于农事试验场、工艺局、劝工陈列所，不过略示模范，为行政中一小部分。以其事关公益，宜所以由部筹办，以资指导。

二、查此项《矿章》系因光绪三十三年本部会同外务部、前湖广总督张奏定之《矿章》，经各国公使驳复不认，复经前副都统李国杰奏请修改，始有光绪三十四年奏奉谕旨修改之举。是以本部、外务公同商酌，拟将此次修改之《矿章》暂作为命令，不作为法律，故未请旨交议。

以上两条相应照章用文书答覆，咨行贵院查照可也，须至咨者。（"农工商部咨覆议员易宗夔质问事"，《资政院文案七种》之《资政院第十七类各部院衙门咨覆各案件》，清末油印本）

资政院第一次常年会第十五号议场速记录

【标题】弹劾军机案之发生

【关键词】军机大臣　资政院　湖南发行公债案　谘议局　督抚侵权违法

【内容提示】因资政院具奏湘抚侵权违法而上谕无任何处分，导致弹劾军机案之发生。有议员指出，国家法律可以随意变更，则本院议决之件毫无效力。既毫无效力，则资政院可以不开，凡属立宪应办的事，各省谘议局皆可以不议，就是天天说立宪，亦是假立宪，何救于亡？更有议员沉痛指出，资政院为遵守法律的地方，若是督抚与政府不守法律，便可以通融办理，这就是本院人目无法律，这就是亡国之渐。本来议员请军机大臣就湘抚案来院答辩，但军机大臣不来，双方遂陷入僵局，导致弹劾案发生。议事日表所列之事全部搁下未议。

宣统二年十月初八日下午二点钟开议。

议事日表第十三号：

第一，《著作权律》议案，再读；

第二，《地方学务章程》议案，三读；

第三，《修正报律》条文议案，股员长报告，续初读；

第四，湖南禁烟会议案，股员长报告，会议；

第五，广西限制外籍学生核议案，股员长报告，会议；

第六，江西统税征收洋码核议案，股员长报告，会议；

第七，云南盐斤加价核议案，股员长报告，会议。

秘书长承议长命报告：今天议长因病不能到会，请副议长照章代理。

副议长：今天议员到会者共一百三十二人。

副议长出临议台宣告：本院具奏湖南巡抚发行公债一折，现在已奉上谕，请议员起立静听。

副议长宣读上谕。①

众议员起立静听。

153号（易议员宗夔）：有倡议事件。

副议长：请发言。

153号（易议员宗夔）：这回湖南公债事体请旨裁夺，现在已经奉旨，一点处分都没有。既有军机大臣署名，应该处分而不加处分，我们须请军机大臣出席说明理由。就是一个御史参一个督抚，亦不致如此无效。资政院全体议决之件如此无效，何必设立资政院？（拍手）并且这件事体是侵权违法的事体，一点处分没有，以后侵权违法的事更多。若是无处分，将来资政院就可以不核办这种事体了。（拍手）

126号（陶议员镕）：不但没有一点处分，并且不提及应交谘议局议决，试问这个章程应否实行？（拍手）

153号（易议员宗夔）：既然如此，资政院何必设立，谘议局又何必设立？

149号（罗议员杰）：这个公债案不但关系湖南一省，是关系全国。上谕既断定督抚是疏漏，向例官吏疏漏有疏漏处分，即照"疏漏"二字，亦应该有处分，何以独无处分？（拍手拍手）立宪国精神全在法律，督抚违背法律而不予处分，则资政院可以不必设，谘议局亦可以不必办，宪亦可以不立。（拍手拍手）

93号（席议员绶）：杨抚侵夺权限违背法律，只以"疏漏"二字了之，未免不成事体，请议长咨询本院议决，再行具奏请旨裁夺。

107号（李议员榘）：湖南发行公债案，湖南巡抚处分不处分，本出自君王大权，资政院不能过问。不过这件事当初湘抚不交谘议局议，以具奏钳制人口，是湘抚蔑视《谘议局章程》，欺罔朝廷。至于度支部，就应据《谘议〔局〕章程》议驳，度支部率为议准，是度支部蔑视《谘议局章程》，欺罔朝廷。我皇上、我摄政王遇事取决廷议，此次谕旨确是军机大臣所主持，然度支部核议奉旨允准，试问《资政院章程》《谘议局章程》是否奉旨依议？推其原因，各省督抚办事不过信用一二幕府，〔幕府〕欺罔督抚，督抚即以之欺罔朝廷，行政大臣不过信任一二部员，部员欺罔行政大臣，行政大臣即以之欺罔朝廷。（拍手拍手）如果朝廷可以欺罔，不但我们资政院议决之案都可取消，近今朝廷所定新法律都可以取消。此次督抚侵权违法只以"疏漏"二字了之，没有处分，将来资政院所议决之事件皆失效力，所以本议员对于军机大臣署名甚不满意，须请军机大臣出席说明理由。

110号（于议员邦华）：按各国虽有法律、命令二者，若非紧急时候，则命令〔不〕不能变更法律，此各国立法之通例。试问《谘议局章程》能变更不能？能以命令变更不能？据本议员意见，一定不能以命令变更的。既然不能变更法律，我皇上尚在冲龄，我监国摄政王虚心采纳各事，多注重于军机大臣，而军机大臣何以以命令变更法律，致乖我皇上、我监国摄政王法治之盛意？前日国会的事情亦并非允准本院之陈请。既然如此，应请议长请军机大臣到会，由本院质问，资政院是否还要设立？谘议局是否还要设立？督抚侵权违法，资政院议决可以无效，则谘议局一方之无效亦不言而知。我们议员二百人毕竟为何事而来，请该大臣答辩。（拍手）

129号（汪议员龙光）：敬（译）〔绎〕上谕"疏漏"二字也，是怪湘抚不曾先交局议的意思，即隐认不交局议便是侵权违法的意思，我们要求一面以为既属侵权违法，就应加以相当的处分。不处分出自圣裁，非人民所得置喙，惟副署之军机大臣处于可以力争之地位，而不力争，殊为失望。盖力争之点，不在必予以处分，而在仍饬其交议。公债事件必交谘议局议决。此种法律，朝廷既确定于前，而此次上谕谓自后应交谘议局议决者仍饬交议，复斤斤申明于后，何以单单独全湘抚杨文鼎一人逃出法律以外？本员之意，上谕既斥为"疏漏"，应再行具奏，请饬湘抚仍交局议，补其疏漏，庶可以保固法律。

110号（于议员邦华）：中国就是被"疏漏"二字所贻误的。（拍手）

126号（陶议员镕）：试问《谘议局章程》应否实行？应否去年实行？如系去年实行，就不应不交谘议局议决，此湘抚不加处分，犹可谓赏罚为皇上大权，资政院不能干预；若不交议，则谘议局可以不设，资政院亦可以不开。以无法律之可守，虽日日开议，亦终（无于）[于无]效也。

93号（席议员绶）：《谘议局章程》原是法律，杨抚不应变更法律。

156号（彭议员占元）：湖南发行公债有何效力先不必说，我们资政院议了四十余日，仅仅议了三案，而三案又全失效力。第一广西巡抚侵权违法我们议决失了效力，第二请速开国会亦失了效力，第三湖南巡抚侵权违法又失了效力。试问资政院还有效力没有？

153号（易议员宗夔）：彭议员所说本员很赞成的，资政院一点效力没有，第一次议决的广西巡抚案，第二次议决速开国会案，第三次议决湖南巡抚应加处分案，都没有一点效力。既然无此，我们资政院可以不议。（拍手拍手）

126号（陶议员镕）：《谘议局章程》为先朝所定之法律，人人所当遵守，断（以不能）[不能以]命令变更先朝之法律。且先朝立宪谕旨，一则曰庶政公诸舆论，再则曰好恶同民，今政府处处不顾舆论，是好民之所恶，恶民之所好，究竟国家要立宪不要立宪？

153号（易议员宗夔）：政府纯是不采舆论的，既然不采舆论，资政院就可以不开，亦可以不必立宪。（拍手拍手）

151号（黎议员尚雯）：本议员刚从湖南来，昨天才到，湖南公债事件谘议局很愤激的，各省谘议局很注目的。因为督抚目无朝廷的法律，所以呈请我们资政院核办。本议员在湖南起程的时候，一般人民对于此事以为既交资政院议，必有效力，不料此案仅以"疏漏"二字了之，此系军机大臣袒护督抚之所致。国家法律可以随意变更，则本院议决之件毫无效力。既毫无效力，则资政院可以不开。凡属立宪应办的事，各省谘议局皆可以不议。就是天天说立宪，亦是假立宪，何救于亡？（拍手）最可恨者，行政大臣任意蹂躏资政院、谘议局章程，万一人心解体，何以立国？现在国家救亡之法，好在人心未死，不避刀斧，敢于直言。今本院议决之案既无效力，是军机大臣有意隔阂上下，危害国家，岂是朝廷立宪之初心？岂是实行立宪之办法？

153号（易议员宗夔）：今天总要请议长请军机大臣出席答辩，别项事情暂刻可以不议，就议决也是无效。

副议长：今天军机大臣不能到院，我们一面开议罢。

126号（陶议员镕）：军机大臣不出席答辩，我们静坐以待。

167号（王议员用霖）：侵权违法本是一个大罪名，有此罪名即应有处分，《院章》二十四条规定只有审查属实照第二十一条办理之文，并无作何处分之文，亦无不得有处分之文。但就事实上论，既有此罪名，即当规定此项条律。所谓请旨裁夺者，不过交议处、不交议处，是出自皇上大权，并非谓有裁夺之文即可不定此项条律也。若不定此项条律，以后督抚侵权违法亦不惧怕，议员所议决之事终归无效，请议长交法典股员起草，赶紧规定此项法律议决上奏，以后对于侵权违法之案方有所依据。

110号（于议员邦华）：方才王议员说的话是很好的，但是第一层就是广西议决案，该抚没有加出处分；第二层请速开国会，因各省督抚上奏方缩短三年，我们资政院的原案一点效力没有。今天议到湖南公债事情，又并未加以处分。本院以后［议］事实在很难，所以要请军机大臣到会说明，到底是否违背法律，我们当坐以待之。

153号（易议员宗夔）：待军机大臣说明资政院还要不要，谘议局还要不要，钦定章程要不要，说明之后方好开议。本院议决三案，第一广西案件，该抚既无处分而日升迁；第二国会具奏，是采取各省督抚之电奏，并没有听取资政院代达人民之陈请。此次湖南公债上奏案又如此了结。据本员看，资政院全可不要，且御史以个人之资格随便上一折奏或可有效，至于全体议决的事件反为无效，可见中国立宪到底是靠不住的。（拍手）

126号（陶议员镕）：军机大臣不到，我们不散会，先将此事解决，然后再议他事。

93号（席议员绶）：从速打电请军机大臣赶紧来院。

177号（李议员文熙）：各省谘议局所议的事情，因未设立资政院，无主持机关，所以通通没有效力。现在我们资政院既经成立，当使谘议局通过的事，当稍为伸展其力量。然所伸展的力量，并不是出乎法律之外，仍是就章程规定内求正当之解释。各省督抚的意思尚不以谘议局为然，每于谘议局范围内应议事件并不交议，公然实行。若不实加惩处，于立宪前途大有妨碍，将来虽开过会，都是无用的。

180号（刘议员纬）：方才各议员主张请军机大臣出席答覆，本员很赞成的。昨日审查湖南巡抚发行公债一案，违法侵权毫无疑义，在该省巡抚何尝不知此案应交谘议局议决，既不交谘议局议而迳请度支部主持者，是只知有度支部而不知有法律也。在度支部亦何尝不知此案应交谘议局议决，然不饬巡抚先交谘议局议而迳行出奏者，是只知有湖南巡抚，不知有湖南谘议局，不知有湖南谘议局之法律为朝廷所设法律也。既经资政院具奏，何以"疏漏"二字了之，并不加该省巡抚以疏漏之罪？试问军机大臣是否有署名之责？若以湘抚为是，则不加以"疏漏"二字；既加"疏漏"二字，则巡抚明明违法侵权也可知。明明违法侵权，竟等于无罪，是军机大臣只知有度支部、有湖南巡抚，不知有湖南谘议局、有湖南谘议局之法律为朝廷所设之法律也。湖南巡抚、度支部、军机大臣，似此违法侵权，不惟不愿速开国会，即此资政院、谘议局之权限，亦必概行破坏而后已。资政院及各省谘议局虽具完全精神，提出各种议案，恐亦终归无效。此种现象，本员甚为宪政前途危也。

153号（易议员宗夔）：现在政府只知道有督抚，不知道有舆论。然则本院议员都可不要，可以请督抚来议就是。（拍手）

126号（陶议员镕）：中国不顾舆论，不守法律，就可以不必立宪。

112号（陈议员树楷）：请军机大臣出席答辩，本员是很赞成的。处分湖南巡抚侵权违法，此属国家大权，我们不必要一定诘问，惟《谘议局章程》亦是国家钦定的。按《谘议局章程》，凡关系公债税法事件都要交谘议局议决，因为要斟酌地方情形，即是庶政公诸舆论的意思。

现在不问其处分不处分，惟问该省公债已否取消，若仍照度支部议准之件办理，则《谘议局章程》全无效力，所谓公诸舆论亦毫无价值。至于处分其侵权违法还是其次，必须要军机大臣出席答辩为是。

126号（陶议员镕）：试问湖南公债发行之后，将来是什么人还？若是湖南巡抚，还毋须再说。若是归湖南人，还不应不交谘议局议。（拍手拍手）

108号（刘议员春霖）：湖南公债一案，巡抚之侵权违法，已经议场公决。既系侵权违法，而只以"疏漏"二字了之，我皇上、摄政王对于臣民一视同仁，毫无成见，所以"庶政公诸舆论"一语屡见于上谕，今资政院所议决的，不能不算舆论，现在何以忽然不公诸舆论呢？本议员想，造成这个原因的，就在军机大臣。（拍手拍手）军机大臣所以要使资政院议决的事无效力，因为军机大臣有意侵资政院权，违资政院法。（拍手拍手）借此议案以为尝试，看这个核议案上奏无效，我们资政院议员之核议案以后更无希望的。（拍手拍手）推原军机大臣的本意，不过借此稍示其端，且看资政院（政）[之]权之可以侵不可以侵，资政院之法可以违不可以违。若本院不复质问，便是默示承认。默示承认之后，恐军机大臣对于资政院侵权违法之事必相逼而来。所以今天休会，要求军机大臣出席答辩。这是正当办法，请议长咨询本院公决，但得大家赞成，就可无庸讨论。

95号（宋议员振声）：请议长速用电话请军机大臣来。

副议长：军机大臣今天恐怕一定不能到，似乎还是一面开议的好。

189号（冯议员汝梅）：湖南事情经资政院议决无效，可见军机大臣是侵夺资政院权限了。

93号（席议员绶）：杨抚侵夺权限违背法律，谕旨责以"疏漏"二字，即疏漏亦有应得之处分。查御史江春霖奏参江西抚台冯汝骙、安徽抚台朱家宝，一因疏忽，一因漏未声明，均奉旨交部议处。今湘抚兼二抚之罪，谕旨未交部议处。请议长咨询本院议决，再行具奏，请旨裁夺。

93号（席议员绶）：易议员的话本议员很赞成的，请议长打电话请军机大臣来质问,这质问原是法律上的事。如果不来,我们即照《院章》可由总裁、副总裁请旨裁夺。各省督抚违背法律,应定以相当之处分,然后法律方可实行。

148号(陶议员峻):资政院的章程、谘议局的章程就是朝廷的法律,这个法律也不是军机大臣的法律,也不是督抚的法律,也不是百姓的法律,是皇上的法律,所以无论何人都当遵守。若不遵守法律,就是蔑视朝廷。资政院之保护法律,就是尊崇皇上。若不能遵守法律,就是无以对皇上。本院议员应当遵守秩序,静候军机大臣到院,以便质问,本院不可自己违背法律。

129号(汪议员龙光):请军机大臣出席答辩是人人赞成的,但是军机到与不到,不能必定。即是到了,与他辩论一场,也没有什么效力。本员意思,还是一面用质问书请他答覆,一面出奏,请朝廷仍饬湘抚交议。若再无效力,是朝廷知有督抚不知有人民,这资政院就可以不开了。

153号(易议员宗夔):我们总要问明政府对于资政院、对于谘议局到底如何。

110号(于议员邦华):资政院是议院的基础,在外国也有这个事体者。如俄国第一次开会,对于国家有关系的事情,要求政府甚为激烈。本院因为国家的事情要紧,如果一事无效,以后的事就全然无效,所以请军机大臣来院质问明白,然后开议,议出一件,才有一件之效力。

149号(罗议员杰):自开会以来,花钱数十万,全院议员共费了多(小)[少]日子,所议决之案不过数档,光阴、金钱可惜,外间责备甚重。今日军机大臣不来答辩,所议的事都无效力,请议长速催来院,免费时日。

35号(议员曾侯爵):请军机大臣答辩,本议员是很赞成的。督抚侵权违法,就可以"疏漏"二字了之,若是人民违背法律当如何?我们资政院合王公世爵士庶官绅将近二百人议决出奏,当不及一御史之权力,不知是何意见?所以总要军机大臣来院说明,俾各议员可以明白。

110号（于议员邦华）：今天不必讨论，但问议长能请军机大臣到院不能？

35号（议员曾侯爵）：请军机大臣来是很好的，还有一件事情，我看这个事，议长可以咨询全院的人斟酌一切，详详细细发一个折子，将昨天的事情一并具奏。本院有个折子，就可以有个根据，不然没有根据，如何办法？请议长咨询本院的人。

（语未毕）席绶、陶镕、易宗夔数人群起辩驳，议场骚然。

110号（于议员邦华）：今天的事两言可决，督抚可以侵权违法，军机大臣可以侵权违法，我们议员不敢侵权违法，我们静候军机大臣来院，不必散会。今日议事日表所列之事，还可以改作第二次开议的。

129号（汪议员龙光）：请议长即刻请军机大臣到院，大家可以暂时休息。

副议长：一面开议，一面请军机大臣到院，但军机大臣能否到院，本议长实不敢说定。

某议员：军机大臣不到，不能开议。

110号（于议员邦华）：并不是不开议，我们按照次序先请军机大臣来答覆，然后再议别事。

153号（易议员宗夔）：我们坐到这里不要出外休息，督抚侵权违法不要紧的，我们议员若是侵权违法，这就了不得了。

108号（刘议员春霖）：大家不必多发言，多发言徒耽误时间，就请议长快由电话请军机大臣出席罢。

190号（吴议员赐龄）：请议长不要迟疑，议长应为议员谋利益的。已经大家决定，军机大臣不出席不要开议。

各议员肃坐约三十分钟之久。

副议长：军机大臣现已散值，我们于下次开议时再请军机大臣到院何如？

153号（易议员宗夔）：请军机大臣首座庆亲王来院，军机大臣首座我们认他当作立宪国之内阁总理大臣。

115号（许议员鼎霖）：请登台发言。

93号（席议员绶）：现在静候军机大臣，请不必发言。

115号（许议员鼎霖）：本员言论自由，如果我发言有错，各位议员尽可辩驳。

115号（许议员鼎霖）：我们中国向来无有法律，所以才贫弱到如此。自皇上设立资政院、谘议局，方有个立法机关。我们要再不好好保守法律，危亡就在旦夕了。所以本院议员言语激烈，并不是为一身一家之计，实为中国大局存亡之计。看中国历史所载，历代诸侯尾大不掉，都是不遵守法律之故，诚足为前车之鉴。这样看来，朝廷甚愿督抚遵守法律。现在我们中国民不聊生，全由督抚不遵守法律所致。只就两件事说，一是命案。试问命案一出，哪一个州县是能为民伸冤的？民冤不伸，势必上控，而督抚仍批回州县。或告到都察院，都察院仍是咨回督抚，督抚无非交发审处审讯。发审处都是他的属员，对于上司的命令谁敢议驳？以致一百条命案，并无一条可以给百姓伸冤。一是盗案。试问盗案一出，被盗之家报案要花钱，出差要花钱，购线要花钱。不知花费多少钱，方能将盗获捕，获之后由州县解送府道臬司，以至于督抚衙门，处处均要花钱。所以州县不敢捕盗，以致盗贼横行，所谓养痈遗患，百姓有冤莫（大伸,）[伸,大]约一百条盗案，未报者十居八九，已报者总不到一二。迨至冤气充塞，一遇强梁之徒，揭竿而起，民皆响应，以致不可收拾。就这个样子看来，实在可怕。这都是因督抚不守法律，州县方敢如此。这个情形，朝廷及政府未必尽晓，现在有资政院、谘议局可以稍达地方官吏的情形，想政府也必很愿意听资政院、谘议局的话。但本员还有两句话，可以表示并不是一味调和。就如日本变法很快，因为他政府大臣全是由外国学习法律回来的，所以议院以法律责政府，政府无不乐行。中国政府未到过外国，不到会场演说，若必请军机大臣到院答辩，虽是正当要求，但该大臣等因强迫到院，恐其心必很不舒服。如果军机大臣今日到院，我们可以把督抚违法、百姓吃苦之处一一告诉该大臣，并请该大臣等告诉皇上。万一他不能到院，本员亦有一个方法，可以再提出议案，请规定督抚违背法律侵夺权限应得如何处分，以昭炯戒，不得以"疏漏"二字了之。还有第二个方法，公债的事，本是中国之大害，本员已经说过，亦可以另外提出议案，自然可以取消。我国立宪是幼稚时代，所以本员陈说变通办理之法，固知此说不能人人满意，然按今日时势，不得不为此权宜之计，不知大家以为何如？

93号（席议员绶）：中国虽然是幼稚时代，然军机大臣不能说它是幼稚时代，请他来院把这个意思说明就是。

148号（陶议员峻）：方才许议员所谓督抚的事情，政府未必尽晓，试问政府与督抚是否一样的人？是否一样办事？就本员看来，督抚即将来之政府，政府多半为前日之督抚，且平日大都目无法律，若使稍守法律，何至于有今日？资政院为遵守法律的地方，若是督抚与政府不守法律，便可以通融办理，这就是本院人目无法律，这就是亡国之渐，区区资政院如何能保全长久？

126号（陶议员镕）：陶议员所谓政府与督抚不深明法律，本议员不敢谓然。若谓幼稚诚然不错，但督抚本行政之人，百姓违法就知道处分，自己违法反茫然无知。虽说是幼稚时代，然而法律总不能诿为不知，即不能不遵守。既不知法律，何以能做行政官员？只知责人不知责己，不能以幼稚谅之。

110号（于议员邦华）：这件事情并不是资政院对于督抚的问题，是对于军机大臣的问题。因为将来国会开了，军机大臣要负责任，所以必请他来院质问明白，若此次不能质问，就甚议决之案均属无效。

126号（陶议员镕）：请军机大臣到会把这个问题解决，解决之后再议他事，他们一天不来一天静候，两天不来两天静候。

108号（刘议员春霖）：刚才许议员演说，这一番委曲求全的意思，想为各位议员所深谅。不过本议员还有一点疑惑的地方，因为许议员的意思说我们据法律要求军机大臣，虽军机大臣外面不能如何，恐其心里很不舒服，但是我们资政院必要求着军机大臣心里舒服，还成个什么资政院呢？（拍手拍手）许议员又说应提出处分违法之议案，现在议决的案，军机大臣就不照行，将来无论再提出何等议案，一定是无效的。就是军机大臣将来侵权违法，也不过以"疏漏"二字了之。（拍手拍手）还是请军机大臣来院答辩，问他到底是何意思，将来别项议案才能解决。

153号（易议员宗夔）：请议长再行发电话，总要请四位军机大臣都要到院更好。

93号（席议员绶）：议长曾否已再打电请军机大臣？若今天不能来，可用文书去请明天来，若明天还不来，我们就等到后天，总要候四位军机大臣到院，我们质问后才能开议。

151号（黎议员尚雯）：这是关系一国的事，实属重大。军机大臣更有何要事，今天不能来？我们中国内政不修、外患日迫，都是由军机大臣及各省督抚违背法律所致。就是军机大臣、各省督抚不怕对先朝不住，我们人民还恐无以对皇上及先朝，所以不能任行政大臣违背法律以危国家。

153号（易议员宗夔）：这个问题不能解决，以后资政院所议的事都无效力，就请军机大臣奏明皇上解散资政院，免得空耽搁我们的时光。

126号（陶议员镕）：似此无法律可守，不如就请皇上解散资政院，以便我们早早回去。

153号（易议员宗夔）：请诸位想一想，比如御史参一个督抚，也不至于如此无效。我们全院二百人的议决，反不如一个御史的效力。这个资政院尽可以不设了。

110号（于议员邦华）：请议长不要迟疑，赶紧发电就是了。

92号（林议员绍箕）：现在议场人数不到三分之二，请议长宣告散会。

93号（席议员绶）：现在尚未开议，议员有出场吃茶者，何得便云散会？

153号（易议员宗夔）：现在静候军机大臣，到时开议，何得倡说散会？汝畏军机大臣吗？恐怕军机大臣来时无话可说吗？

副议长：我们可以暂行休息，候军机大臣来院，再行开议。

153号（易议员宗夔）：休息多少时间？

副议长：休息二十分钟。

副议长离席，各议员退出议场。

下午三点三十分钟议事中止。

下午三点五十五分钟接续入议场。

93号（席议员绶）：请问议长，方才少数人在楼上开秘密会议，究是何事？请议长宣告多数议员。

副议长：方才并未开秘密会议，不过本议长请几位议员说话而已。今天就是军机大臣来院，也很迟的了，今天不能开议，还有文件可由秘书官报告。

93号（席议员绶）：不必报告。

110号（于议员邦华）：请问议长，军机大臣到底来否？如议长答应来的，大家很愿意；如果不来，文件不必报告。

148号（陶议员峻）：今天军机大臣能到很好，如果不到，请副议长会同正议长把这个法律不可不守的关系，恳恳切切与军机大臣说明。以后无论军机大臣、各省督抚，都不可不遵守法律。若不遵守法律，就没有国家。各议员没有别的意思，是为尊崇皇上起见，为安靖国家起见。中国所以到此地步，就是种种不遵守法律的缘故。现在资政院是一个保守法律的总汇，不惟议员宜保守法律，即议长亦宜保守法律。议长当以法律关系国家存亡的利害，至诚相告，使彼此意见调和，以保国家的巩固。若不顾大局商量，政府抵制议员，致生冲突，恐不惟无以对天下人民，亦无以对我皇上也。法律之能守与否，实关系国家之存亡。请议长仔细思量，必不忍视为无关轻重之事也。

153号（易议员宗夔）：我们现在请军机大臣出席说明湖南巡抚应定处分的理由，我们资政院所议决的事才有效力。军机大臣今日想可请到，我们暂不开议，就在此默坐以待。

93号（席议员绶）：方才打电话请军机大臣都靠不住，要请议长指定几位议员轮流打电话去请军机大臣，军机大臣才知道今天情形。

126号（陶议员镕）：席议员累言在楼上开秘密会，究竟是什么意思？请报告。

110号（于议员邦华）：请代报告，方才议长所说不过怕请军机大臣不到，本员答以不必怕的。议员并没有激烈的举动，议员是遵守法律的。若不请到会，则今天开议是万万不能的。

108号（刘议员春霖）：适才并非秘密会议，不过于休息时间议长邀本议员谈话而已。无论哪一位议员，于休息时候，亦难免数人聚谈，何能皆指为秘密会议？此等属于私人资格之闲谈，议场不能认为有效，即亦不必要求宣布。席、陶两议员若认为秘密会，便误会了。

110号（于议员邦华）：如果军机大臣不能到会，总要有个结果的办法。

108号（刘议员春霖）：大约这件事体，若不具文书，究属空言，应请饬秘书厅备文，由议长亲持去请为是。

126号（陶议员镕）：此次质问军机大臣，据本员意思，不必以少数人表示众人的意见，仍以全体名义质问为是。

126号（陶议员镕）：还是请议长打电话问军机大臣来不来。

副议长：打电话只能略说几句，不能多说，若多说，恐怕听不明白。今天何妨先开议，本议长明天当面去请军机大臣。

153号（易议员宗夔）：本议员很赞成这句话，请议长总要主持，总要向军机大臣说明这个理由，我们资政院才有效力。不然，则资政院可以不设。

某议员：时候已经不早，并无议过一事，这个光阴甚属可惜。

110号（于议员邦华）：光阴并不可惜，这所争得权限并不是谘议局的权限，是资政院的权限。在外国有因权限停一会期不开议的。

149号（罗议员杰）：议长请军机大臣到会质问，议长不必怀疑，现在所争的是巡抚侵权违法。各省督抚每每侵权违法，宪政不能实行。资政院是一定要争的，何以故？这个权是皇上给我们的权，这个法是皇上钦定的法。这个权限、法律既是皇上给予之权、钦定之法，议员所争是尊重皇上、尊重民权、尊重法律，就是议长亦应当争的。这回争得转，国家有名誉，议员有名誉，议长亦有名誉；如争不转，国家没有名誉，议员亦没有名誉，议长亦没有名誉。议长既代表议员上奏，议长与议员原为一体，盼望力争。

153号（易议员宗夔）：还要申明一句话，今天如果不届五点钟，请议长不必宣告散会。

副议长：不到五点可以不宣告散会。

37号（议员曾侯爵）：方才各议员要请军机大臣来答辩是很好的，但是本议员有个意见，各议员切不必动气，若军机大臣不来，何以处之？但求尽善方法。目前我们所议的事就是无效力，既无效力，就是资政院碰钉子，亦与议长面子下不去。总请议长再行上奏，申明权限，倘日后有行政官违法侵权之事，严定处分，使行政官有所遵循，未悉众议以为何如？

126号（陶议员镕）：这个折子应在后办，此时不必议及。

93号（席议员绶）：本院当问该大臣等是依法律与否，这个折子总在质问军机大臣之后。

93号（席议员绶）：请问议长打电话还有消息否？

副议长：那中堂到外务部去了，别位军机大臣还无消息。

副议长：今天开议不开议，大家表决。

93号（席议员绶）：有何表决？并且人数不到三分之二。（众颇哗然）

110号（于议员邦华）：如此讨论，则议场秩序大乱，不如静坐以待为是。

副议长：现在可以报告文件。（众哗然）

副议长：赞成报告文件者请起立。

众议员多数起立赞成。

副议长：起立赞成共一百零三位，是多数。

秘书官（张祖廉）承命报告文件共十二件。

副议长：孟议员昭常质问军机处②与学部③两件说帖，可以省略朗读否？

众议员请朗读。

秘书官（张祖廉）接续报告。

易议员宗夔、席议员绶同时起立云：各省核议案不必报告。

110号（于议员邦华）：在今天议事日表以内的，可以不必报告。

153号（易议员宗夔）：资政院议员违背法律是不行的，现在请军机大臣出席未到，明日须请议长照《院章》第二十条以文书质问这件事。大家要研究大题目，不要讨论小题目。大家要遵守法律，不可以小事相争，又要拿定一个主义。如今日军机大臣不到会，时候不早了，就可散会了。

副议长：请具质问说帖，立刻就可以办文书过去。

110号（于议员邦华）：不必用说帖，由资政院以文书质问就是。

110号（于议员邦华）：对于今天的事情有几句话，这个事体很重大，不但关系谘议局，并且关系资政院，总要请军机大臣到会，以便质问。

副议长：用说帖质问是正当办法。

108号（刘议员春霖）：大约这个事体，是议长亲自去请为是。

副议长：质问说帖是总要有的。

153号（易议员宗夔）：这是全院的意思，议长就是代表全院的，可以不用说帖。

112号（陈议员树楷）：这个质问是请来的质问，要用口述的答覆，若用文书的答覆甚是不当。还请议长明天当面请他一点钟到会，总是用口说答覆为好。

153号（易议员宗夔）：用文书答覆是不好的，须请军机大臣口说答覆方好。

153号（易议员宗夔）：请秘书官可以不必报告该核议案，今日议事日表全未开议，现在已过五点钟，请议长宣告散会。

副议长：散会。

93号（席议员绶）：明天到底开议不开议？

副议长：现在不能说定。

副议长离席，各议员退出议场。

下午五点十五分钟散会。

注释

① 宣统二年十月初七日，因资政院递封奏一件，军机大臣钦奉谕旨："资政院奏湘省发行公债未交谘议局议决，有违定章，请旨裁夺一折。此次湖南发行公债系奏经度支部议准之件，该抚未先交谘议局议决，系属疏漏，既经部议奉旨允准，仍著遵前旨办理。嗣后各省有应交谘议局议决之案仍著照章交议。钦此。"（中国第一历史档案馆编：《光绪宣统两朝上谕档》，第三十六册，广西师范大学出版社 1996 年版，第 383 页）

② **议员孟昭常质问军机处说帖**

具说帖议员孟昭常谨提出为质问军机大臣事。查《资政院议事细则》第一百七条，议员依《院章》第二十条欲行质问者，应具说帖，得三十人以上之赞成，由议长咨询本院决定之。兹有应行质问军机大臣数事并列如下：一、各部衙门为全国最高行政机关，而军机大臣实总揽之。今之各部此牵彼掣，此推彼卸，一事不可为。今年资政院所议决之事，万一明年不能实行，是否系军机大臣负责任？抑系各部大臣负责任？如曰各部大臣负责任，万一各部以不相统一之故，不任其咎，则军机大臣何颜以对各部，何词以谢国民？二、各省行政宜各以其事项分隶于各部，今则不能，殆以各部权力不如军机，军机与各部不相谋，故有此现象，宜用何法以善其后？三、对内对外宜有一定之政策，如扩张经济、改正条约等事，皆须合一国之力以谋之。方国会未开，内阁未立，天下之所属望将在军机。今对内则人民少信仰之心，对外则列国有相凌之势，军机大臣抚念时难，计将安出？上三事军机大臣必有成算，国民之所仰赖，应请宣示以安众情。谨提出质问军机大臣说帖一件，经规定赞成议员会同署名，请议长咨本院决定，照章咨请军机大臣，酌定日期以文书或口说答覆，须至说帖者。（"议员孟昭常具说帖质问军机大臣事"，《资政院知会折奏章程、说帖、质问、知情等案》第七册《资政院第四类议员具说帖质问各案件其一》，清末铅印本）

③ **议员孟昭常质问学部说帖**

具说帖议员孟昭常谨提出为质问学部事。查《资政院议事细则》第一百七条，议员依《院章》第二十条欲行质问者，应具说帖，得三十人以上之赞成，由议长咨询本院决定之。兹有应行质问学部数事，开列于下：一、学堂奖励实官，流毒所至，可使中国无一可用之材，又可使中国无一用当其才之地，可使内无一潜心学术之士，又可使一二有学术之士消毁于无形，具祸如洪水猛兽，一日不可忍。而学部殊无废止之意，保此成规，忍不能去，其理由安在？二、各省高等学堂、优级师范学堂调京覆试，疲敝不堪，诱之以官而适以敝之，是虐政也。学部不以为虐政，而行之不倦，乐此不疲，是否亦有不得已之故？三、存古学堂适谬可笑，学部忍诟而存之，懒散以将之，不以为是，亦不以为非，是何政策？四、《中小学堂章程》支离错杂，大为普及教育之害，人人以为不可，学部已知之否？上前三事，学部是否亦有废止之意？后一事，是否亦有修改之意？有之，何时始可以实[行]？应请学部即日宣示，以慰国民之望，以定天下之志。谨提出质问学部说帖一件，经规定赞成议员会同署名，应请议长咨询本院决定，照章咨请学部，酌定日期以文书或口说答覆，须至说帖者。("议员孟昭常具说帖质问学部",《资政院知会折奏章程、说帖、质问、知情等案件》第七册《资政院第四类议员具说帖质问各案件》,清末铅印本)

学部于十一月初二日答覆

　　学部为咨覆事。准资政院咨开据议员孟昭常提出质问学部奖励、考试、存古学堂三项,废止中小学堂章程应否修改说帖一件,业经咨询本院,决定相应刷印说帖照章咨请贵部大臣以文书或口说答覆等因到部,查该员质问各条,持议亦善,惟兴学一事必须与世偕进,我国今日学务尚在过渡时代,时机未熟,不能无所审慎。要在立定宗旨,日求进步,务达乎完全之议。本部据此义逐条答覆于后,相应照章以文书答覆咨行贵院查照可也。须至咨者。

　　计开:

　　答第一条质问:学堂之有奖励,识时之士咸非之。本部创设之始,即拟奏请停罢。惟因移奖保举、举贡、考职等项,分逐并进,独于学堂毕业之学生而抑置之,其不滋疑阻者几何哉?自兴学以至于今数年矣,毁学之案所在皆是。况当群情疑阻之初,安得不为因势利导之计?奖励之不能遽裁者在此。近来本部详察时变,正议更张,故议覆御史赵熙奏试学入官宜名实相副折有云,宣统三年实行《文官考试章程》,俟此项章程实行,则学堂毕业、授官自应分为两事。又议覆河南布政使王乃征条陈时务说帖有云,予官以励奖励学问,流弊甚多,人人以官位生计,则患中国家,人人以官为目的,则患中学术,应俟《文官考试任用章程》实行之时,由本部奏停各项实官奖励。又附奏京外法政学堂别科奖励一片有云,所载分别给予官职,应于《文官考试任用章程》实行时一体停止,此皆确定期限,业经奏陈,乃谓殊无废止之意,未知何据?

　　答第二条质问:查高等学堂之在外省者,向章由提学司暨学务人员考试,近来各省高等专门学堂,报部毕业,调阅试卷,疑窦孔多。即如光绪三十四年山东高等学堂毕业,其程度之参差,殊出意外,积习如此,自不得不认真考核。故本部奏定高等学生毕业调京复试折内有云,以朝廷之名器为见私人之地,此但就一学堂而论,贻误已非浅鲜,尤可虑者,以名实不副之毕业学生,或遽出膺民社,或误取为师资,谬种流传,于吏治、学术为害尤大。并声明各程度不符之人数至三分之一者,该省提学司及该学堂监督均由本部按其任事之久暂,定其处分之轻重,指名严参。盖所以励学问防冒滥也。且本部于限制之中,已隐将毕业考试与授官考试别而为二,曾经分咨各省,奖励以复试为凭,而升学以毕业为准。盖毕业考试学堂行之,授官考试本部定之,乃《文官考试章程》未行以前,不得不然之办法也。总之高等学堂本部应归部直辖,徒以财政未能统一,暂由各省分任办理,其调京复试,不过本部监督之一种方法,将来奖励停止,高等学堂改归部辖,此事自应改订,若指为虚政,未免言之过当。

　　答第三条质问:我国变法之始,持欧化主义者固多,持国粹立义者亦不少,所谓此一是非,彼一是非也。江、鄂等省先经设立存古学堂,然全国之大,不过数处,因出于调停新旧之苦心。然本部于湖南景贤、成德、船山等学堂,曾经先后奏驳,可见审时度势,本部原自有权衡。当资政院开会时,本部尚书演说教育方针,云拟将存古学堂酌量财力归并办理,该议员谅已闻之矣。

　　答第四条质问:查奏定《学堂章程》系于光绪二十九年颁行,事经数年,情事变改,嗣经本部另定小学简易科年限课程两种,以验其何者为便。又中学分文、实两科,使文学与科学各有所专注,不致相妨,所以图普通教育之改进也。教育之旨趣,既须与时偕进,旧行章程断无一成不变之理。本部右侍郎前在资政院答辩时,业将修订学务法令之意当场宣布,该议员谅已闻之矣。上咨资政院,宣统二年十一月初二日。("学部咨覆议员质问奖励考试存古学堂三项否应废止中小学堂章程应否修改事",《资政院文案七种》第二册《资政院第十七类各部院衙门咨覆各案件》,宣统二年油印本)

资政院第一次常年会第十六号议场速记录

【标题】围绕几起督抚与谘议局异议案展开的关于谘议局与资政院权限的讨论

【关键词】劳乃宣 简字倡议 湖南发行公债案 湖南禁烟会核议案 广西限制外籍学生核议案 江西统税改征银元案 云南盐斤加价案

【内容提示】劳乃宣提出简字倡议，经议员赞成作为议案，其倡议之发言值得注意。经议员讨论，关于上次湖南公债案的上谕，通过了吴赐龄质问军机大臣的说帖。随后审查了几起督抚与谘议局异议案，包括湖南禁烟核议案、广西限制外籍学生核议案、江西统税改征银元案、云南盐斤加价案。在讨论云南盐斤加价案时，有议员指出："本院也不能侵夺谘议局的权限。章程上既已规定明白，本院不能代谘议局议决，是尊重谘议局的章程，就是尊重谘议局的权限。"

宣统二年十月十一日下午一点三十分钟开议。

议事日表第十四号：

第一，湖南禁烟核议案，股员长报告，会议；

第二，广西限制外籍学生核议案，股员长报告，会议；

第三，江西统税改征洋码核议案，股员长报告，会议；

第四，云南盐斤加价核议案，股员长报告，会议；

第五，《著作权律》议案，再读；

第六，《地方学务章程》（案议）[议案]，三读；

第七，《修正报律》条文议案，股员长报告，续初读。

议长：今天议员到会者一百二十七人，现在全院议员除辞职未到及因病告假者外，以实到人数计算已过三分之二，可以开议。还有一件事，现在天气很短，应议的事很多，以后总要以一点钟开议为妙，请诸位议员注意。现由秘书官报告文件。

秘书官（张祖廉）承命报告收受议员陈瀛洲质问外务部说帖[①]一件。

75号（长议员福）：这个说帖可以不必朗读。

议长：这件说帖已经印刷分送，想大家都已看见，似可省略朗读，请赞成者起立。

众议员多数起立赞成。

秘书官（张祖廉）报告收受议员庆山质问农工商部说帖[②]一件；三、收受议员杨锡田质问度支部说帖[③]一件；四、收受议员余镜清质问外务部说帖[④]一件；五、收受议员陶葆霖质问宪政编查馆说帖[⑤]一件；六、收受议员吴赐龄质问度支部说帖[⑥]一件；七、收受陈请股长赵炳麟审查说帖结果[⑦]一件；

80号（劳议员乃宣）请登[议台]发言。

议长：现在劳议员乃宣对于此案有意见，即请登议台发言。

80号（劳议员乃宣）：简字这件事情，当初本京先有官话字母，两江周总督馥在江南开了一个简字学堂，奏明立案，奉旨允准。本议员于光绪三十四年奉旨召见于先皇太后前，面奏简字之用，请将简字谱录进呈，钦定颁行。先皇太后允准，本议员当即递了一个折子，于三十四年七月奉旨交学部议奏。自从交了学部之后，学部始终没有覆奏。但简字这件事情是由拼音拼出来的法子，虽极容易，但书上说的，总不如口说的明白。本议员恐学部不明白这个缘故，故又在学部递了一个呈子，请亲到学部听候询问。学部还是搁起，一直搁到宣统元年十一月，本议员又上了一个折子，奉旨还是交学部议奏，学部还是没有议奏。本议员于是又写了一封信给学部三堂，说情愿亲到学部说明一切。这个简字如果有错，可以当面示知，再为讨论。日后又给唐尚书一封信，还是不理。现在有三处提出这个陈请书，一个是京官的，一个是直隶的，一个是八旗。据本院审查的报告是归学部核议，学部一定还置之高阁。所以本议员提起倡议，照章有三十人以上之赞成者可以作为议题，请将理由陈说一遍。我中国种种不能如人，论兵兵不如人，论商商不如人，论学问政治，我们从前以为很好的，现在新学一兴，往外一看，亦是不如人。中国大势如此，将来何以自存？但我国有一件最好的事，是合地球不能及的，就是人口最多。天下事总是人做出来的，既有如此多人，天下事什么办不到？但是人虽然多，现在乡下糊涂的人，不明白天下的事。比方国会速开，我们本院以为全副精神议决，方得缩短至宣统五年开国会。若向一个乡下人问他宣统五年开国会愿意不愿意，他必什么叫国会，我不知道。（拍手）说是一个开国会，我们人民〔有〕就有参预立法的权，他必说什么叫参预立法的权，全不知道；又说民人应该担负义务，他必然说什么叫义务；又说当兵纳税，他必说不知道这是什么缘故。须知道都是因为不识字的缘故。我们中国的人约四五万万，认得字的没有多少。据筹备立宪清单，学部设立简易识字学塾，预算哪一年识字者须有百分之一，哪一年须有五十分之一，哪一年须有二十分之一。到了二十分之一，效验就算是极好了。不知道我们中国四万万人，百分之一才有四百万人，五十分之一才有八百万人，到了二十分之一不过二千万人。请看日本小国，全国才有四千万人，而人人都能识字。我们就是办到二千万人识字，也不过比得日本一半。何以他能人人识字呢？因为他的字好认的缘故。我中国自伏羲、神农以至于今，识字的总是多数圣帝明王谆谆诱掖，然而五千年来若要人人能识字，总是难的。因为我们的字有形、有声、有义，所谓象形、指事、会意、转注、假借、谐声，六书的讲究繁夥得很，所以中国的书是很深的、很好的。因为中国的书又深又好，非研究多年是不能领会的。英国百人中大约有九十多认得字的，因为英文不过二十六个字母。就是日本，亦不过五十个假名。认识这字母与这些假名并不很难，所以就容易成功了。而我们康熙字典有九万多字，我们名为念书的人，都是会作诗作赋作八股文的人，果然尽识字典上的字吗？就以我们全院百人论，康熙字典上的字，谁也不能都认得。（拍手）这个简字并不难学，只要先认字母，再学拼音，不到三个月功夫就可以成功的。就是人家女儿、乡下老夫，亦可以容易学会的。如果识字，就可以心里明白，心里明白就可以有国民资格了。这个简字，一个人可以教会几十个人，再每人传几十个人，就是几千人，三传就是几万人，四传就是几百万人，五六传就是几万万人。我们中国要有几万万明白的国民，那还不无敌于天下吗？可是非有容易认识的简字不可，所以本员提起一个倡议作为议案，请诸位赞成。各议员如以为然，就请交法典股审查。本议员还有一句话，本员所著的简字书及从前屡次上奏的折子，先后给学部的呈子、信件，本议员都有底稿，等交了审查，本员就送至秘书厅，请交审查股，以备参考；又有简字全谱，简字丛录，存在第三股员室。但所存无多，不足二百分，所以不能每位送一份。若诸君有愿看者，可以俟散会后开条到第三股员室去取。

议长：劳议员的倡议已有三十人以上之赞成，即作为议案交法典股审查。

73号（汪议员荣宝）：这简字与法典关系甚少，请议长指定特任股员审查。

议长：俟列入议事日表再行酌定。

秘书官（张祖廉）承命报告陈请股员长报告之文三件，并预算股股员长报告书三件。

153号（易议员宗夒）：有倡议的话，湖南公债事件要请军机大臣答覆，军机大臣今日究竟能否到会？

议长：吴议员赐龄呈递质问军机大臣说帖一件，现在吴议员赐龄所递质问军机大臣说帖就是为湖南议案的事，方才交到，不及印刷，应由秘书官朗读一遍再付表决。

秘书官（张祖廉）承命朗读吴议员赐龄说帖毕。

议长命秘书官再朗读一遍。

秘书官（张祖廉）承命再朗读一遍。

议长：吴议员的说帖应付表决，请赞成者起立。

196号（牟议员琳）：吴议员的说帖有应斟酌之处。此次湖南公债所下之上谕，固是军机处拟旨，然军机处只处于协赞地位，谓此上谕即是军机处出来，未免不当。如说帖中谓"军机处仅以疏漏了之"等语，则是以此上谕非出自皇上而出自军机也，故此等字句宜加斟酌。

110号（于议员邦华）：意思是一样的，本议员还有几句话，请登台发言。

议长：是否对于这个说帖发言？

110号（于议员邦华）：这个质问说帖大家无不赞成。当初那一天全体要请军机大臣来有所质问，因为初七的上谕有一点疑义。向来中国法律不大明白，法律与命令的界限分不清楚，究竟法律如何、命令如何、命令是否可以变更法律，全然不知。昨天财政学堂开会，本议员没有到会，听说所议的事系尊重法律维持公论的意思。湖南公债事件应该交谘议局议的，是公论不是公论？不交谘议局议而交到资政院提议，经资政院全体议决，是公论不是公论？如果以为是公论，就当维持资政院当守的法律，就是资政院的权限。第一，是资政院的法律；第二，是谘议局的法律。谘议局应遵守之权限就是谘议局的法律，谘议局议决之后，谘议局应当生效力；资政院议决之后，资政院亦当生效力。大家应当遵守法律，所以要质问军机大臣。质问军机大臣，正是尊重法律。那天要求军机出席答辩，亦有人不以为然。不知正是尊重法律，正是遵守资政院的权限。虽有绝对的反对，而本议员总不以为然。何则？因为法律与命令不大明白的缘故。资政院议决的案件即是法律，就应发生效力，不能取消；若要取消，就是取消法律。若是认命令为法律，就是以新法律废旧法律。所以那天要求军机大臣出席答覆，正是大家维持公论、尊重法律。希望资政院议决的案件生一效力，所以不能不请军机大臣答覆。

190号（吴议员赐龄）：本议员对于牟议员所说的说帖上谓"仅以'疏漏'二字了之"一句牵涉上谕以为不妥，本员有一解释，自古圣帝明王都以纳谏容直为盛德，此次上谕即使出于我皇上独断之明，苟未尽善，犹必乐闻谠议。况我皇上正在冲龄，颁布一切法令皆军机大臣议决事件，所以必须质问军机大臣。若以牵涉上谕便为不妥，是不以古之圣帝贤王尊仰我皇上、我摄政王，岂不是轻视我皇上、我摄政王？

109号（籍议员忠寅）：现在质问说帖议长已付表决，可不必讨论，况章程上质问说帖并无修正条文，说帖既经表决，不能加以修正。牟议员所谓不必修正，亦是此意，请议长照章办理。

113号（李议员搢荣）：本议员有几句话，请登台发言。

议长：请发言。

113号（李议员搢荣）：本议员对于湖南公债上谕非常感激。何以感激？因现在我们中国还没有实行立宪，没有责任内阁实在替我皇上负责任，所以才有初七日的上谕。然资政院议员所必请军机大臣答覆者，根据光绪三十四年八月初一日王大臣拟定宪法大纲原奏原摺云必以政府受议院之责难者，即由君主神圣不可侵犯之义而生。军机大臣虽不是责任内阁，究不能不算政府。既是政府，就不能不替君主负责任。所以请军机大臣说明理由者，尊重法律也。因为法律是我皇上颁布的，不遵守法律就是违背我皇上命令。法律可违背，推其极必成为无法律之国。本议员想，法治国者非仅颁行法律也，遵守法律也。盖国之有法律，如人之有精神，人无精神则死，国无法律，其危殆不可胜言。然有法律而不遵守，与无法律等。我德宗景皇帝早虑及此，所以三十四年八月初一日上谕，大意谓：现值国势积弱，事变纷乘，非朝野同心，不足以图存立。朝野同心者，同此尊重法律之心也。又曰：非纪纲整肃，不足以保治安。纪纲整肃者，上下同处于法律范围之内也。又曰：非官民交勉，互相匡正，不足以促进行而收实效。交勉者，官民以遵守法律交勉，有逾越者则互相匡正也。当日上谕就是恐怕有不遵守法律的。今日湖南公债案已奉上谕，欲求收回成命，能否作到，实不可知。若仅提质问，不过得一文书答覆，无甚效力。不如再提出议案，请旨明定侵权违法处分以警将来更好。本议员之意如此。

议长：现付表决，可以不必再行讨论，请赞成者起立。

众议员赞成起立。

议长：起立赞成者九十六人，是多数。

议长：现在开议，议事日表第一湖南禁烟核议案，请股员长报告审查之结果。

48号（陈议员懋鼎）：本议员按照《办事细则》（事）[第]五十三条委托邵议员羲代为报告。

议长：请邵议员报告。

137号（邵议员羲）：本股员会审查湖南禁烟核议案，报告书已经印刷分布，想诸位议员已看过，现在说明审查的宗旨。湖南巡抚与谘议局争议禁烟这一件事，原案系抚台提议，嗣经谘议局修正，有几条谘议局与抚台意见有不同之处，是以就有争议。经第二次、第三次覆议，彼此互相让步，照湖南巡抚来的咨文所据者即第三次覆议案。大概所争议的要点有二：第一，争议的是缩短年限，湖南巡抚所（第称）[称第]一条即谘议局三次核议案之第二条，国家禁烟功令，人民很盼望其能速取效果，但既要禁烟，非禁种、禁吃、禁运三者并行不可。禁种一事，各省督抚已经实行，惟禁运这一项不能实行。揣度支部意，因为禁运一事，恐其牵涉外交，不易办到。于禁运不加限制，以致近来土商非常获利。现在湖南谘议局主张缩短禁吸年限，是从根本上着手。既无吸烟之人，更不必再讲禁种、禁运。况本年九月已奉上谕，禁吸与禁种并重。湖南谘议局之主张，亦并非毫无根据。谘议局为代表舆论之地，彼既能主张缩短，自必于社会情形调查确有把握。故本股员会审查此案，对于谘议局主张在宣统二年六月底止为禁吸截止期，都表赞成，应令巡抚查照局案，奏明办理。第二争点就是湖南巡抚主张绅办，谘议局主张官绅合办。在官一方面之意，全恃官力，恐不能周到，必以绅为辅助；若官全不负责任，必致将朝廷要政全然委卸于绅士，万无此种办法。绅士虽能辅助公家办事，然执行之时全仗官力，绅士无强制力，使地方士庶服从其命令。湖南谘议局主张官绅合办，共同组织，彼此均无可推诿，对于禁烟一事，不得不同负责任。此办法甚属正当。本股员一再讨论，同表赞成，群以谘议局主张为是，应照局议办理。审查宗旨大概如此。今已说明，请诸君再为讨论。

141号（杨议员廷纶）：禁烟的事，湖南谘议局主张缩短年限，官督绅办，此理由确是不错。盖禁烟利在急进，不缩短年限，则未到年限之期间，何从着手？至近日各省官吏，往往以禁烟推在绅士身上。然而绅士无强制力，到底不能不借官力。官吏倘以绅士为主体，则必不肯十分出力，故或视为无足重轻而（膜）[漠]置之，或视为过于（骤）[骚]扰而反对之，种种窒碍。本议员在籍办禁烟时，所实验者也。请不必讨论，即付表决。

167号（王议员用霖）：禁烟的办法，各省不同，最为前途之累。非确定全国画一方针，不能遽见大效。从前联合会陈请书及山西谘议局陈请书已经陈请股审查报告，并作一案会议，请议长提前列入议事日表，交付会议，必使各省一律，方有成效。

57号（林议员炳章）：湖南禁烟案已经议决，本议员与杨议员廷纶前所提出修正禁烟条例缩短限期一案，已在会场报告。这是为全国打算，请议长提前交议，以便早日审查，早日实行，使禁烟效果普及天下。

153号（易议员宗夔）：林议员的话，本议员很赞成。所不赞成者，就是归并审查。现在会议之湖南禁烟议案已经审查过了，如欲归并，不问可否归并审查，只问可否归并具奏。

110号（于议员邦华）：易议员的话是很好的，这个禁烟案件关于全国，现在请先付表决。

137号（邵议员羲）：现在无有讨论，即请议长付表决。

议长：现在表决湖南禁烟会核议案，应先请湖南议员暂行离席。

153号（易议员宗夔）：以后如核议案，本省议员离席；如系核办案，照第二十四条，本省议员可以不必离席。

湖南议员易宗夔、唐右祯、黎尚雯等照章退出议场。

议长：各议员有赞成湖南禁烟案报告书者请起立。

各议员多数起立赞成。

议长：多数可决。应开议议事日表第二广西限制外籍学生核议案，请特任股员长说明报告书理由，请湖南议员归座。

57号（林议员炳章）：方才本议员请提前交议，已经多数表决，是否实行？

议长：可以归并具奏。

48号（陈议员懋鼎）：本议员照章委托本股胡议员家祺代为报告。

议长：请胡议员家祺说明理由。

114号（胡议员家祺）：报告审查广西限制外籍学生核议案，此是广西巡抚与广西谘议局异议事件。此事从何处发生？因广西筹办高等警察学堂，初次招生，广西巡抚奏请在本省举贡生员及曾在中学堂毕业者外，加入凡与中学毕业学力相当者，无论本省外省，一律（改）[考]选。其理由以为广西之举贡生员现在因办学就职，考贡已经搜罗殆尽，中学毕业的学生很少，不得已要加入外籍的学生。而谘议局以为高等警察学堂现在的学生就是将来办本省警务的人，若加入外籍的学生，于本省的情形不甚熟悉，将来办事有许多不便。其理由有四，所以谘议局以考取本省的学生为是，以为毕业后办本省警务，较他省人亲切，因此又拟将全省的学堂收容外籍学生之章程变更，限定名额，不得过本省学生十分之二，征收学费作为附学。因此广西巡抚与广西谘议局意见不合，始有异议事件到本院核议。前日开股员会审查得：巡抚所主张之理由，以为举贡生员搜罗殆尽，恐未必然。至云中学同等的人可以入学，而中学同等之程度亦难定其标准。然则本股审查将以何者为依据？查民政部奏定《高等巡警学堂章程》第四条，以本省举贡生员及曾在中学毕业者考选，据章程解释，外省的学生自然不必收入。但中国学制，无论何处学堂，皆无限制外籍学生办法，而各省有客籍学堂、随宦学堂等，都是〔不〕正当之事。所以本股于限制外籍学生、酌定名额之说，不敢赞成。因学务经费，无论土著、流寓，都要担任，自不能限制外籍学生之名额。又广西巡抚谓国家税支办之学堂不能限制，地方税支办之学堂就可以限制，此说亦不甚当。无论现在国家税与地方税（当）[尚]未划开，即划分以后，亦无限制外籍学生之理由。但此案专指高等巡警学堂而言，至应遵照民政部奏定章程办理，外籍学生不必收入。现在可以照章程具奏请旨，饬下广西巡抚照章程办理，本股审查情形如此。

议长：各议员对于此案有无讨论？

187号（刘议员述尧）：本议员对于审查报告书，于警察学堂谓应遵照民政部章程无庸加入外籍，此层本可赞成，惟于普通各学堂，既知地方学务无论土著、流寓，均有担任经费之责，不应限制，则此项限制自当取消。乃又以为既经广西巡抚公布，不在异议之列，无庸审查，则本议员大不谓然。何则？是同一案何以分作两撅？巡警学堂之公布办法可以取消，同时普通学堂之公布办法何以独不能取消？倘广西限制外籍学生之议，经过资政院之审查亦认其成立，势不能不禁他省之仿行，将来或因是而致此省与彼省之冲突争议，本院将何以解决？主张各省一律限制乎？审查书已明言其不合，不主张限制，何厚于此，而薄于彼？不得谓平。故本员以为，若照审查报告通过，将来必有种种窒碍，其结果且必致各省生省界无限之恶感，应请诸位议员注意。

190号（吴议员赐龄）：我们既为资政院议员，当代表全国，若遇本省的事就要发言，近于代表地方。但学务一项关系全国，所以审查有不明白地方，凡本省议员可以说明。据审查所根据的是民政部章程，以为争议之点全在高等巡警学堂，不知实包速成之专门学堂在内。现在我们中国并没有一定的教育政策，疆域如此之大，人民如此之多，多以各省自为风气。广西又有特别情形，交通不便，本省人之在外府州县者，必须两个月方能到省。若不先收容本省学生，跋涉空劳，阻人向学，这是地理上关系，是第一层。第二层因以地方公款充作学堂补助费，所以本籍学生应享此特别权利。若学部有一定的章程，一律收学费，一律收膳费，也就可以不必限制外籍学生。现在不然，所以本省的人不能不沾本省的利益，就是广西谘议局限制外籍（发）[学]生之说所由发生。现在要说不应限制，就要要求学部修改章程，用严格取缔全国学堂一律收学膳费，方能周到。此是报告书中未说明白的地方，所以本员特为说明。

学部特派员（范源濂）：方才为广西高等巡警学堂限制外籍学生议论很多，本员请将学部对于各省客籍学生的办法说明。在光绪三十二、三年的时候，各省设立客籍学堂很多，学部看此事殊多不合，于是酌定办法，此项学堂能归并的就令其归并，若不能归并的，毕业之后不许再招新生。后来河南提学使有文到学部，请将客籍学堂作废，准令客籍学生入该省公立学堂肄业。学部看河南的办法很好，于光绪三十四年二月就通饬各省一律照办，学部的主见向来如此。至于民政部《高等巡警学堂章程》收录学生之规定，与学部定章并不相妨。因巡警学堂本是特别的学堂，不必全然相同的，这是说明第一事。第二事就是收学费的话，光绪三十三年曾经学部规定，自大学以至初等小学收取学费多少不等，每月总须纳费若干，不收费的就是师范学堂及艺徒、半日等学堂，师范学堂因为学生毕业后将来还要尽义务的，艺徒等学堂则因其实是出不起学费。是收学费的章程早经学部定过的了，不过各处也有不实行的，这是关于款项的事。因为财政不统一，经费不充足，于收学费一层就有许多窒碍。若于今日，必责令其实行，就难免有因此即不能进学堂的人及种种为难的事情，所以学部于这件事现在还没有法去干涉，但是章程已经发布，将来必渐渐促其实行的。

议长：现在若无人发议，拟即宣付表决。

196号（牟议员琳）：现在可否发议？

议长：现在尚未宣告讨论中止，可以发言。

196号（牟议员琳）：本议员对于审查报告书有反对之意。广西谘议局原案其大要有二：一、限制外籍学生名额不得过十分之二；一、外籍学生须纳学费。现在审查报告书乃据民政部章程改为禁止外籍学生，我国〔奏定章程〕交通不便，凡寄居他省者，一时不能还家，不得不进他省学堂。若如报告书之意，不准外籍学生入本省学堂，倘各省援以为例，甲省禁止乙省学生，乙省复禁止甲省学生，则中国青年必有许多废学者，于事实上甚形不便。故本员所赞成的是征收学费一层，如本省人不收学费，而外省则征收学费，即以其所收支学费供学堂之用，则外省人也是一样向学，于本省权利既无所损，于义务亦属同负，何必定要限制外籍的学生？所以本员意见，对于外籍学生只应征收学费，不必限制名额。

110号（于议员邦华）：本议员对于牟议员说的（差）[插]一点，报告书于广西普通的学堂没有限制的话，其意思因为巡警是保护地方的，高等巡警学堂有保护地方的性质，所以用本地方的人办的事；至于别项学堂，本没有限制，所以这句话没有讨论的价值。

48号（陈议员懋鼎）：本议员对于牟议员所说尚须声明，所有该省限制外籍办法，本股审查时并不以为然，因为限制名额、征收学费两层，是经广西谘议局议决，广西巡抚业已采取公布，并不是此案争议之点。既不在应行核议之列，亦即不在审查范围之内，故不能置议。如以为应议，似应由本院提出议案，另外再议。

114号（胡议员家祺）：本议员对于牟议员之议，就报告书再为解释。查外省学生征收学费，不必限制，本股审查时亦是此意。审查股反对广西谘议局议案，专指限制名额以十分之二为限一项，决不是反对收学费。因学部章程无论本省、外省，一律收费，至于有不能缴费之学生，地方绅士另筹公费补助学费者，容或有之。可见征收学费，无论何人皆当一律。或本省人从数少，外省人从数多耳。又广西谘议局以外籍学生为附学，亦不正当。因附学即非正额，将来毕业都不能得一完全文凭，实不足副向学〔务〕之苦心。惟此节不在争议之点，可以不必研究。若专就高等警察学堂论，广西巡抚所谓中学学力相当者，实无标准，部章规定高等警察学堂招生办法，以中学毕业者为原则，举贡生员虽无中学毕业之学力，而文学自是优长。若空言与中学学力相等者，则无论何人皆可滥竽入学。所以本员对于牟议员之议不甚赞成，因如此办法，将来入学资格一定纷歧。

177号（李议员文熙）：本员对于此报告书尚有不赞成处。广西限制外籍学生请分两层说：第一，对于普通学堂；第二，对于巡警学堂。限制外籍学生纯是部落主义科举时代〔攻〕冒籍的思想，现在不必存此界限。因为我国今日文明进步，大半是从东西洋输入来的；西北几省之进步，亦大半是由东南几省输入来的。广西抱定这个宗旨不收外籍学生，未免与进化公理相违背。不知广西学堂办的好，才有外籍学生来；如办的不好，自然没有人入学。这是就普通学堂。至于民政部所定警察学堂章程，根本上不无错误，其用意在本省人办本省事，不知警察的事，本省人可办，别省人也可办。试问现在各省办警察的人还有外省人否？若说外省人办警察，情形不熟、言语不通几句话也不确实，因为别省人到广西入警察学堂者，其人谁无本省？其本省谁无警察学堂？而必至广西警察学堂者，或因随宦广西，进广西学堂较为便利；或因本省学堂办理不善，入广西学堂为优。教育惟恐不普及，何必分此畛域！且既已在广西入学堂，对于广西地方情形，亦断没有一点不明白的，并有本省人对于本省形情尚有不如他省明了者，例如四川打箭炉等处，距夔府二千余里，以打箭炉之人办夔府警察，恐不如湖北宜昌人之为明白。此限制外籍学生既于进化公理相违背，复于事实上亦无甚便利，故本员甚不赞成。

110号（于议员邦华）起立发言。

73号（汪议员荣宝）：照《议事细则》第五十一条，议员不得就一议题发议两次，请议长注意。

110号（于议员邦华）：并[不]是发言，不过对于李议员所说的话有所辩论。审查广西限制外籍学生，就普通学堂论，大家都是不赞成，然这个内容是注重高等警察学堂，这个章程既属民政部规定，就算是法律的规定，规定以后才能实行。广西谘议局所以限制外籍学生，却是别有一个观念：中国向来官吏均属外省人，又均是不好。广西谘议局以为中国官吏不好，巡警官若用外省人，亦属不好，于是限制外省人，欲以本省人充当，且用本省人，公费亦可减少。这是广西谘议局的意思，所以拿民政部章程力争。至于巡抚限以中学程度相当之说，无非是位置自己的人的意思。两面均说不出来的话，非由经历过来的不能知道。现在限制外籍学生，人人都是不赞成的，但不在审查此案之内。至民政部章程能改与否，又当别论。

137号（邵议员羲）：本员是审查股员会中之一人，对于广西限制外籍的学生，本员不赞成。因此案既经谘议局议决，巡抚又已公布，即成为法律，不能由本院议决取消。即以为此办法为不然，应令广西巡抚提出议案，或由广西谘议局提出议案自行取消这件事情；或由资政院将不准限制外籍学生提出一通行全国之议案，本院会议是亦当然取消的，这是第一层办法。第二层，民政部《高等警察学堂章程》说是先尽本省人考选，并没说限制外籍学生明文，民政部的章程是否妥善，这是应该民政部自行修改，不在审查范围之列。

87号（沈议员林一）：此事不过一省规定学额、限制外籍的事，没有甚大关系。今资政院核议各省谘议局案件甚多，本系归行政裁判，只因现在行政裁判尚未设立，所以归资政院代办。然本院应议本分事件，俱因核议各省之案不及付议，实为舍己芸人。此事可以不必再为讨论，请议长即付表决。不过邵议员羲所说民政部章程原是先尽本籍，并无不准外籍人学字样，与报告书上"无庸加入外籍学生"这句话有点不对，应否删除？

137号（邵议员羲）：请将"毋庸加入外籍学生"一句可以删去。

117号（雷议员奋）：本议员对于特任股员有几个疑问：第一广西巡抚咨文到资政院，照《谘议局章程》第二十四条规定，特任股员长报告高等巡警学堂与普通学堂是否一律限制外籍学生？特任股员能否明白报告？

特任股员长（陈议员懋鼎）：广西原案已经交到秘书厅，请秘书厅再行交出。

187号（刘议员述尧）：照巡警章程，原不能收外籍学生。

73号（汪议员荣宝）：本员提出讨论终局的倡议，有赞成的没有？

众议员有说"赞成"者。

187号（刘议员述尧）：本员尚有话说，广西谘议局限制外籍学生，是主张民政部章程与学部章程不同，这一层是应当注意的。

117号（雷议员奋）：本议员不是讨论这件事，对于特任股员审查之结果有点疑问。第一个疑问暂可不必说，第二个疑问，照广西谘议局原案，取外籍学生作为附取学生，因警察学堂有外籍学生的办法，更正全省学堂的办法，并有更正第三条就是限制名额不得过本省学生十分之二，要征收学费云云，是广西谘议局已准收十分之二，而特任股员按照民政部章程核议案，把广西谘议局所议决收外籍学生十分之二都取消了。

137号（邵议员羲）：本议员前次发言系就报告书为之解释，当股员会审查此案时，本员适在股员室，为湖南禁烟争执起草报告书，故于此案未甚研究。待到股员会列席，已将表决，雷议员所质问者，应由起草议员答覆。

114号（胡议员家祺）：本员答雷议员质问广西限制外籍学生定有名额，非就巡警学堂说，是就各项学堂说。现公文内各学堂有收容外省学生之章程或事实者，均应与警察学堂一律更正云云，可以了然。至警察学堂限制外籍学生是根据民政部奏定章程，查章程所定者，一举贡生员，二中学堂毕业生。本股于审查时为尊重法律起见，所以章程既未修改，则广西之高等〔等〕警察学堂自应随章办理也。

87号（沈议员林一）：现在不是要改民政部章程，只因解说不同，若是不准外籍学生入学，并非民政部章程所有，报告书上的话是在民政部章程以外增加。况如雷议员所说，此案就是审查限制外籍学生的题目，并不是专就巡警高等学堂一处而言，报告书实应修改。

48号（陈议员懋鼎）：除巡警学堂办法应核议外，其各学堂限制外籍办法业由谘议局议决，并由巡抚公布矣。

117号（雷议员奋）：刚才两个疑问已经答覆，不必说了。至广西谘议局原案底下第三条更正办法，据特任股员报告，是指普通学堂而言，据本议员看来，普通学堂如此，巡警学堂也应如此。我们资政院核议这个事，以广西巡抚为然，就应照巡抚办；以广西谘议局为然，就照广西谘议局办。

48号（陈议员懋鼎）：据部章并不是取消议案，本来谘议局所主张之巡警堂办法即是遵照部章办理。至于学额、学费两层，亦系谘议局所主张，且巡抚已经公布，更无所谓取消。

73号（汪议员荣宝）：请议长付表决。

137号（邵议员羲）：请议长将"毋庸加入外籍"一句话删去。

议长：邵议员倡议删去"毋庸加入外籍"这六个字，赞成者请起立。

众议员多数起立赞成。

议长：起立多数，现将广西限制外籍学生核议案报告书付表决，请以为可者起立。

众议员起立赞成。

议长：多数可决，应开议议事日表第三议案，请审查各省核议案股员长说明理由。⑧

特任股员长（陈议员懋鼎）：本议员按照《议事细则》五十四条，委托汪议员荣宝代为说明。

73号（汪议员荣宝）：本议员请就本席简单说明，江西谘议局与巡抚异议之事就在改征银元这件事，江西谘议局以为不能行，而江西巡抚不交局议即行具奏，奉旨交度支部议，复旋经度支部以为窒碍难行，已经议驳。是江西巡抚与谘议局的争点，巡抚对于这个案件没有交谘议局议就是疏漏，现在钦奉谕旨，以后如有应交谘议局核议的事，务必交议，该抚自应遵照，所以报告书特将此节声明，请诸君赞成。

议长：各位议员有无讨论？如无讨论，应即宣付表决。

132号（文议员龢）：方才审查股汪议员所说江西巡抚奏请统税改征银元，度支部已经奏驳，所争之点业经解决。据本议员看来，度支部所奏驳是不准按制钱一千文改征银元一圆，自是正当。惟据该部覆奏原摺内有云，所有该省统税征收章程自应遵照前奏则例内载折合办法，按照市价改征银元，不得意为增减，以符奏案，并将来某项货物原征银钱若干，分析开列刊布施行等语，则是改征银元却经明许，此时国币尚未通行，试问这个银元是指一般通用银元抑指国币？江西交通不便，税卡林立，乡僻市镇，银元亦复无多，若求过于供，则价格必然陡涨，且所谓市价者，原是随时涨落，本无一定，而官吏司巡更得因此而上下其手，而各种弊窦即可从"改征银元"一语而生。近年各省州县多因抑勒洋价以疲民，若税卡改征银元，则恰好成一反比例，将来必有因高抬洋价以困商者。（拍手）所谓不得意为增减一说，恐徒托空言，毫无实效也。本议员意见以为，统税改征银元利在加征，是一事，推行国币又是一事，若将两事并为一谈，则虽驳之甚明，而仍可巧为朦混。今此案既呈本院核办，请应分别切实声明具奏。

度支部特派员（张茂炯）：这是照《币制则例》第十七条办理。

127号（闵议员荷生）：这币制第十七条各省都没有行过，为何独使江西一省先行？

129号（汪议员龙光）：度支部原奏案末尾的一段文字颇算是画蛇添足，奏驳改征洋码是江西一省之事，申明《币制则例》是全国通行之事，部驳应当如题而止，不应牵入《币制则例》，反使眉目不清。在度支部的意思，本是根据《币制则例》十七条、十八条申明折合国币办法，然不曰"折合"而曰"改征"，不曰"国币"而曰"银元"，隐然于既驳之后，仍以"改征银元"四字敷衍赣抚面子，并赣抚得执此四字为活动之作用。殊不知此事一有活动，官场一面利益便比不驳仍强得多，度支部所恃以无恐者，以为饬令按照市价，彼自不能任意高下，试问州县征收丁漕，何尝不饬令钱洋并收？何尝不饬令银元要按照市价？现在市价每一银元值钱一千三百数十文，江西各州县征收丁漕，并有不能作上一千，甚压至八百、九百不等者。然则官场之所谓按照市价，宁有标准可言者乎？且统税之事更不比丁漕，遇有争执洋价时仍可从缓一步，卡税则所装之货要赶行市，受不住几日留难，何求不得？本议员是浮梁景德镇人，每春茶商过卡，照算茶税应纳五十元，便要索一个五十两之元宝，倘或算来是五十余元，便要索两个元宝，彼再找四十余元。此种暗无天日之事，径行得去者，盖茶商赶赴浔汉，售价高低，争在时刻，迟到一时，或者所失仍不止此数，故隐忍如数予之，久竟成为定例。此当上官所知者乎？是故度支部折尾一（致）[纸]文字，谓是饬令折合国币，目今尚无国币，何折合之可言？若将现行银元当作国币折合，必举国[一]致方可，不应令江西一省吃此大亏。谓是故意朦混其词，为江西官场开一条活动之路，则无论如何剥夺商民，悉数皆入私囊，并无分毫可作公款。彼固谓是懔遵部奏，按照市价办理者。这样看来，度支部奏驳反不如奏准，吃亏到有限制，兹则无限制矣。

73号（汪议员荣宝）：此次审查的要义，在申明照章交议一节，此案虽经度支部议驳，然本是应交谘议局议决的。

130号（刘议员景烈）：本员对于审查报告还有一句话要说。江西统税关于改征银元一项，度支部虽已议驳，其尾上又云"照市价折合"，则又准江西巡抚征收银元矣。报告书未曾顾到这一层，觉有一点差。照查明划定报告，若未经查明划定报告，则此时将何所依据？总之江西对于统税改征银元，固明言意在加征，而因借推行国币为名，巧为影射，度支部既驳其加征，而准其折合，盖实为推行国币起见，惟或稍涉误会，或巧为牵合，恐弊端所致，转得暗为加征。此案虽经度支部奏驳在前，仍应再将界说划清，以杜流弊。拟请审查会将报告书修正，付诸表决，再由本院具奏。

81号（章议员宗元）：本议员对于度支部这件事情有个解释，度支部定这个改征银元办法，自然以《币制则例》十七条为标准。何以必用十七条为标准？因为预备颁行国币之后，应照市价折合国币。所谓市价，就是十七条所定的是四月十六日一定之市价；所谓银元，当是指国币而言。若是指通用银元，恐官吏便要上下其手，流弊极多。

132号（文议员龢）：据度支部特派员答覆，谓覆奏内所称改征银元即指国币，其折合办法即指遵照本年四月十六日奏定则例第十七条办理，本员以为此项则例，现时各省皆未曾一律照办，何必令江西一省独为天下先？（拍手）

87号（沈议员林一）：度支部这原奏有三层：第一层说是改征银元，窒碍难行，此刻自不能行了。第二层按照市价改征银元，这市价当是现在市面上通行的市价，这银元当是市面上通用的银元。现在国币既未颁行，所有一切银元，部章原准照旧通用，可见所谓的银元就是现在的银元。若是指国币而言，则当言"法价"，不应言"市价"；且现在并无国币，又从何处改征乎？还有一层，原有货厘应收银钱若干，改征银元若干，饬令章程刊布之后才能实行。如江西谘议局不以为然，可俟刊布章程另行提议，此案即可就此讨论终结。

81号（章议员宗元）：本议员对于沈议员的言论有辩答的话。照表面看来，这个银元也不知是现在的银元，抑是定币制后的银元？市价也不知是随时的市价，抑是《币制则例》所称一定的市价？但是度支部原奏既称按照《币制则例》办理，则市价是一定的，市币银元就是国币，并不是通用银元。因为《则例》中所谓折合，专为国币而设，并不为通用银元而设。现在请问度支部特派员，说明是否币制上的银元？是否币制上的市价？

度支部特派员（张茂炯）：照市价改征银圆，系指折合国币而言。因《币制则例》限一年内改定计数名称。赣抚原奏既以推行币制为词，故度支部言及于此。

177号（李议员文熙）：本议员对于此事，还是要照从前办理。何以故？江西改征银圆并不是度支部办理，是江西巡抚看了度支部这原奏之后，借此以增。

129号（汪议员龙光）：方才度支部特派员说后段文字所指银元就是国币，然则后段文字用意是申明将来所有银元一概要依奏定则例折合国币，不是现在就准江西巡抚对于统税一律按照市价改征银元，这个界说是分得清清楚楚的。本议员到无多辨，惟此事虽经度支部议驳，我们资政院也有个办理。窃以赣抚欲改洋码不交谘议局议，比较湘抚欲募公债不交谘议局议，同是一侵权违法，赣抚较可恶。盖湘抚侵权违法，彼欲办公债，到是可做之事；赣抚侵权违法，彼所欲办，并是一场想入非非、万不能办的事情。平空想加商民三成税、四成税，反曰是推行币制之预备，从何说起？审查员报告谓应照章程具奏，是很妥当的，但须于报告上加添几句，将度支部折尾用意声明，"是将来折合国币，不是现在允许改征银元，庶江西官场不致借文舞弊"。

109号（籍议员忠寅）：这件事据本员看来，审查股员会报告书是很不错的，不过没有想到度支部奏折上去。度支部将江西巡抚奏折议驳，是毋庸改征洋码，后来度支部最后之申明，其实不出改征洋码范围之外，并且江西巡抚可以上下其手，其名虽不是改征洋码，而其结果是与改征洋码一样。因为这个国币还未颁行，就说照市价施行。要是现在各省一律通行，江西没有法子。现在各省没有通行，为何使江西人民如此之苦？据本议员看来，这报告书要稍为修正。

度支部特派员（徐文蔚）：所谓法价者，乃指新币而言，新定币制一元，主币以外，尚有一厘、一分、一角等辅币，合十厘为一分，合十分为一角，合十角为一元，是谓法价；所谓时价者，乃指旧币而言。新币颁行之初，旧有银元、铜元、制钱，既暂准民间照常行用，则兑换折合，亦不可无适中之标准，故即以《币制则例》奏定之日各处市价作为各该处之时价，使官吏不能意为增损，（既）[即]民间不致暗增负担。此乃新旧交替之际，不得已之办法，时价与法价截然两事，非时价即法价也。

议长：请籍议员将修正倡议之意写出，以便作为议题。

109号（籍议员忠寅）：仓猝之间难以修正。本议员有个倡议，如果本议员的议论，各议员赞成，可请交原股员会续行修正。

议长：籍议员倡议应付原股员会续行修正，下次再议。

议长：现在休息二十分钟。还有应请各位议员注意之处，上次休息时候，各议员多有散去者，而本院《院章》不过三分之二不能开议，上次因人数不足，竟致未能开议。此次休息，务请各位议员留步，不要便自归去。（拍手）

下午三点半钟议事中止。

下午三点五十分钟续行开议。

80号（劳议员乃宣）：请问官话简字付审查，还是付法典股抑是付特任股？

议长：此官话简字一案，应俟列在议事日表时，再行斟酌付何股审查。

议长：江西审查案股员长修正，现在由秘书官朗读。

秘书官（曾彝进）承命朗读修正案。

议长：对于此项修正案赞成者请起立。

议员多数赞成。

129号（汪议员龙光）：请议长付秘书厅印刷分给各议员。

议长：按照议事日表第四项，会议云南盐斤加价一案。

48号（陈议员懋鼎）：云南盐斤加价案审查理由极为简单，请即就本席说明。此案注重之处在云贵总督说盐法是国家行政事件，不能交谘议局议决；谘议局说盐斤加价是人民的义务增加，非交局议不可，因此争议。本院核议此案自当以应否交议为断，现经本股审查得，盐课虽系国家税，但既经变名为马脚，即不能归入国家行政之内，其为人民义务增加，毫无疑义，故一定要交局议。拟由本院具（奉）[奏]，请旨饬下该督将此案交议后，方可公布施行。当日审查之结果如此。

192号（张议员之霖）：云南盐斤加价案，本议员对于审查会报告书极力赞成。云贵总督于本省义务增加事件不交谘议局议决，其为侵权违法，已属无疑。况《钦定宪法大纲》载明，臣民现完赋税，非经新法律更改，悉仍照旧输纳。本朝历代成例，凡盐法稍有增减，均须奏准。今云贵总督未经具奏，擅自施行，其违背法律，又不止《谘议局章程》一种。此意审查会已经看明，而报告书内未声明侵权违法，本议员以为此案与湘南发行公债案比较，情节尤重。湘南案谓该巡抚为侵权违法，此案独略，恐非立法机关主持公理之道。又云贵总督以命令擅加盐价，既经本院认为违法，其命令仍得存在与否，不可不为讨论。按立宪国通例，虽君主亦不能以命令变更法律，况属地方行政官厅！中国现在预备立宪，如仍听督抚以命令更改法律，以后种种行政，必多纷歧。本议员查江西统税改征银元，经度支部议驳，其命令已为取消；云南盐斤加价案，若不将总督命令立时取消，则议者自议，行者自行。资政院通过，亦属无效。应否于报告书"请旨饬下该督"句下添明"立将提加马脚命令取消"，请诸位公决。至于云南盐价事实上不可加增之理由，谘议局来文，⑨言之甚详，不待赘述。今且将云贵总督来电种种蔽朦之处，约略言之。该督主张加价，并主张减额。加价则重人民负担；减额则妨国家正供。二者俱无一可。查课额为盐官考成，度支部恐其多销少报，故有额以律之，与人民无直接之关系。人民之难堪者加价也。不曰加盐价，而曰加马脚，马脚为运盐者所得之酬报，涨落无常，何得据为定率？该督之所谓提加马脚者，谓前属云南饥荒，马脚最高，今加盐价，与前马脚时价相若也。例如今日米价贱，昨日米价贵，征税者于今日买米之人民增其税率，令其出昨日之价，可乎不可？执是以欺罔政府、欺罔人民，恐上下均不愿受其欺也。故本议员谓宜立时取消其命令。

135号（郑议员际平）：本员对于张君演说有点意见答覆。这审查会是为督抚与谘议局争议事件。在督抚一面，说是国家行政的事体不容谘议局议决；在谘议局一面，则说谘议局有议决本省义务增加之权限。但增加盐价一事究竟谘议局有无议决权限，乃是争议之先决问题，不可不知。这个加价并不是通国的事,是云贵总督加起来的,这个事体既是关系云南一省,故谘议局应有议决之权,审查之结果多数认为云贵总督应当提出议案,交谘议局议决。至张君说审查报告上应添上把官厅命令取消云云,本员不以为然。因为既认定是谘议局权限内应议决之事,非但督抚不能侵夺谘议局的权限,本院也不能侵夺谘议局的权限。章程上既已规定明白,本院不能代谘议局议决,是尊重谘议局的章程,就是尊重谘议局的权限。

153号（易议员宗夔）：本议员对于郑议员尊重谘议局权限是很赞成的,对于张议员所谓该督抚侵权违法,本议员也是很赞成的。但是云贵总督既没有将此案交谘议局议决,已经颁布命令加价,据本议员看起来还是赞成张议员所说侵权违法的妥当,但是侵权违法案子是很多的,俟本院另将各省督抚如有侵权违法事件,请旨确定何项处分之后再行具奏,方有效力。

132号（文议员龢）：滇督于加收滇盐马脚银两一案,所以不交该省谘议局核议者,以为是国家行政,盐法含有专卖之性质。本议员记得光绪三十四年,度支部似有文书通行各省,嗣后不得任意增加盐价之说,现在盐务既划归督办盐政处管理,则从前盐务隶于度支部之事件,自应由盐政处一体执行。即如滇督所云,此事属之国家行政范围,试问十月初一以前,滇督曾得盐政处之承诺奏明办理否？如未得其承诺奏明办理,而遽行加收,已属侵权违法。该省盐务罢敞情形,本议员固略知大概,方将设法减轻成本,恤商恤民,以期抵制交缅私盐之不暇,此时若加收马脚银两,多取为虐,地方更何以堪！且加收马脚,不畀之驮盐,而以之入官,是巧立名目,阳避加价之名,阴收加价之利。滇督办理此事,无论属于国家行政对于盐政处,属于地方行政对于谘议局,侵权违法,二者必居其一。（拍手）

137号（邵议员羲）：易议员主张先要把侵权违法如何处分解释清楚,再将此案上奏,本员意见,此系归本院核议事,核议结果令总督具案,仍交谘议局议决,此核议办法已经解决了。至于应当处分、不应当处分,是君主的大权。大清现行律上对于侵权违法疏漏处分也有规定,故侵权违法的处分无须再议。本院对于督抚之错误的地方，我们可以使其更正，使督抚所发之命令不能继续生效力，核议结果就此终了。若必由本院致电督抚，直接取消其命令，是没有这个办法，自应仍令督抚具案交谘议局议决为是。

153号（易议员宗夔）：本议员所主张的非指核议案而言，至于核议案，并不必急于上奏。上一次湖南巡抚侵权违法，我们议决之后并没有效力。既然上奏没有效力，不如待到本院将督抚侵权违法的事件提出上奏案，请旨规定处分之后再行上奏为是。

96号（李议员湛阳）：易议员所倡议的，请议长付表决。

193号（顾议员视高）：刚才这位议员所说，本议员有个解释。云南的盐价比中国各省都贵，云南的百姓比中国各省都穷，盐为日用品物，岂能再议加价？况加腹地马脚，减边岸盐价，这个政策按之事实，恐怕有点不对，何以言之？商人趋利，百姓就贱，一定之理。今减边岸、加腹岸，私贩不将运私盐入腹地乎？私盐入腹地，则向者边私难防，将来腹地亦私盐充斥矣。不特此也，云南此刻滇越铁路已达省城，若果不敢缉边私，而反加内地盐价，恐将来不但边盐充斥腹地，恐洋盐亦将充斥于滇省腹地矣。（拍手）况减边价尚妨国课，增腹地之价则重民负担，于国计民生似均无裨益。操纵市面，徒饱办盐务诸人之私囊而已。云南总督盖为所摇惑耳，是非停止交议，断不能得其所宜，应请议长照汪议员修正案速付表决。（拍手）

48号（陈议员懋鼎）：可添"未经公布以前，不能实行"二语，请议长即付表决。

177号（李议员文熙）：照本议员的意思，亦是要加上"侵权违法"四字，审查的意思以为国家行政不能归谘议局议，然资政院未尝不可以议，既可议此，而侵权违法又系确有事实，如何不加上"侵权违法"四字？

议长：现将邵议员所倡议修正先行表决。

秘书官曾彝进朗读邵议员修正案。

137号（邵议员羲）又自行报告一遍。

159号（蒋议员鸿斌）：《谘议局章程》不能取消，一定要加上这几句话，就是"即谓属之国家行政范围，然滇督于事前亦未经盐政处承诺奏明办理，并不是奉旨可比，亦可取消"。（拍手）

87号（沈议员林一）：本议员对于此案，据云贵总督报告盐斤加收马脚另有理由，因为近边引地私盐太多，如缅甸等处私盐充斥，不能不减价敌私，以资抵制。因为边盐减价，所以内地加价，抵补所失之数，于云南财政并无出入。究竟所办减价、加价两项，是否确当？利弊如何？非该省谘议局不能调查详晰。所以加价的缘由我们不可不知，增加负担应交局议，减少负担是否亦应交议？是一疑问。

193号（顾议员视高）：云南盐斤加价一事，据本员看来，的确是地方义务增加事项，《谘议局章程》第十一条第四项议决本省义务增加事件，今云贵总督不交局议，实不合法。迨云南谘议局呈请交议，总督允减去五钱，尤为笑话。忽增忽减，政体安在？总督以系国家行政，不应交议，更不可解。夫度支部前年曾有盐斤不能再加之明文，度支部为中央政府之一，各省督抚照部定章程办理乃可谓为国家行政，今各省皆不加，独云南加之，时而一两，时而五钱，此可谓之国家行政乎？况增加税法明明是立法上事也，何得混于行政方面耶？所尤不解者，既非中央法令，又不经奏准或咨商盐政大臣，骤以己意行之，谓为国家行政，本议员所尤百思不解者也。应照章归核办案，请旨饬下云贵总督将此案提出，照章交议，以符局章而维权限；至交议以前，所加马脚应令取销。鄙见如此。（拍手）

87号（沈议员林一）：此案不问国家税、地方税，但云增加负担应交局议，然一面增加一面减少，两事相因，究竟减少负担之事是否应该交谘议局议决的？

144号（胡议员柏年）：大概论地方税，就应该交谘议局议，国家税就应上奏请旨。这云贵总督的来文说是国家税，可以不交谘议局议。不知是国家税，就应上奏。既不上奏又不交谘议局议，擅以命令增加，该总督侵权违法，确无疑义，必须添上"侵权违法"几句为是。

196号（牟议员琳）：此案既经股员会审查属实，认为本省增加义务事件则不应说应交谘议局议决、不应交谘议局议决。请议长将审查报告书提出表决。

议长：现在对于此件议案，发言者太多且多重复，有碍议事，请注意。

117号（雷议员奋）：云南加价案件照方才胡议员所说的地方税应交谘议局议，国家税亦不能以督抚一人要加就加，这件案子比湖南巡抚杨文鼎更觉重大。这报告书上所说的话，对于云南总督之处，还须斟酌为是。至于应否交议，非我们资政院所应议的。这案件今天不能决议，还要请股员会再行审查。

议长：雷议员奋提起倡议，应付表决，有赞成者请起立。

各议员多数起立赞成。

73号（汪议员荣宝）：本议员有修正的倡议，读修正文，请议长付表决。

109号（籍议员忠寅）：本议员对于这件事情稍有异同。此事一定要谘议局议决的，既然应交谘议局议决，而我们资政院不能加可否。即如"侵权违法"四字，本员以为不要加入。何则？据《院章》二十四条，凡核议案，若是上奏时加上"侵权违法"四字，即变成核办案。况谘议局并没有提出"侵权违法"字样，资政院何必加上"侵权违法"等语？资政院是立法机关，若专办各省督抚与各省谘议局冲突的事情，这三个月光阴岂不虚度过？所以本议员意思，督抚之侵权违法事情固宜一定要办，若不是侵权违法的案子，也不可勉强加人一个罪名。（拍手）

130号（刘议员景烈）：对于籍议员说的话，还有疑义。此案虽不是核办案，其"侵权违法"四字总应加入，因其十月初一日已加马脚银一两，即是有违法事实，焉得不加以违法名义？应请将汪议员修正案付表决，如以核办案始得加"违法"字样，则江西统税案即核办案，似应再行修正。

109号（籍议员忠寅）：对于方才这句话有一个答覆，江西案没有侵权违法这是不错的，因为云南谘议局来文没有侵权违法的话。

191号（陈议员荣昌）：云南谘议局交到之案，不加以"侵权违法"

的字样是不行的。籍议员主张不加"侵权违法"四字，本员颇不赞成。

110号（于议员邦华）：汪议员所说的话也有疑义。云南事情仍以资政院核议请旨裁夺为是。此案应交谘议局议、不应交谘议局议，尚待讨论。若说"侵权"，是侵谘议局应有的权；"违法"是违朝廷所定的谘议局的法。究竟无论是谘议局或是督抚，要看其已否侵了权，已否违了法，并是否核办案，然后决议。至于如何处分，尚不在此范围。若论该谘议局所争的对不对，督抚应交谘议局不应交谘议局，这是我们应该讨论的。

178号（高议员凌霄）：云贵总督对于盐斤加价一事，既不上奏朝廷、恭候朝命，即是违法；又不下交局议，采取舆论，即是侵权。现经多数意见讨论，大致相同。违法侵权确然无疑，现在时间已过，请议长宣付表决。

137号（邵议员羲）：若云汪议员之言，如系国家行政经费，必须奏准方可办理，但此言已侵夺资政院权限。因增加国家行政经费，必须资政院议决方可公布，督抚自不得不由奏准开办。湖南公债案系巡抚奏准开办，仍属违法，请当注意。

73号（汪议员荣宝）：修正案并没有语病，经资政院议决方能裁可，这是奏准的手续。"奏准"二字含义甚广，并不是专指督抚一奏而言。

议长：邵议员修正案在前，宜先付表决。

秘书官（曾彝进）承命朗读邵议员修正案。

议长：邵议员修正案赞成者请起立。

议员少数起立赞成。

议长：起立少数，应否决。将汪议员修正案付表决。

秘书官（曾彝进）承命朗读汪议员修正案。

196号（牟议员琳）：云南议员例应出席。

议长：现在表决汪议员修正案，请云南互选议员出席，赞成者起立。

众议员起立赞成。

议长：赞成多数。

94号（王议员佐良）：以后总要议长宣告离场，各议员不到散会时间，不得退出议场。

48号（陈议员懋鼎）：汪议员修正案既经多数表决，不是全体赞成，则审查报告内用"全体表决"四字，与当日审查事实不符，应将"全体"改为"多数"。

议长：此案应问诸位议员是核办案抑是核议案？

109号（籍议员忠寅）：这是核议案。

议长：审查特任股员报告是照二十四条办理。若照二十四条办理，则云南议员就不应出席。

81号（章议员宗元）：云南的事情已经表决。本员现有请问的事情，前天开审查谘议局关系事件股员会，审查有许多电报未覆，现在各省已将闭会，请问议长是否由秘书厅电覆，还是如何办理？请议长从速提出交议。

议长：现在斟酌是核议案抑核办案，应即解决。

110号（于议员邦华）：据本议员看来，若以为是核办案，题目就不对。现在汪议员提出修正说，是应交谘议局议决，固是不错，但是国家税究竟若何？非国家税究竟若何？还没有说清楚。还有一层，湖南的事件已经无效，本议员还要力争。这件事件系初发端，本议员何以如此？因为我们资政院议决事件，总不要教外人指摘才好。若不弄得清清楚楚，就是放弃责任。如果议决一个议案出了范围之外，岂不是个笑话。

议长：这件事仿佛是一个核办案。若是核办案，就应照《[院]章》二十一条办理。二十一条第二项陈请事件，非有到会议员三分之二以上之同意不得议决。方才虽是多数，然未足三分之二以上。还有雷议员提起之倡议，应一并付股员会重行修正。诸位有赞成者请起立。

众议员多数起立赞成。

议长：多数赞成。

81号（章议员宗元）：审查关系各省谘议局事件，本议员也是股员之一，前天审查之后，已有报告送到秘书厅，以备电致各省，请问曾否发电？

议长：是什么事？

81号（章议员宗元）：是关于各省谘议局关系事件。

115号（许议员鼎霖）：章议员的口音不甚清楚，本员再说一遍。初八日审查各省谘议局关于预算的事情，来电甚多，现在谘议局行将闭会，请问议长已经电覆没有？如其未覆，请议长速覆。又浙江核议一案，应俟文到再审查；又广西借债一案，应交陈请股审查。

议长：俟查明再办。

议长宣告散会。

议长离席，众议员退出议场。

下午六点十五分钟散会。

注释

① 议员陈瀛洲质问外务部说帖

具说帖议员陈瀛洲等谨提出为质问关于东三省外交事件。查《资政院议事细则》第一百七条"议员依《院章》第二十条欲行质问者，应具说帖，得三十人以上之赞成，由议长咨询本院决定之"等语，兹谨提出质问关于东三省外交各事说帖一件，经规定赞成议员会同署名，应请议长咨询本院决定，照章咨请外务部酌定日期以文书或口说答覆，须至说帖者。一、东三省为根本重地，治乱安危关系全国，自日俄协约、日韩合邦而后，人心惶恐，奔走呼号，有岌岌不可终日之势。外务部对于此举是否确定方针，为相当之措施？二、东三省地方辽阔，为盗贼出没之区，商民时受其损害，近闻日、俄两国借口保护商务，有派兵帮剿之说。果有此举，名虽协助，实欲侵我捕权，能否照约拒绝，以杜外人之觊觎？三、东三省逼处两强国界，屡起交涉，若无确实之地图及一定之标识，即不免外人任意侵占，无从究诘。现在我国各行政官衙门，亦曾测绘明晰，制成图式否？四、安奉铁路，日人抱定自由行动之主义，条约改修次将告竣，一旦遇有征调，由该国至我奉天仅需四日。既不能阻止于前，又何容疏忽于后！外务部亦曾注意此事否？五、日、俄两国对于东三省竭力经营，欲实行殖民之政策。据最近之调查报告，吉、江两省及蒙古地方，俄国居留民约两万余人，奉天一省日本居留民约五万有奇。长此不禁，势将源源而来，演成强宾压主之恶剧，是否密派妥员详细调查，以筹备抵御之方法？六、瑷珲江东六十余屯均被俄兵占据，久假不归，全州四境四万余户，尽隶日本版图，无人过问，他如延吉厅、呼伦贝尔、满洲里等地方，越界侵占之事，层见叠出，能否与各该国使臣严重交涉，指日索还，以报主权而固边防？（"议员陈瀛洲具说帖质问关于东三省外交事"，《资政院知会、折奏、章程、说帖、质问、陈请等案件》第七册《资政院

第四类议员具说帖质问各案件其一》，宣统二年铅印本）（案：序号为校注者所加）
② **议员庆山质问农工商部说帖**

具说帖议员庆山等谨提出为质问东三省农工商事件。查《资政院议事细则》第一百七条，议员依《院章》第二十条欲行质问者，应具说帖得三十人以（上），以质问关于农工商各事说帖一件，经规定赞成议员会同署名，应请议长咨询本院决定，照章咨请农工商部酌定日期以文书或口说答覆，须至说帖者。一、东三省以农产为大宗，近年以来，虽设有农工商业研究会与农业试验场以为改良农业之肇端，然吉省所属之濛江州密山府、依兰府，江省之墨尔根、甘井子以及奉天之洮南府各地方，开放业经数年，而沃野数千里，荒芜未辟者十居八九。诚以地阔人稀，务农者鲜，若非移民实边，恐数十年后，犹草莱也。农工商部对于东省各地方应如何设法提倡以举行移民实边之政策？二、迩来新政繁兴，各行省地方均设有工程局专司建筑，此亦提倡工业之意也。第以财政支绌，民不聊生，惟东省为尤甚。若再大兴土木，其将何以堪此！可否咨行东省督抚，举一切不急之建筑，暂时从缓，以节财源而纾民力？三、东三省为产粮巨区，近年以来外商云集，各逞其商战之手段，（叚）以与我争衡。同一货物，一经我商之手，出产有税，过关有税，落地又有税。而洋货进口纳过正税之后，即到处通行，无敢留难。人则步步争先，我则着着落后，坐是，商业萧条，市面衰落，而一般巧黠之徒，遂纷纷挂洋旗，入洋籍，借以图目前之生计。商务前进尚堪问乎？农工商部职司商务，有振兴提倡之责任，应如何设法调剂，以免商业之失败？四、东三省物产丰饶，甲于全国。自日、俄阑入内地，兼营并进，为一网打尽之谋，若漠河之金厂，松花江之航路，抚顺之煤矿，安东之森林，以及沿海沿江之渔业种种利权，大半操之两强手中，能否设法挽回，以保护我固有之利益？（"议员庆山具说帖质问关于东三省农工商事"，《资政院知会、折奏、章程、说帖、质问、陈请等案件》第七册《资政院第四类议员具说帖质问各案件其一》，宣统二年铅印本）

③ **议员杨锡田质问度支部说帖**

具说帖议员杨锡田等为提出质问关于度支部铸造新币事。查《资政院议事细则》第一百七条，"议员依《院章》第二十条欲行质问者，应具说帖，得三十人以上之赞成，由议长咨询本院决定之"等语，兹谨提出质问对于度支部铸造新币说帖一件，经规定赞成议员会同署名，应请议长咨询本院决定，照章咨请度支部酌定日期以文书或口说答覆，须至说帖者。一、国家之行政，凡为社会维持秩序、人民增进幸福者，皆不惜赔垫巨款以为之。今整顿币制，亦能如办理新政之不惜巨款乎，抑保全公家之利益乎？欲保全公家之利益，而又不侵损民财，果有此两全之策否？二、铸造新币与之关系最密切者，为银行制度。一方面吸收旧币及生银，一方面灌注新币。此为必要之机关。今如何能使全国皆有银行，已确定方针否？三、主币一元重量七钱二分，中含净银纯量只六钱四分八厘，果足为价值之标准，以昭人民之信用否？四、主币含纯银九成，辅币五角及二角五均含纯银八成，一角者含纯银六成五。辅币之成色劣于主币，而名价必大于其实值。若不以法律严定其比价，而听市价之自名，则人民必较其所含之纯量以为值，将恐辅币之名价成为虚设，而主币得不大受影响否？五、收回旧币改铸新币，是否于新币一圆照重量算足七钱二分，而于旧币则将一成之铜除去，仅算六钱四分八厘？六、兑换生银是否以新币之重量折算，抑以纯量折算？果以纯量折算，则人民以其所不便，易其所至便，亦何惮而不为？若以重量折算，则一两生银，民间受二分八厘之亏，虽日戮一人，恐不能令之来换，于制币前途大有窒碍。此可别为规定否？七、旧铸之小银圆约共一千四百余兆，今复有新铸之银，辅币出现，则市面之拥挤愈甚。新辅币虽为合法律之币，然行用有限制，转不如旧小银圆之便。新与旧争，决不能胜新者。向大清银行兑换既不得拒，及为旧者所迫，穷无所之，恐不免假途于大清银行，仍以还之国库，如何而能使新辅币之流通，而则例所规定乃有效力？八、对于外币应如何处置，使人民无受巨亏？九、铜圆之实值，足当制钱两文，现在各处交易或用五折，或用四、六折。若新币发行后，制钱兑换铜圆仍以十进之法，则民间之受亏太巨，此宜预为规定，免致临时翳轇。十、新币发行，地方所有各省从前铸造之大小银圆及铜圆制钱，均暂准各照市价行用，若虑初时所铸新币不敷分配，何妨暂缓施行。若料其可以分配一省或数府州县，或数大市镇，须先划分地段行起，然后以次普及，未为不可。但在新币发行之地方，则旧币及生银之效力，仅能与普通货物立于同等之地位，断不许与新币立于同等之地位。若任其习惯而无一定之规则，则旧币与生银终不免为新币之梗，又何术而能使币制之画一耶？十一、自由铸造为万国之公例，实维持主币之一妙法，现在经始之际，尚未议及于此。将来果许自由铸造否？（"议员杨锡田具说帖质问关于度支部铸造新币事"，《资政院知会、折奏、章程、说帖、质问、陈请等案件》第七册《资政院第四类议员具说帖质问各案件其一》，宣统二年铅印本）

④ 议员余镜清质问外务部说帖

具说帖议员余镜清为提出质问外务部事。查《院章》第二十条及《议事细则》一百七条，于各衙门行政事件如有疑问，欲行质问者，应具说帖，得三十人以上之赞成，由议长咨询本院决定之。本员对于外务部确有疑问，敬谨具说帖如下：葡萄牙政变，改更国体，据国际法，旧国家消灭，新国家更始，则条约须新行更订或声明各节。我国澳门境界相持多年，能否承此机会，将租界之约根本取消或恢复其一部，疑问一。领事裁判权未收回以前，彼此法律既不平等，外人杂居内地，易酿交涉，现在各国商人在租界以外自由购地者（如山东沿海之各口岸，长江流域之各腹地，蒙古、新疆、西藏之边地等），逐年增加，已不向各国共识开议，限令一律迁回租界，以符约章而弭后患。又军舰驶入腹地，测量操演，尤属违背约章，是否已经设法阻止，抑任其自由行动？疑问二。以上皆本员对于外务部行政极不明晰之处，敬请议长照章决定后，咨请外务部大臣酌定日期答覆实为公便，须至说帖者。（"议员余镜清具说帖质问外务部确有疑问事"，《资政院知会、折奏、章程、说帖、质问、陈请等案件》第七册《资政院第四类议员具说帖质问各案件其一》，宣统二年铅印本）

外务部于十月二十二日答覆，"外务部为咨覆事，宣统二年十月十四日，接准贵院咨称据议员余镜清质问外务部关于葡萄牙界约事件说帖一件，业经咨询本院，决定刷印说帖，咨请酌定日期以文书或口说答覆等因。兹经本部按照《院章》，将质问各节备文答覆，相应咨行贵院查照可也，须至咨者。（附件）上咨资政院，宣统二年十月二十二日。

一、葡萄牙界约

查澳门界务相持多年，迭经磋议，现仍接续商办，其未经解决以前，本部未便宣布。

二、外人杂居内地，并军舰驶入腹地，测量操演

查内地向无外人杂居，其通商口岸，当订约时只声明某口通商，嗣后虽经划定贸易界限，而居住仍不免有在界外者。本部迭次辩论，彼此各执一词，迄未解决。至外国军舰驶入腹地，测量操演，查部一接外省报告，无不随时照约商阻。"（"外务部咨覆议员质问外务部关于葡萄牙界约事"，《资政院文案七种》第二册《资政院第十七类各部院衙门咨覆各案件》，宣统二年油印本）

⑤ 陶葆霖质问宪政编查馆说帖

具说帖议员陶葆霖等遵照《资政院章程》第二十条及《议事细则》第一百七条，谨提出为质问宪政编查馆事。伏读光绪三十三年七月初五日上谕，从前设立考察政治馆，原为办理宪政一切编制法规、统计政要各事项，自应派员专司其事，以重责成，旋即改为宪政编查馆。资政院未设以前，暂由军机处王大臣督饬原派该馆提调详细调查编定，以期次第施行等因钦此。恭绎上谕中"暂"字之义，是资政院成立以后，宪政编查馆之组织必当变更，已毫无疑义。今读宪政编查馆答覆议员易宗夔质问说帖，有"无论资政院已未成立，实非仅一编制局之比"等语，似与先朝谕旨，未甚吻合，谨提出质问说帖。依规定赞成议员会同署名，应请会长咨询本院，决定照章咨请宪政编查馆酌定日期，以文书或口说答覆，须至说帖者。（"议员陶葆霖具说帖质问宪政编查馆事"，《资政院知会、折奏、章程、说帖、质问、陈请等案件》第七册《资政院第四类议员具说帖质问各案件其一》，宣统二年铅印本）

宪政编查馆于宣统二年十月十九日回覆，云：钦命宪政编查馆王大臣咨覆事。准资政院咨开议员陶葆霖质问宪政编查馆之组织必当变更事件说帖一件，照章咨请本馆答覆等因前来。查说帖内称"光绪三十三年七月初五日上谕考察政治馆改为宪政编查馆，资政院未设以前，暂由军机处王大臣督饬，原派该馆提调详细调查编定，以期次第施行等因钦此。恭绎上谕中'暂'字之义，是资政院成立以后，宪政编查馆之组织必当变更，已毫无疑义。今读宪政编查馆答覆议员易宗夔质问说帖，有'无论资政院已未成立，实非仅一编制局可比'等语，似与先朝谕旨未甚吻合"等语。本馆伏读光绪三十四年八月初一日谕旨分年筹备事宜单，于宪政编查馆应办之件，逐一规定单内。第三年资政院举行开院，而自第三年以后，宪政编查馆均有承办事件，是资政院虽经成立，而宪政编查馆应办事项，仍须遵旨办理。其光绪三十三年七月初五日谕旨"暂"字之义，系谓暂由军机处王大臣督饬，并非谓暂设此机关也。本馆前次答覆，系遵照谕旨暨奏定本馆办事章程为准，并无不相吻合之处。至说帖内称：本馆组织必当变更一节，事属朝廷大权，本馆无从答覆，相应备文咨覆贵院查照可也，须至咨者，上咨资政院，宣统二年十月十九日。（"宪政编查馆咨覆议员质问宪政编查馆之组织必当变更事"，《资政院文案七种》之《资政院第十七类各部院衙门咨覆各案件》，宣统二年油印本）

⑥ 议员吴赐龄质问度支部说帖

具说帖议员吴赐龄等谨提出为质问度支部明定各省谘议局交议预算范围事。查《资政院议事细则》第一百七条，"议员依《院章》第二十条，欲行质问等，应具说帖得三十人以上之赞成，由议长咨询本院决定之"等语，本员查九月廿八日度支部咨覆本院文书内录江、漾两电，均称送交谘议局以备参考，并无饬将地方行政经费岁出一部分，交议字样。所以广西护抚魏景桐三次电咨度支部、资政院请示办法。

而本院虽致各省谘议局通电有咨询度支部覆称已通电各省时地方行政经费送交局议之文，究竟是否江、漾两电内照录送交等字即含有交议意思，抑另有通电？此一疑点也。又称"其于岁入一门，不分国家、地方者，因国家税、地方税章程未经厘完，故暂行合并编制，业经通电各省将预算全册送供参考，则一切岁入俱在其中，各谘议局亦可略知大概。俟将来国家税、地方税划分后，自应分别国家岁入与地方岁入，以符体例"等语，查预算，有岁出，无岁入，则法案不能成立。现在既因地方岁入未能划分，究竟各省地方行政经费岁出，经谘议局议定后，是否就该省岁入总额内如数指拨，俾谘议局有所根据，免致议案动摇？此又一大疑点也。本员因此两大疑点，谨提出质问度支部说帖一件，经规定赞成议员会同署名，应请议长咨询本院决定，咨请度支部酌定日期以文书或口说答覆，须至说帖者。（"议员吴赐龄具说帖质问度支部明定各省谘议局交议预算范围事"，《资政院知会、折奏、章程、说帖、质问、陈请等案件》第七册《资政院第四类议员具说帖质问各案件其一》，宣统二年铅印本）

度支部于宣统二年十月二十一日回覆，云：度支部为咨覆事。清理财政处案呈准资政院咨，据查《院章》第二十条，"资政院于各衙门行政事件及内阁会议政务处议决事件，如有疑义，得由总裁副总裁咨请答覆"等语，兹据议员吴赐龄质问度支部明定各省谘议局交议预算事件说帖一件，业经咨询本院，决定应照章咨请，酌定日期以文书或口说答覆等因前来。查吴赐龄说帖内质问之疑点有二，一在本部所发江、漾两电内所称"照录送交"等字是否含有交议意思，抑另有通电？一在地方岁入未能划分，究竟各省地方行政经费岁出经谘议局议定后，是否就该省岁入总额内如数指拨，俾谘议局有所根据？查《奏定清理财政章程》第二十条第二项内载"各省预算报告册内款项属于地方行政经费，送谘议局议决，并将预算全册送供参考"等语，江电所称照章先将局存地方行政经费底册照录一份，送交谘议局者，即含有送议议决之意也。其漾电所称照章将贵省预算全册抄录一份送交谘议局以备参考，乃系查照《清理财政章程》第二十条第二项送供参考，此外并无他项通电。至各省谘议局既对于地方行政经费有议决之权，自可就款项内移缓就急，商酌修正，经修正决议后，应就该省岁入总额内如数指拨。惟岁出总数应以本部覆核之数为范围，期于国费无碍，相应照章备文，咨覆贵院查照可也，须至咨者。上咨资政院，宣统二年十月二十一日。"（"度支部咨覆议员质问度支部明定各省谘议局交议预算事"，《资政院文案七种》之《资政院第十七类各部院衙门咨覆各案件》，宣统二年油印本）

⑦ 陈请股股长赵炳麟报告书

　　为报告审查事。查本院《议事细则》第一百十八条，陈请股议员应将审查之结果报告于议场。本股员审查得各省谘议局所递陈请"停止学堂奖励、明定学位以正教育宗旨"案一件，内开理由三项：（一）谓学堂毕业奖励是国家悬官职以诱学生，学生从其所诱，利禄之外，别无思想，国民品格遂因是而卑，此宜停止者一。（二）谓学堂异于科举者，以其求实学致用也。今之学堂仍授以官职，用非所学，与科举等。此宜停者二。（三）谓学生毕业之额数，必超过于科举之定额。职官有限而奖励无穷，诱之使来，应之无术。此宜停者三。至于办法，则有中学以下毕业者，应称为"某校毕业生"，中学以上，则明定章程，给以博士、学士等之学位。盖即奏定教育宗旨，所谓"尚实者"等语。审查后，佥谓教育宗旨关系全国利害，本股股员全体认为合例可采，将该件列入议事日表，交付会议，照章应作为议案，特此详细报告。宣统二年九月二十四日。("陈请股股长赵炳麟审查报告各省谘议局所递陈请停止学堂奖励明定学位以正教育宗旨案"，《资政院知会、奏折、章程、说帖、质问、陈请等案件》之《资政院第十类审查报告各案件》，清末铅印本）

⑧　本院自可毋庸置议，下加修正案如下：查该部原折内称，遵照《币制则例》按照市价改征银元一节，系指将来折合国币而言，现在改征洋码，应俟国币通行及全国，一体办理，此时仍照向章改征，如有另拟改正办法，应令遵照本月初七日谕旨，照章交谘议局议决公布施行，以昭权限而维法令。本股员会一再讨论，意见相同，全体议决，应请照章具奏，特此报告。("审查江西统税改征银元事件报告书"，《资政院知会、折奏、章程、说帖、质问、陈请等案件》之《资政院第十类审查报告各案件》，清末铅印本）

⑨　十月初四日收云南谘议局电一件

资政院鉴：云南谘议局为骤加盐价滇民惶惑先行报告事。窃以盐务为国家之要政，亦实民生之要需。滇省盐政敝坏，盐价昂贵，均为各省所无。现在井产之盐，每斤贵至市纹银五分零。距井渐远地方，每斤已贵至市纹银一钱有奇。滇自罂粟禁种，财源困涸，生计奇窘，全省穷民咸望稍减盐价，以裕生活。乃于九月二十七日陡闻盐斤加价，市面异常惶惑。议员等初就不信，既询盐务公所，始知事果属实。据来函云："屡奉院谕，郊面私盐先行边岸，渐入内地，年不下数十百万，以致井盐滞销，利权外溢，再四筹画，非大减边价，力抵外私，整顿腹岸，借资弥缝，不能挽救。"又云"酌减腾龙、普元、开远各边岸课厘税捐等款共二十余万两"。又云"向日驮盐马脚，由每店五六钱减至二三钱，盐价亦由八九两减至五六两，只好借此弥缝。奉督宪谕，自十月初一日起，提中马脚银一两，以资抵补"云云。议员等不胜诧异，即行开会研议，佥称如此办法，必更使内地滞销，私盐充斥，乃反言"可以抵制私盐"，诚百思不得其解。一再研究，觉滇盐不可再加之理由有五：一曰罂粟禁种，财源骤竭，滇民生无多，犯法可畏，庶不敢冒险串奸。因于开广、临元、普永、腾龙各边岸，设局督销，视道路远近酌减价值。每百斤有减至十元、八元、六元者，统计新定边额七百三十五万斤，免征正杂各款及运脚不敷银，公家至少须赔六万五千两，而新添局用、增兵、查缉各费，尚不在内。至于整顿亏课，必须酌减虚额，此非市恩于井官也。与其徒拥虚额，日劾盐官，仍亏国课，不若核实销数，俾有措手，无缺正供。因于黑、石、白三井，岁共减去即称溢额五百廿万斤，共免征课厘、团路、练兵经费、公费、学费、正杂银十六万余两。综计减价减额两项岁共少收银廿三万两左右。现值百务待兴，库帑奇绌，遽失巨款，必须补筹。与其创办新捐，烦苛扰累，不如就盐筹抵，简易可行。昨饬盐政公所筹办，据称禁烟后马脚低贱盐价渐落，只好就此酌提，以资弥补。明知滇省贫瘠，苦累吾民，无如时艰势迫，合计通筹，非减边价无以敌外私，非减溢额无意偿亏课，非酌加内岸马脚，又无以补减价减额之损失。原拟将腹岸马脚每百斤加银一两，将溢额岁减八百万斤。盖减额既多，则应征正杂各款减数亦多，非每百斤加一两不足以抵。本部堂以民食所关，正在核办，适接来呈，并据正副议长面陈民生疾苦，当经督同公所再三筹画，定为每百斤加银五钱，并将拟减溢额改为五百二十万斤，于十月朔试办。计腹岸销额除所减外，尚有四千五百余万斤，岁可加马脚银二十二三万两，抵补亏款，尚不相悬。而新增督销员司薪水局用及添兵饷项犹待另筹。查上年十月初九，宪政馆通电开"凡属国家行政，皆由督抚照常奏咨，非议局所能置议。无庸交局议决，由局提议之件，应由督抚审查。如果逾越权限，可剀切劝告"等，因盐务属国家行政，现复特简大臣督办，督抚只有会办之责，尚无专主之权。滇省现拟咨商督办办法，须核明会奏，第以加脚，利在速行，若此议既倡，又复缓办，则运虚销之弊，恐将百出，利归中饱，徒使国家人民两受其害。且冬季销盐最旺，不能迟误。故一面电咨，一面克期试办。该局体念民瘼，与本部堂具有同心，惟兹事既不属议决范围，若有善法，能使外私不侵入、国课不亏短，照章列为建议事件，本部堂自当虚表采纳，核夺奏咨。若竟列为议案，即属逾越权限。本部堂有监督之责，未便显违法律，罔道干预等语，即日查《局章》第四十三条，虽有停议之文，原系暂时之事。该局连日倡议，实与停会无殊。《局章》第四十七条"督抚得令停会"，实因议局越权违法加以制裁，其停会以七日为限者，盖犹虑督抚之专擅。今该局自行停会，按诸法理，已不啻自加制裁，况对于呈请事件，停会期中无从协议，即不能以议局名义再行具呈，于事实亦多滞碍等语。理合电咨贵院备案，经义东赞加走旁。("十月初四日云南谘议局电一件"，《资政院知会、折奏、章程、说帖、质问、陈请等案件》之《资政院第十五类各省谘议局等电案件》，宣统二年铅印本）

资政院第一次常年会第十七号议场速记录

【标题】接续审查讨论云南盐斤加价核议案、《著作权律》《地方学务章程》、申明资政院立法权限、全国禁烟等议案

【关键词】云南盐斤加价核议案 《著作权律》《地方学务章程》 禁烟

【内容提示】主要审查讨论云南盐斤加价核议案、接续《著作权律》议案再读和《地方学务章程》三读。在审查云南盐斤加价核议案时,汪荣宝针对资政院核办案件发表了一个一般性意见,即议员要有四种心得:第一,要守定《资政院院章》;第二,要认明资政院权限的范围;第三,要有公平的眼光;第四,要有不挠不屈的精神。这四种完全,方才是言论机关的本色,方才算得有完全的法律思想。本次会议有议员注意84号议员严复屡次违背《院章》,不到散会即自由离席,建议议长加以惩戒。

宣统二年十月十四日下午一点三十分钟开议。

议事日表第十五号:

第一,云南盐斤加价核议案,股员长报告,会议;

第二,《著作权律》议案,再读;

第三,《地方学务章程》议案,三读;

第四,《修正报律》条文议案,股员长报告,续初读;

第五,陈请申明资政院立法范围议案,股员长报告,会议;

第六,提议陈请全国禁烟办法议案,会议;

第七，修正禁烟条例缩短期限议案，会议；

第八，议设审查陈请全国禁烟办法议案及修正禁烟条例缩短期限议案特任股员。

议长：今天到会议员一百三十人。

议长：报告本月十三日奉谕旨一道，请各位议员起立静听。

众议员起立静听。

议长宣读宣统二年十月十三日军机大臣钦奉谕旨，资政院奏议员缺额，遵章分缮清单请旨补选一折，著陆宗舆、崇芳、吴廷燮为议员，钦此。

议长宣读毕，众议员就坐。

议长：现在由秘书官报告文件。

秘书官（张祖廉）承命报告文件。

议长：王议员佐良质问外务部说帖①一件，已经刷印分给，拟即省略朗读，各议员有赞成此说帖者请起立。

议员多数起立赞成。

议长：多数。席议员绶质问法部说帖②一件，已经刷印分给，拟即省略朗读，各议员有赞成此说帖者请起立。

议员多数起立赞成。

议长：多数。高议员凌霄质问学部、陆军部说帖③一件，已经刷印分给，拟即省略朗读。各议员赞成者请起立。

议员多数起立。

议长：多数。尹议员祚章质问军机处、外务部说帖一件，④已经刷印分给，拟即省略朗读，各议员赞成此说帖者请起立。

议员多数起立赞成。

议长：多数。周议员廷弼质问税务处说帖⑤一件，已经刷印分给，拟即省略朗读，各议员赞成此说帖者请起立。

议员多数起立赞成。

议长：多数。

秘书官（张祖廉）朗读审查各省谘议局关系事件特任股员长许鼎霖

报告书三件。

议长：现在收受审查各省谘议局关系事件股员长报告书已经朗读一遍，仍恐诸位听不清楚，请股员长说明理由。

115号（许议员鼎霖）：本员是审查各省谘议局关系事件特任股员长，按照《（事议）[议事]细则》五十三条委托雷议员奋说明理由。

117号（雷议员奋）：初六日审查各省谘议局关系事件，关于各省事件有三：一是浙江事件，浙江谘议局有呈文，尚未到资政院，只来一个电报，无从审查。第二件是山西谘议局来的电文，非常单简，无从审查。第三就是广西借二百万外债的事，谘议局不承认，这是关于陈请股的事，应请议长交陈请股审查。这三件都没有什么理由可以报告。以外就是关于预算案的事。这个应分三项说明：第一，督抚以预算交谘议局议，〔而〕但交岁出不交岁入，原来度支部本要各省督抚以岁入全册交谘议局参考，而还有几省都没有将岁入全册交谘议局参考，所以谘议局打电来问资政院，资政院应当请度支部咨各省督抚赶紧将岁入全册补交谘议局参考，这是第一项审查之结果。第二，有若干省谘议局以本年督抚交ộ议决的预算案只有岁出没有岁入，所以不能议决，现在审查之结果以为，国家税与地方税既没有分清，就不能说哪几种是关于国家税，当由资政院议，哪几种是关于地方税，应交谘议局议。因为没有法子，所以度支部将岁入全部交到资政院，我们也不能于全部分内取出一部分交谘议局议，这是第二项。第三,四川、福建来电说督抚交到谘议局的预算案只有岁出没有岁入，议决岁出时是否可以不问岁入多少？是否可以不问宣统三年国家财政盈绌，而于应办之事就可决议举办？这个问题很难解决。这个问题并不是从资政院发生出来的，是从预算全案发生出来的，因为度支部岁入一部分没有分别出来。在度支部既不能分别，而资政院开会期已过了一半，谘议局已经将近闭会，现在无从将全部分岁入分别出来，何者属于地方税。股员会的意见以为，应当回覆谘议局，现在国家预算岁入、岁出全部比较起来不敷五（数）[千]多万，既是岁入少，岁出多，没有法子，只好把岁出减少，不能将岁入加多。如果岁入加多，就是增加各省的负担与国民的义务，这也不行的。资政院预算案本来是主张节俭岁出，谘议局办地方预算，既有岁出无岁入，还是照督抚交出之（千）［案］以为标准，就是不照督抚交出来的预算案核减，亦万万不能再从增加。其中有应加的，有应减的，可以不用的，谘议局可以酌量议决。如谘议局在督抚交出来的预算以外还要加增岁出，就请谘议局筹一定的款项，筹定以后，再议增加。这是特任股员审查结果如此。

秘书官（张祖廉）续行报告文件。

110号（于议员邦华）：外务部特派员今天到会没有？

议长：没有到会。

110号（于议员邦华）：禁烟期限，我们资政院提出这个议案一定是缩短期限的，将来国会既以缩短期限，即禁烟期限亦应缩短。风闻英国近向外务部订约，仍欲以十年为限，这个话不知道确否？若是确的，外务部千万不可答应他。请议长把这个话告知外务部方好。

115号（许议员鼎霖）：方才雷议员说明初八日审查预算事件，四川、福建很盼望本院回电，请问议长可否即照审查的结果从速覆电？

议长：可以从速发电各省。

115号（许议员鼎霖）：方才报告十三日审查各省关系的事情，其中奉天谘议局电请延会十日外再延二十日，审查的结果报告奉天谘议局延会十日外可再开临时会二十天，庶于该省事实、《谘议局章程》两无妨碍，审查报告书上说的很明白的，请议长咨询本院有无讨论。

110号（于议员邦华）：这个办法是很好的，似可不必讨论。

190号（吴议员赐龄）：本议员质问度支部说帖已经多日，何以还没有答覆转来？

议长：吴议员质问度支部说帖早已咨行过去，现在还未有覆文。

94号（王议员佐良）：各位议员质问各部衙门的说帖，请议长催各部院从速答覆后，尚可以再行讨论。

149号（罗议员杰）：议长、各部院行政大臣及军机大臣，如对于议员质问，欲口答覆，其到会的时候，应请议长先行通告，本院质问之议员准备质问，不然质问的议员或者告假，两相错误。

议长：可以俟各部大臣亲到答覆时，当先行知会本院。

176号（罗议员其光）发议一次。

议长：听不明白，请再说一次。

177号（李议员文熙）：请代罗议员说明甘肃禁烟案请并案办理。

议长：禁烟案不止一件，现在可以合并。

37号（李子爵）：现在预算案尚未表决，表决一项再讨论别项，不然次序太乱。

议长：方才大家没有异议，无所谓表决。

153号（易议员宗夔）：山东巡抚来电，请议长命秘书官报告本院，此电甚无道理的，须要严驳几句，此项可否报告本院。

94号（王议员佐良）：山东来的电报大家都不知道，可以由秘书官报告，以释群疑，并请议长随将覆电稿宣告全院通过后再发。

议长：这个事于资政院没有什么关系，将来议驳，自有道理，俟登官报以后，大家都可以看见的。

秘书长承命朗读江西统税改征（钱）[银]元核议案奏稿、湖南禁烟核议案奏稿。

议长：还有一件是广西限制外省学生一案奏稿，由秘书长朗读报告书。内有一段上奏时须要删去，这个报告书底下说是股员会无庸详细审查，既是本股员会无庸详细审查，上奏时候可以删去，诸位议员有无异议？

议员均称"无异议"。

议长：如此，本议长就认为无异议。

秘书长承命朗读广西限制外省学生奏稿。

议长：现在开议，按议事日表，第一是云南盐斤加价核议案，请特任股员长说明修正报告书的理由。

48号（陈议员懋鼎）：修正报告书的理由，因为前日此案公议斟酌，究竟是核办案抑系核议案？后经本股股员大家研究，实是核议案，非核办案。缘此案与湖南发行公债案大不相同。本省公债照章应交谘议局议决，毫无疑义。湖南巡抚不交局议，朦混奏准，并不能说出理由，是显然有意侵权违法，故本院（不）[应]当照章核办。至于云南盐斤加价一案，在云贵总督认定盐课为国家税，以为盐斤加价是国家行政事件，不应交谘议局议，此是云贵总督的理由；在谘议局则以加马脚为增加负担事件，非交局议不可，此是谘议局的理由。两种理由均不能成立。其孰为完足，则应候资政院判定。故此案确系按照《院章》应行核议事件，当未核议之先，该督不交局议之理由既能成立，即不是有意侵夺谘议局权限，即不是违犯法律。现在本院既断定马脚为义务增加事件，谘议局所执理由已十分完足，但具奏请旨饬交局议，并令将所布命令停止施行。此案核议之结果，即已如题而止，不必再加以"侵权违法"字样。本股员会修正的理由如此。

73号（汪议员荣宝）请发言。

议长：现在按发言表的次序，请易议员宗夔发言。

153号（易议员宗夔）：这云南盐斤加价的案件，本议员前天发议主张说云贵总督是侵权违法，今日变易宗旨，不要如此说。因为云贵总督并不是侵权违法，其所加马脚银既不是国家税，即是地方税，应该交谘议局议决才好，我们只要他交谘议局议就是了。并且云南谘议局电报没有说及侵权违法，我们办侵权违法的案已经办了两次，毫无效力，所以本议员对于侵权违法的案件，主张要请旨定一个侵权违法的处分，定了之后再议核办。如果不具奏请旨，定这个侵权违法的处分，而侵权违法两次皆无处分，这四个字就非常之轻了，是把我们资政院议决的事也看得非常之轻了，所以本议员不主张下这"侵权违法"的字样，这个意思如此。在云南谘议局自算是回覆原案，其议决可否增加马脚之权，那是云南谘议局的权限，我们不要管他。所以本议员主张要请议长具奏请旨定这个侵权违法的处分，庶乎把侵权违法的案件办出，方有效力。若办不到，似乎"侵权违法"的四个字，以后可以不必再用了。

73号（汪议员荣宝）：议长，七十三号议员有话，要请登台发言。

议长：请发言。

73号（汪议员荣宝）：云南盐斤加价核议案审查报告书已经股员会修正过了。这报告书里面所有"侵权违法"字样已经删去，其理由亦经股员长说明。本议员是此案特任股员内的一人，应该以少数服从多数，所以对于修正的议决并没有什么异议，但是本议员对本院将来核办案件有一种很普通的意见，今天要趁这一个时候发表一番。我们资政院议员在资政院作事，在资政院说话，第一要晓得资政院的职权，第二要晓得资政院的地位。资政院对于各省督抚侵权夺谘议局权限、违背法律的举动，按照资政院的《院章》，当然有核办的权利。这"核办"两字，照《院章》的规定，拿法理把他解剖出来可以分成三段：第一是审查，第二是议决，第三是具奏。何谓审查呢？就是遇一种事实发生之后，资政院查一查这事实里面，到底该督抚有无侵权的情形，审查明白然后议决。何谓议决呢？就是以多数的意见，对于督抚下一确定的考语，说定他是否侵权，是否违法，议决确定，然后具奏。何谓具奏呢？就是把资政院议决的结果明白上达我皇上之前，说哪一省督抚现在有侵权的举动，请示皇上应该怎样办。资政院核办的范围到此为止。至于具奏之后，朝廷对于督抚侵权违法举动究竟怎样办，或是给他处分或是不给他处分，那是我皇上的大权，并不在资政院核办范围之内，资政院亦绝对没有干预的余地。这两个前提若是大家认为正确的，就当然生出两种结论：第一，资政院不能因为核办的奏折上面有了"侵权违法"的考语，就一定要朝廷下一个侵权违法的处分；第二，资政院也不能因为朝廷从前没有侵权违法的处分，以后核办案件就不敢再用"侵权违法"的字样。（拍手拍手）简单说，处分是处分，核办是核办。处分是朝廷的事情，核办得正当不正当是资政院的责任。资政院要尽这一个责任的时候，不可不有四种心得：第一，要守定《资政院院章》；第二，要认明资政院权限的范围；第三，要有公平的眼光；第四，要有不挠不屈的精神。这四种完全，方才是言论机关的本色，方才算得有完全的法律思想。要是不然，资政院自己先没有站住脚跟，口口声声讲法律，口口声声说人家违背法律，究竟资政院自己在法律上的地位认清楚没有？资政院自己在法律上的根据站稳当没有？（拍手拍手）今天激烈，明天和平，激烈的时候就非要有侵权违法的处分不可，不平和的时候就连这侵权违法的字样都不敢用了，（拍手拍手）这两种办法，本员都不能表十分的同意。本议员今天在议台上发表这一番意见，实在是失礼得很，要请同院诸君大家平心静气，细心一想。

126号（陶议员镕）：云南的案件，方才大家讨论说是没有侵权违法，所以没有加"侵权违法"字样。我们资政院是守法律的地方，应该就事实上说，不应该说是怕不怕。云南此案，总督认为国家税，以为不应交谘议局议决；谘议局认为增加义务，以为应归局议，是彼此异议事件，比不得湖南巡抚发行公债的事。皇上处分、不处分，我们不能干预。本来此刻没有定侵权违法处分，赏罚为君上之大权，我们因［此］不能说，但是回覆原案是作得到的，应该交谘议局议而不交议，就是上谕已经颁下，我们也可以说的，这就是资政院守法律的地方，无所谓怕不怕，本院应该说话还是要说。

192号（张议员之霖）：云南盐斤加价案，前次会以侵权违法作为核办案，已经多数赞成表决了，后因按照《院章》未得三分之二以上人数赞成，所以再行修正报告书。今天会议大意，总不得与前日大家赞成之意相反，说是非侵权违法的案件，乃审查长说明理由，既曲为之说，而易议［员］前次说是侵权违法，今天又说不然。同是一个议案，同是一般人议的，前次以为侵权违法，今日以为非侵权违法。现在未开国会，资政院为立法机关，中外观瞻所系，如此反复，恐于名誉有碍。且《谘议局章程》并不是一省的章程，是我们中国人所共同遵守的法律，无论何省督抚，应交谘议的而不交议，即是违法。我们中国全体共守的章程，不能以省分不同而有歧视，以后议事，须一秉大公，其处分之有效力无效力，可不必论。因为处分是皇上的大权，我们资政院不能置议。然资政院虽无处分之责，不能以前所议决者，后又以为不然，所以本议员仍主张加入"侵权违法"字样。

110号（于议员邦华）：这个议案今日研究的都是为着湖南公债事件，心里有点疑义。不知云南的事与湖南不同，据案件说，一个是按（著）［照］《院章》第二十三条，一个是按（著）［照］第二十四条。二十三条这个请旨裁夺还是照二十一条办理？二十三条是请旨裁夺是非，二十四条是裁夺处分，所以不同。至于湖南一案是税法公债，明明该交谘议局的；这云南议案是总督错认为国家的行政。若果然是全国一律加价，则纯乎是全国的行政，就是国家税了。今都不然，所以谘议局说是义务的增加，不是普通加价，是借加马脚的名目加价，自是限于一省的事，应交局议，所以说该督加的不对，认国家行政也不对。盖若是普通的加价，应由盐政处办理；不是普通的加价，应交局议。该督将此点错认，与故意侵权者不同，这是事实上不同之处。至于心理上之不同，据议员以为，讨论此案在对于公债案激烈之后，所以觉着平和，但其中有一定的理由，湖南公债为本院第一件核办案，其没有处分，无论已试问已否回覆原案，如果已经回覆原案，则尚可以平服人心。乃湖南公债事件明明应该交议的而不交议，这是朦蔽度支部，可由度支部朦蔽朝廷。如此故意侵权违法，既经没有处分，又不能回覆原案，所以大家才有不平的意见。云南的事情若使他交局决议，在事实上说谘议局的权限已经保住了，就法理上说核议是核议、核办是核办。若是核议案当做核办案，就成为一大笑柄。督抚是个行政机关，谘议局是个议决机关，机关与机关的异议，所以详议是非，不要处分，凡事断未有处分机关的。若督抚有不对的可以处分督抚，要是谘议局不对，何以处分谘议局？若说成核办事件，是说督抚侵权违法了。如果审查不清，徒说是督抚侵权违法，不但督抚心里不服，又恐懂法律的人暗地见笑，这是一层。还有一层，既交谘议局议，谘议局的权限现已保住，马脚银现已取消，试问加上"侵权违法"四字有甚么益处？加上也是如此办，不加上也是如此办。况该局陈请来文是说与督抚异议事件，并没有说到侵权违法的地方，各议员不可不注意。

87号（沈议员林一）：方才云南盐斤加取马脚一案，议长已经宣布，各议员并无异议，是对于审查报告书多已赞成，至于"加价"二字，稍有语病，实在加收马脚并不是加价。从前度支部说是各省不能加价，但将加价改作加征马脚银两就没有毛病了。若论侵权违法，必先我们自己能守法律，能守权限，方能说人家侵权违法。我们议员应守法律，即是《院章》，决不能于《院章》之外另求法律。就是将来开设国会，也当遵守议院法，不得于议院法外更求法律。若谓仅仅遵守《院章》，是有形式无精神。试问精神果在何处？要于法律之外求精神，便是不守法律，岂得谓之精神？且我们要加督抚"侵权违法"的字样，是从谘议局及资政院章程出来的，除了遵守章程，更何从说督抚侵权违法。这是遵守《院章》，不能不说明白。因为《院章》就是法律，若是不遵守《院章》，就无法律可守了。现于云南此案并无异议，即请议长宣付表决。

137号（邵议员羲）：请议长宣布，议事不得出议题之外。

117号（雷议员奋）：今日是讨论云南盐斤加价，不是讨论《院章》。众议员倡议讨论终局。

59号（顾议员栋臣）：这个事情请议长付表决。

193号（顾议员视高）：对于云南盐斤加价之案，前日既经表决，又付审查，重行审查之结果，卒将"侵权违法"四字删去。刚才审查股员长报告说是湖南发行公债，是湖抚出于有心；云南盐斤加价，是滇督出于无意。不知此话从何处说出？更不知所谓有意、无意，从何处看出？本议员百思不得其故，请问盐斤加价美其名曰马脚，这样的事要是无意思，这行为能够成立么？倒是说"侵权违法"四字，往次说亦无效，可以不说，我们即不必说这话，倒还说得下去。要是说不是侵权违法，本议员知识虽然幼稚，却绝对不敢赞成。

148号（陶议员峻）请发言。

议长：是否对于此案发言？如对于此案发言，刚才已经说过了，对于一案不得两次发言的。

148号（陶议员峻）：是对于这个案简单发言。

议长：不必登台，可在本位发言。

148号（陶议员峻）：方才有位议员说是云贵总督侵权违法实实在在的，岂知从前广西巡抚因为土膏展限，湖南巡抚因为发行公债，都是确凿应该交议而不交议，实是侵权违法的。然云南这一案，总督认盐斤加价是国家税，不应该交议，并不是有心侵权违法的。若无故加他一个"侵权违法"的字样，行政官心里也是不服。本院为立法机关，与行政机关彼此要两相原谅才有进步。据外国人说，有竞争才有进步。我中国在立宪萌芽时代，若是彼此争权，两下都属不利。必须彼此结成一体，方能求立宪的进步。

127号（闵议员荷生）：请问度支部特派员，现在还是普通加价抑止云南一省加价？请度支部特派员发言。

议长：度支部特派员有无答覆？

度支部特派员（张茂炯）：现在此案还没有到度支部来。

议长：现在拟付表决。

192号（张议员之霖）：加马脚即是加盐价，云贵总督来电有云，烟禁后马脚低贱，盐价渐落，只好借此酌提，以资弥补。再三筹思，定为每百斤加银五钱。来文已明言加盐价矣。此项电文，院中早已印刷分配各议员，岂有今日尚未看明之理？且转信其欺人之词，而认为行政事件。此种误点，关系利害不小。请再看明来文。总之，加盐价而托词加马脚者，希图朦蔽政府也。资政院二百人而亦受其朦蔽，恐以后之增加赋税者，皆可巧立名目，以希核准矣。试问度支部特派员以为可否？

52号（毓议员善）：议长现在已经宣告表决，照《议事细则》所定，无论何人不得再发议，请照章毋庸发议。

议长：云南互选议员请暂行离席。

议长：现付表决，如以修正报告书为可者请起立。

148号（陶议员峻）：是否今日之修正报告？

议长：是修正报告书。

议员多数起立赞成。

议长：起立赞成者是多数。

议长：暂行休息二十分钟。

下午三点三十分钟议事中止。

下午三点五十分钟接续开议。

110号（于议员邦华）：本员提出倡议，禁烟的案子请议长咨询本院，这件事情并没有讨论，可以提前会议。

议长：禁烟案本日即付审查，似可不必提前会议。

134号（余议员镜清）：文字修正要到三读时候，此时可以不必讨论。

153号（易议员宗夔）：现在《著作权律》的议案已是再读，《学务章程》已是三读，《修正报律》条文议案是要紧的，现在才是初读，请议长咨询本院可否将议事日表提前改为第二题？

议长：《著作权律》议案、《地方学务章程》已经延搁几次会议，今日不能再行迟缓，且会议无须多时，《修正报律》条文议案今天总可以议得到的。

议长：现在开议《著作权律》议案再读，由秘书官朗读原案第三十六条。

秘书官（曾彝进）承命朗读原案第三十六条。

议长：三十六条《著作权律》原案，赞成者请起立。

议员多数起立赞成。

议长：多数。

110号（于议员邦华）：以后可以不必起立表决，只呼"无异议"三字，即可表决。

议长：以后凡呼"无异议"，即作表决。

众议员起立赞成。

秘书官（曾彝进）朗读原案自三十七条至第三节第四十条。

众议员皆呼"无异议"。

议长：第四十一条陈议员树楷有修正案，由秘书官朗读。

秘书官（曾彝进）朗读陈议员修正案，"（首）[前]条"改为"各条"。

议长：请陈议员树楷说明理由。

112号（陈议员树楷）：四十一条是包涵好几条而言，只一"前"字包不过来，所以改为"各"字较妥当。

87号（沈议员林一）：假冒这一条范围不大清楚。

140号（康议员咏）：本议员系审查之一人，原不应反对，但于第四十一条不无异议。所称"假冒他人著作权"，此句颇有语病，著作权者人人皆有，所谓天赋人权也，国家只能以法律保护人之著作权，非国家给与人之著作权。既是人人皆有此权，何必假冒他人之权？且"假冒"两字与"权"字亦不相连缀。假冒者，系指实物而言；若权，则空洞无物。又如何能假冒？故就权而论，只可言损害，言侵夺，断不可言假冒。应如何修正，再请公决。

87号（沈议员林一）：似乎多了一个"权"字。

140号（康议员咏）："权"字不能去，应改"因假冒而侵损他人之著作权时"。

73号（汪议员荣宝）：赞成。

议长：现在由秘书官朗读陈议员树楷修正案。

112号（陈议员树楷）：按照原案第四十二条，违背第三十四条至三十九条等条都因为损害他人的著作权，所以才有赔偿之说。且三十六条假他人姓名者发行著作，这也有损害原著作家的权利，不知应否赔偿？

126号（陶议员镕）：第三十六条假他人姓名发行之著作无所谓损害，"各"字断不能用。

秘书官（曾彝进）朗读陈议员修正案。

议长：现在先行表决四十一条陈议员所修正的，请赞成者起立。

众议员无起立者。

议长：还有康议员咏第四十一条修正案，由秘书官朗读。

秘书官（曾彝进）朗读康议员第四十一条修正案。

114号（胡议员家祺）："因"字应改为"如有"二字。

议长：现在表决康议员第四十一条修正案，赞成者起立。

赞成者多数。

议长：多数。

秘书官（曾彝进）朗读原案第四十二条。

众议员呼"无异议"。

秘书官（曾彝进）又朗读原案第四十三条。

众议员呼"无异议"。

议长：四十三条第一项第二款两个"项"字俱改为"款"字，以归一律，众议员有无异议？

众议员呼"无异议"。

秘书官（曾彝进）又朗读原案四十四条至四十七条。

众议员呼"无异议"。

秘书官（曾彝进）朗读原案第四十八条。

73号（汪议员荣宝）：可删去"希图朦混"四字。

议长：众议员赞成否？

众议员呼"赞成"。

秘书官（曾彝进）朗读原案第四十九条。

议长：有无异议？

178号（高议员凌霄）：第四十九条第二句"及重制时不呈报立案者"，"重制"之上，应加入"修正"二字。本律第一条明明规定专有重制之利益，是重制即在保护权利范围之内。一种著作断不能负数次呈报之义务，也应比照二十二条改为"及修正重制时，不呈报立案者，查明后将著作权撤销"方合。

议长：高议员修正之处有无异议？

秘书官（曾彝进）朗读高凌霄修正案第四十九条。

众议员呼"无异议"。

议长：第五十条有陈议员树楷提起修正案，由秘书官朗读。

秘书官（彝进）承命朗读陈议员修正（第）〔案〕"二年"改为"四年"。

议长：请陈议员说明理由。

112号（陈议员树楷）：中国地大物博，各省著作书里头多有人假冒他人名姓的，〔的〕所以规定年限必宜稍长，以保护著作权。

72号（胡议员礽泰）：现在法律期限是要短的，我们这个单行法作为四年，恐怕太长。

73号（汪议员荣宝）：三四年以前所犯的事，三四年以后再行根究，期限似乎太长，并且有许多不方便的地方。

137号（邵议员羲）：四年期限太长，仍以改为二年为是。

宪政编查馆特派员（顾鳌）：日本著作权法此等时效亦是定为二年。

126号（陶议员镕）：期限太长是不对的。

议长：二年、四年有无讨论？若无讨论，拟即照原案第五十条先付表决。

秘书官（曾彝进）朗读原案第五十条。

各议员呼"无异议"。

秘书官（曾彝进）又朗读五十一条、五十二条。

各议员呼"无异议"。

157号（尹议员祚章）：有字句修正。

议长：修正字句可以归到三读时候。

秘书官（曾彝进）朗读原案五十三条。

各议员呼"无异议"。

议长：第五十四条有股员会修正案，由秘书官朗读。

秘书官（曾彝进）朗读修正案，"五年"改为"三年"。

134号（余议员镜清）：五十四条之下应加第二项。

秘书官（曾彝进）朗读余议员修正案。

134号（余议员镜清）：方才发言取消，因与五十二条有冲突。

议长命秘书官再朗读修正案。

秘书官（曾彝进）承命朗读。

各议员呼"无异议"。

67号（王议员璟芳）：本议员意见，照五十四条规定，在章程未颁布以前，有人翻印仿制，未经指控者，可照此条办理；其业经指控，悬案未决者，应如何办法？似不能照本律科罚。盖章程必由实行之日起方有效力，若在未实行之前，则效力尚未发生，如此应作何等科罚？

议长：请民政部特派员答辩。

67号（王议员璟芳）：还是照本章程办理抑还有别的办法？

民政部特派员（孙（埠）[培]）：应照本律科罚。

民政部特派员（孙培）：于本律施行前翻印他人著作物，经控告而未处罚，则未加处罚系因无法律适用可知。今本律既经颁行，原（土）[告]自必援照本律再行提起诉讼，审判官即据其诉讼适用本律，此系自然之结果也。

87号（沈议员林一）：国家法律向来须从施行之后方有效力，如其假冒在本律未行以前，断难照律科罚。

民政部特派员（孙培）：凡愿受本律保护者，自应再行提起诉讼；若不提起诉讼，是本人自愿放弃其权利，官署固不必强加干涉。

87号（沈议员林一）：对于假冒著作权的人提起诉讼，即在本律施行以后，而假冒在施行以前，终难照律办理。

67号（王议员璟芳）：照这个条文，是否在法律施行之后才能科罚？

87号（沈议员林一）：提起诉讼之时与假冒著作之时须有分别，但令假冒当在未颁以前，则照律科罚终不甚妥。

137号（邵议员羲）：法律未能生效力以前不能照办。

87号（沈议员林一）：但在法律年限未能发生效力之时，就应从宽办理。

议长：现在由秘书官再读修正案原文。

秘书官（曾彝进）承命朗读。

153号（易议员宗夔）：以后修正案表决仍以起立表决为是，不能说"无异议"三字就当表决。

议长：赞成修正案者请起立表决。

众议员多数起立。

议长：多数。

议长：股员会修正案五十五条陈议员树楷又有修正，由秘书官朗读。

议长：请陈议员说明理由。

112号（陈议员树楷）：书价有值得多的，有值得少的，有过五元的，有不过五元的。若统统规定五元，则书价过大者未免太便宜，过小者又未免太吃亏，所以以书价计算，至少二元为度。

81号（章议员宗元）：若如此，则不免有高下其手之弊。

112号（陈议员树楷）：书本上有定价的，不致有弊。

59号（顾议员栋臣）：若规定二元，未免太少。

190号（吴议员赐龄）：现在讨论人太多，未免混乱。此种修正条文只要有二人以上发言，便可讨论终结，请议长即付表决罢。

87号（沈议员林一）：若如此规定，未免太烦。

议长：先行表决股员会修正案。

153号（易议员宗夔）：请议长照章先行表决陈议员修正案，然后再表决股员会修正案。

议长：然则先表决陈议员修正案。

秘书官（曾彝进）朗读陈议员修正案。五十五条修正案"一、注册费银五元"改为"一、注册费以照书价缴纳，至多以二（年）[元]为限"。

议长：请赞成者起立。

起立赞成者少数。

议长：赞成者少数。

议长：股员会修正案既已朗读，即行表决，赞成修正案第五十五条者请起立。

议员起立赞成者多数。

议长：多数。现在既已表决，应付法典股整理字句，[6]现在按照议事日表第三地方学务章程三读。

153号（易议员宗夔）：本员有个倡议，现在议事天天要到六七点钟，若议到六七点钟的时候，宣武门就要关城，（拍手）我们议员在宣武门外者很多，若是绕道过前门，甚属困难。请议长命秘书厅知会管城的，必等资政院散会之后才可以闭城。（拍手）现在正阳门既不开，而宣武门及崇文门去岁奉旨有该衙门知道，何以至今尚不遵旨开城？本员还要提出说帖质问民政部及步军统领衙门的。

137号（邵议员羲）：前次开会曾因人数不及三分之二不能表决，现在八十四号议员每次都不等散会时他就离席，请议长注意。

153号（易议员宗夔）：八十四号屡次违背院章，不到散会即自由离席，非惩戒不可。

秘书官（曾彝进）朗读地方学务章程再读议决案自第一条至第六条。

议长：第七条邵议员羲提起修正案，由秘书官朗读。

秘书官（曾彝进）朗读邵议员羲倡议修正第七条，府厅州县及城镇乡如办理学务，应设学务专员，由自治会公推曾办学务、具有经验者，在府厅州县由地方官委任，在城镇乡由乡董申请、地方官委任执行之。

议长：请邵议员羲说明修正之理由。

137号（邵议员羲）：本员此次提出修正案，因此案第一条责成自治职办理，第七条规定责成自治委员及办事员为学务专员。再（定）[看]《地方自治章程》，自治委员为地方委任者，办事员由董事委任者，皆非确定之自治职，岂非与本案之主张自相矛盾。地方官每年更动，自治委员亦从之更动，总董、董事皆两年一选举，而办事员亦不免因此更动。既为学务专员，不可不为之计，依本员之修正，学务专员不致随时变动，地方学务方有把握。

196号（牟议员琳）：三读时候可以改正文字，现在不应倡议修正。

137号（邵议员羲）：照三十七条原文可以修正。

73号（汪议员荣宝）：本议员对于邵议员的修正案还有文字的修正，并非有实质的修正。第七条：府厅州县及城镇乡为办理学务得设学务专员，由各该议事会公推曾办学务具有经验者，在府厅州县由地方官委任，在城镇由董事会，在乡由乡董申请地方官委任执行。

137号（邵议员羲）：赞成。

117号（雷议员奋）：请议长命秘书官将前回再读时议决之第七条文朗读一遍，大家就可以明白。

秘书官（曾彝进）朗读再读议决案第七条条文。

议长：再读汪议员修正邵议员之修正案。

秘书官（曾彝进）承命朗读毕。

126号（陶议员镕）：乡学连合会是在（才）[财]力薄弱与偏僻之区，并不是指府厅州县而言，若率行表决，恐贻笑将来。

73号（汪议员荣宝）：当请学部大臣答辩。

117号（雷议员奋）：方才秘书官朗读过原文，并没有毛病，可以不必再说。

110号（于议员邦华）：据本员意见，确有毛病的地方。自治委员不能算自治职，而且这里头还有影响的，地方自治委员不能称为专任员，乡董、城镇总董，一二年一换，州县官是常更动的，行政长官若更动，被他委的人亦就受影响，所以必须公推。"公推"二字是很好的。

112号（陈议员树楷）：第七条实有冲突，这个学务章程本根于《地方自治章程》而来，要研究学务章程必须先研究《地方自治章程》。按照本章程第一条第一项云云，自治委员系地方办事委员，不是自治职。[在]府厅州县，就是议事会参事会的会员，[在]城镇乡就是议事会。议事会的会员是由地方公举的，自治委员是由个人委任的。若如此规定，与第一条第二项互相抵触。照《自治章程》第四章第二节，与六十六条、六十七条云云，自治委员是长官的辅佐，自治委员的进退出自长官的命令，办学务的人多由地方公推，若随便可以进退，则地方学务大为摇动。（拍手）

学部特派员（范源濂）：方才各位讨论第七条所规定于自治委员或办事员内特设学务专任员的办法，虑有未妥，但此不必过虑。学部对于这个章程，将来还要定一个施行细则，此项学务专任员的资格、任期等项，均可在细则中定好的。

112号（陈议员树楷）：虽然说是定章程来补助他，在章程已经通行不能修正者可用此法，《地方学务章程》此时尚可修正，即应规定完善，何必多费一番手续？此条第一条第一项实相抵触，本议员的意思总以现在即行修正为是。

73号（汪议员荣宝）：请付表决。

153号（易议员宗夔）：现在离席者很多，请议长按照《办事细则》第一百三十三条办理，八十四号每每不到散会之时即行离席，请议长即付惩戒股惩戒。（拍手）

126号（陶议员镕）：现在人数恐怕不到三分之二。

议长：现在表决。

153号（易议员宗夔）：八十四号屡次违背院章，不到散会即自由离席，非惩戒不可。

54号（文议员哲珲）：请将修正案付表决。

秘书官（曾彝进）再读第〔十〕七条。

110号（于议员邦华）：请付表决，不必讨论。

议长：现在付表决，赞成者起立。

议员多数起立赞成。

议长：多数。

126号（陶议员镕）：请议长数清议场人数。

秘书官（曾彝进）数毕报告，现在议场者还有一百二十二人。

议长：除去不能到者，还有三分之二，可以发议。

秘书官（曾彝进）朗读第八条、第九条、第十条、第十一条，各议员均无异议。

秘书官（曾彝进）读第十二条。

学部特派员（范源濂）：第十二条末尾一句"基本财产"四字之下须加"或积存款项"五字，因本条首句原是用"款项"二字，下文如此修正，较为妥当。

秘书官（曾彝进）添"或（集）〔积〕存款项"五字，再读十二条。

议长：方才学部特派员所说的话，诸位以为如何？

众议员呼"赞成"。

秘书官（曾彝进）连读第十三条、第十四条、第十五条。

众议员呼"无异议"。

87号（沈议员林一）：第十条"使用费"（二）〔三〕字从前没有施行，系指何项而言？应声明。

73号（汪议员荣宝）：使用费名目，《地方自治章程》上有的。（拍手）

议长：现在三读已毕，拟行全体表决。

各议员多数起立。

157号（尹议员祉章）：对于学部特派员有个质问。

议长：表决后发言无效，况现在《地方学务章程》既已全体表决，照章应即会同学部具奏。按议事日表第四项，续初读《修正报律》

议案。

140号（康议员咏）：请将议事日表第六、七、八提前开议。

153号（易议员宗夔）：《报律》是要紧的，今天时间不早，不能议及，请议长将这个《报律》议案编入下次议事日表第一题。况现在人数不满总数三分之二，请议长宣告散会。

157号（尹议员祚章）：方才本议员质问学部的意思，是请学部再提出画一学务章程的议案，以为改良教育地步。现在教育不发达，都因章程不完善，此章程与彼章程冲突，彼章程与此章程牵扯。新章既颁，旧章不废，重繁复杂，令办学者无所适从。即如中学堂、初等学堂章程，既已改订，而高等小学堂章程仍旧，势必有不能衔接之处。初等小学章程完全一种，非不妥善，而因有三年简易、四年简易章程，遂致学者争趋简易，完全班久无毕业。既有简易识字学塾，又有半日学堂；既办初等小学，又要改良私塾。如此办法，教育必无发达之一日。学部既负教育上责任，则当亟图改良方法，似非画一章程，无从入手。若不再提议案，岂此寥寥数条，所能尽其责任耶？

议长：现在已经表决，可无庸发言。

110号（于议员邦华）：请将这些禁烟的案概付审查。

议长：现已拟将议事日表第六、第七两个议案提前，即付特任股员审查，各议员赞成否？

议员多数起立赞成。

议长：特任股员拟指定十八人，各议员赞成否？

众议员呼"赞成"。

议长：现已指定特任股员，由秘书长报告。

秘书长承命报告。

凯公、贡郡王、刘道仁、文哲珲、何藻翔、刘泽熙、赵炳麟、柯邵忞、劳乃宣、陈宝琛、王鸿图、陈树楷、许鼎霖、胡柏年、陶峻、李文（羲）[熙]、彭占元、陶镕。

议长：甘肃有个土税局议案，打算归并，付特任股员审查。

众议员呼"赞成"。

110号（于议员邦华）：本员于开会时已报告，禁烟事传闻英国与外务部为期限事有交涉，不知道确实否？如果是实，请议长把这个意思达到外务部，暂且不要与他酌定年限。

议长：这一层可俟股员会开议的时候告知该部。

议长：宣告散会。

73号（汪议员荣宝）：法典股员张议员缉光已辞职，请议长通知第二股举行补选。

5号（议员润贝勒）：张议员缉光已经辞职，请议长照《分股办事细则》第十一条选补。

议长：可以照章选补。

议长离席，各议员以次退出议场。

下午五点三十分钟散会。

注释

① 议员王佐良质问外务部说帖

具说帖议员王佐良等按照《资政院议事细则》第一百七条，"议员依《院章》第二十条，欲行质问者，应具说帖，得三十人以上之赞成，由议长咨询本院决定之"等语，查渤海湾为我国领海，北属奉天，南即山东，自日人占据大连、旅顺等处，奉天沿海一带渔业，悉被其占有，今且不暇深论。渤海南岸，东自海阳属之桑口湾，西至掖县属之虎头崖，延长千余里，皆系山东领海，实国家主权所关，乃日人雄心未已，自北而南，偷驾渔船，侵夺山东渔业，种种行为，众目共睹。去冬在蓬莱属之钦岛，不虞渔船被风损坏，强索赔款，东省竟赔银八百两，含糊了事。不知系用国家名义，抑属私人交涉？今春成山头一带，又有日本渔船多艘，私行捕鱼，登莱青道派静海兵轮巡查，彼等皆潜伏岛内。迨兵轮一去，又出捕如故。现在宁海属之养马岛，福山属之兔子洞，掖县属之芙蓉岛，及烟台芝罘山等处，均有日本渔船，踪迹无定，倏去倏来，侵越海权，莫此为甚。尤可虑者，山东黄县所属之龙口，我国并未声明开放，乃日本公然自由开港，由大连、旅顺、营口等处航行该口之船，络绎不绝，设立行栈，非止一家，并多派下流社会杂居其间，以为侵占山东地步。据该国调查报告书称，中国内地矿产，山东称最，第英据威海，德占胶澳，已无插足之地，故一得龙口，内可与英、德鼎足而三，外可与大连等口相为犄角。似此视眈欲逐，任意横行，不但显背约章，实于国家主权有碍。地方官忍而不言，外务部置而弗问，诚不解其职司何事！虽曰外务部居中遥制，外省事势难尽悉，然此等重大问题，各报喧传日久，该省即未奏报，外务部岂无耳闻？今险象已形，危机已迫，究竟有何善后良策？为此遵章呈请议长咨询本院，如经决定，恳即照章咨请外务部限期以文书或口语答覆，实为公便。("议员王佐良具说帖质问外务部渤海湾等处事"，《资政院知会、折奏、章程、说帖、质问、陈请等案件》第七册《资政院第四类议员具说帖质问各案件其一》，宣统二年铅印本）

② 议员席绶质问法部说帖

具说帖议员席绶等谨提出为质问关于法部司法行政事。查《资政院议事细则》第一百七条，"议员依《院章》第二十条，欲行质问者，应具说帖，得三十人以上之赞成，由议长咨询本院决定之"等语，本员查刑事制度分立法、裁判、行刑三者，同为保护公益且达刑事之目的，并无轻重之可分。而就性质言，则三者中不无区别。立法、裁判乃属形式的性质，监狱则属实体的性质。盖刑名由刑法规定，刑期由裁判所宣告，而刑罚之执行，则在监狱。故无论刑法如何完备，裁判如何公平，使监狱不能改良，则徒法不能自行，裁判亦同虚设。兹查各省关于监狱一端，亦未实行，其在省会及各商埠监狱之内，容或用旧有之习艺所，稍事扩充，或另辟基址，而规模狭小，亦未尽合乎各国监狱建筑之法，其形诸奏章之所谓筹备者，不无徒托空言之咎。吾国之所以急于将刑事制度改革者，原为减少犯罪，收回领事裁判权之用，若就现今各省之监狱言之，恐将来犯罪不能因此减少，而收监狱之实益；即外人借口于司法制度之未完全，不能服于吾国法权之下。又查监狱阶级，有中央监狱、地方监狱及支监三者。中央监狱规模宜宏广，设备宜完全，职员最多，经费最巨，拘禁者皆系重罪。地方监狱规模设备及职员经费较中央监狱减省，拘禁者之罪亦较轻。支监者，即分监，一切概从简易，拘禁者分四种，一幼年，二初犯，三短期，四未决，其经费多由地方筹集，职员即由本地绅士承充。而改良监狱则分二种办法，若从罗马式，即从轻罪着手，其法顺而易。以幼年犯罪之人，并非习于为恶，一经化导，则变为良善。此顺而易之说也。若从白耳义式，从重罪着手，其法逆而难。以犯重罪者，其性质近于犯罪，如水就下，欲变化其气质，殊非易易，此逆而难之说也。日本监狱初用白耳义式，后来因无成效，尽改为罗马式。现在中国监狱改良，未知从何着手？《宪法大纲》亦未规定明文，不识法部或别有良策否？兹谨提出质问，经规定赞成议员会同署名，应请议长咨询本院决定，照章咨请法部酌定日期以文书或口说答覆，须至说帖者。（"议员席绶具说帖质问关于法部司法行政事"，《资政院知会、折奏、章程、说帖、质问、陈请等案件》第七册《资政院第四类议员具说帖质问各案件其一》，宣统二年铅印本）

法部答覆云：法部为咨覆事。准贵院咨开据议员席绶提出质问法部司法行政事说帖一件，相应刷印说帖，照章咨请贵部大臣以文书或口说答覆等因到部。查说帖内称"各省关于监狱一端亦未实行，省城商埠之内容或用旧有之习艺所，稍事扩充，或另辟基址而规模狭小，建筑不尽合法，筹办徒托空言"一节，查宣统元年本部业经咨行各省建筑模范监狱，统限宣统三年以前一律告竣，又于是年八月议覆御史麦秩严改良监狱折内声明配置监房，拟酌采杂居、分房两式，而以阶级制参乎期间各等语，奉旨依议，钦此。考欧美狱制分杂居、分房、阶级三种，而征诸学说，求知经验，均以分房制为最善，遂于第六次万国监狱会议决现在各国咸向分房制进行，日事改革，几视为国际上竞争之事业。吾国改良监狱自应从分房制着手，将来庶不致落后。分房制每人一室，食息工作均在其内，故监房须大，虽就工时，亦彼此隔别，故授业人亦须多。监房大则建筑费亦大。授业人多，则经常费亦多。就我国现在情形而论，欲全国尽建分房监狱，财力实有未逮，现拟采用阶级处置人犯，分为三级，凡初入监者，不分昼夜，悉令独居，是为第一级。经过若干期间之独居后，而有悔悟心者，则昼令其杂居而夜仍独居，是为第二级。在此级内实有改过迁善者，如过刑期三分之二，则许其假出狱，是为第三级。但假出狱之法，须俟新刑律颁布后方能实行，现拟通饬各省将第一、第二级先行举办，此本部改良监狱着手之办法也。惟是改良监狱，极为繁重，各省或限于财力，或限于地址，以致参差挂漏，在所不免。目前稍事扩充，即为将来逐渐改良之地步，自应由本部随时监督查察，力图进行，总以悉合文明狱制为主。说帖又称"监狱阶级有中央监狱、地方监狱及支监"等语，查监狱区域除京师模范监狱外，各省业经本部奏准，于各该省城设省监一所，于设立地方审判厅处设地方监一所，于各州县设立分监一所，地方监以上拘禁重罪人犯，分监拘禁轻罪人犯，省监、地方监规模宜求宏广，设置宜求完备，监狱内分男监、女监、未决监及幼年监四部，彼此岐隔，不相接触。至审判厅内附设之看守所，则为拘禁刑事被告人之在调查中及由监狱提审者，其时间以二十四小时为限。此本部奏准划分监狱区域之办法也。说帖又称"支监者，即分监，其经费多由地方筹集"等语，查监狱经费由地方负担，东西各国曩有此制，然事权分属，终难收统一之效，且反生改良狱制之阻力。英国从前治狱属于地方团体，自一千八百七十年颁布《监狱法》，将全国狱费悉移于国家经营掌理，悉属诸中央政府，而完全狱制之整备始行就绪。法国于一千八百十一年将监狱费用之负担由国库而移于地方，卒致行刑紊乱，犯罪增殖，至一千八百七十五年始由国库为之补助，致令狱制不甚整齐，学者讥之。日本地方监狱经费亦由地方筹办，嗣均改归国库。据此，则国库与地方费之得失，当可恍然悟也。故本部对于监狱经费，拟统由国库支办，明年预算归入国家行政经费，此本部筹画监狱经费之办法也。说帖又称"改良监狱分二种办法，若从罗马式即从轻罪着手，其法顺而易，若从白耳义式，即从重罪着手，其法逆而难"等语，查西历一千七百零三年，罗马法皇克力门司十一世于罗马之桑梅献尔将大寺院改为监狱，拘禁幼年犯及未满二十岁之不良少年，用昼杂居、夜分房之制，为世界监狱改良嚆矢，其注重在幼年而不在轻罪。白耳义先系采用窝不伦制（即昼杂居夜分房制），自一千八百三十五年后，全国趋向于分房制，日事改良。迨一千八百七十年，颁布分房制法律时，而全国二十余厅之监狱尽是分房，声誉成绩，震耀全欧，其注重在罪犯之分割而不仅在重罪。要而论之，取分隔主义，并注重幼年者，实为改良监狱不易之法，东西各国所以崇尚分房制而并有感化院及幼年监之设也。我国关于感化院各项法令尚未规定，拟由本部会商编订，奏请施行。相应以文书答覆，咨行贵院，请烦查照可也。须至咨者。上咨资政院，宣统二年十一月二十六日。"（"法部咨覆议员质问法部司行政事"，《资政院文案七种》第二册《资政院第十七类各部院衙门咨覆各案件》，宣统二年油印本）

③ 议员高凌霄质问学部、陆军部说帖

具说帖议员高凌霄，查本院《议事细则》第一百七条"议员依《院章》第二十条，欲质问各衙门行政事件，应具说帖，得三十人以上之赞成，由议长咨询本院决定之"等语，窃查东西各立宪国，莫不寓兵于学，其国民莫不负兵役之义务。自二十一或二十五以上，三十五或四十以下，全国人皆为兵役义务期间。国家有事，必应征调，蹈死不辞。德以胜法，日以胜俄，验之往事，明效彰然。盖国民强者，国恒存；国民弱者，国恒亡。朝鲜、越南，可以鉴矣。我国家一次军兴，军制一变，自甲午、庚子，因仍旧制，喋血燋师，挫辱全国，计无可何，始改新军，令各行省限年共练三十六镇。然已成镇者日久，仍较绿防练勇相去无几。镇内变则有余，御外侮则不足。设有战事，倘仍朽舰，何以盾后？员员窃以为不行国民征兵制度，任如何无由自强也。据此理由，敢申质问大要如下：

（甲）质问学部者

（一）教育宗旨四曰尚武，学部历年章程文告兴学方针，何以不注重国民军事教育？（二）学部编订教科，何以讳言国耻，讳言时变，令国民不知身与国之直接关系，无由激发爱国心？（三）学堂体操尽同虚设，终无实效，学部何以不多方提倡柔术技击，力图国民体育之发达？

（乙）质问陆军部者

（一）立宪国皆寓兵于民，陆军部何以不奏请圣旨，速颁定国民征兵制度？（二）敬读《钦定宪法大纲》第二十一条，臣民依法律所定，有纳税当兵之义务，陆军部何以不规定国民兵役义务年限，请旨颁行全国？（三）立宪国对于国家大政，恒以演说电术痛陈危害，多方激励国民，效死国家。方今时局阽危，陆军部胡犹文治太平，不设法倡导国民敢死之气？比年以来，日言扩张军备，而于列强寓兵于民之制，罔有采用，处此外患日逼，不从根本解决，虽再练新军数十镇，终恐不堪一战。我今日之中国，尚堪再为甲午、庚子之续乎？或者深虑夷氛嚣张，然寇盗环集，犹自惧民强难驭，宁拱手足以待蹂躏，且姑徐徐云筹备寇盗，仓卒有变，欲求民强不得，吾惑滋甚焉。谨遵章会同赞成署名，呈请议长咨询本院决定，即恳咨请学部、陆军部酌定日期以文书或口说答覆，须至说帖者。"议员高凌霄具说帖质问学部陆军部立宪事"，《资政院知会、折奏、章程、说帖、质问、陈请等案件》第七册《资政院第四类议员具说帖质问各案件其一》，宣统二年铅印本。

学部于十一月初二日咨覆：学部为咨覆事。总务司案呈准资政院咨称据议员高凌霄提出质问学部关于国民军事教育说帖一件，业经咨询本院，决定相应刷印说帖，照章咨请贵部大臣酌定日期以文书或口说答覆等因前来。查该议员质问本部第一、第三事项系合并答覆，其第二事项系另条答覆，相应照章以文书答覆，咨明贵院查照可也，须至咨者。

计开：

答第一及第三质问：查教育宗旨四曰尚武，是以本部编印初等体操教科书，所载攻夺鱼雷、攻夺炮台、海军大战、步兵队大战、工兵队竞走、辎重队竞走等课，均所以养儿童忠勇之气，俾成为军国民之资格，此本部注重之证。至于体操一科，按照奏定章程，凡中学堂以上各学堂，均用兵式体操，并注明"兵式训练"字样。此项教员果能如法教授，自足以励尚武精神而发国民体质，练习日久，终有著效之时，似不得谓之虚设。至该议员所云提倡柔术技击，近闻日本有于师范学校加设柔术一门之议，然尚未尽实行也。

答第二质问：查本部编辑教科[书]，遵照教育宗旨，凡于事变外患内政等事，均已择要编辑列入教科[书]。其国耻（时）[事]变亦于初等国文第八册内中日之战、日俄之战等课，痛切言之。至第四十四以下各课，亦于今日世界大势详加编载，其用寓言或微言古事或撷拾外史，以表示儿童身与国之关系，而激发其爱国心者，尤为全书用意之所［在］。该议员所指言之处，未知何据。

上咨资政院，宣统二年十一月初二日。（"学部咨覆议员质问关于国民军事教育一件"，《资政院文案七种》第二册《资政院第拾柒类各部院衙门咨覆各案件》，宣统二年油印本）

④ 议员尹祚章质问军机处、外务部说帖

具说帖议员尹祚章，查本院《议事细则》第一百七条，"议员依《院章》二十条，欲行质问者，应具说帖，得三十人以上之赞成，由议长咨询本院决定之"等语，谨见军机大臣到本院宣布政见时言，现在国家当危急存亡之秋，夫危急存亡，人所共见，而究有何等政策以救此危急存亡，则枢府当有远谋。自日俄协约朝布，韩国夕亡，我之辽满蒙藏，危在眉睫，不急起以图，何能挽救我国？是否能与别国订立同盟条约以为抵制，亦另有特别抵制之策，外务部是否筹画及之？本议员不能无疑，为此具说帖质问，敬请议长咨询本院决定，咨请军机大臣、外务部王大臣酌定日期，以文书或口说答覆。若认为秘密，应照章大致声明，实为公便，须至说帖者。（"议员尹祚章具说帖质问军机大臣外务部大臣关于三省事"，《资政院知会、折奏、章程、说帖、质问、陈请等案件》第七册《资政院第四类议员具说帖质问各案件其一》，宣统二年铅印本）

⑤ 议员周廷弼质问税务处说帖

具说帖议员周廷弼谨提出为质问税务处轮船逛事。查《资政院议事细则》第一百七条，"议员依《院章》第二十条欲行质问者，应具说帖，得三十人以上之赞成，由议长咨询本院决定之"等语，本员查各埠海关，凡轮船进口，向章照轮船之大小关吨完纳吨钞，统归总税务司收储，以为修理灯塔之用。计每吨每月完关平银一钱，每年共缴三次。兹查得沪关一处，其收进逛钞之数，光绪二十六年收银七十二万四千八百六十两，二十七年收银八十万零九千五百六十一两，廿八年收银九十二万零九百十一两，廿九年收银九十五万三千五百七十五两，三十年收银九十九万二千五百八十五（万）［两］，三十一年收银一百十万零五千三百五十两，三十二年收银一百三十二万六千六百十九两，三十三年收银一百三十二万一千一百九十二两，三十四年收银一百廿六万四千九百十五两，宣统元年收银一百廿七万六千二百十八两。统计十年之内，共收进银一千零六十九万五千七百八十六两，而光绪廿六年以前所收之钞，尚不在内。此项大宗入款，除历年修理灯塔外，余积之银，未知现在何处，究竟作何开支，外间无从得悉。本员因有所疑，敢谨提出质问税务处说帖一件。经规定，赞成议员会同署名，应请议长咨询本院决定，照章咨请税务大臣酌定日期，以文书或口说答覆，须至说帖者。（"议员周廷弼具说帖质问税务处轮船逛钞事"，《资政院知会、折奏、章程、说帖、质问、陈请等案件》第七册《资政院第四类议员具说帖质问各案件其一》，宣统二年铅印本）

钦命税务督理大臣于十月二十五日答覆：钦命督理税务大臣为咨行事。本年十月十六日准咨称，查《院章》第二十条，资政院于各衙门行政事件及内阁会议政务处议决事件，如有疑问，得由总裁、副总裁咨请答覆等语。兹据议员周廷弼提出质问税务处轮船逛钞说帖一件，业经咨询本院，决定应刷印说帖，照章咨请酌定日期以文书或口说答覆等因兹前来。本处查历年船钞款项繁多，自应以文书答覆。兹另具说帖一份，咨送贵院查照可也，须至咨者。上咨（附说帖一件）资政院，宣统二年十月二十五日。

答覆：

原说帖内称，"查得沪关一处，其收进逛钞之数，光绪二十六年收银七十二万四千八百六十两，二十七年收银八十万零九千五百六十一两，二十八年收银九十二万零九百十一两，二十九年收银九十五万三千五百七十五两，三十年收银九十九万二千五百八十五两，三十一年收银一百十万零五千三百五十两，三十二年收银一百三十二万六千六百十九两，三十三年收银一百三十二万一千一百九十二两，三十四年收银一百二十六万四千九百十五两，宣统元年收银一百二十七万六千二百十八两"各节，本处查历年船钞收数，均属相符，惟系各该年海关三十余处统共之收数，并非沪关一处之收数也。又称"统计十年之内，共收进银一千零六十九万五千七百八十六两，而光绪二十六前以前所收之钞尚不在内。此项大宗入款，除历年修理灯塔外，余积之银未知现有何处，究竟作何开支，外间无从得悉"各节，本处查历年船钞各关解交外务部三成，其归总税务收储者只有七成之数。本处自光绪三十二年间办后，因经费无着，由所存船钞利息项下提用银五万两，嗣后于十一月二十八日奏准由七成船钞项下提发二成作为办公经费在案。所有收支各款，税务司均已报明。兹照所呈最近年份七成船钞各账，间列简明数目如下：

计开，自光绪三十四年十二月初十日起至宣统元年十一月十九日止（计四结之数）。

船钞旧管：历年所存共余银一百七十四万八千七百五十五两六钱七分。

船钞收款：一、各关监督拨发船钞七成，共关平银八十八万三千七百五两二钱四分（此外有滨江关、三姓分关共船钞一万三千七百八十二两一钱二分九厘，尚存银行，未曾分别拨归监督，盖须俟《松花江贸易章程》妥订后再为拨交。）二、收入上年垫拨大沽潘河之经费，共关平银三万两。共关平银九十一万三千七百五两二钱四分。

船钞支款：一、修筑灯塔、关房、关船暨华洋人员薪水、养老费以及各项特勤工费、常用杂费等项，各关平银七十五万四千八百三两八钱五分。二、七成船钞项下拨解一千九百八年分税务处二成经费尾数关平银二万五千六百七十六两四分。（因此项经费由总税务司按月先缴公砝平银二万两，应解多少，俟年终找算，故有尾数。）三、七成船钞项下按月拨解税务处二成经费，每月公砝平银二万两，计十二个月，共二十四万，折（核）[合]关平银二十二万八千五百十八两八钱四分。（此系估计年证大数为一百二十万两，按月拨解二成，俟年终后截算，多长少补。）共关平银一百万八千九百九十八两七钱三分。

船钞实存：共存关平银一百六十五万三千四百六十二两一钱八分。暂存在中国银行并总司署暨各省海关，共关平银三十五万四千一百三两四钱六分，金款在英国银行现款共二万九千六十九镑旧西林一本士，折（核）[合]关平银十九万三千七百九十六两三钱六分。内计：中国五厘息金款股票估值一万三千八百五十镑，中国五厘息金款股票估值一万镑，中国七厘息银款股票估值二万二千一百三十九镑一西林七本士，津浦铁路股票估值一万九千八百四十五镑五西林四本士，九广铁路股票估值一万镑，定期存贮伦敦汇丰银行存款三万镑，天津麦嘉林银行存款三万镑，北京德华银行存款三万镑，共计十六万五千八百三十四镑七西林一本士，折合关平银一百十万五千五百六十二两三钱六分。

船钞项下另款：船钞项下余银购买各项股票并定期存贮及暂存银号银两等，本年所得利息共关平银五万八千六百二十三两七钱。（此项由总税务司发还一千九百八年所垫东三省四区税务司之用款。）（"钦命督理税务大臣咨行议员质问税务处轮船钞钞事"，《资政院文案七种》第二册《资政院第十七类各部院衙门咨覆各案件》，宣统二年油印本）

⑥ 《著作权律》再读议决案

第一章　通例

第一条　凡著作物而专有重制之利益者，曰著作权。称著作物者，文艺、图画、帖本、照片、雕刻、模型皆是。

第二条　凡著作物，归民政部注册给照。

第三条　凡著作物呈请注册者，应由著作者备样本二分呈送民政部，其在外省者，则呈送该管辖衙门，随时申送民政部。

第四条　著作物经注册给照者，受本律保护。

第二章　权利期间

第一节　年限

第五条　著作权，归著作者终身有之。又著作者身故，得由其承继人继续至三十年。

第六条　数人共同之著作，其著作权，归数人公共终身有之。又死后，得由各承继人继续至三十年。

第七条　著作者身故后，承继人将其遗著发行者，著作权得专有至三十年。

第八条　凡以官署、学堂、公司、局所、寺院、会所出名发行之著作，其著作权得专有至三十年。

第九条　凡不著姓名之著作，其著作权得专有至三十年。但当改正真实姓名时，即适用第五条规定。

第十条　照片之著作权，得专有至十年，但专为文书中附属者，不在此限。

第二节　计算

第十一条　凡著作权，均以注册日起算年限。

第十二条　编号逐次发行之著作，应从注册后，每号每册呈报日起算年限。

第十三条　著作分数次发行者，以注册后末次呈报日起算年限，其呈报后经过二年，尚未接续呈报，即以既发行作为末次呈报。

第十四条　第五条规定，以承继人呈请（主）[立]案批准之日起算年限。

第十五条　第六条规定，以数人中最后死者之承继人，呈请立案之日起算年限。

第三章　呈报义务

第十六条　凡著作物呈请注册者，呈报时，应用本身姓名，其不著姓名之著作呈报时，亦应记出本身真实姓名。

第十七条　凡以学堂、公司、局所、寺院、会所出名发行之著作，应用该学堂等名称，附以代表者姓名呈报。

其以官署名义发行者，除第三十一条第一款规定外，应由该官署于未发行前，咨报民政部。

第十八条　凡拟发行无主著作者，应将原由预先登载官报及各埠著名之报，限以一年内无出而承认者准呈报发行。

第十九条　编号逐次发行之著作，或分数次发行之著作，均应于首次呈报时，预为声明，以后每次发行仍应呈报。

第二十条　第五条至第七条规定，其承继人当继续著作权时，应赴该管衙门呈报。

第二十一条　将著作权转售抵押者，原主与接受之人，应连名到该管衙门呈报。

第二十二条　在著作权期限内，将原著作修正重制者，应赴该管衙门呈报，并送样本二分。

第二十三条　凡已呈报注册者，应将呈报及注册两项年月日，载于该著作之末幅，但两项尚未完备而即发行者，应将其已行之项载于末幅。

第四章　权利限制

第一节　权限

第二十四条　数人合成之著作，其中如有一人不愿发行者，应视所著之体裁，如可分别，即将所著之一部分提开，听其自主。如不能分别，应由余人酬以得之利，其著作权归余人公有，但其人不愿于著作内列名者，应听其便。

第二十五条　搜集他人著作编成一种著作者，其编成部分之著作权，归编者有之，但出于剽窃割裂者，不在此限。

第二十六条　出资聘人所成之著作，其著作权归出资者有之。

第二十七条　讲义及演说，虽经他人笔述，其著作权仍归讲演者有之，但经讲演人之允许者，不在此限。

第二十八条　从外国著作译出华文者，其著作权归译者有之，惟不得禁止他人就原作另译华文，其译文无甚异同者，不在此限。

第二十九条　就他人著作阐发新理，足以视为新著作者，其著作权归阐发新理者有之。但略加修正，或加入音训、句读、注解、图画者，不在此限。

第三十条　凡已注册之著作权，遇有侵损时，准有著作权者向该管审判衙门呈诉。

第三十一条　凡著作不能得著作权者如下：

一、法令约章及文书案牍；

二、各种善会宣讲之劝诫文；

三、各种报纸记载政治及时事上之论说新闻；

四、公会之演说。

第三十二条　凡著作视为公共之利益者如下：

一、著作权年限已满者；

二、著作者身故后别无承继人者；

三、著作久经通行者；

四、愿将著作任人翻印者。

第二节　禁例

第三十三条　凡既经呈报注册给照之著作，他人不得翻印仿制，及用各种假冒方法，以侵损其著作权。

第三十四条　接受他人著作者，不得就原著加以割裂改窜，及变匿姓名，或更换名目发行，但经原主允许者，不在此限。

第三十五条　他人之著作权期限已满之著作，不得加以割裂改窜，及变匿姓名，或更换名目发行。

第三十六条　不得假托他人姓名发行己之著作，但用别号者不在此限。

第三十七条　不得将教科书中设问之题擅作答词发行。

第三十八条　未发行之著作，非经原主允许，他人不得强取抵债。

第三十九条　左列各项，不以假冒论，但须注明原著作之出处：

　　一、节选众人著作成书，以供普通教科书及参考之用者；

　　二、节录引用他人著作，以供己之著作考证注释者；

　　三、仿他人图画以为雕刻模型，或仿他人雕刻模型以为图画者。

第三节　罚例

第四十条　凡假冒他人之著作，科以四十圆以上四百圆以下之罚金。知情代为出售者，罚与假冒同。

第四十一条　因假冒而侵害他人之著作权时，除照前条科罚外，应将被损者所失之利益，责令假冒者赔偿，且将印本刻版及专供假冒使用之器具，没收入官。

第四十二条　违背三十四条及三十六条规定者，科以二十圆以上二百圆以下之罚金。

第四十三条　违背三十五条及三十七条之规定，又三十九条第一款第二款而不载明出处者，科以十圆以上一百圆以下之罚金。

第四十四条　凡侵损著作权之案，须被侵损者之呈诉，始行准理。

第四十五条　数人合成之著作，其著作权遇有侵损时，不必俟余人同意，得以径自呈诉，及请求赔偿一己所失之利益。

第四十六条　侵损著作权之案，不论为民事诉讼或刑事诉讼，原告呈诉时，应出具切结存案，承审官据原告所呈情节，可先将涉于假冒之著作，暂行禁止发行。若审明所控不实，应将禁止发行时所受损失，责令原告赔偿。

第四十七条　侵损著作权之案，如审明并非有心假冒，应将被告所已得之利，偿还原告，免其科罚。

第四十八条　未经呈报注册，而著作末幅，假填呈报注册年月日者，科以三十圆以上三百圆以下之罚金。

第四十九条　呈报不实者，及修正重制时不呈报立案者，查明后，将著作权撤销。

第五十条　凡犯本律第四十条以下各条之罪者，其呈诉告发期限以二年为断。

第五章　附则

第五十一条　本律自颁布文到日起算，满三个月施行。

第五十二条　自本律施行前，所有著作，经地方官给示保护者，应自本律施行日起算六个月内，呈报注册。逾限不报，或竟不呈报者，即不得受本律保护。

第五十三条　本律施行前三十年内已发行之著作，自本律施行后，均可呈报注册。

第五十四条　本律施行前已发行之著作，业经有人翻印仿制，而当时并未指控为假冒者，自本律施行后，并经原著作者呈请注册，其翻印仿制之件，限以本律施行日起算三年内，仍准发行，过此即应禁止。

第五十五条　注册应纳公费，每件银数如下：

一、注册费银五圆；

二、呈请继续费银五圆；

三、呈请接受费银五圆；

四、遗失补领执照费银三圆；

五、将著作权凭据存案费银一圆；

六、到该管官署查阅著作权案件费银五角；

七、到该管官署抄录著作权案件费银五角，过百字者每百字递加银五角；

八、将著作权凭据案件盖印费银五角。

著作权呈请注册呈式

具呈　姓名

为呈请著作权注册事，窃某人有某种著作照《著作权律》随送样本，呈请注册给照，一体保护，付祈民政部查核施行。须至呈者。

年　月　日籍贯住址姓名押

呈请继续著作权呈式

具呈　姓名

为呈请继续著作权立案事，窃某人有某种著作，业经于某年月日呈报注册给照在案，现在著作者某已于某年月日身故，应遵照《著作权律》呈请继续著作权，一律保护，付祈民政部查核施行。须至呈者。

年　月　日继续人籍贯住址姓名押

呈请接受著作权立案呈式

具呈　姓名

为呈请接受著作权事，窃某人有某种著作，业于某年月日呈报注册给照在案，现在愿将著作权转售抵押与某人接受，照《著作权律》呈请接受著作权，一体保护，付祈民政部查核施行。须至呈者。

年　月　日原注册人、接受人籍贯住址姓名押

（"《著作权律》原奏及理由书"，《资政院文案七种》第六册《资政院第二十类著作权律案》，宣统二年油印本）

资政院第一次常年会第十八号会议速记录

【标题】对《修正报律》中"报馆言论自由限度"之条文的讨论及修正案的提出

【关键词】言论机关　言论自由　限度

【内容提示】《修正报律》条文议案续初读、再读，主要争议在第十一条"损害他人名誉，无论事之有无，不得登载"的解释上，议员们希望能给报馆更多的言论自由。在很多议员看来，之所以有《报律》，主要是出于保护报馆的考虑。在议员们的辩论和压力下，政府特派员提出了修正案，即"损害他人名誉之语，报纸不得登载。前项规定除摘发阴私外，其专为公益起见者，不在不得登载之限"，得以通过。

宣统二年十月十六日下午一点五十分钟开议。

议事日表第十六号：

第一，《修正报律》条文议案，股员长报告，续初读；

第二，提议陈请申明资政院立法范围议案，股员长报告，会议；

第三，《运输规则》议案，股员长报告，续初读；

第四，《统一国库章程》议案，议员提出，初读；

第五，提议陈请速定官制议案，会议；

第六，提前设立审计院议案，[①]议员提出，会议；

第七，议设陈请速定官制议案及提前设立审计院议案特任股员。

议长：今日议员到会一百三十五人。

议长：今日有补选议员陆议员宗舆、崇议员芳到院，本议长介绍与诸位议员相见。

55号（崇议员芳）：本员初到会，学识甚浅，一切望各议员原谅。

议长：现由秘书官报告文件。

秘书官（张祖廉）承命报告。

议长：现有齐议员树楷质问会议政务处说帖，已刷印分送，拟即省略朗读，各位议员有赞成此说帖者请起立。

议员赞成多数。

议长：多数。陶议员葆霖质问度支部说帖[②]省略朗读，各位议员有赞成此说帖者请起立。

议员赞成者多数。

议长：多数。王议员用霖质问度支部说帖省略朗读，各位议员有赞成此说帖者请起立。

议员赞成者多数。

议长：多数。

秘书官（张祖廉）接续报告文件毕。

议长：按照议事日表开议。

114号（胡议员家祺）：本议员有个倡议，上次顺直谘议局有维持开平矿务陈请书已经陈请股报告，[③]认为合例可采，现在北洋大臣与英国外务部正在重大，[④]本员按照《议事细则》第十七条倡议，将此案从速开议。请问议长，可否于下次开会列入议事日表？

94号（王议员佐良）：请问议长，山东巡抚来的电报已答覆否？

议长：尚未答覆。

94号（王议员佐良）：请议长答覆的时候将电文宣布本院。

议长：答覆山东电文时候可以宣布（本院）。

129号（汪议员龙光）：本议员有个倡议，资政院议员以监督全国财政为惟一的职务，现在预算案度支部已交本院，但中国自借外债以来，凡中央所借的，各省所借的，现在总计应有多少？何者已还？何者未还？其利息（加）［如］何？其抵押者如何？务请议长向度支部，请该部列出一个表来，使各议员全然晓得才好。（拍手）至于赔款，也要列出一个表来，使各议员都明白外债数目与赔款数目，请议长备文到度支部咨送过来，以早为盼。

议长：本议长当注意办理。

149号（罗议员杰）：本院质问军机大臣的质问书很多，应请军机大臣从速答覆，之后有不明白的地方，以便追加质问。

议长：已经行文过了。现在开议，照议事日表，第一《修正报律》条文议案续初读，请法典股股员长说明修正理由。

某议员：上次议决奏稿已经出来否？

议长：现在还没有脱稿。

某议员：请议长从速出奏才好，因为各省谘议局快闭会了。

5号议员法典股股员长（润贝勒）：《修正报律》条文法典股股员会审查结果，现在本议员按照《办事细则》第五十三条，委托陶议员葆霖代为报告。

议长：请陶议员葆霖说明理由。

139号（陶议员葆霖）：《修正报律》条文一案，股员会报告报律条文交到法典股的时候，《国民公报》等七家及北京报界代表朱淇都有陈请书[5]送到陈请股，由陈请股审查，认为合例可采。所以本股开分科会之时，将此两件陈请书作为参考。查陈请书所最不满意于原案者就在第十一条与第十二条，第十一条就是损害他人名誉，无论事之有无，不得登载。当本股员［会］审查之时，政府特派员也曾到会，说是此案采取外国的条文。不过本股审查之时以为，中国向来对于损害名誉之罪没有确当的处分，现在《新刑律》尚未实施，此一层在报律内固不可。交涉紧要之时，如果此案迟延，恐生他故。此案关系中国主权与疆土问题极为少，所以大家讨论之结果以为，照原案条文主张修改，修改方法就是将政府提出原案第二十六条第四项并到第十一条；还有本条"不论事之有无"，即在陈请书上也很不满意，但第十二条有关于外交、海陆军的事件，已包含在原案第十三条，而十三条预审事件因为原文十五条已含有此意，所以预审事件也删去。这（事）[是]本股员会修正的意思。至于讨论解决，还须在第二次读会时候再行斟酌。本议员报告如此。本员还有一个意思，开股员会之时曾说过十一条第四项可以仍用原文，因为证明事实很不容易，恐怕将来实行的时候有许多的困难。所以本员意思还是用原文为好，但是在股员会的时候赞成者少，所以不能照《分股办事细则》作为少数被黜意见另提出说帖，今天各议员注意。

议长：宪政编查馆、民政部特派员对于法典股修正案有无意见？

宪政编查馆特派员（顾鳌）：此项《修正报律》案在开股员会时候，本员亦曾反复讨论，于股员会修正主旨亦大概同意，不过微有不赞同的地方，不能不在议场上声明，请诸君注意。这个修正案已经审查过，当每次审查时候，政府特派员既可以发言，自应表明意见，果有窒碍难行之处，不能不随时申明。第一，政府提出《修正报律》案是主张极公平的规定，就是诸君将来议决这修正案，亦应取公平的意思，因为凡法律颁布后就要实行。既要实行，就不可将窒碍难行的事拉杂其中。现在《报律》议案为众论所集矢者，就是第十一条与二十六条，第十二条次之。十一条的原文"不论有无事实"一语规定与否，没有多少窒碍，既经股员会主张删去，政府亦表同情惟是。现在极应讨论的问题，第一是不用证明事实主义，第二是用证明主义。顷间陶议员说明股员会取证明事实主义，将来政府实行，比较从前不用事实主义，于报馆不利，于官吏执行也不利。本员亦以为采用证明事实主义，颇觉窒碍难行。因为原《报律》颁行数年，报馆对于各项人等因登载损害名誉之语而启争讼者不一而足。在报馆对于损人名誉的记载，每主张确有证据。其实究竟有无证据？调查最难。因从前违犯报律的诉讼未定明管辖，所以一切关涉报馆案件归巡警厅管理，巡警厅因为报馆对于他人名誉的事，往往问及该编辑人，率称有凭据者甚多，而被害者又率以诬损为词，于是两造争讼，不能有正当之解决，巡警官吏亦不过以调和为主义，意在保护报馆，崇重舆论，然而执行《报律》究有非常之困难。总之，报馆于损人名誉之语主张证据之说，于《报律》规定之理由确是不合，因报纸所载者不过是一种新闻，与告发人罪之呈状不同，所以报馆不但无提出证据的责任，如果事事要证明事实，是一定办不到的。此政府原案所以有"不论事实有无，不得登载"之规定也。各议员以为是政府钳制舆论的手段即在于此，不知《新刑律》内关于侮辱罪本有"不论事实有无"之规定，日本新闻纸法亦规定新闻纸揭载事项提起对于名誉罪之公诉者，得用刑法，该国刑法之对于名誉罪亦复不问其事实之有无也。现在政府的意见，以名誉为凡人立身处世之要端，与生命、自由并重，损害者有罪，已经规定于《新刑律》内。但《新刑律》未经颁布，而《现行刑律》又未立有专条，难资援引，不得不暂定之于《报律》。原案不取事实主义，其理由实与刑律一贯，然诸君异议既在此条，本员前已就所有疑义反复诠释矣。盖十一条必须与二十六条参照。观于"专为公益起见，并无恶意者免其处罚"之规定，可知除涉及私事外，报馆实言论自由，"不论有无事实"一语虽严而实宽也。至股员会主张删去而改用证明事实主义，本员于删去之处业表同意。其改用事实主义，则早力言其不便，请诸君注意。诸君之意，颇以政府限制报馆言论为疑。殊不知限制的要点只有两端，第一是国家政务，第二是个人名誉。关于国家政务者，有时应守秘密主义。若报馆于外交、军事有关系事件，自由宣泄，毫无限制，与国家安宁秩序有种种之妨害，是以不能不各付以制裁。凡十二条以下均关于国家政务之规定也。至于损害个人名誉之事，则规定于第十一条，因为报馆固是言论机关，然于私人名誉可以任意损害，究为法律所不许。举私事或公益为范围，盖所以奖进个人爱惜名誉之旨也。本案限制报馆者如此。至停止发行或禁止发行，已定严重办法。据各报馆陈请书所称，以为无论何衙门可以封禁报馆，其实不然，查原案停止发行，是为未经呈报及未交押费者而设，以为可以命令行之者也。其余非经审判衙门之判决，不能行之。原奏已经声明此意见，是则保护报馆之微旨也。

153号（易议员宗夔）：这个法律案按照《议事细则》二十八条审查报告后应该讨论大体，其所以讨论者，是讨论这个审查的结果付再读不付再读；又照《议事细则》三十一条，未经再读以前可以提出修正案，所以本员今天于提出修正案之前，不妨讨论大体。大致应改正的地方，就是十一条与二十六条。这第十一条据政府特派员所说的，本议员可以用几句话回答。据政府特派员所说，是对于政务上有个限制报馆的意思。但是中国现在有很多的政务上事情，有本国人不知道而外国报馆已登载。如此看来，这个限制无从限制。政府特派员还有一层意思，是对于个人名誉上要竭力保全，因为立宪国民对于个人名誉本是很要紧的。本员对于这句话很赞成的，但是保全名誉的法规应该在《新刑律》上规定，不应该在《报律》上规定，因为要保全名誉是对于普通人民一般说的。现在《新刑律》尚未颁行，不能专为报馆施以苛刻的限制。此"不论有无事实，报纸不得登载"一句已经删去了，毋庸说了，而"损害他人名誉"这句话没有范围，因为损害他人名誉没有一定标准，如此规定，将来报纸一句话都不能说。比方一个人当稠人广聚之中说的话很磊落光明，而到昏暮乞怜的时候作的事很卑陋苟且，报纸若据实登载，实于社会人心很有利益的。（拍手）当此时候，那个人若提起诉讼，非特报馆要证明事实很难，即审判官不知原委，亦无从审判。所以"损害他人名誉"这句话，范围太宽，不若仍照旧律为是。旧律所规定，如"不得颠倒是非"等语很平稳的。至修正案二十六条，本员也是不赞成的，要主张仍照旧律。因为坏人名誉应该在《新刑律》上规定，不能专以苛刻限制报馆，不然是使将来全国主持舆论的人都要禁在囹圄之中了。所以不若照旧律二十四条、二十五条、二十六条为要。本员所主张的如此。

120号（潘议员鸿鼎）请发言。

议长：现在按照发言表，高议员凌霄还要发言，是否讨论大体？

178号（高议员凌霄）：修正第十一条修正案。

议长：第十一条已经说过了，若意思相同，暂时可以不必发言，以避重复。因再读时候要逐条讨论，彼时可以说明。再应问明雷议员，所请发言是否讨论大体？

117号（雷议员奋）：本议员提出修正案之修正案，都是逐条修正，但请议长允许本议员说明大旨。

议长：既是说明大旨，可以发言。

117号（雷议员奋）：今天《修正报律》条文，这个议案是续初读的，本来讨论大体，所谓大体者是指全体讨论而言，本议员对于这个修正案有一种根本上的解决，所以于续初读时要发表意思。照这个《报律》修正案看来，对于报馆限制是在十一条，方才已经发明许多意思了。十二条底下都是限制报馆种种条文，就是这几种的范围，(连)[违]背十一条应当处何等罪名，违背十九条以上者应当处何等处分，底下有好几条都是限制报馆的范围。报馆出了范围之外，不是处分二十日以上、六个月以下之监禁，就是处二十元以上、二百元以下之罚金。所谓处监禁、处罚金，两种都可以用。但是我们中国若用监禁，是不能行的。譬如北京已有审判衙门，而监狱还没有改良，天津、上海亦然，至于各省内地则黑暗尤甚。报馆原为开通民气起见，除北京、天津、上海而外，总要希望大加推广，各处都有报馆才好。既是审判衙门没有设立，监狱没有改良，这个监禁就万万不可用的，这是第一层。第二层办报馆的都是文人，叫他受二十日以上、六个月以下之监禁，无论什么人都受不了，所以本议员以为把这个监禁一条删除，专用罚金较为妥当。且国家苟不欲有报馆，则禁止之可也，何用《报律》？所以有《报律》者，盖含有保护报馆之意也。报馆违背《报律》，固应当受处分。试问受处分的地方是什么地方？受处分的时候是什么时候？不能不预先定好的。因为法律是跟社会程度来的，社会之程度高，则国家之法律亦高。社会程度是国家行政的基础，现在的情形与二年以后、三年以后的情形一定不同。因为社会程度不同，所以国家要（没）[设]这个立法机关，随时修订法律，以应社会的程度。我们现在《修正报律》就要看到，今年议决以后明年就要实行，试问报馆（与）[于]国家有什么好处，有甚么害处？若于国家有好处，一定要想个法子保护他；若于国家有害处，就不必定这个《报律》。当初定《报律》的时候，一定知道报馆于国家很有利益的。既以为有利益，若是拿监禁处置这一班人，是非常不妥当的。所以本议员提出修正案，大概要把监禁删除。若是报馆有违背《报律》的事情，就要按照二十日以上、六个月以下之监禁，以罚金代之。有人疑心因为保全个人的名誉定这个章程，似乎比较《新刑律》相差太远，但是《新刑律》经资政院通过后，还要两年才能实行。到了明年那个时候还可修改，所以现在将监禁一说删除，毫无妨碍的。

112号（陈议员树楷）：本议员对于十一条有质问，政府特派员所说的证明事实主义与不证明事实主义，据本员看来，此二主义均有不可。证明事实主义，比方报馆被登载人控告到官厅，报馆说是有证据，被登载人说是无证据，彼此纷争，终归无着。诚如特派员所云，是不行的，但是这不证明事实主义更是不行。不证明事实主义应分两层研究，就积极的言，损害他人名誉不论有无事实，报纸尽可登载，然毫不加限制，这是不可的；就消极的言，损害他人名誉，不问有无事实，报纸不得登载，如此限制，报馆可不必开了，亦是不行的。所以证明事实主义与不证明事实主义二者，本议员都不赞成。且就原条规定"损害他人名誉之语，无论有无事实，报纸不得登载"，词意亦甚不贯，名与实本属相因，本无事实，报纸故意登载，其为损害他人名誉无疑。若是本有此事，报纸登载，则不得谓损害他人名誉。比方有一个人盗窃人家的东西，本是不名誉的事情，报纸登载了，何得谓损害他人名誉？又比方偷着使了人家的钱，报纸登载就说偷着使了人家的钱，也不算损害了他的名誉。若并此而禁之，报纸将无可登载之事，不如仍旧律十五条第一项"不得受人贿嘱颠倒是非"第二项"不得挟嫌诬蔑损人名誉"，稍为更正，便觉妥善。

宪政编查馆特派员（顾鳌）：贵议员所说的是证明事实的主义。惟不宜采用证明事实的主义，本议员已一再说明。原《报律》十五条有种种不便施行之处，所以修正为本案之第十一条。原律十五条第一就是损人名誉，第二就是颠倒是非，何以现在必要改正？盖名誉云者是一个人之私，而是非云者乃天下之公也。执是非之说以绳报馆，未免限制过严。故本案之修正，以损人名誉为限。推原律以挟嫌为条件，而本条则以涉及私事为条件，因挟嫌云云在审判上颇难得正确之解释故也。至私事云者，指个人阴私之事而言，此等事件如系犯罪，率为亲告范围。讦人阴私，现行律是有极严重之制裁，即唐律与元典章亦以此类犯行为重。凡阴私之事果属亲告范围，即非人人所能讦发，虽国家所设之检察官，亦不能滥用其提起公诉之权。若报纸登载以涉及个人阴私，殊非保持社会安宁之道也。故第二十六条有除涉及私事外云云。

112号（陈议员树楷）：政府特派员说是分两层，第一层说是旧律挟嫌诬蔑之语没有界限，将来提起诉讼很有妨害；第二层以亲告罪为限，说不着盗窃等事。按照第一层说，规定《报律》一方面是保全报馆，一方面是限制报馆，此等范围是在《报律》上规定的，至于将来审判时有所出入，是在审判官的程度。审判官自有活动范围，我们定《报律》时，是不能不顾及。至于亲告罪为限一节规定，《报律》自应有当然之限制。报馆对于不应登载之事，有人告发，处以相当之罪；无人告发，即无处治，足以启报馆冀幸，将来提起诉讼之事，更不胜其扰矣。

123号（江议员辛）：这一条修正案，本议员以为无庸再讨论。盖名誉为人第二生命，污损他人名誉之语，报纸自不得登载。此条重在"名誉"二字，至有事实可指摘，即不能谓之损害矣，况下文又有"关系于公益，不在此限"等语词，意已均明，何必定要修改？若虑证明事实一层，未免限制太严；然损害名誉实有妨于一般人之业务员。据旧律，访事、投函人亦应担负责任，故证明事实属于专为公益一边，亦不必更改。

126号（陶议员镕）：倡议讨论终局，不必再行讨论。

议长：现在发议已毕，讨论终局，应议决应否再读，以再读为可者请起立。

109号（籍议员忠寅）：现在未经表决，本议员有一句话倡议。《细则》第三十条再读应于初读二日以后行之，但议长得咨询本院缩短时日，或于初读同日行之。今天续初读已经完了，就请议长再行再读何如？

议长：籍议员倡议即日再读，诸位赞成不赞成？

众议员多数赞成。

议长：多数，本日即可接续再读。

149号（罗议员杰）：对于修正案第二十四条有话说，在立法之意，一方保护个人，一方保护报馆。

议长：现在是逐条讨论，请等到第二十四条时再行发言。

议长：现在将此案第一条修正案由秘书官朗读。

秘书官（曾彝进）承命朗读第一条修正案。

议长：修正案第一条有无异议？

各议员呼"无异议"。

议长：如此，就作为诸位无异议了。

153号（易议员宗夔）：本议员对于第二条"凡本国人二十岁以上者，无下列情事，即得发行报纸"，如果人非本国，地非租界，而用西文或华文发行报纸，又不守《报律》之范围，请问特派员，贵官厅何以不问？

宪政编查馆特派员（顾鳌）：如系对于现在行政的事件有所质问，请贵议员照《议事细则》第一百七条以下各条办理。

153号（易议员宗夔）：不是对于行政事件。

宪政编查馆特派员（顾鳌）：本员是宪政编查馆特派员，不是民政部特派员，对于《报律》第二条立法上之理由，本员可以答覆。第二条云云就是凡本国人年在二十岁以上者可以发行报纸，若非本国人，自然不在第二条认可范围以内。

秘书官（曾彝进）承命朗读第二条。

议长：修正案第二条有无异议？

73号（汪议员荣宝）：第（一）[二]条对于外国人的限制是否可以办到？要是有办不到的地方，这条文便是虚设。有无补救的方法？还是大家仔细讨论为是。

130号（刘议员景烈）：现在还要讨论修正案第二条，请特派员答覆，答覆之后再讨论。

177号（李议员文熙）：此条法律上规定只好如此，万不能于此处规定外国人，亦不能于此处限制外国人。至于事实如此，是行政官厅不尽职处，可另行具案质问。

宪政编查馆特派员（顾鳌）：现在有无此等事实，与立法上别为一问题。如系质问行政事件，本员无从答覆。

112号（陈议员树楷）：作得到、作不到，那是行政的事，不是法律上的事。

议长：现在表决修正案第二条，诸君有无异议？

众议员呼"无异议"。

议长：现由秘书官朗读第三条。

秘书官（曾彝进）承命朗读第三条。

35号（议员曾侯爵）：本议员详阅这第三条，实不解是何命意，大约仿照日本之报律所规定。我中国现在小报馆极多，万难实行。如限制编辑人、印刷人不得以一人兼充，未免使本小利微之报馆多一靡费，筹画不易，并无益处，殊非提倡体恤之道。编辑人、印刷人，其精力能以一人充之，果有妨碍，请特派员答这个理由。据本员之意见，如别无妨碍，尽可将此条删除，庶可望其实行，亦显得郑重此律也。

宪政编查馆特派员（顾鳌）：所谓编辑人与印刷人不得以一人兼充云者，不是事实上报馆不得兼办印刷事业，因编辑人及印刷人各有法律上之责任，故规定为不得兼充。此两"人"字乃第一条所称列有姓名之人，非指报馆名义之谓也。

35号（议员曾侯爵）：据本员之意见，此无关政治之理由，若无实在办法，很可以不必指定出来。

议长：修正案第三条有无异议？

各议员呼"无异议"。

议长：修正案第四条，易议员宗夔复提出修正案，由秘书官朗读一遍。

秘书官（曾彝进）承命朗读易议员宗夔修正案第四条。

153号（易议员宗夔）：请说明修正案之理由。因为现在我们中国民智不开通，不晓得一点事件，所以宣讲与白话报是最要紧的。比如办一个报馆，要交几百块钱的保押费，是非常之困难。若没有保押费，他可以省几个钱作资本，就容易组织报馆了。所以《修正报律》这一条，本员不赞成，为这种小报馆，与下等社会很有利益的，〔处〕我们既为开通下等社会起见，就不能如此规定，况且又无碍妨文话报的地方。

宪政编查馆特派员（顾鳌）：本员对于贵议员所说现在保押费问题，贵议员说小报并不能妨碍大报，如免交保押费，可以借口白话等小报开通风气云云。然以开通风气为理由，是必大报不能开通风气而后可。现在保押费问题，本员在股员会两次发议，中国报馆很少，要概予如额收费，诚有困难。所以本员意见，可将保押费分别酌减，修正案定明得减至三分之一或三分之二，依此计算，最少可减至五十元，除都会、商埠外，其他州县一律通行，似无窒碍。总之，保押费为执行便利而设，凡报馆有违犯《报律》应科罚金，或应征讼费者，均以保押费为抵充之资。本律已有专条规定，如准免缴，于法理殊难贯彻也。

153号（易议员宗夔）：白话报所登载的是浅近的意思，决不致有（违法律犯）[违犯法律]的情事。贵特派员所说违犯法律，这个可以不必虑及，因为他的地方很小，要他拿出百块钱来，他也很难拿出，断没有不遵的道理。但是白话报于下等社会很有益处，且拿出百块钱未免力量不敷，所以本议员主张不收他的保押费。至于说违犯法律，是断没有的。白话报是开通下等社会，也做不到违犯法律的事情。如果违犯法律，可以归地方官厅办理，是非常容易。这个事情尽可以不必虑及。

73号（汪议员荣宝）：宣讲白话报要是专以开通民智为目的，即可作为专载学术的报纸。本条已有专载学术、艺事等报免缴保押费的规定，可以包括一切，不必提出另说。

59号（顾议员栋臣）：易议员所提出之修正案，本议员极表同情。宣讲白话等报，最足开通民智，于改良社会极有关系。宪政馆《修正报律》案理由书内称此种小报，无甚价值，遂从删节，未免视之太轻。应请议长将易议员修正案宣付表决。本议员又有一言，请问法典股审查员，本条第四项首项"其在京师、省会及商埠以外之各地方"，是否作一句抑作两句读？以事理论之，当作一句读，而以"以外"二字总束"京师、省会、商埠"三项；就文气观之，颇似"京师、省会"为一句，"商埠以外各地方"为一句。解法一有歧误，恐将来收纳保押费时，易启争执。此事实上之关系，不仅词句上之关系也，至三读时，此句必须修正。

129号（汪议员龙光）：宣讲白话报与大报不同，大报是营业的性质，宣讲白话报颇含有义务的性质。内地风气闭塞，如有能办此种报者，应提倡之不暇，似乎保押费尽可免缴。且如修正案减少三分之二，不过几十块银元，然不交到民政部，便要交到督抚。偏僻州县，距省千里，若要交这个十块银元，非常费事。我们立法的人，总要于事实上使人民便益才好。

宪政编查馆特派员（顾鳌）：本员声明缴纳保押费，系由该管地方官办理，并不致有由报馆自行解费到省、到京之事。

151号（黎议员尚雯）：明明白白由该管官厅办理。

112号（陈议员树楷）：白话报的问题，本议员对于此有点研究。不过白话报有违反法律的时候，也得照《报律》办理。至于说免缴保押费一层，是为白话报资本小的起见。若必须缴保押费，他就不能开。所以为开通风气，教育普及起见，请宽一步免缴保押费为是。

148号（陶议员峻）：请议长付表决。

117号（雷议员奋）：对于易议员修正案有一句话，既然因为开通风气就可以免缴保押费，似乎上头应当加上"其在京师、省会及商埠以外地方"一句。

190号（吴议员赐龄）：对于易议员所说报馆为开通民智，大报是开通上等社会的，小报是开通下等社会的，所以白话报愈多愈妙，必要格外提倡才好。在京受警厅检察，在外府厅州县自然受该管长官的检察。如果不守《报律》，自可按律惩办。现在白话报多半是义务，要到处提倡，自然日见发达，易议员所说的很好。

193号（顾议员视高）：本议员是法典股中之一人，前日开分科会的时候也曾说过，宣讲白话不如照现行律免缴保押费，盖我们定一种法律出去是通行全国的，则各省情形都应该要想到。譬如某省之外府厅州县及乡镇财政极奇窘的地方，有一二人热心公益，欲开通民智，组织一种白话宣讲，已就不容易了，又还要责令他出此一笔保押费，岂不大难！现在部章凡自治公所，劝业公所，皆有白话宣讲，现行律有免缴之条，而新律删去，外界必有借口于保押费无力呈缴而停止不办者。官吏向以省事为心，亦听其不办，这一般人民何时可以开通耶？此次新律既取开放，自应向提倡保护奖励一面设法，限制总要从宽，方能望其发达。至谓宣讲白话多系里巷俚俗之语，无甚价值，鄙意以为，凡办一种报纸，总不能毫无宗旨，总有几个明白人在内。小报因不能与大报相比较，然小报虽幼稚，总胜于无报也。又谓小报过多，恐于大报有碍，鄙意亦以为不然。凡能看大报的决不看小报，只能看小报的决够不上看大报，二者断不相妨。现在农工商以下一般人，试问能看大报者几何人？恐非白话宣讲，不能增进其智识也。故本议员所主张仍是不缴保押费。

137号（邵议员羲）：提议讨论终局。

宪政编查馆特派员（顾鳌）：本员特别再说明，所争免缴之保押费不过五十元或一百元，岂能以此限制报馆？盖保押费之规定，系取保证之义，本员前已申明，是为征收讼费或罚金便于执行起见。诸君讨论，如以为本律不应设保押费，则不必专从白话等报研究，即文话报亦应援照办理，否则不能有免缴之规定。总之，保押费应征与否实为一先决问题，不能以主张对于白话等报一律征费，遂疑政府有限制报馆之苛例也。

190号（吴议员赐龄）：言论机关有文话、白话报之分别，文［话］报论及全国全球，言论范围大，过失必大；白话报注意只在各地方，言论范围小，过失亦小，交保押费与不交保押费之区别，以此为标准，是很正当的。

宪政编查馆特派员（顾鳌）：白话报只以地方为限，《报律》并无明文。

112号（陈议员树楷）：免交保押费是事实上研究，不是法律上研究。若法律上研究，是使报馆都要交保押费。所有大家研究的意思，以为白话报是开通下等社会的知识，下等社会财力很小，要他看大报很不容易。不交保押费，这白话报就容易办，人民看报亦可省钱。这是为开通下等社会知识起见，所以对于白话报要请免交保押费。若执定法律上之研究，则事实上即多有办不下去了。

议长：易议员修正案又经雷议员增加一句，请问易议员赞成不赞成？

153号（易议员宗夔）：本议员不赞成雷议员的修正，请将本员修正案付表决。如少数，再将股员会修正案付表决。

48号（陈议员懋鼎）：先将易议员的修正案付表决。

议长：连第四条一同表决，抑先表决修正的几句？

某议员：先表决易议员修正案。

议长：现在由秘书官朗读易议员修正案第四条第三项。

秘书官（曾彝进）承命朗读。

议长：赞成者请起立。

众议员多数起立。

议长：第四条修正案有无异议？

众议员呼"无异议"。

议长：第五条有无异议？

众议员呼"无异议"。

议长：第六条有无异议？

众议员呼"无异议"。

议长：第七条有无异议？

众议员呼"无异议"。

议长：第八条有无异议？

众议员呼"无异议"。

议长：第九条有无异议？

众议员呼"无异议"。

议长：第十条有无异议？

众议员呼"无异议"。

议长：第十一条有易议员宗夔修正案，由秘书官朗读。

秘书官（曾彝进）承命朗读易议员宗夔第十一条修正案。

153号（易议员宗夔）：本议员请说明理由。

议长：请易议员说明理由。

153号（易议员宗夔）：此条修正案并不是本议员所修正的，是《报律》上原文，本议员主张用此原文，因为股员会的修正案还是没有范围。立宪国的国民名誉是最要紧的，自不待言，损害他人名誉因而提起诉讼，就如学堂学生他自己不读书专到外边去逛，这不过个人的私事，然而此学堂中诸学生因被一人所染，遂不免坏了学风；又譬如官吏不到衙门，他以为是个人的私事，与他人毫无关系，然实与公事有碍。学生荒废学业，因私害公；同一理由，所以不上衙门，就与公事实有妨害。要说这是私事，不致损害公事，也是说不去的道理。因为这件事虽属私事，其实与公事大有关系。所以"公、私"两字，最难分晰清楚。现在《新刑律》尚未颁布，不能独把报馆苛刻限制。所以本议员意思，照原案是很妥当。要照股员会修正案，范围未免太宽了。就是损害他人名誉，尚须要受贿赂之实，然后可提起诉讼，所以法律上必定一个确实的标准。至于不得挟嫌损害他人名誉，条文上也说得很明白。本员意思，要照原律所说，一面可以提倡言论之自由，一面可以尊重最宝贵之名誉，这是很确当的条文。

182号（万议员慎）：此案损人名誉，无论有无事实，报馆皆不得登载，固属非是，即易议员修改，本员亦不赞成。盖易议员修改系照旧律，然受人贿托、挟嫌诬蔑，亦无界限。报馆未受贿，他人谓之受贿；报馆未挟嫌，他人谓之挟嫌。从何解决？据本员意见，审查会将"无论有无事实"一句删去，较为妥当。惟"损人名誉"四字，究无范围，凡说人不好，皆系损人名誉。不知损人名誉，有轻有重，宜于"损害他人名誉"之语下加"情节较重者，报馆不得登载"，如此，报馆方不致钳口结舌，无话可说。

153号（易议员宗夔）：报馆不得受人贿托，损人名誉，在该报馆亦不得乱说，如果记事无实在之处，而又以受人贿托致损他人名誉，这个报馆就是无价值的了。

182号（万议员慎）：易议员所说的话还是没有标准。

宪政编查馆特派员（顾鳌）：请问议长，本员可以登台发言否？

议长：可以登台发言。

宪政编查馆特派员（顾鳌）：《修正报律》条文原案第十一条已成聚

讼之点，股员会提出修正案之后，易议员又复提出，大概反对原案，指为限制报馆未免太严。本员已经几次说明，删去"不论有无事实"一语，政府已表同意。至于易议员主张（何）［可］用原律一层，本员窃以为与修正之主旨不合。因我国正在厘定法律时代，法律用语万不能再蹈从前编纂条例之习。如果修正报律之时漫不注意，将来解释上必有种种疑义发生，不惟报馆有所不利，即适用法律之审判官亦甚困难。现在讨论本条，应从此处注意。议员中有谓"厘定法律时，可以不问事实如何，将来审判官如何解释，我们可以不管"等语，是非国家注重厘定法律之意。即如《大清律例》，当其编纂时非不完备，然从前并无关于报馆之规定，现在既有开设报馆之事实发生，遂不能［不］缘事实而生法律。可知法律、事实，不可不有双方之研究。现在朝廷已颁布审判独立制度，所以立法时候，对于条文如何解释、如何适用，不能不更加注意。就原律十五条"挟嫌"二字而论，实没有标准。在诸君之意，以为非挟嫌不能损人名誉，殊不知何者谓之嫌？何者谓之挟嫌？实无一定解释，是否挟嫌，尤难证明！此原律损人名誉而必以挟嫌为条件之未允协也。至易议员复主张用颠倒是非之原文，尤与政府修正本条之主旨不符。盖是非之界，诠释甚难。此一是非，彼一是非，人各有所是，亦各有所非。论其大别，有道德上之是非，有法律上之是非。以立法之通例言之，则应以法律上之是非为是非，法律上之所许者则为是，其应禁者则以为非。而一切世俗之所谓是非，不与焉。然细（译）［绎］"是非"二字，范围究嫌其宽，因而颠倒与否，尤难断定。设或告讦者率以颠倒是非为报馆之罪，而言论之自由将被剥夺而无余矣。况一经遇有颠倒是非之案，审判官果何所据以定其为真是、为真非乎？此原律颠倒是非之规定之未允协也。易议员谓"是非"二字本有一定，天下无两是，亦无两非云云，未尝不是一面之理由。然"颠倒是非"四字之广漠无垠，究足以为报馆言论之障害。此本条修正案之所以专以损害名誉为限也。

112号（陈议员树楷）请发言。

宪政编查馆特派员（顾鳌）：照《议事细则》规定，既经议长允许，本员就可以随时发言。贵议员应待本员词毕，不能中止演说。盖资政院为参与立法机关，凡法典，政府有提案的责任，本员对于政府提交法案，其应说明及应答辩者决不能放弃在（之）[下]躬责。若以为我们多说几句话，就视为繁琐，则《院章》何以必规定特派员有随时发议之权？本员既为政府特派员，应说的话就不能不说。因法律案关系重大，本员视到会发议为职务上应完责任，既不敢存一要求名誉之心，亦不敢预为解免疑谤之地。

112号（陈议员树楷）：本议员并不是说特派员发言繁琐，不过本议员有意思要质问质问。

宪政编查馆特派员（顾鳌）：要待本员发言毕，然后贵议员再发言。本员于质问疑义，照章应行答辩之处，自不能不答。这"颠倒是非"四字，不是修正案的问题，但修正案最争执的在"损人名誉"一条，诸君以为没有界限，然本员在审查会已经反复说明，至采用证明事实主义，于施行实有非常困难。其原案公益与私事对举一层，在解释上确有一定之范围。易议员驳诘之点有二：一是学生不上课，一是官吏不上衙门，但经报纸登载，即认为损害他人名誉，限制未免过严苛等语。然照原案解释起来，所称"损害名誉"之语云者，并非易议员所谓学生不上课、官吏不上衙门之类，因勤学与否，本是道德上的事，不是法律上的事，此等登载，何能入于本律？所谓损害名誉之范围，易议员又谓关于损害名誉罪须由刑律规定，诚属定论，但现在《新刑律》尚未颁行，虽普通人有犯讦人阴私陷人之罪，应用《现行刑律》，然罚例过重，若报馆一律适用，未免于报馆不利。本律特为规定者，政府之意，盖视报馆与普通人不同，所以不用《现行刑律》，正是维持报馆言论自由之旨。即如日本新闻纸关于对名誉罪之诉，亦取开放主义。该新闻纸法系规定除私行外其为公益者得免刑法之制裁，其在凡人犯有对于名誉之罪者，则无所谓公、私之分，因个人的意思无所谓公，亦无所谓私，皆不能损害他人名誉。若借口公益损人名誉，则一般国民之名誉权皆立于危险之地位，故刑法特为之保障也。惟报纸有犯，则与普通人不同，其为公益而至损及私人名誉者，则在可以（愿）[原]恕之列。是以本律于法定制限外，不得不予以言论之自由，而实免其刑罚，此第十一条之最宜注意者也。

112号（陈议员树楷）：特派员的意思，本议员有质问的话，"损害他人名誉"这一项究竟是何意思？

宪政编查馆特派员（顾鳌）："颠倒是非"四字，政府提案时已认不必设此规定，望毋庸再行主张加入，反与报馆不利。

112号（陈议员树楷）：南北口音不同，所以没有听清本员的意思，不过说报害他人名誉之语，界限还是太宽，不论什么人损害他人名誉，经人告发或是不告发？要有一个办法方好。损人名誉没有什么标准，若经人告发则为损害他人名誉，若不经人告发则不算损人名誉。报馆将侥幸出入，无所遵循。按第十一条所谓"妨害治安、败坏风俗"之语，均有害于公益，不得登载。若有一个人败坏风俗，妨害治安，报馆把他登载，使他知而改之，这正是报馆保全善良风俗的意思。就如酒食征逐之类，是很坏风俗的，报馆把他登上，使一般人都不肯酒食征逐败坏风俗，也是保全风俗的意思。这一类的事，算是报馆损害他人的名誉不是呢？至于所谓"受人贿赂，颠倒是非"二语，宜分两层说。此项重在"受人贿赂，颠倒是非"，若非"受人贿赂"，则"颠倒是非"或出无意，本律原有许人更正之条，不得谓报馆论人之是非者，皆损人名誉也。按照第十一条规定，凡指人之非者，皆谓为损人名誉，范围未免太宽。（拍手）如此，则报馆将不能说话。至于挟嫌诬蔑，是有界限。

宪政编查馆特派员（顾鳌）：在原案第十五条有"颠倒是非，损人名誉"等语，现在修正案已专以损害名誉为重，其限制之处视原律为宽。至贵议员以为损人名誉之语范围太宽，不知第二十六条有公益免罚之规定也。

148号（陶议员峻）：股员会修正一条比易议员修正一条较妥当些。本员看起来所谓损人名誉者，损好人之名誉也。若其人本无名誉，则登载其事实者就不能说是损人名誉。报馆照实登载，正是他的天职。若如易议员所主张者，反恐不正当之人为不正当之事，一经报馆登载，反巧借"挟嫌"等字样以陷害报馆，反于报馆叠生荆棘。所以本员赞成股员会修正案，不赞成易议员修正案。

议长：现在还有高议员凌霄的修正案。

153号（易议员宗夔）：请议长将本议员修正案先付表决，如起立少数，再行取消，然后再表决高议员修正案。

62号（刘议员泽熙）：本议员对于易议员主张用原律第十五条之修正案颇不赞成。盖原律第十五条所谓不得受人贿嘱颠倒是非，亦不得挟嫌诬蔑损人名誉者，是必合两个条件而后成一个罪名也。试问颠倒是非果报馆正当之〔之〕行为乎？如非正当，则颠倒是非即其罪也。依原律之意，必颠倒是非且兼受人贿嘱，而后成立其罪也。依原律之意，必诬蔑名誉且兼挟嫌而后成立其罪也。由此推之，颠倒是非而不受人贿嘱非其罪也，受人贿嘱而不颠倒是非亦非其罪也；挟嫌而不诬蔑名誉固非其罪也，诬蔑名誉而不挟嫌亦非其罪也。此等条文殊无法理，民政部、宪政编查馆之修正案将此删去，本员甚赞成。但其修正案将保护社会名誉一事移置第十一条，而加"不论有无事实"一语，本议员甚不赞成。法典股员会将此语删去，以二十六条"公益"二字移置于此，作为例（的）〔外〕，较之原文，已觉十分妥当。然以本议员意见，表面上虽较妥当，而按之实际，究仍含不论有无事实之意在内，此中有两个推测点，其一"从专为公益起见，而能证明其事实"一语推测而知之也。盖"损害他人名誉"一语，虽包括公私在内，然下文抽出"公益"二字，则上文之损害一句专适用于私事，不待言矣。且下文紧接能证明事实，则此一语专属于公益，不待言矣。是必为公益起见，而又能证明事实，合两个条件，而后能脱离损害名誉之罪之范围也。析言之，专为公益起见，不能登载者；即所谓私事，虽有事实而亦不能登载也。从此推测而知，此条含有无事实之意者一。其次，则从"损害他人名誉"一语推测而知之也。欲解决此问题，当先审"名誉"二字，究竟作何解释。属于主观的抑属于客观的？本议员以为，名者实之宾，必他人名之而后有此名誉也，故名誉当属客观的，而道德则属主观的。假如有某甲做一件不法之事，是否自己损害名誉也？然此非自己损害名誉，乃自己损害道德也，何也？因某甲之不法行为，苟无人知之，而其名誉自若也；一旦报馆等登之，则街谈巷语传为笑柄，而名誉顿毁矣。是名誉之损害不损害，不在事实之有不有，而在报馆之登载不登载也。从此推测而知，是条含不论有无事实之意者二，且其适用时亦有两个缺点。其一则审判官适用之困难也，盖以二十四条推之，明明损害他人名誉即成立其罪矣，假令报馆登载不法行为，而某甲以损害名誉提起诉讼，报馆以确有事实且为公益抗辩，试问此付审判官，如何判断乎？将是报馆欤？则明明损害他人名誉，即干犯二十四条罪名，以报馆为是即是违背法律。将是某甲欤？则明明有此事实，以某甲为是，恐长社会之浇风。且"公益"二字无一定标准，"损害"二字亦无一定范围。在某甲执"损害"二字以为言，在报馆则执"公益"以相抗，互相辩难，迄无一定。（时）[此]其缺点一。其次，则社会上受此法律保护之效力甚弱也。此条在立法者之苦心，原为保护名誉权，而设不知凡事必有两方，一方保护社会名誉权，一方即须制裁社会之名誉。假令此条改为"诬蔑他人名誉之语，报纸不得登载"，人必凛然警觉，以为苟有不法事实，则非诬蔑，报馆可以登载，而不敢于为非矣。若"损害他人名誉之语，报纸不得登载"，人必以为虽有不法事实，亦可谓之损害，报馆终不得登载，而遂肆行无忌矣，是欲保护社会名誉权，不啻阴使社会为不名誉事也。所谓效力与目的相违反者也，其缺点二。本议员以为，此条非修正不可，现拟改为"诬蔑他人名誉之语，报纸不得登载"，如此则有事实，无论公、私，均可登载；无事实，无论公、私，均不得登载。一方保护报馆，一方保护社会，且审判适用时之解释较易且确，立法乃得其平。

153号（易议员宗夔）：还是请议长把本议员修正案先付表决。

众议员：现在将付表决，无须发言。

117号（雷议员奋）：请议长通知各议员，这个讨论还是先讨论易议员所修正的，应当先将易议员修正案表决，若赞成者少数，然后再行取消，我们再讨论股员会的修正案，这两个讨论似乎不能并在一处说的。

宪政编查馆特派员（顾鳌）屡欲发言，众议员纷纷阻止，声浪大作。

议长：请特派员简单发言。

宪政编查馆特派员（顾鳌）：本员既经议长许可，就可以发言，原律第十五条本来是两项，至于颠倒是非之规定，并不在修正案应行讨论之内。

议长：现在表决易议员修正案，由秘书官朗读。

秘书官（曾彝进）承命朗读易议员宗夔修正案。

众议员赞成者少数。

议长：赞成者少数，还有高议员凌霄修正案，由秘书官朗读。

秘书官（曾彝进）承命朗读高议员修正案。

148号（陶议员峻）请发言。

178号（高议员凌霄）请说明修正案之理由。

议长：请高议员先行发言说明修正之理由。

178号（高议员凌霄）：报馆登载事实正是报馆的天职，事实是由个人行为发生，报馆对于他人事实不能皆贡谀辞，一有臧否，即是损害他人名誉。单就损害名誉一方面言，固是报馆违法，然所登载事实确系他人损害公益事件，报馆职在维持公益，不得为罪。惟原律所规定"受人贿嘱、挟嫌诬蔑"，这八个字真是报馆违背法律的地方，本员修正加入因"贿嘱、挟嫌"两项，就是此意。

宪政编查馆特派员（顾鳌）：各位议员对于损害他人名誉之语都有讨论，然而这并非原律条文，本修正案则以涉及私事之登载，即为损害名誉之范围。

134号（余议员镜清）：二十六条第四项所说的尚未明晰，似宜再行斟酌。

177号（李议员文熙）：本议员对于此条"损害他人名誉"一语，总要划清范围。政府特派员谓本条损害名誉立法之意，系专指法定亲告罪而言，本员甚赞成。至于第二项加入前次"损毁名誉，系专指法定亲告罪而言"二语，如此则除亲告罪外，报馆均可登载，其范围为最狭。

宪政编查馆特派员（顾鳌）：政府交议议案（本日）[日，本]大臣未到会，本员按照《议事细则》，是否可以随时提出修正案？

议长：各议员既无异议，可以提出修正案。

宪政编查馆特派员（顾鳌）：本员提出修正案是第十一条损害他人名誉之语报馆不得登载，本条设第二项是前项规定除讦发阴私外，其专为公益起见，并无恶意者，不在不得登载之限。

73号（汪议员荣宝）：不能说"不在此限"，应作为"不在前规定之列"。

167号（王议员用霖）因第二十四条请发议。

议长：请缓发言，现在还没有议到第二十四条。

190号（吴议员赐龄）：本员对于特派员的修正，所谓开发报馆主义有疑问，原案还是用旧律，旧律是公法上特别之规定。这个摘发阴私是并以阴私限制报馆，似乎不合。

宪政编查馆特派员（顾鳌）：本员对于所提修正案尚须声明，方才大家辩论许久，所以本员照章提出修正案，合诸政府提交原案之意，确是以维持报馆正当言论为主旨，并不是怕报馆攻击政府，然后有此规定。至讦发阴私，本是《现行刑律》上所不许的，本员已将《现行刑律》携来，可否朗读与诸君一听？

议长：现在表决政府特派员的修正案。

秘书官（曾彝进）朗读政府特派员修正案。

62号（刘议员泽熙）：请议长按次序表决。高议员修正案先提出，本员修正案次之，特派员修正案又次之。应先将高议员修正案付表决，以后依次递及。

议长：可以先表决高议员修正案。

秘书官（曾彝进）朗读高议员修正案第十一条。

议长：赞成高议员修正案者起立。

无一人起立。

议长：无赞成者，刘议员修正案是否只改一"诬"字？

62号（刘议员泽熙）："损毁"改"污损"。

109号（籍议员忠寅）：政府提出修正案，大家不赞成的多。因为政府从前提出修正案原是"不论有无事实，不得登载"，范围太宽，近乎钳制舆论。现在修正案删去"不论有无事实"一句，似觉平允，但是关于摘发阴私一方面不得登载，关于公益的，虽有这个条文，但对于报馆，一方面要在事实上限制，实在无法可设，并且报纸无从登载。刘议员修正案改一个"诬"字，还是在事实上用意。果能如此，报馆倒没有界限了。若是许多关于社会公益事务，非有凭据不得登载，然则报馆每日所登载者一点材料也没有了。

177号（李议员文熙）：本员意思照刘议员修正案，还是将前次所言之第二项加上，何以故？若不加上这一项，范围就太广了。

137号（邵议员羲）：二十四条第二项已经说明白，可以无庸加入。至于淆乱政体，作何解释？

宪政编查馆特派员（顾鳌）：本员的意见以为，国家政体本有一定，例如立宪政体之国而报纸登载主张专制政体之语，即为淆乱；君主立宪政体之国，而报纸登载主张非君主立宪政体之语，即为淆乱。至贵议员问中国现在是否确是立宪政体，本员的意见以为，迭奉先朝明诏，宣布预备立宪，并经宣示确定为君主立宪政体等因，就朝廷已颁诏令而言，我国现在自然是君主立宪政体。

议长：现在表决刘议员修正案。

秘书官（曾彝进）朗读刘议员修正案。

议长：赞成者起立。

众议员起立少数。

议长：赞成者少数，现在表决政府特派员修正案。

秘书官（曾彝进）朗读特派员修正案第十一条"损害他人名誉之语，报纸不得登载，前项规定除摘发阴私外，其专为公益起见者，不在不得登载之限"。

148号（陶议员峻）：摘发阴私这个话没有界限的。

宪政编查馆特派员（顾鳌）：本员修正案还是注重专为公益起见一层，当时起草时候也曾反复讨论，但所谓阴私云者，纯就不关公益之事而言。

各议员请议长付表决。

153号（易议员宗夒）：今天时间已经过了五点钟，请议长宣告展会。

117号（雷议员奋）：政府特派员所修正的，本员有个意见，这"摘发阴私"四个字可以不要。摘发阴私决计不能说到公益，既为的是公益，就不是摘发阴私。

宪政编查馆特派员（顾鳌）：本员修正此条的原因为《新刑律》颁布尚需时日，所以不能不有此规定。

73号（汪议员荣宝）：请把法典股提出的修正案先付表决。

117号（雷议员奋）：股员会修正的比政府特派员所修正的限制范围较严，所以本员赞成政府特派员所修正的，但须将"摘发阴私"四字删去。

148号（陶议员峻）：可以删去"摘发阴私"四个字再付表决。

109号（籍议员忠寅）：本议员对于雷议员的话很不赞成，因为有"摘发阴私"四个字才有点界限。现在刑律上解释得很详细，亲告罪本在私事之内，若是去了这四个字，专留为公益起见，就没有界限了。将来无论何事，于公论有无关系，没有一定的标准，如报馆登载之事在报馆说为公益而本人说非为公益，势必另起纷争。（声浪大作）

99号（陈议员瀛洲）：请先将股员会所修正的付表决。

议长：先表决何项修正案？

众议员请先表决政府特派员之修正案。

177号（李议员文熙）：尚在讨论的时候可以随时辩驳。本议员以为政府所定的《报律》范围太宽，我们迭次讨论无非要使狭小范围。原案"无论有无事实"一语，已得政府之同意取消，其范围已较原案为小，然范围最小者莫如加上"亲告罪"一语，问诸君所以主张的是狭义还是广义？若是广义，何以费此讨论？仍用原案岂不甚善？若是狭义，胡为又不主张最狭者，而主张删去"摘发阴私"四字？此本员所以不解者。

众议员请议长先表决政府特派员之修正案。

议长：先表决政府特派员提出之修正案第十一条。

秘书官（曾彝进）朗读政府特派员修正案第十一条。

议长：赞成者请起立。

众议员起立。

秘书官计算人数报告起立者八十六人。

议长：是多数。

议长：本日已过五点钟，逐条讨论拟至此中止。

112号（陈议员树楷）：请议长将议事日表第五、第六，先付特任股员审查。

议长：应否不会议先付审查，此事须咨询本院方可。

议长：本日议事日表第五、第六两项议案是陈请事件，本应会议，现拟不会议，先付审查，各议员赞成否？

众议员呼"赞成"。

议长：现在议事日表第五、第六两议案归并审查，拟指定特任股员十八位，各议员赞成否？

众议员呼"赞成"。

议长：现在指定特任股员十八人，由秘书长报告。

秘书长承命报告审查关于速定官制、提前设立审计院特任股员名单：

瀛将军、那亲王、陈懋鼎、赵炳麟、胡礽泰、汪荣宝、长福、章宗元、宋振声、齐树楷、籍忠寅、孟昭常、雷奋、文龢、邵羲、江谦、易宗夔、李文熙。

议长宣告展会，议长离席。

各议员退出议场。

下午五点三十分钟散会。

注释

① **请提前设立审计院以谋财政整理事**

　　近世东西各国财政整理，百废（具）[俱]兴，群归功于国会之监督财政，固也。然使国家无特别机关司财政之检查，则行政官虽提出预算于议会，而预算外支出款项挪移支出逾额，皆可以任便处理。而于编订决算时，则捏造账目，以求适合于预算之规定。议会据册籍以稽查，将何由而纠正其谬也？今度支部设财政处于京师，设财政局于直省，举从昔纷如乱丝之财政，次第清厘编制预算案，以提出于资政院。吾国岁出入之总数，乃由此以知其大。凡度支部之功，诚有不能掩者。然财政处、财政局之所稽查者，仅各省各部之册报而监督之，实莫由克举。且监督会计之官，宜立于行政官厅之外，以度支部为财政之监督，则度支部之财政，又就司其监督也。欲保出纳之正确，杜官吏之欺饰，是非特设审计院焉不可。查日本于明治二年，以大隈重信之建议，设会计监督司；四年，采伊藤博文之意见，改为检查寮；十年，复改为检查局。其职务权限，已较之我国之财政局、财政处范围尤广。十年之间，会计之法渐趋详备。日本维新之初，外患内忧，岁无宁日，而国家大政得植立其基础，赖此而已。其后，大藏大臣大隈重信以检查局之所检查，只能及于枝派，不能及于根源。政府采纳其议，至明治十三年遂有会计检查院之设，脱大藏省之羁绊，于财政监督上，更辟新境。尔后修改章程，变更官制，会计之法渐达于完全之域。及明治二十三年，颁布宪法，直隶天皇，而财政监督盖无遗憾。是日本之设审计院也，在颁布宪法前之十年，而其先已有监督司、检查寮、检查局等为之开其筚路。集二十年之经验，进步改良，驯至于今日之强盛，谓非审计院之力不可也。今中国财政之困难，过于当日之日本，即时设立审计院，以图整理，已觉其迟。现皇上既缩短国会至宣统五年，则此机关之宜提前设立，更不容缓矣。或者谓检查会计须恃法规，今会计法尚未编订，即时设立审计院，恐有未能。不知各国之商法、民法等，则因风俗习惯之宜，不无互有差异；若会计法规，则各国日趋精密，大抵从同，编译而应用之，一月之功可以竣事。以宪政编查馆之济济多才，岂复以此为难也。此不足虑者一。或者又谓财政专门，颇难其选，审计院虽立，其如无人胜任。何不知学问智识，随经验而增进，各省之财政监理官，非必财政专家也，非必素有经验也，更非能尽检查会计之职也。然据清理之结果，而国家一万万之收入，骤增至于三倍，则审计院成立，其成绩必更有优于此者，此不足虑者二。或者又谓检查会计官吏，为政府所嫉视，则素正者或不得安于其位，而柔滑者反得以凭据要津，检查之实，终不能举。不知各国于审计院官吏，皆有特别保护，非因衰老及惩罚之事，实不得免官退职。我国之审计院自当确守此原则，以为定制。审计官吏究何所顾忌，而不尽其职也。此不足虑者三。今宣统三年之预算既归资政院之议决矣，而不设此机关以司会计之监督，恐非国家整理财政之意也，即乞议决施行。("议员牟琳请提前设立审计院以谋财政整理案"，《资政院知会、折奏、章程、说帖、质问、陈请等案件》第五册《资政院第三类议员提出提议各案件其一》，清末铅印本）

② **议员陶葆霖质问度支部说帖**

　　具说帖议员陶葆霖等谨提出为质问会议政务处事。查《资政院议事细则》第一百七条,"议员依《院章》第二十条,欲行质问者,应具说帖,得三十人以上之赞成,由议长咨询本院决定之"等语,查《资政院院章》第十四条第三项,税法及公债为资政院应行议决事件。是资政院成立以后,除各省地方行政所起公债应由各省谘议局议决外,凡关系全国利害,由中央政府所募集之公债,无论由外国募集或由国内募集,在国内通例无不提出于议会,在常年会固当包含于预算案中,一并议决。若遇非常事变,有临时紧急之用,亦当召集临时会议决。诚以公债偿还之期,自数年至数十年或至永远无期,其负担不仅及于现在之国民,凡议会之精神在国民监督财政,而公债实为财政中极重大之事。现在国会未开,而资政院实为国会基础,况公债之议决又明定于《院章》,故在今日,如起公债当交由资政院议决,已无犹豫之余地。吾国现在预算不足至七千余万,民间财源枯竭,又无可加税,而救亡之策,无论经营募集外,荣枯非常重大,决非一二语所能解决,其为今日必须研究之问题,则毫无疑义。今本院会期已经过半,未见政府提出公债议案,而报纸喧传则谓政府目前正在订借外债,其用途或谓扩张军备,或谓建设铁路,或为振兴实业之用,或以补预算之不足。议员等窃谓政府决不至显违《院章》,侵夺本院权限,将募集公债一事,不交资政院议决。惟既有所闻,不能无疑,究竟政府现在有无募集公债之意,及与外人商订借债契约之事,兹谨提出质问会议政务处说帖一件,经规定赞成议员会同署名,应请议长咨询本院决定,照章咨请会议政务处酌定日期以文书或口说答覆,须至说帖者。("议员陶葆霖具说帖质问会议政务处事",《资政院知会、折奏、章程、说帖、问问、陈请等案件》第八册《资政院第四类议员具说帖质问各案件其二》,宣统二年铅印本)

③ 该议案经审查股审查结果如下:
审查陈请提议矿务合同应缩窄界址缩短年限案。议长公鉴,为审查报告事。本股于十月三十日下午一点半钟开特任股员会审查农工商部七品小京官何鸿璟陈请提议矿务合同嗣后应缩窄界址、缩短年限,请由外务部、农工商部妥订章程案。原案并有"赎矿为天下最愚之事,福公司铜官山事已一误再误,开平矿未可再寻覆辙"等语,本股审得,该案主旨专系非以赎矿而特以缩窄界址、缩短年限为前提,但查中国赎矿一节,皆有不得已之情实,此皆关于事实问题,自未便离开事实而悬拟不应赎矿之议题。至于缩窄界址、缩短年限一层,如在既定合同之后,则双方权利业已确定,岂再能意为伸缩?若在未定合同之前,则定合同之人,自必审度矿脉之长短与获利之时期,为合法之订定。矿章为保护开矿人之法律,凡个人应得之权利,虽矿章亦无从为例外之限制。是照原案之主张,法理、事实无一而可,自应认为不能成立之议案也。本股员多数议决,请议长咨询本院决定,特此报告。股员长庄亲王,副股员长李榘。("股员长庄亲王、副股员长李榘审查陈请提议矿务合同应缩窄界缩短年限案",《资政院知会、折奏、章程、说帖、质问、陈请等案件》之《资政院第十一类审查陈请各案件》,清末铅印本)

④ 原本有缺略。

⑤ **北京报界公会上资政院陈请书**
为新订报律条文议案制限太苛非斟酌删除碍难遵守陈请修正事。窃本年九月十二日,贵院第四次会议,报馆照章旁听记事。据宪政编查馆特派委员章宗祥报称"《报律》自光绪三十四年颁行后,将及两年,政府体察报馆情形诸多不便,报馆亦

有以窒碍为言，遂由民政部上奏提出请饬修正，奉旨依议"等语，是此次修正案系为报馆力谋便利起见，钦感莫名。乃细阅条文，比原案制限尤苛，其疵谬颇多，不暇具论，姑举其最重要者言之。查修正案第十一条，损害他人名誉之语，不论有无事实，报纸不得登载。第二十六条，违第十一条者，处该编辑人以二十日以上、六个月以下之监禁或二十元以上、二百元以下之罚金。其理由书说明，第十一条云：案：本条系就原律第十五条第一项、第二项概括而成。查此项犯罪处分，亦属刑律内应行规定之事。新拟刑律草案第三百四十条，凡指示事实，公然侮辱人者，不论其事实之有无，处四等以下有期徒刑、拘留或三百元以下罚金。又第三百四十一条，凡流布虚伪之风说或用其余伪计而损他人或其业务之信用者，处四等以下有期徒刑拘留或三百元以下罚金，即指此项犯罪而言。盖名誉信用为立身处世之要端，妄加侵害，实与伤害生命、自由无异。各国刑律均有诽谤之罚，故《报律》内无庸特设专条。惟吾国《现行律例》无处罚明文，而《新刑律》颁行尚需时日。本律之必设此条，其理由于前条第一款之规定同，惟原律以受贿挟嫌成立此罪之要件，尚欠允洽，又"颠倒是非"字样，亦无一定之标准，兹改为"损害他人名誉及信用"，意义似较赅括云云。其说明第二十六条云：案：本条第一项系就原律第十五条第一项、第三项及第二十四条、第二十五条隐括而成。原律罪止罚金，更无监禁之例，兹为保护人民名誉信用起见，酌量增入。又本条第三项为原律所无，查侵害他人名誉信用，固为法律所当惩，而报纸监督社会，若专为公益起见，即持论稍激，其情亦尚可原。若一律科以诽谤之罪，未免太苛。兹量加区别，以专为公益不涉恶意者为限，免其处罚。至摘发个人阴私者，仍不在此限，惟须亲告乃坐，庶于尊重名誉及保障言论自由之旨，两得其平云云。夫原律第十五条第一项以不得受人贿嘱，颠倒是非为文，第二项以不得挟诬蔑损人名誉为文。细绎法意，若因收贿嘱而颠倒是非，因挟嫌而诬蔑以损人名誉，是确为不正当之揭载，自应在禁止之列。若无上项情弊，则是摘奸发伏，乃报纸监督社会应享之权利。无论其为公益、为私人，皆所不禁，颇觉持平。理由书反以为尚欠允洽。是非之判断，本于公理；法律之要素，亦本于公理，不是则非，不非则是，断无中立，理由书反以为无一定之标准。而损害他人名誉信用概括两项，夫名誉信用发生于道德，有道德之人未有不谨小慎微者，若实予人以可发之阴私，则是其人道德心薄弥，即有名誉信用，必极虚伪，是为社会之大蠹，不惩治之而又保护之，是导天下以欺也。原律罪止罚金，且须讯实，而修正案处以监禁，罚金额亦加倍，亲告即坐，主旨在依据《新刑律》。夫《新刑律》未经议会协赞，未经明诏颁布，是否适用尚不可知。今以保护不分真伪之名誉信用，而特为规定，谓非有意摧残舆论，其谁信之！此应重行修正者一也。又修正案第十二条，谕旨章奏及一切公文书电报，关系秘密，未经公布者，报纸不得登载。理由书说明此条云：案：本条大意仍原律第十三条之旧，惟于文词略加修正云云。夫原律仅限于谕旨章奏未经阁钞官报公布者为限，范围尚狭。今修正案推及于公文书电报，并增"关系秘密"四字。夫既守秘密，若非局中宣泄，访员何从要稿，报纸何从登载？不知严定宣泄者之科罚，而谬加报纸之限制，于法理已为不顺！况我国对于国外未能适用国际公法，对于国内未能收回治外法权，所谓秘密文件能禁纯粹中国之报不登，不能禁外国及国中挂洋旗之报不登。是坐使本国之报馆丧失新闻纸质效用，而不能与外国报界竞争，势不至灭尽全国之报馆不止。此其应重行修正者二也。然该《报律》皆依据今日日本《新闻条例》，第就现律与原律论列其得失而不为根本上之解决，则此案起草员不惟不足以服其心，彼将恃其师承之有自，腾播口舌，以眩惑诸议员之耳目。今更详言其依据之四大谬点：一、日本法律原非完全文明，故新闻条例限制人民言论自由，实为欧西各国所无，全抄原文已非允当。二、日本在今日为维新四十余年，政府开明，国势发达，言论机关势力膨胀之时，条例虽严，民气自伸，中国则上下萎靡泄沓，成为恶习，惟恃提倡报界，为警惕黑暗之晨钟，尤不得执日本条例。三、日本国情历史与中国全不相同，而社会之复杂，道德之堕落，官吏行为之横暴，国民生气之委弊，虽在明治以前，已不如今日中国之甚。故中国今日之定《报律》，即疏节阔目，力求宽大，犹虑国民之畏避，不肯尽言，安可故为苛条，使之沮丧不言耶？四、日本今日新闻纸出版之多，何止中国十倍，传播国内国外，每一新闻恒达数万纸数十万纸。其内容如攻讦政府，批评各种社会，或为严厉之危词，或驰笑慢之雄辩，或揭微密之阴私，或出丑讥之图画，大都溢出条例范围之外，裁判所警吏恒不能事事执法律以为制裁。盖人民程度日高，世界学理日出，政治经验日多，学者及议会久持新闻条例改良之讨论，此稍阅日本报纸者皆能知之。是日本《新闻条例》在该国已趋于末运，何我国尚奉为玉律金科耶？观于以上四因，则此案起草员之根据地不待攻而自破矣。所有新订报律条文议案，制限太苛，非斟酌删除，碍难遵守各缘由，谨陈请贵院修正，须至陈请者。北京报界公会，京津时报、中国报、国民公报、北京日报、帝国日报、帝京新闻、宪志日刊。（"北京报界公会上资政院陈请书"，《资政院知会、折奏、章程、说帖、质问、陈请等案件》之《资政院第九类陈请提议各案件》，清末铅印本）

资政院第一次常年会第十九号议场速记录

【标题】由陈请申明资政院立法范围议案讨论资政院与宪政编查馆的权限划分问题

【关键词】资政院立法范围　宪政编查馆　《运输规则》议案　裁厘加税议案

【内容提示】讨论陈请申明资政院立法范围议案、《运输规则》议案续初读、裁厘加税案会议等，最主要的是第一个议案。有议员提出，要确定资政院立法范围，非与宪政编查馆划清权限不可。因此在议员与宪政编查馆特派员之间发生了冲突。但多数议员认为确定资政院立法范围与宪政馆权限之间毕竟是两个问题。最终由议长指定特任股员起草资政院立法范围议案，希望间接达到与宪政编查馆划清权限之目的。

宣统二年十月十七日下午二点钟开议。

议事日表第十七号：

第一，提议陈请申明资政院立法范围议案，股员长报告，会议；

第二，《运输规则》议案，股员长报告，续初读；

第三，提议陈请照约速定裁厘加税议案，会议；

第四，审查陈请照约速定裁厘加税议案特任股员。

议长：今天到会者共一百二十二人，现有云南盐斤加价案奏折，由秘书长朗读。

秘书长承命朗读核议云南盐斤加价案奏稿。

议长：奏稿已经读过，赞成者请起立。

议员多数起立赞成。

议长：现在由秘书官报告文件。

秘书官（张祖廉）承命报告文件。

107号（李议员榘）：本议员有几句简单建议的话。前次开会有议员建议，谓开会太迟，今天开会又已两点钟，秘书官报告文件又需要半点钟，请议长以后开会照《议事细则》至迟不得过半点钟。如每次到两点钟开会，中间又休息二三十分钟，到五点钟即要散会，议事时候还有多少？请议长宣布，要各议员注意。又照《议事细则》第十五条，议员离坐，不满三分之二以上，即宣告展会。是否可以随便离坐？请议长注意。又照第六十条说《议事细则》如有疑义，由议长决定之。议员可否随便离坐以紊乱议场秩序？请议长决定宣布之。

议长：李议员所说，想各位议员都听明白了，此是诸位议员所应当各自注意的。

149号（罗议员杰）：本员倡议遵照本院《细则》第十七条，请议长咨询本院，将本员提出修改筹备清单赶办最要次要事宜议案，省略会议交付审查。

议长：今天要会议否？如不会议，就交付审查。

149号（罗议员杰）：此事请议长决定，不过照《议事细则》二十六条提议，议员应当说明主旨。

议长：这个可以，先由本议长咨询本院不会议就付审查。

议长：罗议员杰修改筹备清单的议案已经报告过了，据罗议员意见以为，事关紧要不必会议先付审查，众议员赞成者请起立。

议员多数起立赞成。

议长：多数。

153号（易议员宗夔）：李议员倡议的事情，现在尚未有结局，照十二条规定，离坐不过是吃茶、入厕等事，至于出院是万不能行的，因为百三十三条规定，散会之际，非议长离坐之后，议员不得离坐，所以出院是不行的。现在每到四五点钟时，就有自由离坐，于议场规则大有妨害，请议长注意。

109号（籍议员忠寅）：昨天有议员提起顺直谘议局陈请的事，此是很要紧的事，请议长早列议事日表，以便会议。此事之结果，这几日就要发生，至其结果如何，此时尚不可知。现在趁此结果没有发生，先行会议才好。

议长：不止这一件，还有几件都是要紧的，现在打算与各议员商量。

114号（胡议员家祺）：籍议员所说顺直谘议局陈请维持开平煤矿一案，本不是外交困难问题，现在北洋大臣与英国外务部交涉尚不十分棘手，而内部忽自生枝节，倘结果不良，关系中国主权，实非浅鲜。应在未降谕旨以前，早为开议。议长宣告尚有一件应同付审查，似疑开平矿务外交困难问题。本员之意，可否援照罗议员提案成例，请议长咨询本院付特任股员审查，俟审查报告后再为会议，则手续迅速，内容亦更清楚。

议长：方才胡议员提出的一案，虽说不关于外交，然须咨请外务部到会，还有中葡划界一案，①打算归并在一起，付一个特任股员会审查。

114号（胡议员家祺）：两件同付一股员会审查，本员赞成。

114号（胡议员家祺）：此案既付审查，但直隶人民陈清震等尚有一陈请书，②亦是开平矿案，应请议长同付审查。

议长：现在要指定特任股员，拟指定十八员，赞成者请起立。

议员起立赞成。

议长：现已将特任股员指定，由秘书长报告。

秘书长承命报告审查陈请中葡边界案③及陈请收回开平矿务案④特任股员姓名如下：

庄亲王、润贝勒、盈将军、陈懋鼎、林炳章、刘泽熙、王璟芳、长福、陆宗舆、胡家祺、章宗元、李榘、许鼎霖、江谦、文龢、余镜清、罗杰、李文熙。

议长：现在开议。

141号（杨议员廷纶）：福建谘议局昨日来电云，预算案现始交出来，时候短促，无从审查，就是再延会，亦万不能赶得到，惟有闭会后复开临时会而已，嘱本议员等请议长电达福建松制台，援奉天先例，照章开临时会。趁此未闭会，议员未散，无须召集，且昨日福建谘议局亦当有电到院来，未知秘书厅有收到否？倘有收到，并请议长从速电覆。

议长：这个可以照例办理。

48号（陈议员懋鼎）：前回奉天谘议局就是这样办法，这回福建也可以照这样办。

99号（陈议员瀛洲）：本月初九日奉天谘议局为速开国会事来电⑤一件，本院已否接到？又本员于本月初六日有质问外务部说帖一件，至今尚未答覆。其说帖之内容对于东三省外交事情极有关系，不便在议场发表，请议长咨询本院可否酌定日期，特开秘密会议，咨请军机大臣、外务部行政大臣亲莅本会，以口说答覆？现在东三省时局有朝不及夕之势，若不赶紧设法，力图挽救，则东三省前途将有不堪设想者！且本员等此次赴京，受本省父老委托，为万民请命而来，若对于东三省事情毫无补救，将何以对我父老子弟？请议长及众位议员注意。

议长：方才罗议员杰倡议修改清单一案付特任股员审查，现在咨询本院拟不另设特任股员，就付交前次所设审查速定官制并提前设立审计院议案的特任股员一并审查，不知众议员赞成否？

众议员起立赞成。

议长：现在开议。按照议事日表第一提议申请申明资政院立法范围议案会议，请特任股员长报告审查结果。

5号（议员润贝勒）：提议陈请申明资政院立法范围议案由特任股员审查议决，按照《议事细则》五十三条，请雷议员奋代为说明。

117号（雷议员奋）：审查陈请申明资政院立法范围议案特任股员今天应当说明报告书的宗旨，在说明宗旨以前，先要声明几句话。第一层，现在本议员要说明报告书的宗旨就是特任股员开会那一天大家多数表决的意思，不是本议员一个人的意思。第二层，所谓审查议案必对于这个议案的条件及办法从事审查，审查的责任不在就题目做文，而在审查该议案之条件成立与否。所以本股审查陈请申明资政院立法范围，只能就各省谘议局陈请原案审查，其能否成立议案为止。至于陈请书以外的意思，都不在应行审查之列。此项报告书前天已经分布，可以不必再详细说明，现在所说的就是这个报告书的宗旨。各省谘议局陈请书看起来大概谓资政院的权限一个是赞定，一个是承诺。国家新订法律，一定先交资政院议决，然后颁行，这是赞定。凡在资政院未成立以前，所有国家已经颁行的法律，都要由资政院承诺，这是事后的承诺。陈请书的意思是如此。照各国立法例解释起来，所谓赞定权是不用说的了，至于承诺权之说却不是如此。所谓承诺者，乃指议会闭会以后，国家遇有应以法律施行之事件，因为事实上不及等到开会，先以命令施行，至下次开会时再交议会承诺。今陈请书的意思，差不多要拿宣统二年以前的法律，一概交资政院承诺。照审查会讨论出来，似与《资政院章程》有抵触的地方。盖《院章》所规定资政院有提议修改法典之权，所以资政院对于以前的法律，以为有不妥的地方，照《院章》可以提出修正案。资政院既可提出修正案，事实上与承诺有一样的结果，所以特任股员会以为这一层不必申明。第二层是申明资政院立法范围到底以何者为范围，照陈请书原意，应当以宪政编查馆编订法律的范围为资政院立法的范围。但是审查会以为，现在各种法律有起草之权者不止宪政编查馆，就是宪政编查馆以外，还有别衙门也可以起草的。譬如《报律》是民政部起草的，《运输规则》是农工商部起草的。现在国家对于编订法律的办法没有一定，所以资政院第一层不能以宪政馆之范围为范围。第二层我们要申明资政院立法范围到底用什么法子。审查会的意见，要申明资政院立法范围，不必就资政院以外着想，应当就资政院自己的立法范围着想。资政院以外是否还有宪政编查馆？所谓宪政编查馆者，是否与外国法制局一样？都可以不问，只问资政院既为国家立法机关，应当有何等之立法范围。现在资政院是第一次开会，应将此种问题先行解决。特任股员意见与各省谘议局不同的地方就在于此，所以特任股员审查陈请书两个条件都不成立，都不能作为议案。至于资政院立法范围，自有应当申明之处。所以特任股员报告书的末尾说明要请议长指定起草员，就这个议题想出条件出来，成一个完全的议案。是特任股员对于本院提出来的意见，仍请公决。

153号（易议员宗夔）：这个申明资政院立法范围议案，本议员对于特任股员报告书赞成者半，不赞成者半。赞成者是一切承诺权，我们可以修改以前颁［布的］法律；不赞成者就是不与宪政编查馆划清权限。光绪三十三年宪政编查馆之成立，专司编纂关于宪政之法典，纯是立法机关。当我们资政院成立以后，屡次有侵夺权限的地方。所以我们要申明资政院立法范围，非与该馆划清权限不可。因为该馆当资政院未成立以前，是由军机领衔，握行政上最高之权的，一方面编制法典，一方面发布行政处分。我们资政院成立以后，该馆对于本院许多侵权的地方，如八月二十四日该馆通电各省督抚，就是资政院现在成立，贵省如有与资政院关系事件，可以派特派员到京向主管衙门陈述意见，并准到院旁听。殊不知各省派员旁听与否，应由我们资政院允许的，与该馆何干？而该馆乃电告各省，将我们资政院当作该馆下级的机关，殊不可解！又各省督抚与谘议局异议事件，照章必由我们资政院核议，而该馆公然电达浙江巡抚，令其解散谘议局，并有"知照资政院"字样；又据答覆邵议员说帖，说是本馆解释章程。诸位想他这个解释的权限如此之大，是从何来？又于九月初七日，又电达各省督抚、各省谘议局说，现在资政院已成立，如不想出一个办法，以后异议的事情太多，资政院很难核办了。但是各省督抚与谘议局争执异议，系我们资政院的事情，难办与否，该馆又有何涉？如此看来，可见侵夺我们的权限，确系无疑。本院如果要申明立法范围，非与宪政编查馆划清权限不可。又陶议员质问宪政编查馆的说帖内查出光绪三十三年七月十五日上谕"资政院未设以前，暂由军机处王大臣督饬原派该馆提调，详细调查编订，以期次第施行"等语，上谕在"资政院未设以前"之下用一个"暂"字，可见资政院成立以后，该馆之组织自当变更，毫无疑义。据雷议员说是划清界限没有什么根据，但是据本员的意见，已想出一个根据的办法，就是根据于《院章》，可以作一个正当之办法。据《院章》第三章第十五条"前条所列第一至第四议案，应由军机处大臣或各部行政先期拟定，具奏请旨，于开会时交议"云云，这个地方就没有宪政编查馆的字样；第四章与行政衙门之关系有军机大臣，有各部行政大臣，有会议政务处，并没有宪政编查馆。昨天有一位呶呶不已的特派员，（拍手）本议员以为该员是民政部的，据该员说本员是宪政编查馆的，一闻此言，可惊可怪。要说是军机大臣派来的，就是军机大臣特派员；各部行政大臣派的，就是各部行政大臣的特派员。试问该员到底是军机大臣派来的抑是政务处派来的或是各部派来的？总之，宪政编查馆是够不上有特派员到资政院的资格。但本议员的意思，可以由前天的股员长指定额外股员，与军机大臣协商，将宪政编查馆改隶会议政务处之王大臣。查该馆有所谓总办，有所谓提调，有所谓总稽核，有所谓帮稽核，有所谓文案，种种名目，难以枚举，现在应由会议政务处请旨简任为书记官长或奏任为参事书记等官名目。又政务处应有法制局，即以宪政编查馆原有之员选任；政务处应设印刷局，应即以馆内官报局充之；政务处应设统计局，应即以馆内统计局充之。该馆的范围就可以缩小了，并可以为将来内阁之基础，以后对于本院就没有侵夺权限的事体了。

137号（邵议员羲）：股员会报告申明资政院立法范围，其"承诺"二字未免看得太轻。资政院本来有修正法典之权，自己可以草具议案，似乎无庸承诺。而对于命令一方面就没有想到。资政院未成立以前，宪政编查馆有解释法典之命令及发可以代法律之命令，各省督抚对于宪政编查馆之命令，奉之惟谨，良以宪政编查馆有解释法典之权。谘议局局章不过三十余条，经他解释一次，缩小范围一次。其解释章程往往有宽有狭，有这省这样、那省那样，以致彼此互相冲突。本员可以举出一例来，前某省督抚询问谘议局议员，父子兄弟应否回避？局章无此规定。宪政编查馆答覆，局章虽无规定，而《地方自治章程》中有此规定，可以比照办理。谘议局与地方自治会性质全然不同，何以能将《地方自治章程》中条文适用于《谘议局章程》中？其解释之无理，任意答覆，岂非因解释法律而另外生出一种法律来了。照各国的通例，代法律之命令，都应国会承诺。如不承诺，则失其效力。故本员认承诺法律之命令之权,亦属紧要,应请注意。

117号(雷议员奋):方才本议员报告是特任股员会报告书的宗旨,因为报告书已分送,所以但说大意。现在邵议员对于特任股员发表的意见,似乎与报告书有重复的地方。邵议员是特任股员之一,因为开股员会时,邵议员没有到,所以今天有此议论。其实当时股员会讨论陈请书的条件,说到承诺,本来不止紧急命令一种,如预算外支出之承诺,追加预算之承诺,还有种种承诺权,皆是因为各省谘议局陈请书所说的承诺,是要将以前之法律命令,都要经过资政院承诺,所以报告书但指法律而言。至于资政院立法范围之应当申明者,报告书因已明言之,所谓解释《院章》、引申义例,所谓分法律命令之界说,皆是特任股员会以为当申明的。至于易议员所说的资政院、宪政编查馆划分权限是一件事,而申明资政院立法范围又是一件事。照《院章》,与资政院有关系者,但有军机大臣与各部行政大臣,本没有宪政馆字样,所以宪政馆与我们资政院没有关系,申明资政院的立法范围更没有关系,而且《院章》二十一条"军机大臣或各部行政大臣如有侵夺资政院权限或违背法律等事,得由总裁、副总裁据实奏陈请旨裁夺",现在资政院果认宪政馆有违背法律的地方,有侵夺权限的地方,我们就可以照二十一条办理,何必与申明资政院立法范围的议案并为一谈?特任股员审查的结果,不过在各省谘议局陈请书能否成立议案而止,至于资政院以外之机关有侵夺资政院之权限者,则资政院全体议员之责也。

宪政编查馆特派员(顾鳌):议长,本员请登台发言。

议长:可以发言。

众议员:现在既非讨论又非质问,该员无须发言。

宪政编查馆特派员(顾鳌):本员既得议长允许,即有发言之权。(语未终,声浪大作)

议长:现在拟宣告讨论终局,请特派员不必发言。

议长:现在讨论终局。

126号(陶议员镕):请议长再付特任股员审查。

126号（陶议员镕）：议长，我们既申明宪政编查馆不应派员，且非质问特派员时，宪政编查馆员此时无发言之权。

149号（罗议员杰）：方才诸位议员所言法律与命令不分，由于宪法未定无发代法律之命令之规定，所以谬戾甚多。另一问题非议题以内之事，行政官厅侵立法权，非本院所独能解决。本院一面申明立法范围，一面请皇上早实行新官制。新官制既行，宪政馆自当归并内阁，为法制、官报、统计局，不成问题。至宪政编查馆特派员之名称，本与本院章程不合。现在虽军谘处，不能与本院生出关系。惟海军处系兼海军行政大臣性质，所以列席。但宪政馆特派员实为军机大臣所特派，以后请议长将坐位单改称为军机大臣特派员，在特派员发言权可以自若，而本院体制亦无损碍。

137号（邵议员羲）：不能改为军机大臣特派员。

177号（李议员文熙）：申明是申明本院的立法范围，至于编查馆权限问题，可以另外提一个议案。

议长：照《分股办事细则》第二十六条，专任及特任股员得于该股员中选定额外股员，使草具修正案。现在要是照这个办法，就可于原股员内再选数位办理此事。

117号（雷议员奋）：本（院）[员]为特任股员之一，陈请书既是不成立，就无所谓修正。至于宪政馆问题，并不必在申明立法范围议案之中，各议员何以定要并为一谈？如果分作两事，未尝不好。

49号（赵议员椿年）：本员亦系特任股员中之一人，应将当日审查陈请书中条件所以不能成立之理由，再为说明。陈请书中第一层所言，皆须根据宪法，中国宪法尚未定，不能以外国宪法所定为中国立法之范围。即以外国宪法法理审查，其条件亦是不能成立。何以言之？陈请书中言法律之广义，包含法律、命令二种，按外国宪法皆取狭义，议院所能议决者只有法律，所以广义之说不能成立。书中又言，我国自立宪以来，法律命令皆具有事后承诺之权。按事后承诺，德国、日本亦皆规定于宪法，惟所规定者只有紧急命令、增加预算数事，在议会闭会之后者，始令其事后承诺，并无开议院以前之法令皆须议会承诺之说。中国此种尚未有规定，此说自然不能成立，此第一层条件所以不能成立之理由。至第二层所言宪政馆与资政院之范围，已有光绪三十三年奏准"一司编纂、一司赞定"之条，自可无庸申明。就法律一面言，资政院范围比较宪政馆为大，盖宪政馆只能编订法律，必须经本院赞成，方能成为法律；若是本院不赞成，宪政馆所编纂者，亦属无效。然亦只法律如此，至于其他之范围，宪政馆却较资政院为宽。盖资政院之赞定只有立法事件，宪政馆之编纂兼有行政事件，即如最近编纂之行政纲目，即非资政院所能赞定。此现在资政院与宪政馆范围之不同。就是将来宪政馆改为内阁法制局，资政院改为国会，而法制局之制度，凡官制、外交之事交阁议者，均可以编纂，亦非国会所能赞定，其范围亦自不同。所以陈请书中资政院赞定之范围以宪政编查馆所编纂之范围为范围之说不能成立，此是当时审查之结果。至于诸议员所谓划清宪政馆之权限与请议长指定解释《院章》之起草员别是一事，与此案无涉。

117号（雷议员奋）：对于赵议员方才声明特任股员的报告书，本议员稍有异同。宪政馆历来之举动，本议员确有不能满意之处。不过报告审查申明资政院立法范围议案的结果之时，不必牵涉。方才赵议员关于宪政馆的许多话，不在特任股员应当声明之列，现在就请议长把这个报告书咨询本院是否赞成？如果不赞成，则可以另指股员再行审查；如果赞成，则请议长指定起草员起草。

180号（刘议员纬）：据审查报告，如解释院章、引申义例及划分法律命令界说之类，是资政院最重要事件，请议长即行指定起草员。至宪政编查馆侵越权限，另是一种问题。宪政编查馆原为编查宪政而设，实与立宪国法制局之意同。今宪政馆之权，立法而兼行政，是一种不伦不类之机关也。既设此不伦不类之机关，于是有此不伦不类之人出而侵越资政院之权限及各省谘议局之权限。昨日特派员假宪政馆权势，屡与本院议员辩论不休，殊不知宪政馆对于本院并无发言之权，似此干涉本院权限，（另）[应]当另提议案，以保全资政院立法之范围。

126号（陶议员镕）：现在可以不必讨论，请付表决。

众皆请议长速付表决。

议长：现将特任股员审查报告书先付表决，赞成者请起立。

各议员赞成起立。

议长：多数。现在开议议事日表第二《运输规则》议案续初读。

109号（籍议员忠寅）：本员声明，方才大家议论对于特任股员审查报告书虽系赞成多数，然亦有不赞成的，可是陈请申明资政院立法范围这个议案大家没有不赞成的。（拍手拍手）特任股员报告书已经表决赞成了，对于资政院立法范围这个议案，既没有不赞成，就不算取消。照本员的意思，〔特任股员〕即请议长指定起草员，至于起草的内容，由起草的二三个人斟酌定出稿来，到报告时候大家再行讨论，本员意见如此。

117号（雷议员奋）：特任股员报告书大家已经赞成，就请议长另行指定起草员，报告书上本来有请议长重行指定起草员之语，既经多数起立赞成，则议长指定起草员亦在多数赞成之列。（拍手拍手）

132号（文议员龢）读《院章》第十五条一遍。

196号（牟议员琳）：按《议事细则》第七十二条，本院决定不可作废之议案，可特令股员参酌具案，应照特任股员提出报告书，按七十二条之规定可指定起草员。

157号（尹议员祚章）：股员会报告认定此案为切要之举，特因原陈请书不能成立，故有请议长指定起草员另具议案之规定，兹报告书既经多数赞成，即应按报告书之规定，请议长咨询本院。

153号（易议员宗夔）：对于请议长指定起草员很不赞成的，因为《院章》上没有规定。

137号（邵议员羲）：方才多数表决，不能再倡异议。（拍手）

153号（易议员宗夔）：表决审查结果，可以申明，不可以申明？先将本员的疑问先付表决。

137号（邵议员羲）：一个议案不能经两次表决。

149号（罗议员杰）：申明资政院立法议题，请议长速派特任股员另编申明资政院立法范围议案审查。

153号（易议员宗夔）：议员各人均可以起草提议。

109号（籍议员忠寅）：本员也是这个意思，不过这件事在事实上想议员自己起草，不如在议场上由议长指定几个人起草为好，这几个人的意见就是代表全体的意见，一则郑重，二则全场公认。至于宪政编查馆另是一个问题。申明资政院立法范围这个议案，是为今年会期之中一重大的问题，必须从速解决，若稍事迁延，恐怕今年不能办了。即请议长指定二人起草，因为二人起草略好一点。待提出之后，全体再行讨论。

153号（易议员宗夔）：本员按照章程，应当由议员自己起草，若由议长指定，本员很不赞成。

137号（邵议员羲）：现在已多数表决，请议长指定起草员；既经公同表决，没有什么妨碍。

129号（汪议员龙光）：本员亦是此案审查之一，当初我十八人审查这个申明资政院立法范围的议案，本可以一面审查，一面即将立法范围一一申明出来。因多数审查员以为此事非常郑重，陈请书只有题目并无文章，我辈不能代作议案，而此议题又万万不可废弃，只应就审查界线如题报告而止，俟全院众认此题另行举人起草。其实此题又何人不承认，不过分两节做来，手续较分明耳。事实上究多一番延宕［时］刻，本院既公认此议题为不可废，自应以全体议员名义草具议案，由议长指定起草员，固可仍交前十八人会同起草，亦无不可。

议长：报告书已经表决，自当另行起草。本议长之意，拟仍付审查特任股员起草，不知诸位议员赞成否？（拍手拍手）

众议员呼"赞成"。

117号（雷议员奋）：今天特任股员已将审查结果报告，则特任股员名义应当取消，现在股员十八人，起草员仍指前次特任股员，原无不可，但是要声明，今天所指定者专为起草而设，与前次审查议案是两件事。至于易议员说由议长指定起草员，是出乎章程之外，这却可以无虑，这件既经多数赞成，非本院以外人所当问也。

73号（汪议员荣宝）：方才易议员说由议长指定起草员起草，是出于章程以外，试问第一次开院上谕奉答具禀案是否由议长指定起草员起草，第二次速开国会具禀案是否由议长指定起草员起草，这是本会期内先例，难道易议员忘了么？

153号（易议员宗夔）：汪议员所说两回皆是起奏稿的草，并不是起议案的草，试问东西各国有由议长指定起草员起议案的草没有呢？（拍手）

137号（邵议员羲）：照《议事细则》七十六条云云，可由议长指定起草员起草。

153号（易议员宗夔）：那是修正案，请大家注意。

109号（籍议员忠寅）：不必为这件事争议，据《院章》、据《议事细则》，一个议员就可以提出议案。现在是全体认为这个议题，这个议题就是资政院全体提的议案，不过从这个中间指出几个人来起草，就是议长代表资政院全体的，这个议案由议长指定起草员起草也是可以行的。

126号（陶议员镕）：指定起草员系本院内部之事，于章程无妨碍，请议长指定就是了。

议长：这是报告书上已经有的，就算是特任股员会提出的议案亦无不可。

114号（胡议员家祺）：对于易议员发言有一释疑之语，据《院章》第十五条规定，资政院得自提议案，资政院系法人资格，议长及议员皆代表法人之意思者，然则议长指定议员草具议案自合《院章》，不虑局外之诘责。

48号（陈议员懋鼎）：方才报告书既经表决，就请议长咨询本院，是否应由议长指定起草员起草？

议长：报告书所说既然可以指定起草员起草，拟即咨询本院，赞成者请起立。

议员多数起立赞成。

议长：多数。

议长：本议长仍指定原特任股员十八人为申明资政院立法范围案起草特任股员。

宪政编查馆特派员（顾鳌）：本员是由军机大臣特派，照《院章》第十九条规定"军机大臣及各部行政大臣得亲临会所，或派员到会陈述所见"等语，本员虽在宪政编查馆，然本员是由军机处片行到院，现在是否可以随时发言，请议长明白宣示。

议长：若有关系各部院行政事件，该部院特派员自可随时发言；遇有议员质问，亦可以随时答覆。若本院正在表决或是会议，并不与行政相干的时候，任意发言，不免妨碍议事。（拍手拍手）

宪政编查馆特派员（顾鳌）：若是认为有关系的事，是否可以发言？

议长：那是自然可以发言的。

149号（罗议员杰）：特派员随时发言与《院章》不合，以后可将宪政编查馆更正改名为军机大臣特派员，在军机大臣特派员这边也可以发言，就是在资政院这边，也不算是违背《院章》。

137号（邵议员羲）：贵委员说虽是宪政编查馆，却是军机大臣派来的，实为误解。军机大臣虽管理宪政编查馆，却宪政编查馆之权限不能与军机大臣之权限相同。因组织宪政编查馆之军机大臣，其个人则同，而机关权限不同。个人是个人，机关是机关，军机大臣在军机处之权限不能适用于宪政编查馆。若宪政编查馆与军机处未有分别，则军机处何必有另外特派员？即此可知，宪政编查馆不能用军机大臣之名义为代表，贵委员此言实为错误。

126号（陶议员镕）：我们还有事要议，不必再说这些闲话。

议长：现在不必多事讨论，应议议事日表第二《运输规则》议案，由股员长报告。

5号（润贝勒）：《运输规则》议案已经审查完备，本议员按照《议事细则》第五十三条规定，委托康议员咏代为说明。

议长：请康议员咏报告审查的结果及其理由。

140号（康议员咏）：《运输规则》系商法中商行为之一种，本应在商法内规定，然现在商法尚未编订审查，筹备立宪清单宣统五年始颁布，商律七年始实行，近今轮船、铁路交通之地，所有承办运输事宜，渐为外人所侵占。中国从前因无法律保护，皆视运输为下等营业，所以政府提出此案，一方面取便商旅，一方面保护运送人，又一方面如遇提起诉讼之事，审判官厅始有准则。本股员会一再讨论，多数取决认为本院应议事件。至于条文有应修正者，已另行提修正案，俟诸君讨论后再行报告。

议长：农工商部特派员对于《运输规则》修正案有无异议？

农工商部特派员（胡子明）：对于这个修正案并没有什么异议，不过错落甚多，想是油印之误。

议长：本院对于这个修正案有无异议？

众议员无异议。

议长：宣告赞成此案应付再读起立表决。

议员多数起立赞成。

议长：议事日表第三裁厘加税案会议[6]。

48号（陈议员懋鼎）：这个裁厘加税案似乎应交税法公债股审查，因为这件是关于税法的事，不必另设特任股员。

议长：陈议员倡议付税法公债股审查，诸位议员赞成否？赞成者请起立。

议员多数起立赞成。

议长：既经多数赞成，即付税法公债股审查。

议长：现在议事日表所载各议案均已议毕，今日因秘书官预备引见，所以打算早一点钟散会。

下午四点二十分钟散会。

注释

[1] 旅港勘界维持会商民杨瑞阶、崔其标、欧阳樟、李景光、邱鹏骞、黄商霖等顿首百拜书上资政院列宪大人爵前。敬禀者，中葡划界勘议经年，游移莫定，内外华商奔走呼号，竟至声嘶力竭，无如政府虚与委蛇，毫无决断，遂令葡领事肆意骄横，无理照会，多方要挟，甚至路环一役惨杀无辜，我国官军坐视弗救，罔顾主权。事后

又不据理诘责，赔偿损失，国民愤詈，莫奈伊何。兹值葡国大乱，君主出亡，另立民主，是天特与我同胞一大机会也。天与不取，反受其殃。查光绪十三年《中葡和约》第三款订明：非经中国允许，澳门永远不得转与别人。今则易主换旗，朝代递嬗，澳门全部理合收回。约有明条，非同乘危攫取者可比，即友邦各国，亦爱莫能助也。当我国与葡国旧主交涉之时，界事未定，应守条约不得增减改变之要义。今非昔比，谁能强逼我国再将澳地献与新朝哉！更可虑者，葡负国债累累，保无别国从中瓜分其属土，万一友邦为澳地龃龉，边疆摇动，即妨害远东大局之和平。倘我国政府因循畏葸，后患丛生，正所谓今不取，后世必以为子孙忧矣！为此仰恳列宪俯念边隅，保全大局，提议此事，奏明监国，请将全澳收回，开作通商口岸，切实保护葡侨及各国财产物业，庶于商务、民生，两有裨益。否则速递决书，限日议结，万勿延缓，致生暴动。除详禀各部常宪暨本省文武各宪、谘议局外，理合陈明。是否有当，尚希宪裁，祇叩钧安。宣统二年九月二十二日上。（"旅港勘界维持会商民杨瑞阶陈请关于澳门事"，《资政院知会、折奏、章程、说帖、质问、陈请等案件》第十一册《资政院第七类各省官绅商民陈请案件》，宣统二年铅印本）

② **具说帖学部员外郎陈清震等为陈请事**

窃查钧院《院章》第二十五条载"各省人民于关系全国利害事件有所陈请，得拟具说帖并取共同乡议员保结呈送核办"等语。清震等伏维强国之策，首重海军；富民之方，端资实业。而海军之命脉，实业之根基，均以煤为必需之品。中国沿海七千余里，除直隶、山东、奉天外，皆无大矿。而山东之潍县，奉天之抚顺等矿，均非我有。将来可恃为海军及北部实业之用者，仅直隶开平一带之矿产。光绪元年，前直隶总督李鸿章钦奉特旨办理，原以接济军国要需及民间日用，惨淡经营二十余年，成效卓著，实于国计民生裨益匪浅。不幸庚子拳乱，张京堂翼被骗擅订私约，竟将开平矿产悉数移交英人执管。而秦皇岛自开通商口岸，码头地亩本系暂交开平代办者，亦一并归入英人掌握。夫北洋口岸，如大沽、营口等处，或于深水浅，或冬春久冻，轮舰出入，辄多滞碍，惟秦皇岛襟山带海，冬令不冻，为畿辅最要门户。往者国家思杜外人，约开口岸之大权旁落，是以自行开放，通知各国作为中国自开口岸，实为保全疆域、巩固主权，用意至为深远，且该岛天然形胜，尤足备军港之用。是开平矿产、秦皇岛关系国家疆土，利权至重。讵外人骗占，可为寒心。所幸十年以来，国家始终并未承认。上年冬，北洋大臣奉旨筹办此案，据理力争，交涉经年，英人知难遁饰，闻已有允受债票交还矿产之议。乃近阅报章，张京堂叠上封奏，力阻收回。查开平煤田，延袤数十里，可采之煤，计有三万二千五百吨，而附近铁矿蕴蓄尤富，为环球著名佳矿，实全国大利源。若能早日收回，并力扩充，不独军备要需无须仰给外人，且工业制造、民生日用俾助尤巨。英人自接办以来，每岁获利为数不赀。即以上年而论，已有二十四万七千镑之多。设竟长此委弃，则全国实业永无振兴之望。将来海军成立，用煤泊船，受人钳制，脱有缓急，畿疆坐困，全国骚然，后患岂堪设想！况此案为中外视线所注，关系全国人民权力甚大。张京堂受股东之委任，经理股份营业，而竟私卖股东财产，若不力争收回，则《公司律》将归无效，全国实业何以维持？不特此也，张京堂以个人私约擅卖军国要需之矿产疆土，若国家承认允准，将来贪人败类勾引外人串卖国产，其将何术以善其后？此又于疆土主权上有密切之关系者也。总之，国势寝弱，民生贫困，疆土主权不能不保，海军实业不能不兴，而开平矿产皆有必须收回万无委弃之理。事关全国利害，清震等休戚与共，既有所见，义难缄默。谨遵章取具同乡议员保结，合词陈请，仰祈俯赐查核提议以维公益，地方幸甚，大局幸甚。须至说帖者。谨将具说帖人姓名、年岁、籍贯、职业、住址开列于后。

计开：

学部员外郎陈清震：年三十五岁，直隶南宫县人，寓口袋胡同商业学堂。

学部员外郎陈宝泉：年三十八岁，直隶天津县人，寓临清，官。

外务部小京官赵宪曾：年三十六岁，直隶南宫县人，寓直隶第一小学堂。

候选知府刘鸿翔：年三十九岁，直隶天津县人，住本县鼓楼东，直隶调查局法制科股员。

分省补用知县赵元礼：年四十二岁，直隶天津县人，住本县东门内，直隶全省劝业研究总会议员。

候选州同孙凤藻：年三十五岁，直隶天津县人，住本县河北元纬路，直隶水产学校监学。

候选监大使俞象颐：年四十岁，顺天大兴县人，寓宁河县城内，直隶高等工业学堂斋务长。

候选训导张彭年：年四十岁，直隶天津县人，住北京西河沿，京师劝业场会计员。

候选训导胡荣藻：年二十四岁，直隶庆云县人，住北京顺治门内，直隶官立第一小学教员。

县丞衔程克昌：年四十七岁，直隶天津县人，寓北京顺治门内直隶，官立第一、第二小学堂长。

廪贡生张斌：年十四五岁，直隶献县人，住城内直隶高等工业学堂，文案官。

附生刘耀曾：年三十七岁，直隶清苑县人，寓北京顺治门内，直隶官立第一小学监学。

附生于长懋：年四十五岁，直隶天津县人，住本县东门内，京师劝工陈列所会计员。

（"学部员外郎陈清震等陈请关于开平矿务事"，《资政院知会、折奏、章程、说帖、质问、陈请等案件》之《资政院第五类各部院衙门官陈请案件》，宣统二年铅印本）

③ 为审查事。本股于本月二十三日开股员会，审查得旅港勘界维持会原呈中称："光绪十三年《中葡和约》第三款订明，非经中国允许，澳门永远不得转与别人，今则易主换旗，朝代递嬗，澳门全部合理收回"等语，查该约第三款原文前在大西洋国京都里斯波阿所订预立节略内 "大西洋国允准未经大清国首肯，则大西洋国永不得将澳门让与他国，第三款大西洋国仍允无异"等语，此次葡国政变，系属改君主为民主，乃国体之变更，并非以甲国并乙国，致疆土之他属。故彼国朝代之递嬗，未可作为废弃条约之理由。惟原呈所称"此次天与我一大机会，万勿延缓"两语，不为无见。查澳门界务纠缠有年，葡人违约占地，我国迄未与之划明界线。百十年来，封疆之吏、外交之官，因循坐误，日坏一日。外避割地之恶名，阴受强占之实祸。界线若不明定，将来侵占，尚不知于何底。此次葡国民主新立，庶政更张，我国亟

应乘此机会,声明条约,勘定界线,总期两国恪遵条约之文,国土不受强占之祸,万不可再事拖延,更滋胶葛。以上情形,本股员会一再讨论,意见相同,拟请议长咨询本院后,由本院具奏请旨,饬下外务部迅速办理,以保国土而顺舆情,特此报告。审查中葡画界案特任股员庄亲王报告。("特任股员长庄亲王审查中葡画界案报告事",《资政院知会、折奏、章程、说帖、质问、陈请等案件》之《资政院第十类审查报告各案件》,清末铅印本)

④ 为审查报告事。本月二十三日,本股员会开会审查收回开平矿产案。查得开平矿产于光绪初年由直隶总督奏请创办,为官督商办之局。庚子拳乱,张翼受人欺骗,以督办直隶全省矿务大臣资格,将开平全矿相连产业,及秦皇岛自关口岸与沿江、沿海九处码头,并轮船六艘,悉数移交英人。借词保护,私定卖约、移交约、副约,而以中外合办矇奏朝廷。所订三约未附奏,亦未咨部。经前直隶总督袁世凯三次专折奏参,叠奉严旨,责成张翼赶紧设法收回,是所订三约,国家绝不承认。光绪三十年,张翼亲赴英京涉讼,仅以责认副约为得直,实则英公堂判词谓,副约及移交约应作一件看,认副约,即不能不认移交约,是明为得直而实则为卖约添一证据。其所设中外合办,不过为掩饰之空文,较之实行收回,利害相去奚□□□。宣统元年十月,外务部奏奉特旨饬令直隶总督陈夔龙妥为筹画,乃先与英外部力争张翼私售矿产之一切文件概归无效,始令提出条件与英外部会议,发给国家债票,收回矿产之办法。屡次磋商,渐有成议,而张翼迭上对章,主持责认副约之谬说。此办理开平矿业以来之实在情形也。查开平煤田袤延数十里,秦皇岛口岸计地九万四千余亩,沿江、沿海码头共九处,张翼以督办矿务大臣资格,擅卖疆土,虽彼始终怙恶,国家断无受其欺罔之理。况该矿密迩海疆,与九处码头之煤栈,均可供海军游弋之需。而秦皇岛地形天然,冬令不冻,又为停泊暨修理军舰之良港。且京畿以北洋为咽喉,北洋即海军之重镇,威海、旅顺已非我有,若秦皇岛亦归外人掌握,我国无收管之主权,海军前途,何堪设想!该矿产关系既如此重要,即令款收回,稍受亏损,犹当竭力办理,以保主权而巩要疆。况现在收回矿产办法,系按开平矿务有限公司历年报告平均计算,每年可获净利至少在二十万镑以上,若分年摊筹本息,切实预算,每年仅提款十五万一千镑,尚可赢四万余镑之利。一俟债票期满,全数矿利悉为我有,实属国家莫大利源,绝无稍受亏损之虑。自应具奏请旨,饬下直隶总督,会商外务部、度支部,按照发给国家债票,实行收回原议,迅速设法,早日办结。至张翼为私售矿产疆土之人,回护前失,甘冒不韪,应请旨饬令无庸干预收回开平矿事,以专责成而免梗议。本股员一再讨论,多数议决,应请议长交付会议,特此报告。审查收回开平矿产股员长庄亲王报告。("股员长庄亲王审查收回开平矿产案报告书",《资政院知会、折奏、章程、说帖、质问、陈请等案件》之《资政院第十类审查报告各案件》,清末铅印本)

⑤ 致资政院电云:东省大局,危在呼吸,缩短三年,恐国会成立时,东土已非吾有。现奉明谕,人心惶恐万分,叩恳钧院力请明年即开国会,以救危亡。(《申报》,1910年11月23日,第04版,"东省仍请即开国会之迫切,北京")

⑥ **为陈请提议照约速定裁厘加税事**

窃查裁厘加税之约,根本于辛丑约章,嗣经已定专约者,有英、美、日三国。旋乎中辍,久阻进行。论税既多自弃之利权,论厘则为无穷之害蠹。考辛丑约原为十二国公约，后来各定通商条约，未能萃十二国为一团以解决。此项紧要条件，势必各有磋磨，难于一律帖服。但自英、美、日三国商约定后，时越七年，竟无续定之约，磋磨之曲折，非外间所能知。然两害相衡取其轻，两利相衡取其重，谨就厘金关税加裁之利害，比较衡论，沥陈下臆，乞赐采纳。

一、先言洋货税。向定值百抽五，再加子口半税，以抵厘金，则口岸销售洋货为百分之五之税，内地销售洋货为百分之七五之税，较之免厘后一律征百分之十二五者，相去何如！此就表面言之，固无人不知者也。今试问口岸之洋货，果尽入内地否？即入内地，果尽完子口税否？检海关贸易册，每年子口税能得正税之几成？观其年短一年，不可不深求其故。凡口岸之洋货，就地归商店售卖，化整为零，即多不在应纳厘之限。名为化厘，为税实多，化有为无，此子口税之必不能符正税之半数，自昔已然。迨今口岸日多，所接近之内地亦日广，以故子口税与正税之比例率亦日益相悬。驯且洋货止有正税，几无复子口之税，则并厘为税之文，将成虚设。洋货在其本国大率免出口税，销至我国，完至轻之正税，其子口税则名完而实免。分运熟货固如是，采购生货亦然。外商货物成本皆轻，足以制内商之死命而有余裕矣。今商埠尚未尽开，外人尚以远涉内地，虽完子口税而不免受厘卡稽延之影响，故勇于促我行裁厘加税之政策。然就目前而论，已非辛丑年之旧矣。假令年复一年，各省或因自请开埠，或因外人求请开埠，门户尽辟，则所谓内地者无几。至时恐欲求申此免厘之约，外人且故靳其加税之成言，而多方以福吾焉？何则？彼不受厘之害，转可以厘害我国之商。我国商货无一足与外商竞争，则外人通商之大款遂矣，何为而争免以福我乎？若夫自悯国内之商，毅然裁厘，而亦不问有无加税之酬报，在自强之道宜然。然及今图之，犹可并收洋货加税之利，则与其待前约日久而解除，为救亡计，厘祸终不能不革，又何如及今急图之为愈也。

二、次言厘捐。天下捐税之弊，莫大于通过税。以通过为税，惟不愿通过乃可与收税者较量征收之正当与否。盖为商旅之害者，不必以不正当之征收，但以慎于征收之名，稽其时刻，掣其装载，解其包扎等等，此皆至正当之识察方法。百里之地，一试再试，商人虽铁石之资，成本所关，孰敢不另图便利之策！黑费之巨，十百倍于捐数。立法之本意，固□之于此途矣。此至不利于商者也。捐税尤莫患乎无可以覆按之标准。如亩捐以田数，房捐以屋数，皆可覆按。营税其业应以用人多寡为衰□者，则以所用之人为标准；应以用屋多寡为大小者，则以所用之屋为标准；应以用资本多寡为轩轾者，则以所用之资本为标准。□□此类皆计固定之标准以征税。惟通过税，于货销以后，形迹毫无。当其货尚在途，但需上下卡通连国家□□察其费放之情弊，此又岂不利于国家者也。

不利于商，不利于国，所利者独在中饱。其中饱之数，试约而计之，多省共若干，级卡若干，分卡为若干。员司丁役之衣食于厘者，大则每人岁获数万金，以次而下，至最少之衣食额亦必足于赡身之分赡及其家。是以数千卡所用者，奚啻数十万人即所衣食者，奚啻数十万家之人口，又必有数百万之多衣食；以数百万人，此即非数千万金所可□。即以数千万金计，每年此项靡费已近乎国家一半之经入，举若是之巨款以养此病商病国之徒，国家何取而为此？

且吾国厘务之害商，若吾国所为无工作之国，则其害犹较简。盖天产品而不恃制作，则仅其所特达之通过道路，受逐卡之利削而已，至一经工作，则其始以原料入厂而厘之，其继以粗制成第二种原料又厘之，工业发达则分工愈多，即一物之成，可经多次之制造，而尚为此物之原料者，是一物应完多次之厘，每次皆以通过之远近而递加也，是何怪工业愈劝而愈不兴，洋货益充塞于市耶？朝廷劝工之德意，薄海所仰，独奈此阻遏工业之厘金何？夫免厘非欲短国家之岁入也，并非以洋货加减之所赢，抵此免厘之所短也。英约定免厘后，可抽销场税而不裁常关；美约定免厘后并裁常关，而可加收出厂税。此出厂税与销场税，皆可核裁厘所失之额，而定其征收之额，所免者特通过时需索留难之黑费，而国家所倚厘而取给者，则虽免厘而仍由商人负担之。商民为自救计，国家为兴业计，皆不得不裁厘。而国家既收加税之利，于洋货并不受裁厘之损，于土货且失。今不图，将加税之约且愈不可恃，而吾国自为救亡起见，厘亦终不能不裁，否则听其自然而国民生理同归于尽，将谓得为国家之福耶？哀痛迫切，合词上陈，伏乞提议公决施行，须至陈请者。（"陈请提议照约速定裁厘加税事"，《资政院知会、折奏、章程、说帖、质问、陈请等案件》之《资政院第九类陈请提议各案件》，清末铅印本）

资政院第一次常年会第二十号议场速记录

【标题】起草弹劾军机大臣奏稿

【关键词】弹劾军机　核议案　易宗夔　立宪　谕旨

【内容提示】因谕旨将资政院议决案交行政衙门察核，加上其回答易宗夔的质问说帖中有"不负责任"之语，议员易宗夔认为这违背了立宪国三权鼎立原则，是拟旨的军机大臣侵资政院的权，提出弹劾军机的主张。该主张得到众多议员赞成响应。更有议员指出，现在既是立宪政体，则专制政体当已消灭。今天之所以一定要弹劾军机大臣的，正是保护我皇上尊重法律的意见，所以今天对于此事必须存一个不怕解散的决心。最后决定由六位议员起草弹劾军机奏稿。原议事日表所列之事情要么没能议及，要么草草了之。

宣统二年十月二十一日下午二点二十五分钟开议。

议事日表第十八号：

第一，《修正报律》条文议案，再读；

第二，统一国库章程议案，议员提出，初读；

第三，修筑蒙古铁路建议案，议员提出，会议；

第四，筹办蒙古教育建议案，议员提出，会议；

第五，议设修筑蒙古铁路建议案及筹办蒙古教育建议案特任股员；

第六，提议陈请停止学堂奖励明定学位议案，会议；

第七，改定教育法令建议案，议员提出，会议；

第八，分途规定教育议案，议员提出，会议；

第九，规定通俗教育议案，议员提出，会议；

第十，提议陈请推行官话简字议案，会议；

第十一，议设审查关于教育事件议案特任股员。

议长：今天议员到会者一百三十人，现在由秘书官①报告文件。

秘书官张祖廉承命报告文件。

议长：现有尹议员祚章、蒋议员鸿斌质问外务部、度支部说帖一件，②已经印刷分给，可以省略朗读，赞成此项说帖者请起立。

众议员起立赞成。

议长：多数。

议长：现有罗议员杰质问度支部说帖一件，③已经刷印分给，可以省略朗读，赞成此项说帖者请起立。

众议员起立赞成。

议长：多数。

议长：现有李议员华炳质问度支部说帖一件，④已经印刷分给，可以省略朗读。赞成此项说帖者请起立。

众议员起立赞成。

议长：多数。

秘书官张祖廉接续报告文件毕。

153号（易议员宗夔）：前天本院具奏所奉上谕，请议长宣读。

议长出临议台，恭读本院奉到江西改征洋码上谕一道。⑤

众议员起立敬听毕，仍就坐。

115号（许议员鼎霖）：前天的上谕是三道，现在议长只宣读一道，还有二道，请议长宣读。

议长：上谕三道，一道是江西改征洋码事，一道是云南盐斤加价事，⑥一道是广西学堂限制外籍学生事，⑦因为关于云南、广西案两道上谕系阁抄，不是对于本院的交旨，所以没有宣读。

153号（易议员宗夔）：方才议长报告三道上谕，有两道是阁抄，一道是交旨。本议员对于二道阁抄的上谕并没有不满意的地方，但是对于现在政府甚有不满意的地方。我们中国已经先朝确立为立宪政体之国，所以才设立一个资政院，为上下议院之基础。资政院系立法机关，凡立宪政体之国，皆系三权鼎立，一种是立法，一种是司法，一种是行政。何谓三权鼎立？说是立法、司法、行政，都是独立不能侵犯的，现在这两道阁抄，就是对于本院所议决的云南盐斤加价案与广西巡警学堂案，一件交督办盐政处察核具奏，一件交民政部察核具奏，此系军机大臣拟旨、军机大臣副署。既是军机大臣拟旨、军机大臣副署，则军机大臣有应负之责任。军机大臣岂不知道这个立法机关是独立的么？既然知道为独立的机关，就不能将立法机关所议决的案子交行政衙门去察核。可见军机大臣是侵资政院的权，违资政院的法了。（拍手拍手）我们应当遵照《院章》二十一条，就要上奏。况且民政部如果察核具奏，督办盐政处如果察核具奏，本院亦应该质问他，因为他亦是侵权违法。所以本议员倡议，对此事应该照《院章》二十一条上奏，弹劾军机大臣为是。（拍手）

126号（陶议员镕）：请登台发言，前次于议员演说速开国会之事痛哭，今天更不能不哭了。军机大臣敢侵权违法不负责任，我们资政院还成个立法机关么？我国之国计民生现在如此困苦，而资政院每年费去数十万金，我们议决的事毫无效力，要我们做什么呢？我们政府可以不负责任，而我们国民万不能不负责任。今果军机大臣答覆云，副署是仿乾隆年间制度。试问乾隆年间军机大臣能不负责任么？皇上正在冲龄，摄政王一日万几，不能不咨询该大臣。如有所见，自应力陈于君上之前。《诗》云"（维衮）[衮职]有阙，维仲山甫补之"。《孝经》云："天子有诤臣，以保其国。"无论我国改为立宪政体，久奉德宗景皇帝明谕，即律以古大臣事君之义，军机大臣蔑视先朝法令，已不能称职。方才易议员所说弹劾军机大臣，即是我们议员负责任，务请全体注意，万不可似军机大臣不负责任，置国家危急存亡于不顾。现在国际上如此，将来国家怎么了呢？（拍手）

148号（陶议员峻）：皇上下来上谕，照资政院上奏的案，无论可裁与否，应当仍交到资政院。现在把我们资政院议决的案交到行政衙门去核议，可见军机大臣要把资政院推倒了。（拍手）试问把资政院推倒之后，于军机大臣有益处无益处呢？军机大臣为最高机关，我国民人向来不敢说一句话。而我们资政院敢说话，这就于军机大臣的各人身上是很无益的，所以军机大臣要把资政院推倒了。本院议事现在毫无效力，我们议员还是要在这个地方做什么事？军机大臣把资政院推倒之后，试问军机大臣能否把中国闹到不亡？试问中国亡了，军机大臣身家何在？富贵何在？明朝将亡之时，那一班图富贵的臣子，到了李闯来的时候，个个身家都不能保。军机大臣要从这些地方着想，方能保得住国家，方能保得住百姓，方能保得住自己身家。若是保不住国家，保不住百姓，则自己的身家亦是万万不能保的，何况富贵？（拍手）到了那时候，除非是走到美、日等国去，但试问人家能否留你这样的人？（拍手）本员所说的话虽然激烈，然细想起来，并不算激烈。现在我们中国国计民生闹到如此，而军机大臣尚醉生梦死，用上谕的名义运自己的私意，舞文弄墨，有什么益处？军机大臣答覆的话说是不能负责任，试问天下的事是谁负责任？（拍手）虽说军机大臣不负责任，而我们资政院议员总要负责任的。军机大臣既不负责任，还要军机大臣做什么用？军机大臣不问与皇上有害没有，与国家有害没有，只说不负责任，试问天下事还怎么办？（拍手）

149号（罗议员杰）：昨天奉到三道上谕，本员不敢对上谕置议。但现在既是立宪政体，则专制政体当已消灭，何则？军机大臣副署的制度就是一个立宪国的政府了，虽现在没有责任内阁的名目，然军机大臣确是有责任内阁的关系，当有责任内阁的精神。本院有人质问副署的说帖，据军机大臣答覆，不是日本内阁办法，还是乾隆年间的制度。试问从前的军机大臣制度是否不负责任？其答覆"责任"二字非常含糊。责任虽系日本制度，然实用我们中国固有名词，就如古（画）[话]所谓"有官守者，不得其职则去；有言责者，不得其言则去"，皆大臣以道进退肯负责任之意也。责任制度，东西各国遥遥相印，不独日本。古之圣贤，恐一国政治有不完善，人民与君主生出直接冲突，特责成大臣献可替否，代负责任，而保皇上尊严。军机大臣虽没有看见外国的历史，难道我们中国的书亦没有念过？（拍手）责任二字是什么意见？就是忠君爱国的意见。比方欲人民与皇上不生出直接之冲突，则当善则归君，过则归己，以尽己之责任。今之军机大臣不负责任，以献可替否维持全局，是欲使天下舆论，善则归己，过则归君。（请）[清]夜自思，何以对我皇上？军机大臣试想一想，负责为忠爱之忱，不负责为忠爱之忱乎？本院具奏弹劾，请以"不得其职则去，不得其言则去"责备军机大臣。（拍手）

94号（王议员佐良）：请议长打电话请军机大臣到院答覆，该大臣等既然不负责任，必有不负责任的理由。可以请军机大臣把这个理由对本院说明。（拍手）

153号（易议员宗夔）：今天不是请军机大臣到院的事，还是请议长将弹劾军机大臣的事付表决。

196号（牟议员琳）：本员读十八日的上谕有两件，一件对于云南盐斤加价交盐政大臣察核具奏，一件是广西警务学堂的事交民政部察核具奏。我们资政院的章程，对于各省核议案，照章是请旨裁夺，皇上说可就可，说否就否，这本是君主的大权。若将我们全体议决的事情交到行政衙门去议，试问这个理由安在？上谕既是军机大臣署名，军机大臣应该对于此事据实陈奏。今既不能将本院的意思奏明皇上，可见军机大臣有反对资政院的意见。在军机大臣的意见，以资政院之核议案，如直行请旨批驳，必招舆论之反对，不如以此推之行政衙门，使他人担任其责，然后可以卸过。但我们当细细审查这件事情是否应交民政部、盐政处核议。立宪国所谓三权鼎立，一种是立法，一种是司法，一种是行政，但是现在没有内阁，所谓行政机关不能算得一个独立的机关，非要责任内阁之后，不能算得一个完全独立的机关。请看先朝上谕，原以资政院为上下议院之基础。恭（译）[绎]谕旨，可见资政院就算是完全独立的立法机关。今既以立法机关所议决之事，而又交盐政处与民政部核议。试问盐政处与民政部是否独立之机关？无论盐政处、民政部不有察核之权，即异日内阁成立，亦没有这种察核立法机关的权限，又何况乎盐政处与民政部？如此推论起来，可见盐政处与民政部更没有察核资政院立法的权限。况先朝谕旨"大权统诸朝廷，庶政公诸舆论"，照《资政院［院］章》议决核议的案件，必有三分之二以上的赞成方能议决。按本院议员民选的不及三分之二，钦选的亦不及三分之二，必须合钦选、民选的议员，才能有三分之二以上。以全体三分之二以上的议决之件，而又交一二行政大臣察核，这个是不是"庶政公诸舆论"？（拍手）据《院章》"请旨裁夺"云者，是看皇上许可不许可，这是君上的大权，我们不能干涉的。若是把这个裁可之权仍交到民政部、盐政处察核，是不是"大权统诸朝廷"？（拍手）由两方面看起来，都是不合的。须知这件事情由何处发生的，是军机大臣把这件事推到民政部、盐政处，以为卸过之地，而置《院章》及先朝谕旨于不顾。我国自秦而下，君民隔阂数千年，朝廷设立资政院，是君民接近的地方，而军机大臣直要推而远之，是使全国的人民、全国的舆论都归过于皇上，是何缘故？这都是军机大臣卸过而不负责任的缘故。本员主张弹劾军机大臣，就是尊重皇上的尊严，俾不至负谤于天下。本员主张的意思如此，就请议长咨询本院即付表决。

政府特派员（李家驹）：请问议长，本特派员可否发言？

126号（陶议员镕）：现在并没有质问特派员，请特派员不必发言。

议长：方才有位议员说为君上结怨于天下，这句话似欠检点。以后请诸位议员说话，格外注意。

123号（江议员辛）：议长所言，本议员有两句话可以解释。凡隆盛之朝，王圣臣直，断没有唯唯诺诺者。若是讳而不言，深恐国将瓦解，虽欲求直言无隐而不可得。我们方才说军机大臣使我皇上结怨于天下，正是爱护我皇上、爱护我国家。

135号（郑议员际平）：方才诸位议员因军机大臣答覆副署之质问说帖，该王大臣等不负责任，而诸位议员纷纷（结）［诘］问，实在是不错的。前天两道上谕，一个交民政部，一个交盐政处，但是上谕下来均系军机大臣所拟的。既系军机大臣拟旨，又系军机大臣署名，何得对于上谕不负责任？据本员意见，军机大臣负责任有两种：一对于皇上负责任，一对于议会负责任。军机大臣为中国最高的行政机关，若是对于皇上、对于国民不负责任，则此外更有何人可以负责任？中国之所以坏到如此，就是没有人负责任。惟在下级机关，尚有上级机关为之监督，至若最高（的级）[级的]机关无人说话，对于国计民生丝毫不负责任，此种积习日甚一日，将置国家于何地？易议员所提议的，本议员有点补助的意思，一面弹劾军机大臣，一面请皇上从速组织责任内阁。因为军机大臣不肯负责任，所以不得不亟须有一负责任之内阁。如无负责任之行政机关，我们所议决的都是空空洞洞的话。我们资政院一层是立法机关，一层是监督机关，若是没有人负责任，我们立法不能见之实行，就是监督也是无从监督起。所以本议员意思，总宜赶紧设立责任内阁，然后我们立法监督才有着落。

110号（于议员邦华）：易议员所说今天弹劾军机大臣，本议员甚表同情。但是弹劾的方法应有两层，一层是不负责任，就是前两天的上谕，一交盐政处，一交民政部，这个正是他不负责任的地方。又据他答覆易议员的质问说帖，正是证明他不负责任的缘故。我中国的官没有不受皇上待遇优隆的，而受皇上优待的人，当以军机大臣为最。照这个样子看来，该大臣等应如何负责任，今竟不负责任，实在是非弹劾不行的。当本院议决湖南公债一案，皆以为督抚侵夺谘议局的权，违背谘议局的法，殊不知该大臣等又以如此手段施之本院。可见是该大臣等侵夺我们资政院的权，违背我们资政院的法。据本员对于湖南公债一案的结果，督抚与该局当有一个解释，因为前次上谕虽未令该抚回覆原案，然终以责成各省督抚为主，仍与请旨裁夺的意不背。此次是云南的事，并不是盐政处的事情，亦是该省谘议局的事情，何得交盐政处核议？广西的事不过以该省巡警学堂宜根据民政部章程为断，何以仍交该部察核？此尤无理由之甚。如此看来，实在是军机大臣侵权违法，所以必当弹劾。诸位议员试思，对于本院议决的事情，如果通通交行政官另行核议，还要本院二百人干什么呢？本院是立法机关，而全院议决的事，反不如一个御史之效力，又要这个资政院干什么呢？今天之所以一定要弹劾军机大臣的，正是保护我皇上尊重法律的意见，所以今天对于此事必须存一个不怕解散的决心。

109号（籍议员忠寅）：大家讨论工夫已不少了，对于两个核议案的结果，大家都是同意要弹劾军机大臣，是毫无异议的。本员有两句补助的话。我们所以要弹劾，不是纯乎消极的主义，是积极的主义；也并不是破坏的主义，是建设的主义。（拍手）本员意见是，这回上奏次序，第一是军机大臣既不能尽责任，就请皇上赶紧设立责任内阁，务要在会期之中成立才好，可以就十天、二十天的工夫，把这个责任内阁即行成立。至成立之前，其所负责任的就是军机大臣，将这个负责任的人声明出来，以后的事无从推诿了。现在军机大臣所负的责任，就是将来内阁的责任，就请明降谕旨，明定军机大臣所负的责任，这是建设主义。为什么事要上封奏，就是要保全资政院的资格起见，并不是与政府闹意见，与军机大臣闹意见。因为资政院是一个独立立法的机关，所议决的事不能算数，还要交到行政衙门查核具奏，是资政院议决的事毫无一点效力，又何必要设资政院？这并不是与政府闹意见，实欲达保全资政院资格之目的，这是第一层的意思。此种目的能达到更好，若不能达到，则我们的面子就伤了，将来若有一个旋转的方法，则我们还可以达到保全本院资格之目的。我们并不是问政府要求一个假面子，是为资政院完全一个资格。方才于议员的话，本员还要声明一句，将来我们大家总要求政府解散，如果政府不肯解散，我们议员都要辞职。如果解散或是辞职，将来再选举、再召集的时候，那个议员也能保全我们资政院的资格。（拍手）

117号（雷议员奋）：本员对于议场议事的时候，常常存一个宗旨。是什么宗旨？就是重复的话不要说，我自己心里要讲的话，人家说了，本员就可以不说。但是今天的事非寻常可比，所以本员有几句话要说。方才特派员要求请议长发言，因为资政院开会的时候，政府特派员无论何时都可以发言，况现在又不是初读、再读、三读的时候，更可以发言。本员既然知道特派员要发言，就应在特派员发言之前先说明几句。因为诸位议员所说的都是前天交旨所生出来的问题，但是这个问题是法律上的问题。就特派员一面说，今天不发言则已，如欲发言，必然有个解决的话，就是保全国家体面的责任。就国家体面说，资政院同军机大臣是一样的，不过军机大臣是四个人担这个责任，我们资政院是二百人担这个责任。既然资政院应担这个责任，我们资政院用什么方法可以保全国家的体面？本议员自开会到今，所有资政院发生的问题，必要想一个法子保全国家体面。现在我们国家是预备立宪之时，并非实行立宪之时，有许多的地方不能不想到，我们资政院应当让步的就可以让步。我们议员是资政[院]的议员，资政院又是国家的资政院，我们若是保全国家的体面，就是保全资政院的体面，就是保全政府的体面。现在与政府冲突，我们议员若是辞职，在我们议员这一面说算是体面的事，然而此体面我们议员决计不要的。因为我们有体面，遂致政府不有体面，全国不体面，我们何必呢？现在这个问题，要是不对，各位所说是很当的。因为知道政府特派员要发言，必有个理由。我们资政院对于前天的交旨就是皇上交旨，不但资政院，不但政府，就是全国人民都要遵守的。不过我们资政院要想到这一层，我们国家许多的事，通通交皇上一个人、监国摄政王一个人去做，安能保持得住？总要合众人的意思才好。所以皇上左右有军机大臣，还有各部行政衙门。不但如此，还有我们资政院。从这个地方看来，资政院对于国家，是不能不担责任的。担甚么责任？就是帮着皇上、帮着朝廷想法子，把国家的事体做好，就是资政院的责任。政府与资政院同负一样的责任，所以说"不负责任"四个字，政府对于资政院不能说这句话。试问上谕下来之后第一个先看见的是何人？一定就是军机大臣。所以不是要将外国责任内阁来比我们的军机大臣，这也是本来制度不同，不能相强的，然而军机大臣既经做了皇上的官，对于皇上的谕旨，有意见是否应当发表？什么言语也都容易采纳的，所以想到军机大臣一定想得到的。然而什么时候是军机大臣看见上谕的时候，必定是署名的时候一定看见上谕的。所以我国军机大臣署名没有别的意义，就是军机大臣先见上谕的明证。不然要说没有看见，何以能署名？既是军机大臣看见上谕下来，就应当想到底此次上谕一下来，于国家大体上有何关系。既是此次上谕对于资政院权限有碍，军机大臣若已想到，必须说明。如果没有想到的时候，本议员试问该大臣等，资政院的章程是军机大臣会同资政院总裁上奏的，不能说《资政院章程》没有看见；《谘议局章程》是宪政编查馆与军机处大臣奏订的，不能说谘议局的章程没有看见。我们资政院对于此次上谕无别的话说，只问资政院到底处于何等地位，到底是国家的什么机关。我们薄海臣民，见从前种种设立资政院的上谕都公认为立法机关，无不欢欣鼓舞。今见现在两道上谕，不能不有疑心。所谓疑心的地方，就是不知资政院处何等地位，所以我们要知道。资政院是国家立的，命我们来当议员，就要明白我们的地位。既然明白我们的地位，于前天的上谕就不明白。所以不明白的缘故，若是剖解出来，也就可以知道。谘议局是一省的立法机关，其中议员也是有人格的。当初定《谘议局章程》的时候，督抚与谘议局有异议的事，为何不请示于军机处而要交资政院核议？因为谘议局是有人格的地方，有了争议，非交有人格的地方判断不可，所以交资政院核议。因为各位议员是各种社会的代表，以代表所议决之件是全国公认的，不过裁夺之权属于皇上，因为皇上是一国的主，所以有裁夺之权。说到此处，本议员还有个意思发表出来，为方才要讲的话，特派员不能不知道的，《资政院章程》为我们议员所应有之权限有三：第一是预算决算及税法公债事件；第二是对于政府质疑；第三是判断各省谘议局、督抚冲突的地方。此三个理由方才已经说明，所以我们要想到前天议决云南、广西的事情，没有请盐政处、民政部发表意见，没有会同盐政处、民政部发表具奏，故有交令察核之论。然资政院本有核议各省督抚及谘议局之权限，如谘议局意见不错，就应照谘议局去办；督抚意见不错，就应照督抚去办。谘议局办立法的事，督抚办行政的事，本是两种机关，要有争议，资政院可以判断其是非。不过资政院不能有大权柄，必要请旨裁夺，因为皇上设立资政院，是要发表各种社会的意思。因为全国的事情，皇上不能全然知道，没有此种机关以前，只有行政衙门与军机处。此两处不能一一发表社会的意思，所以才要设立一个资政院。今则资政院所表决之上奏案，还要交行政衙门查核，这个理由到底在于何处？我们要想到，朝廷见资政院上奏，不能不问。既然要问，就要问左右大臣。因军机大臣不能知巡警学堂的事，所以非要问民政部不可；军机大臣不能知盐政的事，所以非问盐政处不可。不是民政部不知道广西的事，不是盐政处不知道云南的事，此还可以说得去。至于他自己上奏的事，就不能不晓得。《谘议局章程》《资政院章程》都是他上奏的，因为什么要一齐抹倒？我们资政院所核议的事情，请旨裁夺，本在权限之内。至于上谕下来，或说资政院奏那一省的事情，"依议"或"无庸议"，这全是在裁夺范围之内。或是以为不对，交回覆议，亦是在裁夺范围之内。现在不是如此，是交民政部、盐政处查核具奏。我们对于上谕不是有别的意见，是不知道自己地位在何处，因此发生疑问出来。据本员意见，军机大臣四人不能知全国的事与各国的事，就不能称职。但军机大臣已经有了几百年的，即照现在的军机大臣而论，也有几十年的，至少还有几年或几月的，试问该大臣等能否自知其称职不称职？此是应当说明的。现在不是以资政院与军机大臣对垒，其所以议论纷纷者，是替皇上想什么方法，使国家的事蒸蒸日上，这是对于利害而言。至于对于军机大臣一方面着想，署名的时候，不能不将资政院的章程、谘议局的章程详细具奏。今朝廷有此两道上谕下来，就知道军机大臣不足以辅弼皇上。不但不足以辅弼，还有比此事更大的，恐亦不能知道的。资政院有章程、有权柄可以弹劾的，照《院章》第二十一条（读原文），本可以弹劾的。说到此处，本员还有个意思，请大家注意。违背法律、侵夺权限要分两层而言：侵夺权限是侵夺资政院的权限；法律所包甚广，不止是资政院的章程。我们还要承认上谕是皇上的意思，不是军机大臣的意思。皇上的意思本是不错，因军机大臣不知道，所以要问盐政处与民政部。军机大臣所以备顾问而不知道，就是违背臣子应守之法律，本院所以必照《院章》二十条办理的。

115号（许议员鼎霖）：现在议员的议论也很多了，总得想个解决的法子。要晓得各位何以如此激烈，因中国以前没有法律，所以遇事窒碍，现在有了资政院，就要竭力地保护。保护法律即所以保护皇上。各位议员为何要说这些话？因为国家当危急存亡之秋，就不能不大声疾呼。比方有人落井，行路的人看见，都不能不想法子救济。况国民与国家休戚相关，当此中国危急情形，人人都有切肤之灾，岂有不大声疾呼的道理？可惜我监国摄政王不能常到院，行政大臣也不能常出席。如果监国摄政王与行政大臣听见我们的话，必能嘉纳的；政府大臣听见也必能原谅的。方才说弹劾军机大臣，大家没有不同意的。但有人说政府敢推翻《资政院章程》，本员以为不尽然。盖《资政院章程》是宪政编查馆定的，政府赞成的，如果政府今来推翻，则昔之赞成岂不是作法自毙吗？据本员想起来，都是因为中国习惯，每日折子上去，不过五分钟或十分钟，就要下上谕。时间太匆促，焉能无疏忽？所以此两道上谕，政府遂有此疏忽之病。方才又有人说军机大臣功则归己，过则归上，本议员想，军机大臣深受国恩，必不是这个意见。以前大臣避尾大不掉、威权震主之嫌，于是有推诿敷衍的事。欲救此弊，非速设责任内阁不可。若设责任内阁后，他再推诿敷衍，他就对不起朝廷，对不起二十二省的（之）［人］民。似宜先具说帖质问，或请政府出席说明理由。方才政府特派员要说话，不知政府特派员能否负责任？如不能负责任，就可以不说明；如果能负责任，大家不妨听其一说。现在我们可以赶紧把此事解决，速行开议，本员意见如此。

108号（刘议员春霖）：因为云南、广西这个核议案具奏之后生出来的结果，与本院章程全不相合，试一推求不合的原因，不在我皇上及我监国摄政王，而实在军机大臣。前次湖南公债核议案，本议员曾经说过，我们资政院议员若是默认了，将来军机大臣对于资政院侵权违法的事情一定是相逼而来，到今日，此语果然应验。资政院议决的案件，是三分之二以上同意议决的。既是全院议决之后，其发生效力自应与寻常御史的封奏不同，何能另行交议？若仍要行政衙门察核具奏，国家又何必岁费数十万巨帑，劳民伤财，来办这个资政院呢？据本员意见以为，皇上尚在冲龄，监国摄政王对于重大奏案无不虚心谘访，询谋佥同，然后才发表出来。所以这个事情，本是上奏之后请旨裁夺，而皇上一定要问军机大臣的，所以军机大臣不能不担责任。方才雷议员说上谕下来军机大臣总应看见，据本议员看来，这还不是实在情形。其实这个谕旨就是军机大臣拟的，军机大臣对于这个案应如何发表意见，应该对监国摄政王说明，或请皇上裁可或不裁可，仍交资政院覆议，这是一定的办法，何以忽交到行政衙门查核？据本员看来，军机大臣实在是嫁祸于盐政处与民政部的意思。即如军机大臣答覆的说帖，大致用意不负责任，恐怕资政院核议时候与他生出一种恶感，所以交盐政处与民政部核议，打算令盐政处与民政部议驳后，资政院与盐政处、民政部互相冲突，而军机大臣可以袖手立在旁观地位，如对岸观火然。这是军机大臣不负责任的本意。（拍手）殊不知这个议案是请旨裁夺的议案，军机大臣本意只顾设计侵夺资政院的权限，还不知并君主的大权也侵夺了。何也？裁夺者，皇上之大权。若将议决上奏案转交行政衙门察核，这不是将皇上的大权暗暗送于盐政处、民政部了吗？想盐政处、民政部明白法律的人很多，资政院的章程也应该研究过的，盐政处、民政部具奏的时候，一定说是资政院权限，应核议各省督抚与谘议局异议之件，这是核议案，与盐政、巡警没有关系，请皇上裁可，是君上大权，非臣部所敢擅拟；如君主不裁可，可以再交资政院覆议。本议员揣度盐政处、民政部的意见必定如此，决不上军机大臣这个当。

107号（李议员㮣）：今天对于十八日上谕讨论甚久，应当解决。刘议员所说盐政处与民政部决不受军机大臣之愚弄，此是以后的结果，现在宜先表决弹劾军机大臣问题，至责任内阁一层暂可不问。顷据军机大臣以文书答覆云，是不负责任。试问军机大臣之机关，是有意思之机关，抑为无意思之机关？如为无意思之机关，不能说话，又不能行动，军机处形同木偶，究有何用？如为有意思之机关，他说不负责任，我们还是要他负责任。上谕向是军机拟旨，又由军机署名，对于一般人民说不负责任，对于皇上不能说不负责任。本院弹劾军机大臣侵权违法是正当办法，请议长指定起草员，不必用许议员之说以文书质问。凡质问皆不生效力，如缩短国会，不缩短至宣统三年，只缩短至宣统五年，易议员曾有质问说帖，至今尚未回答。（拍手）我们总要将资政院所处地位辨别清楚，方能保全。若用文书质问军机大臣，他说我不负责任，还有什么法子想？本院具奏，要说资政院到底是什么机关？军机大臣处的是什么地位？对于君主负责任、不负责任？照前次上谕，军机大臣不于〔未〕署名时说明资政院议决之案不能再交行政衙门，即是不能称职之实据，即是有意侵权违法之实据。

153号（易议员宗夔）：这件事总要三分之二以上议员表决方能具奏，请议长用无记名法表决。

117号（雷议员奋）：政府特派员如有意见，尽可发言。

政府特派员（李家驹）：今天军机大臣都有要事不能到会，所以委托本特派员到院，来将前天两道谕旨说明察核具奏的理由。本员今天有代表军机大臣说明之权。

政府特派员（李家驹）：前天资政院所具奏是照例具奏的事，是寻常普通的奏案，并不是特别的奏案。照外国制度，这样案子或可以不必具奏，由议院议决后就送交政府施行。如议院应行上奏事件，具奏之后，君主裁可或不裁可也，并不当天就发布。至于我们中国的制度，上奏的案当天就要发表的。中外不同之点此其一。何以外国制度不必当时发表？因为立法机关议决之后，往往与政府一方面有关的地方，故君主不得不咨询行政衙门。但是外国的制度有所咨询，不用文书，可以传唤该行政大臣当面咨问明白。我们现行的制度，凡咨询必用文书，中外制度不同之点此其二。然而资政院究竟是独立机关，不能在此机关上再有一个议决机关，更不能与独立机关议决之后再交行政衙门议覆，这是一定之理，所以制度上的文书形式固要遵守，而独立精神又要保全。虽朝廷有自由咨询之权，而断不肯把资政院议决的案再行交行政衙门覆议，致与《资政院院章》不符。不过前天广西、云南两件事，与盐政处、民政部现行章程原有关系，具奏时既未将全案声叙，所以上谕文内用"察核"二字，是察核这两件事体与盐政处、民政部的章程是否相符，并非察核资政院议决之是非。将来盐政处、民政部具奏，断不至把资政院议决的话再加置议之词，而民政部、盐政处具奏后，必另有一道谕旨，以裁夺资政院具奏的案，那一道上谕，才算是对资政院具奏案而发的。本特派员代表说明的意思如此。

153号（易议员宗夔）：请问特派员，云南总督加马脚银，这就是增加人民的负担。本院议决只要交云南谘议局议，与盐政处没有关系，不过请旨饬该督交谘议局议就是。至于广西限制外籍学生，是照民政部章程办理，毫无异议。原来是明明白白的事，据此以问民政部，想民政部亦难回答。请特派员说明必交两处察核的理由。

190号（吴议员赐龄）：军机大臣因为不明白盐政处、民政部的章程，所以才要盐政处、民政部察核。现在资政院每次议案通通发油印出来，政府特派员应知道那时可以发言。现在既经表决，又要民政部、盐政处察核，就是不信任资政院。由种种的方面观察，军机大臣答覆的说帖"不负责任"一句话就该弹劾。既然大臣不负责任，国家要用此军机大臣干什么事？请特派员答覆。

政府特派员（李家驹）：这是另一问题，本特派员不能答覆。

126号（陶议员镕）：刚才特派员说交民政部、盐政处察核，并不是察核别的事，就是察核民政部与盐政处章程是否符合。独不思云南加马脚〔银〕的事，与盐政处章程没有关系；而广西限制外籍学生核议案，本院已经照民政部章程审查得明明白白，均载入具奏折内。何必再交该两衙门察核？难道奏折军机大臣没有看见么？

政府特派员（李家驹）：这个事体，本特派员不能知道。

此时各议员尚纷纷质问。

126号（陶议员镕）：特派员既已说不知道，何必再问他！"不知道"三字即可以布告天下。

129号（汪议员龙光）：弹劾军机处大臣这个倡议，想是无人不赞成。刻经讨论许久，凡已经人说过者，不必重复再说，亦不必纷歧，请议长付表决。并请议长注意维持议场秩序。

190号（吴议员赐龄）：此次弹劾案，如军机大臣自己见得不是，就应自己辞职；若以资政院为不是，就应奏请解散资政院，断无调和之理。请特派员转达军机大臣。

151号（黎议员尚雯）：这样看来，我们与军机大臣势不两立。

148号（陶议员峻）：以前质问军机大臣，要紧的事，一回都没有答覆，所以总要具奏，请议长即付表决。

109号（籍议员忠寅）：议长，本员有质问特派员的话。

议长：请问籍议员，所欲质问特派员的是什么事情？

109号（籍议员忠寅）：本员要质问特派员的意思，因为这回上谕不是皇上裁夺，还要咨询行政衙门，大概特派员代表军机大臣的意思。在军机大臣的意见，这个是具奏案，应该会同行政大臣具奏，然这个核议案，没有会同行政大臣具奏，是资政院单独的意思，所以不得不问行政衙门察核。政府意思是否这个样子？请问特派员陈述意见。但是各省谘议局与督抚异议事件应归资政院核议，无须咨询各行政衙门。如果有与各行政衙门有关系，各行政衙门也有特派员在资政院，随时可以陈述意见，何必要行政衙门察核？

政府特派员（李家驹）：前日谕旨是以朝廷名义咨询各该衙门，并非以政府名义咨询各该衙门。

117号（雷议员奋）：方才特派员代表军机大臣的意思，解说前天两道上谕，不是对于资政院的裁夺，因关于盐政处、民政部的事，所以要交盐政处、民政部察核，是朝廷虚衷下问。军机大臣知道今天要议这个问题，因此命特派员代表他的意思。然而我们不能不想到，现在特派员所讲的资政院有上奏请旨裁夺的事，必要下上谕交行政衙门察核，照此解说起来，以后资政院所有一切议决具奏案都要交行政衙门察核了。

109号（籍议员忠寅）：政府特派员何故要代表军机大臣的意思？是军机大臣自己承认对于上谕有应负之责任，据本议员看来，此事无所谓咨询的道理，何必遣特派员陈述意见？而且特派员因无话可说，转而归过于朝廷。请问特派员，于此这还是出之自己抑是代军机大臣负责任？

153号（易议员宗夔）：请议长付表决，用无记名法投票。

议长：现在表决赞成弹劾军机大臣这个议题者请起立。

议员多数起立赞成。

议长：多数，弹劾军机案已经表决，作为议题。至于如何办法，还要咨询各位。

109号（籍议员忠寅）：请议长照请开国会办法上奏。

议长：现在倡议虽已表决成为议题，然"弹劾军机大臣"六个字不能成为一个题目，似乎尚应拟定题目。

135号（郑议员际平）：弹劾军机大臣讨论许久，大家没有异议。

126号（陶议员镕）：此事无所谓议题，就请议长指定起草员。

153号（易议员宗夔）：照《资政院院章》二十一条办理就是。

148号（陶议员峻）：还要把这个"不负责任"加入奏稿之内。

117号（雷议员奋）：弹劾军机大臣这个题目已经有了，还要研究这个文章。文章要紧的地方，就是说军机大臣对于皇上不负责任，不足以辅弼皇上，我们决计不要说军机大臣拟两个上谕就是侵夺资政院的权限。所以我们上奏只要说军机大臣对于皇上不负责任，不要说军机大臣对于资政院不负责任。弹劾军机大臣不负责任，这是中国应该有的。

126号（陶议员镕）：据雷议员所说的就是文章。

议长：弹劾军机大臣议案已经表决成为议题，现在讨论中止。［请］赞成具奏弹劾军机大臣者请起立。

议员多数起立赞成。

议长：起立人数过三分之二。

153号（易议员宗夔）：请议长命秘书官计算人数。

秘书官计算人数，起立者共一百一十二人。

153号（易议员宗夔）：今天到会议员一百三十四人，这就是到会议员三分之二以上。

议长：在赞成者已过三分之二以上。

153号（易议员宗夔）：请议长指定起草员。

议长：还要咨询本院，此案起草员要用几位？

109号（籍议员忠寅）：本员意见，还是照从前请速开国会具奏案起草员，用六人为好。

众议员呼"赞成"。

议长：现在指定六位起草员，由秘书长报告。

秘书长承命报告：

赵议员炳麟、沈议员林一、邵议员羲、籍议员忠寅、李议员文熙、孟议员昭常。

115号（许议员鼎霖）：本议员倡议起草员注意，雷议员所说的弹劾政府不负责任，最要紧的不必将此次两道上谕为根据。方才特派员说是军机大臣派来解释上谕的，既称上谕系裁夺以前咨询办法，必有第二次上谕到资政院。此时且照雷议员所说的话做去为要，大家注意。

112号（陈议员树楷）：方才政府特派员所说的话，是请起草员注意限定他无可回答的理由，是最正当话。

110号（于议员邦华）：如果认题不清的时候，必将本院地位破坏，就是后来再想挽回，已无法可设。

109号（籍议员忠寅）：现在弹劾的事已经指定起草员，但是这个内容其大致主旨还是如何说法，请议长付本院讨论。若此时不互相讨论，恐起草以后大家又不以为然，势必从新起草，实在耽搁时光。

议长：起草内容之主旨，起草员可以随时讨论。将来这个奏稿尚须宣读的，似乎不必在议场讨论。

117号（雷议员奋）：起草员定个期限，当在什么时候起草员开会讨论，有什么意见的可以陈述。

87号（沈议员林一）：本议员对于此时要申明一句话，方才各位所说要起草员注意，将"侵夺权限、违背法律"八个字斟酌，极是。起草必须依据《院章》，雷议员所说弹劾军机大臣不负责任，不足以辅弼皇上，查照《院章》没有根据，且与提议弹劾的初意不对，《院章》只有"侵夺权限、违背法律"八个字。此层不能不对本院申明。

148号（陶议员峻）：不负责任就是违背法律，既是违背法律，就可以弹劾的。

123号（江议员辛）：表决的时候，沈议员并不在赞成之列，测度该议员意思，是不敢弹劾军机大臣的，请议长另指一人起草。

87号（沈议员林一）：方才本议员所说的话，弹劾军机大臣是赞成的，若照后来这个题目，本议员是不赞成。因为弹劾必须根据《院章》，雷议员所说军机大臣等不足以辅弼皇上。试问此语根据何处？

117号（雷议员奋）：对于沈议员的倡议有个正当的解释，请向议长是否可以登台发言？

议长：可以登台发言。

117号（雷议员奋）：方才沈议员所提出的是以弹劾军机大臣不负责任、弹劾军机大臣不足以辅弼皇上这个理由，查《院章》二十一条没有根据的地方，所以该议员不能赞成。方才各位倡议弹劾军机大臣是什么缘故，就是照二十一条，根据"侵夺权限、违背法律"八个字，本议员是很赞成的。但是本议员以为，弹劾军机大臣不足以辅弼皇上也就是二十一条的根据，后来想到资政院上奏之案，不能不慎重，因为根据是确的，所以才说弹劾军机大臣不足辅弼皇上。现在用什么东西当一个实在的证据？照沈议员所说的，一定要将前天上谕为指实之证据，从两个上谕之中，想出军机大臣"侵夺权限、违背法律"，认定他为实证。但是上次上谕不是正当弹劾军机大臣的理由，而且并没有好结果。因为该员将前天上谕作证据，而军机大臣必说是皇上的上谕，本大臣没有变更之权。到那个时候，有甚么方法可以补救？不能不想到的。若是请军机大臣答覆，而该大臣等以文书答覆，并不到会，而且他说这上谕是朝廷的意思，不能把朝廷效力取消。到了那个时候，是把我们资政院权力之根本取消，是非常之可恨的。我们自问可以弹劾军机大臣，是在什么地方？就是根据《院章》二十〔一〕条所说的违背法律，所包甚广，不但是违背《资政院章程》，是违背全国各种法律。军机大臣对皇上有不负责的地方，就是违背国家法律。违背国家法律，就可以弹劾。所以我们可以弹劾军机大臣的根据就是发生于二十一条，因为有二十一条之根据，所以我们资政院方能弹劾军机大臣，是应有之权柄。这个权柄是要候到军机大臣侵越权限而后弹劾，照二十〔一〕条之规定。就是不侵越权限，军机大臣随便有甚么违背法律的事，我们资政院也可以弹劾的。因为有这个前提，然后想到弹劾军机大臣不足以辅弼皇上的地方为止，所以有本院弹劾军机大臣的理由如此。

87号（沈议员林一）：质问雷议员的话，就是弹劾军机大臣不负责任的话，就是说到"侵夺权限、违背法律"亦是容易，就道理说处处可通，不过弹劾须从事实发生。题目是题目，文章是文章，道理虽说得通，然非根据章程。根据章程、事实，不好措词。我们欲出弹劾案，关系甚重，必须根据着实，是一定的道理。

148号（陶议员峻）：沈议员不愿意弹劾军机大臣，可否请议长另举一位起草员？

87号（沈议员林一）：说话有一定的次序，请议长注意此事。弹劾军机大臣主旨有两件：对于两道上谕是一件事，对于不负责任又是一件事。对于两道上谕，说是侵夺权限；对于不负责任，说是违背法律。无论何项，总须问清题目，实有根据，方能起草。今天质问，究竟是对于两道上谕？还是对于不负责任？须得大众声明。

117号（雷议员奋）：不是对于"不负责任"而言，是对两个上谕，军机大臣不能不恪守法律而言，并不是指军机大臣副署的意思。

137号（邵议员羲）：本员不赞成这个起草员，请议长另行指定起草员。

126号（陶议员镕）：沈议员所说无讨论之价值，方才雷议员谓军机大臣不能辅佐朝廷，即根据于违法。窥沈议员之意，不主张弹劾，人各有心理，各有主权，请议长另行指定，不要教他为难。

148号（罗议员杰）：现在沈议员说是二十一条没有根据，按照《议事细则》一百零六条规定，前条规定之外，应行具奏事体，议长、副议长得随时具奏。我们既认为应该具奏的事体，就可以根据一百零六条办理。

148号（陶议员峻）：军机大臣违背法律，因为《资政院院章》是他们奉旨的法律，他不遵守就是违背法律了，违背法律就可以具奏。

196号（牟议员琳）：《谘议局章程》与《资政院章程》都是军机处会同上奏的，他既明白《院章》，不向皇上陈奏，军机大臣不尽辅弼之责，就是他违背法律，应照二十一条办理。

149号（罗议员杰）：外国议院章程只要规定有"上奏"二字，即可据以弹劾政府，不必准据侵权违法规定然后可也。本院既有具奏之权，即是外国上奏之权，即是有弹劾之权。今我国内政不整，外交失败，即是应该弹劾之事实，即是不献可替否以负责任之证据，尽可以拿具奏权办理。

议长：起草员既经指定，不得轻易更换，即有一位意见不同，还有五位的意见，究竟是多数。少数服从多数，难有一二人意见不合，决无

妨碍。故终以不另指起草员为是。(拍手)

众议员呼"赞成"。

议长：拟休息十五分钟。

下午五点五分钟议事中止。

下午五点二十分钟接续开议。

议长：现在开议。到会人数不足三分之二，天气亦已太晚，拟将议事日表稍为更动，第三、第四、第五是应付特任股员审查之案，须设特任股员，暂从缓会议。第三修筑蒙古铁路建议案、第四筹办蒙古教育案⑧，此（件两）[两件]事拟合并付特任股员审查，其特任股员现在打算设十八人。

议员多数赞成。

议长：指定特任股员十八人，由秘书长报告。

秘书长承命报告审查修筑蒙古铁路及筹办蒙古教育建议案特任股员十八人姓名如下：

庄亲王、那亲王、贡郡王、博公、刘道仁、文哲珲、胡礽泰、陆宗舆、长福、陶葆廉、李士钰、陈瀛洲、胡家祺、许鼎霖、江辛、罗杰、李华炳、胡柏年。

议长：议事日表自第六至第十一各议案，大都关于教育事件，打算暂不会议，先付特任股员审查，并设特任股员十八人。

议员多数赞成。

议长：指定特任股员十八人，由秘书长报告。

秘书长承命报告审查关于教育事件⑨特任股员十八人姓名如下：

润贝勒、霱公、胡男爵、赵椿年、顾栋臣、庆蕃、汪荣宝、曹元忠、严复、喻长霖、刘春霖、孟昭常、江谦、陶葆廉、吴怀清、万慎、吴赐龄、牟琳。

议长：现在展会。

下午五点三十五分钟散会。

注释

① 案：宣统二年十月十八日因资政院递封奏一件，内阁奉上谕："资政院奏请补秘书厅秘书长一折，资政院秘书厅秘书长著金邦平补授，余依议。钦此。"（中国第一历史档案馆编：《光绪宣统两朝上谕档》，第三十六册，广西师范大学出版社1996年版，第412页）

② 具说帖议员尹祚章、蒋鸿斌，查本院《议事细则》第一百七条"议员依《院章》第二十条欲行质问者，应具说帖，得三十人以上之赞成，由议长咨询本院决定之"等语，现在报界关传政府拟大借美款，不知是否属实？若果属实，本议员等有不能无疑问者数段，谨开列于下：一、借款之数目共有若干？二、常年之利息若干？三、偿还之年限若干？四、借款之担保有无指定？五、借款之用途有无指定？六、美国对于吾国有无何等要求？七、此项借款与美国以外之他国有无关系？八、交款之时有无折扣？九、借款之合同已否订定画押，其详细内容若何？以上数端，本议员等不无疑义，兹谨提出质问外务部、度支部说帖一件，经规定赞成议员会同署名，应请议长咨询本院决定，照章咨请外务部、度支部酌定日期以文书或口说答覆。更有请者，此事关系甚巨，并请迅速酌定日期答覆，实为公便，须至说帖者。（"议员尹祚章、蒋鸿斌具说帖质问度支部外务部关于政府大借美款事"，《资政院知会、折奏、章程、说帖、质问、陈请等案件》第七册《资政院第四类议员具说帖质问各案件其一》，宣统二年铅印本）

③ 罗议员杰质问度支部说帖

具说帖议员罗杰等谨提出为质问关于度支部诸务。查《资政院议事细则》第一百七条"议员依《院章》第二十条欲行质问者，应具说帖，得三十人以上之赞成，由议长咨询本院决定之"等语，兹谨提出质问关于度支诸务说帖一件。经规定，赞成议员会同署名，应请议长咨询、本院决定、照章咨请度支部酌定日期，以文书或口说答覆，须至说帖者。一闻近因上海市面银根紧急，度支部借与二百万，大清银行借与一百万，两江总督及上海道各借与三百五十万。广东亦因市面恐慌，借款三百万。此项借款是否外人借与？抑内国人贷与？其偿还金已准备，不致失信否？总之，经济界如斯窘迫，若不未雨绸缪，长此举债，势必影响政治。《币制则例》业经奏颁，自应于一年内将新币陆续发行，以立改换计数名称之标准。向闻造币厂已造成之四百余万元，因数目字在廓轮之边，令厂镕毁改铸停工造模，查币制一宗，重在为信用之媒介，不在形式之尽合。某国果将镕毁改造，费工耗质，其害一也。现币呆存，坐耗利息，其害二也。市面少四百余万元之流通，惹其恐慌，其害三也。此次借债，本可以少借四百余万，因形式不合而多借四百余万，即多四百余万利息，其害四也。造币厂因持祖模停铸数月，少铸若干应铸之币，即虚糜若干设厂之费，其害五也。各造币分厂均未开铸造币，总厂前曾停铸，本年年底，出币必减，估计之额，约偿之债，将何以应，流通之货将何以供？其害六也。万一明岁换发新币之期已至，无以应之，大信一失，万事不行，其害七也。有此七害，度支部有何补救方法，财政攸关，实深惶惑。一国家银行为操纵全国市价及维持市面而设，大清银行是否为国家银行？（"议员罗杰具说帖质问度支部关于度支诸事"，《资政院知会、

折奏、章程、说帖、质问、陈请等案件》第七册《资政院第四类议员具说帖质问各案件其一》，宣统二年铅印本）

④ 议员李华炳质问度支部说帖

　　具说帖议员李华炳谨提出为质问度支部事。查《资政院议事细则》第一百七条"议员依《院章》第二十条欲行质问者，应具说帖，得三十人以上之赞成，由议长咨询本院决定之"等语，兹阅日本报纸载中国借美金五千万圆，道路喧传，谅非无据。查举借外债，东西各国事所恒有，然大抵为提倡实业、巩固财政之需，以能殖利于将来者为归。此次借款果为殖利计乎？抑将以弥补岁入之不足乎？应问者一。去年各报纸载列强之有债权于中国者，以我国财政紊乱，将有监理财政之举。事虽未行，机则已动。此次借款，未识以何项担保，能否不至启外人干涉之渐？传闻美国有要求我国政府聘美人为顾问之说，果尔是，即监理财政之发端也。埃及已事，可为殷鉴，应问者二。又查《资政院章程》第十四条，资政院应行议决税法及公债事件。据此而言，则借款应先交本院议决，乃符定章。今外间传闻此项借约业经订定，不几蔑《院章》而轻朝廷耶？未经国民之承诺，而间接以重国民之担负，立宪各国无此政体，应问者三。为此遵章质问，经规定赞成议员会同署名，应请议长咨询本院决定，咨请度支部酌定日期以文书或口说答覆，须至说帖者。（"议员李华炳具说帖质问度支部关于中国借美金事"，《资政院知会、折奏、章程、说帖、质问、陈请等案件》第七册《资政院第四类议员具说帖质问各案件其一》，宣统二年铅印本）

⑤ 宣统二年十月十九日军机大臣钦奉谕旨："资政院奏覆议江西统税改征银圆一案请旨裁夺折，著依议。钦此。"（中国第一历史档案馆编：《光绪宣统两朝上谕档》，第三十六册，广西师范大学出版社1996年版，第413页）

⑥ 宣统二年十月十九日军机大臣钦奉谕旨："资政院奏覆议云南盐斤加价一案请旨裁夺一折，著督办盐政大臣核议具奏。钦此。"（中国第一历史档案馆编：《光绪宣统两朝上谕档》，第三十六册，广西师范大学出版社1996年版，第413页）

⑦ 宣统二年十月十九日军机大臣钦奉谕旨："资政院奏覆议广西高等警察学堂招生办法请旨裁夺一折，著民政部察核具奏，钦此。"（中国第一历史档案馆编：《光绪宣统两朝上谕档》，第三十六册，广西师范大学出版社1996年版，第413页）

⑧ 筹办蒙古教育建议案

　　具案议员那亲王等谨提出为提议筹办蒙古教育建议案事。查《资政院议事细则》第二十二条，议员欲就各项事件提议，应具案附加案语，得三十人以上之赞成，会同署名，提出于议长等因。兹谨提出筹办蒙古教育建议案一件，遵照《议事细则》会同署名，应请议长作为议题会议，须至提议者。

　　筹办蒙古教育建议案：蒙古本属行国，人民逐水草而居，兴学设教，着手本难。惟彼自有文字，自有教宗，每当游牧迁徙，虽在毡帐之中，犹不少讽诵佛教之士。故蒙古虽与内地语言不同，而以读书识字之人而论，实不较内地为少。特以其所识之字既与汉文不同，而其所读之书又无治理之可言，故不适于用耳。近者科学发明，即内地夙称文化，讲求新学亦数十年，犹且人民程度不齐，更宜注重教育。况蒙古之崇尚宗风，素未讲求实学者乎？夫教育不兴，则凡百新政无从进行，故苟欲振兴蒙古，则施行教育之方法，有非详细研究不可者。今将研究不可者所得事项列下：一、蒙人教育应以蒙文行之。二、按照初等、高等小学科目，用蒙文编成教科书，初等全用蒙文而附浅近汉字于课之后，高等用蒙汉文对照。三、养成初等、高等小学蒙文教员。蒙古既有文字，则以蒙文行教，自易为功。盖止求事理之了解，而无取语言之统一，何也？凡人心理同者，或用英语，或用法语，其所操语言虽异，而心理自同。凡人学说同者，或用英文，或用法文，其所书之文字虽异，而学说自同。蒙人智识所以稍逊者，是其所读之书不切于世用，而非仅语言文字不同之过也。今欲兴办蒙人教育，非先从蒙文入手不可，今拟办法如下：

一、宣统三年在京师设立蒙文师范学堂，专修蒙文、蒙语及教授法，以中学毕业，通普通学科者为学生，二年毕业。

二、宣统三年在京师编定初等小学、高等小学蒙文教科书，限二年告成。

三、宣统五年，在内外蒙古各路酌设小学教员养成所，择年在二十以上、三十以下之蒙人精通蒙文者为学生，二年毕业，其教员以蒙文师范学堂毕业学生充之。

四、宣统六年在内外蒙古各路酌设初等小学若干处，以为小学教员养成所试教之地。

五、宣统七年在内外蒙古各旗酌量增设初等小学，其教员以小学教员养成所之毕业生充之。

六、宣统九年在内外蒙古各路酌设高等小学，以后逐渐推广，俟小学办有头绪，即行筹设中学堂。

似此逐次办理，则二年以后即可从事蒙古教育，五年以后蒙古之小学必有可观，十年以后蒙古之人才必可辈出，蒙疆必可巩固。其关系国家前途，实非浅鲜，应请学部先在京师设立蒙文师范学堂，以为养成教员，编定教科书之计，然后筹及各路寻常师范学堂。此为筹办蒙古教育起见，以为教育不兴，则凡事无从入手，固蒙汉所同。学部管辖全国学务，独于蒙古地方未尝提及，故特建议于此。（"议员那亲王提出筹办蒙古教育建议案事"，《资政院知会、折奏、章程、说帖、质问、陈请等案件》第五册《资政院第三类议员提出提议各案件其一》，清末铅印本）

⑨ 对该教育事件，审查股员会审查结果如下：

为审查报告事。本股十一月初八日下午开股员会审查农工商部七品小京官何鸿璟陈请提议全国中学堂改习兵式器械体操一案。审查陈请书主旨以为，中国今日之财力与其分练海军，不如先练陆军，练陆军则以各省之财力，亦实有未逮，故救急之法，莫如采用军国民教育主义政策，使全国中学堂第三年课程一律改习兵士器械体操，暂照各省陆军小学堂操法，学成可备什长、伍长之用。以每府中学二百人算，十年可得队长之材三十万等语。本股会一再讨论，以为陈请书主旨体时局之艰危，兵不可不练而财力又有未逮，因思寓练兵于学堂，用意甚是。惟兵士器械体操究与军队操法不同，中学课程甚紧，本为各项人才预备之地，势不能不尽废各项科学，全改成陆军学堂性质。至教育方针注重尚武，中学兵式体操酌增钟点，事属可行，已由本股员会审查。胡议员家祺建议书内声明咨送内阁会议［政］务处核办，此案应毋庸作为议案。经到会股员多数表决，意见相同，特此报告。审查关于教育事件特任股员长严复，副股员长顾栋臣报告。（"股员长严复、副股员长顾栋臣审查关于教育事件报告书"，《资政院知会、折奏、章程、说帖、质问、陈请等案件》之《资政院第十一类审查陈请各案件》，清末铅印本）

资政院第一次常年会第二十一号议场速记录

【标题】关于弹劾军机的不同主张

【关键词】剪发易服　军机责任　内阁　《修正报律》

【内容提示】易宗夔提出剪发易服议案,经一些议员赞同,作为议题。因资政院接到谕旨,广西、云南两案依议,因此关于弹劾军机,议员中出现了不同主张,有主张以"不负责任"继续弹劾的,有不主张再弹劾的,有要求取消弹劾而另换速设责任内阁为议题的,最后多数决定以军机大臣不负责任是因军机处不是内阁,故须速设责任内阁为主旨起草折稿。关于《修正报律》条文议案再读,因有议员提出政府特派员不能临时提出修正案,遂提议取消上次会议表决通过的第十一条,而由议员重新提出修正案表决,似不妥。

宣统二年十月二十四日下午二点二十五分钟开议。

资政院议事日表第十九号：

第一,《修正报律》条文议案,再读；

第二,陈请照约速定裁厘加税议案,股员长报告[①],会议；

第三,统一国库章程议案,议员提出,初读；

第四,提议陈请变通黑龙江（章程垦务）[垦务章程] 议案,会议；

第五,扼重农政以开财源议案,议员提出,会议；

第六,议设审查陈请变通《黑龙江垦务章程》议案及扼重农政以开财源议案特任股员。

议长：今天议员到会者一百四十六人。

议长出临议台，恭读云南监斤加价一案与广西巡警学堂一案上谕两道②。

各议员起立敬听。

议长：现由秘书官报告文件。

秘书官（张祖廉）承命报告文件。

议长：现在收受度支部答覆吴议员赐龄质问说帖一件，③又内阁会议政务处答覆李议员文熙质问说帖一件，又外务部答覆余议员镜清质问说帖一件，又外务部答覆罗议员杰质问说帖一件，这四件已经印刷分散了，可以各省略朗读。

众议员呼"可省略朗读"。

秘书官（张祖廉）续行报告文件。

议长：有文议员质问宪政编查馆说帖一件，④赞成者请起立。

议员多数起立赞成。

议长：多数。文议员质问学部说帖一件，⑤赞成者请起立。

议员多数起立赞成。

议长：多数。

议长：顾议员栋臣质问会议政务处说帖一件，⑥赞成者请起立。

议员多数起立赞成。

议长：多数。

议长：刘议员曜垣质问民政部说帖一件，⑦赞成者请起立。

议员多数起立赞成。

议长：多数。

议长：陶议员葆霖质问内阁会议政务处说帖一件，⑧赞成者请起立。

议员多数起立赞成。

议长：多数。

议长：潘议员鸿鼎质问内阁会议政务处说帖一件，⑨赞成者请起立。

议员多数起立赞成。

议长：多数。

秘书官（张祖廉）续行报告文件。

114号（胡议员家祺）：本议员倡议禁烟案已经股员会审查报告，现风闻英国公使与外务部提出新条约，内容虽不可知，大概是主张十年期限。现在本院议决禁烟年限，是以宣统三年为止。此次英国条约，不知外务部曾否画押，若已画押，与本院所议者大不相同，将来交涉甚为困难。请议长质问外务部，在本院议决之前，对于英国公使，新条约万不可承认。

议长：可以问外务部，惟将来答覆的办法，嘱其以文书为宜抑以口说答覆为宜？

114号（胡议员家祺）：本议员以为由文书询问较为妥当，最要紧者就是本院未议决之前，外务部万不可承认。

议长：这个事恐是风闻，是否有实在凭据？

114号（胡议员家祺）：虽是风闻，然大概不是虚传，现在外务部特派员在坐，就请议长质问更好。

115号（许议员鼎霖）：这个新条约与外务部协商，大概是商酌禁运，万不是禁吸。我们现在定这个章程，总要劝大家以后不要再吸为主。如果我们不吸，必为英国所敬，英国文明，亦不能强我们吃。

114号（胡议员家祺）：总要质问外务部有无此事，方能确实。

153号（易议员宗夔）：本员有个倡议，湖南宁乡县有个周震鳞，具一个陈请剪去辫发改变礼服的说帖⑩到院，昨天已交陈请股审查。据审查股意见，以为无庸会议，然本员的意见，还是应交会议为是。因为这件事很要紧的，在我们中国要讲世界主义、国家主义、社会主义、个人主义，皆以剪去发辫为便利的。何以故？以世界主义论，因为世界各国没有带辫发者，独中国留此野蛮制度，甚不雅观；以国家主义论，因为一国的国民必有军国民的资格，如果要人人当兵而辫发不去，实在不便；以社会主义论，社会之进步，非振兴实业不行，而实业里头有种种之机器，一发之牵，异常危险，如果辫发不去，实业上更多滞碍的；以个人主义论，不独损坏衣服，无论作何事，有辫发的均不便利。所以应作提议案，由本院议决，请明降上谕剪去辫发，以新天下之耳目。至于易服色一个问题，周君震鳞说帖甚为明晰，就可于平常衣服上定一个徽章为是，不但于经济无损害，且于人行动上是很便利的。就请议长咨询本院作为议题。

议长：陈请股尚未报告是否应交会议，现尚未定。

149号（罗议员杰）：此案本议员有一个具奏案已经交秘书厅，请议长催早付印，速询本院交付审查。

110号（于议员邦华）：这个事情不必讨论，亦不必作废，就请作为议案编入议事日表就是。如果陈请股作废，我们议员有人倡议，得三十人以上的赞成，就可作为议题。

148号（陶议员峻）：这个剪发的事情已经提出作为议题，而禁止妇女缠足，陈请股亦是作废。由本员看来，缠足关乎人民体育，实在要禁止，应当作为议题，不可作废的。

议长：禁止妇女缠足的案，已有议员倡议请交会议，自应作为议题。

109号（籍议员忠寅）：请将前天具奏案报告，因为本议员对于具奏案有声明的话。

议长：奏陈事件折稿已经拟就，现由秘书长朗诵。

秘书长承命朗读奏陈事件折稿毕。

68号（文议员溥）：云南、广西两案，今日已经奉旨依议，此项奏稿可以作废。

109号（籍议员忠寅）：本议员为前天奏案起草之一，今天代表六人报告。原来这奏稿因为什么事发生呢？就是前天云南监斤加价、广西巡警高等学堂两个上谕下来的时候，本院对于军机大臣颇有异议，军机大臣不能辅弼皇上，所以本院才发生出这个具奏案来。可见，这个奏稿根于这个问题。方才议长朗读二道交旨，本院奏案已经奉旨依议，这个奏稿是否应当取消，请议长咨询大家决定，这是第一层。第二层，前天议决的时候，因为这二道上谕才发生这个奏稿，而这个奏稿所说的，就是军机大臣不负责任，并且还有许多证据。今天既经交旨，云南、广西二件事情，均是依议，就可证明军机大臣应当负责任的。至于军机大臣不负责任，前天已得议决之结果不能全体取消。所以照现在的情形看，只得取消一半，还有一半没有取消，而前天委托的起草员应该先行取消。至于以后对于军机大臣应如何上奏，由议长另行指定起草员，或由议员自己起草，请大家细心研究为好。

48号（陈议员懋鼎）：这个具奏案今天必要决定取消，因为此案发生于前天之情形，今天既奉到这两道谕旨，则情形已经改变，具奏案自然可以取消。至于军机大臣不负责任一层，系根据前次军机大臣之答覆，应照《院章》一百零九条之规定另提，如得三十人以上之赞成，可以作为议题。

110号（于议员邦华）：这件具奏案，方才籍议员已经报告明白了。取消一半、不取消一半，是什么缘故？因为那一天不是专为云南、广西二件事发生的，并不是军机大臣答覆的说帖发生的，因为军机大臣不负责任发生的。前天两道上谕，不过是证明军机大臣不负责任。本员对于军机大臣，并不是闹意气，亦不是要面子，是为国家全体起见。那一天罗议员杰说"责任"二字，恐怕军机大臣不懂。然而中国古书上已说过"有官守者不得其职则去，有言责者不得其言则去"，中国数千年来没有不负责任的。既然做一个官，应当有一个官的职任，一部有一部的职任。军机大臣立于各部行政大臣之上，上辅君主下治万民，职任何等重大！德宗景皇帝那个时候下这道预备立宪的上谕的时候，就有教凡为臣民的皆负责任的意思。若说责任内阁不成立以前，军机大臣可以不负责任，则国家大事亦可以不办，资政院就可以不必设立，何必要军机大臣呢？所以，本议员对于前天的弹劾的案，再三研究，总以不负责任为主。今天发下两道上谕，虽说可以取消此奏案，然而不负责任的还是照不负责任的办法。我们总要催他负责任，他虽不负责任，我们总要叫他负责任。并不是与军机大臣闹意见，正是为保全国家起见。

137号（邵议员羲）：本员为起草员之一，前天的奏稿弹劾军机大臣不负责任，是根据于前天的上谕来的，所以全院的人对于上谕说的话。今天既有两道交旨，奏稿就不适用了，请议长就把此案奏稿，咨询本院决定，应否取消？至于不负责任之弹劾，又是另发生的问题。

149号（罗议员杰）：于议员所倡议的请议长咨询本院，有三十人以上之赞成，即可作为议题。

137号（邵议员羲）：请议长把这奏稿咨询本院决定取消。

126号（陶议员镕）：自然要取消的。前次奏稿既然根据于前天的上谕，这个弹劾奏稿就不适用了；至于弹劾他不负责任，另是一件事，前天已经表决，不能取消。

48号（陈议员懋鼎）：请议长取消这个弹劾案。

110号（于议员邦华）："取消"两个字太重，须知不是全体取消，是取消一半的，其所以取消的，不过取消内容的文章，并不是取消弹劾案。

议长：拟先表决应否取消前天的奏稿。

190号（吴议员赐龄）：方才起草员说明理由，是取消一半的，那一半不能取消。就文章上论，现在已不能适用；而就弹劾上论，则此案要不能取消，可以无庸再行表决。

议长：我们现在表决，应否将这个奏稿取消？

112号（陈议员树楷）：取消有两层意见，现在所取消的是取消这篇奏稿问题，不是取消弹劾的问题。

议长：方才大家都已说明理由，先行表决应否取消今天所读过的奏稿，赞成取消者请起立。

多数议员起立赞成。

议长：多数赞成，如此就取消了。

127号（闵议员荷生）：不能说全部取消。

153号（易议员宗夔）：今天不过是取消这个奏稿，而弹劾军机还没有取消的，请议长指定起草员，再行〔起〕草弹劾军机大臣的奏稿。

议长：前案既已取消，若要弹劾军机，必须再行倡议。

153号（易议员宗夔）：不必再行倡议。现在只可取消"违背法律"四个字，并不是取消"不负责任"四个字。（拍手）

129号（汪议员龙光）：上一次开议弹劾军机大臣，本来不是专为两个上谕起见。因为军机大臣答覆不负责任，这一层尤为注重。今天既有两道交旨，则前天奏稿即不适用，至"不负责任"一层还是要弹劾的。中国自预备立宪以来，先皇帝谕旨，凡所谓"明定责成、责无旁贷"字样，不一而足。就是这回本月十一日上谕，对于在京各衙门，则谓"有应担之责任"，对于各省则谓"如贻误事机，惟各督抚是问"，看将起来，京外各衙门都是担负责任的。军机大臣为行政总汇之区，反不担负责任，岂不可怪？现在中国危险，比如驾船在大风大浪中，主舵的人不管事，一味叫人撑篙荡桨，其危险何可胜言！（拍手）所以本院对于军机不负责任一层，一定要弹劾的。（拍手）仍有一说，今日两道旨意足见我皇上、我摄政王地负海涵、大公无我，全院议员无不俯首钦服。惟前两道上谕，虽经特派员解释，谓对于监政处、民政部不过是个咨询。既是咨询，似不应公布。一经公布，便于直接请旨裁夺之《院章》觉有未合。军机对于此事，不能力争，便是失职。此后本院具奏之件，折内宜将请即直接裁夺一层委婉陈明，免致后来手续又加繁剧，且于立法、行政界线，易滋淆混。方才阎议员所说的即是此意，本议员甚表同情。

151号（黎议员尚雯）：我国近年来内政、外交，弄得这样坏，皆由于军机大臣不得其人。现在军机大臣既然不负责任，就不应用不负责任的军机大臣主持国事，应赶紧组织负责任内阁，并不得用现在不负责任之军机组织之。至弹章，应罗列近年内政外交之种种失败，皆由于军机大臣不负责任所致。危而不持，颠而不扶，此等不负责之军机尚可容留而不去之耶？

196号（牟议员琳）：前天下两个上谕，一个是交盐政处察核，于《院章》请旨裁夺之意不合，既系军机大臣署名，而不据章奏陈，所以弹劾军机大臣的奏案因而发生的；至于不负责任的问题，此是关于制度问题。现在当内忧外患之时，固不容有不负责任之大臣。然军机大臣不负责任，不自今日始，若以不负责任为弹劾之根据，未免不合。所以我们上奏，当主张组织内阁，促其同负责任，不必再以弹劾为题。

107号（李议员[榘]）：取消奏稿之原因，为今天已有交旨，军机处将手续错误改正过来。惟前次议决之议案是弹劾议案，其原因有二：一是因两道上谕；一是因为答覆说帖不负责任。现在取消是取消奏稿，不是取消弹劾。据本员意见，作为讨论终止，不必再付表决，即请上次六个人另行起草，不然又要耽搁工夫了。

126号（陶议员镕）：对于牟议员所说"军机大臣不负责任不自今日始，不能弹劾"这句话不赞成。从前不负责任无实据，今既有答覆书，就是军机大臣不负责任的实据。我们中国的人，无论自上至下，都不能说不负责任，何况军机大臣？他说不负责任，我们一定要弹劾他的。

190号（吴议员赐龄）：牟议员所言前日议题不适用，乃一个人的意见，不是全体议员的意见，万不能再行表决。

148号（陶议员峻）：军机大臣不负责任，那是向来的习惯。本院议决的事交部察核，现在虽然有这两道上谕，这是本院争出来的，并不是他负责任。就是他不负责任，我们总要叫他负责任，所以一定要请朝廷速行组织责任内阁。因为有负责任内阁才有国家，有国家才有皇上，所以国家责任是不可无人负担的。若军机大臣不负责任，就不可不弹劾。现在中国内忧外患，而军机大臣敢忍心害理，对于国家的事情不负责任，我们岂可如此罢手？（拍手）

177号（李议员文熙）：现在并没有不主张弹劾军机大臣的话，军机大臣不负责任，可以作为议题，我们即当另起奏稿具奏，何必多为讨论，徒费时光。现在的讨论已分两派：一派是主张继续上奏；一派是主张另行具奏。何不就此两派即时决定。

190号（吴议员赐龄）：籍议员的报告书说得很明白，籍议员是代表六个人的意见，并没有说是全体不合，不过是一半不合。现在将不合者取消就是了。（拍手）

110号（于议员邦华）：本员的意见亦是吴议员的意见，李议员所谓分两层，那天研究的就是以不负责任为前提，因为不负责任事情很大，所以现在的奏折不能全改。我们所弹劾的是弹劾他不负责任，大家已经表决过了，就请议长另行指定起草员，不必分一层、两层的表决。

49号（赵议员椿年）：照《议事细则》一百零九条规定，就可以作为议题，不必再付讨论。

134号（余议员镜清）：这件事情已经三分之二表决过了，不必再行讨论。

112号（陈议员树楷）：上次取消奏稿时候已经认为议题，不过一层是取消奏稿，二层是表决一个弹劾案，不必再行研究。请即付表决就是了。

190号（吴议员赐龄）：起草员既已说明，万不能再行表决。

180号（刘议员纬）：取消文章并不是取消弹劾案。

151号（黎议员尚雯）：就是起草员修正为是，不必再行起草。

75号（长议员福）：前拟弹劾军机大臣，因其违背法律，是以用二十一条规定。现在仅谓不负责任，然所谓不负责任者，究竟是否违背法律？请诸位研究研究。本员非谓军机大臣不应弹劾，《院章》既无弹劾明文，不如不提弹劾字面，只说军机大臣不负责任，请设责任内阁遵章具奏。

148号（陶议员峻）：取消是取消文章，照二十一条所说军机大臣侵夺权限，违背法律。于何处见得？就是这个资政院之权限，军机大臣本已侵夺。因本院力争，才有今日之效。争之则收回，不争则失去。前天两道上谕，正是证明军机大臣侵夺权限的地方。我们弹劾他，不是在违法一方面。

117号（雷议员奋）：前天所发生弹劾军机大臣的问题，现在拿这个奏稿已经表决取消了。后来又生出一个问题，说我们资政院要弹劾，必须通过三分之二以上的人，到底没有取消？还是拿奏稿一块儿取消呢？因此生出这个问题，有种种的议论。有人说作为两层：第一层是取消奏稿；第二层是作为议题，这个议题要行讨论表决，这一层非常的危险。本员想起来，比方拿这个"弹劾军机大臣"六个大字，要请资政院表决，现在准不够三分之二以上赞成。（拍手）因为不够三分之二以上赞成，就不能通过了，这个议题就不能成立的，还是要另起炉灶。我们议员既表决，现在资政院里头分为二派，是非常不好的。本议员以为，今天不应讨论下去，若再讨论，可以令政府一方面知道我们资政院议员的内容，非常的不好。"弹劾军机大臣"这六个字，是一个题目，做一个奏稿，折子上所讲的话，就是我们资政院所议决的话。弹劾军机大臣，至多有一半赞成，有一半反对而已。如果说现在军机处既不负责任就要废军机处的，一废军机处，就要设立责任内阁。若照这个样子问大家表决，一定可以得多数赞成的。废军机处、立责任内阁的理由在什么地方？就在军机大臣不负责任的地方。军机大臣对于中国内政外交不负责任，还有种种的事，都在不负责任之中。打算组织责任内阁，就不能不说到军机处。军机大臣种种不负责任，就不能不说军机大臣种种败坏国家的情形。这都是资政院要讲的话，这篇话大家一定都赞成的。"弹劾军机大臣"六个大字，若是讨论无已，恐因此一天闹一天。本员意见，可以不必再行讨论这个议题，起草可以由议员自己起草，不必由议长指定。前天议决的结果，六个起草员不必分清楚，因为议场公共的意见，还是委托前次起草的人，作一废军机处设立责任内阁奏稿，而申明军机大臣不负责任等之理由。一篇文章出来，再请大家表决，我们全体议员应该没有一个不赞成的。起草员起出草来，赞成不赞成，在我们，不在题目。本员的意见就是想起草员再作第二篇文章，废军机处，设立责任内阁。

190号（吴议员赐龄）：本员对于雷议员的说话，我们资政院自立的地位很危险的，资政院之表决若是有异议，当即时再行表决，断不能于全体表决之后，再自行取消，这没有如此办法。不负责已经成为一个议题，今天籍议员所说，试问是否代表六个起草人的意见？如果代表六个起草员，已经说得明明白白，说前日议决的结果有两个条件：一件是根据两道上谕；一件是军机大臣不负责任之答覆。今天因为奉到两个交旨，所以条件取消一半，但那一件是文章，不是弹劾军机大臣之议题，何得再付表决？照雷议员所说拿这件事情，另作为一个题目再行表决，还要经三分之二以上赞成，则资政院表决事情，可以随时变更。我等资政院之地位岂不十分危险吗？

148号（陶议员峻）：雷议员方才所说的话，把这件事情作为一个单提案，恐怕本院通不过去。因为本院显然有二派：不过一派是民选的；一派是钦选的。据本员看起来，议院责任在于维持国家的安宁，军机大臣不负责任，置国家安宁于不问，我们百姓就危险得很，所以民选议员要弹劾他。但如果国家亡了的时候，试问钦选议员还能坐在这个地方吗？现在我国家到这个地步，大家想一想，是谁之咎？本议员想起来，我们议员之中决没有人为军机大臣袒护，而置国家之危亡于不顾的。军机大臣虽不负责任，我们决不能不负责任。既负责任，应说的话就该说的。若说军机大臣不应弹劾，就有害于国家，有害于人民，请诸位注意。

74号（陆议员宗舆）：现在的问题，大家讨论的很多，无非是说军机大臣不负责任，因是主张弹劾，但论事须要平心静气。我们资政院是尊重法律的地方，说一句话均要根据法律，且国家现在的制度亦不可不考求。即如弹劾的问题，照外国国会弹劾内阁大臣的办法，经上下两院议决上奏之后，不是解散议院就是政府辞职，而中国现在制度，凡有上奏权者皆有弹劾权，即以一个上奏权之作用便可弹劾政府，是照我中国旧制说来，弹劾军机大臣本不费事，正不必如今日资政院议员以二百人之多，讨论至三四日之久，尚未见解决也。但是今日资政院以全院议员议决弹劾，自须分明，非一个人之弹劾权可比。其弹劾之效力结果，诸君正宜细心研求，应如何而能显出资政院之弹劾权。然而《院章》二十一条只有请旨裁夺，而今日之对待者，又是乾隆以来旧制相沿之军机大臣，并非责任内阁，是决不能有外国国会对于政府的效力。照本议员看来，还是不要轻用这个弹劾权的好。原来这个弹劾问题，是根据前天两道上谕，但今天上谕下来，已经对于本院所奏云南、广西的两件案依议，可见我皇上、我摄政王知道我们资政院是立法的地位，是很尊重的。今天若再行弹劾，则将没有根据了。没有根据的弹劾，恐怕没有什么效力，则未免本院轻用弹劾权了。原来军机与各部为国家行政机关，资政院为国家立法机关，我们资政院对于国家有极尊严极重大之赞襄的责任，并不是纯然与政府为难，就算尽了本院的责任了。必须想到要尽责任的实际，方不失朝廷设立本院之本意。前次开国会的谕旨，本有预即组织内阁一层，现在为实际有益的着想，自不如请即组织内阁。今若弹劾军机大臣，就将乾隆以来的制度不合的说起，不但代远年湮，就是弹劾上去，恐皇上也没有办法。所以还是从实际有益的着想，奏请即行组织内阁，而内阁未成以前，则请明定军机大臣责任，方是个办法。又还有一层，方才陶议员说钦选议员与民选议员如何，这个话是不对的。本院议员无论钦选、民选，对于国家都是一样的责任。愿大家都平心静气把国家的各种机关日求改良，方才可以上对皇上。并不是天天与人争权作难，便算是我们议员的职任。

110号（于议员邦华）：陆议员的话井井有条，本议员很赞成的，但是有一句质问的话，这责任内阁未成立以前，军机大臣就可以不负责任吗？

74号（陆议员宗典）：也有应负之责任。

110号（于议员邦华）：责任内阁未成立以前，军机大臣要是办事不能称职，到底是应该弹劾不应该弹劾？

74号（陆议员宗典）：看他那一事是侵权，那一事是违法也，未尝不可弹劾。

110号（于议员邦华）：试问不负责任是违法不违法？

74号（陆议员宗典）：本员是要请明定军机大臣责任。

110号（于议员邦华）：不但军机大臣不能不负责任，就是我们全体议员，都不能不负责任。试问议员负的是什么责任？就是请朝廷从速改良政治机关，故［从］速组织责任内阁也是第一层办法。但现在只可研究弹劾军机大臣的问题，有说可以弹劾的，有说不可以弹劾的，究竟的意见是一样的。但是说没有根据，这个话可是不对的。军机大臣之有副署是乾隆以来的旧制，而副署可有副署的责任，况且照院章第一百十六条，⑪本院可以具奏。军机大臣如果不负责任，就是对于国家有危险的事情，为什么不具奏弹劾呢？方才所谓取消的是取消奏稿，并不是取消弹劾案，一个议题断没有表决两次的道理。前天表决的时候，也预料必有今日之上谕，军机大臣虽然不保护资政院，而皇上的意思总要保护资政院。我们要弹劾军机大臣，正是感激皇上的意思。若是不弹劾军机大臣，就是资政院不负责任的证据。如果当内阁未成立以前，军机大臣既不负责任，而资政院又不负责任，天下事尚可问么？

126号（陶议员镕）：陆议员的话是很不对的。天下事断没有不负责的，就是乾隆年间专制时代，军机大臣亦无不负责任的道理。我们弹劾军机大臣，是我们议员负责任。陆议员说我们与政府争意见，试问议员与政府意见可闹，不过我们欲尽责任，即不能不弹劾政府。此事现在不必讨论，请议长指定起草，另作文章就是了。

117号（雷议员奋）：今天议决弹劾军机大臣的问题，二百议员都应发表意见，不要存一钦选、民选的心事。方才陆议员所主张的对于军机大臣也是可以弹劾的，因为弹劾本是我们资政院之权柄，照《院章》有具奏的权利，所以就有弹劾的办法。陆议员意见以为，资政院弹劾之权与御史一样，不过情形不同，所以全体所有之弹劾权不可轻用。弹劾奏折一上，但总要有效力，大概宗旨如此。本议员以为，资政院不必一定是法律的问题才想法子去办理，我们要有正式眼光、正式手段改良中国政治。现在政府要是将法律去办，恐怕政府还没有这个程度，这是第一层。第二层，资政院的弹劾权有多少的时候。诸位必要知道只有三年，宣统五年就要开国会。未开国会以前，本院的弹劾权，只有三次。如果要用弹劾的时候，现在就可以用的。上谕说宣统四年就要组织新内阁。我们资政院要想到宣统四年，就要将内阁组织成了。但在新内阁未成立以前，就可以弹劾，若到资政院闭会之后就不能弹劾了。要说到明年再弹劾，恐怕明年开会的时候，军机处就没有了。然则如此说来，是我们资政院只有这个时候可以弹劾军机大臣的，然而不是这个意思。我们现在对于设立责任内阁的机会，就多一层力量。如果责任内阁早一天成立，国家就早一天有好处。这个问题，前天已经议决的。今天上谕下来就作为罢论，因为要弹劾军机大臣，不过是要法子组织新内阁，不能不从此入手。本员的意见，以为这个问题不必根据于法律，然后可以决定要用正式的眼光、正式的手段去办。方才本议员说不宜再讨论，是本议员对于今天议场用正式眼光看出来大家对于此案都有同心，不怕不能成立。所以陆议员的话也不是不对的，但现在不能用这个话去解决军机大臣之责任，至于别的方法，也不能适用的。

190号（吴议员赐龄）：陆议员方才说弹劾的事情，要异常慎重，试问资政院全体表决是否应该郑重？当初表决之时，如果不以为然，该议员就应该提出意见，况前天表决的系以不负责任为前提，不能遇今天的上谕就将前天的表决全行取消。现在只问起草员的代表籍议员，原定六个人还担任起草与否？况议案表决之后，万万没有作废的道理。不过对于此案，无非把此篇文字变更，断不能将已决之案再付表决。试问陆议员说我们资政院亦有辅弼责任，究竟我们责任与政府负责任是相同不相同？我们资政院议员以保护资政院应守之法律为责任，军机大臣以保护军机大臣应守之法律为责任，是绝对不相同的。陆议员说上奏的案子，先要看效果如何？试问今日若未交旨，即照原折上奏，贵议员能否推定将来的效果？

109号（籍议员忠寅）：今天大家为这个问题讨论得很久，相持既久，语渐激烈，可是这个时候没有几个人说几句平心静气的话。本议员想这个问题，总是不能解决的。本议员有个解释的话，有个调和的话。先把吴议员质问本议员报告起草意见的话回答一遍，本议员以先报告说，我们起草员对于本院意见有代表性质，本（院）[员]已经声明在先。至若奏稿，与从前的情形不同，已经咨询本院取消，但是本员先说取消的一半，没有取消的一半。其取消的就是这个奏稿，不是这个议题。以前天大家表决过，本员也不敢说取消。不过这个议题一半的理由是根据前天的上谕，一半的理由是说军机大臣不负责任。现在已奉上谕，所以将前奏稿取消，究竟与议题毫没有关系。就是奏稿取消，议题自然还是成立，并在已经表决的议题照法律上说不能无故取消，就实际上说，无论有无前天的上谕与今天的交旨，到底军机大臣对于自己责任有缺点没有缺点？如果没有缺点，我们就不能上奏。若不能负责任，就算是有缺点，我们资政院既有上奏的权限，就有弹劾他的权限。这道议题一定不能取消的。大家争论的话，本议员想起来可以用一句解释他，其实大家争论的地方，就是一方面说不应该弹劾军机大臣，只要说军机处制度不善，须请裁撤军机处，赶紧组织责任内阁以代军机处。就是

（向）［像］本院的议员，一方面说军机处因为该大臣等既不负责任非弹劾不可；一方面说不要弹劾。两面反对之话，越争越激烈。但是这个问题既已成立，可以就这个文章要想到设责任内阁裁撤军机处，以这个主义为主义。试问如（果）［何］要设责任内阁？因为军机处不行。试问军机处如何不行？因为军机处不负责任。试问军机处如何不负责任？就应当引证军机处所有一切不负责任的话，然后可以说到赶紧设立责任内阁的地方，说到这个地方就算军机处的缺点。将来起草的人必定把这个意思全加入奏稿上。至于归宿的地方，还是说军机大臣不负责任。军机大臣不负责任，就不能尽军机大臣之职。到底怎么样？还是说军机处不行，请设立责任内阁，以责任内阁为归宿。若说到与以相当之处分，这是很难的。我们资政院对于各省督抚也没有请到一点处分，想此次弹劾军机处，也是没有一点处分的。在我们何故要上这个无效力的折奏呢？因为目的所在，必请设立责任内阁。要说设立责任内阁的理由，就是说军机处不负责任。就这个文章，岂不是两方面一样的？至所争弹劾、不弹劾的问题，奏折上也能有"弹劾"两个字。无论主张那方面的话，奏折总是上的。上次由议长指定起草员，恐此次再须斟酌。我们起草员并没有他项的意见。还是请议长另行指定起草员为好。

67号（王议员璟芳）：今天研究的是弹劾不弹劾的话，据本员意见，弹劾上奏的意思是很赞成，但是这个上奏案与前次不同，前次是据《院章》二十一条的。至于所谓"弹劾"的字面，《院章》上却没有的。既然只说军机大臣不负责任，将来具奏是否可以再据《院章》二十一条？在本员以为，不如用《议事细则》一百零六条为好。我们说军机大臣不负责任的结果，就在要设责任内阁。此次具奏案不当就完全弹劾军机大臣立词，请议长即刻指定起草员就是。

153号（易议员宗夔）：请议长照籍议员的意见指定起草员，现在应作为讨论终止。

117号（雷议员奋）：请议长或另指定起草员，或仍请原来六人。

各议员呼"赞成"。

161号（张议员之锐）：今日所议弹劾军机大臣，众议员争执之点有二：一是说要弹劾军机大臣；一是说不必弹劾军机大臣。其主张弹劾军机大臣者，又分两派：一是主张弹劾大臣不负责任；一是主张设立责任内阁。本员意见以为，今日弹劾军机大臣，乃自然人上问题，设立责任内阁乃机关组织上问题，不得即以现在机关组织之不良，借此转环末减军机大臣不负责任之罪。若现在军机大臣如此腐败，资政院不极力弹劾，使之去位，则将来设立责任内阁，仍必滥竽其间。恐新设立之机关，又被若辈弄坏了，万不可一误再误。

110号（于议员邦华）：军机大臣不负责任，就是因他个人不负责任，我们所以不能不弹劾他。

议长：现在作为讨论终止，可以不必发言。

议长：这个议题还是另作一个议题，抑仍接续前天的议题？

115号（许议员鼎霖）请发言。

众议员呼"讨论终止"。

115号（许议员鼎霖）：本议员两次发言，没有机会。讨论终局不能发言，载在《议事细则》。而《议事细则》一人不得数次发言。今日大家有发个六七次的，本议员此次并且要请议长允许登台发言。

议长：可以登台发言。

115号（许议员鼎霖）：方才籍议员说要各位议员平心静气，解释这个问题，本议员很佩服的。但此问题，据本员看，议长已说明先行表决取消奏稿。既说先取消奏稿，自然是后表决军机大臣不负责任，要设责任内阁这个问题就解决了，又何至讨论到两三点钟之久，耽误有用的时间。本议员看此问题须将弹劾理由说明，大家即可释然。若说军机大臣谋反、叛逆，何能得本院赞成？若说军机大臣不负责任，必至亡国，无论钦选、民选议员均皆赞成，即受军机大臣私恩之人亦必赞成。盖国亡，军机大臣何能独存？军机大臣私人亦同归于尽，焉有不愿意他负责任的？（邵羲请发言）我说的话是很有趣味的，请大家注意。本议员意见，只要弹劾军机大臣制度不好，逼他们赶急设责任内阁，钦选、民（注）[选]的议员自然无不赞成的。请议长作为讨论终止，指定起草员，至于这个议题就是"不负责任，要设责任内阁"，何必再多讨论？

议长：这个具奏案的议题，似仍以"不负责任"几个字为是，按照这个议题即请原起草员再行起草何如？

107号（李议员桀）：请由议长指定原起草员或另指起草员，不能问原起草员愿意不愿意。

议长：原起草员六位，现在已有一位请假，还是另行指定罢。

议长：起草员仍指定六位，由秘书长报告。

秘书长报告起草员姓名：

邵议员羲、孟议员昭常、易议员宗夔、顾议员栋臣、李议员文熙、籍议员忠寅。

议长：现在开议，按照议事日表，第一是《修正报律》条文议案再读。

153号（易议员宗夔）：这个《报律》第十一条是前天特派员提出修正的案，据本议员意见，特派员照例不能提出修正案，照《议事细则》六十六条说得很明白的，看这个条文，只有军机大臣及各部行政大臣提出修正案。至于特派员，是不能提出修正案的。但是那天本（员）〔院〕疏漏通过，也不能怪特派员，也不能怪议长。本议员还是请取消这个特派员的修正案为好。

137号（邵议员羲）：这个十一条修正案，前次会场已经本院表决过，不能轻易取消。惟当表决的时候，已在休息重入会场之时，此时人数是否在总数三分之二以上，议长并未报告人数，故本议员对于前次表决颇有异议。应请议长照《议事细则》七十五条，再行使反对者起立而反证之。

153号（易议员宗夔）：本议员看法不必另行表决，因为政府特派员是不〔能〕提出修正案，须是从根本上解释的。若是特派员随意用纸条写几个字就作为修正案，没有这个办法；并且法典股说修正案若不交审查，法典股也要全体辞职的。

137号（邵议员羲）：无论政府与议员提出来的修正案，若既经本院表决，即可取消，此例是很不好的。惟本员对于前次表决颇有疑义，故请议长或用无记名法再表决一次或使反对者起立以反证之，究竟前次表决是否多数赞成。

153号（易议员宗夔）：本议员还是赞成不必表决此案，本院议员前次都有错误，这个错本院应该要认的。

110号（于议员邦华）：易议员要取消，邵议员〔的〕要再付表决，却是一样。其实"摘发阴私"四字，现行律尚未颁布，所以特派员的修正案本来不对，应该取消的。

148号（陶议员峻）：照《议事细则》六十六条看，那天特派员提出修正案，特派员及本院议员都有错误，就根本上说错了的应该更正，但是这一条特派员修正的并无恶意，不过"摘发阴私"四字，太无界限，所以应当改正的。

153号（易议员宗夔）：现在既要取消，不必讨论。

151号（黎议员尚雯）：据《议事细则》第七十五条，其表决若有疑义或议员提起异议者，应令以为否者起立。前次表决之件既有异议，还是从根本上解决。取消特派员的修正案就是保全《院章》。

议长：修正案上回已经表决，今天如要取消，即应再行表决。

117号（雷议员奋）：本议员赞成邵议员的倡议，前天我们资政院表决特派员修正案，本是多数赞成的。今天由易议员倡议，既然有点异议，就请议长把这个第十一条再付表决，与章程毫无妨碍。

73号（汪议员荣宝）：照《议事细则》七十五条，议员对于表决可以提出异议。现在既有人提出，应该照《议事细则》办理。

议长：现在是表决撤销政府特派员的修正案，还是用反证法？

148号（陶议员峻）：反对政府特派员修正案第十一条的就可起立。

议长：是否用反证法表决之后，重新讨论？

48号（陈议员懋鼎）：还是先表决反对第十一条政府特派员修正案的。

137号（邵议员羲）：反对政府特派员第十一条修正案，可以要他起立，以便证明起立者是否多少。

153号（易议员宗夔）：这是作为两次表决。第一是问特派员可以

提修正案不可以提修正案？（语无毕）

声浪大作。

117号（雷议员奋）：邵议员倡议是根据《议事细则》七十五条，与易议员之结果相同。请议长照邵议员倡议，请大家表决就是。以政府特派员的修正案命秘书官朗读，请反对者起立。如果多数反对，就行取消，然后再将股员会的修正案重新讨论，再付表决。

议长：先表决撤销政府特派员的修正案如何？

117号（雷议员奋）：先表决撤销不甚好。

80号（劳议员乃宣）：邵议员倡议前天表决人数不甚明晰，不知果是三分之二否？今天表决，请先数议场的人数。

议长：今天到会的一百四十六人。

80号（劳议员乃宣）：现在已有离席的。

议长：现在由秘书官朗读政府特派员的第十一条修正案。

秘书官（曾彝进）朗读特派员修正案第十一条。

议长：现在朗读过了，以为否者请起立。

众议员起立。

秘书官点计人数，报告起立者九十一位。

议长：多数，政府特派员提出之修正案第十一条否决。

52号（毓议员善）：请议长将股员会修正案再付表决。

110号（于议员邦华）：本议员有个修正案。

议长：股员会修正案第十一条，陶议员有修正案，由秘书官朗读。

秘书官（曾彝进）朗读陶议员峻修正案第十一条。

议员有呼"不赞成"者。

议长：于议员邦华修正案第十一条由秘书官朗读。

秘书官（曾彝进）朗读于议员邦华修正案十一条。

众议员呼"赞成"。

议长：现在表决。

73号（汪议员荣宝）："诬损"二字与"专为公益"一句不甚联络。

110号（于议员邦华）：没有什么不联络，只注重在专为公益起见，因为此一句可以把并无恶意及不是摘发阴私的意思全（抱）[包]括在内。

137号（邵议员羲）：于议员修正案宜稍为改正"诬损"二字，似应改作"损害"。

153号（易议员宗夔）：条文愈简愈好，于议员修正案很简的，所以很好。

137号（邵议员羲）：据于议员修正案，但是"专为公益"字样是重复的，所以这几个字颇不妥当。

73号（汪议员荣宝）：本议员声明股员会修正的意思，原案"毁坏人名誉，不论有无事实，报纸不得登载"，是采用不论事实主义，众论以为太苛刻，各报馆陈请书多陈请采用事实主义。故股员会决议删去"不问有无事实"一语，而于条文内增入"证明事实"字样，此是采用报馆的陈请。现在既据特派员说明采用事实主义，将来于实行上有许多不便。本股员会亦并不一定主张，请诸君详细讨论。

110号（于议员邦华）：可以改正。

议长：于议员的修正案、邵议员又加以修正，由秘书官朗读。

秘书官（曾彝进）朗读邵议员羲修正于议员修正案第十一条。

73号（汪议员荣宝）："但"字可以改"其"字。

议长：照汪议员所改，由秘书官再读一遍。

秘书官（曾彝进）朗读汪议员修正于议员修正案第十一条。

议长：现在表决于议员修正股员会的修正案第十一条，请赞成者起立。

议员多数起立赞成。

议长：多数。

议长：现在朗读雷议员修正案第十二条。

秘书官（曾彝进）承命朗读雷议员修正第十二条条文。

议长：请雷议员说明理由。

117号（雷议员奋）：这个没有什么理由可以说，就是第十二条，照股员会修正案，凡是关于海陆军秘密事件及国家政治上的事体不得登载。本议员的意思可以为海陆军秘密事件，这"事件"二字可以删去，有底下"事件"二字就可以包括海陆军的事件，有这"秘密"二字可以稍微限制。

议长：大家有无讨论？现在表决雷议员修正案第十二条，赞成者请起立。

议员多数起立赞成。

议长：多数。

议长：朗读第十三条股员会修正案。

秘书官（曾彝进）承命朗读第十三条股员会修正案。

议长：有无异议？

众议员呼"无异议"。

议长：现在朗读股员会修正案第十四条。

秘书官（曾彝进）承命朗读股员会修正案第十四条。

议长：有无异议？

众议员呼"无异议"。

议长：现在朗读第十五条修正案。

秘书官（曾彝进）朗读第十五条修正案。

议长：有无异议？

众议员呼"无异议"。

议长：现在朗读修正案第十六条。

秘书官（曾彝进）朗读修正案第十六条。

73号（汪议员荣宝）：本员对于以下数条文例尚有声明的地方，请诸君注意。旧报律的罚则是轻刑在前，重刑在后，皆云几元以上几元以下之罚金、几年以上几年以下之监禁，现在《新刑律》草案反之，是将重刑列前，轻刑列后，应改从一律。请诸君讨论。

议长：此是修改字句，俟三读时再行办理。

议长：众议员对于修正案第十六条有无异议？

众议员呼"无异议"。

议长：现在朗读修正案第十七条。

秘书官（曾彝进）承命朗读修正案第十七条。

议长：有无异议？

众议员呼"无异议"。

议长：现在朗读修正案第十八条。

秘书官（曾彝进）承命朗读修正案第十八条。

议长：有无异议？

众议员呼"无异议"。

议长：现在朗读修正案第十九条。

秘书官（曾彝进）承命朗读修正案第十九条。

议长：有无异议？

众议员呼"无异议"。

议长：现在朗读第二十条。

秘书官（曾彝进）朗读第二十条。

议长：有无异议？

众议员呼"无异议"。

议长：现在朗读第二十一条。

秘书官（曾彝进）承命朗读第二十一条。

议长：有无异议？

众议员呼"无异议"。

议长：第二十二条雷议员有修正案，现在先朗读雷议员修正案第二十二条。

秘书官（曾彝进）承命朗读雷议员修正案第二十二条。

议长：请雷议员说明理由。

117号（雷议员奋）：照股员会修正案第二十二条，是对于第十条第一项、第二项、第三项而言，不过第十条第一款是冒渎乘舆之语，第二项淆乱政体之语，第三项妨碍治安之语，第四项败坏风俗之语。据本员意见，以为第二项应另外有一种罚则，尚重一点。第（四）[三]项不应当比作一样，因为妨碍治安有种种的妨碍，种种的情形不同，且妨碍治安与冒渎乘舆、淆乱政体相同，比方报馆登载本是妨害治安，而没有第一项、第二项的事，所以第二十二条第三项，应当加在第二十三条上头。

议长：雷议员第二十二条修正案有无异议？

众议员呼"无异议"。

议长：第二十三条易议员宗夔有修正案，现在先读易议员修正案第二十三条。

秘书官（曾彝进）承命朗读易议员修正案第二十三条。

81号（章议员宗元）：请易议员说明理由。

153号（易议员宗夔）：现在我们中国监狱没有改良，监狱很黑暗的。办报的人都是文弱书生，不能以野蛮刑法待之，所以对于这文弱人的处分，当稍轻一点。

议长：汪议员有修正易议员的修正案第二十三条，现在由秘书官朗读。

秘书官（曾彝进）承命朗读汪议员修正易议员之修正案第二十三条。

153号（易议员宗夔）：还请议长将本员提出之修正案，先付表决。

议长：易议员修正案已朗读过了，赞成者请起立。

议员多数起立赞成。

议长：多数。

议长：二十四条易议员宗夔有修正案，现在先读易议员修正案第二十四条。

秘书官（曾彝进）承命朗读易议员修正案第二十四条。

129号（汪议员龙光）：对于这二十四条，本议员有一个讨论。这第二十四条是对第十一条而言。此次《修正报律》之意，注重全在第十一条，故第二十四条定罚，亦很不平等的。政府特派员解释损害名誉便是摘发阴私，虽经撤销不用，然大致解释实不外此。大凡阴私之最有关系者，不外官场与绅士。官场阴私必是于国家公益有妨害的，绅士阴私必是于社会公益有妨害的，然条文上既改明"为公益起见，皆可登载"，看来不可登载者只是一种无关公益之阴私，则坐落是一种不足轻重之人，且坐落是一种不足轻重之名誉，报纸决不至登载。即偶而登载出来，也不过是泄漏个人无甚关系之阴私。比较第十二条泄漏外交海陆军一切秘密政策，孰轻孰重，可不烦言而辨。乃第二十五条定第十二条漏泄政策之罚科，以二十元以上二百元之下之罚金；这二十四条定十一条泄漏个人阴私之罚，亦科以二十元又上二百元以下之罚金，这就很不对了。

153号（易议员宗夔）：本员提出修正案，方才汪议员的意见也是把监禁删去了。现在政府那一边要保全个人的名誉，不得不如此规定，言论自由也是很要紧的。

议长：第二十四条再朗读一遍。

秘书官（曾彝进）承命朗读。

73号（汪议员荣宝）：原来第二项、第三项还有语病。

议长：是否遗失一个"以"字？

153号（易议员宗夔）：没有遗失。

议长：现在表决易议员修正案第二十四条第一项与第二、三项股员会修正案，赞成者请起立。

议员多数起立赞成。

议长：多数。

议长：第二十五条易议员、雷议员俱有修正案，现在先读易议员修正案第二十五条。

秘书官（曾彝进）朗读第二十五条易议员修正案。

议长：请易议员说明理由。

153号（易议员宗夔）：第十二条是关系国家的，所以本员不主张去了监禁，对于十三条是没有监禁的，所以本员还是主张只有罚金。

议长：现在朗读雷议员修正案第二十五条。

秘书官（曾彝进）朗读雷议员修正案二十五条。

议长：请雷议员说明理由。

117号（雷议员奋）：本员这个修正案与易议员要去监禁的意见一样，其理由前天已经说过，今天可以不必说了。但是要把监禁删去，是根本上的意见，与易议员不同。为什么呢？照易议员意思，仿佛是违第十二条的重，违第十三条的轻，所以违第十三条者只处罚金，把这个"监禁"二字删去似乎有轻重之别。本议员所以要去监禁，不在轻重着想。照原案定这个处分，似乎轻重之际没有分别的，没有讨论的，照原案处二十日以上、六月以下之监禁或二十元以上、二百元以下之罚金，都是并行的。处监禁就不处罚金了，处了罚金就不处监禁了。所以股员［会］的修正案一个监禁、一个罚金，这两种都说是可以用的。现在就事实上着想，这个要删去"监禁"两字的理由有两种：一种是中国现在的监禁没有改良；二种是报馆的人都是文弱人，与普通人民不同。照现在的情形，若是把监禁去处报馆的人，他是断受不起的，这是一件。还有一件，本来当时定这个监禁甚妥当的，后来因为于事实上有妨害，所以本员以为只处罚金，把监禁删去，比方外国的兵船到了中国，兵船的人到中国犯了事，是应当处监禁的，但是受了监禁起来，外国人欠失了一个服务的兵，中国多了一个没有主权的人，所以就事实上看，有不方便的地方，只可以改作罚金，报馆人也是一样的。办报馆的人拿了许多钱去请一个主笔，今天把这个主笔的监禁，明天的报就不能出了，所以本议员把监禁删去，是事实上着想，不是轻重上着想，所以（违）［连］第十二条、第十三条均一律改作处罚金。

153号（易议员宗夔）：雷议员的话，本议员不以为然，这个第十二条关系很重要，把监禁去了，恐怕于国家前途有危险的地方。

110号（于议员邦华）：这个事不必讨论，有这个"或"字是个活动字样，或者处罚金，或者处监禁，就事实上看，两样都可以用的。

48号（陈议员懋鼎）：本议员的意见，赞成易议员的修正案，这个第十二条与前后两条轻重不同。第十二条是国家秘密事件，关系很重，虽然有个"或"字，两个办法是一样用，然而就事实上看，究竟监禁较重。既然较重，则情节较重者不能不监禁，还是照易议员的修正案为好。

117号（雷议员奋）：照陈议员所说的赞成易议员的地方，因为违背十二条泄漏国家秘密事件非常之重，应该处监禁不必处罚金。既是要以他的罪名为重可以处监禁，可以处罚金。按现在修正案，违背十二条者，其人处分还是个"或"字，并没有说定只取罚金。陈议员既要保全国家秘密的事件，就是不处监禁，只处罚金就可以了。

153号（易议员宗夔）：本议员修正这个事件，就是酌量情形，如果情节〔轻〕重的可以处监禁，不然就可以处罚金。

48号（陈议员懋鼎）：本议员的意思亦如此，对于雷议员尚有个意见，雷议员本来是因为监禁太重所以要删去监禁，是雷议员已认明监禁与罚金于事实上有轻重之辨，既是事实上有轻重，自不能不加分别。

177号（李议员文熙）：本议员很赞成易议员的话，国家立法用意在刑期无刑，至于违反法律，则所有处分，实系罪有应得。盖既构成犯罪，则为犯罪人不问为何等人格也。

190号（吴议员赐龄）：对于易议员的修正案不以为然而且断不适用的。现在的报馆无论定怎么重的处分，是不能办他的，因我国未能收回治外法权。秘密之事，外国及挂洋旗之报馆可以登载，我们中国之报馆次日就可以照转钞之例登载，其实制限本国报馆丧失新闻之效用而已。

151号（黎议员尚雯）：本员赞成雷议员的修正案，因为我国秘密事件只能秘密国民，其实外国报早已登载明明白白了。报馆热心人有时牺牲一二百罚金登载秘密事件如何种种失败，使通国皆知，大家谋一个补救方法，此等热诚，实由于忠爱而发自，应嘉奖之不暇，何得加以监禁之罪？若是恐该馆泄漏秘密事件，不准登载，凡对于国家一切事件，民人是断不会晓得的。所以本员赞成雷议员修正案，其意见如此。

153号（易议员宗夔）：这个事情要细心审定。办报的如果都像雷议员高尚纯洁是很好的。若是办报的人私通外国，将国家秘密事件泄漏，是断不能不定一个重大的处分，留了"监禁"两个字，还可以限制他。

117号（雷议员奋）：因为监禁同罚金相并，所以本议员把监禁删去。现在陈议员同易议员因为十二条情节太重，就可以讨论本员应有发表的意见。

110号（于议员邦华）：雷议员的意思是事实上一定要用罚金，他这个二十元以上、五十元以下之罚金，就可替二十日以上、六月以下之监禁，这是一个活的，两边都可全用。既然是个活的，何必又生出这个讨论？

117号（雷议员奋）：照陈议员、易议员所说的似乎泄漏外交上秘密事件，比方陆海军秘密事件，不想法子保全，于国家前途有非常之危险，那是不错的。但是要保全国家秘密的事件，可是担这个责任的不只是报馆的人。报馆的人他要登载外交的秘密同海陆军的秘密，他自有法子登载，自有法子维持报章。无论处二十元以上、五十元以下之罚金，二十日以上、六月以下之监禁，都不能限制他的。因为他要登载这个事就有法子，所以本议员［主张］《报律》把监禁删去，恐怕监禁太重，报馆人受不住，所以要删去监禁，这是就事实上看，也总是罚金。不过对于易议员所提出的，万一报馆的人私通外国，把国家秘密的事都泄漏，必定与以重罚种种情形，本员非常之赞成的。但是私通外国人，拿国家秘密事件同外国人做买卖，自己不肯登载。自己不肯登载，要外国人登载，那一定不值钱。而且既然登载报端，就不是秘密，所以私通外国，拿秘密私通，是另外一个问题，不是报馆的人，报馆的主义就是新闻，并不是秘密，说要保全秘密，是外务部的责任。若说一定要报馆的人想法子保全秘密，不能说的。我们定这个《报律》，就是限制报馆、保护报馆。还有刑律在里头，不能不郑重。既然是限制他，处这个罚金就可以了，万不至〔不〕处他的监禁。他自己不知范围的，这就是保全国家的秘密。有了这一条，地方官也可以随时范围，因为报律上是可以限制的。若是用监禁处分，报馆人是万受不了的。这就是明明把他报馆封起来了，所以我们对于秘密的地方，只处他的罚金，就足以了事。若是用监禁，是万不可行的。

59号（顾议员栋臣）：请议长计数，议场人数要到三分之二才可以表决。若不就人数表决，将来刑律草案四百零五条，还能通过？如果不到三分之二，今天表决的事，明天又反复了，这是很不好的。

议长：现在已经议到第二十五条，剩下几条再读就完了，但现在不到三分之二，照章不能开议。

117号（雷议员奋）：这个星期里头只有两个大会，明天星期六就可以开大会，还请议长咨询本院以为何如？

议长：这事还得斟酌，如果明天能开议是很好的。

151号（黎议员尚雯）：剪发易服事情就请议长咨询本院以为如何，以便赶紧交议。

议长：现在还有两件议案应付审查，就是本日议事日表第四变通《黑龙江垦务章程》、第五扼重农政以开财源[12]二案，拟今天把这两个案先付审查。

众呼"赞成"。

153号（易议员宗夔）：前天请议长知会步军统领衙门，请该衙门将顺治门不宜早闭，不知有着落否？

议长：此事同副议长商酌许久，不但各议员不便，就是于副议长也很不便，因为副议长住在顺治门外很远的，前天见着民政部的人说过一次，据云城门关不关，还在步军统领衙门，可先寄信知会，令其稍候。若是关了，再令他开，那是万万作不到的。

74号（陆议员宗典）：这件事曾奉谕旨，似乎可以请民政部查卷后援案咨请的。

议长：本日议事日表第六议设审查特任股员，拟指定十八人。

众议员赞成。

议长：现在由秘书长报告特任股员姓名。

秘书长承命报告审查变通《黑龙江垦务章程》议案及扼重农政以开财源议案特任股员姓名：

盈将军、刘道仁、李经畲、陈宝琛、李士钰、周廷弼、林绍箕、王佐良、宋振声、李湛阳、罗乃馨、吴德镇、许鼎霖、文龢、陶葆霖、康咏、王用霖、刘曜垣。

149号（罗议员杰）：各议员质问各部院衙门的说帖很多，请议长向政府催他赶紧答覆，因恐答覆不明，以便追加质问。如不从速答覆，本院散会时候亦快，就不能追加质问了。

议长：已经催过一次，现仍可再行催问。

73号（汪议员荣宝）：法典股员现在缺一股员，请议长报告。

议长：已经报告过了。

议长：宣告展会。

议长离席，各议员退出议场。

下午六点钟散会。

注释

① 为审查报告事。本月二十日本股开审查会审查陈请提议照约速定裁厘加税案。审查得洋货税向定值百抽五，再加子口半税为百分之七五。而子口半税又以口岸洋货多就地归商，化厘为税，实则化有为无，商埠日辟，子口税将同虚设。洋货税轻值廉，泂足以制内商之死命，固不如加至百十二五之为愈也。厘金不利于国，不利于商工业，而独利于中饱。巡丁留难需索，委员借端苛求，商民受困，莫不切齿，厘宜速裁，久为天下人民之公论。然裁厘必以加税为抵补之计。根据《辛丑约章》与各国协商实行裁厘加税，自是正当办法。惟裁厘加税，各国认为中国有利之事，自派商约大臣以来修订商约。英、美、日三国虽已就绪，其他各国，时越三年，尚未续订，而英国续订之约，复声明裁厘加税一事须各国一律允准后方可实行。查《辛丑和约》为十二国之公约，协定商约为公约中附加之一条件，与平时两国商约施行限满，彼此声明互行续订者有别。当商约大臣与英、美、日修订商约时，如萃十二国为一团与之磋商，谅不难迎刃而解。不知出此，先英而继以美、日，致使列国要求特别利益互相牵掣，有一国未经允许，虽已订之英、美、日三国商约，亦不能实行，此不能不认为失著之咎。按厘金之行，原属于军兴以来不得已之政策，即无抵补，犹当议裁，况既裁即行实行加税，借资补偿，复何所虑！本股员一再讨论，多数议决，应照章具奏，请旨饬下外务部暨商约大臣照会各国公使，根据《辛丑约章》将裁厘加税一事速与磋商，设法办到，并请旨饬下度支部将裁厘办法预为筹画，于国库收入既无所损，而商民困难亦从此尽释。上下交受其益，实为我国前途之大幸。应请议长咨询本院，决定施行，特此报告。税法公债股员长李榘报告。（"股员长李榘审查陈请提议照约速定裁厘加税案报告书"，《资政院知会、折奏、章程、说帖、质问、陈请等案件》之《资政院第十一类审查陈请各案件》，清末铅印本）

② 宣统二年十月二十四日交旨：军机大臣钦奉谕旨："督办盐政大臣载泽奏：查明云南盐斤加价，碍难再行加价，并办理此案原委一折，知道了。钦此。"（中国第一历史档案馆编：《光绪宣统两朝上谕档》，第三十六册，广西师范大学出版社1996年版，第420页）

"资政院前奏覆议云南盐斤加价一折，著依议。钦此。"（中国第一历史档案馆编：《光绪宣统两朝上谕档》，第三十六册，广西师范大学出版社1996年版，第419页）

"资政院前奏覆议广西限制外籍学生一折，著依议。钦此。"（中国第一历史档案馆编：《光绪宣统两朝上谕档》，第三十六册，广西师范大学出版社1996年版，第419页）

③ 度支部为咨覆事。清理财政处案呈准资政院咨，据查《院章》第二十条，"资政院于各衙门行政事件及内阁会议政务处议决事件，如有疑问，得由总裁、副总裁咨请答

覆"等语，兹据议员吴赐龄质问度支部明定各省谘议局交议预算事件说帖一件，业经咨询本院，决定应照章咨请酌定日期以文书或口说答覆等因前来。查吴赐龄说帖内质问之疑点有二：一在本部所发江、漾两电内所称"照录送交"等字是否即含有交议意思，抑另有通电？一在地方岁入未能划分，究竟各省地方行政经费岁出经谘议局议定后，是否就该省岁入总额内如数指拨，俾谘议局有所根据？查《奏定清理财政章程》第二十条第二项内载"各省预算报告册内款项属于地方行政经费，送谘议局议决，并将预算全册送供参考"等语，江电所称"照章先将局存地方行政经费底册照录一份，送交谘议局"者，即含有送局议决之意也。其漾电所称"照章将贵省预算全册抄录一份送交谘议局以备参考"，乃系查照《清理财政章程》第二十条第二项，送供参考，此外并无他项通电。至各省谘议局既对于地方行政经费有议决之权，自可就款项内移缓就急，商酌修正，经修正决议后，应就该省岁入总额内如数指拨。惟岁出总数应以本部覆核之数为范围，期于国费无碍，相应照章备文，咨覆贵院查照可也，须至咨者。上咨资政院，宣统二年十月二十一日。（"度支部咨覆议员质问度支部明定各省谘议局交议预算事"，《资政院文案七种》之第二册《资政院第十七类各部院衙门咨覆各案件》，宣统二年油印本）

④（文）稣查本院《议事细则》第一百七条"议员依《院章》第二十条，欲质问各衙门行政事件，应具说帖，得三十人以上之赞成，由议长咨询本院决定之"等语。本员窃闻立宪国之通例，不能以命令变更法律，将以示全国有所遵守而不致于交相紊乱。惟我国现当预备立宪时间，所谓命令与法律之分，究应以何为标准？即如《谘议局章程》，在吾人之观念，固应视为一种法律，然究与经由议会之议决的君主之裁可之各种法律有无分别，是否纯然即为法律，抑仍属之于命令，固未敢妄为臆断。论人民遵奉之义务，则无论为法律，为命令，二者均应服从，但各有范围，各有效力。如上所指之《谘议局章程》，必须将其性质地位划清界说，庶得以明此时所以据者为法律抑为命令，而不致于动启猜疑。为此，谨具说帖会同规定赞成议员署名呈请。（"议员文稣具说帖质问宪政编查馆关于立宪命令事"，《资政院知会、折奏、章程、说帖、质问、陈请等案件》第八册《资政院第四类议员具说帖质问各案件其二》，宣统二年铅印本）

宪政编查馆于十一月十二日回覆：钦命宪政编查馆王大臣为咨覆事。准咨开内阁各衙门行政事件及内阁会议政务处议决事件，如有疑问，得由总裁、副总裁咨请答覆等语。兹据议员文稣提出质问宪政编查馆法律命令以何为标准说帖一件，业经咨询本院决定，相应刷印说帖照章咨请贵馆王大臣酌定日期以文书或口说答覆等因前来，原说帖内称《谘议局章程》在吾人之观念固应视为一种法律，然究与经由议会之议决得君主之裁可之各种法律有无分别，是否纯然即为法律，抑仍属之于命令，固未敢妄为臆断。论人民遵奉之义务，则无论为法律为命令，二者均应服从，但各有范围，各有效力，如上所指之《谘议局章程》，必须将其性质地位划清界说，庶得以明此时所依据者，为法律抑为命令，而不致动启猜疑"等语，查本馆会奏《谘议局章程》原折内载："中国地大民众，分省而治，各省之政主于督抚，与各国地方之治直接国都者不同。而郡县之治异于封建，督抚仍事事受命于朝廷，亦与联邦之各为法制者不同。谘议局之设，为地方自治与中央集权之枢纽。"又本馆议覆王大臣奏陈《谘议局章程》权限一折内载："督抚立一省行政最高之地位，求之各国行政长官为较广，则辅助行政机关之权限，自应与之相称。"又本馆议覆翰林院侍读吴士鉴奏请申明裁夺议案权限一折内载："谘议局之设系遵先朝谕旨，以为各省采取舆论之所，并为资政院储才之阶，所拟《谘议局章程》即本此两义敬谨厘定，原其性质，既与联邦议会不同，亦与地方自治有别，实介于二者之间，而为一时权宜之法。将来设议院时，资政院应即停止，其各省谘议局或改为各省议会，或改为自治议会，均须另定章程"各等语，因业经先后奏明，奉旨通行钦遵在案，是谘议局权限以与督抚权限相称为要义，即《谘议局章程》应以与各省官制相衔接为要义。现在厘定外省官制，其于各省督抚权限不能不有所更张，因而谘议局权限，亦不能不有所变通。本馆前奏既已声明此项章程为一时权宜而设，将来仍须另定等因，查吾国立法体例，权设之法向不入律，悉以为令，历有史册可稽，则在京外官制未经颁布施行以前，所有《谘议局章程》即应作为命令。兹准质问前因相应照章以文书答覆，为此合咨贵院查照可也，须至咨者，上咨资政院，宣统二年十一月二十七日。"（"宪政编查馆咨覆议员质问宪政编查馆法律命令以何为标准"，《资政院文案七种》第二册《资政院第十七类各部院衙门咨覆各案件》，宣统二年油印本）

⑤（文）龢查本院《议事细则》第一百七条"议员依院章第二十条，欲行质问者，应具说帖，得三十人以上之赞成，由议长咨询、本院决定之"等语，本员窃以为教育为立国之大原。一国有一国之国民，一国有一国之政策，则一国有一国之教育政策所在，则教育先之。普之于法，日之于俄，胥是道也。吾国办学，已及十年，仅具章程数十篇，虚示办法，而与各类应用之教科书则任其分歧缺略不相条贯，致令人手一编，各自为教，主旨既不尽相同，程度复不能一致，虽日言教育日谋普及，而所恃以整齐画一，造成一国之国民、推行一国之政策者果何在乎？此事关系极为重要。敢问学部，对于各类应用教科书有必应统由学部编发者，用何主旨归于一致，及能否提前办理，及时编订颁行，俾天下有所遵守？敬请议长咨询本院，如经决定，祈即照章咨请学部酌定日期，以文书或口说答覆，实为公便。（"议员文龢具说帖质问学部关于教育事"，《资政院知会、折奏、章程、说帖、质问、陈请等案件》第八册《资政院第四类议员具说帖质问各案件其二》，宣统二年铅印本）

学部为咨覆事。总务司机要科案呈准资政院咨开，据议员文龢提出质问学部办学主旨教科书事说帖一件，业经咨询本院，决定刷印说帖，咨请答覆前来。本部业已按照质问各节答覆，相应照章以文书答覆，咨明贵院查照可也，须至咨者。

计开：

查说帖内称"各类应用教科书应由学部编发，用何主旨归于一致，能否赶办及时编定颁行，俾有所遵守"等语。查奏定教育宗旨五条，忠君、尊孔、尚公、尚武、尚实，早经奉旨宣示天下矣。本部所编中学学堂及师范女学各种教科书内，均恪遵教育宗旨，而于世界大势、普通法理、粗浅艺术，无不择要纂入，以期养成立宪国民之资格，此编纂各书之主旨也。惟兹事体大，须借群策群力以图成，而非一手一足、一朝一夕所能骤臻完备。本部每编一书，反复考核，固有屡经删易而犹未能脱稿者，既不能仓促以出书，势必于私家著述，择其与教育宗旨相合者，审定而采用之，以资补助。所有审定各项书目，均随时颁行各省，俾资遵守。其未经审定者，不准任意使用，仍俟本部修订各书，一律齐全。即实行国定教科书主义，以期统一。此整齐教科［书］之办法也。本部所编初等小学各书，上年业已颁布，仍须陆续修改；高等小学各书，年内即可印行；其中学师范、女学等书，现已编纂，过年校订完毕，随即缮印，总以提前颁布为主。本部又经通过各省责成提学司担任翻印事宜，并于府厅州县各设发行机关，以冀全国一致。此颁布各书之计划也。上咨资政院。"（"学部咨覆议员质问办学主旨教科书事"，《资政院文案七种》第二册《资政院第十七类各部院衙门咨覆各案件》，宣统二年油印本）

⑥ **具说帖议员顾栋臣谨提出质问会议政务处事**

按《议事细则》第一百七条"议员依《院章》第二十条，欲行质问者，应具说帖，得三十人以上之赞成，由议长咨询、本院决定之"。本议员对于会议政务处有应行质问于下各事，开列于下：一、明年预算按照度支部奏交表册，岁入二万九千余万两，岁出需三万三千余万两，出入相权，不敷甚巨。前度支部奏请量入为出，奉旨依议钦此钦遵在案。本院此次合议，惟当仰体朝廷节用爱民之至意，将明年各衙门行政经费酌加裁损，以剂其平，但必先量事之缓急以为核减之标准。究竟各项行政，何者为急宜赶办，何者可暂缓扩张，应请会议政务处明示方针，宜审趋向。此宜质问者一。二、度支部造送预算册内军政经费，连陆军、禁卫军、军谘处、海军处一并合计，共库平银九千七百四十九万八千两有奇，而陆军部造送表册专就该部所辖各军、各学堂计算，已需库平银一万万零五十余万，加以禁卫军、军谘处、海军处及八月以复各省追加之陆军款项，彼此相差几及二千万两。两项表册均由会议政务处送交到院，同一预算何以有两部表册？同一机关何以咨送两部不符之预算表册？应请会议政务处宣示理由。此宜质问者二。以上两端质问事件，经规定，赞成议员会同署名应请议长咨询、本院决定，照章咨请。会议政务处王大臣即于日内迅速赐答覆须至说帖者。（"议员顾栋臣具说帖质问政务处关于预算事"，《资政院知会、折奏、章程、说帖、质问、陈请等案件》第八册《资政院第四类议员具说帖质问各案件其二》，宣统二年铅印本）

⑦ **具说帖议员刘曜垣为提出质问调查户口门牌式事**

查《资政院院章》第二十条及《议事细则》第一百七条"关于各衙门行政事件，如有疑问，欲行质问者，应具说帖，得三十人以上之赞成，由议长咨询本院决定之"等语，本员查《调查户口章程》所定门牌式样，奏开此式系用椭圆形，圆径一尺二寸，用洋铁，油白色，中用红字等因，谨按：此章程原系奏准颁行事件，若不遵章办理，则恐违背部章；若必遵章办理，多有窒碍难行之处。盖偏僻省分向无洋铁可购者，固不能行；即通商省分有洋铁可购者，而遵照此式圆径一尺二寸，每件门牌至少需银八分零，中国户数约在数千万，统计需银数百万。姑无论财力有未逮，而办理一新政已虚糜巨款（银数）如此，况且洋铁来自外国，中国无此出产，民政部当具奏时，有计及此漏卮否？现在各省因碍于部章，不敢擅改，其未编订门牌者占大多数，至各省会城市间有勉力遵办者，亦已大竭财力矣。本员尤有疑者，部章所定门牌式样圆径一尺二寸，而京城编订（编钉）门牌圆径不过三寸零，即以圆周算之，亦不及一尺二寸，究竟何时奏改？如未奏改，则京城办法显系违章；如已奏改，有无咨行各省遵照办理？无从得悉。本员因有所疑，谨提出质问民政部说帖一件，经规定赞成议员会同署名，应请议长咨询本院决定，照章咨请民政部，酌定日期以文书或口说答覆，须至说帖者。（"议员刘曜垣具说帖质问民政部调查户口门牌式事"，《资政院知会、折奏、章程、说帖、质问、陈请等案件》第八册《资政院第四类议员具说帖质问各案件其二》，宣统二年铅印本。另见"质问调查户口章程说帖"，中国第一历史档案馆藏民政部卷宗，档号：21-0451-0025）

⑧ 具说帖议员陶葆霖等谨提出为质问会议政务处事

　　查资政院《议事细则》第一百七条"议员依院章第二十条，欲行质问者，应具说帖，得三十人以上之赞成，由议长咨询本院决定"等语。查《资政院院章》第十四条第三项，税法及公债为资政院应行决议事件，是资政院成立以后，除各省地方行政所起公债，应由各该省谘议局议决外，凡关系全国利害，由中央政府所募集之公债，无论由外国募集或由国内募集，在各国通例，无不提出于议会。在常年会，固当包含于预算案中一并议决。若遇非常事变，有临时紧急之用，亦当召集临时会议决。诚以公债偿还之期，自数年至数十年或至永远无期，其负担不仅及于现在之国民，凡议会之精神，在国民监督财政，而公债实为财政中极重大之事。现在国会未开，而资政院实为国会基础，况公债之议决又明定于《院章》。故在今日，如起公债，当交由资政院议决，已无犹豫之余地。吾国现在预算不足至七千余万，民间财源枯竭，又无可加税，而救亡之策，无论经营何当，必须……募集外……荣枯非常重大，绝非一二语所能解决。其为今日必须研究之问题，则毫无疑义。今本院会期已经过半，未见政府提出公债议案，而报纸宣传则谓政府目前正在订借外债，其费途或谓扩张军备，或谓建设铁路，或为振兴实业之用，或以补预算之不足。议员等窃谓政府绝不至显违《院章》，侵夺本院权限，将募集公债一事不交资政院议决，惟既有所闻，不能无疑，究竟政府现在有无募集公债之意及与外人商订借债契约之事？兹谨提出质问会议政务处说帖一件，经规定赞成议员会同署名，应请议长咨询本院决定，照章咨请会议政务处，酌定日期以文书或口说答覆须至说帖者。(《资政院知会、折奏、章程、说帖、质问、陈请等案件》第八册《资政院第四类议员具说帖质问各案件其二》，宣统二年铅印本)

⑨ [议员潘鸿鼎等谨]提出为质问会议政务处王大臣对于江督反对宪政之意见事

　　查《资政院议事细则》第一百七条"议员依院章欲行质问者，应具说帖，得三十人以上之赞成，由议长咨询本院决定之"等语，兹谨提出质问会议政务处王大臣对于江督反对宪政之意见说帖一件，经规定赞成议员会同署名，应请议长咨询本院决定，照章咨请会议政务处王大臣，酌定日期以文书或口说答覆，须至说帖者。伏读十月初三日上谕，定于宣统五年实行开设国会，并饬内外各大臣协力进行，时艰共济。朝廷厉行宪政，有进无退，既为薄海人民所共信，然我皇上深虑各督抚借词延宕，贻误事机，于是复有十一日之谕旨。此时此境，无论明示反对或隐肆阻挠，有一于此，均足以摇惑众心，败坏大局。闻两江总督张人骏于累奉严谕之后，电致枢府，称"内阁权位太重，流弊堪虞；议员智识未纯，担负无力。趁资政院尚未开会，饬将预算国家税、地方税提前议决，暂令施行。果能行之无碍，然后于宣统五年内阁、国会，同时并举"等语，如是则与十一日上谕"决不使宪政前途少有窒碍"之语，显有触背。本议员等不敢谓督抚中主张速开国会者，即能办宪政之人；然确信督抚中始终反对宪政者，必为贻误国事之人。于此，有质问会议政务处王大臣者二端，分列如下：一、张督今日电致政府反对宪政，实足摇惑民心，政府是否可以置之不问？二、以始终反对宪政之张督，处两江重要之地位，能信其遵照谕旨，淬厉精神，妥速筹备，不致贻误事机否？（"议员潘鸿鼎等具说帖质问会议政务处关于国会事"，《资政院知会、折奏、章程、说帖、质问、陈请等案件》第八册《资政院第四类议员具说帖质问各案件其二》，宣统二年铅印本）

⑩ 周震鳞的《剪除辫发改良礼服》陈请说帖

窃维世界交通、政教、习俗，皆有日趋大同之势，而习俗之最普通为人类文明野蛮所表见者，莫如发与服之二端。欧西列强当未开明时代类皆长发，或用椎髻，或任乱披，或亦如中国今日之东辫；衣服之制，陈之博物院历史部，奇怪万状，莫可端倪，总之不外乎不雅不便者。近是日本维新以前，毛发衣服多沿袭中土旧俗，及明治天皇毅然图强，乃本赵武灵王胡服骑射精神，以断发改装率先天下振厉革新之气象，遂有今日。夫今世强国，皆由野蛮而进于文明，即由长发而进于短发，由不整不齐之古衣冠进今衣冠。横览全球，断发西装之邦居十之九，而长发古服之保存，除野番优人外，殆无有如中国者，岂世界文明先进国皆属无意识之举动欤，亦以长发古服不雅不便，与文明反对，即有不适于生存者在也。

先即断发一事言之，盖辫发之不能保存于文明之世者，约有数端。文明国军国社会之精神，全在尚武，军人施用火器杀敌致果，辫发有百害而无一利，非仅军容不美而已，我国兵备孱弱，将士文靡，一与敌遇，败溃相寻，其以辫发为累者实多。今既采列强征兵之制，即国民人人有充兵役义务，亦必人人发达尚武精神，则此妨碍尚武之辫发乌可再存乎？且入伍不可有辫发，退伍又不可无辫发，日后达于全国皆兵程度，其将全国人皆如今日留学生之假辫乎，此辫发之应剪者一也。

文明国机械学极其发明，气机事业遍立全国，海陆军外，如火车、轮船、蒸汽电气工厂等，国民营业其间，苟如中国之人人辫发，必日酿国民生命之危害。中国振兴实业，将来必求步武列强，若不剪去辫发，工人因畏危险而裹足，则气机事业必永无发达之一日，此辫发之应剪者二也。

文明国警察遍于全国，警士不能有辫，亦与军人工人同。吾国此时仿办巡警，则已推及京外，盘辫于顶而藏之，何若一刀而割断之，此其应剪者三也。

文明国国民最重卫生，卫生之道最重身体，贵有活泼精神，修洁态度，辫发被垂则拘苦牵掣，运动为艰，良短不齐，污浊不洁，有碍卫生，莫此为甚，此其应剪者四也。

至于外人指摘讪笑，交涉应酬不宜，此犹客观的研究，然中外互观，美恶毕见，辫发不适生存之理，从此益易起人决心，此其应剪者五也。

有此五者，故自吾国十年前上下倡言维新以来，有识之士多以剪辫为急务，始则仅见之言，轮近恒征之实行，昔之言论仅见于报章，今之言论腾诸奏牍，昔之实行仅之海外华侨留学生，今之实行则已风靡海内，由学生军人且于上级官僚，是则辫发也者一入二十世纪时代，实有天然淘汰，变亦变不变亦变之趋势也。朝廷百度维新，一切政治学术，不惜采取人长，与时变通。剪发一事，何妨因势利导，远师日本，近鉴朝鲜，出以一致之主张，灿新天下之耳目乎！此皆辫发宜立时剪之实在情形也。

至于服制一端，应分别常服、礼服。言之中国，常服訾议者尚少，以其寒暑迭更，结束甚易，原无不便也，惟礼服衣冠，妨碍尤多，极难即时改变。盖外人礼服皆甚简单，仅于常服之外袭稍长之衣一层，加佩徽章宝星，识别等级。中国则常服礼服画分为二，不能通用，大帽翎项袍套悬殊，酬应之际，拥肿繁难，既非美观，又不适体，且直间接发生奢侈骄惰之恶习。盖既有常服又有礼服，常服既分四季，礼服亦分四季，置求其备，劳费无穷，此直接所生之奢侈也。礼服衣冠，南必乘轿，北必马车，仆夫跟随，前扶后拥，无非为此不便之冠服所纠缠，比之外国，达日经车简从，人力车、电车、火车，独往独来，无异平人者，有霄壤之别。此中原因，非外人崇尚俭朴，与我独异也。徒以衣冠之累重，非假手车马仆从，无能为役，而间接奢侈骄惰之风由此生矣。试观我国官场贪婪卑鄙，世界所无，何莫非此纵侈无度所致。而纵侈无度，又何莫非此伺候冠服之仆从夫马所致。故欲矫吾国骄奢贪渎之弊，亦当从礼服改良着手也。改良之法，即废除大帽翎项袍套悬珠之制，而以常服外著行装马褂，另加徽便，帽前面系金石各色标识，以辨等级，如宝石项珊瑚顶等品级。以宝石珊瑚为扁圆形之珠，安于便帽前面是也。盖中国手织物之工业尚未发达，仅有棉丝织物以供全国之求，若如日本礼服全效西装，社会经济必立时受其影响，此又当于变通尽利之中，仍存维持社会之念者也。如此推行，既可革官场骄奢之风，复无工商失业之患，上下交便，官私咸宜，革新之道，似无有顺易于此者矣。此礼服极应酌量改良之实在情形也。

以上所陈，剪发则一与世界从同，易服则酌存中国固有，与日本维新礼服全效西装者有别，仍恐招世界之訾议，然亦不必虑也。外交官、海陆军巡警此时固已一律西装，学生操衣亦皆短服，将来毛织物需日多，政府即可渐从此方面提倡供给物之发达。如蒙古为世界第一产毛场，每年羊驼毛土货出口外人，仰为利源，此时注意蒙古实业者，即可以倡办羊驼毛织物为要端，待办有成效，力求扩张，由供给军警学生用品，其余推广为全国礼服西装质料，则日本今日西装程度，亦无难徐图步武。特变革时期，未可过促，预备五年十年之后，再议更张可也。震鳞等外审世局，内察国情，深以剪除辫发、改良礼服，于移风易俗、富国强兵有所裨益，兹特照章取具保结，呈请钧院核办，恳即采择议决奏请施行。（《大公报》，1910年12月6日第5版）

⑪ 按：这里的"院章"不是《资政院院章》的简称，而是泛指跟资政院相关的章程，具体而言，是《资政院议事细则》。也不是"第一百十六条"，查《议事细则》内容，应是"第一百六条"，此处当是口误。

⑫ **具案议员胡柏年等谨提出为提议扭重农政以开财源事**

查《资政院议事细则》第二十二条"议员欲就各项事件提议，应具案附加案语，得三十人以上之赞成，会同署名，提出于议长"等因，兹谨提出扭重农政以开财源案一件，遵照《议事细则》，会同署名，应请议长作为议题会议，须至提议者。

提议扭重农政以开财源案：

今日中国民穷财困，盖汲汲矣。自预算案出，明年出入不敷之数，至五六千万两之巨。全国之人惊惶失措，不止司农仰屋已也。于此而言，理财不能空言理也，必设法以生之。生财之道不外实业，然商务、工业固为生财之源，如遇水旱，农民歉收，将工失制造之材料，商失贩运之货物，而销售之利亦且减少，则国家赋税之所收入，又焉得不因减少也！且天下之农民必数十百倍于工商之民，天下之人仰给于农民，亦较急切于工商之民多。且急切者不注意，未见其能生财而骤富也。由是观之，实业固为生财之源，而农业又为他种实业之源。是以中国古时治水，教稼物宜土地，莫不著为政策焉。自汉以后至于今，盖有农业而无农政千余年矣。闭关时代，政简用约，但求苟安，故节流而已；可交通时代，政繁用广，难以支应，则非广开财源不为功。广开财源固莫重于农政矣，因拟订扼重农政办法如下：

一、因地势而分策农政之各要者，约有数端

1. 山林

山不尽山，亦有溪流，林不尽林，亦有禾稼，则山林办法又分为两种：

（1）高山大岭，宜令尽种林木，不准开垦作田。山高土厚，水泽必深，开垦作田，禾稼根浅，不足吸收。稍深之水泽，故遇旱即无收产，一遇大雨，尽山岭之水趋归溪涧，其流必急，已开之地，土质全松，必致冲坏，是水旱皆无利益。若使种树，如漆、如茶、如梨橘等类，其利甚大。而其根深，既不惧旱，又有树根草皮，固其土质，而不虞骤水冲刷。且山溪之水，即下游之河源，山水冲刷，挟沙泥以俱下，则下游河道因而淤塞，于人于己，利害相同，何如专种林木，有利而无害也。至于山麓近地，宜种漆、茶等树，以便收采，山中远地，宜种松、杉等树，以为材料，又宜分别。

（2）山坳熟田，宜令勤修塘堰以蓄水。山坳平地，苟为山水不能冲坏之处，必已成为熟田，其地势究较他处为高，苟其上有林木，亦不至苦旱。若林木不多，与去林木较远之处，则必勤修塘堰，或引溪流，开沟安闸，以时宜泄，或专蓄雨水，使之不渗漏，以为救旱之用。

2. 平原

原野广漠，皆水旱皆虑，究竟旱多于水，其预防与补救之法亦分二种：

（1）宜令乡村多种树木。森林阴浓，足以酝致云雨，蓄含水泽，故树多之处，旱灾必少。如纵横十里之地，即须种枝叶茂密之树，纵横二亩。

（2）宜经理沟洫，大小相通。平原无雨，全体苦旱，一遇暴雨，又复散漫漂流，以毫无收束之故。古者洪水之后，即以经理沟洫为第一要义，井田之制即借此以界划。今宜定制颁行，凡田如方五十亩，即四面皆开小沟以绕之，宽若干，深若干。如方二千五百亩，四面皆开大沟以绕之，又加宽若干，深若干。其广狭不等之田，均以此类。惟务使大小相通，以达于河。若雨少，则各闭沟门，留水以养田；雨多，则咸开沟泄水以避涝。

3. 川泽

川主流通，最忌壅塞。泽主渟潴，最忌淤高。古时河流，至今多湮没不可考。古时薮泽，至今多变为平畴者，皆由上游沙泥流下，渐致壅塞淤高之故。川泽既渐淤塞，而雨量水势皆有平均之数，不因受水区小而减少，则必与人争地，而堤防亟亟矣。甚且身高于两岸之田，在雨水期内，不惟虑外水之溃入，而内水亦不能泄出，坐视淹渍矣。进来沿江各省多被水灾，民不聊生者，皆以此也。今宜讲求政策，以复水田地中行之旧者，亦分两种。

（1）疏浚。凡言水利，疏防并重，究竟疏重于防。比如河深一尺，即两岸之堤皆加高一尺，两岸堤内之田亦皆加高一尺。堤之加高，犹易别图；田之加高，舍此无法。故宜注重疏浚，不使少有淤塞。如有新淤小洲出现，即宜割爱委弃，晓谕禁止，不得占为民田，而设法疏刷，以期渐致消灭，其办法更分为两项：

① 机器疏浚。大川大泽非人工所能及，宜联合数省购开河机器数艘，常年上下

驶行，疏刷一二年后，即收大效。

②人工疏浚。小河支流，止在一县或数县境内，止须联合数县或数垸以人工疏浚者，宜晓谕民间，劝令于冬季水涸时多取河土，转铺垸内之田以为肥料，且禁民不得拦河筑坝，以为渔业。

（2）堤防。疏浚之外，堤防亦宜措意，盖疏浚所以谋久远，堤防所以救目前。近日官绅多知办法，可不具论，惟绅办长于官办，以其利害关切也。

二、因职守而分策农政之进行者约有数端

1. 农工商部

此为最高机关。中国古时农政属于司徒，故汉犹以司农名官，后世户部专掌度支，不问农事。而水利又属工部，故近世户部改名度支，而以农商行政合于工部。不知人生衣食住之所仰给者何在？国家财政之所取给者何出？实业如能发达，此三种政策之进行又何如繁？合为一部，必难完美。将来改新官制，此亦宜改之一端，今不具论。则今之执行农政最高机关者，为农工商部，宜合全国地势调查，明确通盘筹算，何处宜种林木，何处宜讲水利，何处宜兴何事，何处宜禁何事，何处宜种何事，而兼及何事。按照前列各种，著为规条，详列图说，颁行各省，以促各处机关之进行，而督责其成效。

2. 各省劝业道

此为第二机关。宜以明地利、知稼穑艰难者任之。不得专重工商，忽略农政；亦不得以办一农会或调查荒地及农产，遂谓毕劝业之责也。宜调查一省地势，按照农工商部各种之规定，详列图说，上报于部，以图国用；报各州县地方官及农会，以求推行尽利。至地方官及农会执行后之报告来时，又须切实考察，编册报部。

3. 各州县地方官

此为切近机关。中国古时主伯亚旅农政之专官甚详，今且不论。即如官制未改以前，司法、行政尚未独立，各州县官事繁，不能尽心农事，可令各处佐杂分巡官，各就分巡之地执行之。其执行之法，按照部颁地势大纲，切实查验，商同其他农会，举其地之所宜兴、所宜禁者，编成白话，究其利害，各乡演说。但各分巡官不得以此委之农会而已，亦须到处传谕乡民，一年半年之间，必将自己之如何劝导，地方之如何遵行，详细情形报告于劝业道。

4. 各地方农会

此为补助机关。各省农会虽多举办，然皆有名无实，或以一纸报章敷衍。试问乡民多不识丁，有何益处？各州县分会多未成立，虽有识字农民，何从得省城总会之报章？宜令各地方官劝导绅士，速行组织，并告以此时农会事甚简单，不过先将各地地势按合、各种所宜注意兴禁之处，编成白话，剀切演说。一年三年之间，将情形报告总会及劝业道，无甚难事，则分会必易成立，而调查进行必有把握矣。

至于办理经费，林木塘堰，全在劝民自办，不过施以禁令，切实劝导，无所用其筹款也。堤防需款，久有成法，沟洫及人工疏浚，亦可（防）[仿]堤防之法办之。惟及其疏浚，尚须筹款，然沿江受害省分，可以公同筹集，数省分任，当亦无难。且此为生利避害之事，生命财产所关，谁不乐从？去年湖北谘议局已有疏防并行议案，因须联合湘、宁诸省，尚未实行。若政府决定政策，交由农工商部咨商。关于疏浚，各省督抚及各省谘议局议定分任经费之数目，合力举办，其利赖实无穷期。

其行政官皆以现有之官行之，暂不增设，亦不须添筹经费，则举办自觉易易。农政既举，农事日兴，各项税入自必加旺，即不别议加税，而来源已多；即须别议加税，而民力亦足以胜任矣。否则百姓不足，财从何出？恐日言理财而终无就理之日也。拙见如是，敢质公议。（"议员胡柏年提出扼重农政以开财源事"，《资政院知会、折奏、章程、说帖、质问、陈请等案件》第五册《资政院第三类议员提出提议各案件其一》，清末铅印本）

资政院第一次常年会第二十二号议场速记录

【标题】由初读"统一国库章程议案"等事所见议员履行职责之妥当与否

【关键词】各省谘议局 统一国库章程 《修正报律》禁烟禁赌

【内容提示】经议员倡议更动议事日表，完成统一国库章程议案初读和《修正报律》条文议案再读。资政院议员议事的时候，往往不能按时开议，且一到天晚，《议事日表》所列议案尚未议完之时，即有不少议员自行离开，导致人数不足，无法会议。本次会议即因人数不足而散会。《院章》关于惩戒的规定形同虚设，惩戒股员会没能妥当履行职责。

宣统二年十月二十九日下午一点三十分钟开议。

议事日表第二十号：

  第一，《修正报律》条文议案，再读；

  第二，《著作权律》议案，三读；

  第三，统一国库章程议案，议员提出，初读；

  第四，提议陈请全国禁烟办法议案，股员长报告，会议；

  第五，修正禁烟条例缩短期限议案，股员长报告，会议；

  第六，确定义务教育以谋教育普及议案，议员提出，初读；

  第七，修正优待小学教员章程议案，议员提出，初读；

  第八，推广私立法政学堂变通办法议案，[①]议员提出，会议；

  第九，提议陈请全国中学堂改习兵式体操议案，会议；

第十，请速编定单级合级教科书建议案，议员提出，会议。

议长：今日议员到会一百二十七人，现在由秘书官报告文件。

秘书官（张祖廉）承命报告文件。

议长：现在陈议员树楷有质问海军处说帖②一件，又质问民政部关于警察说帖③一件，又质问农工商部说帖④一件，又质问民政部自治权限说帖⑤一件，均已刷印分给诸位议员，赞成各项说帖者请起立。

各议员起立赞成。

议长：多数。

议长：张议员政质问民政部说帖一件，⑥诸位议员如〔于〕赞成者，请起立。

各议员起立赞成。

议长：多数。

议长：易议员宗夔质问陆军部、⑦学部、⑧海军处⑨说帖各一件，诸位议员赞成者请起立。

各议员起立赞成。

议长：多数。

议长：康议员咏质问法部说帖一件，⑩诸位议员赞成者请起立。

各议员起立赞成。

议长：多数。

秘书官（张祖廉）接续报告。

议长：现在收到预算股股员长刘议员泽熙、副股员长许议员鼎霖报告，预算股员会原定十月二十九日为截止之期，现在预算案尚未审查完竣，拟再展限十天。诸位议员赞成者请起立。

各议员起立赞成。

议长：既经多数赞成，可以展限十天。

秘书官（张祖廉）逐件朗读陈请股报告书至审查剪发易服无庸会议之件。

153号（易议员宗夔）：剪发易服一案，前天倡议已经多数赞成，请议长仍将此案交议。

议长：现在朗读报告书，请缓发言。

153号（易议员宗夔）：照章得三十人以上之赞成，就可作为议题。

议长：剪发易服，还有一件议案是罗议员提议的。

148号（陶议员峻）：应当合并一起审查。

153号（易议员宗夔）：可以合并罗议员提出议案审查。

议长：可以归并一起审查，不过易议员倡议，仍须咨询各位议员。如得三十人以上之赞成，即可照办。

众起立呼"赞成"。

议长：已有多数赞成，可以归并审查。

秘书官（张祖廉）接续代理股员长陈宝琛报告。

184号（周议员廷励）：方才报告陈请广东禁赌议案，请议长咨询本院作为议题。

议长：广东禁赌案日前有交旨一道，⑪拟朗读一遍，使众位议员知道。

187号（刘议员述尧）：广东禁赌案经陈请股审查以为无庸会议，这个事情关系紧要，还是请议长作为议案。

议长：陈请股认为应请咨询本院，故作为议题与否，自可取决于众，惟先须朗读交旨。

秘书官（曾彝进）承命朗读交旨。

187号（刘议员述尧）：请议长付表决。

议长：现在刘议员倡议将广东禁赌一案作为议案，还有一件是各省谘议局关系事件，与此案性质相同也，是广东谘议局为禁赌的事情，可否一同付表决？

121号（方议员还）：陈请股审查广东禁赌事件，以为无庸会议。若经全院提出，可付表决；若是广东议员当场倡议，不能即付表决。

184号（周议员廷励）：这虽是广东的禁赌案，而影响及于全国，请议长作为议案列入议事日表。

121号（方议员还）：广东电文寥寥数字，所以陈请股未能遽认为议案。

议长：现在不止是广东议员提出，还有广东谘议局电及广东总督电⑫，都是为禁赌事情，俟秘书官读毕，大家再行讨论。

秘书官（曾彝进）接续报告朗读审查各省谘议局关系事件特任股员长报告书毕。

议长：请审查各省谘议局关系事件特任股员长说明理由。

115号（许议员鼎霖）：本员系审查股员长，拟俟秘书官报告完毕再行说明。

秘书官（曾彝进）续行报告毕。

议长：请许议员鼎霖说明理由。

115号（许议员鼎霖）：本员按《议事细则》第五十三条委托牟议员琳代为报告，并请择其扼要简单报告。

196号（牟议员琳）：本股于十月二十三日开股员会审查各省谘议局关系事件，现在分类报告。首先关于预算事件，山东巡抚来电一件，因为资政院从前电到各省谘议局，核议岁入有无遗漏，要他调查清楚再送本院查核。山东巡抚来电说议会无干涉行政官厅之权，又说谘议局也不能调查确实，来电就是这两层意思。查《资政院院章》二十二条内载资政院于各省政治得失、人民利病有所咨询，得由总裁、副总裁札行该省谘议局申覆，有这一条，前回我们资政院是向谘议局打电，不是向行政官厅打电，可见不是向行政官厅发命令，如何说得"议会干涉行政官厅"这句话？至若说谘议局调查不足为凭，独不思各省岁入均已送交谘议局参考，山东岁入表册应该在山东谘议局内。若说谘议局调查不足为凭，这句话不知从何而来？本院已经回覆一电，大意也差不多。那天审查山东巡抚电文的时候，不知本院已有电报去了，所以报告书上请本院电覆山东巡抚。现在既有这个电报去了，本员意见还是用个咨文送山东巡抚较为详细。还有一件，安徽谘议局来电一件，报告该局于地方行政费内酌量缓急增减。因为地方行政经费，谘议局本可议增议减，不必研究。又四川谘议局来电说，岁入全册没有划分，是否暂时办法？又前次本院覆电说本年岁入总册应由本院斟酌核减，现在四川谘议局来电说，资政院将岁入全册核减，岁入全册有国家行政经费与地方行政经费，既由资政院核减，又归谘议局核减，难免不两相冲突。查本年预算没有岁入，本是暂时办法，应由本院咨催度支部，将国家税、地方税划分，明年地方岁入，仍须交议。至本院所谓核减国家行政经费，并不是核减地方行政经费，应请本院电覆四川谘议局。还有关于禁赌的事件。两广总督来电说广东谘议局为禁赌事，议长、议员均已辞职，几同解散，请示办法；又广东谘议局议长来电说，禁赌事情，因多数议员反对，所以未能通过，全体议员因此辞职。本议员看广东谘议局禁赌的议案发生在什么地方。因为广东禁赌有山票、铺票，都是开赌的名目，向例由本省官吏认可，才能开赌。从前绍荣公司承办山票，因收入太少，改托安荣公司改办铺票。因为有违章影射的事情，广东谘议局所以提出这个禁赌的议案。在谘议局反对议员以为，现在既没有定期禁赌，山票、票铺也没有分别出来，如何即行禁止？然要禁赌，就当定个期限，一律禁止，不可单禁铺票。那天只有六十五人到会，所以只有三十五人反对，当时就没有通过了。于是提议议员有三十几人辞职，后来又有几人辞职。计共辞职的约有四十余人，而反对议员亦以广东未定期禁赌同时辞职。两广总督看得这个样子，也将安荣公司铺票禁止。由两面看起来，似乎所争的各有不同，然都为没有定期禁赌的缘故。我们资政院应将禁赌的议案早日提出，议决后，他们自然没有话说。本股审查的情形，就是把前次所提禁赌的事情早交会议，一面电知两广总督，要谘议局仍旧开议，不必各存意见。还有几件电文，就是广东本地绅士说议员反对禁赌，要将议员惩罚。谘议局议员有无受贿情节，本院也不能知道，且《资政院章程》没有惩戒谘议局议员的条件。这几条，据本股审查，可以无（容）［庸］会议。但是二十三日审查禁赌之后，旋于二十四日看得上谕，因度支部定期禁赌已奉上谕依议，但只看得上谕，而原来奏折《政治官报》上也没有载明，这个情形尚不知道。若将来本院提出议案，所议者究竟与度支部奏折的意思相合否，不可得而知。本员意思，应由本院备个文书，请度支部将奏折稿送来看明后再议。还有关系馆咨的事情，本年《宪政编查馆咨各省督抚章程》内，凡关于谘议局有五条办法。前天四川谘议局来电说，宪政编查馆五条内，第一条系督抚答覆谘议局质问，少则十日，多则二十五日。而谘议局常年会每年只有四十天，若一个质问迟至二十五日答覆，谘议局已经闭会了，是明有期限，实启留难。若不早先答覆，以后议决均为无效。还有一件是问宪政编查馆定督抚答覆谘议局的日子，如果督抚逾限答覆，谘议局承认不承认？如谘议局不承认，则督抚有制裁没有？若督抚答覆过了期限，应作如何办法？查前次广西谘议局也来一电，说宪政编查馆所定官制五条于谘议局不利，应请本院咨催宪政编查馆将官制五条送交本院会议。从前已咨问宪政编查馆，现在尚未接到答覆，应由本院再备咨文，催速交出为要。还有关于展会的事情，浙江谘议局来电报告展会五日，这是照章于四十日外展会五日，无庸电覆。以上系各种电报，还有几种文件有关于预算事情。浙江谘议局呈一个咨文说本年预算有岁出无岁入，且岁出表册许多不合，因将原案退交浙抚，请改好后再交谘议局议，浙抚仍将原案交回。又谘议局因停会太久，瞬时又将闭会，日子已过，不及审查。查今年预算没有岁入，各省大概如此。本院已电知各省，将岁入作为参考。查本院前曾电覆奉天、四川照章程开临时会，本员意见，应请议长电知浙江谘议局，再开临时会接续会议。还有关于铁路事情，浙江谘议局来文驳"铁路公司与普通公司不同"这句话。浙江铁路本是商办，后来邮传部已革汤总理说"铁路公司与普通公司不同"。谘议局呈文辩驳，请本院核议。这是关系陈请的事情，应交陈请股审查。还有关于核议事件，直隶谘议局呈文说，津浦铁路增加盐税，应将收入盐税作为津浦铁路的款，盐斤加价本算是本省的公款，谘议局有查核之权。而铁路公司径提五十万两入滦州煤矿公司，又提三十万元入豆腐公司，在谘[局]以为，局章二十一条各项所载，谘议局有议决之权。监斤加价就算是本省增加义务的事情，应该交谘议局议的，本省人民应有监督之权。于是乎要求直隶总督要交谘议局议决施行，陈督以为铁路公司的款与谘议局不相干，且铁路公司在谘议局成立之前，不必交议，而直隶谘议局不肯承认，以为本省税法、公债，应由本省谘议局议决，才可以施行。还有浙江谘议局为州县钱（收粮征）[粮征收]信录一件，谓浙江征收钱粮，谘议局已经议决，浙抚已经公布，公布后应当施行。后来浙抚上奏，上谕交度支部核议，而度支部核议下来说，从前直隶已经办过，没有效验，现在已经停止。而浙江谘议局以为既经议决，又经浙抚公布，若全无效力，以后谘议局全不必议决了。这是督抚与谘议局异议的事情，本股员会审查的电文如此。

183号（刘议员曜垣）：请议长将两广总督来电交特任股员审查。

137号（邵议员羲）：浙江铁路议案应交特任股员审查，不是法典股的事情，不应当交法典股审查。

议长：这两件事可归并一起审查，现在可以开议。

115号（许议员鼎霖）：浙江铁路的事情，已经付陈请股作为议案，可以无庸会议。

129号（汪议员龙光）请发言。

议长：81号先请发言。

81号（章议员宗元）：今天统一国库章程议案已经列入议事日表五次，尚未会议，请议长咨询本院，如没有反对的，就付法典股审查。本员倡议更动议事日表，将此案提前会议。

议长：章议员倡议更动议事日表，诸位是否赞成？

议员多数呼"赞成"。

议长：如此可以更动议事日表。

187号（刘议员述尧）：广东禁赌的事情应先付表决。

议长：现在已经开议，还有许多议案，此事俟稍缓再行表决。议事日表第三是统一国库章程议案改列第一，请章议员说明提出议案之主旨。

81号（章议员宗元）：统一国库章程议案发起的原因，因为不统一，就有四种的弊病。第一，国库不统一，如度支部与外务部各有各的库，所以有一切弊端，生出许多镠轕。至于外省有藩库，又有监库，仍是各归各用，不能调动。这许多弊病，本员也不能尽举。章程上第一、第二、第三、第七条就是救国库不统一之弊。第一条各处国库应与京城国库统系相承；第二条是统归大清银行经理；第三条各处统归度支部管理；第七条各处的官款也要统归国库。第二种弊病就是收支出纳的机关混合。譬如厘金局收十万银子，至厘金局用款的时候，就在十万上扣除，收的人就是用的人，弊病很多。照外国的法子，凡收款的人将款收到后，必须交国库存储，到用时再向国库支领。收支出纳不能混而为一。第八条就是收支出纳机关混合之弊，厘金、关税的存款，总要归银行管理，用时再支领。由相当的官吏出个凭据，始准支用。中国向来收款之后，到用时就随便用也，不必领凭据，所以必须规定一个机关，用款时候，先由上级机关发个命令。有此命令，然后能向国库支领。第三层弊病是库吏的弊病，不用商家的法子，所以办事的时候就有许多需索。第二条、第五条、第六条都是救这种弊病。若把国库归国家银行管理，则从前所有的库吏一定可以去掉了。第四种是普通财政的关系，现在中国财政有什么弊病呢？比方那个衙门用银子用一百万两，用八十万，用了之后就作一个报销，开销多少就是多少。究竟报销是真是假，无从去查。如同用八万银子，他可以随便用，只要开了八万银子报销就是了。将来要办决算，就凭这个报销去办。他的报销作的很好，款子虽然用得不当，而决算的机关也不能知道的。但是这个弊病在外国是没有的。草案第九条就是救这弊病，这一条虽不在外国金库规定之内，但是现在会计法都没有，这也是很重要的事体。所以本员意思，先定在金库章程上边。这一条是用支票的方法，京城有几个学堂就用支票的法子。比方一个学堂要领十万银子，都放在国家银行里，先立一个支票给他，比方一个总办是一百两银子，薪水必须拿一百两银子支票，去领银子。这个支票，学堂自己留有个存根，把这个支票交存银行作为凭据。照如此办法，有一个款子，总得有一个支票，就是会计的根据。将来报销，若没有支票的存根，那就不对了。所以第九条的意思是很要紧的。其余也没有什么声明的理由，就是刷印的里头，案语中第一篇第五行"处"字应改作"起"字。

140号（康议员咏）：本员有疑问，还请章议员说明。第一，大清银行是否国家银行？

81号（章议员宗元）：大清银行的章程是国家银行的章程，现在所以不成为国家银行的缘故，就因为国家的款子，并不都存在这个银行里边。从前叫作户部银行，专管户部里头的事，后来改为大清银行，所定章程就是国家银行办法。但是章程如此，而事实上不是国家银行，各处款子都不给他，所以大清银行不能成为国家银行了。

140号（康议员咏）：第一条国库种类，是否以大清银行为国库？

81号（章议员宗元）：国库，如有大清银行的地方，就有这个国库。

140号（康议员咏）：案内虽有"由大清银行专设一库"之语，是即以专设库为国库矣。照银行通例，皆有年期。若国库则与国并存，倘银行还有危险，是否国库亦同时消灭，抑或另行组织？

81号（章议员宗元）：国家银行管理国库有两个法子：一个是存放法；一个是保管法。现在采用的是保管（理）〔法〕。

104号（康议员咏）：还是大清银行管理的，还是另外〔的〕组织的？

81号（章议员宗元）：是由大清银行管理的，并非国库就是大清银行。

55号（崇议员芳）：说是交于大清银行一节，似乎不妥当。本院陶议员质问度支部的说帖可为凭证，至今度支部尚未答覆。本员看来，大清银行办法未必十分完善，也把国库交他代管，恐怕不大妥当。

134号（余议员镜清）：依《议事细则》第二十七、二十八两条之规定，讨论大体在股员审查报告之后，今互相讨论，如最可宝贵之光阴何？

议长：此是法典案，初读既毕，应当付法典股审查。

129号（汪议员龙光）：上次开会，易议员对于已经通过之十一条提起倡议，本议员对于二十四条也有个倡议。前会本议员对于此条谓损害名誉是关于个人之事，不能与违背十二条泄漏秘密政策关于国家之事同一罚则，易议员谓违背第十二条者不删去监禁，殊不知罚金与监禁，罚其一不罚其二，报馆自然不愿监禁，只愿罚金，岂不仍是落到平等？况后来雷议员倡议，将监禁删去更分明。第二十四条与二十五条是个同罚，本员以为第十条第一项是关于朝廷之事；第二项、三项与第十二条是关于国家之事；第十条第四项所谓败坏风俗者是关于社会之事；第十一条所谓损害他人名誉者是关于个人之事，而且第十一条载有"专为公益起见者不在此限"。凡官场士绅名誉，无一不与公益有关，报纸例得登载。其禁止不许登载者的是无关公益之名誉，亦〔的〕是无足轻重之人。为这个无足轻重之人而议，与泄漏外交海陆军秘密政策同一罚则，毋乃太不伦类，且违背第十条第一项、第二项、第三项以为关于朝廷与国家定罚从重，则对于个人之罚自当从轻。本员不是为报馆说法，是为我们资政院，应当慎重立法，不可鲁莽。从前法律不能周密，犹谓是出于少数人之见。今经本院二百人通过，仍与人以訾议，似乎不可。

议长：汪议员系对于报律案第二十四条而言，此第二十四条已经表决，似可不必再行讨论。

129号（汪议员龙光）：本员提起倡议是援易议员的成例。

议长：第十一条是后来改正的。

148号（陶议员峻）：按照《议事细则》三十一条，再读之际，议员可以提起修正之倡议。

议长：已经表决过了，如有修正字句者，俟三读时再说。

137号（邵议员羲）：易议员提起倡议，是因为那天没有三分之二不能表决的，所以才提起倡议。

129号（汪议员龙光）：总是有个轻重为好，对于国家宜从重，对于个人宜从轻。

议长：这个第二十四条是已经表决过了，按照本院《议事细则》第八十一条，不得声请更正表决。

109号（籍议员忠寅）：对《议事细则》三十一条规定是再读之际，并非再读之后。当再读之际，已经表决过了。对于表决之结果，若再提起异议，这非《议事细则》所规定。本员不赞成汪议员所说。

137号（邵议员羲）：本员以为那天人数不到三分之二，不得表决，所以才提起异议。现在已经通过，到二十五条之后，似乎不能再提起异议。

129号（汪议员龙光）：已经通过条件，便不能提起倡议？从前易议员也是已经通过条件，何以独能提起异议？本员所争，自谓持论不谬。《新刑律》凡妨害个人与妨害社会，处罚亦有分别，岂有个人名誉与国家政策无分别轻重之理？本员见到之处，例可自由发表，通得过、通不过在所不问。本员个人意见以为，经二百人议决，仍是不能衡量轻重，期期以为不可。

109号（籍议员忠寅）：前天第十一条通过以后，意在更正，不是易议员倡议，是邵议员倡议。因为不到三分之二不能表决，所以再表决一次。

115号（许议员鼎霖）：方才议长既然许我们三读再说，我们就三读再说亦可。

议长：议事日表原列第一改列第二《修正报律》条文议案，此次应自第二十五条起，逐条讨论。现在第二十五条有易议员修正案，由秘书官朗读。

秘书官（曾彝进）朗读易议员第二十五条修正案。

宪政编查馆特派员（顾鳌）：《报律》第二十五条那天有雷议员的修正案，并有易议员的修正案。易议员以此条关系国家政务，主张用监禁或罚金；雷议员主张但用罚金。以中国现在监狱尚未改良，对于报馆文人，宜取从轻主义。有此两个问题，那天没有表决，所以今日始付表决。但政府提出议案，本员有应说明的缘由。因为原案第十二条所谓秘密，专指谕旨、章奏文书、电报之未公布者而言；第十三条所谓外交海陆军事件，指通常关系〔海陆军〕外交、海陆军事件而言，与刑律上所谓国家应秘密之政务不同。现既设立资政院，亦不能不有维持国家政务机密之责，望请君注意。至漏泄机密，既已有《现行刑律》及《新刑律》规定，何以对于《报律》又用这种规定？就表面上言，岂不是限制报馆？其实不然。因报馆为一种言论机关，凡所登载往往涉及国家政务，即容易犯泄漏之罪，所以当时对于二十七条，陆军部有修正案提交到馆，主张关涉外交、海陆军事件适用专章。因光绪三十四年奏定有一种《惩治漏泄军事机密章程》，陆军部以本案二十五条有违第十三条之规定，谓宜删除第二十七条内之"第十三条"四字。其所以删除的意见，要主张用如该专例专章办理。当政府以原案第十三条所称外交海陆军事件，并非指外交海陆军之应秘密者而言。本条事件系通常政务，与刑律上所谓秘密纯然不同。这些重大秘密事件，责任虽在行政官吏，然保持秘密，凡属中国臣民，皆有法律上的义务。如谓官吏不自宣泄，报馆哪能知道？这是于法理不合的。总之，十三条之外交海陆军事件必已经禁止者，报馆始不得登载，否则报馆有登载之自由。如果确系秘密事件，不必禁止，报馆也有保持的责任。譬如现在关于预算事件，生出裁撤防营问题，未解决以前，诚恐各省土匪借端滋事，故官署认为必要，虽其实无关秘密，然未议定实行时，一经禁止，各报即不得登载。违第十三条而处罚者，就是对于违背命令的制裁。那天雷议员样样不准人家登载，指为限制太严。不知原案以经禁止者为限，是出于不得已，并不是无关秘密事件及未经禁止者，也不许登载。所以当时宪政编查馆于陆军部来咨已经复文，应仍照原案办理。但前天再读时候，十三条［修］正案本为外交海陆军事件及其他政治上秘密事件，经该管官署禁止者，报纸皆不得登载。雷议员已经倡议将外交海陆军下之"事件"二字删除，当时未及答辩，已经表决。就再读案而言，是外交海陆军秘密事件尚须官府通同禁止，查与原案主旨通常事件始以必经禁［止］为限者不同，然则尚没有禁止之时，似只有官府负责，其于刑律上应认为秘密的国家政务，不免有危险之结果，所以要定二十五条的罚则，不能不将十三条斟酌。因陆军部所指定秘密事件，不必以官厅禁止为限也。《现行刑律》定有泄漏军情大事专条，有犯者，应照律办理。至十三条所规定事件，既非《现行刑律》之军情大事已禁止者，报馆始不能犯，因报馆本是登载新闻，仅有罚金处分，自然情法两平。如果要照专章办理，诚恐对于报馆未免太刻，且于本律立法之义亦有未协。若当于《现行刑律》之漏泄军情大事罪，则无论报馆的人或一般人民，均应予以同等之制裁也。现在已经提出《新刑律》草案，第五章就是泄漏机密罪，凡知系秘密而泄漏者就要处罚。若《报律》所定，则以经禁止者为限，因为未经官署禁止，报馆既非违《报律》，违《报律》者仅处罚金，非罚其漏泄机密也。又刑律所定关系国家秘密事件，一般人民都有保守的义务，在领事审判权未收回前，凡本国人，不问何种机密政务，都有保守之义务。在领事审判权收回以后，凡在中国境内，不问何人对于国家之事件，但应认为秘密者，亦均不能不负保持之义务。所以以刑律所定的罚则与报律所定的罚则，纯是两事。漏泄机务，如果通用《报律》处分，不但施行上有种种困难，抑且对于一般人民之应适用刑律处分者，未免轻重悬绝。中国现在责任内阁尚未成立，陆军部已经对于通常军事之登载，主用《惩治漏泄军事机密章程》。宪政编查馆之原案则以禁止为限，凡未经禁止以前，报馆得自由登载，惟漏泄秘密者，始用专律专章办理。意见本属同一，所〔定〕以前次再读《报律》的时候，本员没有说明。现在修正案十三条已经表决，规定为秘密事件漏泄者仅止罚金，按诸《现行刑律》，似觉情重法轻，本员不能不特为声明。现在中国正是预备立宪时代，厉行改革，我们定的《报律》，尤应以国家政务机密为重。在报馆中人，故多热心爱国之士，然《报律》第二条虽有限于本国人之规定，万一有非本国人而利用本国人之名义开设报馆，专以漏泄政务机密为事，若仅处罚金，究于改革前途大有妨害。所以本员那天未经说明，以为议员诸君晓得国家机密政务个个都要负保守责任。本员对于这个《报律》议案迭次发议，所以不惮烦者，因为各位对于种种议案固有议决之权，然照《院章》及《议事细则》，政府特派员亦有随时发言之责。若不当面研究，则立法事业未免失于轻率。本员以为责任所在，其应发议者不敢不哓哓，其不应发议者自不妨默默。至于研究二十五条监禁的问题，本员尚应说明。现在新定各项法律，如结社集会律、地方自治选举各章程都定有监禁处分，不但是办报馆的都是文明人，都是爱国的人，即结社集会之人，亦岂可不良之监狱待之乎？现在中国监狱没有改良，若随意以监禁施之报馆人，固未免太刻。然而监狱改良究竟是另外一个问题。上年本馆已经奏明改良监狱，应以筹办各省审判厅年限为限，同时进行，法部亦复早有规划。此则政府对于监狱有当尽之责任也。

129号（汪议员龙光）：特派员所说的话甚多，究竟要领在哪个地方？

宪政编查馆特派员（顾鳌）：其要点因为十三条已经表决，现在规定二十五条，就是关系泄漏国家秘密事件，其处分应该参照新旧刑律，本员不得不说明。至当日提交原案，第十二条是关于文书秘密之规定，第十三条是关于通常外交海陆军事件之规定。现在两条并为一条，其事件为有关秘密之范围与原案条件不同，然已经表决，无庸说了。

110号（于议员邦华）：特派员所说的意思，国家军事秘密泄漏是有专章，是特别事件，不能以《报律》来处治。现在讨论许久了，有雷议员提出修正案，请议长付表决。

151号（黎议员尚雯）：按照《议事细则》第六十九条，就一议题提出数种修正案，其表决次序以与原案相差最远者为首。现在雷议员与易议员修正案，雷议员的相差最远，请先将雷议员修正案付表决。（拍手）

议长：现在朗读雷议员修正案第二十五条。

秘书官（曾彝进）朗读雷议员修正案第二十五条。

议长命秘书官计算在场人数。

秘书官计算毕，报告在场人数一百二十三人。

议长：雷议员修正案由秘书官再读一遍。

秘书官（曾彝进）再行朗读雷议员修正案。

议长：现在付表决，有赞成雷议员修正案者请起立。

议员多数起立赞成。

议长：多数。

议长：现在朗读雷议员修正案第二十六条。

秘书官（曾彝进）朗读雷议员修正案第二十六条。

议长：现在表决，赞成者请起立。

议员多数起立赞成。

议长：多数。

议长：朗读第二十七条股员会修正案。

秘书官（曾彝进）朗读第二十七条股员会修正案。

议长：有无异议？

众呼"无异议"。

议长：朗读第二十八条股员会修正案。

秘书官（曾彝进）朗读第二十八条股员会修正案。

议长：有无异议？

众呼"无异议"。

议长：朗读第二十九条。

秘书官（曾彝进）朗读第二十九条。

议长：有无异议？

众呼"无异议"。

议长：朗读第三十条。

秘书官（曾彝进）朗读第三十条。

议长：有无异议？

众呼"无异议"。

议长：第三十一条雷议员有修正案，由秘书官朗读。

秘书官（曾彝进）朗读雷议员奋第三十一条修正案。

议长：请雷议员说明理由。

117号（雷议员奋）：三十一条本议员去了"二十五条"四个字，因为妨害治安、败坏风俗，二十五条禁止报馆登载这个情节，不过对该管官而言，第二十三条就是禁止旁听的事，要是禁止发行，似乎太重，所以把"二十五条"四个字去了。

议长：赞成雷议员修正案请起立者。

众议员多数起立赞成。

议长：多数。

议长：朗读第三十二条股员会修正案。

秘书官（曾彝进）朗读第三十二条股员会修正案。

议长：有无异议？

众呼"无异议"。

议长：朗读第三十三条股员会修正案。

秘书官（曾彝进）朗读股员会修正案第三十三条。

议长：有无异议？

众呼"无异议"。

秘书官（曾彝进）朗读第三十四条。

议长：第三十四条有无异议？

76号（曹议员元忠）：本议员为股员会之一人，从前开会时，因讨论地方学务章程议案为时过久，于《报律》未能详细研究，今对于第三十六条所云，凡永远禁止发行与自行停办者，俱得将保押费领还，实不敢赞成。盖保押费原为预备罚金及讼费而设，在自行停办者，无所谓罚金、讼费，自可将保押费领还；若永远禁止发行，统观全律，只第三十二条条文有此。查第三十二条条文生于第二十四条，而第二十四条条文所定系犯冒乘舆、混乱政体、妨害治安各等罪，故定以二月以上二年以下之监禁，并科二十元以上二百元以下之罚金。再查保押费依第四条规定，则有三百元及一百五十元两等。股员会修正案为提倡各报起见，于京师省会及商埠以外地方发行者，又减少三分之一乃至三分之二，则是应缴三百元者有只缴二百元或一百元矣。应缴一百五十元者，有只缴一百元或五十元矣。设犯第十条第一、二、三款之罪，倘审判官科罚金至二百元以下之多，又加讼费，恐保押费抵足之外，即不追缴，亦无从领还。是以本议员特倡此论，请诸君注意。

117号（雷议员奋）：对于曹议员倡议有不赞成的地方，因为保押费是教他遵守《报律》的一种保证，比方报馆罚金过于保押费，报馆还要拿出钱来补助罚金，这是保押费的意思。

76号（曹议员元忠）：本议员请问保押费究因何而设？如谓为罚金及讼费之预备，则应缴罚金及讼费自以保押费抵充，不足追缴，不待言矣。若如贵议员所言，先令缴足罚金讼费，然后再令领还保押费，则保押费一若不为罚金讼费而设，当开办报馆之初，似可不缴矣。又何必一缴一领，多此周折为也？

110号（于议员邦华）：曹议员是错解了，将保押费抵充罚金，不知罚金是罚金，保押费是保押费，这是两种。

117号（雷议员奋）：曹议员所虑的就是二百元之数，恐怕拿一百五十元，不能交偿，但是定法律的时候，就想到将来总有一种事实出来。我们就拿罚金说，如果罚二十元，还可以余三十元的。

宪政编查馆特派员（顾鳌）：两位的话原来也各有理由，据原案之意，是将保押费抵充罚金，非没收其保押费也。

议长：三十四条由秘书官再行朗读一遍。

秘书官（曾彝进）承命朗读股员会修正案第三十四条。

议长：现在表决，赞成者请起立。

众议员多数起立赞成。

议长：多数。

议长：朗读第三十五条。

秘书官（曾彝进）朗读第三十五条。

议长：有无异议？

众呼"无异议"。

议长：朗读三十六条。

秘书官（曾彝进）朗读三十六条。

议长：有无异议？

众呼"无异议"。

议长：朗读第三十七条。

秘书官（曾彝进）朗读第三十七条。

议长：有无异议？

众呼"无异议"。

议长：朗读三十八条。

秘书官（曾彝进）朗读第三十八条。

议长：有无异议？

众呼"无异议"。

议长：朗读附则第一条。

秘书官（曾彝进）朗读附则第一条。

议长：有无异议？

众呼"无异议"。

议长：朗读附则第二条。

秘书官（曾彝进）朗读附则第二条。

议长：有无异议？

众呼"无异议"。

议长：股员会附则第三条修正案，现雷议员主张删去。

137号（邵议员羲）："暂照旧律办理"何解？

宪政编查馆特派员（顾鳌）：这是指审判官而言，并非对地方官而言。照新章，已设审判厅地方不归地方官管理。

秘书官（曾彝进）：承命朗读附则第三条。

议长：股员会修正案是否可以删去？

153号（易议员宗夔）：本议员颇有异议，《报律》是特别律，并不是普通律。既是格外定了特别律，不应该再以《新刑律》办理。

议长：请雷议员说明删去之理由。

117号（雷议员奋）：本议员把第三条附条删去之理由，不是不赞成第三条所说的话。因为《新刑律》上已经规定了，《报律》是特别规定的，照国家法律应当如此。但是中国虽有《新刑律》，然而我们资政院没有通过，不能拿没有通过的《新刑律》去规定在《报律》上。《新刑律》通过要过二年才能施行，就如须等到宣统三年、宣统四年、宣统五年才能实行。《新刑律》必须要资政院通过之后，过了三年方能实行《新刑律》，并不是今年通过，明年正月初一就可以实行的。在没有通过以前时候，国家就没有这一种法律，就不能加诸已经颁行法律之上。现在的《报律》不能加以《新刑律》，这是立法的办法不同，不大妥当的地方，本议员是主张删去为妥的。删去之后，明年还有资政院，这个法律有不妥当的地方，我们还可以随时提出修正案。《报律》有不完全的地方，我们还可以《修正报律》。现在《新刑律》还没有颁布，所以第三条可以删去。

议长：雷议员主张删去附则第三条，赞成者请起立。

众议员起立赞成。

议长：多数。

议长：附则原有五条，今删去第三条，就将第四条作为第三条，第五条作为第四条。

秘书官（曾彝进）承命朗读附则第三条。

众呼"无异议"。

秘书官（曾彝进）承命朗读附则第四条。

议长：有无异议？

117号（雷议员奋）：本员对于附则第四条并没有甚至意见，不过有声明一句：保押费里，如果小报也要交保押费。请议长交法典股审查，可以删去。

众呼"无异议"。

议长：现在交付法典股整理字句。

议长：现在可以休息十五分钟。

议长：现在还要声明一句：议场上的钟太快，现在还没未到五点钟，各议员休息（才）[十]五分钟后，务请再到议场。

115号（许议员鼎霖）：休息之后读奏稿时，旁听者要回避不要回避？

议长：临时再定。

众议员：请议长知会城门，宜从缓关闭。

议长退席。

众议员引出议场。

下午五点五分钟议事中止。

下午五点二十分钟续行开议。

151号（黎议员尚雯）：本员有个倡议，照《议事细则》第十七条，有紧要事情可以改订议事日表。这个禁烟事情，外务部还没有与英国交涉。现在英国人民组织国耻会，深以鸦片输入中国，有失文明体制。趁此时请外务部与英使交涉，收回自由缩短禁烟之权，是绝好机会，最要紧的。请议长将第四、第五两案提前交议。（拍手）

110号（于议员邦华）：这个事可以归并一处，并没有什么讨论。

议长：黎议员倡议，请问各位议员赞成否？

众议员起立赞成。

秘书官报告议长，现在在场者共一百零八人。

153号（易议员宗夔）：本员有个倡议，现在天气很冷，时日很短，议员到院者很不整齐，照《院章》非有三分之二以上到会者，不能开议。本院既（没）[设]惩戒股，就请议长将不到的付惩戒股，以后才可以整齐。不然今天人数不足不能开议，明天人数不足又不能开议，那就只好闭会。但本院各议员所注目者就是84号，因为84号每次会议不到，到又稍坐即退，宜请议长交惩戒股惩戒为是。本议员与84号并没有别的意见，不过将该员一付惩戒，以儆其余。（拍手）就请议长将84号付惩戒股。

议长：此意本议长极以为是，但行之实觉为难。因诸位议员有于休息后散去的，亦有常不到会的，如何能专将一人付惩戒？

153号（易议员宗夔）：并不是与84号怎么样，不过将他一人付惩戒以后，大家可以早到院了。

148号（陶议员峻）：照《院章》里头是一点三十分钟开议，现在往往到二点钟以后才开议。以后总要按章程上所规定的才好。如果开会早，散会亦可以早。

议长：此事本议长亦曾想到，但议员未到三分之二，照章不能开议。当初议事日表本定是一点钟，并无一点三十分之说。因恐议员有到得晚者或遇大风雪，路上难走，或车马在路上有所障碍，所以余去半点钟来略为等候。其如议员到院太晚，望以后要请各股长通知一声。如实在有要紧事或疾病，自可通融办理。不过须在秘书厅声明一句。如果没有声明又不到会，只好照章办理。（拍手）

149号（罗议员杰）：所有质问各部衙门的说帖尚未回覆，请议长用正式公文催他一催。因为说帖有许多要追加质问的，请议长催他答覆。

议长：已经用正式公文催过一次，如再迟延可再催。

149号（罗议员杰）：我们现在只有一个月就要闭会了，所有质问的说帖总要赶紧答覆才好。

94号（王议员佐良）：本员质问度支部的说帖迄今已有四十天，还没有答覆的。

议长：系为何事？

94号（王议员佐良）：是为津浦铁路事。

169号（刘议员志詹）：禁烟议案为中国近来第一注重的事，亦为中国近来第一［差］强人意的事，似宜切实审查，再付表决。查院章《议事细则》第二十四条，法律案之议决，须经三读。此项议案，报告书内既附有《禁烟暂行章程》，并修改《禁烟条例》，性质均与法律相符，自应以三读才好，大家此刻可以不必骤行讨论。

议长：方才有两位倡议说禁烟要紧，应改订议事日表，现在人数不足，不能开议。今天议事日表第八、第九、第十等案关系教育事件，可否暂不会议，先付审查。

众议员呼"赞成先付审查"。

110号（于议员邦华）：本员有个倡议，这三件既然全关系教育，可一并付审查，作一议案。

议长：可以一并付审查。

议长：此三案关系教育事件，拟仍交付审查关系教育事件特任股员审查。

各议员呼"赞成"。

149号（罗议员杰）：统一国库议案[13]非常要紧，请议长赶紧付审查。

议长：现在人数不足，不能提议。还有两件奏稿拟于此时宣读，应请旁听人退出议场。

旁听人退出议场。

议长：现在由秘书长朗读奏稿。

秘书长承命朗诵奏稿读毕。

议长：两件奏稿已由秘书长朗读毕，有无讨论？请赞成者起立。

全体赞成。

议长：现在可以散会。

下午六点五分钟散会。

注释

① **推广私立法政学堂变通办法提议案**

教育政策由政体而各殊，哲学家论之详矣。吾国既为立宪政体，则教育最要之政策，自应以广造法政人才，为预备宪政之用。光绪二十九年奏定《学堂章程》，特设私学堂禁习政治法律一条。其时在筹备立宪以前，或恐新学初兴，人心浮动，立法之意，亦有可原。顾立宪以法治为宗，内外大小官治、自治各种机关，非得具有法政知识之才以万数计，势难分布应用。而法政学堂必限以官立，车薪杯水，为数不敷。今年学部议覆浙抚一折，准予私立学堂，专习法政，奉旨依议。法与时变，薄海同钦。然名实之间，智者所察；朝暮之策，古今共闻。古人有求士之棘端造母猴者，士不可也，而许之曰可。惟观者须九旬齐知其人之不能，九旬齐而要劫之，而终于勿造焉。是许之一犹未许耳。今部许私立法学，限以不得专设别科，而预科复为通则所禁，本科所收学生，例须中学毕业。如是，是造棘端猴者类也。夫自北京大学、南北师范科以及各省高等学堂、实业学堂，求中学毕业入焉，而莫之得久矣。部所知也，私立法政将何能遽得若干中学毕业生而著之籍哉！各省欺之，是畏诈也；政益紊，各省不之欺，则今日各省私立法学，责以求二百中学毕业生为徒，难于九旬齐也。部议之犹未之可也，是朝三暮四，名予而实夺也。日本幅员不及我十一，而私立法学八百，以此推之，吾国非八千私立学校，不足以供全国立法行政之求。且以日本中学之发达，而私立学犹许预科，吾国改革伊始，具有法政知识之人少于日本，而分布宪政之用须多于日本，加以财力奇绌，成校不易，亦向学无多。宽格相求，尤惧其不至。顾乃阳开禁网，阴严限制，相需甚殷之日而相遇，复恐其不疏。学部对于此举，竟以出纳之吝，侪于有司，殊非磊落光明与天下相见以心之道。且为学部既准设立私学，造就法政人才，应仍准设预科并听专设别科，不必限以专办本科须受中学毕业生肄业。庶成校不患无徒，而中年皆堪有用。虽于学理不能深造，然官治自治下级机关不必皆需深造之才，贤于素不讲求者多矣。又学部奏覆浙抚折内谓，日本私立法政大学在东西二京，今特师其意，所有各省私立法政学堂应在各省会地方。不知日本幅员狭小，且交通便利，我国幅员辽阔，铁路未尽交通，往往有省会之区，反不如口岸之便利者。如上海、天津、芜湖、汉口等处，财力雄厚，人口众多，皆为创办学堂易于着手之地。如遇此等地方，谓应量予变通。或省会、口岸准其并设，或于二者听设何处，毋容以稽查不便等词，过用防范，反为兴学之障碍。本议员为广造法政人才起见，对于学部奏覆浙抚折内所议学科校址均请量予变通，以期推广。恳议长作为议题，付院议决，是为公便。（"议员汪龙光提出推广私立法政学堂变通办法案"，《资政院知会、折奏、章程、说帖、质问、陈请等案件》第五册《资政院第三类议员提出提议各案件其一》，清末铅印本）

② **具说帖议员陈树楷为质问事**

谨按《资政院章程》第二十条及《议事细则》第一百七条，对于各衙门行政事件如有疑义，欲行质问者，应具说帖，得三十人以上之赞成，由议长咨询本院决定之。兹有关于筹备海军事宜，颇有所疑，谨提出质问如下：我国全年预算，海陆军经费约占全额三分之一，其中筹备海军费又居多数，其为军国主义无疑。惟内政多缺，国会未开，人民不知个人与国家关系之密切，一朝临敌，将数年之设备且恐不能保存，至破敌冲锋，更无论矣。昔者日本战胜强俄，全赖人民有爱国甚于爱性命之心，今我兴复海军，欲徒壮声威，使各国知我为海军之国，则可以不论。若欲恢复国耻，扩张海上威权，则非先讲求内政，团结民心不可。为今之计，当一面振兴海军教育，培养人才；一面将撙节之款，整顿各种要政，务使民有爱国之心，国皆利民之政，君臣合德，上下一心，一旦利而用之，万不致仍以数千万之膏血，数十载之经营，资敌国而不堪一试也！现在国家筹备海军，其主旨、其进行，果与此意相合，抑或别有政见，本议员遵章质问。［经］规定赞成员会同署名，应请议长咨询本院决定，照章咨请海军处，酌定日期以文书或口告答覆，须至说帖者。（"议员陈树楷具说帖质问海军处关于筹备海军事"，《资政院知会、折奏、章程、说帖、质问、陈请等案件》第八册《资政院第四类议员具说帖质问各案件其二》，宣统二年铅印本）

③ **具说帖议员陈树楷为质问事**

谨按《资政院章程》第二十条及《议事细则》第一百七条，对于各衙门行政事件如有疑义，欲行质问者，应具说帖，得三十人以上之赞成，由议长咨询本院决定之。兹有关于民政部对于各省州县巡警官长薪饷及巡警经费颇有疑义，谨提出质问如下：国家讲求民政，每以扩充警察为急务，良由警察存于内政行政区域之全部，增进幸福，防制危害，为预备立宪时代之第一要政。而各省府厅州县巡警官长薪饷及巡警经费，至今尚未规定。去岁颁布自治章程，又将警察一项划出，其认为国家行政范围无疑，而其薪饷经费全任民间自筹，无论权限不一，冲突必生，而巡［警］官长义主干涉，其费用直接仰给于人民，何以完全执行其职务？查日本警部长，警部以上之俸给旅费及其他一切给与，皆由国库负担，而巡查费用及警察厅舍之建筑修缮及其他地方警察之事务费，国库对之亦有补助金。良以警察对于人民执行职务，其性质与普通官吏无甚区分，非若此，则警察行政之权不克收其成效。民政部于光绪三十二年奏请将裁撤绿营款项归办警察，亦非无见，而至今并未实行；各直省有将此款移作他用者，民政部亦置不问。如以前奏为可，不应如此放弃；如以前奏为不可，亦当奏明撤销。奉旨之件，岂容暗自消灭！且去岁度支部派赴各省监理财政官，又将警察经费划归地方，民政部亦漠然不争，丛杂错乱，抵触互生，民间之狡健者借以阻扰，安分者亦无所遵守，欲求效力，不亦难乎？本议员遵章质问，规定赞成员会同署名，应请议长咨询本院决定，照章咨请民政部，酌定日期以文书或口说答覆，须至说帖者。（"议员陈树楷具说帖质问民政部关于各省巡警事"，《资政院知会、折奏、章程、说帖、质问、陈请等案件》第八册《资政院第四类议员具说帖质问各案件其二》，宣统二年铅印本）

民政部答覆如下：

民政部为咨覆事。前准贵院咨送议员陈树楷等质问巡警经费说帖一件，现经本部拟具答覆说帖，除抄送外，相应咨覆贵院查照可也，须至咨者。（计抄答覆说帖一件）咨资政院。宣统二年十一月二十六日。（"为抄送答覆议员陈树楷质问说帖给资政院咨文"，中国第一历史档案馆藏民政部卷宗，档号：21-0451-0022）

答覆议员陈树楷质问巡警经费说帖

查警察权为内务行政作用重要部分，其行政经费，各国有由地方负担者，有由国库支出或地方分担者，现在奏定行政纲目，即取第二办法。本部创办之初，未便遽以此负担责之地方，故一切经费暂由国家支给。惟是国库支绌，补助不免为难。至光绪三十二年奏请以绿营款项办理警察，意在化无用为有用。维特（时）新军尚在萌芽，绿营未能（准）遽撤，是以虽经出奏，一时未能实行。大抵今日行政经费一部分之事，每牵掣于全部分而不能行，固不独警察事务为然也。原说帖称"各省有将此款移作他用，本部未曾置议"一节，现在办理预算，所有内务行政经费自应统筹全局，未便指定某款专办某事。至各省有将警察经费划归地方者，亦尚属权宜办法，须俟将来国家税地方税章程颁布后，方能确定耳。(《资政院文案七种》第二册《资政院第十七类各部院衙门咨覆各案件》，"民政部咨覆议员质问巡警经费事"，宣统二年油印本。另见"答覆议员陈树楷质问巡警经费说帖"，中国第一历史档案馆藏民政部卷宗，档号：21-0451-0021）

④ **具说帖议员陈树楷为质问事**

谨按《资政院章程》第二十条及《议事细则》第一百七条，对于各衙门行政事件如有疑义，欲行质问者，应具说帖，得三十人以上之赞成，由议长咨询本院决定之。兹有关于农工商部应办各项事宜颇有疑义，谨提出质问如下：泰西自十九世纪以来，由武力战争进而为经济战争，至近年，其趋势尽注于吾国，致为彼等之销货场。就通商贸易上言之，自光绪三十一年以迄今日，按年均之，吾财之漏卮于外者，至一万万五千万之多。溯自互市以来，其数之巨，更不可思议。欲求其所以失败之故、兴补助之方，则非切实讲求农工商各种实业不可。其在农业，我国人民业农者，十居八九，但使农业常能保持滋长，则吾民亦可赖以生存。试观今日之农业，百物腾贵，凡一切衣服器用之费，牛种粪溉之需，两倍于昔，而米价每不能得同一之比例以俱腾，且多方抑制之。国家振兴庶政，悉皆取给，于农正税之外，又有附加税，而税法不能改良，除朘削农民以外，更无他术；加以旱干水溢，其不至饥寒冻馁者亦仅矣。我国为农产之国不必论，广义的农业，期于列国争衡；即狭义的农业，人民何以自保，农工商部责有专司。一面当就吾数千年农业固有之专长，以求改良进步；一面输入农学之新知识，使其互相考求。现在农学毕业之人，往往不知旧日之农业，徒托高论，无益实行。而农民又因习惯相沿，不思借助。以劝农会、试验场、农务学堂设立多年，考之民间，毫无实益。农工商部对于新旧之间，当用何策，使彼此捝注，农业振兴？此宜质问一。其在工业。数十年前，工业最盛者惟一英国，全世界皆其市场。近日欧美大陆先后勃兴，工业发达，大有一日千里之势。即后来之日本，亦急起直追，而其势莫能御。环顾全球，舍中国无复展翼之地，于是汲汲焉挟其万钧之力以偝来，则我国遂为万国之公市。百年前欧洲工业革命之祸，降及于我之一身，虽曰奖励实业，抵制外货，不过一纸上之空言，毫无实际上之组织。所以新工业之建设渺无其期，旧工业之衰残日甚一日，以致漏卮外溢，民命不堪。际此江流日下之时，当用何策以济厄运？此宜质问者二。其在商业。商业者，立乎生产者与消费者之间而为媒介者也，必生产之力厚，然后供消费之货多，业商者周旋期间，亦可多受两者之报酬而收其利。我国农林矿产，天然之生产，未尝不雄，既无技术以善经营，又无资本借为捝注，以致生产薄弱，商业衰颓。全国所需，大半仰给外人，以供服用，于是各国货物争相灌注，遏抑不能。所以我国前此固有之商业，皆萎悴不支；新设之商业，大都行销外货，如外人之分肆，仰人鼻息，以图微利。目下已不能堪，日后何堪设想！虽各省设立商会，不过形（势）［式］上之讲求，而非根本上之补救。当此商业凋敝殆尽之时，应用何策以图救济？此宜质问者三。以上三者，皆关人之生死、国计之荣枯，农工商部设立有年，未见如何主持，如何施布，所以农工商之见诸实迹者，日即衰败，民多无以为生，各省变乱屡出，未始不基于此。本议员遵章质问，规定赞成员会同署名，应请议长咨询本院决定咨请农工商部酌定日期以文书或口说答覆，须至说帖者。("议员陈树楷具说帖质问关于农工商部各项事"，《资政院知会、折奏、章程、说帖、质问、陈请等案件》第八册《资政院第肆类议员具说帖质问各案件其二》，宣统二年铅印本）

农工商部于十一月二十二日答覆如下：

农工商部为片覆事。准咨称议员陈树楷质问说帖，咨行查照以文书或口说答覆等因前来，兹特按照说帖以文书答覆，片行贵院查照可也，须至片者。上片行资政院，宣统二年十一月二十二日。

拟答覆资政院议员陈树楷说帖

本部筹办农政，以集合农务，总分各省设立农业学堂、农事试验场为入手方法，一面集合农会，使农民互相研究，就固有农业力求进步；一面设立学堂、试验场，使农学新知识逐渐贯彻，以为改良旧法之基础。迭经通饬各省统筹规划，现计各省设立农务总会十五处，农务分会一百六十九处，农业学堂二十处，农事试验场十五处，仍由本部督促进行，务期普及。查《农会章程》第十条内开"总会地方应设农业学堂一所、农事试验场一区，造就人才，分任地方农务"，第十一条内开"分会分所地方应设农事半日学堂一区、农事演说会场一所，招集农民，授以农学大意"各等语，即是彼此挹注、沟通新旧农业知识之意，而改良农具，选择籽种，补助资本种种办法，亦即本此宗旨以次推行，为得寸得人之计。至改良税法一层，应俟厘定国家税、地方税时由度支部统筹核办。工业无所谓新旧，惟其□额□□场为何。如寻中国工业上之产额最当而人不产，滞销者莫销。本部自设立以来，无日不以此事为孜孜，盖恐弃利于他也。其次则衣食住之所需，最切于民生日用，凡从农产物加以制造者，本部必力号提倡，或奏咨减报杂税，或酌准专办年限。近数年来，如湖南之瓷器、四川之竹□、广东之雕刻银蜡、苏州之绣、上海天津之教育品等。此次南京比赛陈列，颇为外人所称，并此见人民工业上之智识之进步也。补救商业谓必从根本上着手，此诚不易之论。惟如何方为补救，论者颇不一致。就本部所见言之：第一，当发达国人之智能。此事关系实业教育，本部与学部均系注意提倡，以期日有进步者也。第二，当巩固商业之信用，以国家发行挹注其资本，以赛会陈列所评定其□□，以各种登记公告，预防其□□是也。第三，当便利商货之交通，如《□□□□章程》是也。此外则股份公司为现今世界之新企业，其利在集合小资本为大资本，而亦有多数人放弃其权利，少数人滥用其资财者，故本部此次改订公司律，于监督方法从而加严，所以预防其流失者也。至于外货充斥，力图补救，固在讲求工艺，尤在于改良税则，前答覆议员庆山质问内已及之矣。("农工商部咨覆议员陈树楷质问事一件"，《资政院文案七种》第二册《资政院第十七类各部院衙门咨覆各案件》，宣统二年油印本）

⑤ **具说帖议员陈树楷为质问事**

谨按《资政院章程》第二十条及《议事细则》第一百七条，对于各衙门行政事件如有疑义，欲行质问者，应具说帖，得三十人以上之赞成，由议长咨询本院决定之。兹有关于民政部对于京城四效办理地方自治及警察权限颇有疑义，谨提出质问如下：警察自治为民政之大端，权限不清，办事即诸多掣肘。时京城内外既归民政部直接管辖，首善之区，又为全国所瞻瞩，何以四郊警察至今尚未开办？步军统领非有管理民政之权，何以近畿自治尤归该衙门经理？将来办理成绩，系由步军统领转报民政部抑或该衙门自行主持？民政部为警察自治最高机关，自应确守权限，不可任其抵触。本议员遵章质问，规定赞成员会同署名，应请议长咨询本院决定，照章咨请民政部酌定日期以文书或口说答覆，须至说帖者。（"议员陈树楷具说帖质问关于民政部对于京城四效自治事"，《资政院知会、折奏、章程、说帖、质问、陈请等案件》第八册《资政院第四类议员具说帖质问各案件其二》，宣统二年铅印本）

民政部的答覆说帖如下：
答覆议员陈树楷质问四郊警察何以至今尚未开办说帖
查本部于光绪三十三年正月具奏，厘定外城各厅界城一折，业经奏明推广外坊警务，就前五城坊原管地面分别区划等情在案，嗣因筹款维艰，未结举办。兹于宣统二年九月二十七日，本部具奏遵章胪陈第三年第一次筹备成绩，折内声叙推广京师外郊巡警办法等因。并将应需款目于九月二十四日咨行度支部核办在案。现尚未接答覆。（"答覆陈树楷质问四郊警察何以至今尚未开办说帖"，中国第一历史档案馆藏民政部卷宗，档号：21-0451-0023）

资政院的回覆如下：
资政院为咨请事。查《院章》第二十条，资政院于各衙门行政事件及内阁会议政务处议决事件，如有疑问，则由总裁、副总裁咨请答覆等语。兹据议员陈树楷提出质问民政部警察自治事件说帖一件，业经咨询，本院决定相应刷印说帖，照章咨请贵部大臣酌定日期，以文书或口说答覆可也。须至咨者，右咨民政部。宣统二年十月三十日。（"为咨送议员陈树楷质问民政部警察自治事件说帖请答复事给民政部咨文"，中国第一历史档案馆藏民政部卷宗，档号：21-0354-0026）

民政部于十一月二十六日答覆如下：
民政部为咨覆事。准贵院咨开，据议员陈树楷提出质问京城四郊自治及警察权限说帖一件，由本部答覆等因前来。查四郊巡警，本部业于本年九月将筹办方法具奏，并将预算经费咨照度支部查核。现尚未据咨覆。至自治一节，前因四郊巡警尚未推广，故由步军统领衙门按照《京师地方自治章程》筹办，仍咨报本部查核。相应答覆咨明贵院查照可也，须至咨者。上咨资政院，宣统二年十一月二十六日。"（"民政部咨覆议员质问京城四郊自治区及警察权限事"，《资政院文案七种》第二册《资政院第十七类各部院衙门咨覆各案件》，宣统二年油印本）

民政部民治司的处理意见为：
民治司为片付事。准资政院咨送议员陈树楷质问说帖一件，内开警察事宜，关系贵司，相应抄录移付，希即查照可也。须至片付者。右片付警政司。宣统二年十一月初二日。（"为抄送议员陈树楷质问说帖一件事给警政司的片"，中国第一历史档案馆藏民政部卷宗，档号：21-0451-0011）

⑥ **具说帖议员张政等谨提出为质问关于民政部事**
查《资政院议事细则》第一百七条"议员依院章第二十条，欲行质问者，应具

说帖得三十人以上之赞成，由议长咨询本院决定之"等语。本员窃见宣统元年八月，民政部通咨各省：无论官绅士商民人，一体严禁义麻雀牌，由各处巡警侦查办理。乃一年以来，民间之义麻雀者，不见其少，而官界之义麻雀者，益见其多。民政部亦知之否？民间义麻雀既有巡警查拿，若巡警官吏义麻雀，又将以何人查拿之乎？近来民间义麻雀者，巡警间亦有查拿之举，而官吏义麻雀者，何以从未闻巡警之查拿？岂以官吏异于齐民，遂可置之不问耶？抑果巡警官吏亦染此癖，枉己者不能直人，故以放任为主义，而听麻雀之风靡一时耶？民政部为地方行政最高机关，对于此事，是否筹有整顿之方法如何？本员不能无疑，谨提出民政部质问说帖一件，经规定，赞成议员会同署名，应请议长咨询本院决定，照章咨请民政部酌定日期以文书或口说答覆。须至说帖者。（"具说帖议员张政等谨提出为质问关于民政部事"，《资政院知会折奏章程、说帖、质问、知情等案件》之《资政院第四类议员具说帖质问各案件其一》，宣统二年铅印本）

民政部对此于十一月二十七日答覆：

民政部为咨覆事。前准贵院咨送议员张政等质问禁止义麻雀说帖一件，现在经本部拟具答覆说帖，除抄送外，相应咨覆贵院查照可也。须至咨者。计抄答覆说帖一件。上咨资政院，宣统二年十一月二十七日。

答覆议员张政禁止义麻雀说帖

查近来麻雀赌事风行一时，本部去年所以通咨各省一体严禁者，正为整顿风俗，维持秩序起见，何尝置之不问。如京师娼寮牌赌，先行禁绝，前外国居留民招赌，均经捕拿罚办，即其明验。惟是警察职务，必根据法律为行动。《宪法大纲》载，臣民非按法律所定，不加以逮捕、监禁、处罚。又，臣民之财产及居住无故不加侵害等因。据此理由，凡官吏寻常博戏，只供一时娱乐，并无聚赌抽头情事，警察即无从办理。就令铺店私宅有此犯行，未经发觉，又无人告发，警察岂能随意侵人家宅，滥行搜查？至于职官犯赌，律有明文而科罪，且必因身分加重。如果确有证据，罪已成立，本部何惮而不查办！即使巡警未能摘发，保无检察官之提起公诉，是本部即欲放任而不能也。至质问整顿方法，尤牵涉社会教育及法律改良各问题，究非一部行政所能解决。现在本部惟有仍照去年通咨各省禁令，严行厉饬，切实厉行，然亦不能滥用警察权力，违反立宪国之本旨也。（"民政部咨覆议员质问禁止义麻雀事"，《资政院文案七种》第二册《资政院第十七类各部院衙门咨覆各案件》，宣统二年油印本。另见"答覆议员张政禁止麻雀牌说帖"，中国第一历史档案馆藏民政部卷宗，档号：21-0451-0028）

⑦ 议员易宗夔质问陆军部说帖

具说帖议员易宗夔等谨提出为质问陆军扩张是系为国防起见，但军资浩繁，旧日各营何以不即裁减，新军腐败何以不筹整顿事。查《资政院议事细则》第一百七条"议员依院章第二十条欲行质问者，应具说帖，得三十人以上之赞成，由议长咨询本院决定之"等语，兹据提出质问陆军部说帖一件，经规定赞成议员会同署名，应请议长咨询本院决定，照章咨请陆军部，酌定日期以文书或口说答覆，须至说帖者。（"议员易宗夔具说帖质问陆军扩张是系为国防起见但军费浩繁旧日各营何以不即裁减新军腐败何以不筹整顿事"，《资政院知会折奏章程、说帖、质问、知情等案件》之《资政院第四类议员具说帖质问各案件其一》，宣统二年铅印本）

⑧　**议员易宗夔质问学部说帖**

具说帖议员易宗夔等谨提出为质问教育方针应采积极主义，方可谓全国教育之进步。张文襄所奏定学堂章程，多采消极主义，且条文说明，淆混不清，学部尚书之演说，有意变更前日之方针。部中于中学、小学堂章程亦多改定，何以不将全部章程提议修正，交本院议决，以教育增进人民之智识道德与能力事。查《资政院议事细则》第一百七条"议员依院章第二十条，欲行质问者，应具说帖得三十人以上之赞成，由议长咨询本院决定之"等语，兹谨提出质问学部说帖一件，经规定赞成议员会同署名应请议长咨询本院决定，照章咨请学部酌定日期以文书或口说答覆，须至说帖者。（"议员易宗夔具说帖问学部关于教育事"，《资政院知会、折奏、章程、说帖、质问、陈请等案件》第八册《资政院第四类议员具说帖质问各案件其二》，宣统二年铅印本）

学部于十一月二十六日答覆：

学部为咨覆事。准资政院咨称，具说帖议员易宗夔等提谨提出为质问教育方针，应采积极主义，方可图教育之进步。张文襄所奏定《学堂章程》多采消极主义，且条文说明淆混不清，学部尚书之演说有意变更前日之方针。部中于《中小学堂章程》亦多改定。何以不将全部章程提议修正，交本院议决，以增进教育人民之智识、道德与能力事。应请议长咨询本院决定，照章咨请学部酌定日期以文书或口说答覆等因前来。查该议员质问宗旨，意在将本部各项学堂章程提议修正，交由资政院议决。惟本部各项学堂章程内均应以命令规定而不属于法律。本部于本月十九日具奏学务法律、命令参照日本制度分别厘定，缮具表册，恭候钦定，并声明其应以法律规定者，将来当由本部奏交资政院议决，该院亦得照章提案奏请裁夺。其应以命令规定者，应由本部分别拟订，请员施行，无庸奏交院议等语。业经钦奉谕旨，著依议表留览，钦此。钦遵在案，除将钦定表册及原奏另文送院备查外，相应照章先以文书答覆，即希贵院查照可也，须至咨者。上咨资政院，宣统二年十一月二十六日。（"学部咨覆议员质问关于教育方针事"，《资政院文案七种》第二册《资政院第十七类各部院衙门咨覆各案件》，宣统二年油印本）

⑨　**议员易宗夔质问海军处说帖**

具说帖议员易宗夔等谨提出为质问筹备海军何以不从教育入手，先设学堂或送学生，即行购置巨舰，将来有何人管理，何人驾驶，更有何人熟谙战术事。查《资政院议事细则》第一百七条"议员依院章第二十条欲行质问者，应具说帖，得三十人以上之赞成，由议长咨询本院决定之"等语，兹谨提出质问海军处说帖一件，经规定赞成议员会同署名，应请议长咨询本院，照章咨请海军处酌定日期以文书或口说答覆，须至说帖者。（"议员易宗夔具说帖质问海军处筹备海军事"，《资政院知会、折奏、章程、说帖、质问、陈请等案件》第八册《资政院第四类议员具说帖质问各案件其二》，宣统二年铅印本）

⑩　**具说帖议员康咏谨提出质问事**

查《议事细则》第一百七条"议员依院章第二十条欲行质问者，应具说帖，得三十人以上之赞成，由议长咨询本院决定之"等因，兹对于法部有质问事件，谨具说帖，遵照规定，赞成员公同署名提出，于议长咨询本院决定后，咨请法部用文书或口说答覆，须至说帖者。一、停止刑讯，则凡人自应以证据定罪，不能再以口供定罪。乃不刑讯而仍勒取口供，狡展之徒何肯吐实？非口供则不能定谳，非刑讯又何以得口供？是两败之道也，不知法部何由而出此。二、停止刑讯，民事并免跪讯，京师久已实行，然各直省刑讯如故，跪讯亦如故，而法部若罔闻知。岂朝廷法令只能行之京师欤？抑待都会之民宜优而各省之民宜酷欤？同是法令，同是国民，何畸轻畸重若此？三、监狱久议欲改良，模范监狱，各省亦渐建设，然铁钱银铛，依然如故，所谓改良者安在？桎梏之罚，甚于肉刑，所谓省刑者又安在？"（"议员康咏具说帖质问法部关于停止刑讯事"，《资政院知会、折奏、章程、说帖、质问、陈请等案件》第八册《资政院第四类议员具说帖质问各案件其二》，宣统二年铅印本）

⑪ 军机大臣钦奉谕旨，度支部奏，遵旨速议粤省谘议局议请示期禁赌一折，著依议。钦此。（中国第一历史档案馆编：《光绪宣统两朝上谕档》，第三十六册，广西师范大学出版社1996年版，第420页）

⑫ 广东谘议局电

资政院钧鉴：庚日议禁新增赌博，多数议员反对，致赞成者纷纷辞职。学清等深疚表率无方，合辞退，谢疚。特此呈报，易学清、丘逢甲、卢乃潼叩。删。

两广总督电

宪政编查馆、资政院钧鉴：广东赌饷，除缉捕经费外，有所谓基铺山票者，统归绍荣公司承办。九月间，因山票饷项短收，禀照铺票给簿办法，批与安荣公司分承，乃该商违章影射谘议局议员吴霏等以方在禁赌，提议请禁，议员刘冕卿等三十五人反对其议，致未通过，舆论哗然。当经祺伤由藩司将安荣公司影射之赌票，即日出示禁止。各属士民及省中绅民各界，均谓刘冕卿等庇赌渎职，开会集议，禀电纷陈，均请将刘冕卿等三十五人除名。同时议长易学清，副议长丘逢甲、卢乃潼及议员吴霏等三十六人，以前督任内议请宣布禁赌期限，曾有"未奉定期，于闭会前辞职"之语，具呈辞职，并据补列议员杨蔚彬等七名一同辞职。而刘冕卿等三十五人，亦以未定禁赌期限为辞，同呈辞职。此次谘议局议员系因提议意见不合，分成两派，纷请辞职。刘冕卿等三十五人，既为绅民禀控受赌商之运动，请予除名。而定章除名不在监督权限范围之内，究应如何办理？又查定章，议员辞职事由，须特经谘议局允许，现各议员既分两派，又因借前次辞职之议，求去者已七十八人，如一律任其辞去，则谘议局几同解散，势须改选。且定章亦无督抚对于多数议员辞职如何办理明文，应将详请电达，伏乞分别迅赐示遵，增祺谏。（"十月十七日广东谘议局电一件，十月十七日两广总督电一件"，《资政院知会、折奏、章程、说帖、质问、陈请等案件》之《资政院第十五类各省谘议局等电案件》，清末铅印本）

案：此后，资政院又陆续收到广东各界关于禁赌事件的来电，谨列如下：

十月二十一日收广东阖省绅民邓华熙等电一件

分送军机处、资政院、宪政编查馆王爷、贝勒、中堂钧鉴暨广东同乡京官鉴：粤谘议局屡议禁赌，以全体辞职请求，未邀恩准。初八日议局因安荣铺票违章影射，提议禁止。议员刘冕卿、区赞森等反对者三十五人，舆论哗然，函电交攻。议长、[议]员大半辞职，已成解散。目下全省已无议事机关，绅商学界奔走相商，均以赌祸为他省所无，赌饷亦不合税法。近奉明谕，缩短国会，厉行宪政。赌博为立宪国所痛绝，理当即日扫除。粤民嫉赌若仇，望禁若渴，只以筹抵之故，宣禁无期。查土膏岁捐为度支部收入大宗，各省赔款所系。朝廷为民除害，不惜捐舍巨款，谕令一律禁种，并未闻议及筹抵。赌害比烟害尤酷，赌饷视土税较微。疆臣日以筹抵为词，借滋延宕，以致粤民痛心疾首，实失朝廷惠爱全粤之本意。目下全省人民因多数庇赌议员，以致屡经提议，均被牵掣，遂成敷衍。粤省盗贼纵横，祸乱将作。推原祸始，实由赌风日炽，民穷财尽所致。故悬求禁赌之心益加迫切，为此吁请速降谕旨，将粤赌一律禁绝，以慰舆情而绝祸本。至刘冕卿等三十五人，受赌商之运动，实为国会前途一大障碍。业经增督宪奏参，并乞严加惩罚，以肃纪纲而平民怨。用特合辞，吁请据情代奏，无任呼吁悚惶之至。邓华熙等同叩。效。

广东谘议局辞职议员何履中等电一件

分送军机大臣王爷、中堂、资政院总裁王爷、李柳溪侍郎钧鉴：粤省禁赌，部定视筹抵迟速，次递施行，业经省宪批准，安荣公司将山票归并铺票，先减少赌具一种。初八日，谘议局员吴霏忽提议请禁安荣铺票。履中等以禁改铺票即主张复开山票，此议草率，断无赞成之理。吴议员又临时避席，邱副长越坐警道席，压制言论，复与卢副长耳语，强迫赞成，种种违章，内多疑点。更因卢副长前经受人运动，冒全局名请禁省城收古劳孜山票，使省城山票畅销，此次议禁改销铺票，难保不复蹈故辙。以此怀疑，遂成多数否决。履中等所否决者，令否决吴议员草，绝非反对禁赌。观从前历次表决，禁赌案无不全体赞成可知。现在铺票禁改，山票复开，是吴议员之提议，绝非禁赌，亦可概见。乃二三不逞之徒，强捏履中等反对禁赌，淆乱观听，惹起风潮，函电纷驰，几乱大局。乞派重员查办，以分泾渭。广东谘议局辞职议员何履中、区赞森、刘冕卿、黄朝恩、蔡念谟、张乃瑞、刘东瑚等三十五员同叩。

十月二十二日收广东谘议局辞职议员何履中等电一件

分送军机大臣、宪政编查馆、资政院列宪及广东京官唐尚书诸公钧鉴：号日电想邀台察，昨明伦堂集议，偏听一方面之言论，未及细察，遽行电禀，混称"因多数护赌议员以致屡经提议均被牵掣，并谓刘冕卿等三十五人，受赌商运动，请除名惩罚"等语，不思两次常年会并临时会，凡表决禁赌，刘冕卿等三十五人无不赞成，何谓牵掣？且省中铺票经有两场，安荣改设铺票，藩司批准并归一类。吴议员单提议销此案，窃思添一铺票而山票绝；禁一铺票，铺票如故，山票又开，害取其轻，理应否决。谓受运动，试问何据？查局章，凡属通过之件，皆以多数取决，若以多数取决为运动，则凡表决议案者无所适从。乃以毫无凭据之词故入人罪，请加严罚。履中等既蒙不白之冤，又惧[局]章破坏，乞速电增兼督，援照奏定局章办理，以保公权、息浮议，大局幸甚。广东谘议局辞职议员何履中、区赞森、刘冕卿、黄朝恩、蔡念谟、张乃瑞、刘东瑚等三十五员同叩。个。

十月二十五日收广东七十二行商代表江孔殷等电一件

分送军机处、宪政编查馆、资政院、度支部、农工商部王爷、中堂、各堂宪钧鉴，抄送粤东馆同乡京官鉴：广州总商会协理兼总理区赞森，现充广东谘议局议员，受赌商运动，串通刘冕卿等三十四人反对请禁增开安荣铺案，全省痛愤。漾日行商集议，总商会金以赌博窒碍宪政，赌饷不合税法，理宜禁革。如虑骤短岁入，行政经费不敷，人民自应负担义务。乃官民徒相持筹抵与不筹抵之说，致使赌商利用延宕，演出否议禁赌怪象。现公议决，请一面禁赌，一面将指定拨抵赌饷各项，除新增盐饷已定岁额外，所有牌照并烟酒捐，先准本行公司担任。如本行不允，由官厅妥订章程公布，当众指抽，流弊自少，集事自易。乞奏请明降恩旨，克期禁赌，电饬粤督臣，乘人民信仰增督，上下一心，官任政令，民任政费，立收效果。顾政费出自租税，商务为租税根源，若任令庇赌之区赞森充商会领袖，势必潜生阻力，批款无着。观诸牌照捐，区赞森等曾受梁起棠重贿，推翻议案，瞒准承办，营私舞弊，所收之数与关册不符，不及详定原额之率，是其铁证。诚恐因此牵动赌禁，粤人以永受赌害，怀疑朝廷弃我粤民，不肯担负义务，尤可寒心。查《谘议局章程》有除名之条，《商会章程》有准咨商部控总□理通同循庇之条，应请将区赞森数去议员名籍，并驱出总商会，以重禁赌而顺商情，大局幸甚。除呈粤督外，谨电呈。七十二行商代表：道员用编修江孔殷、道衔主事陈永侯、盐运使衔候选道林桂昌、道衔陈兆祥、职商秦祥光、卢泽霖、卢赞华、冯颂棠、陈仲峨、刘卓田等叩。敬。

十一月初四日收广东谘议局议员易学清等电一件

资政院列宪钧鉴：东电。冬奉，粤赌害大，势难缓禁，疆吏部臣必借筹抵以宕期祸粤，殊不可解。现奉提议，钦感莫名。学清等四十余人辞职理由，原系查照九月十日议案办理，业经呈报在案。至议请禁安荣变相山票事，其否决议员自为舆论不容，非学清等各存意见，所致是非不明，天下大乱，君子所为痛心也。兹承钧诲，合电呈明，仍望俯察舆情，别白是非，以全大局。易学清、丘逢甲、卢乃潼等同叩。江。（以上各电均见《资政院知会、折奏、章程、说帖、质问、陈请等案件》之《资政院第十五类各省谘议局等电案件》，清末铅印本）

⑬　议员章宗元等谨提出为提议统一国库章程议案事

查《资政院议事细则》第二十二条议员"欲就各项事件提议，应具案附加案语得三十人以上之赞成会通署名提出于议长"等语，兹谨提出统一国库章程议案一件，遵照《议事细则》会同署名，应请议长作为议题会议，须至提议者。

谨案。今日世界各国财政机关皆分收支出纳为二，收支机关即发命令收受支付之机关也，出纳机关即官吏现款遵收支机关之命令而出纳之〔制〕机关也，二者分立不可混合。即有混合之时，必以少数之银钱为限。盖使收支官吏即有管理现款之权，易滋弊窦。滥用挪移之习，皆有此处。吾国财政纷乱弊端百出，其原因实由于收支出纳之混合而不分。欲救斯弊，非特定统一国库办法，别立出纳机关不可。查各国国库制度约有三种：一为统一国库制度，二为行政局部分库制度，三为各官厅分库制度。统一国库制度者，以全国之岁入岁出总汇于统系相承之各国库为原则。其有于行政不甚便之处，则设例外以补助之。行政局部分库制度者，凡各种单独行政事项之收支，另设特别国库以司之。各官厅分库制度，每一官厅设一库，以经理收支事务。此三者中，以第三种制度为最劣，第二种制度宜于邮电、路矿等特别行政用之。今东西各国多用第一种统一国库之制度，而以国家银行为管理之机关。其办法有二种：一曰存放法，一曰保管法。存放法者以国库款项存入国家银行，银行得察国库收支之现状，预计今日后之变动，常备若干以应国家支付之需，而以余贷诸民，使流通于市面。保管法者，国家银行别设金库，专代国家保管现款，遵政府之命令，以经理其出纳事务。此二法，各有利弊。存放法利三而弊一：国家财政与民间经济合为一轨，则市面银根不致因国库之收放而变动，其利一；国库无死藏之货币，民间增流动之资，足以助国民生计之发达，其利二；政府借库款之流通而得息金，其利三；然当银根紧急，难保无倒账之波及，且中国银行以信用借贷为多，不动产抵押之借贷亦不少，银根紧急之时，一则款项无着，一则抵押之物不易变卖，库款难免不受损害。此存放法之弊也。保管法利一而弊三：当库款收放之际，市面银根不免因此而生涨缩之变动，其弊一；币藏于库，市不流通，其弊二；常储巨款，不生利息，其弊三；然库款稳固，永无不测之虞，此保管法之利也。综此二法之利弊，权其轻重，若设有根基深厚之中央银行，以稳重之法存放库款，则存放法实利国利民之策，否则宁取保管之法。今我国大清银行根基尚未深厚，若用统一国库之制，自宜用保管法为原则，而别设例外以辅之。当库款有余之际，可由度支部酌量情形，提存若干以生息。似此损益折衷，可期利较多而弊较少。至于官办铁路、轮船、邮电、矿务等业，本宜列入特别会计者，亦不妨参用分库制度，以收行政之便利。谨本以上之理由，草具统一国库章程议案如下：

第一条　国库种类统系如下：京师设京库一所，各省城各设省库一所，各地方各设支库一所，京库统辖各省库，省库统辖本省各支库，其不设地方之支库，则直隶于京库。

第二条　京库、省库、支库所有官款出入、运解、保管，由大清总分银行经理之。各省城未设大清分银行者，由度支部从速筹设。各地方未设大清分银行者，暂照旧章办理，仍由度支部随时推广增设。

第三条　以度支部堂官为国库总管，大清银行正监督为国库总监督，度支部左丞为京库监督，大清银行副监督为京库总经理，各省布政使或度支使为该省省库监督，各省城大清分银行总办为该生省库总经理，各地方长官为该地方支库监督，各地方大清分银行总办为该地方支库总经理。

第四条　京师大清总银行内专建一库为京库，以现在度支部部库款项暨在京各衙门库款悉数移存之。各省城大清分银行内各专建一库为本省省库，以现在藩库款项及省城各署局所官款悉数移存之。各地方大清分银行内各专建一库为本地方支库，以现在该地方官款悉数移存之。

第五条　各库监督、总经理之下，得按照必需之情形，酌设办事员役。其人数及办事规则，由总管、总监督参照大清银行办事章程定之。监督、总经理所属员役，均须恪依银行办事方法办理职务，从前库吏书役积弊悉予革除。监督、总经理所属员役，均须按照职任轻重，缴纳押款，并取具殷富绅商保结，方准任事。其押款书目由各该监督、总经理酌定。

第六条　各库应设收支详细账簿，参照大清银行现用簿记法办理。按照本章程，自各库成立之日始，凡设库地方，所有征收或运解之官款，悉数解交各该库收纳。

第七条　按照本章程自各库成立之日始，凡设库地方所有各衙门居所等应领之款，悉由各该库支出。

第八条　各库支出款项，在京以度支部堂官，在外以本省督抚及管理地方大员批准之公文为凭。

第九条　各衙门局所等向各库戋批支领款项，由库领出，即归入该处大清银行来往存款门内各该衙门局所等名下，由各衙门局所等随时开明用款名目，逐项发出编号之支票，由领款人自向该银行支领现款。凡应解往未设大清银行地方之款项，暂准由领款人具领现款外，概不得将所领戋批官款存放他种银钱行号或交令汇解。

第十条　大清银行除依第九条经理各衙门局所等来往存款外，于各库未经照章支出之款项不得擅动。

　　第十一条　所有建筑库房暨经理国库费用，由大清银行担负。国币统一之后，所有汇解官款概不得开支汇费。除各库办事员役照大清银行员役酌给薪工外，自总管至总经理均不另支公费。

　　第十二条　政府暨各省督抚应另选国库稽查员，随时稽查各库现款账目，由度支部另定《稽查国库章程》办理。

　　第十三条　遇库款有余之时，度支部得酌量其情形，饬大清银行由库提出若干，存入银行，仍随时奏明办理。

　　第十四条　凡官办铁路、轮船、邮政、电报、矿务及他项实业，所有收支款项，宜用特别会计者，得由该管衙门仿照本章程办理，别委官设之银钱行号，设立特别银库以经理之。

　　第十五条　关乎本章程之详细施行规则，由大清银行酌拟呈由度支部核定施行。
（《宣统二年资政院议案条文》，清末油印本）

资政院第一次常年会第二十三号议场速记录

【标题】着重讨论《新刑律》议案

【关键词】杨度　国家主义　家族主义　《暂行章程》　劳乃宣　路政　禁烟禁赌　《著作权律》

【内容提示】先是讨论关于四川铁路的几件陈请书是否可以作为议案，最后将三件陈请书一起交股员会审查。会议重点是杨度作为政府特派员说明《新刑律》主旨。其主旨包括正文主旨和《暂行章程》主旨，正文主旨主要是按照国家主义原则立法，其内容较之旧律，主要有下述五个特征：更定刑名、删除比附、死刑条文减少、死刑执行方法惟一、惩治教育；《暂行章程》与《新刑律》主旨不符合，是维护家族主义法制的，之所以保留，是因为预备立宪时代，人民程度不齐。杨度还提出了对资政院审查《新刑律》的期望：现在政府所最希望的是国内于宪政、国际于外交，皆无丝毫之妨碍，必使国家主义圆满发达。该案初读之后交付法典股审查。接着讨论了陈请全国禁烟办法议案、议员们表决通过了禁种、禁运、禁吃的确切期限；《著作权律》议案全部经过三读。

宣统二年十一月初一日下午一点三十分钟开议：

议事日表第二十一号：

第一，《新刑律》议案，政府提出，初读；

第二，提议陈请全国禁烟办法议案，股员长报告，会议；

第三，《修正禁烟条例》议案，股员长报告，会议；

第四，《著作权律》议案，三读；

第五，确定义务教育以谋教育普及议案，议员提出，初读；

第六，修正优待小学教员章程议案，议员提出，初读；

第七，拟请明谕剪辫易服具奏案，议员提出，会议；

第八，议设审查拟请明谕剪辫易服具奏案特任股员；

第九，急定税制及税政暂行机关议案，议员提出，会议；

第十，提议陈请亟变盐法就场征税议案，会议；

第十一，提议陈请减出口税议案，会议；

第十二，提议陈请（等）[筹]办蒙藏事宜议案，会议；

第十三，黑龙江移民实边议案，议员提出，会议；

第十四，议设审查陈请等办蒙藏事宜议案及黑龙江移民实边议案特任股员。

议长：今天议员到院者一百四十人。

议长出临议台：今天有交旨一道①，请诸位议员起立敬听。

议长恭读交旨毕。

议长：现由秘书官报告文件。

秘书官（张祖廉）承命报告文件。

137号（邵议员羲）：邮传部答覆本议员质问铁路说帖，本议员还没有知道。

议长：尚未及知照贵议员。

议长：文议员溥质问民政部说帖一件②，各议员赞成者请起立。

各议员起立赞成。

议长：多数。

议长：江议员谦质问学部说帖③，各议员赞成者请起立。

各议员起立赞成。

议长：多数。

议长：王议员用霖质问会议政务处关于外交说帖一件④，各议员赞成者请起立。

各议员起立赞成。

议长：多数。

秘书官（张祖廉）接续报告文件。

议长：方才秘书官报告陈请股报告书中有三件都是为四川铁路的事情，有拟作为议案者，有不作为议案者，请陈请股股员长说明理由。

82号（代理陈请股股员长陈议员宝琛）：本员请方议员还代为说明理由。

议长：请方议员还说明理由。

73号（汪议员荣宝）：请简单说明。

121号（方议员还）：关于四川铁路的事情，一件是杜德舆陈请的，说公司倒款的事情，很危险的，但是本院不能去干涉这个公司内部的事情，前天陈请股会议说无庸会议。就本议员看，路政的事情是关于西南大局，邮传部不能拿《公司律》去拘束他，应该提出来议的。照陈请书不能成为议案，关于路政的事体，邮传部不担责任，请议长咨询本院议决。还有一件是杨重岳的陈请书。杨重岳是四川铁路代表，说总理乔树枏种种背法不成事体，不能交会议陈请股，已经说无庸会议。还有一件是四川民人张罗澄所陈请的，这一件有不同处，他不说内部事情，只说邮传部不担责任有三，就是这个事体与那二件不同一点，据陈请股的意见，这个陈请书还可以成立。这三件一件作废，一件交邮传部，一件作为议案，请议长咨询本院表决之。

177号（李议员文熙）：四川铁路事，现在虽有三件陈请书，然可以分作二项：一项对事的问题，一项对人的问题。对人的问题，可以谓四川一省私事，资政［院］不必干涉。对事的问题则不然，世界各国，其文明进化全恃交通机关之发达，故其国家对于铁路，无不尽力维持，以期交通便利。今中国铁路尚在萌芽，邮传部既绾路政，即应当提倡维持，方是尽其责任。现在邮传部对于商办的铁路，每每用其摧残的手段，（拍手）不徒对于川路如是，即对于他省之商办铁路亦复如是，本院为全国起见，亦当成为议案。况川汉铁路关系西南大局，其股本又系从院租股抽收，一般人民之负担较他省尤为痛切。现在倒款已达二百万之巨，邮传部既两接川人公呈，前后又连奉明谕，而淡漠置之，人民利害孰大于此！故本议员以为应当作为议案，万不可置之不理。（拍手）

180号（刘议员纬）：人民是国家的人民，所办的铁路即是国家的铁路，川汉铁路股款倒闭，虽是一省之事，然实关乎西南大局，关乎中国大局。四川人民因此有三件理由书陈请本院核议，今据陈请股员报告，只有一件请议长咨询本院决定是否作为议题。本议员以此三件陈请书之理由虽小有差异，然实因川民具公呈请代奏，与前两次上谕先后情形不同之点而发生，今既有一件可作为议题，余两件同一问题，故应请议长将三件陈请书一律作为议题。

121号（方议员还）：这二件陈请书大意是为亏款的事情，乔总理是不是吞蚀公款，那是不成议案的；至于对于邮传部的事情，以法律范围公司，可以说的。所以这二件内容不同，一件是对于内部说的，一件是对于邮传部说的，陈请书的意思总要请本院决一决为是。

182号（万议员慎）：邮传部看官办铁路、商办铁路是否全为大清国的铁路？官办的，邮传部管理；而商办的，邮传部何以就不管？去年四川铁路亏倒百几十万，在都察院两次陈请，而邮传部终置之不理。我们非弹劾邮传部这一案不了！

148号（陶议员峻）：路政是全国的事，请议长咨询本院，邮传部既是应当维持路政，即请议长应当作为议题。

议长：现在咨询全院，这三件还是作为一个议题，还是分开讨论？

117号（雷议员奋）：这三件事已有一件作为议题交本院会议，还有二件无论成立不成立，然既有一件作为议题，至于所有二件总要一块儿交审查股员会审查，共同参考三件，不必分立的，就请议长咨询本院以为何如？（拍手拍手）

议长：赞成雷议员倡议者请起立。

众议员起立赞成。

议长：多数，等将来指定特任股员后一并交付审查。

议长：现在由秘书官续行报告文件。

秘书官（张祖廉）承命报告文件毕。

议长：现在开议议事日表。第一是《新刑律》议案，有劳议员乃宣提起倡议⑤，已经印刷分送各议员，如有赞成劳议员倡议者请起立。

众议员起立赞成。

议长：多数。

87号（沈议员林一）：本议员对于劳议员之倡议，当要声明一句话，提起修正刑律之案，既议在股员会先议，则开法典股股员会时应通知全院议员，因为从前开股员会，只通知本股而全院议员并不知道，无从到会。此次提议以后，务请通知全院议员才好。

议长：可以照此办理。

议长：《新刑律》条文很多，拟省略朗读。

众呼"赞成"。

议长：请政府特派员说明《新刑律》之主旨。

政府特派员（杨度）：现在说明《新刑律》之主旨。此次宪政编查馆提出来全部刑律的条文，共是四十三章四百零五条，另外，《暂行章程》五条，附在新律正条之后，一并提出。今于说明主旨之时，不能不分别说明。刑律正条的主旨与《暂行章程》的主旨各有不同。先说明正条的主旨，然后再说《暂行章程》的主旨。欲知《新刑律》四百零五条的主旨，不可不先说改定刑律之理由。此次国家改定《新刑律》，其理由有两种。一种是国内，一种是国际。所谓国内之理由者何也？向来旧刑律，因历唐宋以至于今日，有数千年之沿革，现在必须改变，是什么缘故？因为旧律与现在预备立宪之宗旨有不相符合之地，而其不符合宪政的地方很多，不能详说。就其大概言之，凡判断案件，旧律用援引比附。所谓援引比附，是律文所不载的，而裁判官临时援引前例以判断这件案子。因为这件案子刑律上所不载的，所以不能不援引比附，然而这个办法与立宪原则有不合的地方。因为立宪的原则，立法、司法，是分开独立的。大凡判断案件，要按照律文去判断，不能参杂自己的意见，以为裁判之据。假使不然，便是司法之时而有立法之意。司法、立法，不独立不分开，是与宪政原则最相违反的。就这个地方看起来，旧律于司法包含立法。凡法律无正条者，可以援引比附，揆诸立宪各国通例，实有不合，所以不能不改。现在我国宪政日日进行，立宪国体既许人民之自由，即不可不有一种正当的法律以防范之。其所以防范者，使其自由于法律之中，不得自由于法律之外，而正当的法律必须有正当的条文，因此国内宪政进行之时，必须使一切法律都与宪政相符合。所以旧律既不适用，不能不改用《新刑律》。然而旧刑律与《新刑律》相异之点实在很多，即援引比附不过举其一端而已，这是国内的原因。第二，就是国际的原因。世界各国的法学，自十七世纪以来日以进步，世界文明各国的法典都有法学、共同的原理原则。无论何国的法律，都不能出乎此原理原则之外。如同此原理原则者，国际上人民裁判事情，彼此互相尊重国权。如那一国法律与各国原理原则相违背，则外国人在其国中，不能遵守本国之法律。以各国通例而论，外国人在本国土地之内，本来有治外法权为各国所共认者，只有君主、大统领、外交官、军队、战舰数种而已。此外，则治外法权之外还有一种领事裁判权，不是各国所都有的。文明之国对于他国，其法律与原则原理不合，就用领事裁判权，如朝鲜、安南、印度及中国皆有此外国领事裁判权，而对于中国之领事裁判，为条约所规定者，有原、被告之分别。如原告系中国人，被告系外国人，必到领事处诉讼；如原告系外国人，被告系中国人，就到中国官厅起诉。条约虽是如此规定，而损失国权的地方更不止此。按条约，外国人与本国起诉，如外国人为原告，中国人为被告，本应该归中国官厅审判的，现在此种情事，往往不归本国官厅，而亦归领事裁判。可见领事裁判，即如上海会审公堂制度，已为条约所无。这是各国扩张领事裁判权的进一步的办法。还有一种是中国人与中国人诉讼，比如，平民与教民诉讼，教民原来有入外国籍的，有不入外国籍的。入外国籍的归领事裁判，尚与条约相符；未入外国籍的，虽说与外国有宗教上之关系，究竟应归中国官厅审判，而外国领事也来干涉，以为教民既与彼有关系，即不应受我国不完全法律。所以我国数十年来，教案层见叠出，此理由全在自己法律与世界共同法律原理原则不相符合，以致如此。现在与各国立的商约，就如中英、中美、中葡、中日之商约，载有明文，说中国如果改良法律，与各国一律之后，就可以撤去领事裁判权。据此条文，是各国已经公认的，现在我们也不必问将来各国之承认与否，总要力尽人事，先由自己改良法律与审判制度，然后可以根据条约使他撤去领事裁判权。所以此次编订之《新刑律》，采取各国共同法律之原理原则，将来无论何国人民到中国，都得遵守中国法律，以为撤去领事裁判权之预备，此关于国际的原因。因此两原因，所以才有《新刑律》之编制。而《新刑律》之编制已有几年，从前修律馆编制一次，因各省督抚都有驳文，且发生无穷异议，所以重用改定，又经宪政编查馆厘订一次，始行提交到资政院，以此《新刑律》与旧刑律比较起来，其内容不同之点很多，举其大者，则有五种。第一种是更定刑名，中国刑名自开皇定律分为笞、杖、徒、流、死五刑，自唐朝至今，相沿未改，即各国古昔，亦不出此范围。迄今交通日便，流刑渐失其效力，现在惟法、俄二国尚行之。至笞、杖，惟英、丹二国留为惩戒儿童之具。按各国刑法，以死刑为重，次为自由刑，再其次为罚金。所谓自由刑者，大概分惩役、禁锢、拘留三种，中国三流之外有充军、外遣二项，近数十年来，此等人犯逃亡者十居八九，而逃逸之人犯安置毫无生计，隐匿又恐滋生事端，历来议者，百计图维，并无良策。势穷则变，亦情势之自然，所以不能不改。现在《新刑律》分为死刑、徒刑、拘留、罚金四种，其中徒刑分为有期徒刑、无期徒刑。无期徒刑禁锢终身，以当旧律外遣、充军的意思；有期徒刑三等以上者，以当旧律之三等流刑之罪，四等及五等以当旧律五等徒刑之罪；拘留专科轻微之犯，以当旧律笞杖；至于罚金性质之轻重，介在有期徒刑与拘留之间，亦与中国赎金旧制相合。此新旧不同之点一。第二是删除比附。法律之用，贵在范围一切，所以法律条文以概括为主义，力能适用。中国旧律往往于正条没有规定的，审判官临时加入自己的意见，《大清律例》全书不下一千八百余条，然尚须援引比附，实为条文不足之故，不得已出以己见，勉强牵合。如此看来，恐怕再加几千条，也还是不足的。天下之事变无穷，而条文有限，若必一事一例，是断乎办不到的。所以援引比附，不仅与宪政宗旨相违背，就是以刑律而论，也不是一种〔之〕适宜之办法，所以新刑法以概括为主义，而必分清界限，如罚金在何数以上何数以下，有期徒刑在多少年月以上多少年月以下，至于死刑，就是杀人应处死刑及无期徒刑，因其情节不同，审判官得于限制之中以定罪之轻重，究竟都在法律正条之中，并不是法律无正条而必援引以处人之罪。如此则援（行）［引］比附一扫而空，此新旧不同之点二。第三是死刑减少。以中国历史而论，死刑增减，代有不同。唐沿隋制，太宗时减绞刑之属五十，改加役流，史志称之。明律斩绞并用，分斩立决、斩监候、绞立决、绞监候，死刑阶级自此益多。现在欧美各国刑法备极简单，除意大利、荷兰、瑞士等国废止死刑外，其余如法、德、英、比等国，死刑尽限于大逆、内乱、外患、谋杀等项，其余大概不用死刑。日本承用中国刑法最久，而参以西洋法理，死刑也不过二十余条。中国向来死刑条目很多，然以实际而论，历年实决人犯，以命、盗两案为最多，秋审制度详核实缓，倍形慎重，每年实与勾决者不过十分之一二。可见，中国有死刑之名而无死刑之实，较之各国相差不远。《新刑律》根据唐律及国初之办法并各国通例，将死刑酌量减少，此新旧不同之点三。第四是死刑惟一。中国历代处死刑之法，有腰斩、斩首、绞死种种分别，虽方法不同，而其致人于死则一。盖法者，所以示警于将来，其种种方法所措施的，对于既死之囚故无所关系，而对于未来之犯，正所以表示其罪与刑有相当之处决，不独可以使未来之犯有所鉴戒，亦可以使社会之耳而目之者，皆得准其罪而服人心，此旧律之本旨也。至于新律，以为犯死罪之人，留之则有害，于我社会不能不去之，以保社会之安宁。既然处之以死，则处之以死而已，何必再分轻重？中国向来以绞为轻，斩首为重，腰斩更重，就是分别。究竟同一处死，而必于处死之方法上分别轻重，亦实无甚理由。以各国刑法而论，德、法、瑞典俱用斩刑，奥大利、匈牙利、西班牙、英、俄、美俱用绞刑，都是以一方法以处死罪，惟军律所科死刑或用铳杀，此另外办法，并非普通的。可见各国死刑只用一种办法，并不在处死方法上分别轻重。现在《新刑律》草案也是采取一种，就是用绞刑，并且于特定之行刑场所密行之。古来所定枭首弃市，并非有特定之行刑场，又云"枭首示众"，可见不是密行之办法，此新旧不同之点四。第五是惩治教育。犯罪之有无，与年龄有关。小儿年龄未到成丁者，教育之能力所不及，处以国家刑法，未免太苛。各国法律都定有责任之能力，我国从前所定的幼年犯罪分七岁、十岁、十五岁三等，现在仿照各国办法，以十二岁为责任年龄，如在责任年龄以内犯罪，不施以刑法，而施以惩治教育。惩治教育始兴于德国，管理办法与监狱相同，德国谓之强迫教育，各国仿而行之，英国颇著成效。如果系幼年犯罪，置于监狱之中，与成年人犯相聚，受其传染，适养成其犯罪之性质，反不能改过自新。此应在教育范围之内，不在刑法范围之内，《新刑律》一并采入，而为旧律所无，此新旧不同之点五。五种以外，还有一种不同之点，是《新刑律》、旧刑律精神上、主义上之分别。所谓分别者如何？国家要成一个完全法制之国，必经一种阶级进化而来，其所经之阶级就是家族制度，必经过此阶级，方能够可以言进化，此是世界各国进化之通例。但在进化阶级之中，现象不同，一切国家政治法律，都得经此阶级，皆受家族主义之支配。世界各国法律之原则，无不由此而来，中国亦然。所以然者，都是因国家制度没有发达，不能不如此。如无家族制度，社会不能维持，即国家亦不能维持。中国自秦以来，二千年之法律，均本于秦，而秦之律又最严酷，盖国家制度尚未完全之时，一切教育制度未及发达，全仗法律以范围之，而当时之法律又无民法、商法之别，一切都在刑法之中。故古时刑法，如人犯大恶，动辄诛九族、夷三族，此是因其所犯之人而对于其家族施以极端的刑法。可见家族制度的时代，不是以个人为本位，直以家族为本位。对于家族的犯罪，就是对于国家的犯罪。国家须维持家族的制度，才能有所凭借以维持社会，故必严定家族阶级。即其刑律亦必准此精神，所以一人犯罪，诛及父母，连坐族长，家族责任由此发生。国家为维持家族制度，即不能不使家长对于朝廷负其责任，其诛九族、夷三族就是使他对于朝廷负责任的意思。既是负此责任，在法律上就不能不与之特别权利，并将立法权、司法权均付其家族，以使其责任益为完全，所以有家法之说。所谓家法者，即家长所立之法，此即国家与家长以立法之权，家长可以擅杀人，即国家与家长以司法之权，（拍手）何以故？国家因为要恃家族制度以保护国家与治安，故并立［法］、司法之权以付与家长，故家长对于一家之中，可以行其专制之手段，有无上之权柄。此数千年来精神之所在，即维持社会安宁政策之所在。所以其结果，无论四五十岁之儿子对于七八十岁之父母，丝毫不敢违犯，这都是由法律上发生的。而此种法律，中国可以行之者何也？因为向来无所谓国际，就是以其国家名之为天下，只要维持社会，即足以保国家之治安，并无世界竞争之必要。所以，此种制度在从前为适宜之制度。现在各国法律之精神，全不在家族而在国家。国家对于人民有教之之法，有养之之法，即人民对于国家亦不能不负责任。其对于外，则当举国皆兵以御外侮；对于内，则保全安宁之秩序，必使人人生计发达，能力发达，然后国家日臻发达，而社会也相安于无事。人民对于国家负担责任，国家即与之以自由之权利，因之，各国法律对于人民有成年、不成年之别。未成年以前，对于国家一切权利义务都归家长替代；到成年以后，就非家长所能替代的。这是国家的主义，与家族主义大不相同的。主义不同，则法律亦随之而异。所以中国向来法律与各国不同之点。现在我国国家制度还未完全，但现在系预备立宪的时代，即是预备国家法制完全的时代。当此国家主义进行之时，与向来家族主义有无冲突之处，实是一个疑问。如有冲突之处，则对于新订法律，应以何种主义为其精神，亦是重大的问题。若使家族主义与国家主义并行不悖，一方面增长国家制度之进行，一方面保全家族制度之存在，如此办法，可乎不可？假使可行，岂非两全之道！无如两主义相冲突，实无并行之理，可以事实证明之。中国现在号称四万万人，就是四万万国民。既有四万万国民，比较各国人，也算很多了。如以四万万兵力对外，孰能相抗？（拍手）而实在考究起来，只能算四万万人，不能算四万万国民。因为此四万万人都是对于家族负责任，并非对于国家负责任。此四万万人大别分为两种，一为家长，一为家人。家长对于家人有特别权利义务。家人又有二种，一为男子，一为附属之女子，不仅对于国家不负责任，即对于家庭亦不负责任。故家庭之义务，由家长一人担负。由此看来，虽有四万万人，然自国家观之，所与国家直接者不过是少数之家长而已，其余家人概与国家无关系也。家长之中，有为工的，有为商的，都是有妻子之累负，一家生计之义务，所谋之利，以供仰事俯畜之资。其对于国家关系较多矣，更进则有一种为官吏者。既为官吏，则对于国家不能说不负责任。但是，实在考究起来，今之为官吏者，与其说对国家负责任，无宁说对家族负责任。现在责备官吏者，每曰贪官污吏，然推求其贪污之故，无非是有妻子之累，内顾之忧耳。本来作官的宗旨，就因为家族之义务，不能不作官，以求事畜之资。既以此为宗旨而来，故其结（累）〔果〕无论如何，只要得几文钱以之养家足矣，与国家本无关系也。若以家族主义为前提，则此种人尚不能十分责备，因为他对于国家虽是贪官污吏，而对于家族都是个慈父孝子、贤兄悌弟。所以中国之坏，就由于慈父孝子、贤兄悌弟之太多，而忠臣之太少。因为家族主义发达，国家主义不发达，所以孝子慈父如此之多，而忠臣如此其少，（拍手）致"国家"二字几乎不能成立，而何有于国家主义？现在国家改定法制，总以国家主义为宗旨。既然以国家主义为宗旨，则必要使全国的孝子慈父、贤兄悌弟都变为忠臣，（拍手）于国家前途庶乎有豸。但要使孝子慈父、贤兄悌弟都变为忠臣，不可不使他的家人都有独立之生计与独立之能力。既然要他有独立之生计、独立之能力，国家就不能不与他以营业、居处、言论等等之自由，使其对于国家担负责任。既对于国家担负责任，始可称为国民。若其如此，则是与家族主义相去日远，与国家制度相去日近。此二主义是相冲突的，不是相连合的。近乎此则远乎彼，此系根本上之精神所在，亦即新刑律、旧刑律根本上之区别所在也。如不以此国家主义之精神为然，则与其改用新律，反不如仍用旧律。现在家族主义虽不能废止，然既有妨于国家制度，就不能不使他退后。所以现在《新刑律》乃采用国家主义，对于家族制度以减少为宗旨。而所谓减少者，不过比旧刑律减少，其存留者正复不少也。以上关乎《新刑律》主旨已经说明，再说《暂行章程》之主旨。《暂行章程》共有五条，说到此处，就有个疑问，为何于正条之外另有《暂行章程》？此《暂行章程》如以为必要，何以不加入正条？如以为不必要，何以不废止？此中消息，不能不分别说明。现在先说明不加入正条之理由，一言以蔽之曰：不加入正条者，因为与《新刑律》主旨不相符合故也。今将此五条分别说明。第一条，与死刑惟一之旨不符。各国处死之法，无斩、绞并用的。《新刑律》全部用绞，而《暂行章程》第一条中处一死刑者仍用斩，此是与《新刑律》相异之点。如果将这条加入《新刑律》中，与死刑惟一之宗旨即生冲突，所以万不能加入。第二、三条是与死刑减少之旨不符。《新刑律》所规定的某一种用有期徒刑，某一〔条〕种用无期徒刑，某一种用死刑，全有规定，而《暂行章程》的第二条、第三条，凡犯某条之刑者，仍处死刑，是比《新刑律》加重。既要加重，则死罪不能减少，而反加多，若以此编入正条，即与减少之旨相违反，所以规定在《暂行章程》之内。又第四条对于无夫妇女和奸之罪，应处以何等之刑，这条本是《新刑律》所没有的，如果把这条加入《新刑律》草案，体例本没有什么不合，但与编制刑律的原因，与对于国内国际有最大的冲突，所以没有加上去。《新刑律》于有夫之妇女与人通奸或被人强奸均有罪，而于无夫妇女与人和奸，《新刑律》中无规定者，因为有种种之不便。第一，于立法上不便。国家对于国内女子犯奸之事，不外三个办法：有夫之妇，无论和奸、强奸，都在禁止之列，因为维持风化起见，此是第一种办法；然欲全国妇女都是坚贞节操，即国家亦有所不能，即如娼妓一途，各国都无禁止之法，非不知与风化有关，而事实上不能断绝，因此不仅不禁止而且为法律所允许，此是第二种办法；至于无夫妇女与人和奸，国家对此既不禁止也不允许，全采放任，此是第三种办法。如不如此，必不公平。此关于立法上的事情，不能不区别。第二，于司法上不便。和奸必须搜求证据，而搜求证据非常费力，于审判上实有不便。第三，于外交上不便。刑律改良，原为撤去领事裁判权之预备，若与各国原理原则不同，不能得各国之赞成，则事交涉必多阻力，因为各国刑法没有此条，如将此条加入正条，将来如中国男子女子与外国人和奸，中国要按法律办理，外国人势必不受裁判，则于撤去领事裁判权有所借口，不如现在不加入《新刑律》之中，以为外交地步。第四，于礼教上不便。管子云：礼义廉耻，是为四维，四维不张，国乃灭亡。礼义廉耻是礼教的条目，但就"耻"字、"慈孝"二字而论，无夫妇女与人和奸是最可耻的事。因为可耻，所以一家人对于社会，都有名誉之关系，恐为社会所诟病。女子如有此事，其父母必深以为耻。父母既以为耻，必于平日教育上格外加意，就可以使其子女无与人和奸之事。即因教育不善，发生如此丑事，其父母引以为耻，必不肯送至审判厅判决，以致口说流传，报纸登载。假使其父母不以为耻，必欲宣布于外，使众人耳而目之。此种父母，与无耻之子女，其贤不肖之相去其间不能以寸。如真以为耻，必秘而不宣，决不欲以国家之刑法审判之。所以，此条不加入正条，正所以养社会之廉耻，欲以维持礼教也。对于家庭父慈子孝之间，也是一种维持的方法。父母对于子女，决不欲蒙以耻辱之名，使其终身无婚嫁之望。刑律虽有此条，亦同虚设，所以国家对于此种事并不是不理，因为在教育之范围，而非在法律之范围。即不与父母以制裁之权，亦不过恐其伤父子之恩，而所以养社会之耻，因其于宗族的名誉、本身之名誉、子女之名誉均有关系。父母若有此制裁之权，恐其耻愤之时，不及计较事后，悔之不及，反以伤父子之恩。不如不与以此权，使其秘密不宣，反于礼教不悖，所以不加入正条。第五条，凡对尊亲属有犯，不得适用正当防卫之例。此条本属平常，无甚奇异，何以不加入正条内？因为刑律本有正当防卫之例，今既对尊亲属不得适用，是谓防卫为不正当，而尊亲属无论何种行为皆为正当。究竟天下事不能一概而论，编制《新刑律》的人，对于社会上人类种种的情形，不能不面面想到。父子之间虽以父慈子孝为常，然天下非无不慈之父、不孝之子，断不能说，父可不必正当，子不能不正当。若照此条解释，有三层的意思：第一层，父不必慈，子不能不孝；第二层，父无不慈，子不能不孝；第三层，父不慈也是慈，子不能不孝。由此三种推论，是坐定父之一面必正当，子之一面必不正当。即是宋儒学说天下无不是的父母意思，这一条更是根本。这种学说定的，亦其所以不放在正条内者，就国家眼光看起来，此学说不是完全的根据国家刑法，是君主对于全国人民一种之限制。父杀其子，君主治以不慈之罪；子杀其父，君主治以不孝之罪。既此不偏为为人子者，立法亦不偏为为人之父者，立法必要面面俱到，始为公平。［此］条不甚公平，所以也未加入正条之内。以上是《暂行章程》所有五条未编入《新刑律》的缘故。这样看来，是《暂行章程》与《新刑律》实相冲突。既有冲突，何以不废止之？但是有为难情形。当编定法律的时候，按照誊黄清单办理。宪政编查馆编订《新刑律》时，是在十月初三日缩短国会期限上谕以前，彼时按照誊黄清单，《新刑律》核订在今年，实行在宣统五年。由刑律实行到立宪之时，尚隔三四年之久。所有主张人民程度不足之说者，此种议论，在讨论刑律之时，极有势力。人民程度无标准，只好以誊黄清单为标准。国家既认全国人民必至宣统九年始有奉行宪法之能力，亦必至宣统九年始有奉行《新刑律》之能力。所以，九年以前，刑律即不能过于完全，所以复加此不完全《暂行章程》。宣统五年实行时起，暂行至宣统九年而止。现在时殊事异，朝廷因为全国人民程度，可以有宣统五年遵守宪法之能力，何以宣统五年就没有遵守《新刑律》之能力？（拍手拍手）这个问题可以得正常解释，然而在宪政编查馆编定草案实行在十月初三以前，这个草案不能一时更改，况且资政院已经成立，不能不赶未闭会以前交议，更无更改之余暇，所以这个《暂行章程》就没有能废止他。现在所谓人民程度之说，早有贵院诸君子请开国会之时，已经说明白了。政府对于人民程度，虽然确实把握的，然而资政院议员是全国人民的代表，对于人民程度，较之政府观察，必能深切著明。究竟应该适用何种刑律，人民有何种程度，不能不凭诸君之论断。资政院是立法机关，协赞〔成〕立法的时候，对于政府提出《新刑律》，何者宜存，何者宜去，都有独立之权限，算是中国有历史以来是第一法典之改良，是资政院协赞法典之第一次，为从来未有之盛典。现在政府所最希望的是国内则于宪政无丝毫之妨碍，国际则于外交无丝毫之妨碍，必使国家主义圆满发达。这是政府所最希望于诸君的，本员所说明者如此。

123号（江议员辛）：对于特派员所说的意思颇有质问，特派员所说的主旨，不过把个人自由破坏，就可以提倡国家主义。据本员看起来，人民程度不齐，一由于教育没有普及；一由于民法没有颁出来。若把《新刑律》颁出来，可以提倡国家主义。本议员颇不赞成，请特派员说明。

政府特派员（杨度）：人民程度是以教育使之进行，不能以法律使之进行的。然而法律也可以强迫使人民进步。譬如就日本而论，该国从前的人民程度迥不如中国之现在，因为该国是取法中国，断没有程度在中国之上的；然彼时日本政府毅然决然颁布一种完全新法律，其意在借法律强迫人民程度之进步，这是法律可强迫人民进步之凭证，亦是国家使人民进步之一种的方法。本员原未说法律一行，人民可以进步，因贵议员之问特别说明。

182号（万议员慎）：特派员所说的中国程度不足是因孝子慈父太多，照如此说，是提倡中国不慈不孝的意思。我们中国以孝治天下，如此说来，中国不成为中国，而求忠臣于不孝子之门，得乎？特派员之言，不敢赞成。又云妇女须受教育，使之有耻，不在用刑，此是道德的话。然今之士大夫犹有无耻者，何况妇女？

109号（籍议员忠寅）：今天对于《新刑律》是初读，只要特派员说明主旨，我们议员对于议案有疑（议）[义]可以质问的，这个时候不应该论到草案之内容，更不该说到本题以外。

137号（邵议员羲）：请议长把这个付审查，不必讨论。

80号（劳议员乃宣）：本员请发言。

议长：劳议员是否质疑？

80号（劳议员乃宣）：本员倡议已经全体赞成，第一次可以讨论大体。如不以为然，前此倡议可以作废。

议长：劳议员既是质疑，可以发言。

80号（劳议员乃宣）：如果第一次不能讨论大体，可以作废。若待提出修正案来，还到审查之后，再行讨论就不对了。总要经第一回讨论之后，然后有修正案。

议长：劳议员倡议，已经表决过了，现在可以依这个倡议办理。

议长：劳议员若是讨论大体，可以发言。

109号（籍议员忠寅）：劳议员倡议初读时候，可以讨论大体。可是初读时候不是今天，如果审查以后再到议场，可以讨论劳议员意见。

就事实上看来,是不错的。可是《新刑律》才发出来,大家必须细细研究,方可以讨论。

48号(陈议员懋鼎):按《议事细则》二十八条,应俟审查以后,方可讨论大体。

110号(于议员邦华):各议员如有讨论,总得看过之后再行讨论。

148号(陶议员峻):劳议员同政府两下冲突的意见,各有说帖,众人都看见了,待到大家细心研究之后,再行斟酌。

80号(劳议员乃宣):本员不是讨论大体,是质问疑义。

153号(易议员宗夔):本议员有发言表,议长已看见否?

议长:发言表已知道了,按表,劳议员名次在前,请劳议员发言。

80号(劳议员乃宣):今天是质问疑义,不是讨论。宪政编查馆的原奏,有请旨交法律大臣辑判决例,这个判决例是法律、是命令?且今日这个判决例,将来法律大臣定出之后,还是交院协议,不交院协议?这是第一层要质问的;第二层,《新刑律》有誊黄清单,规定哪年修订、哪年颁布、哪年实行,这个判决例,到底是哪年修订、哪年颁布、哪年实行?这是第二层要质问的;第三层疑义,所谓《暂行章程》的五条,"暂行"二字,总是暂而不久,总要废的,是哪一天废止?必须问个明白。就宪政编查馆原奏也说得含混不清,若说是《暂行章程》五条借以疏通新旧而利推行,将来体察全国教育、警察、监狱周备之时,再行酌量变通,请旨办理。这个"酌量变通,请旨办理"八个字也不晓得废不废,这个"体察全国教育、警察、监狱周备",在何日是教育、警察、监狱周备的时候?也没有说得明白。《暂行章程》第四条(读第四条),照这个说法,中国现在教育没有普及,待到教育普及的时候再废。现在各国新订刑律,都没有处罚的明文,自然是照各国。教育已经普及,无夫的妇女个个贞洁,无须用刑法禁。中国教育还没有普及,无夫的妇女不免还有淫行,不得不用刑法防禁。本员没有出过洋,不敢说外国无夫妇女贞淫如何,看编查馆原奏,大约外国妇女个个是贞洁的。但是外国无夫妇女不用法律以防闲,可是外国有夫妇女还必因法律为之防闲。试问外国教育何以不普及于有夫的妇女?本员没到过外洋,也不敢说中国现在教育还没有普及，所以无夫、有夫的妇女都不免犯奸，都还要用刑罚防禁等；将来教育普及之后，何以只能教育无夫妇女，可以把刑罚废除，可不能教育有夫的妇女，还要用刑法防禁？而且在室的女子受了教育，已经成了贞洁的德性了，等到出嫁之后，变成了有夫妇女，他的贞洁之本质忽然消灭了，等到其夫已死，又变成无夫妇女，他的贞洁之本质又忽然回来了。（语未毕）

117号（雷议员奋）：本议员对于劳议员有要紧的质问，请劳议员直接答辩。请问劳议员是否对于刑法草案发表意见？

80号（劳议员乃宣）：是的。

117号（雷议员奋）：请问劳议员刑法草案是否宪政编查馆交议的。

80号（劳议员乃宣）：是的。

117号（雷议员奋）：请问劳议员是否宪政编查馆的人员？

80号（劳议员乃宣）：本议员是宪政编查馆的人员。

117号（雷议员奋）：劳议员所质问的，是否对于宪政编查馆人员质问抑是对于资政院全体质问？若是对于宪政编查馆质问，而本议员鄙见以为劳议员系该馆的人员，当初编订刑律草案时，想劳议员必定已先参议。如此看来，则劳议员今天可以不必发表意见。请问除了今天以外，以后还有讨论的时候没有？请问除了讨论刑律以外，以后还有讨论别项案件的时候没有？

80号（劳议员乃宣）：雷议员说得不错，本员私心被人窥破，可笑之至！不过有非质问不可的地方，这个附则与正案同一效力、不同一效力？将来要废的那一天，要通过资政院、不通过资政院？宪政编查馆没有说明，请特派员答覆。还有一个疑问，条文里头有"对尊亲属加强暴未至伤害"一条，原草案是"暴行"二字，后改作"强暴"，（读原奏）这个"强暴"二字，不晓得强暴的范围如何？殴打在内不在内？平人伤害人的身体，殴而未伤，只问违警，所以刑律里没有；若是打了尊亲属，虽然未伤，也应办罪，不能只问违警的小罪。这刑律上"强暴"二字，想是指殴打而言，然不大清楚是否在殴打之列也？请明白答覆。

政府特派员（章宗祥）：劳议员质问几层，本员请简单答覆。第一层，劳议员所问判决例究竟是法律是命令，本员以为既非法律，又非命令。不过案件判决以后，其所记载判决的事情，可以作后来标准，是谓之判决例。譬如大理院审判官遇有这么样的案，怎么样定，将来遇有同一的案子，审判官就可拿这个为标准定犯人的罪。所以这判决例，在各国也不能作为法律，也不能作为命令，中国也是如此。还有一层说是《暂行章程》行到几时为止。方才杨特派员已经说过了，原来的意见，（在）[是]行到宣统八年开国会的时候。现在国会既已提前，自然《暂行章程》亦可早止。至于这个《暂行章程》究竟到什么时候为止，劳议员可以不必问的。何以故？现在《新刑律》已经交到资政院，议员是国民代表，应该看得到人民到什么时候是什么程度，就可以适用什么刑律。这是资政院议员可以看得到的。至于《暂行章程》第四条，方才杨特派员已经说过了，在这一条说是各国新订刑律均无无夫妇女犯奸处（犯）[罚]之明文，诚以防闲此种行为，在教育不在刑罚，但中国现在教育尚未普及，故参照旧律暂定罚例。劳议员的意见，各国妇女全是贞洁的；我们中国教育没有普及，所以不是贞洁的。这却不然，在各国通例，无夫妇女全用教育，并不是用刑法。杨特派员的意见并不是说外国妇女全是贞洁。我们并没有说到这一层。劳议员的话是由理想上推出来的，至于重要的问题，应该要、不应该要，要到讨论时候再提。

80号（劳议员乃宣）：将来废止的时候，要通过议院不通过议院？

政府特派员（章宗祥）：本员意见，凡有法律交议的时候，都要通过议院。将来废止的时候，也要议院通过的。

137号（邵议员羲）：此种《暂行章程》究竟是新刑律抑是旧刑律？刑律只有一种，断不能于刑律之外又有一种《暂行章程》。特派员既说明与《新刑律》相冲突，为什么编查馆不删去而要交议？

政府特派员（杨度）：《暂行章程》之附设，本来与刑律主旨不相符合，为什么不删去的缘故，因为预备立宪时代，人民程度不齐，所以要这《暂行章程》。这《暂行章程》，〔这〕是在十月初三国会未缩短年限以前办理的。现在国会既然缩短，这个《暂行章程》是否可废，请诸议员议决。

80号（劳议员乃宣）：我不是不会说，我是不说。因我的话很多，我若说了，又说我犯讨论的界限了。

政府特派员（杨度）：在宪政编查馆时，劳议员已经讨论过了，这个话都是劳议员说过了的话。

112号（陈议员树楷）：对于特派员有几句话。以前讨论是宪政编查馆的讨论，与资政院不相干。今天劳议员是以资政院议员的资格，在资政院讨论，这个权限须得划分清楚。就如我们资政院在审查会特任股员审查时，意见被股员多数驳倒，到大会犹可再发表其意见。况编查馆机关原与资政院不同，在编查馆不能自申其说，正好到资政院来说，万无抑劳议员不许质问之理由。此是一定的道理，现在可以不必提了。不过刑律关系全国财产性命、风俗习惯，须得细细讨论，这个题目没有不赞成的。今天就是质疑，也是没有什么可疑的。照特派员所说的，是很正常的。不过，不可不详细讨论。就如日本，日本当时是请德国、法国人定的法典，还是不适用，后来又派学生出洋回来，体察本国情形，定出法典来。此等重要议案，岂可轻易放过？总以先付审查为是。

80号（劳议员乃宣）："强暴"二字，殴打在内是不在内？

110号（于议员邦华）：请大家不必讨论，即付审查。

议长：发言表上还有人要发言，这也不是一时可以表决的，须得详细讨论。

政府特派员（章宗祥）："强暴"二字包括殴打在内。

178号（高议员凌霄）：本员对特派员有个质问，本员没有到过东西洋，不知道东西洋各国风土人情如何，方才特派员说中国社会习惯向来崇尚礼义廉耻，即如家庭中有无夫妇女发生这种和奸的羞耻事情出来，其家亲属必不能够送审判厅，自伤体面，必另有一个特别秘密处理之法。此话本议员大感不解，这种事实既不能禁止全不发生，又不能忍辱含垢，又不能送审判厅，请问贵特派员，所谓"特别秘密处理之法"是一种什么法子？请特派员明白规定，宣告天下，咸使闻知。

议长：请简单发言。

178号（高议员凌霄）：方才特派员说社会习惯，中国向来讲廉耻，这是特派员所知道的。特派员说是家庭发生这种羞耻的事情，不是由国家发生出来的，不知这种羞耻不能送到审判厅，又不能禁止，则社会自然不发生这种事情。试问特派员，既说有一种特别的主旨，到底有什么法子可以禁止？

74号（陆议员宗典）：这个《新刑律》今天刚才分送，总得大家熟诵一过，方可讨论。这是极重大之新法典，修订已非一日，所有条文自有一贯之主义，不是随便抽出一条来，便可评论是非的，还是请议长先付审查为佳。

议长：请简单发言。

74号（陆议员宗典）：所以愿诸位细细研究，我们资政院总要把条文细细看清才好。

153号（易议员宗夔）：请问议长是按发言表发言否？

议长：现在按发言表，请易议员发言。

153号（易议员宗夔）：本员对于这《暂行章程》不赞成的，因为这个法律总是要统一的，怎么于全部法律之后又有这种《暂行章程》？本议员看来这《暂行章程》一条都不适用的。第一条是犯第八十九条、第一百零一条、第一百十条、第一百十一条、第三百零六条、第三百零八条，处以死刑者仍用斩。同一死刑，怎么分轻重？这一条是应该取消的。第二条是凡犯第二百五十二条第一项、第二百五十三条、第二百五十五条、第二百五十七条之罪，应处二等以上徒刑者，得因其情节仍处死刑。这是中国从前尊重死体之法律，现在立宪时代是用不着的，这一条应该取消。第三条凡犯第三百六十四条应处一等有期徒刑以上及三百六十五条至三百六十七条之刑者，得因其情节仍处死刑。这个盗窃罪是很轻的，轻罪而处以死刑，未免与减少死罪宗旨不合，这也是要取消的。第四条凡犯〔罪〕第二百八十三条之罪，为无夫妇女者，处五等有期徒刑、拘役或一百元以下之罚金，其相奸者亦同。这个无夫妇女犯奸定罪的，各国很少，俄国亦只指明师保及奴仆，足见普通人和奸尚无罪名。据本员看来，此事是以教育普及为范围。教育普及，此种事自然少了，不必规定于刑律之上。况且妇女晓得刑律很少很少，我国妇女贞洁关系于礼教之维持，并非畏旧律上杖八十之条文，是这一条应该取消的。第五条凡对〔有〕尊亲属有犯不得适用正当防卫之例，是与尊重人权的主旨不合，这一条也要取消的。（拍手拍手）

48号（陈议员懋鼎）：本员赞成陆议员倡议，须等到审查后再行讨论大体。法典是很要紧的，不但不是几个人可以讨论的了，而且不是多数人可以讨论的了。总要全体议员都看明白，到审查之后才能讨论，方才易议员所说的话，还是讨论的话。

153号（易议员宗夔）：本议员并不是讨论的话，是质问特派员，何以不删除这五条？

112号（陈议员树楷）：现在不必讨论这五条取消与否，资政院审查时自有个权力的。现在《新刑律》所主持者，系由家族主义一变为国家主义，事体重大，非以后研究不可。

议长：现在讨论终局，应付法典股审查，拟休息十五分钟，请各位议员稍为留座，本议长有请诸位议员注意之语，就是休息后请诸位务回议场。现在打算休会几天，今天有许多事情都要议有结果。若是休息时候随意散去，人数必不能足三分之二，即不能开会，所以要请大家注意。还有向来于休息时就走了的那几位，更要注意。

下午四点四十五分钟议事中止。

下午五点钟续行开议。

121号（方议员还）：江苏谘议局来了公文，共计三件，送到本院核议，请议长提出交审查。

议长：可以交审查。

134号（余议员镜清）：浙江陈请的事情关系邮部变更法律的事情，全国商办公司前途至为危险，请交特任股员审查。

议长：可以交审查。

88号（陶议员葆廉）：本员有个质问度支部说帖，十余天还没有答覆，请议长催问催问。

议长：可以催问。

144号（胡议员柏年）：湖北教育会会员陈请改正教育会章程说帖，

请付特任股员审查。

议长：今天本应由预算股长报告审查结果，因为预算股事太纷繁，已经展限十天，不能再展。本院有大会，股员会就不能开，所以打算休息几天。但名为休会，其实股员会仍旧开议，不过要赶办预算事件，又要与政府协商，关系甚大。所以拟休会七天，还有许多应付审查案件。这几天预算股自然很忙，除了预算之外，别科事件很少，打算当付审查的，都付审查。除了预算之外的人，亦不至空闲无事。今有应付审查的，有应当会议的，虽天气已晚，打算与诸议员讨论今天的议事日表，打算略为改动，不知道诸位的意思如何？

众呼"赞成"。

议长：议事日表第二提议陈请全国禁烟办法议案、第三修正《禁烟条例》议案，此两案算是一件事情，拟归并一起会议。

110号（于议员邦华）：这件事可以归并一处，并没有什么讨论。

议长：修正《禁烟条例》一案关系很要紧的，总要郑重为是。

议长：议事日表第四《著作权律》议案是三读，第五确定义务教育以谋教育普及议案，第六修正优待小学教育的章程议案，第五、第六可以归并一起，还有第七请降明谕剪发易服具奏案，此数项中，请各位斟酌，应将何者减去，好更动议事日表。

73号（汪议员荣宝）：请速将议事日表《著作权律》议案付三读，至禁烟办法与修正《禁烟条例》，可以不必十分讨论，想来没有不赞成的。

87号（沈议员林一）：修正《禁烟条例》与法律有关系，请付法典股审查。

110号（于议员邦华）：有个倡议，这个禁烟案请议长咨询大众，今天可以议决，不必付审查。（拍手拍手）若俟休息七天后再议决，恐怕太晚了。现在英国与外务部正在交涉订约之期，早一天议决，可以早除一天害。（拍手拍手）大家对于条例没有什么意见，因为对于吸烟的人，法律不妨重一点。今天既是咨询大众，可以省略再读、三读。（拍手拍手）初读之后，就可以付表决，以便咨行外务部办理。

137号（邵议员羲）：修正《禁烟条例》要郑重一点，今天就可作为初读，初读之后再行审查。

160号（王议员绍勋）：剪发易服案不在资政院范围之内。

110号（于议员邦华）：现在还没有讨论到这个地方。

57号（林议员炳章）：现在讨论是禁烟的事。

195号（刘议员荣勋）：本员对于禁烟案是绝对赞成的，不过对于其中条件先后的关系上，有个意思要请申明。这三个条件禁吸、禁种、禁运，禁种以本年十二月底为止，禁运以宣统三年六月为止，禁吃以宣统三年十二月为止。禁运在禁种之后，在股员会的意思，以为先治本而后治标，不知这禁烟须先治标而后治本。若禁运不同禁种一路下手，则土税不裁，无以表示必禁之意，恐禁种终无效果。

112号（陈议员树楷）：现在股员长还没有报告。

53号（刘议员道仁）：《禁烟条例》议案是一个法律案，很要紧的，讨论总要完备。若草草议决，恐将来禁烟毫无效力。现在请议长交法典股审查，将议事日表第七项提前，以便讨论。

148号（陶议员峻）：《禁烟条例》有一半人说应该付法典股审查，又有几位议员说请议长咨询本院可以省略付审查，请议长咨询大家意见决定之。

134号（余议员镜清）：这件事并没有什么讨论，照《议事细则》第二十条，应付法典股审查。

177号（李议员文熙）：本员是审查禁烟案之一分子，所以要把审查的意思说一说。当初审查报告书的意见有三种，就是禁种、禁运、禁吸。（语未毕）

130号（刘议员景烈）：就请议长交法典股审查。

177号（李议员文熙）：《修正禁烟条例》与《禁烟暂行章程》是两件事。《禁烟条例》须宣统四年正月方是实行期间，《暂行章程》现在即当应用。故本员以为，应讨论《暂行章程》。然讨论者不过期限问题，其他的皆可从略。章程上有规定，是本年十二月为禁种之期，有人谓已经禁种的地方自不必言；若未经禁种的地方，一时骤令铲除，恐酿成事端。不知禁烟是一个强制的行为，若一味姑息，将来当无禁绝之一日。（拍手拍手）至于统税亦当早裁，国家一方面禁吸，一方面又抽税，是自相矛盾了。（拍手拍手）就是本员所说这三个问题，请于议场解决。其他请付法典股审查。

议长：本议长方才询问的意见，因为今天时候太晚，想把几件要紧的案提前赶办，所以议事日表万不能不更动。请大家想一想，哪一件可以暂缓？哪一件可以提前会议？

57号（林议员炳章）：《修正禁烟条例》议案，前次会议提前讨论，已经全院赞成，请议长即将该案略为讨论，便付法典股审查。此件事关全国，且经四省谘议局同时提出，何等重大！仍望全体议员十分注意。

149号（罗议员杰）：本院拟请剪发易服的议案，是本员提出的。请议长咨询本院，是否要本员说明主旨？

议长：议事日表如何更动，现在还没有定。此件暂且不能定，究竟哪一件应先讨论，请诸君决定。

117号（雷议员奋）：方才议长说，今天议事日表不能不更动，既然不能不规定哪一件先讨论先付表决，照本员的意见，以为议事日表第一《新刑律》已经通过，第二、第三是一件事，第五以下都要交股员会审查，不是今天应当表决的议案。第四著作权是三读，若通过后就可以会同民政部具奏。著作权三读之后，再提议禁烟问题，这件事有主张交法典股审查，有不主张交法典股审查。本员意见现在不必讨论，先将著作权付三读为是。

153号（易议员宗夔）：本议员不赞成雷议员的话，禁烟事体很要紧，还是将第二、第三表决之后，再将著作权三读。（拍手拍手）

57号（林议员炳章）：禁烟案从前已经提前会议，还以先行表决为是。

73号（汪议员荣宝）：请将雷议员的倡议先付表决。

110号（于议员邦华）：禁烟案以前已经表决，说提前会议。今天有人说不必修正条例，即付法典股审查，就请议长将这个案咨询本院表决。（拍手拍手）

议长：如此就不更动议事日表了。第二全国禁烟办法议案、第三修正禁烟条例议案，第四著作权律议案，依原定次序议去。俟议这三件后，看天色早晚再说。

众呼"赞成、赞成"。

议长：议事日表第二提案陈请全国禁烟办法议案，请特任股员长报告审查结果并说明理由。[6]

18号（议员贡郡王）：本员按照《分股办事细则》五十三条之规定，委托李议员文熙代为说明审查主旨。

议长：请李议员文熙报告审查的结果。

177号（李议员文熙）：本股员会审查禁烟共有五条，其内容虽微有不同，而大致区别实不外禁运、禁种、禁吸之三项，而禁种、禁运又不过是禁吸之一方法。本股员会对于此三项逐项讨论规定之结果：第一，以本年十二月为禁种之期；第二，以宣统三年六月为禁运之期，统税局即同时裁撤；第三，以宣统三年十二月为禁吸之期。此审查情形大概也。然于此生一个问题，现在各省禁烟参差不齐，有在限期之前已经禁绝者，当如何办法？然此一层可以不必虑及，因为已经先行戒绝者，绝对不能死灰复燃。他已经不吸了，我们一定按照期限，叫他从新再吸再戒，是万万无成理的。（拍手）又有一问题，《禁烟暂行章程》对于各省之情形不同，当如何办法？然此是一个普通章程，与某省有不同的地方，尚可规定一种单行章程，亦无冲突处。但是暂行章程应否讨论，请诸君解决。本员意见以为不必讨论，因为这个章程是普通的办法，想无不赞成的。现在应讨论者就是禁种、禁运、禁吸之期限问题。禁种是本年十二月为止，究竟应否以本年十二月为定？禁运一节，本员一人意见以为，明年正月就可以实行，统税局亦可以同时减撤，国家绝对不能因顾及少数收入使全国人民禁烟不力，不知诸君以为然否？至于禁吸一层，尚无异议。本员报告审查之结果如此。

178号（高议员凌霄）：禁烟报告书，本议员都极赞成。就是于禁运这一层，有个意见不能不发表的。方才李议员说缩短禁烟期限，于明年正月就可禁运，与裁撤统税局一时并行。然现在沿江沿海如广东、上海等处，土商受困的很不少，土药成本过巨。这个关系一国经济上的问题，也不可不虑及的。若是一刀切断，土商不能销售，于国家经济前途很有影响。万一惹起恐慌，岂不可危？本员以为，统税既是不好，就应早些裁撤，不当与禁运一时并行。应先裁撤土税局，再宽限数月禁运。凡内地所存的鸦片，都要华商赶紧销售，但恐洋药流入内地太多，一时不能扫除净尽。本员想这个地方也有一个办法，我们既然主张禁烟，就可就此一端先实行加税问题，请政府与英国交涉，印度土药递减十年期限，能否立刻取消？倘或不能，可否请国家将外国运入的洋药加重几倍收税，则内地自然不能销售，外国也就不能贩运了。本员意思如此。

195号（刘议员荣勋）：本员极赞成李议员之说，而反对高议员之说。禁烟必先禁运，而后禁种始有效可收。这是本员由事实上经验来的。盖产烟最多的省分是云贵、四川、山陕等省，所以今年贵州竟自普遍都种了烟，可见不先禁运而后禁种是无效的了。若先禁种而后禁运、裁去土税局，则种烟的人种出烟来不得销售，自然不种，而禁运便易着手了。又《禁烟会简章》中只规定普通人吸烟的罪，而不规定官吏吸烟的罪，是不妥的。外省官吏吸烟的颇多，禁烟的机关又委之地方官吏，以吸烟的官吏司禁吸烟的事，自然是无效的。故本员的意思以为，必须设一监督禁烟机关之机关，方可收效。这监督机关，莫若以谘议局及各地方自治团体充之可靠。这个关系，望各位议员注意到。

87号（沈议员林一）：这个禁烟章程本员很赞成的，然而禁吸、禁种都是容易得很。则是既禁土药，必要一并禁止洋药。洋药若是照旧入口，我们的禁烟怎么能实行呢？现定宣统三年六月为禁运之期，土店不准再开。但是卖土药的禁了，卖洋药的不能设法禁止，则开土店的还怎样禁呢？总要把洋药入口年限缩短，请外务部亟与外国交涉，订明条约，方是完全办法。（拍手）

151号（黎议员尚雯）：禁烟以禁运为要着，现在有个绝好的机会。英国志士深以鸦片输入中国为大耻，组织五十年国耻纪念会，请求各国于明年海牙会定万国禁烟之法律，我们一定答应的。如能禁运，何愁不能禁吃呢？今天我们通过，明天就可请外务部与他交涉。据《中英天津条约》第二十七款有云，此次新定税则并通商各款，日后彼此两国再欲重修，以十年为限期满，须于六月之前先行知照，酌量更改。其附约内有"各项买卖"一语，即包鸦片在内。根据此条与之磋商废约，是现在绝好的机会，不可失去。还有一条禁吸，"以宣统三年十二月为禁吃之期"句下请加"各省已提早禁吸者，作各该省单行章程，照原办理"。

148号（陶议员峻）：方才李议员所主张的明年正月初一即为禁运之期，并且裁撤统税，这在理想上说，也是很好的。洋烟是中国大害，不能不亟为除去，本员也很赞成。至于高议员所主张的，把统税加重，并且与外国交涉废止洋药入口，这是于事实上做不到的。然李议员所说的，于事实（止）[上]也多窒碍。要是明年正月就行禁运，这些土商所存的货没有卖出去，国家如此办法，仿佛是不戒视成的样子，这个事情是行不下去的。现在我们所注意的，在定一个办法，必要于事实上行得到才好。方才有位议员所说英国有国耻会，这个机会我们正可以与他交涉，他若答应果然是好。如外国不答应，难道我们的烟就不禁了吗？我们现在所注意的是一定不种、不运、不吸，外国是不能干涉的。我国切实办理，就是他把土运来，又谁买他的呢？所以禁烟的事情，总要从国内入手才好。至于统税这一层，并不是个人用费，是国家的用费。要把统税裁撤，这种利权全归土商与吃烟者享有，国家正穷困的时候少了一笔款，必定再由百姓身上筹画，是使不吸烟的人替吸烟的人担这种义务。依现在税法原则，且各国对于奢侈品，税则都要加重，而洋烟为奢侈品之尤，何可弛而不税？本员所以主张，有土商即有上税，裁上税即宜并禁运商，至谓国家先裁统税，使人民知道国家一定戒烟，其说不甚的确。假如命令一下，某日禁运，即裁统税；某日禁吸，逾此而有犯者，即违法，立即予以重刑，谁敢以身试险？

110号（于议员邦华）：天气已经不早了，现在应该表决，一个是审查报告书，一个是李议员裁撤统税之倡议。请将两件咨询大家，即付表决。

177号（李议员文熙）：在未表决之先，本员还有应当说明的。方才陶议员所说的，因为禁运土商不利，可以不必禁运。试问陶议员，现在已经禁种，市面上所存的土，到明年腊月就尽能吸完否？（拍手）若是吸不完，终久尚须弃置，又何必存一销尽为度之想？况且鸦片仿佛是一种传染病，试问市面上有一种传染病，还是断绝了好？还是听其流通的好？既当断绝鸦片烟，何都不然？既知非强制力不能禁绝，要禁绝必须先禁运，此是一定办法。至于先裁撤税局，亦非无意。盖收捐委员，其目的在吸烟的人多；禁烟公所，其目的在吸烟的人少。若不裁统税局，本员以为必于禁烟大有妨害。

137号（邵议员羲）：方才大家讨论半天，是两个题目：一个是禁烟章程，一个是禁烟期限。现在两个题目已经并在一起，就可以先付法典股审查，不必再行讨论。

148号（陶议员峻）：今天应该表决的是禁烟期限，并不是禁烟章程，可以付法典股审查。至于禁烟期限，是还要表决的。

137号（邵议员羲）：禁烟章程、禁烟期限两个题目已经并在一起，可以把第三层表决。

148号（陶议员峻）：请议长把这个表决分为两项，那个章程交法典股，这个禁烟期限应请大家表决。

153号（易议员宗夔）：还是把禁烟期限表决一下。《禁烟条例》虽交法典股，却不能把这两个限期再为改定。然所定的期限，大家已经讨论半天，也可以表决了。

37号（议员李子爵）：众议员所说不禁运只禁种、禁吃等办法，本员不敢赞成。必要禁运以绝其源，并裁撤土膏局，严定章程。如是到宣统三、四两年，可以一律禁尽矣。

153号（易议员宗夔）：请议长付表决。

议长：现在拟将股员会报告书付表决。

48号（陈议员懋鼎）：请议长宣告并不是表决报告书，表决三个期限。

议长：报告书于禁运、禁吸、禁种三事定有缩短期限，先表决禁种期限。

153号（易议员宗夔）：请将三个期限一并付表决。

议长：一件一件付表决亦无不可。先将禁种期付表决，报告书所拟本年十二月禁种之期，以为然者请起立。

众议员多数起立。

议长：多数。再将禁运期付表决，报告书所拟宣统三年六月一律禁运，赞成者请起立。

众议员多数起立。

议长：多数。

37号（李议员子爵）：裁撤（土）[统]税局是否在内？

137号（邵议员義）：裁撤统税局一事未知度支部意见如何？请特派员声明意见，能否相同？免得将来具奏以后，又要交部察核具奏。

度支部特派员（张茂炯）：度支部征收统税，原是以征为禁，现在缩短禁烟年限，于禁烟大有进步，度支部极表同情。（拍手拍手）

议长：现在表决禁吸期，报告书所拟宣统三年十二月为禁吸期，赞成者请起立。

众议员多数起立。

议长：多数。现在三个期限已经表决，拟将此案及议事日表第三修正禁烟条例议案均付法典股再行审查，诸位意见如何？

众议员无异议。

151号（黎议员尚雯）：今天有外务部特派员在坐，即请外务部与外国交涉速行废约，收回我国自己禁烟之权。如英人要求续订鸦片入口之约，万不可承认。

57号（林议员炳章）：顷间已经全体表决，以本年十二月为禁烟之期，宣统三年六月为禁运之期，十二月为禁吸之期。是每届期限，全国必要遵守法律，一律禁止。至外务部前与英使所定条约，虽有"十年为期"之语，该约系于光绪三十三年所订，彼时已试办三年，再行妥议。现适届三年试办期满，另换新约之时，吾国既经上下一心，缩短禁烟，且前此成绩为东西洋各国所公认，应趁此与英使交涉，以明年六月一律停运为上策。就请议长以文书咨询外务部，速与英国交涉，无须另立新约。明年六月后，实行洋药入口之禁。

外务部特派员（饶宝书）：这个禁烟总要我们自己办的好。若宣统三年果然办得整齐，这个条约就不废而自废，就是不禁止他运来，而我们不吸他，运来又作什么呢？现在我们还没有禁绝，就要废约，恐怕办不到。

110号（于议员邦华）：这个理由固然有的，但外务部办理外交，应争的总要力争。若事事都由人民自己去办，还与外务部作什么呢？（拍手拍手）

112号（陈议员树楷）：就以我们中国禁烟之期为外国禁运之期。（拍手）

148号（陶议员峻）：请问外务部特派员，明年禁运以后，就是外国人再运，也不能直接卖与我们百姓，这不必说了。外务部好把本院议决的情形，与他交涉，借我们议员为后盾，以扩充国家权力，此我们应有之权，外国人必不力争的，正是外务部占优胜、复国权的时候，请外务部特派员注意。

68号（文议员溥）：禁运洋药入口，前三年外务部与英使订定十年递减办法，有"试办三年"之语。所谓试办三年者，是看中国能否实行禁烟。现在土药禁种、禁运、禁吸，均已确定年限，则洋药亦应变通办法，方无流弊。明年四五月海牙开万国禁烟大会，中国已派定会议禁烟大臣。禁运洋药、缩短期限一节，届时必须在会中提议，外务部总要注意。

外务部特派员（饶宝书）：禁种、禁运、禁吸表决期限，应请资政院以咨文通告外务部，以便外务部同英国办交涉。至于交涉能否办到，外务部亦不敢必，总要我们能认真禁吸，到禁尽时，自然可以废约。

137号（邵议员羲）：这个权利应当争的，如果自己不争，就算放弃权利了，还要外务部做什么？本员以为禁种、禁吃应归民政部负责，禁运的事情应归外务部负责。不能说办得到办不到，只要实力去办，没有办不到的。

112号（陈议员树楷）：本议员还要补足一句话，中国到明年六月一定禁运，禁运以后，外国人不得再运。如果有外国人再运来卖于中国人，就是引导我人民违背法律之渐。这是最要紧的事情，请特派员注意。

153号（易议员宗夔）：方才外务部特派员在议场答应的话，是法律的话，不是随便答应的。

议长：将来特派员回部说明，比咨文还实在些。

48号（陈议员懋鼎）：无论怎么样，总是外务部去办交涉，不过在本员看来，外交之责任自然是外务部负担，至于禁种、禁运的情事能否作到，都是我们国民应当负担责任。

153号（易议员宗夔）：有个倡议，现在禁种、禁运、禁吃案已经表决过了，并且特派员已经答应向英国交涉，这个禁烟案再可以不必讨论了。还有第四《著作权律》议案，现系三读，请议长咨询本院无甚变更，可以省略朗读。

73号（汪议员荣宝）：《著作权律》是法律修正案，今天恐怕不能省略朗读。

57号（林议员炳章）：这是法律案，似乎不能省略朗读。

议长：现在照议事日表，第四《著作权律》三读，还是以朗读为是。

秘书官（曾彝进）承命朗读《著作权律》第一章第一条、第二条、第三条、第四条，第二章第一节第五条、第六条、第七条、第八条、第九条、第十条，第二节第十一条、第十二条、第十三条、第十四条。

73号（汪议员荣宝）：第十四条缺少了一个"者"字。

秘书官（曾彝进）加入"者"字再朗读第十四条，接读第十五条、第三章第十六条、第十七条、第十八条、第十九条、第二十条、第二十一条、第二十二条、第二十三条，第四章第一节第二十四条、第二十五条、第二十六条、第二十七条、第二〔十〕八条、第二十九条。

112号（陈议员树楷）：二十九条，本议员照《议事细则》第三十条有个倡议修正条文，因为这个二十九条有相矛盾的地方，所以提起修正案。第一条称著作〔特〕是文艺图画、帖本、照片、雕刻（摸）〔模〕型，第二十九条或加入言训句读、注解图画，这句应当删去，因为这句是专指文艺而言,与帖本、照片、雕刻(摸)[模]型毫无关系。所以本员以为应将本条删去。

议长:陈议员倡议修正案,众议员以为如何?

72号(胡议员礽泰):陈议员说二十九条有遗漏的地方,据本员看来"略加修正"四字,可以包括,无庸修正。

73号(汪议员荣宝):"阐发新理"四字,本来对于文艺而言。既是对于文艺而言,就没有挂漏。至略加修正或加入音训句读、注解图画者,仍是由原著作而来,有"阐发新理"四字就无挂漏。

87号(沈议员林一):图画是美术之一种,第一条图画亦得有著作权,这"图画"二字显有冲突,应即划去。

112号(陈议员树楷):方才汪议员与胡议员所修正的都是就此条而言,然解释各有不同。将来新律颁布都要遵守的,如解释分(如)[为]两种,殊非适当之条文。本员意见,莫若删去或加入"音训句读、注解图画"数字,方与第一条对看而无挂漏。

议长:现在由秘书官朗读陈议员的修正案。

议长:秘书官(曾彝进)承(四)[命]朗读毕陈议员修正案,赞成者请起立。

众议员起立赞成。

议长:起立者多数。

秘书官(曾彝进)接续朗读至三十五条。

73号(汪议员荣宝):本议员倡议对于三十五条修正文字,他人之著作权"他人"之上加"对于"两字,"他人"之下删去"之"字。

议长:汪议员修正案,赞成者请起立。

众议员起立。

议长:多数。

秘书官(曾彝进)接续朗读至第四十一条。

140号(康议员咏):因假冒而侵害他人之著作权,"害"字可改为"损"字。

议长:康议员修正案,赞成者请起立。

众议员起立。

议长：多数。

秘书官（曾彝进）接续朗读至五十五条。

110号（于议员邦华）：五十五条以下可以省略朗读。

109号（籍议员忠寅）：请议长表决全案。

73号（汪议员荣宝）：本员还有倡议，第一条首（局）[句]"凡"字下应加一"成"字，为"凡成著作物而专有重制之利益者"。

秘书官（曾彝进）修正朗诵毕。

议长：汪议员修正案赞成否？

众议员呼"赞成"。

议长：汪议员修正案可决。

73号（汪议员荣宝）：第三条首句"凡"字下应加一"以"字，为"凡以著作物呈请注册者"；又第四十三条"违背第三十五条"七字下删去"及"字；"又"字改作"及"字；而"不载明出处"六字改作"之规定"三字。

议长：汪议员修正案赞成否？

众议员呼"赞成"。

72号（胡议员礽泰）：第二十二条修正案讨论之时，本员未听清楚就付表决，照章表决之后就不能改正，但是本员研究起来，似有应改之处。"重制"二字本已包括修正、翻版，加"修正"二字反致不甚清楚，似有冲突。本员意见照第一条，看著作物不定是书籍，照此解释，"修正"二字可以不要。

112号（陈议员树楷）：本议员意见，赴该管衙门呈报须交呈报费，第一条既说是有重制之利益，就无庸再行呈报。若将"修正"二字去了，是把第一条规定重制之利益失去，未免前后冲突。

72号（胡议员礽泰）：如此说来，"重制"二字就可以不要了。

87号（沈议员林一）："重制"二字可否改作"改制"，便与第一条重制截然两样，不致有疑。

73号（汪议员荣宝）：可改为"将原著作重制而加以修正者"。

秘书官（曾彝进）朗读汪议员修正案。

众呼"无异议"。

议长：是汪议员所改可决。

政府特派员（章宗祥）：本员还要申明一句话，重制的时候不到该管衙门呈报，与政府提出原案，意见也不相同。原来政府提出的议案，只有呈报，没有注册，又并不是要公费，不过因重制与翻版时候，必定不合时宜，所以一定有修正的事，与原来不相同，就不得不呈报。所以二十二条呈报与上项注册不同，若据某议员所说，则著作人所受的限制，未免太严。

48号（陈议员懋鼎）：照特派员所说，仿佛第一条之重制就是第二十二条之重制，两条似须改成一律。

112号（陈议员树楷）：方才表决汪议员修正案很完全的，据特派员说原来只说重制没有修正，果如此言，本律内应再添修正一条才对，不然转觉遗漏了。

议长：第二十二条既照汪议员所述修正矣！还有第四十九条与第二十二条用字一样，应查照第二十二条例修改。

137号（邵议员羲）：可以不必修正。

73号（汪议员荣宝）：这条应改为"及重制时，加以修正而不呈报立案者"。

秘书官（曾彝进）：朗读汪议员修正案四十九条。

议长：众议员赞成否？

各议员多数呼"赞成"。

议长：照汪议员所改可决。

议长：现在《著作权律》议案三读已毕。现在议决全体议案之可否，请议员赞成者请起立。

众议员全体起立赞成。

议长：多数。既经赞成可决，应由本院会同民政部具奏。

议长：议事日表第五是确定义务教育以谋教育普及议案，第六是修正优待小学教员章程议案，这两件都是关于教育的事。现在可否不经会议先付审查，并拟不另指定特任股员，即交关于教育事件特任股员审查。请问众议员意思如何？

众议员呼"请付关于教育事件特任股员审查"。

议长：如此，就交关于教育事件特任股员审查。

议长：还有一条陈请修正教育会章程说帖，亦拟付关于教育事件特任股员审查后，再会议。

众呼"无异议"。

议长：议事日表第七拟请明谕剪辫易服具奏案。前次易议员倡议请将周震鳞陈请书一并交会议，已经有三十人以上赞成，现在也打算咨询诸位，可否不经会议先付审查？还有李树良陈请说帖一件，亦为此事，拟同付审查。

众议员呼"赞成"。

议长：议事日表第八议设审查拟请明谕剪辫易服具奏案特任股员。现在指定特任股员十八人，由秘书长报告姓名。

秘书长承命报告审查拟请明谕剪发易服具奏案特任股员姓名：

庄亲王、盈将军、那亲王、李子爵、陈懋鼎、崇芳、汪荣宝、长福、沈林一、林绍箕、胡家祺、许鼎霖、江谦、文龢、邵羲、易宗夔、李文熙、牟琳。

议长：议事日表第九急定税制及税政暂行机关议案（议员提出），〔第〕第十提议陈请急变盐法就场征收议案，第十一提议陈请减出口税议案，这三件都关于税法公债事件，拟不经会议，先付税法公债股审查。

众议员"赞成"。

议长：议事日表第十二提议陈请筹办蒙藏事宜议案，[7]第十三黑龙江移民实边议案，[8]这两件不经会议，先付审查。

众议员呼"赞成"。

议长：议事日表第十四，现在指定特任股员十八人，由秘书长报告姓名。

秘书长承命报告审查蒙藏事宜及黑龙江移民实边议案特任股员

十八人：

　　顺承郡王、那亲王、索亲王、贡郡王、多郡王、博公、黄公爵、定秀、胡礽泰、陆宗舆、吴廷燮、陶葆霖、陈瀛洲、许鼎霖、王扬廷、王昱祥、桂山、刘道仁。

　　134号（余议员镜清）：浙江铁路事情究竟如何？

　　议长：本日议事日表均已议毕，但还有四件：一件是陈请浙江铁路公司适用商律核议案；一件是浙江刊布钱粮征信册核议案；一件是浙江谘议局停会核议案；一件是直隶盐斤加价核议案。这四个议案亦拟不经会议，先付审查。

　　众议员呼"赞成"。

　　议长：议设特任股员十八人业已指定，现由秘书长报告姓名。

　　秘书长承命报告审查浙江铁路适用商律等四条特任股员十八人：

　　铠公、胡男爵、赵椿华、林炳章、顾栋臣、文溥、吴敬修、孟昭常、江谦、文龢、喻长霖、胡柏年、何藻翔、彭占元、方还、高凌霄、蒋鸿斌、李文熙。

　　177号（李议员文熙）：四川铁路是否并为一案审查？

　　议长：四川铁路事情不在此内。

　　议长：还有四件：一江苏整顿学务事件；一江苏借款代偿商款事件；⑨一江苏饥民抢夺公司事件；一提议陈请川路倒款关于公司律核议事件。⑩这四件亦拟不会议，先付审查。

　　众议员呼"赞成"。

　　137号（邵议员羲）：上次禁止妇女缠足议案，⑪可以一同付审查。

　　议长：现在已设许多特任股员，这个议案似难再付审查。

　　115号（许议员鼎霖）：缠足的议案可以并在剪发议案之内。

　　121号（方议员还）：广东禁赌事件已经成立作为议案，请付审查。

　　议长：江苏整顿学务等四案，拟设特任股员审查，广东禁赌议案亦交付一并审查。现设特任股员十八人，由秘书长报告姓名。

　　秘书长承命报告审查江苏整顿学务等五案，特任股员十八人：

　　振将军

十号议员（振将军）：本议员现在奉旨派有差使，不能到会，请议长另行指定。

议长：可以另指。

秘书长承命再行报告审查江苏整顿学务等五案特任股员十八人，姓名如下：

盈将军、长福、易宗夔、籍忠寅、罗杰、李榘、江辛、汪龙光、王佐良、章宗元、吴赐龄、陈懋鼎、胡家祺、方还、李经畬、刘荣勋、牟琳、书铭。

议长：现在散会。

下午七点三十分散会。

注释

① 资政院会同学部具奏议决地方学务章程折

奏为议决地方学务章程，遵章会奏，请旨裁夺恭折仰祈圣鉴事。窃查资政院章程第十五条内载：前条所列第一至第四各款议案，应由军机大臣或各部行政大臣先期拟定，具奏请旨，于开会时交议。又，第十六条内载：第十四条所列事件议决后，由总裁、副总裁分别会同军机大臣或各部行政大臣具奏请旨裁夺各等语。学部拟定地方学务章程一案，于本年八月二十六日具奏请交资政院议决施行，旋由军机处遵旨交出学部原奏及清单各一件。资政院照章将前项地方学务章程一案列入议事日表，开议之日，初读已毕，当付法典股员会审查，并经学部派员到会发议。该股员会一再讨论，提出：修正案于再读之时，将原案与修正之案由到会议员逐条议决，复于三读之时，以再读之议决案为议案多数议员意见相同，当场议决，计原拟章程凡十八条经修正议决，定为十五条。谨缮清单，遵照院章会同具奏请旨裁夺，一俟命下，即由学部钦遵通行京外，一律遵照办理。所有议决地方学务章程，遵章会奏缘由，谨恭折具陈，伏乞皇上圣鉴。再，此折系资政院主稿会同学部办理、合并声明，谨奏。

宣统二年十一月初一日具奏："本日，军机大臣钦奉谕旨，资政院议决《地方学务章程》会同学部具奏请旨裁夺一折，著依议，钦此。"

地方学务章程

第一条　地方学务由府厅州县及城镇乡自治职按照《地方自治章程》及关于学务之法令办理。府厅州县自治职对于地方学务应有之职权，在府厅州县自治职成立以前由各府厅州县劝学所行之。

第二条　乡之地处偏僻或财力薄弱者，得照《城镇乡地方自治章程》第十三条设立乡学联合会。照前项设立乡学联合会者，应于协议时将联合会议之编制，事务之管理及经费之筹集处理方法一并规定。其协议不决者，由府厅州县参事会议决之。

第三条　城镇乡或乡学连合会为办理学务得就各该区域内划分为若干区。

第四条　在城镇乡或乡学连合会区域内居住流寓有不动产或营业者，对于该地方公用之学堂，均负担设立及维持之义务。其本地方原有公款公产者，应先以公款公产之收入充设立及维持之用。

第五条　城镇乡乡学连合会或其分区，经该管地方官之训令，应受他处城镇乡乡学连合会或其分区之委托，代办儿童教育事宜。

第六条　乡学连合会因连合解散或担任事务之关系而生财产上之纷议者，由府厅州县参事会议决之。各乡因代办儿童教育所需酬金之有无多寡及其他必要事项而生纷议者，照前项规定办理。

第七条　府厅州县及城镇乡为办理学务，应设学务专员。由各该议事会公推曾办学务、具有经验者，在府厅州县由地方官委任，在城镇由董事会，在乡由乡董申请、地方官委任、执行之。

第八条　府厅州县城镇乡乡学连合会或其分区，为办理学堂、蒙养院、图书馆，得置基本财产及积存款项。前项基本财产及积存款项之筹集处，须经监督官府之核准，其照原定宗旨、动用积存款项者，不在此限。从基本财产所生之收入，不得于原定宗旨以外移充他用，从积存款项之收入，应加入积存款向之内。

第九条　府厅州县城镇乡乡学连合会或其分区遇有捐助学务经费者，应作为基本财产。其捐助人指定作为办理某项之用者，不在此限。

第十条　公立学堂、蒙养院、图书馆所收学费公费及使用费均得作为基本财产或积存款项。

第十一条　府厅州县城镇乡乡学连合会或其分区，每年经费若有赢余，得作为基本财产或积存款项。其无赢余者，得于岁入内酌增若干作为基本财产或积存款项。

第十二条　从前为地方学务筹集之款项，若有按照地方自治章程列入自治经费、移充他项之用者，自本章程实行后三年之间，得以府厅州县参事会之议决，分别划定专作为学堂基本财产或积存款项。

第十三条　本章程自颁行文到之日施行。

第十四条　本章程施行细则由学部以命令定之。

第十五条　本章程内所定应由府厅州县参事会代为议决之件，在府厅州县参事会成立以前，由该地方官代办。

（"资政院会同学部具奏议决《地方学务章程》折"，中国第一历史档案馆藏宗人府全宗，档号：06-01-001-000735-0147）

宣统二年十一月初一日因资政院递封奏三件，军机大臣钦奉谕旨："资政院议决《地方学务章程》会同学部具奏请旨裁夺一折，著依议。钦此。"（中国第一历史档案馆编：《光绪宣统两朝上谕档》，第三十六册，广西师范大学出版社1996年版，第440页）

② 议员文溥质问民政部说帖

具说帖议员文溥，查本院《议事细则》第一百七条 "议员依《院章》第二十条欲行质问者，应具说帖，得三十人以上之赞成，由议长咨询本院决定之"等语，本员窃以为警察为行政之最要机关，原所以保卫治安，维持秩序，如果办理完善，而其他之各种行政皆有所凭借，关系至重，本议员对于民政部有所质问，谨具说帖一件，内分三项，敬请议长咨询本院，如经决定，祈即照章咨请民政部酌定日期以文书或口说答覆，须至说帖者。

计开：

第一项　关于全局者

（1）关于警政各项法规是否已经编定？（2）全国巡警之服制礼式是否画一？（3）巡警以上各官是否曾受警察教育？（4）各省巡警学堂已否设齐，数年来成绩若何，有无报告？（5）警官之任用及试验方法，全国是否一律？（6）关于探访之专门人才，已否著手培养，目下成绩若何？（7）全国巡警能否于宣统五年以前一律设齐？（8）可充巡警之资格及制限已否定明，全国是否画一？（9）全国户口曾否著实调查？（10）各省办理警政有无实效，已否派员调查？

第二项　关于一般卫生者

（1）戒断鸦片之最良药剂已否酌定？（2）检验娼妓之疾病何以迟迟不行？（3）检验药店之方法已否筹备？（4）医生、产婆应否使受检定试验？（5）预防瘟疫之方法已否筹定？（6）有害卫生之饮食物已否调查设法禁止？

第三项　关于京师者

（1）首善之地宜整洁，街道何以不全行修填，道旁树株何以不设法保守，使之生长？（2）站岗巡警何以不选择知礼法，有勇武者充当？（3）四郊巡警已否筹设齐备？（4）将来步军统领衙门裁撤，所有地面捕防奸各事，现在巡警能否担任？（5）正阳门为全国观瞻所系，应如何洁净宽拓，因何门外两旁添设商场，何以正阳桥下任使倾倒秽水，不加禁止？（6）城门街巷狭隘，车马拥挤难行，应否严饬分左右鱼贯行走？（7）各处明沟任便倾倒秽水，有害卫生，且易出危险，应否一律改修？（8）京师人烟众多，排泄秽水之方法何以不即时筹办？（9）下等之人任便在街巷骂詈或口唱淫词，何以不设法禁止？（10）护城河水干涸，何以不设法导引？（"议员文溥具说帖质问民政部关于警察事"，《资政院知会、折奏、章程、说帖、质问、陈请等案件》第八册《资政院第四类议员具说帖质问各案件其二》，宣统二年铅印本）

民政部给资政院的咨文如下

为咨覆事。前准贵院咨送议员文溥质问关于警察事宜说帖一件。现经本部拟具答覆说帖，除抄送外，相应咨覆贵院查照可也。宣统二年十二月初三日。（"为抄送答复文溥质问关于警察事宜说帖事给资政院咨文"，中国第一历史档案馆藏民政部卷宗，档号：21-0451-0036）

民政部答覆议员文溥的说帖如下

查该议员质问各条，有为本部早经奏准，载在官报者；有为本部分饬举办众目共观者；有本部认为无关重要或一时窒碍难行者。既据条列质问，现饬主管各厅司则要答覆如左：

第一项，关于全局者。甲，关于警政现行法规，本部业已汇纂印行。乙，本部早经分别奏咨通行遵照。丙，本部奏定巡警官制细则，巡警各官均以中外警务学堂之毕业生及曾办警务得力人员分别任用。丁，本部奏定《巡警学堂章程》，各省均已遵章设立，一切规则及毕业成绩随时报部有案。戊，本部奏订《巡警道属官任用章程》，业经宪政编查馆覆核奏准，自应通饬各省，一律办理。己，现在各巡警学堂设有司法警察专班，此项学员毕业即备探访之用。庚，自应提前赶办，惟须视各省财力何如。辛，本部奏定《巡警学堂章程》，已明定巡警教练所毕业生派充巡警办法。壬，全国户数据各省咨报将次到齐并声明，现将口数切实调查提前赶办。癸，现正派员调查。

（……丁。戊。应办之事下添。惟卫生行政能否完备，应视医学能否发达，而我国医术现在是否发达，应为有识者所共知。本部有鉴于此前饬。）己，以上卫生警察范围内应办之事，前饬内外巡警总厅就京师地面设立化验所，所有应行检验事项，自当体察情势，逐渐施行。此项化验所章程及凡关于卫生事宜，如预防时疫、管理与饮食物等，各项规则，本部均有规定汇纂成书，通咨各省参照仿办。

第三项，关于京师者。甲，京师内外城，大街长九十余里，常年岁修泼洒约需二十万两左右。本部自行筹办已不胜竭蹶，若全行修填，无从措此巨款。道旁树木，每因土质不良或车马碰折，不能生长。目前只有随时补种浇灌，将来款项充裕，自可徐图改良。乙，京师考选巡警，向有定格。体力、目力、识字合格者，方能入选。又设有学堂轮番教练，每年毕业者约七百人。但内外城六千巡警，势不能一齐入学，加以不称职者随时革退，毕业之数总不敌革退之多，是以毕业警应勤者亦不过有十成之六，其未能入学者，每日于勤务之暇，教以警章、课以枪操，亦并非毫无知能。近年来，地面上之明伙与光棍皆已绝迹，街巷乞丐及滋生是非者，亦日渐稀少，未始非巡警之功用也。夫巡警者，以限制人民自由、维持公共秩序为惟一之职权，故人民皆欲得巡警之保护而又皆恶巡警之干涉。京师、人民以不守法律为自由习惯已久，因干涉违警，与巡警冲突，动辄以势力相加者，每日不知凡几。是一般社会无法律思想者太多，并非巡警之全不合格也。且巡警责任重而饷不厚，每月每人七八元，无问寒暑风雨昼夜，鹄立于街巷之中。但有他项生计可谋者，多不肯充此差务。故总厅每年招考巡警三四次，堪以备选者逐渐无多。如所谓知礼法、有勇武者，如别有此项之人，总厅正欲得而用之也。丙，规画已定，但有的款即可推行。丁，自应担任。戊，正阳门东西两旁，原系内务府官产。内务府准令商人建造铺房，本部因东西逼近车站，恐碍交通，屡次咨商，始得退让三丈，为停车场之用。至城外地沟沟口南面通天桥、金鱼池一带，北面通前门外左右护城河、前门大街附近，正阳桥铺户因大街便道修砌整洁并无沟眼，故以河渠为倒秽水之尾闾，即令禁止附近铺户不倒秽水于河中，而各巷内于沟眼倒秽水者，亦仍于河岸沟口流出。若护城河常川有水流注，自无瀦蓄秽水之患。但河渠归奉宸苑管辖，曾经咨商有案，迄未见覆。并非总厅不引水流注也。己，车马在城门街衢分左右行走，此项警章早已通行，有目共睹。惟前门因有东西车站之故，每次火车到京，车马行人不无拥挤，业由厅饬区加派长警妥为疏通，如能将崇文、宣武两门启闭时刻仿照正阳门办理，则前门之交通庶少拥塞之弊。庚、辛，马路应改修暗沟。本部大臣早经计画及此，有工巡总局成案可稽，现饬京城内外修下水道诚为卫生当务之急。两厅曾经估计暗沟须宽深方足泄水，上须石盖，方能持久。以现有之九十里马路计，改作暗沟须五十万金以上，若通各街巷，修下水道用自来水排泄，其工程须三四百万金。此项巨款在库款支绌之际，度支部既不能筹措，若令京师商民负担，则如一街巷之公益土车路灯费，且多不肯出者。况多于土车路灯费万倍者乎！将来有的款可筹，自可举办。壬，在街巷骂詈及口唱淫词，此项违警律牌示到处悬挂，奈一般人民藐视禁令，因违此不服制而罚金者，每年不知凡几。其有为违警耳目所不及者，自属无从干涉，并非不设法严禁也。癸，见戊条。（"答覆议员文溥质问关于警察事宜说帖"，中国第一历史档案馆藏民政部卷宗，档号：21-0451-0035）

另有民政部卫生司的初步处理意见（残稿）

……关于一般卫生者，戒断鸦片之最良药剂。（戊）本部于宣统二年四月具奏《巡警道属官任用章程》业经于本月十三日由宪政编查馆核覆奏准，自应通饬各省，一律办理。（己）探访系司法警察学之一部分，现在各巡警学堂多另设司法警察专班，以期深造。至京师各省，现设侦探等项，巡警官弁均有成绩可观。（庚）现在国会召集已缩改于宣统五年警政关系綦重，惟须视各省财力何如，自应查照筹备宪政事宜清单，提前赶办，届宣统五年，全国巡警自当力求进行，以期克日设齐。（辛）本部于光绪三十二年八月曾经核定《巡警章程》在案，于光绪三十四年九月奏定《巡警学堂章程》，已明定巡警教练所考选学生、毕业生派充巡警办法。（壬）现正派员调查，移疆理司答覆。（癸）本部于宣统元年五月奏定巡视各省民政检验娼妓之疾病，检验药店。（乙）（丙）检验娼妓疾病，固卫生警察中预防传染病之一端，但中国社会习惯向重廉耻，若以强迫行之，诚恐徒事纷扰，无益事实。本部前饬两厅就京师地面设立化验所，一处办理察验药品，检查徽菌，预防病疫各事，宜一俟该所成立，所有应行检察试验之事，即责成该所设法试办。检定试验医生产婆：中国产婆向用习惯法，不但无学，且不识字，直是无从试验，至考验医生一项，前已由两厅酌拟管理章程试办。预防瘟疫之方法：防疫方法早经本部订定《预防时疫清洁规则》，又于内外城医院另建传染病房以备疫病发生时施行，预防法之用，宣统元年三年曾由内外城巡警总厅设立卫生讲习所一处，由各区遴选巡管长警入所授以饮、食、物，试验急病救助清洁消毒各法，以期逐渐推广。至于通商口岸之防疫院设立者，亦有数处。惟现在社会多不知卫生之益，所有遮断交通隔离病舍及直临患者之家，监督施行清洁消毒各办法，一时万难实行。今日报载上海因搜查鼠疫一事，几致民变，此其明证。有害卫生之饮食物：本部于宣统元年四月，饬两厅示禁，凡病死之禽兽、朽腐之水族、坏烂之瓜果蔬菜、污秽不洁之食料生熟食品而达于色恶臭恶者，俱不准贩卖。关于京师卫生者：明沟倾倒秽水。本部前已饬该管区，将各处沟眼上盖木板，以防秽气危险。排泄秽水方法：本部于光绪三十四年四月颁发《预防时疫清洁规则》，第六条"凡秽水均须排泄于沟渠，其无沟渠地段，该管区当指定处所"，第八条"沟眼发生臭味时，须以绿汽灰松脂或石灰消除之"。护城河水干涸：前经御史乔树枏条奏，继由外厅申请，本部曾咨奉宸苑，迄未见覆。

……第三项关于京师者。（甲）答：京师除各巷不计，内外城大街长百里有奇，已修成者九十里有奇，常年泼洒岁修达二十万两，由本部自行筹办已不胜竭蹶。若全行修填，无从错此巨款。至道旁树株，每年补种，随时浇灌，其如道旁土质不良者，多以致树根多有不……（癸）以上移内外城巡警总厅答覆。（"拟答覆议员文溥关于卫生方面的说帖"，中国第一历史档案馆藏民政部卷宗，档号：21-0451-0007）

民政部警政司的初步处理意见如下：

为片呈事。前准资政院咨送议员陈树楷质问关于警察事件说帖一件，议员张政质问查禁麻雀牌说帖一件，议员文溥质问关于警察事件说帖一件。迭经咨请答覆等因，兹本司拟就答覆说帖三件相应抄录片呈贵厅，请烦查照，酌核见覆可也。须至片呈者。片呈参议厅。("为抄送议员说帖三件事给参议厅的片",中国第一历史档案馆藏民政部卷宗,档号：21-0451-0012)

资政院给民政部的咨文如下：

资政院为咨请事。查《院章》第二十条,资政院于各衙门行政事件及内阁会议政务处议决事件,如有疑问,得由总裁、副总裁咨请答覆等语。兹据议员陈树楷提出质问民政部关于警察事件说帖一件,业经咨询,本院决定相应刷印说帖照章咨请。贵部大臣酌定日期,以文书或口说答覆可也。须至咨者。右咨民政部。宣统二年十月三十日。("为议员陈树楷质问警察事件说帖请酌定日期答覆事给民政部咨文",中国第一历史档案馆藏民政部卷宗,档号：21-0451-0019)

③ 具说帖议员江谦等谨提出为质问学部分年筹办国语教育事件

查《资政院议事细则》第一百七条"议员依《院章》第二十条欲行质问者,应具说帖,得三十人以上之赞成,由议长咨询本院决定之"等语,兹谨提出质问学部分年筹办国语教育说帖一件,经规定赞成员会同署名,应请议长咨询本院决定,照章咨请学部限期以文书或口说答覆,须至说帖者。

质问学部分年筹办国语教育说帖

本员谨按：国语教育一事为普及教育之利器,即为统一国语之机关,东西各国一趋同轨,大率先习国语,后习国文,故教育易于普及,而国语斠若一致。我国跂望宪治,追步东西,目的既与之同,方法不能独异。又查宣统元年闰二月二十八日,学部奏报分年筹备事宜清单,所列国语教育事项如下：宣统二年编订官话课本,编辑各种辞典,行各省学司,所有省城师范学堂及中小学堂兼学官话。宣统三年颁布官话课本,京师设立官话传习所,行各省设立官话传习所。宣统四年行各省推广官话传习所。宣统五年行各省学司,所有府直隶州厅初级师范学堂及中小学堂兼学官话。宣统八年行各省学司,所有厅州县中小学堂兼学官话。是年《检定教员章程》内加入考问官话一条,初级师范学堂中学堂、高等小学堂各项考试均加官话一科。以上开列各项,具见学部谨遵筹备谕旨注重国语教育之至意,钦盼莫名。惟本年为编订此项课本之期,明岁即须颁布传习,次第推广,而编订之法,未闻详细宣布,本员不能无疑,敢以质问。

一、文字之用,主音者简易,主形者繁难,形摄万有,造字数万,犹有未尽之形。音出口舌,造毋数十,已尽发音之蕴。且课本既为语体,则与文殊,用音字拼合则唇吻毕肖,若仍用形字,则各省读之仍为方音,虽有齐传,不敢众咻。方法既乖,效力全失。不知学部编订此项课本时,是否主用合声字拼合国语,以收统一之效；或用形字而旁注合声字以为范音之助；抑全不用音字,但抄袭近世白话报体例,效力有无,置之不顾？

二、东西各国方音之殊,无异中国,自用标准语为教育,而全国语言一致。英之小学读本用伦敦语,法之小学读本用巴黎语,日本之小学读本用东京语,中国官话既有南派北派之分,而南北之中又相差异。学部既课国语之统一,编订此项课本时,是否标准京音？

三、各国国语皆有语法,所欲完全发表意思之机能。语法之生,虽原于习惯,而条理次序之规定,则在读本,学部编订此项课本,是否兼为规定语法？

四、各国国语必有辞典,以便检查,所以防易混之音,别各殊之异义,而识未习之词。若车之有轮，瞽之依相，学部筹备清单宣统二年编辑各种辞典，此项国语辞典是否亦为应编之一？

五、筹备清单各省府厅州县初级师范及中小学堂于官话一科，一律兼习，用意至善，立法尤完，惟此项师范中学与小学程度既异，心理各殊，此项国语课本编订体裁是否亦有师范、中学、初高两等小学之别？

六、本年十月初三日钦奉谕旨，国会期限缩短三年，一切宪政均须提前赶办。此项国语教育，开扩民智，需用尤殷，一切编订颁布传习推广之期，是否亦须提前？于本年为原定编订之期，是否已经从事编订，已有成书？

七、国语编辑作始维艰，调查须悉。日本有国语调查委员会，附属文部，所以期编订组织之密，谋文语渐接之阶，而防传习推广以讹传讹之误。学部注意国语教育，是否已仿日本成法，设国语编查委员会，以为专任编订及补助研究之机关，抑未设而而即须筹办？

八、凡百创作，正名为先，官话之称，名义无当。话属之官，则农、工、商、兵非所宜习，非所以示普及之意，正统一之名。将来奏请颁布此项课本时，是否须改为国语读本，以定名称？

所有原定筹备清单，宣统二年至宣统八年，国语教育事宜已办成者，成绩如何？未办者，如何筹办？本员念此关系至巨，普及教育与统一国语通畅之机，争此一著。迁延则废时，冒昧则败事。毋使人谓学部空言普及教育统一国语，区区国语教育之消息而不之知，而俨然握全国最高教育机关也！（"议员江谦具说帖质问学部分年筹办国语教育事"，《资政院知会、折奏、章程、说帖、质问、陈请等案件》第八册《资政院第四类议员具说帖质问各案件其二》，宣统二年铅印本）

④ **具说帖议员王用霖谨提出为质问会议政务处事**

查《资政院议事细则》第一百七条，议员依院章第二十条欲行质问者，应具说帖，得三十人以上之赞成，由议长咨询本院决定之。兹有关于对外政策欲行质问者如下：立宪国之内阁，精神全在会议。今虽内阁未定，而会议政务处实为阁议基础，不得不认为全国总揽机关。凡内治外交政策，自应由政务处决定方针，以期无误。本员对于现势，深抱杞忧，不知政府对于满蒙藏之经营政策，以何者为急救之方针？近数十年外交失败，其根本之解决，不言可喻，然兵无可恃，恃在善谋。苟无一定方针，则谋不适用，将何以支持危局？虽曰机事，不可不密。然有方针之确定与无方针之确定，其胜负早决于帷幄之中也。东事危迫，政府早有多算否？列强对于我国，无不宣言保持现势，顾列强所谓保持者，其目的在已获之权利也。而我国政策亦必以保持现势为最要。已失者无容计，未失者如何保持，政府应预为筹定，其大要之点若何？列强耽逐，无不倡机会均等主义，顾均势破则必争，均势成则协谋起，皆非福也。两害相因，无一而可，政府取何良策以为善全之术？报纸喧传，倡论联盟，殊不知联盟乃强与强协商之举动，非弱国所宜。弱与弱联盟，以抵制一强可也。弱与强联盟，以抵制众弱，不可也。此中厉害，政府自应深悉。究取何主义，不为浮议所动摇否？国际无道德，几成为世界之公理，能卖人而不为人所卖，□纵有术，其计谋能使群雄互相牵掣，不能协以谋我，斯外交之能胜任愉快者也。不敢谓政界无此人，亦曾物色而特任之否？至于内治为外交之后盾，政要若何，宜先提及；机关若何，宜急改良；如何不启外人干涉，如何不使主权有失，此尤非漫无主持可以推行尽利也。明知政府自有权衡，不容置喙，但人民对于东方之现势，颇多惊疑，为此本员遵章质问，经规定赞成员会同署名，应请议长咨询本员绝对照章咨请会议政务处酌定日期，以文书或口说答覆，抑或照章认为秘密，声明大致，须至说帖者。（"议员王用霖具说帖质问会议政务处关于政策事"，《资政院知会、折奏、章程、说帖、质问、陈请等案件》第八册《资政院第四类议员具说帖质问各案件其二》，宣统二年铅印本）

⑤ 具倡议案议员劳乃宣等谨提出为倡议《新刑律》议案酌定三读办法事

　　查《资政院议事细则》第二十三条第二项"除本细则别有规定外，议员提起倡议，得三十人以上之赞成，即可作为议题"等因，查《新（形）[刑]律》一案，已由宪政编查馆奏交到院，即日开议。此项《新（形）[刑]律》筹备誊黄清单，限于本年颁布，全编共有四百余条。若照本院前议《著作权律》《报律》等办法逐条议决，每会仅议十余条，本年会期内，万难蒇事，必致有误定限。且（形）[刑]律为全国人民所托命，一字一句皆关生死出入。又前后数百条，彼此均有互相关系之处，一条变动，他条即有牵连，非可率意更改。若于议场之上，仓促之间，随便改动，遽行表决，殊非慎重之道。兹根据《议事细则》酌定三读办法数条如下：

　　一、初读之日，除质问疑义外，即可讨论大体，讨论毕即付法典股审查。

　　二、议员有欲修正者，初读后即具修正案，提出于议长，即由议长付该管股。原提修正之员，即赴股员会讨论，由股员会议决可否。股员会以为可者，即列入股员修正案，于再读时付议场表决。其股员会以为否者，原提修正之员，得照《议事细则》在议场发议，付众表决。

　　三、股员审查报告，即付再读。再读之际，惟将修正之条讨论表决，其未提修正之条，一律作为通过，不得再有异议。

　　四、再读已毕，付股员整理条项，修正字句，即付三读定案。

　　如此办法，庶不致虚费时日，违误限期，是否有当，谨遵《议事细则》，会同署名，请议长咨询本院决定，须至倡议者。（"议员劳用宣倡议新刑律议案酌定三读办法事"，《资政院知会、折奏、章程、说帖、质问、陈请等案件》之《资政院第三类建议倡议各案件》，清末铅印本）

⑥ 《审查禁烟案报告书》

　　为审查报告事。本月十八日由议长交来禁烟案五件：各省谘议局陈请书一件、山西谘议局陈请书一件、甘肃谘议局电一件、湖南核议案一件、议员修正禁烟条例缩短禁烟期限议案一件。本股即于是日开股员会审查，兹将审查结果报告如下：查各议案中主张微有不同，而究其大旨，不外禁种、禁运、禁吸三项同时并进。禁种办法在各省谘议局以今年秋起限一年内一律禁种，甘肃谘议局谓禁吸、禁运皆非禁种不可，山西谘议局则以宣统三年为烟苗净尽之期，湖南谘议局则以宣统二年十二月为烟苗禁绝之期。本股员等以为，禁烟一项非从禁种入手，终无净绝之日。盖穷乡僻壤，率以就地产土，取携甚便，吸者日以加多，内地未清，欲禁洋药外来，亦为外人所借口。拟以本年十二月为烟苗净尽之期，此禁种之办法也。禁运一项在各省谘议局则请禁止各互相输运，山西谘议局以宣统三年俄日禁运土膏之期，甘肃谘议局则以撤土税局为禁运之方法，湖南谘议局则限制撤卖，没有护照不得出境。本股员等以为禁运与禁种本相表里，商有邻土可运，局有土税可征，即禁种不力之明验，而禁吸永无净尽之时。故须明定期限，实行禁运，除已经禁运地方外，以宣统三年六月为一律实行禁运之期，所有烟土一律禁止贩运，土税局以征收土税为职务，自当以禁运之日为裁撤土税局之日。此禁运之办法也。禁吸一项，在各省谘议局则以设戒烟局为禁吸之补助，山西谘议局则主张广施药饵，湖南谘议局则主张于宣统三年六月一律不准吸食。本股员等以为，人民吸烟，苟能实力戒除，则数月之功本可断瘾。其所以观望迟徊者，一以朝廷既宽我数年之期限，稍缓岁月，亦不过为迟；一以禁烟机关既不完善，监督之人又复奉行不力，果能雷厉风行，种运并禁而组织机关使官绅同负其责，则人咸知其无可推缓，何难依限戒绝！拟以宣统三年十二月为禁止吸烟之期，此禁吸之办法也。至议员提议案，其增订条例，重订地方官处分各节，本股员会多数赞成认为可采，兹另具《禁烟条例修正案》并于《禁药暂行章程》，请付议决后，指定起草员拟稿具奏，于折内声明修正禁烟条例于宣统四年施行，其未施行以前，仍照现行条例办理，合并声明，特此报告。审查禁烟案特任股员长贡郡王报告。

附：禁烟暂行章程

第一章　总则

第一条　全国禁烟事务应由民政部督催顺天府内外城总厅暨各省督抚、将军、都统大臣督饬所属，按照此项章程切实办理。

第二章　期限

第二条　各省裁（栽）种罂粟，无论已、未奏报禁绝，自此项章程奏定文到日起，一律禁止栽种。

第三条　此项土药限于宣统三年六月底一律禁止贩运，其入口洋药应由外务部体察情形办理。各省土药统税限至宣统三年六月底一律停止征收，所有税局应由度支部同时一律裁撤。

第四条　凡烟馆有未封禁者，自此项章程奏定文到日起，限十五日一律封禁，土店限宣统三年六月内一律封禁，膏店限宣统三年九月内一律封禁。届期如有私卖者，由禁烟总分各局随时严密查禁。

第五条　凡吸烟者，无论何项人等，统限于宣统三年十二月底止一律断尽。

第六条　本章程所定各种限期，如各省业经公布，限期在本章程限期以前者，得照该省原定限期办理。

第三章　机关

第七条　京师及顺天府、各省会各设禁烟总局一所，各府厅州县各设禁烟分局一所。京师禁烟总局以内外城总厅厅丞为总办，总理该处禁烟一切事项，并遴聘公正巨绅一二员为会办，协同处理该处禁烟一切事项。顺天府禁烟总局以顺天府尹为总办，总理该处禁烟一切事项，并遴聘公正巨绅一二员为会办，协同处理该处禁烟一切事项。各省禁烟总局以布政使为督办，巡警道为坐办，总理该省禁烟一切事项，并遴聘并遴聘公正巨绅一二员为会办，协同处理该省禁烟一切事项。各府厅州县禁烟分局以各该地方官为总办，其已设巡警地方以巡警官为坐办，秉承总局，总理该处禁烟一切事项，并遴聘公正绅士一二员为会办，协同处理该处禁烟一切事项。其在将军、都统大臣所管地方，应由该管长官遴员设局办理。

第四章　查报

第八条　禁烟分局应将该处现在吸烟人数姓名，挨户调查，编列成表，并其他禁种及封禁烟馆等情，限于宣统三年二月内详送禁烟总局查核。宣统三年二月以后，应按季将该处已、未戒断人数姓名，挨户调查，编列成表，并其他禁运及封禁各店等情详送禁烟总局查核。前项调查得委任民间所设之禁烟会及城镇乡自治职会同办理，其城镇乡自治职未成立地方，得委任公正绅士办理。其在未设禁烟分局之省会，所有同城州县管辖地方，其前项调查并由总局办理。

第九条　禁烟总局限于宣统三年三月内将该省现在吸烟人数姓名汇编一表，并将该省禁种及封禁烟馆等情详请督抚分别奏咨，以备查核。宣统三年三月以后，应按季将该省已、未戒断人数姓名汇编一表，并将禁运及封禁各店等情详请督抚分别奏咨，以备查核。

第五章　附则

第十条　违反本章程者，按照禁烟条例严行承办。

第十一条　凡违反本章程者，无论何人均得随时举发，酌以罚金一半充赏，诬告者反坐。

第十二条　禁烟详细办法由各省酌量情形自行拟订，咨送民政部查核。

第十三条　本章程以奏定文到日起，限五日内实行。

修改禁烟条例

第一条　凡栽种罂粟、制造鸦片烟及贩运图利者，处四等罚有期徒刑。

第二条　凡制造及贩卖吸食鸦片烟器具者，处五等罚有期徒刑，其家藏吸食鸦片烟器具者罪同。

第三条　凡开设鸦片烟馆供人吸食者，处四等罚有期徒刑或一千元以下之罚金，房屋入官，其茶肆、酒馆、娼寮等处附设烟铺者罪同。

第四条　凡吸食鸦片烟者，处四等有期徒刑或一千元以下之罚金；其用吸烟人为雇佣者，处二十元以上三百元以下之罚金；官员任用吸烟人为幕友者，处五百元以上一千元以下之罚金。

第五条　凡在禁门以内及陵寝等处吸食鸦片烟者，处一等或二等有期徒刑。

第六条　各地方官及巡警官知有犯前数罪条之罪而故纵者，与犯人同罪，赃重者仍从重论。其止失察者，交部严加议处，仍比照逃犯留缉例，留该处协同接任官办理。

第七条　凡犯第一条至第五条之罪者，除照前条严办外，仍停止选举权及一切荣誉权，系官吏并革职永不叙用。

第八条　凡已处本条例之刑而再犯者，各依本条加一等。

第九条　凡谋犯本条例之罪而未遂者，各依本条减一等或二等。因本人之意而中止者，减二等或三等或宽免其刑。

第十条　凡徒刑依下列年限收本地习艺所工作：

一等有期徒刑　十年以上，十五年以下。

二等有期徒刑　十年未满，五年以上。

三等有期徒刑　五年未满，三年以上。

四等有期徒刑　三年未满，一年以上。

五等有期徒刑　一年未满，二月以上。

第十一条　凡处徒刑应加减者，依前条之次序加减之。其处一等有期徒刑应加重者，长期可延至二十年，处五等有期徒刑应减轻者，可减《违警律》之拘留。其处罚金刑应加减者，以本条定数四分之一为一等。

第十二条　凡罚金于判结后限一月完纳，逾限不纳以一日折算半元，易以徒刑，但日数最长不得逾三年。如计日数在二月以下，易以《违警律》之拘留，已易徒刑或拘留者，于刑期内完纳余下罚金，准将已役之日数折算抵消。

附则

本条例所订各项之罚金，充本处自治会经费，其系告发者，酌以一半充赏。

本条例之规定，以宣统四年正月初一日为实行之期。

（"审查禁烟案报告书"，《资政院知会、折奏、章程、说帖、质问、陈请等案件》之《资政院第十类审查报告各案件》，清末铅印本）

⑦ 为审查报告事

本股于十一月初六日开股员会审查陈请筹办蒙藏事宜一案。查理由书条举五项，一曰政务之整理。本股员等以为整理政务必先从改定官制入手，现在正当厘定官制之际，其蒙古、西藏之行政机关究应如何组织之处，应由宪政编查馆一并拟定，此条应咨送宪政编查馆采择。二曰教育之筹备。本股员等以为开通蒙藏自以教育为先，原陈所拟京师外藩学堂章程一件，最为周备，应咨送学部筹画办理。三曰铁道之计划。本股员等查原陈所列路线，其关于蒙古者有二，北曰张库路线，西曰陕新路线，其关于西藏者曰川藏路线。此三线皆前经邮传部筹画路线时奏定列入干线，应咨送邮传部从速办理。四曰实业之振兴。本股员等查原陈，广义请合全国之力组织一西北拓殖公司，应由农工商部酌量办理；至狭义谓就已成之局量为扩充，如科尔沁阿王奏设之蒙古实业公司，现正招股，请本院转咨各省督抚及谘（义）[议]局量力认股一节，本院系议决机关，虽认为蒙藏实业之当振兴，究不能代为执行，应咨送农工商部采择。五曰刑例之变通。本股员等查《大清新刑律》，凡帝国内臣民不问何人皆得适用，将来颁行，则蒙藏沿用酷刑之弊自可解除。杂居一节，将来交通便利，亦可不期然而自然。惟限制贸易之旧例，即宜奏请免除。以及任用职官不拘成例，慎重外交，严行限制各节，应咨送理藩部查照办理。本股员会一再讨论，认为可采，惟皆系关于行政事项，应照《院章》第二十七条，将本案咨送各该管衙门办理，无庸由本院具奏。本股员会多数表决，意见相同，特此报告，股员长那亲王。（"股员长那亲王审查陈请筹办蒙藏事宜报告书"，《资政院知会、折奏、章程、说帖、质问、陈请等案件》之《资政院第十一类审查陈请各案件》，清末铅印本）

⑧ 提议案：黑龙江移民实边案

议员桂山、达杭阿提出

窃查殖民政策，列强每以权利经营，且又列为专科学问，教其国人，以为进行后劲。实由于国民所到之处，即为国力所及之处，故为之如此其急。黑龙江省背负强邻，屏藩关外，纵一千六百余里，横二千余里，土地空旷，出产富饶，地上之森林目为树海，土上之矿质无非金穴，徒为人烟稀少，财力（棉）[绵]薄，不能及时经营，反为强邻垂涎之媒介。东清铁路久已贯我腹心，塞上卡伦现惟徒存形式。外界之风云惨变，危在呼吸，有识之人莫不以移民实边为切要之图。故近年江抚于东、北、西三面改设道府，又奏明《变通招垦章程》，极力经营，欲求速效。然犹是招民领地，与实在移民政策迥然不同。盖亦迫于江省经济困难，而不得不如此也。若在数十年前，如此逐渐图维，未始不可，今则外界之风潮实已日迫日危，自谋之规划，岂宜且前且却？为今之计，果能合全国之力，筹拨巨款，从实行拓殖入手，急起直追，或能于悬崖转石一发千钧之会，挽救万一。非然者，则玉环悠忽，是甘心坐让他人之经营，则北满将为朝鲜之续。而列强复援势均等之言，恐他省亦难自保。此事难为一省而发，而关系实及全国。其计如此，原非过甚之言。大患已形，追恨图谋太晚，兹将大概情形胪列于下：

一、筹巨款。移民实边虽为朝野上下之所公认，惟因款无所出，不能实行其事。故江抚遂仍以招民领垦为入手办法，但塞垣辽远，风气严寒，腹地富人，谁肯拾其乐土而远来？贫者虽欲来，而长途旅费、领地经费、建筑房屋、垦辟荒地，莫不有费。此种种之费已不能出，故不得不因处乡里，受佣于人以资生。坐是二者，故虽日言招垦，而领者寥寥。兹已事急燃眉，无可再缓，自宜由国家筹集巨资，专作移民基本，抱急进主义，一气作成。追事成之后，则所投之资，自有加倍归还之日。若枝节办理，非但不足以集事，而且所费之款，亦将如覆水难收。考日本于明治五年即行殖民北海道之政，零星迁往，无所凭恃。直至明治十五年毫无功效，始改定章程，定为密集移民之法，至今方获大效，国与民交受其益。

二、设机关。考日本于明治十五年改定密集移民之法时，遂在北海道设一厅官，专司移民之事，于其厅内附设三课，各课中又附设分股，使移民应有之机关无不完备。始焉测量地势，分画区域，考验土宜，审查气候，详著图说，公布全国。次焉修治道路，搭建桥梁，安设旅馆，以便旅行。次焉劝诱国民，使之迁移，必集数百户之多，始令前往。在途则由官家照料保护，到地则房井农（俱）[具]食粮已为预备，俾移往之民如安故土。我亦不妨参酌其法，设置各种机关。以江省边界而论，现已改设兴东、瑷珲、呼伦三道，即于三道署中分设课股，循序筹办有素，再行从事迁移。

三、教农业。凡某处气候寒暖土地肥瘠，既经考验明悉，再考求宜何殖物方能发育成实。确有所得，著成农书，俟移民到日，即教令按照土宜而种，以免失败。

四、设学堂。凡所迁之民，在二百户以上之处，即由官设一初级学堂，教育居民儿童，以免习于顽野。

五、保安全。初辟之地，办理稍疏，往往即为匪人混迹，扰害治安。倘致先往者受害，则后来者闻而生畏，亦将裹足不前，实为殖民莫大阻碍。宜于民到之处，在腹地宜设巡警，在边境宜设军队，使农民有所凭恃，庶免为匪人鱼肉。

六、定奖励。凡人民能以集合公司，结合多户自行移往，除在途到地，与官移者一体享受保护以及各项权利外，应援照江省前奏成章，将首事者从优奖励，以昭激励。

七、招流民。查每年春间，山东、直隶等省之民，纷纷赴沿边一带俄境佣工，或赴金厂淘金。入山（代）[伐]木者数以万计，春至秋还，视为常事。此等游民，多系苦力，因家中无土地恒产，而工资低廉，故外出以谋生计。若能由官代备牛具籽种，使之垦种边荒，先期告明，如至秋间查看垦地有效，许由官中为接家小。以无业游民变成有产土户，应亦为人情之所深愿也。

八、舒民力。凡公家代垫之川资、建筑、牛种等费，许于地方成熟之第三年，逐渐扣还，第八年升科。俟届时应由所司者详定专章，总以宽养民力为要。

（"议员桂山达杭阿提出黑龙江移民实边案"，《资政院知会、折奏、章程、说帖、质问、陈请等案件》第五册《资政院第三类议员提出提议各案件其一》，清末铅印本）

⑨ 为审查报告事。本股审查得江苏谘议局遵照《局章》第二十七条，纠举两江总督张人骏借外债代商人偿还亏倒洋行之款，确有侵夺谘议局权限及违背法律情事。本股查核原案，参考该局与江督往来文件，其主旨所在，一则中国与各国所订之条约，均有"华人倒欠洋款，官吏只能代追，不能保偿"之语，此系历朝特旨所批准之件。江督身为南洋大臣，不应朦奏朝廷，悍然违反。是较寻常违背法律、仅关内政者，情事尤重。一则江督札覆该局之质问，内称"与各国银行筹商借债，以三百万两为率，六年为期，本利由宁省设法勾选"等语，是此项借款即为《局章》第二十一条第四款之"本省公债"及第五款之"本省担任义务增加事件，均在谘议局应行决议范围以内"。该督并不交议，径与洋商订约借款，自系侵夺谘议局权限。一再审查，毫无疑义。而本股对于该督办理此案，尤有非常震怒，虑其开莫大祸源，不可不特为揭破者。中外交通数十年，商人借贷亏倒，情伪百出，负欠洋款所在而有，如令官吏营私舞弊任意代偿，则奸究可不事生产，人人私借外债，而外人亦可不求担保抵押，处处放款，不审内而部臣、外而疆吏，需索应至，如何应付？斯时全国恐立地破产。历朝圣训周详，所以于各国条约定立专案者，防微杜渐，不谓不至。而该督破坏决裂至于如是，来日方长，伊于胡底。语云"涓涓不塞，将成江河"，诚犹如该局所言，"较寻常违背法律、仅关内政者，情事尤重也"。应请遵照《院章》第二十四条，奏请圣裁。饬下两江总督张人骏径行取消借款，其有代还商人倒欠之洋款，应由该督担其责任，以待约章而塞祸源。至另有万不得已之故，需借外债，自应照章交谘议局核议。经本股股员多数讨论，意见相同。合将审查结果报告议长付议公决。（《资政院知会、折奏、章程、说帖、质问、陈请等案件》之《资政院第十类审查报告各案件》，清末铅印本）

⑩ 议长公鉴，为报告事

查《资政院分股办事细则》第五十一条，股员会审查完毕时，由股员长作报告书，提出于议长。兹本股员会于本月初七日下午一钟开会，审查得川路倒款，查追至急，邮传部不负责任一案。据陈请书声称，查光绪三十三年，四川京官法部主事涂熙雯等以川路公司亏挪股款具呈邮传部，虽派度支部主事王宗元就近查账，而阅其册报，仅列成都总公司账目，而宜昌、汉、沪等处辄以"道远无从调查"一语了之，而邮部不核实钩稽，遂据为调查清楚之定案，不合者一。今年六月上海正元、谦余、兆康等庄倒欠船款一百三十二万，有奇利华银行又虚悬六十万两无着，合计达二百万两，均放与陈逸卿一人之手。此外尚有私购兰格志火油股票八十余万，且以公司图记代人担保巨款并私买橡皮森林股票各情事。经管存放者即系已革知府施典章，信任典章者系川路总理、学部左丞乔树枬。当逸卿倒骗被逮时，沪道蔡乃煌曾电禀邮部，谓"管理人施典章系以正元违期之票抵借谦余庄票，伪作存款，以掩饰公司调查员之耳目，实属离奇反复，索解无从"等语，而邮部不即派员查账，以倒款至今尚无着落，不合者二。八月二十八日，经度支部主事杜德舆等以川路倒款甚巨等情，赴都察院呈请代奏，复赴邮部具呈。该部仅循例以一纸咨行川督，嗣经内阁侍读学士甘大璋等以川路亏倒过巨，奏称饬部查追，奉旨交邮传部知道，钦此。

五品警官邓镕等复赴都察院呈请代奏，奉旨著交邮传部查核具奏，钦此。今距杜德舆具呈时期已经两月，距倒款时已经五月。夫以股本至重，亏倒至巨，查追应至急，而施典章所有财产均存上海租界，稍一徇纵，实便其寄顿之谋或卷款远飏，即无以为追赔之地。乃邮部拖延至今，致令川人一再陈词，终不得其效果，不合者三等语。本股员会以为，邮部职司路政，对于全国铁路，无论商办、官办，皆有特别监督之权，即有严行查办之责。今邮传部对于川路股款侵蚀倒闭关系至巨之案，事由前沪道电禀，置之不理，以致倒款。及杜德舆等呈请查办，该部不电咨苏抚道勒追，而以一纸空文咨行川督，足见其有意徇纵。且经四川京官两次奏请奉旨查核，事经二月，任意拖延，致使川路倒款归于无着，则邮部之玩视路政，实属罪不容辞。应请议长按照《议事细则》一百六条具奏，请旨严伤邮传部将川路总理、司事人等勒令赔偿侵蚀倒闭各款，一面札仰川路公司遵照完全商律办法，开会选举总理、各职员，接收未倒之款，克日兴筑，毋任旷工、靡费，以维路政而徼效尤。经各股员一再讨论，多数赞成，理合遵章报告议长，付议公决，须至报告者。江苏整顿学务事宜等案代理股员长牟琳。（"议员牟琳审查报告关于川路倒款等情事"，《资政院知会、折奏、章程、说帖、质问、陈请等案件》之《资政院第十类审查报告各案件》，清末铅印本）

⑪ 关于缠足案，审查股员会审查结果如下：

为审查报告事。本月十五日由议长交来陈请禁止妇女缠足议案一件。当日开会审查得妇女缠足之害，诚有如该陈请书所云者，光绪二十七年曾经明降谕旨，期于革除此害。惟迄今十年之中，士夫之家，开放者固属不少；而乡间人民蔽于积习，因仍不改者尚多。故须著为法令，有强制之实力，方有破除之明效。如虑胥吏借词扰害民间，则以执行之责属于地方行政官，以劝谕调查之责属于地方自治会，自无他项情弊。该案所言办法亦觉妥善，因拟订《禁止妇女缠足条例》数条，奏请特颁谕旨，一面责成各地方官出示晓谕，一面责成各地方自治会演说劝诫，相辅施行，斯为有益无弊。本股员会一再讨论，多数表决，应请议长交付会议，特此报告。

拟订禁止妇女缠足条例

第一条 禁止缠足事务，应由地方官协同地方自治会切实劝诫施行。

第二条 凡宣统元年以后所生女子，一概不得缠足。

第三条 其在宣统元年以前所生女子，已经缠足而尚在幼年者，应一律开放（幼年年限以光绪二十八年以后所生者为限）。

第四条 如违第二、三条之规定者，科其父母保护者五十元以下之罚金。此项罚金应充地方自治公费。

第五条 第一、二、三条之规定，应自文到日即便施行，第四条之规定应至第一、二、三条实行后一年施行。（"股员长庄亲王审查优待军人学生议案及禁止妇女缠足报告事"，《资政院知会、折奏、章程、说帖、质问、陈请等案件》之《资政院第十一类审查陈请各案件》，清末铅印本）

资政院第一次常年会第二十四号议场速记录

【标题】对速设责任内阁具奏案折稿及《承发吏职务章程》等议案的讨论

【关键词】弹劾军机 速设责任内阁折稿 《承发吏职务章程》 改良盐务 《运输规则》议案 《修正报律》《谘议局章程》 禁止缠足 优待军人学生 宣讲所

【内容提示】会议伊始,在讨论表决明定军机大臣责任并速设责任内阁具奏案折稿时发生争议,虽有议员认为折稿与前次表决的弹劾军机大臣题目不符,但折稿最终得以多数通过。随后《承发吏职务章程》初读、运输规则议案再读、《修正报律》条文议案三读、提议修改《谘议局章程》议案等。在《报律》议案三读时,有议员提出修正条文的主张,并指出"国家颁行法律的事情,万不可草草通过。若含糊了事,将来一切法律行不过去,人将视法律如弁髦,并要怪我们立法之人先视法律如弁髦了。"

宣统二年十一月九日下午一点五十分钟开议:

议事日表第二十二号:

第一,《承发吏职务章程》议案,政府提出,初读;

第二,《运输规则》议案,再读;

第三,《修正报律》条文议案,三读;

第四,提议陈请修改《谘议局章程》议案,会议;

第五,优待军人学生以资鼓励议案,议员提出,会议;

第六，提议陈请广设宣讲所以开民智议案，会议；

第七，禁止妇女缠足议案，会议；

第八，议设审查优待军人学生以资鼓励议案、陈请广设宣讲所以开民智议案及禁止妇女缠足议案特任股员。

议长：今天到会议员共一百五十一人。

110号（于议员邦华）：请问议长，前次议决吁恳明定枢臣责任具奏案折稿想已拟就，今日可否提出？

153号（易议员宗夔）：若折稿已就，请议长命秘书官朗读。

议长：奏稿已经拟妥，待报告文件之后就要宣读，现在由秘书官先报告文件。

秘书官（张祖廉）承命报告文件。

议长：现在有牟议员琳质问度支部说帖一件、①王议员佐良质问盐政处说帖一件、②齐议员树楷质问度支部裁书吏说帖一件、③高议员凌霄质问法部停止刑讯说帖一件、④刘议员纬质问民政部说帖一件、⑤陈议员树楷质问税务处说帖一件、⑥高议员凌霄质问度支部关于国债事情说帖一件、⑦均已印刷分散，拟一并咨询众议员，如无异议，赞成者起立。

议员多数起立赞成。

议长：多数。

秘书官（张祖廉）接续报告文件。

议长：现在法典股股员长报告，请按照《分股办事细则》第二十九条，允许股员会与资政院同时开议，赞成者请起立。

134号（余议员镜清）：报告书未听清楚，请秘书官再说一遍。

秘书官（张祖廉）再朗读法典股股员长报告书。

议长：赞成者请起立。

议员多数起立赞成。

议长：多数。

秘书官（张祖廉）接续报告文件。

秘书官（曾彝进）接续报告文件毕。

议长：现在由秘书长朗读奏稿。

秘书长承命朗读明定枢臣责任并速设责任内阁具奏案折稿。

116号（孟议员昭常）：本员请说明起草的理由。

议长：请登台发言。

116号（孟议员昭常）：这个上奏案是前天表决过的，表决之后当场指定起草员六人，本员是起草员中之一。起草的时候，经六个人会议三次。第一次会议是讨论这个文章的主旨。当时商量起来，大家说现在世界各国没有不负责任的政府，若政府不负责任，就是没有政府，没有政府就是没有国家。我人民不幸而生长在无政府之国，恐不久而为无国家之人。我中国本来是专制政体，所有一切政治都是在官吏掌握之中。这种官吏对于君谓之臣，对于民谓之官。这个官吏是国家所有种种政治发生的机关，这个政府是官吏一个总机关。他是官吏的领袖又是机关上之机关。比如一个船，政府是把舵的，官吏是水手，这个把舵的不负责任，则为水手的，他就赌钱的赌钱、吃酒的吃酒、睡着的睡着、躲懒的躲懒，这个船就翻了，也没有人管。现在正是世界交通的时候，世界上没有不负责任之政府。凡百庶政，都有一个总机关。我们但有一个不负责任之政府，就算没有政治之国家。又譬如一样东西交给一个人，总要有一个人负责任才可以交给他。要是他不负责任，他过了几天就把这样东西打碎了，可以不可以呢？所以我们民人比如在船上，看把舵的不负责任，那些众水手赌钱、吃酒、睡着、躲懒，都不负责任，眼见得这个船就要翻了。我们应该把这个情形对皇上说一说，要表示出我们不得已之苦衷，是这篇文章的宗旨。如此讨论定规之后，宗旨算是已经有了，就要商量一个体裁应该怎么样，于是起草员又大家讨论这个体裁，说是这个上奏案不是御史风闻言事与四品京堂以上个人弹劾政府之上奏案，是资政院议员代表人民对于行政机关不负责任有不得已之苦衷，要告诉我皇上的上奏案。（拍手）然而又不是御史、同乡京官联名参劾官府的上奏案，是资政院以法律所定的团体全体议决的上奏案；又不是行政衙门同行政衙门互相纠参的上奏案，是国家立法机关对于行政机关不负责任的奏案。研究到这个地方，这个体裁就定了。当时起草员起草之后又会议一次，就说这篇文章词句之间同别的案件不同。因为这篇文章是资政院全体对于行政机关一个上奏案，说的要严重不可轻亵，要确实不可浮泛，要论大体不可琐碎，而且资政院这个举动，将来在历史上亦是一篇很有关系的文章。所以第二次会议，起草员又商量多少时候，又修改一次，第三次会议，然后才能定稿。因为这件事非常重大，资政院全体名义所关，所以一次一次的修改到第三次修改才能脱稿。这是起草员指定之后经过的情形，如此经过这几番讨论，所以做成这么一篇文章，这是起草员应该报告的。至于奏稿已经朗读过了，请议长讨论讨论，以便表决。

190号（吴议员赐龄）：本员对于起草员所说奏折的解说所解释很清楚的，但是与资政院前日表决的宗旨大有冲突，何以呢？当初表决的是弹劾军机大臣的题目，其所以弹劾军机大臣是甚么理由呢？就是根本于这两个条件：第一种是根本于上奏案，就是云南盐斤加价并广西限制外籍学生两个议案；第二种是根本于答覆不负责任的说帖。因为以后这两个议案旋经奉旨依议了，所以第二次表决将那第一个条件取消，而这个答覆不负责任的说帖原来没有取消的，没有取消则这个案还是弹劾案。弹劾案应该是弹劾其人，不是对于机关上用弹劾。如果弹劾其机关，反不足以服军机大臣之心，并且使军机大臣有所借口的地方。现在组织内阁尚未成立，其机关尚未完备，机关不完备应该不负责任。你说要负责任，他说要等到机关完备之后才负责任。那当不是军机大臣有个推卸的地步吗？其实不负责任是世界所无的，现在已经筹备立宪，不过组织内阁，也就是现在的军机大臣一样，军机大臣对于人民断没有不负责任的道理！资政院不是风闻言事，是代表人民的建议。试问军机大臣有当过几十年的，有当过一两年的，最少也当过几个月的，他受朝廷高官厚禄，到底所做的是何事？现在国家坏到这个地步，东三省为祖宗发祥之地，竟为外人所蹂躏，闹到这样子，试问是谁执其咎？然有这种痛苦的情形，他依然不负责任，还要这军机大臣占住这个高官厚禄的地位干甚么呢？既然他不负责任，就是将来内阁成立，名目虽然改了，还是与军机大臣不负责任的办法无异。中国向来政治就是这个毛病。譬如开一个公司，写一大堆某某公司的牌挂起就行了。今天改良审判，挂堆审判厅牌；今天改良监狱，挂堆监狱牌。如此看来，这篇奏稿要说资政院在历史上最有价值的文章，本员不敢赞成。请大家研究。

168号（李议员素）：这篇奏稿不是我们资政院弹劾案，是我们资政院调停案。不然，何以表决时主张弹劾军机，个人起草时又变为弹劾军机机关也？

议长：现将奏稿付表决，赞成者请起立。

众议员起立者共一百二十九人。

议长：多数。

129号（汪议员龙光）：各省谘议局陈请申明资政院立法范围的一案，当日审查结果，谓此案不能存立，而此议题万不可废，经众议决，仍由议长指定原审查十八人担任起草，闻已开会讨论两次，举定起草员，不知这个起草成了没有？如已脱稿，今天就请报告；如尚未起草，还应照原议，根据章程切实引申或于章程外稍议扩充，总期确成一议院基础，不宜中懈。

议长：现在还没有接到股员会的报告书。

151号（黎议员尚雯）：湖南谘议局的电报覆了没有？

议长：为甚么事？

151号（黎议员尚雯）：公债的事情。湖南巡抚杨文鼎原奏以水口山铅矿作抵，湖南绅士当时均不承认，谘议局来电称，查原奏指常宁水口山铅矿余利二十六万五千两作抵，而报部预算册官矿岁入四十二万余两，岁出三十八万余两，是余利不过四万余利。嗣经度支部据监理官折开水口庆砂购机洗剔增岁入，据复册仅十万两，并称须二三年后方能决定，则所奏不实，决难凑足偿还之数云云。今杨抚发行公债票，既违法侵权，不交谘议局核议，而指水口山铅矿余利作抵，又属不实。如杨抚不知情，是为颟顸；如杨抚知情而故朦奏，尤为欺蔽朝廷。应请旨饬度支部查办。

议长：此案尚未覆电。

115号（许议员鼎霖）：此案是本员审查的。谘议局说湖南巡抚所称抵欠不实。湖南巡抚原说有二十几万,其实才有四万。度支部财政监理官调查亦仅说有十万。现已经咨询度支部,要等度支部查覆之后,才好答覆谘议局。

148号(陶议员峻): 请问议长,陶议员保霖质问度支部说帖系外债的事情,度支部答覆了没有?

议长: 已接到答覆了,现正在印刷,尚未完毕。

110号(于议员邦华): 那天禁烟的事情已有公文到外务部,没有本员的意见,请议长要外务部照会英国公使,从速办理,因现在改订条约期限已经剩了四个月的功夫。

议长: 本议长当即设法去办。

149号(罗议员杰): 度支部特派员到了没有?

议长: 今天度支部特派员没有到会。

议长: 现在开议,按照议事日表第一《承发吏职务章程》是初读,拟咨询本院,是否可以省略朗读?

众议员发言"可以省略朗读"。

议长: 省略朗读,请法部特派员说明主旨。

法部特派员(邵从恩): 法部提出《承发吏职务章程》议案,已奏交资政院核议。兹复提出修正案一件,虽于原案大体无更动,而条文字句之间颇有删改。今日说明,即以修正案为据。本部提出此项议案,大概有两个理由:其第一个理由,中国之承发吏即外国之执达吏,其所有职务,为发送诉讼书类、执行诉讼裁判,在中国旧制,此等事项均由差役执行。差役之弊害,尽人皆知,无用赘述。而推其所以致弊之理由,一则流品太卑,稍自好者即不屑为,每以最下流社会之人充数;二则不给以相当之费用,使其厉民以自养;三则视之太贱,无一定之法律规则以规定其职掌范围。因此种种,遂致大为民病。现在审判厅开办,既照章设置承发吏,以执行诉讼书类、诉讼裁判等事则。对于所举差役积弊,不能不设法矫正。承发吏之资格,必以专章规定;承发吏之津贴,必使之足以自养;承发吏之职掌范围,必以法律为之规定。庶积弊可以一清。现在除关于资格、津贴两项另于《承发吏考试任用章程》

中规定外，此项职务章程即所以规定其职掌范围者，此本议案提出之第一理由。其第二理由，因中国旧制，民事、刑事无甚区别，不特刑事用刑，即民事亦时有用刑者。现在审判厅成立，刑事已不能用刑，则民事更无可以用刑之理。然因此遂发生一种流弊，即民事诉讼案件，因审判厅无权强迫之故，确定判决后，当事者每每任意迁延，不易完结。推原其故，盖由于既废刑讯，而又无强制执行之法，所以致此。现在修律大臣方编定诉讼章程，必明于强制执行一门，详为规定，而关于强制之承发吏，更不能不以法律明定其职掌范围，此本议案提出之第二理由。据以上两理由观之，此项承发吏，论品位虽不甚高，而关系于人民财产者甚重。盖审判官判决案件，不过仅效力之发生，至举所判决而见之实行，实在执行判决之承发吏。承发吏不善，则审判官判决虽善，仍于人民无补。故此项职务章程规定于《法院编制法》中，以为由法部定之。本部以为，此项章程既关系于人民者甚重，查外国亦作为法律之一种，是以遵照定立法律手续，奏交资政院核议。至本章程内容共计三十三条，其立法理由不能逐条申述，特将其关系较重者略为说明。（一）关于承发吏之职掌范围。查外国执达吏职务，有定于法律规则者，有由裁判所、检事局之命令者，有受当事者之委任而办理者，其定于法律规则及受人委任者即无须裁判所、检事局之命令，至中国《法院编制法》所取主义，则不尽与此相同。其第一百四十四条规定承发吏职务大纲：一发送审判、检（事）[察]厅之文书；二受审判、检察厅之命令执行判断及没收之物件；三当事人有所申请，实行通知催传。是除当事人申请而外，盖无不由于命令者。即其所定申请，范围亦较外国为狭。按日本执达吏规则规定，当事人委任事项于告知催告外，尚有任意竞卖及作拒证书等，《编制法》均未采用，只列通知、催传两事。本章程既为《法院编制法》之助法，故第一条规定职务范围悉以《编制法》为准。（二）关于承发吏之身份。承发吏之身分，学说不一，有谓为官吏者，有谓为非官吏者。本章程则认之为官吏，不取非官吏说。盖受上官之监督，给与一定之津贴，有事故时，以书记官代理；违背职务时，适用惩戒等，皆系一般官吏之规定。惟查日本执达吏规则，除此规则外，余皆依一切官吏之例之条。惟本章程不为此概括之规定者，盖因官制尚未奏定，且承发吏人数过众，若一切赐金恩给等故，适用官吏之例，则又涉及财政问题，所以暂从缺略。（三）关于承发吏之报酬。各国对于承发吏之报酬，有两主义：一为手续料主义，即依法从当事者收取若干，以为该吏之劳金；一为津贴主义，即称事繁简，与以一定之费用。两者各有利弊。盖用手续料主义，义取劳酬，而承役者纵欲无厌，易生需索敲诈之弊；用津贴主义，月有定饩，而承役者即不勤厥事，其所入亦不少减，则乐得旷职偷安。中国《法院编制法》百五十一条系取津贴主义，诚鉴从前差役积弊而然。本章程更折两层之衷，以津贴为原则，而又于发送、执行等费中，酌提若干成，以奖勤劳而资策励，并以补津贴主义之穷。以上三项，均系立法理由中关系较重者，其余各条均系普通规定，不必详说。总之议案虽由法部提出，而增益修改系议员应有之权，尚望诸位再加斟酌为盼。

议长：诸位议员有无质疑？

153号（易议员宗夔）：这第四条删去与否，还没有规定，应由法典股审查之后再行通过，现在可以不必表决。

议长：既无质疑，应将此案付法典股审查。

议长：议事日表第二是运输规则议案再读，由秘书官朗读。

秘书官（曾彝进）承命朗读。

议长：修正案已将"运输规则"改为"运送章程"，诸位有无异议？

众呼"无异议"。

秘书官（曾彝进）朗读原案第一章第一条。

议长：原案第一条有无异议？

众呼"无异议"。

秘书官（曾彝进）朗读第二条原案。

议长：第二条原案有无异议？

众呼"无异议"。

秘书官（曾彝进）朗读第三条修正案。

议长：第三条修正案有无异议？

众呼"无异议"。

议长：运输规则第四条经股员会删去，现邮传部有文书声述异议，由秘书官朗读。

秘书官（曾彝进）承命朗读邮传部来文。

140号（康议员咏）：本员是审查此案之一人，国家法律非一部所得而私，无论商部、邮部均不应违立法原则，将来轮船、铁路如有特别规定，自可照特别法办理，否则当遵本章程而行，故第四条应行删去。

议长：请邮传部特派员说明意见。

邮传部特派员（梁士诒）：第四条的意思是农工商部同邮传部商定，本有一番深意的。前因修正案把第四条删去，所以本部用文协商，原为斟酌妥善的意思，方才有位议员说"本部不能自定规则施行"等语，本部的意思，这个事已由邮传部与农工商部两下说好，再行修正，或列入附则，似更妥洽。

193号（顾议员视高）：本员是法典股之一份子，前者开分科会的时候，曾主张过第四条不应删去，而列于总则内亦不相宜，应将此条移于本章程附则内。后来开股员会时，以少数被黜，卒为删去。今本员仍是主张将此条加入本章程附则内，请议长当场表决。

议长：邮传部特派员所说与股员会大意相同，应将邮传部来文交付法典股再行审查。原案第四条今日暂且不议，可就修正案第四条推读下去。

秘书官（曾彝进）朗读修正案第四条。

议长：有无异议？

众呼"无异议"。

秘书官（曾彝进）朗读第二章第五条。

议长：第五条有无异议？

众呼"无异议"。

92号（林议员绍箕）：第六条这个不担责任的话，不大妥当，本员临时提出修正案。

议长：林议员对于第六条提出修正案，照《议事细则》第二十二条，须得三十人以上之赞成，始可作为议题。现在有人赞成此倡议否？

秘书官（曾彝进）朗读林议员修正案。

议长：现在请赞成林议员倡议者起立。

众议员起立赞成。

议长：现在有三十人赞成，可以作为议题。

秘书官（曾彝进）朗读林议员修正案第六条。

议长：请赞成者起立。

议员少数起立。

议长：少数。

114号（胡议员家祺）：此修正案与原案不合。原案所规定有连带债务之性质，即令过失在一人，亦应数人同负义务，故修正案赞成者少。请议长就原案表决。

议长：请赞成者起立。

议员多数起立赞成。

议长：多数。

秘书官（曾彝进）朗读原案第七条、第八条。

众议员呼"无异议"。

秘书官（曾彝进）朗读原案第九条。

议长：原案第九条有无异议？

众议员呼"无异议"。

秘书官（曾彝进）朗读原案第十条。

议长：原案第十条有无异议？

众议员呼"无异议"。

秘书官（曾彝进）朗读原案第十条第一项。

议长：原案第十条第一项有无异议？

众议员呼"无异议"。

秘书官（曾彝进）朗读原案第十条第二项修正案。

议长：第十条第二项修正案有无异议？

众议员呼"无异议"。

秘书官（曾彝进）朗读原案第十一条。

议长：第十一条原案有无异议？

众议员呼"无异议"。

秘书官（曾彝进）朗读原案第十二条修正案。

议长：第十二条修正案有无异议？

众议员呼"无异议"。

秘书官（曾彝进）朗读第十三条修正案。

议长：第十三条原案有无异议？

众议员呼"无异议"。

秘书官（曾彝进）朗读第十四条修正案。

议长：第十四条修正案有无异议？

众议员呼"无异议"。

秘书官（曾彝进）朗读第十五条修正案。

议长：第十五条修正案有无异议？

众议员呼"无异议"。

秘书官（曾彝进）朗读第十六条修正案。

议长：第十六条修正案有无异议？

众议员呼"无异议"。

秘书官（曾彝进）朗读第十七条修正案。

议长：第十七条修正案有无异议？

众议员呼"无异议"。

秘书官（曾彝进）朗读第十八条修正案即原案第十七条。

议长：第十八条修正案即原案第十七条有无异议？

众议员呼"无异议"。

秘书官（曾彝进）朗读第十九条修正案。

议长：第十九条修正案有无异议？

众议员呼"无异议"。

秘书官（曾彝进）朗读第二十条修正案即原案第二十一条。

议长：第二十二条修正案即原案第二十一条有无异议？

众议员呼"无异议"。

秘书官（曾彝进）朗读第二十一条修正案。

议长：第二十一条修正案有无异议？

众议员呼"无异议"。

秘书官（曾彝进）朗读第二十二条修正案。

议长：第二十二条修正案有无异议？

106号（齐议员树楷）：本议员的意思，这第二十二条修正案有点不妥当，还是照原案为好。因为运送之货物，既因天灾及不可抗力之事而遗失，运送者如再按照路程索费，必起冲突，不如原案也。

议长：齐议员的倡议，诸位赞成否？

140号（康议员咏）：先行表决修正案，再表决原案。如果赞成者少数，再表决原案。

议长：可以再行朗读一遍。

秘书官（曾彝进）续行朗读第二十二条修正案。

议长：请赞成修正案第二十二条者起立。

众议员起立赞成。

议长：现在在场人数一百二十三位，起立者六十三位，是多数。

秘书官（曾彝进）朗读第二十三条修正案。

议长：第二十三条修正案有无异议？

众议员呼"无异议"。

秘书官（曾彝进）朗读第二十四条原案。

议长：第二十四条原案有无异议？

众议员呼"无异议"。

秘书官（曾彝进）朗读第二十五条原案。

议长：第二十五条原案有无异议？

众议员呼"无异议"。

秘书官（曾彝进）朗读第二十六条修正案。

议长：第二十六条修正案有无异议？

众议员呼"无异议"。

秘书官（曾彝进）朗读第二十七条修正案。

议长：第二十七条修正案有无异议？

众议员呼"无异议"。

秘书官（曾彝进）朗读第二十八条修正案。

议长：第二十八条修正案有无异议？

众议员呼"无异议"。

秘书官（曾彝进）朗读第二十九条原案。

议长：第二十九条原案有无异议？

众议员呼"无异议"。

秘书官（曾彝进）朗读第三十条修正案。

议长：第三十条修正案有无异议？

众议员呼"无异议"。

秘书官（曾彝进）朗读第三十一条。

议长：第三十一条朗读，有无异议？

众议员呼"无异议"。

秘书官（曾彝进）朗读第三十二条原案。

议长：第三十二条朗读原案，有无异议？

众议员呼"无异议"。

秘书官（曾彝进）朗读第三十三条修正案。

议长：第三十三条修正案，有无异议？

众议员呼"无异议"。

秘书官（曾彝进）朗读第三十四条修正案。

议长：第三十四条修正案，有无异议？

众议员呼"无异议"。

秘书官（曾彝进）朗读第三十五条原案。

议长：第三十五条原案，有无异议？

众议员呼"无异议"。

秘书官（曾彝进）朗读第三十六条原案。

议长：第三十六条原案，有无异议？

众议员呼"无异议"。

秘书官（曾彝进）朗读第三十七条修正案。

议长：第三十七条修正案，有无异议？

众议员呼"无异议"。

秘书官（曾彝进）朗读第三十八条第一项修正案。

议长：第三十八条第一项修正案有无异议？

众议员呼"无异议"。

秘书官（曾彝进）朗读第三十八条原案第二项。

议长：第三十八条原案第二项，有无异议？

众议员呼"无异议"。

秘书官（曾彝进）朗读第三十九条第一项修正案。

议长：第三十九条第一项条修正案，有无异议？

众议员呼"无异议"。

秘书官（曾彝进）朗读第三十九条第二项原案。

议长：第三十九条第二项原案，有无异议？

众议员呼"无异议"。

秘书官（曾彝进）朗读第四十条原案。

议长：第四十条原案，有无异议？

众议员呼"无异议"。

秘书官（曾彝进）朗读第四十一条修正案。

议长：第四十一条修正案，有无异议？

众议员呼"无异议"。

秘书官（曾彝进）朗读第四十二条修正案。

议长：第四十二条修正案，有无异议？

162号（彭议员运斌）：此条引用前数条，颇有错误，应引用第七条、第八条、第十二条、第十三条为是。

48号（陈议员懋鼎）：因为修正这案的时候去了一条，所以次第就错了。将来还有改动的时候，现在无关紧要，可以不必讨论。即如邮传部改正那一条应添与否，还没有定，应统俟将来再行改正。

140号（康议员咏）：数目与字句应该改正。

议长命秘书官再行朗读。

秘书官（曾彝进）续行朗读，应当引用第七条、第八条、第十三条、第十四条修正之案。

129号（汪议员龙光）：还是错了，应引用第七条、第八条、第十二条、第十三条才是。

153号（易议员宗夔）：本员倡议，请将本条先付股员会整理字句，然后表决。

议长：此条可以暂缓表决，交法典股从新整理。

秘书官（曾彝进）朗读第四十三条原案。

议长：第四十三条原案，有无异议？

众议员呼"无异议"。

秘书官（曾彝进）朗读第四十四条修正案。

议长：第四十四条修正案，有无异议？

众议员呼"无异议"。

秘书官（曾彝进）朗读第四十五条修正案。

议长：第四十五条修正案，有无异议？

众议员呼"无异议"。

秘书官（曾彝进）朗读第四十六条原案。

议长：第四十六条原案，有无异议？

众议员呼"无异议"。

秘书官（曾彝进）朗读第四十七条修正案。

议长：第四十七条修正案，有无异议？

众议员呼"无异议"。

秘书官（曾彝进）朗读第四十八条原案。

议长：第四十八条原案，有无异议？

众议员呼"无异议"。

秘书官（曾彝进）朗读第四十九条修正案。

议长：第四十九条修正案，有无异议？

众议员呼"无异议"。

秘书官（曾彝进）朗读第五十条原案。

议长：第五十条原案，有无异议？

众议员呼"无异议"。

秘书官（曾彝进）朗读第五十一条修正案。

议长：第五十一条修正案，有无异议？

众议员呼"无异议"。

秘书官（曾彝进）朗读第五十二条修正案。

议长：第五十二条修正案，有无异议？

众议员呼"无异议"。

140号（康议员咏）：第二项条文不大清楚，此条本股员会所增，惟言"延误时刻无一定标准"，且延误系指迟行而言，但车船尝有未及所表示时间而先开行者，又当如何？兹请改"在运送营业者违误表示或约定时间，致旅客不能启行时，应将已缴运费概行退还"，本员临时倡议修正如此。

议长：现在由秘书官朗读康议员咏修正案。

秘书官（曾彝进）朗读康议员咏修正案。

议长：第五十二条第一项修正案、第二项康议员咏修正案，赞成者起立。

众议员多数起立赞成。

议长：多数。

秘书官（曾彝进）朗读第五十三条修正案。

议长：第五十三条修正案，有无异议？

众议员呼"无异议"。

秘书官（曾彝进）朗读第五十四条修正案。

议长：第五十四条修正案，有无异议？

众议员呼"无异议"。

秘书官（曾彝进）朗读附则修正案第一项第二项。

议长：附则修正案第一项第二项，有无异议？

众议员呼"无异议"。

农工商部特派员（胡子明）：本员对于修正案附则第一条有意见，农工商部本有注册章程，就在部中办理注册事宜，因〔此〕为集中主义不如分立主义之便。如果将注册局分立各处，其设立地方定要附于审判厅，办理方可无弊。所以农工商部拟会同法部商酌办法。据法部特派员的意见，须俟商法、民法颁布后才能立法，故此时尚未定施行。如果本章程必与将来注册章程同时施行，则期限不能定，转瞬议决，请旨颁布之时，实有窒碍。据本员意见，此项章程尽可即时实行，至于运送公司注册，暂在本部办理，俟审判厅成立，会同法部订明注册章程时，再（会）〔定〕在各处注册。则此时决议乃有效，各位意见以为何如？

74号（陆议员宗典）：现在修正案已将政府原案第十九条、第二十条删去，则全法对于违禁品物全无办法，似有未妥，宜交法典股再行审查为是。

农工商部特派员（胡子明）：附则第一项可以删去，不必候本部会（因）〔同〕法部定注册章程，即可照章设立运送公司。如果审判厅成立，注册章程自然颁布。

140号（康议员咏）：股员会所以删去第十九条、第二十条者，因为违禁之物运送人如负责任，则必先行逐件检查，于发货人殊多不便之处。

议长：本案第四条，邮传部声述异议；第十九条、第二十两条，陆议员以为不当删去；附则第二项，农工商部亦声述异议。现拟将邮传部、农工商部及陆议员之倡议，一并交法典股再行审查，诸君以为何如？

众议员呼"赞成"。

议长：但是第十九条、第二十条陆议员既有倡议，须具一修正案送法典股，且必须先有三十人以上之赞成，方可作为修正案。农工商部特派员既于附则有异议，如必须再加修正，亦应具正式公文，由贵衙门行到本院，再交该股审查。

议长：暂行休息十五分钟。

下午四点四十五分钟议事中止。

下午四点五十五分钟接续开议。

180号（刘议员纬）：本日报告朱家兰陈请改良盐法案，陈请股审查以为应咨送盐政处办理。前各省谘议局改良盐务陈请书，已交税法公债股审查。据本员意见，盐法之良否，实于国计民生大有关系。既同属改良盐法事件，本院应同付会议。若一交盐政处，一付会议，事出两歧，议院绝无此办法。

议长：诸位意见何如？

110号（于议员邦华）：《禁烟条例》已交法典股审查。此件似应早些审查出来，以便表决后，即早移交到部，一律施行，此件不比《新刑律》事件重大、难于审查。请议长通知法典股。

议长：《禁烟条例》请法典股股员长提前审查。

5号（议员润贝勒）：可以提前审查。

177号（李议员文熙）：方才刘议员提倡将陈请改良盐务一案，请议长咨询本院作为议案并案会议。

议长：此案还须请陈请股股员长说明审查的理由。

177号（李议员文熙）：此案其内容尚未尽悉，大致是整顿盐务的事。现在关于盐政上的事，应一并会议，毋庸送到盐政处去，以致两歧。

157号（尹议员祚章）：此案系山东盐务事，李议员倡议交付审查，本员极端赞成。今日盐法弊坏已极，而盐政处并不思整顿，此陈请颇有关系，若迳送至盐政处，便又置之高阁矣，应俟提交议会讨论，是否应咨送该处办理，再行定夺。

议长：税法公债股股员长现在议场否？关于盐务事情已否审查完毕？

107号（李议员榘）：盐务案已经审查完了。

议长：方才刘议员所倡议，贵议员应以为如何？可否与陈请股商议，将此案与亟变盐政就场征税破除引地案归并一起审查？

107号（李议员榘）：可以归并在一起审查。

议长：如此，即将此案交税法公债股审查，请股员长与众位酌定，可否作为议案？

107号（李议员榘）：前此审查之盐务议案，不知能包括此案在内否？如能包括，就可不必审查；如不能包括，再另外审查亦可。

114号（胡议员家祺）：盐务案从前各省谘议局所陈请者，已经审查。盐务事情，议员等尚不知其内容，倘迳送盐政处，恐与本院所议者情形不能一律。我资政院所议之事，总得画一。山东盐务案似应审查议决后，方可咨送行政衙门。

94号（王议员佐良）：山东盐法议案，自开谘议局以来，已经议过，其宗旨亦在就场征税、破除引地，彼时以为本省单行法未能实行。九月，同乡京官曾有条陈列盐政处，至今未发表，现在山东陈请书，本员虽未见其内容，不外官运商销。此案交税法股审查，不必送盐政处，如就场征税，议定此案，即可毋庸议。

议长：现在不交盐政处，还是先付税法公债股审查。是否应归各盐务一起审或应另作为议案？

107号（李议员榘）：从前的盐务各案已经审查出来，下次就可以会议。现在先看山东的案子能够包括在内否？如不能包括，再另案审查。

议长：此案暂不送到盐政处，即行先付税法公债股审查，诸位有无异议？

议长：归并与否不必研究，先付审查。还有一层，以后若有两案性质相同的，均拟照今天此事的办法，不必当场报告，即由本议长送到同类的股员会审查，诸君谅无异议。

有呼"无异议"者。

115号（许议员鼎霖）：以后如有各省谘议局关系事件，就请秘书厅分类送交各特任股员，无类可归的再交本股，以省周转之繁。

议长：是了。

134号（余议员镜清）：现在在场之人，请议长计算多少。

议长：现在先数议员人数，如实足三分之二以上，再行开议。

秘书官计数人数，报告议长。

议长：现在议员在场者一百二十四人，已足三分之二，可以开议。按照议事日表第二《修正报律》条文议案三读，可否省略朗读？

众议员呼"可以省略朗读"。

议长：现在应当讨论全体，诸位议员有无讨论？

众议员呼"没有讨论"。

议长：既没有讨论，就可以表决议案全体。

129号（汪议员龙光）：凡三读案，据《议事细则》第三十九条之规定，议案中有互相矛盾事项或与现行法律有互相抵触事项，议员仍可提倡修正。是三读之际，议员仍可以发言。本员以为《报律》二十四条系根据第十一条关于损害个人名誉之规定，与二十五条根据第十二条关于泄露秘密政策之规定不能相同。前会已经说过，现在《新刑律》已经交到本院，第一百二十九条至一百三十五条凡泄露机务消息甚或处二等三等有期徒刑，第三百五十一条至三百六十条凡关于个人事件不过罚金拘留而已。《新刑律》与《报律》同是一国之法律，同归本院通过，万不宜互相抵触。所以本员对于这二十四条不过是损害个人名誉事件，决要从轻，应改为十元以上百元以下之罚金，庶与二十五条漏泄外交海陆军消息之罚有个轻重。请议长咨询本院，可否将此条再行修正，看诸位议员赞成与否？

议长：汪议员的倡议，有人赞成否？

151号（黎议员尚雯）：汪议员的修正案是什么样的？

129号（汪议员龙光）：处以十元以上百元以下之罚金。

宪政编查馆特派员（顾鳌）：请登台发言。

议长：可以发言。

宪政编查馆特派员（顾鳌）：这个《报律》修正案，各议员最注重的就是第十一条与第十二条，因为这两条，一条是关于各人名誉，一条是关于国家政务。对于这两条之规定，本员亦屡次发言，方才汪议员倡议要将此条减轻。本员的意见以为，《报律》诚然应与《现行刑律》及《新刑律》不同，当时《新刑律》尚未颁布，而《现行刑律》就是本《大清律例》改订的，《现行刑律》讦人阴私陷人罪，处罚在徒流以上，《报律》修正案第十一条已经定有"专为公益起见者，不在此限"之文，是报馆对于刑法上之制裁，就新旧法律比较，其适用标准已较普通人为宽。今天是报律三读，只可以改正字句，不能改正内容。第十二条，政府提出原案（读原文）现只限于罚金，但外交海陆军秘密事件关系很重，而仅限于罚金，已较《现行刑律》为轻。至于政务上的秘密事件，如未宣布即不禁止，人人应有保持秘密之义务。若已经宣布，就非秘密事件。提原案时，非不知《现行刑律》上定有泄露军事大事应处绞、徒各刑，因通常事件，若照此办理，实于报馆不利，所以才有禁止之规定，而于本律特定罚则也，其以曾经禁止与否为限者，意在除官府滥用权力之弊。至政府提出《报律》原案，所谓秘密是以文书未公布者为限，其政务机密本不在《报律》范围以内。例如资政院的秘密会，如没有发表，就应当认为政务上的机密事件，不必禁止，报纸当然不得登载。惟再读议决之第十二条，实与陆军部奏定《惩治露泄军事机密章程》有抵触之处，若同一泄露秘密，而罚之轻重不同，于国家政务前途大有不利。此本员不能不于三读时详为说明也。

153号（易议员宗夔）：按照《议事细则》三十八条、三十九条办理，毋得再行讨论。

110号（于议员邦华）：汪议员倡议也无须讨论，这二十元至两百元的甚广。无论关系国家事件、关于个人事件，皆就其事斟酌轻重处罚，所以勿须讨论，请议长付表决。

129号（汪议员龙光）：二十元至两百元，于议员之意，谓是可轻可重。然泄露秘密政策之罚也是二十元至二百元，亦复可轻可重，岂不仍是一样？仍是无分轻重？

190号（吴议员赐龄）：《报律》本是特别的法律，不是普通的法律，请付表决。

134号（余议员镜清）：大概没有别的意见，请议长按照《议事细则》第三十八条，可以付表决。

193号（顾议员视高）：前天审查《报律》的时候，《新刑律》尚未发下。现在既有冲突，自是应当修正，以归画一。但依本员意见，亦（宜只）[只宜修]《报律》以合《新刑律》，不应修《新刑律》以合《报律》。要是不修正改归一律，将来裁判官无所适从，必致惹起许多争端，似不必拘《议事细则》三读只能修正字句之规定也。

129号（汪议员龙光）：这个条文与《新刑律》很有冲突，应当修正。

153号（易议员宗夔）：请议长按照《议事细则》第三十八条、三十九条办理。

129号（汪议员龙光）：这是对于国家颁行法律的事情，万不可草草通过。若含糊了事，将来一切法律行不过去，人将视法律如弁髦，并要怪我们立法之人先视法律如弁髦了。

议长：汪议员的倡议，众位议员以为何如？

153号（易议员宗夔）：若再讨论，就与《议事细则》第三十八条、三十九条相矛盾。

190号（吴议员赐龄）：《报（告）[律]》本是一种特别的法律，现在就请议长付表决。

110号（于议员邦华）：现在就请先表决汪议员之倡议。

129号（汪议员龙光）：现在已有三人赞成。

议长：修正之倡议，非得三十人以上之赞成，不能作为议题。现在先看汪议员之倡议能否有三十人赞成，先请赞成者起立。

议员起立者少数。

议长：不足三十人，汪议员倡议不能成立。现在表决《修正报律》全体议案之可否，赞成者请起立。

议员多数起立赞成。

议长：多数〔案〕，可照章由本院会同具奏。⑧

114号（胡议员家祺）：本员有一倡议，关于解释《院章》之事，本日秘书官报告文件，有陈请股审查之说帖，如盐务等案经陈请股审查，以为应咨送行政衙门办理，此项办法自是根据《院章》第二十七条，但《院章》第二十七条须解释清楚。本员以为，凡关于陈请之说帖，如经陈请股审查，认为合例可采，当作为议题，经议员议决后，方可用资政院之名义咨送到行政衙门办理。这个办法，本员以为不甚妥当。

议长：胡议员对二十七条之解释，尚须详细研究。

121号（方议员还）：照这个解释固然是不错，但是此案有不必审查之理由，所以就咨送盐政处，应当于报告时说明理由，因为事情太多，所以未能说明。

议长：议事日表第四提议修改《谘议局章程》议案，请陈请股股员长说明审查之理由。

25号（议员博公）：陈请股股员长未到议场，股员方议员还可以代为说明。

议长：就请陈请股员会方议员说明理由。

121号（方议员还）：各省谘议局连合陈请书，其大意第一条谓《谘议局章程》对于本省的事情有广义、有狭义，凡关于督抚命令事件并一切应归局议的事件，就是广义；凡关于地方事情，如教育、巡警之类，就是狭义。谘议局还是从广义、从狭义呢？这个章程，解释没有明白。第二条谓地方行政没有确定范围，比方清理财政局与《谘议局章程》，往往有冲突的地方。第三条、第四条地方行政各事，如教育、巡警、实业等办法，往往有冲突的地方；还有一种最可怪的事情，如谘议局对于督抚文书用呈，而督抚对于谘议局文书用札，督抚对于谘议局议长用照会，以谘议局名义行文到督抚，是法人的资格；以督抚行文到议长，是私人的资格。今法人资格不及私人的资格，这是不平的事。还有一种各省局所，大概为督抚直接管辖之机关，故其总办对于司道来往文书皆用平行，今谘议局对于司道用呈，而司道对于谘议局用札，是谘议局反不如各局所了，这也是不平允的。并且各省商务总会对于司道公文多用平行，而谘议局总应与商务总会一律，所以谘议局要陈请更正。还有一种谘议局因困难的情形陈请变通办法等，抚札覆议案必须明定期限，不然谘议局定的事，送到督抚，督抚何日剖复，不得而知。第三是谘议局只有四十天会期，未免太少，请延长会期。第四常驻议员应准覆议，常驻议员若没有一点权柄，不能办一点事，到有事时候又开临时会，又何必要常驻议员呢？第五，凡关于陈请事件，督抚应该批答，而各省督抚对于陈请事件，往往故意不批答，所以才有这一条。第六调查卷宗宜予变通。从前宪政编查馆复湖北谘议局电说，如果谘议局要查阅行政衙门卷宗，可请行政衙门抄交，不必派员前往。这实在有许多困难地方，应当变通的。谘议局是资政院下级机关，所请修改章程于理实合，所以我们陈请股请交会议，就是此意。还有一件，谘议局陈请书说，议决之事，督抚不能更改。这事很关重大，所以也归并一起审查，请诸位讨论。本员代股员长报告审查之结果如此。

153号（易议员宗夔）：照《资政院章程》，本［院］有修（政）［正］法典之权，《谘议局章程》本有许多要改的地方，请议长付法典股审查，无须讨论。并请将谘议局文书与建议案一并付审查。

众议员声言"赞成、赞成"。

议长：诸位均赞成易议员之倡议，即将此案交付法典股审查。议事日表第五优待军人学生以资鼓励案[9]，第六提议陈请广设宣讲所以开民智议案，第七提议陈请禁止妇女缠足议案，此三案可否不经会议先付审查？

众议员声言"赞成"。

123号（江议员辛）：设宣讲所是关于学务的事情，可以归审查教育事件特任股员审查。

议长：此案与禁止妇女缠足一案同是关系风俗的事件，似乎于学务反觉相离较远，况且审查教育事件股员会案件很多，此案可以不必再归教育股员审查。

144号（胡议员柏年）：通俗教育就是宣讲审查教育事件，股员会现在审查各案中已有这种案子。

议长：既然如此，此三件议案即撤出一件，将提议陈请广设宣讲所以开民智一案归并审查教育事件特任股员审查，大家赞成否？

众议员声言"赞成"。

议长：议事日表第八就是两案，方才众位赞成不经会议，即付特任股员一并审查，此项特任股员拟指定十二人，众议员赞成否？

众议员声言"赞成"。

议长：特任股员现已指定，由秘书长报告。

秘书长承命报告审查优待军人学生以资鼓励议案，并提议陈请禁止妇女缠足议案[10]特任股员十二人姓名如下：

庄亲王、盛将军、毓善、锡嘏、陈善同、柯劭忞、吴纬炳、喻长霖、余镜清、胡柏年、彭占元、刘志詹。

议长：现在散会。

下午六点钟散会。

注释

① **具说帖议员牟琳等为质问事**

按《院章》第二十条及《议事细则》第一百七条，对于各衙门行政事件如有疑义，欲行质问者，应具说帖，得三十人以上之赞成，由议长咨询本院决定之。本员对于度支部行政事宜有所疑问，谨提出质问如下：

一、度支部前答罗议员杰质问书，谓大清银行系采日本中央银行制度，查发行纸币为中央银行之特权，然现在交通、公益等银行皆得发行纸币，度支部何以绝不过问？

二、发行纸币皆有一定之额，所谓制限发行法是也。日本发行额为一亿二千万圆，英国则［一］千八百十七万五千镑，德国则四亿五千万马克，大清银行之发行纸币究有一定之额否？

三、发行纸币须有同额之实币及生银为准备金，谓之正货准备。若纸币发行逾于正货准备之额，则必有确实之商业手形及公债券等为之担保，谓之证券准备。现大清银行之准备金额是否与纸币之额相应？

四、中央银行遇市面恐慌时，其纸币发行超过证券准备之额，则课以相当之发行税，大清银行究有课税之规定否？

五、中央银行为银行之银行，则当立于普通银行之上，为金融之总机关。今大清银行所营之业，略与普通银行无异，究合于中央银行之性质否？

以上疑问应请议长咨询本院，如经决定，恳即照章咨请度支部，酌定日期以文书或口说答覆，须至说帖者。（"议员牟琳具说帖质问度支部关于大清银行事"，《资政院知会、折奏、章程、说帖、质问、陈请等案件》第八册《资政院第四类议员具说帖质问各案件其二》，宣统二年铅印本）

度支部于十一月二十一日答覆如下：

度支部为片覆事。准贵院咨开据议员牟琳、齐树楷质问说帖二件，由本院答覆等因前来，兹本部按照质问各节另具说帖答覆，相应片覆贵院查照可也，须至片者。上片行（计说帖二件）资政院，宣统二年十一月二十一日。

答覆议员牟琳质问说帖

第一条

查发行纸币系国家特权，而政府要不可自为经理。近世东西各国，大都委之中央银行独司其事。是以本部上年六月奏请严定限制，凡各行号已发之票纸，限宣统二年起，每年收回票数二成，期以五年全数收尽，未发者不准增发。厘定专章二十章，奉旨允准，钦遵行知在案。又于本年五月奏定《纸币则例》，所有纸币兑换发行之事统归大清银行营理，并将限制官商行号发行票纸。复经附片奏陈，奉旨允准，钦遵亦在案。交通、公益两银行行用钞票，系在宣统元年本部奏案未经颁布以前，从本年起，业经伤令遵章逐渐收回矣。

第二条

查本部奏定《纸币则例》，原奏内声明纸币发行总数，东西各国，除法、美二国外，大率无法律明文预定发行数目，诚恐事变无常，需要之范围亦有伸缩。中国事同一律，其在平时自应以准备数目为发行数目。一遇银根吃紧，需要较多，由银行体察市情，酌量增发，其应如何明示限制之处，届时由部核定。

第三条

查本部奏定《纸币则例》第三条："大清银行按照发行纸币数目，常时存储三成现款以备兑换，其余亦须有确实之有价证券为准备。"现在新币制尚未开办，《纸币则例》即未能照行。惟大清银行所发通用银票、钞票，其准备现金向以五成为额，总、分各行每月有准备金表送部查核。本部时派监理官到行盘查库存现款与应准备之数目，常见有无盈绌。

第四条

查本部奏定《纸币则例》第六条内载："凡遇市面紧迫，大清银行得于第三条发行额外添发纸币。"惟必须呈明本部核准，并照额外发行数目按年纳税百分之六，或由本部临时酌定税率。

第五条

查各国国家银行承办公家款项并国库币制之事，我国现在尚未实行，国库亦未统一。且我国有价证券与商业手形俱未发达。大清银行不得不暂禁普通办法银行办法，该行现已禁止不动产行款，并严定《放款章程》，以期合于中央银行之程度。

（"度支部咨覆议员牟琳齐树楷质问各节事"，《资政院文案七种》第二册《资政院第十七类各部院衙门咨覆各案件》，宣统二年油印本）

② 具说帖议员王佐良等谨提出为质问盐务处改良事

查《资政院议事细则》第一百七条 "议员依《院章》第二十条欲行质问者，应具说帖，得三十人以上之赞成，由议长咨询本院决定之"等语，兹谨提出质问盐务处改良说帖一件，经规定赞成议员会同署名，应请议长咨询本院决定，照章咨请盐政处酌定日期以文书或口说答覆，须至说帖者。

一、盐政处设立专所，月费数千金，今日调员办盐务，明日派员查盐务，究竟如何整顿，有何改良方法或采用专卖法，抑或用就场征税法？而专卖法能否保官吏无舞弊？就场征税能否杜绝偷漏？皆不可不详加研究。该处设立已及一年，其如何办法，何以至今犹未发表？此不可解者一。

二、中国盐法较诸东西各国最详，亦最密，而积弊则较东西各国为最深。然其弊在官而不在商，各省盐官大自运司，小至各场大使，多者岁获十数万，少亦不下万金。仕宦者皆视为肥缺，即各省督销局亦无不以为美差，纷纷开运动之门。不知该处派员赴各省调查时，曾调查及否？既调查及此，亦何惮而不革除之？此不可解者二。

三、中国盐弊窦全在盐官不裁革，盐官无论用何种方法，万万不能除弊，乃盐政处不但不肯裁革，反议增加，不知其有所顾忌耶？抑有所瞻徇耶？此不可解者三。

四、现在新章，盐务大权归盐政处，而缉私则责成各省督抚，仅予以会办之虚名。将来弊端发现，督抚则曰事权不属，盐政处则曰缉私不力，彼此互相推诿，势必至无一负责任之人，不知盐政处筹画及此否？此不可解者四。

五、盐务无论官办商办，均须划定权限。乃考近来各省官吏，多以本地之官办本地〔官〕之盐，他省且不具论，即如山东劝业道，垄断盐利，且运动山东巡抚为之出奏，奏公不讳官而兼商，成何政体？又如各地方官往往兼办盐务，且以此定缺之肥瘠，殊属不成事体。不知盐政处有所闻见否？此不可解者五。

六、如山东盐务之弊，前经该省同乡京官联名上书，又经该处派专员赴该省调查，种种弊端，想已发现，何以至今犹未定办法，岂别有用意耶？此不可解者六。

七、如江南板浦垣商皆以制盐世其业，洞悉盐官积弊。前岁禀请设立商会，盐分司恐商人发其奸，运动两江总督遽加批驳，并咨行农工商部存案。该商等近又禀请盐政处，复遭批驳，不知是何用意？此不可解者七。

（"议员王佐良具说帖质问盐政处盐政改良事"，《资政院知会、折奏、章程、说帖、质问、陈请等案件》第八册《资政院第四类议员具说帖质问各案件其二》，宣统二年铅印本）

盐政处于十一月三十日答覆如下：

为咨覆事。准贵院咨称，据议员王佐良提出质问盐务改良事件说帖一件，业经咨询本院，决定刷印说帖，咨请贵大臣酌定日期以文书或口说答覆等因前来。查此质问说帖，本处现以文书答覆，相应缮具答覆说帖，咨行贵院查照可也，须至咨者。上咨资政院，宣统二年十一月三十日。

一、第一条质问各节

查我国地大物博，各省盐务情形不同，必须详细调查，灼知利弊所在，乃可酌拟改良，以期有益国计，无碍民生。至于由官专卖或就场征税，事属变法，关系国计民生，非确有把握不能改弦更张也。

二、第二条质问各节

查盐务积弊在于官商相隐，今谓弊尽在官而盐商并无丝毫弊窦，恐非事实。总之办理盐务，无论采用何法，皆不能尽废官吏。其人员之冗滥者，酌量裁并可也。盐官规费，或提取归公费，或严行禁革亦可也。甚有舞弊不称职者，劾而去之亦可也。若以任用官吏即恐开运动之门，欲举各省盐官一体裁革，因噎废食，无此政体。

三、第三条质问各节

查盐官之不能尽废，已于上条答覆。本处整顿盐务，于各省局所之可以裁并者，无不力行裁并。其新设盐官，惟奉天、四川两盐运司，然四川运司系以盐茶道改设，并非新增。至增设奉天运司一缺，实以奉省盐务日渐发达，故特设专官并专责任，且与内地产盐省分制度一体。

四、第四条质问各节

查本处设立之初，迭奉明诏，以盐务一切事宜责成本处管理，疏销缉私等事，责成行盐省分各督抚会同办理。详绎旨意，原以各省盐务纠葛纷纭，为日已久，必内外有一定之权限而任职者，乃负起责任。现在本处盐务一切事宜，均懔遵历次谕旨办理，各有专责，即各有考成。权限分明，自无互相推诿之弊。

五、第五条质问各节

查山东劝业道萧应椿办理盐务一案，系山东巡抚奏，奉朱批，毋庸回避，自应钦遵办理。至该省地方官兼办盐务，本不相宜，惟当时因商倒课悬，不得已而始改为官办。现在欲除此弊，非招商接充不可。若无商承认，则须另行措置，归于统筹东省盐务案内办理。

六、第六条质问各节

查山东盐务，前据该省同乡京官联名陈请整顿，即经派员前往调查。虽已略得梗概，而该省盐务纷纭错杂，必须权其轻重缓急，次第整顿，一俟筹拟就绪，即当奏明办理。

七、第七条质问各节

查盐商为国家担任税课，本与他项商人不同，且其事又专隶于度支部与盐政处，未便与农工商部所辖商会一律办理。

（"盐政处咨覆议员王佐良质问盐务改良事"，《资政院文案七种》第二册《资政院第十七类各部院衙门咨覆各案件》，宣统二年油印本）

③ **具说帖议员齐树楷等谨提出质问度支部事**

查《资政院议事细则》第一百七条"议员依《院章》第二十条欲质问者，应具说帖，得三十人以上之赞成，由议长咨询本院决定之"等语，各部书吏向以作弊为事，自光绪二十七年以后，鉴于部务之不整，各部俱已严行裁汰。惟度支部书吏，迄今未能裁。度支部笼全国财政，凡有弊窦，宜如何剔除？凡有出入弊窦之人，宜如何扫荡？乃于工且久于作弊之书吏，竟任其就中盘踞，忍而不舍，是何理由？今日厘定官制，又一清理积弊之机会，如再因循，不于巧为侵扣、工于弥缝之辈乘时芟夷之，恐此后之根枝愈将滋蔓。不知度支部亦曾计及于此而有以处置之否？为此谨提出质问度支部关于裁撤书吏说帖一件。经规定，赞成议员会同署名，应请议长咨询本院决定，照章咨请度支部，酌定日期以文书或口说答覆，须至说帖者。（"议员齐树楷具说帖质问度支部书吏作弊事"，《资政院知会、折奏、章程、说帖、质问、陈请等案件》第八册《资政院第四类议员具说帖质问各案件其二》，宣统二年铅印本）

度支部于十一月二十一日答覆如下：

度支部为片覆事，准贵院咨开据议员牟琳、齐树楷质问说帖二件，由本院答覆等因前来，兹本部按照质问各节另具说帖答覆，相应片覆贵院查照可也，须至片者。上片行（计说帖二件）资政院，宣统二年十一月二十一日。

答覆议员齐树楷质问说帖

查光绪二十七年四月间钦奉谕旨，整顿部务，裁汰书吏，饬另募书手若干名，专备抄写文牍之用等因，钦此。本部遵将原设书吏裁汰，另募书手以供缮写，不准拟办稿件。说帖内所指书吏盘踞各节，自系未悉本部现用书手办法。（"度支部咨覆议员牟琳齐树楷质问各事"，《资政院文案七种》第二册《资政院第十七类各部院衙门咨覆各案件》，宣统二年油印本）

④ **具说帖议员高凌霄谨提出为质问法部停止刑讯事**

案《院章》第二十条及《议事细则》第一百七条"议员对于各衙门行政事件欲行质问者，应具说帖，得三十人以上之赞成，由议长咨询本院决定之"等语，查光绪三十一年钦奉上谕，"禁止刑讯拖累，变通笞杖办法，清查监狱羁所，嗣后各州县审理案件，凡罪在流徒以下者，照新章不准刑讯，旧例罪应笞杖者，酌照新章改为罚金。倘有严酷任性，率用刑求，任听丁差择肥而噬，拖累羁押，凌虐责打者，即令该管上司指明严参"各等语，圣训煌煌，天下闻知，国民直接幸福，薄海同声鼓舞。乃数年以来，审判不用刑讯，仅囿京师一隅；外省各问刑衙门，凡一涉讼，不问民事刑事，动辄敲扑齐施，血肉横飞，惨无人理。甚借酷刑以济贪墨，所有旧日非刑枷锁牢笼诸色名目，律所严禁者，一例滥用，毫未改除，或且加甚。笞杖以下罪改罚金，并未遵照实行。岂法部毫无闻知耶，抑知之而故纵耶？岂京师人民始可享受文明幸福，外省人民皆不可不野蛮从事耶？各省提法使监督刑事，数年中未闻以州县违旨用刑奏参一吏。岂禁止刑讯之法令，效力时期未至耶？抑循例奉上谕为虚应故事耶？籍曰非也，法部何以不具奏请旨严饬天下？凡因民事诉讼犯罪在流徒以下者，有司毋庸刑讯，准被害人据实上诉，不问曲直，俱为违旨，由提法使指明严参。倘控到部，该提法使以下一并参处严谴，以绳其后，庶足以除体罚而广皇仁。今方拟改良刑律，收回领事裁判，乃问刑之官既敢不遵功令，司法之部又坐听其凶残，万一审判厅承谬袭讹，能保不变本而加之厉？既不能新天下之耳目，亦何足肃外人之观瞻！蓄疑滋深，无由自解，谨具质问说帖，敬请议长咨询本院决定，咨请法部酌准日期以文书或口说答覆，须至说帖者。（"议员高凌霄具说帖质问法部停止刑讯事"，《资政院知会、折奏、章程、说帖、质问、陈请等案件》第八册《资政院第四类议员具说帖质问各案件其二》，宣统二年铅印本）

⑤ 具说帖议员刘纬等谨提出为质问民政部事

查《资政院议事细则》第一百七条"议员依院章第二十条欲行质问者，应具说帖，得三十人以上之赞成，由议长咨询本院决定之"等语，本员对于民政部紧要政策略有所疑，条举如下：

一、蒙藏为中国屏蔽，物产富饶，土地广博，似较内地无殊。当此日俄协约，列强环伺，边境垂危，势成覆巢之卵。如能设法整顿，移民实边，补牢之计，未为晚也。理藩部岁靡巨款，筹画无术，因循误事之咎，固无可辞，岂民政部为地方行政之最高机关，对此重大问题而亦置诸脑后乎？为民政部计，当以殖民政策阁议，会同理藩部办理，庶边疆早日巩固，国家永无危局之患也。此应质问者一。

二、弱国病民，鸦片独巨，我国禁吸先于禁种，至为要策。然近查各省实行禁绝者少，敷衍塞责者多。读八月二十四日上谕，有"吉林、黑龙江、河南、山西、福建、广西、云南、新疆等省均经奏报一律清除，其实并未净尽，均交部议处"等语，此即土药未净之情形也。查洋海关税册，宣统元年洋药进口四万二千八十二箱，较光绪三十四年进口四万零四百箱尤多。此即洋药入口之情形也。本员窃以种未净尽，禁吸已难，兼以洋药增加，前途更属危险。民政部为地方除鸦片害，禁种禁吸，究竟严饬各省督抚照章办理否？现在国民禁烟会力主废英约，民政部体察民情，值此机会，究竟会商外务部争回自由禁烟之主权否？此应质问者二。

三、各省弊政，赌饷为最；赌饷之害，两广为最。近该省督抚因筹抵赌饷，与度支部争新加盐税。该省谘议局因限期禁赌，局员冲突，势将破坏。民政部为各省去赌害，若不设法维持及早禁绝，来日隐患更不可言。又麻雀牌之风盛行京内外，推求其故，实由官绅习成恶果。民政部虽悬为厉禁，然其力仅及于下等社会，此风不灭，害伊胡底。此应质问者三。

四、各省警察成效鲜著，用财之滥，四川尤甚。查日本仅东京将设警视总监，其余皆隶于府县行政长官而统属于内务省。四川既设巡警道管理全省警务，又于川江特设水道警察，以候补道一员为总理，实与巡警道机关并峙。即此经常开支，每年需银二十万之多。据此办法，不惟显违法理，且与部章不合；不惟大局无补，且于财力有亏。去年川省谘议局曾请川督裁撤总理，节省经费，其议卒归无效。本员以此水道警察应责令沿江各省州县办理，即以各州县官任其责，以巡警道考其成，所有从前总理、提调、文案、收支诸名目，应由巡警道署特设一科，专司水道警察之任，庶事权统一办理，易促进行。否则江面不清，固有警察当之。万一警察滋扰，地方官不敢过问，为害更见其大。民政部主持警务，此种行政，究系部饬办理乎？抑系川督自行办理乎？此应质问者四。

以上数端，谨提出质问民政部说帖一件，经规定赞成议员会同署名，应请议长咨询本院决定，照章咨请民政部酌定日期以文书或口说答覆，须至说帖者。（"议员刘纬具说帖质问民政部紧要政策事"，《资政院知会、折奏、章程、说帖、质问、陈请等案件》第八册《资政院第四类议员具说帖质问各案件其二》，宣统二年铅印本。另见"为质问民政部蒙藏殖民及禁烟禁毒事的说帖"，中国第一历史档案馆藏民政部卷宗，档号：21-0276-0047）

民政部于十二月初四日答覆如下：

民政部为咨行事，准贵院咨开议员刘纬质问本部说帖一件，应酌定日期以文书或口说答覆等因前来，相应答覆咨行贵院，希即查照可也，须至咨者。上咨（单一件）资政院，宣统二年十二月初四。

计开：

一、移民蒙藏

查移民实边为今日急务，本部早计及此。惟营此事业，应以交通机关便利及筹措经费巨款为前提。现在对于蒙藏移民，不特交通不便，而筹款亦极艰难。即如本年四月赵侍郎炳麟奏请移民东三省一折，奉旨交由本部议覆。本部遵拟照准，并以移徙应需舟车食宿等费及到东绥每人授给田庐籽种各项设置办法，共需经费甚巨，咨商度支部筹拨。旋准度支部覆称，移民与垦情事极为繁重，用款一层，亦以非今日财力所能办到。光绪三十二年江北水灾，据御史王步瀛、史履晋等奏称迁民实边，经本部覆奏，请由各该将军督抚等详细妥筹，奏明办理。嗣据两江总督、奉天将军奏覆咨覆，大致均以为窒碍（难）行。此次该御史原奏，与前事略同，应请贵部会同本部具奏等语。是于东三省交通尚称便利之区，犹觉款项难筹，则对于蒙藏所需经费，当十倍于东三省。当此财政支绌之秋，应如何经营之处，自应商同度支、邮传、理藩各主管衙门，统筹全局，固非从事枝节所能为功，亦非托诸空言，即为尽责也。

二、禁种、禁吸、禁售三项，本部曾于光绪三十三年会奏《禁烟稽核章程》内逐条规定通行各省，按照奏定期限报部备查，惟是各省依限报部者，固属不少；其逾限未报者，间亦有之。本部迭经文电严催，复通行各省，饬将本年吸烟人数，业经戒净人数，官立、公立戒烟局所若干，限于年底咨报到部，以凭考核。仍恐所报不尽确实，一面派员分赴奉天、吉林、黑龙江、直隶、江苏、安徽等省详查禁烟、禁吸、禁售各项究竟有无成效，其余各省分年挨次派查。一俟查竣，自当统筹办法，会同外务部办理。("民政部咨行议员质问关于蒙藏移民事"，《资政院文案七种》第二册《资政院第十七类各部院衙门咨覆各案件》，宣统二年油印本）

⑥ **具说帖议员陈树楷为质问事**

谨按《资政院章程》第二十条及《议事细则》第一百七条，对于各衙门行政事件如有疑义，欲行质问者，应具说帖，得三十人以上之赞成，由议长咨询本院决定之。兹有关于税务时间颇有疑义，谨提出质问如下：税务败坏，财政不支，国家遂设税务处以为全国关税之总机关，一以收监督洋关之职权，一以谋整顿常关之进步，非顾此失彼，遂可了事也。查《税务处规则》，据洋关五十里以内之常关，税务司代征；五十里以外之常关，归各关道自征。岁收之数自光绪三十二年、三十三年以来，税务司代征之常关，岁收三百六十万；各关道所征之常关，岁收仅二百一十余万。夫税务司代征之常关，仅在洋关五十里之内，地有限也，而所收若此；关道所征之常关，地既无限，关卡亦多，征收之数转不及之。此中情节不待智者而知矣。国家财政困难已达极点，若以税务司之办法，整顿各关道所辖之常关，剔除中饱，涓滴归公，一年之间，其收入当不止三倍或五倍之比例。税务处开办有年，深知其弊，自当有见及此，不待局外之多言，但际此国用奇绌，何以于现成之巨款任人侵渔而毫无措置，籍非旷废职务，即属有意徇情。国家财政所关，何可漫然出此？本议员遵章质问，规定赞成员会同署名，应请议长咨询本院决定，咨请税务处酌定日期以文书或口说答覆，须至说帖者。(《资政院知会、折奏、章程、说帖、质问、陈请等案件》第八册《资政院第四类议员具说帖质问各案件其二》，"议员陈树楷具说帖质问税务处关于税务事"，宣统二年铅印本）

⑦ **具说帖议员高凌霄为提出质问度支部全国国债事**

查《院章》第二十条及《议事细则》第一百七条"议员对于各衙门行政事件，欲行质问者，应具说帖，得三十人以上之赞成，由议长咨询本院决定之"等语，窃《院章》第十四条第三项之规定公债事件明列资政院职掌范围之内。方今世界列强投资政策，日异月新，始以商业暗吸精华，继投巨金抵押财权，终以国债灭人家国。埃及以负重债而亡，土耳其以负重债而弱，殷鉴不远。言念及此，可为寒心。比年以来，列强对于中国，屡起干涉财政之义，岂曰无因致此。我国家约借外债，向守秘密，不一宣示。国人揣测，闻达十万万以上。然从风缀想，莫由仰度高深。因思国债为国家名义所负，即为国民担负，所关国脉之修促，民命之荣枯，其影响均直接于公债，预置不问，弥启忧疑。倘闻之而秘不宣，是国家之债，国家自担负之，永不以重累国民之负担也。据此理由，特申质问，我国家自与世界各国约借外债以来，宣统二年八月末日止，中央地方各衙门及各公法团体各借某国债各若干，每百两周息若干，每款周息共若干，已还本息各若干，实借债数各若干，某约有无以某款抵借，约定还期年限各若干，种种详目，无从推演，度支部为全国财政中枢，一一咸备档案，谨拟国债表式，敬请议长咨询本院决定，咨请度支部从速准照去表格式，详加填注，其额数均按实银库平计码，限期答覆，以解群惑而释忧疑，须至说帖者。

中国历年国债分目表（宣统二年八月止）

债务者	债权国	实银数	借债年月	利率	每周息共数	抵借款目	约还年限	已还本数	已还息数	（本数）付还年月	（息数）付还年月	实负债银额
合计												

（"议员高凌霄具说帖质问度支部全国国债事"，《资政院知会、折奏、章程、说帖、质问、陈请等案件》第八册《资政院第四类议员具说帖质问各案件其二》，宣统二年铅印本）

⑧ **军机处咨资政院覆议修正报律条文仍有窒碍分别具奏文**

为咨覆事。宣统二年十二月十二日接准贵院咨称：准咨开，查《资政院院章》第十七条载：资政院议决事件，若军机大臣或各部行政大臣不以为然，得声叙原委事由咨送资政院覆议等语。昨准贵院议决修正报律条文案咨请会同具奏等因前来，本王大臣覆查议决修正报律案第十一条、第十二条，确有与现行法律抵触并施行窒碍之处，除将原稿封还外，相应再行提出修正案并声叙原委事由，开单照章咨送覆议等因到院，当经本院将单开之第十一条、第十二条开会覆议，所有报律第十一条修正之处业经多数议决，即照贵处单开条文规定其第十二条议决之文，微有异点，相应将覆议决条文开单咨行贵处王大臣，酌核即可见覆，以凭会奏等因前来，查单开覆议报律修正案第十二条议决之文，与本王大臣原提出覆议之修正案，揆之事理，仍多未便。原提出之修正案，系因外交、陆海军及其他政治上秘密事件，新旧刑律及现行专律同一保护，处罚綦严，故提交覆议，以符现行法律而便通行，其原委事由前咨声叙甚详，无庸赘述。今贵院议决虽将外交、陆海军之秘密事件定为当然不得登载，而于其他政治上之秘密事件仍执前议，非经该官署禁止登载者，报纸仍有登载之自由，是政治上之秘密，报纸当然可以登载，即违禁之命令亦不过处以罚金，于国家政务之前途殊属危险，且与现行刑律保护秘密之意互相抵触，实属窒碍难行。本王大臣不以为然，惟有查照《资政院院章》第十八条办理，与贵院分别具奏，恭候圣裁。除径行具奏外，相应咨覆贵院查照可也，须至咨者。(《政治官报》，1911年，第1183期，第19页）

资政院奏议决《修正报律》缮单呈览请旨裁夺折

奏为议决《修正报律》条文遵章分别奏陈恭折仰祈圣鉴事。窃查《资政院章程》第十五条内载：前条所列第一至第四各款议案，应由军机大臣或各部院行政大臣先期拟定具奏请旨，于开会时交议。又第十六条内载：第十四条所列事件议决后，由总裁、副总裁分别会同军机大臣或各部行政大臣具奏，请旨裁夺等语。宪政编查馆覆核民政部酌拟《修正报律》一案，于本年八月二十三日具奏，请交资政（臣）院议决，奏请钦定颁行。旋由军机处遵旨交出宪政编查馆原奏及清单各一件。臣院照章将前项《修正报律》一案，列入议事日表。初读之际，宪政编查馆暨民政部皆经派员说明该案主旨，当付法典股员会审查。该股员会一再讨论，提出修正案。于再读之时，将原案与修正之案，由到会议员逐条会议，并经馆部派员，就该案主旨，屡行发议，反复辩论。嗣于三读之时，即以再读之议决案为议案，多数议员意见相同，当场议决。查此项《修正报律》，民政部会奏草案原系改订四十一条，另辑附条四条，经宪政编查馆于文义未协之处逐条厘正，定为律文四十条，别为附条五条。现在修正议决，核与民政部原拟草案，意义字句，互为增损，都凡三十八条，又附条四条。查照《院章》，即由臣院主稿，咨请军机大臣及民政部会同具奏。旋准军机大臣咨称：该律第十一条、第十二条确有与现行法律抵触，并施行窒碍之处，仍行提出修正案，并声叙原委事由，送交覆议等因到院。续由臣院开会，将该律修正之处，逐条议决。除第十一条与军机大臣修正之处并无异议外，其第十二条，军机大臣修正原文为："外交、陆海军事件及其他政务，经该管官署禁止登载者，报纸不得登载"；而本院议决此条，将"政务"二字改为"政治上秘密事件"，故与原文略有不同。复准军机大臣覆称：揆之事理，仍多未便，惟有分别具奏等因前来。查《院章》第十八条载：资政院于军机大臣咨送覆议事件，若仍执前议，应由总裁、副总裁及军机大臣分别具奏，各陈所见等语。是此项《报律》第十二条，既经军机大臣声叙原委事由，咨送覆议，臣院第二次议决，所见仍复有殊，自应汇入前次议决各条，缮具清单，遵章分别具奏，恭候圣裁。一俟命下，再由民政部通行各省，一体遵照办理。（所有议决《修正报律》条文分别奏陈各缘由，理合缮折具陈，伏乞皇上圣鉴训示。）谨奏。（《政治官报》，1911年，第1183期，第3—4页。另见"奏为议决《修正报律》条文遵章分别奏陈事"，中国第一历史档案馆藏民政部卷宗，档号：21-0676-0006）

资政院给民政部的咨文如下：

资政院为咨行事。本院议决《修正报律》条文一案，前经查照《院章》，由本院主稿会同军机大臣暨民政部具奏，业已咨请贵部出具会语在案。旋准军机大臣覆称该律第十一条、第十二条确有与现行法律抵触并施行窒碍之处，仍行提出修正案并声叙原委事由送交覆议等因到院，续由本院开会将该律修正之处逐条议决，除第十一条与军机大臣修正之处并无异议外，其第十二条，军机大臣修正原文为：'外交、陆海军事件及其他政务，经该管官署禁止登载者，报纸不得登载'；而本院议决此条，将'政务'二字改为'政治上秘密事件'，故与原文略有不同。覆准军机大臣覆称"窒碍难行"，惟有查照《院章》第十八条办理等因前来本院，自应将议决《修正报律》条文分别具奏，恭候圣裁。仍将贵部前次会语融入折内，除俟具奏后奉到谕旨，再行抄奏，恭录行知外，相应摘抄第十一条、第十二条，经第二次议决之文咨行贵部查照可也。须至咨者，右咨民政部（计抄单一件）。宣统二年十二月二十六日。（"为摘送《修正报律》第十一条、十二条二次决议条文议案事给民政部咨文"，中国第一历史档案馆藏民政部卷宗，档号：21-0676-0004）

同时军机大臣亦上《会奏资政院覆议〈报律〉第十二条施行窒碍照章分别具奏折》

臣奕劻等跪奏，为资政院覆议《报律》第十二条施行窒碍照章分别具奏恭折仰祈圣鉴事。窃臣等于宣统二年八月二十三日议覆民政部《修正报律》案请旨交资政院议决一折，钦奉谕旨，著依议。钦此。遵将《修正报律》案及理由书咨送资政院决议，并派员随时到会发议，当经议决，咨请会奏前来。臣等覆查该院修正颇多，就中关于第十一条登载损害他人名誉之语，第十二条登载外交、陆海军及政治上秘密事件二条，臣等以为关系人民权利及国家政务者甚大，该院议决案实与现行法律抵触，并有施行窒碍之处，未便遽以为然。当即遵照《资政院院章》第十七条酌加修正，将第十一条规定为"损害他人名誉之语，报纸不得登载，但专为公益不涉隐私者不在此限"。第十二条规定为，"外交、陆海军事件及其他政务，经该管官署禁止登载者，报纸不得登载"等语。咨送覆议去后。咨据覆称，第十一条已照提出修正条文议决，而第十二条未得赞成，改为"外交、陆海军事件及其他政治上秘密事件，经该管官署禁止登载者，报纸不等登载"，咨请会奏前来。臣等查漏泄机密，惩罚宜严。《现行刑律》载：若漏泄机密重事于人，绞。《新刑律》"分则"第五章于漏泄机务罪各有专条，如第一百二十九条，凡漏泄中国内治、外交应秘密之政务者，处三等至五等有期徒刑各等语。谓之机密重事，即不限于外交、军事，谓之内政，即包括其他政务。此项漏泄机务之罪，按以《新刑律》法例第二条之规定，虽外国人有犯，均应同一科罚，亦不问其曾否经由该管官署禁止。诚以政务之秘密，为国家安危所系，故中外刑律均严定科条，所以预防机务之漏泄，与外交、军事同一重视，并无轩轾于其间也。至《修正报律》第十二条所称，"外交、陆海军事件及其他政务"悉指通常关系外交、陆海军事件及其他通常政务而言，官署认为必要，始得从而禁止其登载，若事涉机密，当然不得登载，本毋庸再由官署禁止。窃《报律》虽为单行法律，究不能过侵刑律之范围。若辄以言论之自由破坏刑律之限制，揆诸立法体例，未免多所分歧。今资政院覆议报律修正案第十二条，于外交军事之秘密，认为报纸当然不得登载，而于政务上之秘密仍执前议，似认为当然有登载之自由。违反禁止登载之命令者，又仅处以罚金。是于保持政务机密之意，实有未合。即与刑律限制之条，互相抵触。若以该院覆议施行，恐于国家政务之前途，殊多危险。查《资政院院章》第十八条：资政院于军机大臣或各部行政大臣咨送覆议事件，若仍执前议，应由资政院总裁、副总裁及军机大臣或各部行政大臣分别具奏，各陈所见，恭候圣裁等语。臣等为慎重政务，防泄机密起见，谨遵章分别具奏，并将《修正报律》第十二条原文缮单，恭候钦定。至其余各条，臣等均无异议。一俟命下，即由臣等通行京外一体钦遵。所有资政院覆议《报律》四十二条施行窒碍缘由，谨恭折具陈，伏乞皇上圣鉴训示。再此折系由军机处主稿，会同民政部办理。合并声明。谨奏。"(《政治官报》，1911年，第1183期，第4—6页)

宣统二年十二月二十九日军机大臣钦奉："资政院奏议决《修正报律》缮单呈览请旨裁夺一折，又据军机大臣会同民政部奏覆议《报律》第十二条施行窒碍照章分别具奏一折，《报律》第十二条之'其他政治上秘密事件'，著改为'其他政务'字样。余依议。钦此。"案：军机大臣署名：臣奕劻、臣毓朗、臣那桐、臣徐世昌。(中国第一历史档案馆编：《光绪宣统两朝上谕档》，第三十六册，广西师范大学出版社1996年版，第562页)

⑨ 提议优待军人学生以资鼓励案（议员彭占元提出）

国无兵难以自为，无学难语图强。今无论何等国家，未有不以练兵、讲学为亟亟者。然恐操练为布武之形式，讲学涉个人之艺文，故操练、讲学而外，必设崇异优胜之遇，以发其忠君爱国之良。夫而后兵强学进，方足争衡于列强也。数年来，国家对于练兵、兴学之道，非不日加讲求，凡关乎鼓舞军人、勉励学生者，无不择要施行，虽然犹有未尽普及者。考日本现行制度，凡军人、学生所到之处，皆示优异，如胜地游览，则入场料减半或全免，团体旅行，则乘车坐船割扣。此就平时言之也，若军人一遇战争，则町村长执旗设酒，沿途欢呼致送，凡所用物品，特别减价。学生每届暑年两假期，由铁道厅、汽船会社先询知各校生徒若干，每人送割引券二枚，以表优待之意。凡所以鼓舞军人、学生者，无微不至，以故人乐为军，知有国而不知有家人；自为学，知有公而不知有私。兵思效死，士乐致用，非平时恩遇有以异于人者，不能致此。是以东西各国，无不持此术以鼓舞也。我国前练兵处奏章，亦曾有军人乘坐火车减半价之例，特见诸实行者不过贵冑学堂及保定陆军小学堂两处耳。其余京师陆军中学堂，各省陆军小学堂与京师分科大学，优级师范、法律法政各项实业专门学［堂］及各省高等师范、实业各学堂学生，并不见有何等优遇。无论措施有所未允，即揆诸激励奖励之道，亦多未备。兹拟仿照日本特优待学生军人之制，凡乘坐火车轮船先一律割引，以示优异。至其余优待之法，须俟教育普及，一般人民自为之，非国家骤可干涉。谨将关于国家权力所及之火车轮船割引，急宜实行，提出办法如下：

一、军人无论何时公出及私行，但穿用军服，望而知为某镇或某营将弁兵士者，各车站卖票处及轮船公司，即认为有减半价未搭之权利。

二、学生凡届暑年两假期，由该学堂邻近铁路总办或轮船公司询知该学堂学生人数若干，将减价券按每人两张送给该学堂管理人。该学堂发给学生时，须钤用戳记，以为凭证。若系团体旅行，必先由该堂监督备文知会铁路总办或轮船公司，始得减价。但学生一人私行时，不得享此优待。

以上办法自属简单易行，如公议可决，即请备文咨行邮传部，转饬各铁路总办及轮船公司，遵照办理。是否有当，敢质公议。（"议员彭占元提出优待军人学生以资鼓励案"，《资政院知会、折奏、章程、说帖、质问、陈请等案件》第五册《资政院第三类议员提出提议各案件其一》，清末铅印本）

对该案，审查股审查结果如下：

为审查报告事。本股于本月十五日开会，审查得彭占元提议优待军人学生以资鼓励一案，其提出办法一为军人对于各车站卖票处及轮船公司应有减半价之权利，一为届年暑两假期临近，铁路或轮船公司送学生每人减价券两张，团体旅行备文知会使得减价等云。意非不善，惟办法一有窒碍，则优待悉成具文。查轮船一种，洋商居多数，铁路间或有之，邮传部果有此权力以命令之乎？我国之轮船铁路，除洋商外，民有者又占大部分，国家既无津贴以鼓励之，一旦责成令减价，亦恐不能。是以无论何公司所办之轮船火车，已愿减价以表优待者，应听其便，不能以法律规定之。若强迫营业公司减价，似难一律做到，应请暂无庸议。本股员会一再讨论，多数决议为此，理合请议长咨询本院决定，特此报告。特任股员长庄亲王。（"股员长庄亲王审查优待军人学生议案"，《资政院知会、折奏、章程、说帖、质问、陈请等案件》之《资政院第十三类审查提议各案件》，清末铅印本）

⑩ 关于缠足案，审查股员会审查结果如下：

为审查报告事。本月十五日由议长交来陈请禁止妇女缠足议案一件。当日开会审查得妇女缠足之害，诚有如该陈请书所云者，光绪二十七年曾经明降谕旨，期于革除此害，惟迄今十年之中，士夫之家，开放者固属不少；而乡间人民蔽于积习，因仍不改者尚多。故须著为法令，有强制之实力，方有破除之明效。如虑胥吏借词扰害民间，则以执行之责属于地方行政官，以劝谕调查之责属于地方自治会，自无他项情弊。该案所言办法亦觉妥善，因拟订《禁止妇女缠足条例》数条，奏请特颁谕旨，一面责成各地方官出示晓谕，一面责成各地方自治会演说劝诫，相辅施行，斯为有益无弊。本股员会一再讨论，多数表决，应请议长交付会议，特此报告。

拟订禁止妇女缠足条例

第一条　禁止缠足事务，应由地方官协同地方自治会切实劝诫施行。

第二条　凡宣统元年以后所生女子，一概不得缠足。

第三条　其在宣统元年以前所生女子，已经缠足而尚在幼年者，应一律开放（幼年年限以光绪二十八年以后所生者为限）。

第四条　如违第二、三条之规定者，科其父母保护者五十元以下之罚金。此项罚金应充地方自治公费。

第五条　第一、二、三条之规定，应自文到日即便施行，第四条之规定应至第一、二、三条实行后一年施行。

（"股员长庄亲王审查优待军人学生议案及禁止妇女缠足报告事"，《资政院知会、折奏、章程、说帖、质问、陈请等案件》之《资政院第十一类审查陈请各案件》，清末铅印本）

资政院第一次常年会第二十五号议场速记录

【标题】通过两江总督张人骏在借债代偿商款、饥民焚抢公司事件中存在侵权违法行为的报告书

【关键词】江苏借债代偿还商款核议案　江苏饥民焚抢公司核议案　《黑龙江垦务章程》　禁赌　新疆屯田

【内容提示】主要会议江苏借债代偿商款核议案、江苏饥民焚抢公司核议案、陈请变通《黑龙江垦务章程》议案等。江苏籍议员指出，张人骏在两江做得天怒人怨，与江苏人感情很坏，亦乐得借此一举，见好商民，挽回以前恶感，遂有借债代偿商款之事。最终多数通过了江督侵权违法的报告书。

宣统二年十一月十二日下午二点钟开议。

议事日表：

第一，江苏借债代偿商款核议案，股员长报告，会议；

第二，江苏饥民焚抢公司核议案，股员长报告，会议；

第三，陈请变通《黑龙江垦务章程》议案，股员长报告，会议；

第四，扼重农政以开财源议案，股员长报告，[①] 会议；

第五，请赦国事犯罪人员具奏案，议员提出，会议；

第六，议设审查请赦国事犯罪人员具奏案特任股员，议员提出，会议；

第七，南漕改折议案，议员提出，会议；

第八，关卡丁漕宜统收钞票铜元议案，议员提出，会议；

第九，实行禁赌以期振作议案，议员提出，会议；

第十，新疆屯田议案，议员提出，会议；

第十一，议设审查新疆屯田议案特任股员。

议长：今天到会议员共一百二十五人。

110号（于议员邦华）：本员那天倡议先行审查禁烟条例，现已审查过了没有？

议长：还没有报告，大约法典股今天开股员会审查。

153号（易议员宗夔）：弹劾军机具奏案已经上奏没有？

议长：还没有上奏，因为尚未写好。

153号（易议员宗夔）：请议长从速上奏。

110号（于议员邦华）：陶议员葆霖、尹议员祚章质问外务部说帖，现在已有几个月，不知道答覆了没有？

议长：尚未答覆。

134号（余议员镜清）：浙江铁路事件报告了没有？

议长：还没有报告。

134号（余议员镜清）：俟报告后请议长列入议事日表。

112号（陈议员树楷）：顺直谘议局警务事件核议案，上次报告已经股员会审查过了，尚没有印刷出来，但不知审查的结果是如何的？

议长：已经用咨文催询直隶总督，尚无答覆。

110号（于议员邦华）：这个议案来得很早，当时没有审查，先给直隶总督一个电，那时来信说这个事不对，不知将来审查的结果是如何的？

议长：这个事已经报告过了。

112号（陈议员树楷）：若是随便报告，听不清楚，还是请议长命秘书厅刷印出来才好。

议长：此案可请到秘书厅一看。

112号（陈议员树楷）：请议长付印刷就是。

议长：因恐印刷不及，故请到秘书厅一看。

94号（王议员佐良）：山东人王宝田等因山东抚台招募公债事件有陈请书到院，请议长早些审查，这个事件紧急得很。

议长：可以从速交付审查。

99号（陈议员瀛洲）：十月初八日奉天谘议局来电一件，②为请速开国会事，本院已经接到。请求议长赶紧将该电报当众宣布，并恳咨询本院可否列入议案，请议长注意。

议长：可以查一查，因关系此事不止一件。

5号（议员润贝勒）：今天法典股开股员会审查《禁烟条例》，这个《禁烟条例》亦很有要紧的地方，因为今日又有大会，以故缓至十四日再行报告。

议长：现在由秘书官报告文件。

秘书官（张祖廉）承命报告文件。

议长：现在周议员镛有质问度支部说帖一件、③质问陆军部说帖一件，④已经印刷分送，请赞成者起立。

议员多数起立赞成。

议长：多数。

议长：柳议员汝士质问法部说帖一件，⑤请赞成者起立。

议员多数起立赞成。

议长：多数。

议长：罗议员杰质问法部说帖一件，⑥请赞成者起立。

议员多数起立。

议长：多数。

议长：陈议员瀛洲质问军机大臣说帖一件，⑦请赞成者起立。

议员多数起立赞成。

议长：多数。

秘书官（张祖廉）接续报告文件毕。

议长：方才报告前农工商部左侍郎唐文治陈请明定教育经费毋庸核减电一件，拟交预算股核办，请赞成者起立。

议员多数起起立赞成。

议长：多数。

153号（易议员宗夔）：本议员有倡议，按照《议事细则》第十七条，请将议事日表第五请赦国事犯罪人员具奏案⑧改作议事日表第一题。

议长：易议员之倡议是否有三十人以上赞成？

赞成起立者在三十人以上。

议长：已有三十人以上赞成，即改列第一。

153号（易议员宗夔）：还有剪发易服的案子，已经审查过的，下次开会时列议事表第一。

议长：先议请赦国事犯罪人员具奏案，其余问题暂请从缓。

184号（周议员廷励）：广东禁赌事件已经审查过了，现在广东谘议局已经解散，民情十分恐怖，请下次开会列入议事日表公议，从速定期禁绝。

议长：现在先议请赦国事犯罪人员具奏案，此案已经印刷分送，可以省略朗读，事件重大，拟照议事日表第六设特任股员审查其人数，拟用十八人。

众呼"赞成"。

110号（于议员邦华）：还有方议员还请开党禁议案，可以一并审查。

议长：此件已交审查。

121号（方议员还）：本员提出议案，与罗议员所提出议案一样，可以一并付审查。

议长：现由秘书长报告特任股员姓名。

秘书长承命报告审查请赦国事犯罪人员具奏案特任员姓名如下：

庄亲王、陈树楷、陈敬第、李文熙、长福、章宗元、胡家祺、胡柏年、润贝勒、牟琳、陈宝琛、文龢、书铭、江谦、汪荣宝、易宗夔、吴怀清、胡礽泰。

议长：现在开议。议事日表原列第一江苏借债代偿商款核议案，请特任股员长说明理由。

11号（议员盈将军）：本员按照《分股办理事细则》五十三条之规

定，委托方议员还代为报告。⑨

议长：请方议员还报告。

121号（方议员还）：这个报告书是因上海橡皮公司亏空〔的〕，市面大受恐慌，两江总督替他代还三百五十万两，一百五十万还洋商款子。这个风气一开，真不得了。凡华商欠洋人款子，官吏只能代他担任追偿责任，不能替他担任代偿责任。交通时候，各国往来很密，一切华洋欠款也很多的，若都要督抚替他偿还，实在不得了。头一次三百五十万两是由上海道蔡乃煌并商务总会负担责任，第二次三百万两以六年为期。这两件事情应该本省谘议局议，第一次没有交谘议局，第二次又没有交谘议局，去问他，他也没有交到谘议局来，显系侵权违法。第一件，中国向来没有官吏替人民还债的责任，并且洋商将来借款皆以为官吏代还，而不肖商民也就恣意借债，倚仗官吏可以代还，将来关系实在很大。本股审查第一件，实在违背法律侵夺权限，是关系全国事情。审查的结果大概如此。

议长：按照发言表，请高议员凌霄发言。

178号（高议员凌霄）：本议员对于审查报告书还有一点意见，按原案陈请是两项：第一项是上海正元等钱庄亏倒华洋商人巨款，上海道蔡乃煌与商会总办周晋镛朦禀两江总督，张督遂据情入奏，奉旨允准。遂借外款三百五十万两付还上海洋商倒款；第二项是谘议局风闻南洋大臣借银三百万两，谘议局上书质问，嗣据张督答覆实有其事，陈请书是两件共六百五十万两，审查报告只有三百万两，想是有误。方才方议员申明脱漏，自是不错。这件事情关系中国前途，非常重大。从前中国与各国订的条约，国家是绝不能代商民偿还亏倒的款，若官吏替他还偿，此端一开，洋商凡有（开）〔亏〕倒，都向政府索还，不数年间，中国就可以破产。且还有一层，南洋大臣如为维持市面起见，中国市面华商为多，何用九月上海道蔡乃煌私挪债款被人亏倒因奉上谕押追的事情发现，才有这借三百万两的事情发见？实事上直是为上海道借填亏欠款项，国家一面压追，一面又借款来替私人还债，若国家可以替私人赔偿倒款，则将来人人都可以倒款，这事情实在不了。此事内政、外交均有关系，国家前途（形）[影]响非小，请诸君注意。报告书是非常赞成的，但是须详细再行审查，修正文字，将来具奏时，大家再行研究研究，然后可以维持将来。（拍手拍手）

议长：按发言表许议员鼎霖请发言。

115号（许议员鼎霖）：两江总督借外债替商人代还洋款一案，方才审查股员长报告及高议员所说已甚清楚，本员再将内容详细说一说。本员是江苏人，上海正元等钱庄三家（部）[都]是陈怡卿开的，其倒闭之原因就是为橡皮公司股票。什么叫做橡皮公司股票呢？是因今年二三月间，有几个外国人在上海开设橡皮公司，并有几个中国人附和，还有几个上海官吏帮忙。外国人说世界上用橡皮很多，现在地球所产只有十分之二，还缺十分之八，所以设立橡皮公司，在南洋、新加坡、新金山等处买地种橡树，十年之后可以获利百倍。中国人没有学问，听见十年之后可出百倍利钱，于是五两一张股票，后来涨到二十两、三十两。当时，江苏绅士看破是买空卖空且系赌博性质，实在是一种流氓骗人事情，曾向两江总督张人骏说明，请其禁止，将来市面实不得了等语。请诸位看三四月的《上海报》就知道了，及至六月，橡皮公司涨至七十五两，洋人将股票全行卖出，票价落至三两无人要，以至市面大坏，上海正元等钱庄大受影响，遂倒闭了。闻橡皮公司股票被外国人赚去三四千万两现银子，上海一区如何受得了？陈怡卿以为华人的账可以搪塞，洋人的款必难支吾，遂想一个法子代还洋款。陈怡卿本是宁波人，他有同乡在制台幕府，叫做李子川，就是现在江苏劝业道，请他在制台面前说，现在市面甚为恐慌，应请筹借款项维持市面，非五百万两不能周转；若是借得洋款，将市面维持好了，可以享大名。张人骏在两江做得天怒人怨，与江苏人感情很坏，亦乐得借此一举，见好商民，挽回以前恶感，于是命上海道蔡乃煌与上海商务总会总理周晋镳照他的意思去借洋款。后来只借得三百五十万两，钱未到手，汇丰银行先扣去了陈怡卿的倒账一百五十万两，其余二百万两做什么用都不知道，亦不过是替陈怡卿还债，并没维持市面。江苏人看见不得了，大家报告谘议局，谘议局质问制台，制台答覆推在蔡乃煌、周晋镳身上。实在制台命令，蔡乃煌、周晋镳何敢不遵？至九月（问）[间]上海市面又受恐慌，张人骏又亲到上海借三百万两。诸位想，上海市面被洋人拿去几千万现银子，这还得了吗？是九月恐慌仍是橡皮公司的祸根，谘议局因查中国条约，华商亏欠洋商之款，官吏只能替他追偿，不能替他赔偿。上海流氓、洋人很多，历年以来，中国人欠洋人的钱也很多。独江苏制台代还，是什么道理呢？就如天津也欠洋款一千数百万两，何以天津官吏没有代商偿还，独两江总督代商偿还？赌博债务制台都要替商偿还，若是正当的债务，更应替商偿还了。这样看起来，不但关系江苏一省利害，实关系全国利害，所以谘议局说这三百万两，既然没有交议，何以要江苏人担任偿还本利？当时张人骏在上海，用电报质问不答；后来张人骏回省，又用文书质问，始获答覆，说是借三百万两，六年归还，由本省负担偿还本利等语。谘议局因一再借外债代商偿洋款，实实在在不得了。第一次借债代商人还洋债已背条约，第二次正值谘议局开会，又不交局议，令本省人民担任这个重负，是令江苏全省人民替一个宁波人弥补亏空。试问世界上有这种公理没有？（拍手）既没有这种公理，所以谘议局提出来，请示资政院如何办理。这个事实在关系很大，方才高议员的话很是。俟大家表决后，可以请议长将审查报告略加修正，然后上奏。现在经手借款的蔡乃煌，要他的命也无济于事，只有叫两江总督担其责任，方为正理。能如此办法，则将来督抚庶不至于乱借外债，亦不至于替华商还洋款。不然洋人尽问督抚索欠，督抚又尽令人民负担，后患何堪设想？请大家注意！

94号（王议员佐良）：江督借债一案，对于谘议局侵权违法，已无疑义。况借债代商人偿还，显系违背约章，将来华商欠了外债，外人皆可借此干涉，未免任意妄行。现在各省差不多都借外债，即如此刻山东劝业道以"劝业道"三个字名义，就向德国人借款二百万，名目系为维持市面，其实为的一己私利，不知这债是劝业道还，还是人民还？一个劝业道就这样子借债，将来各督抚借债必无底止。江督所借此债，必得江督担任，并可限定日期归还。这个上奏案更须奏明，以后无论督抚、司道，非经谘议局议决后，上奏[奉]旨允准，不得私借外债。

134号（余议员镜清）：山东所借的还是公债否？若是公债，就应交谘议局议的；若是国债，还当交资政院议的。不可谓一经上奏，遂得擅自借债。

153号（易议员宗夔）：审查报告书有不甚明白地方，这个三百万两是从前所借的三百五十万两？

121号（方议员还）：因为报告书油印漏几个字。

153号（易议员宗夔）：这就是了。据本员看起来，这个事体实在应由该督自担责任，方是正常办法。

149号（罗议员杰）：请问议长，度支部特派员今天曾到会否？

议长：度支部特派员今日有人到会。

149号（罗议员杰）：请问特派员，上次本员质问度支部上海的事情，上海道借了三百五十万两、两江总督又借了三百五十万两，今日江苏核议案报告又是六百五十万两数目。多少数目字不管，当时度支部答覆说两江总督均奏明有可指的款，度支部想已查悉。究竟〔还〕是归国家还，还是归地方还？如果归国家还，度支部不交本院议决，即违背本院章程；若是归江苏还，总督不交局议，则就违背局章。度支部应知道究竟是归哪个地方呢？这是一层。还有那天度支部答覆本员质问书，有许多还要追加质问的。（语未毕）

121号（方议员还）：应该待这件事情议决之后，再行追加质问。

48号（陈议员懋鼎）：现在可就本题质问，待答覆之后，再质问（地）〔他〕项。

149号（罗议员杰）：本员本早欲质问，因为那天度支部特派员没有到，所以迟至今日方得追加质问。现在照陈议员所说亦可以的。

度支部特派员（楼思诰）：这个数目第一次是三百五十万两，第二次是三百万两，这并非是度支部奏的。是由两江总督电奏奉特旨准的。至于偿还一层，据原奏声明归本省分年偿还。

110号（于议员邦华）：两江总督朦借外债代还洋款，这件事情已经诸位议员说得很明白了，但是借债的关系很大，此风一开，将来以私人的意见出法人的名义，就胆敢擅借洋款，不但对于内政上有许多危险，即对于外交上也有许多危险。况外国人不论是实在借钱与否，即我国没有借他的钱，他还可以援例向我国官府要求。许议员（也）[已]经说过，现在各省督抚借洋款为什么呢？就是那天本议员说的，自有国会缩短年限的上谕，他要趁此一二年中，出公家名义，借外国人之巨款，饱一己之私囊。因为借外债即按九五扣计算，如果借一百万他就有五万，一千万他就有五十万，这个扣头是很好的。现在正当财政困难之际，内政未修，外交棘手，各省督抚一切不顾，只知饱他的私囊。所以，直隶借款，湖南也借款，江苏因为商务事情也要借款。据王议员说，山东一个劝业道就借了二百万，安徽巡抚也借了一百多万。这个事情都在议决湖南公债之后，并且已经有了上谕，凡有应交谘议局议决的仍交谘议局核议。而各省督抚既奉明谕，还是如此，其流弊何可胜言！即照《谘议局章程》，此事本应交谘议局议，而他竟悍然不顾，擅自去借，若不奏请明降谕旨加以处分，恐怕不但江苏一省如此，将来各省也都效尤了。（拍手）

190号（吴议员赐龄）：这个江苏事情，南洋大臣借外债代还商款，关系中国前途很重大的。外人侵掠我们中国的政策，还不是侵掠我们的人民；亦不是侵掠我们的土地，他是侵掠我们的财产。这个政策是很危险的，他侵掠我们的财产有种种的方法。我们中国的财力一尽，精力枯竭，就不亡而自亡了。然而这种手段，他也要根据于条约，现在南洋大臣竟然于条约所许之外，又增替人还洋款一层。此端一开，我们中国就可以立刻破产。南洋大臣侵夺权限、违背法律，毫无疑义。将来上奏的时候，总要说得清清白白，听我皇上宸断。若都不顾条约，替私人还洋款，这个南洋大臣可以如此，各省督抚亦可以如此，于中国前途殊大有危险。不但关系江苏一省，实关系中国前途，必要说得明明白白才好。

92号（林议员绍箕）：这个报告书说由该省督抚自担责任，这个办法是很好的，必要照这样办法方好。若不如是，他已经报了多少钱，其私囊又已经饱了。就是去他的功名，他的财已经发了，他亦不怕的。所以这一层，总要叫他自担责任，是为正当的办法。

153号（易议员宗夒）：本员对于这个报告书大体是赞成的，但是当中有应该修改的地方，可否请议长再交特任股员。

196号（牟议员琳）：请议长重新指定起草员。

议长：讨论终局，表决这个报告书，请江苏互选议员暂行离席。

江苏议员离席。

178号（高议员凌霄）：表决是表决报告书的后一段，前一段还要修正，因事实尚有脱误。

议长：先将报告书大体付表决，俟表决后仍可交原特任股员修正。赞成报告书者请起立。

议员多数起立赞成。

议长：多数。

议长：仍付原特任股员修正，修正后再行具奏，众议员有无异议？

众议员呼"无异议"。

149号（罗议员杰）：本员要质问度支部的还没有说完，此时可否质问？

议长：可以质问。

153号（易议员宗夒）：本员有个倡议，若是行政大臣的，特派员无答覆之权，请仍用文书质问为是。

149号（罗议员杰）：请问度支部特派员，本员有追加质问的话，特派员可否答覆？

度支部特派员（徐文蔚）：贵议员如于议案事实上有所疑问，本员苟有所知，自应说明；若另有质问行政大臣事件，照章应由行政大臣答覆。

190号（吴议员赐龄）：本员质问军机大臣的质问书未曾答覆，请议长催问。

议长：现议议事日表原列第二江苏饥民焚抢公司核议案，请特任股员报告审查的结果并说明理由。⑩

11号（议员盈将军）：此案审查结果，本议员按照《分股办事细则》五十三条之规定，委托牟议员琳代为说明；还有第四案、第五案委托林议员绍箕代为说明。还要声明一句：今天审查《新刑律》，恐人数不敷，请问议长，本员可否到那边讨论？

议长：是什么股员会？

11号（议员盈将军）：是法典股员会审查《新刑律》并《禁烟条例》。

议长：现在会场上人数不多，若再离席，恐不能开议，应请各位议员注意。

议长：请牟议员琳报告审查的结果，并说明理由。

196号（牟议员琳）：审查这个江苏面粉公司被饥民焚抢核议案，原案里头说两江总督违背法律之处，本股已经详为审查。两江总督为饥民抢劫面粉公司所上的奏折谓，官绅设厂施粥，饥民聚集至数万人，难以遍给，以致群往公司要求。虽攀栅坏垣，不无强悍，而例以徒手爬抢，亦只于为首满徒等语。查现在法律，凡有不法之徒，如乘地方欠收，聚众抢夺，扰害善良，甚至挟制官长，或因赈贷稍迟，抢夺村市，喧闹公堂，皆照光棍例治罪。光棍例为首绞立决，为徒俱绞监候。而该督不援此项相当之例，仅引十人以下饥民爬抢之条，那是该督违法的第一层。又该督折内称：有饥民二三百人逼近公司抛击砖石，该公司不慰以善言，率行开枪，伤毙九人，以为该公司难辞其咎，请即将海丰公司的经理人许鼎馨革职，并且还要勒交枪毙人命之犯等语。本股查现行法律所载，凡持杖拒捕，被捕者登时格杀，仍依律勿论。又光绪三十三年前总督周馥电奏，土棍率饥民抢劫米店，倘敢拒捕，或聚众抢劫不服解散，准其格杀勿论。今该督说饥民徒手，是指为并未放枪而言，但就以抛击砖石这个事体而论，已符格杀之例，况且又毁其栅栏花墙与西北门，且在后门纵火，那是更为行凶，危险已极。这个海丰公司登时抵格，更与这个例案相符合的。今该督竟说率行开枪，又拿这个海丰公司经理的人革职。这是违法的第二层。又该督原奏以为饥民非凶徒可比，又系爬抢未成。本股查现行法律，凡先定有强谋，执有军械，带有火光，公然直到事主的家，攻打门墙，是之谓已行。若是为事主所拒，或为邻人所援，事主的家虽毫无损失，而强盗之谋已行，则首、从皆当满流。而该督既谓毁其门墙，并且在后门焚烧麻袋，他们的强谋已行可知。事前已爬抢豆饼船，事后又爬抢麻袋。照此看来，什么可以说"爬抢未成"呢？这又是两江总督违法的第三层。又该督折内说有迭经官商借麦平粜，而该公司不肯慨允，所以酿成这个事体。当时该管文武众寡不敌，不敢弹压，不能为救护不力等语。本股查公司的性质是营业的性质，何得因他们不肯慨允借麦，即咎其悭吝贾祸。查委员黎道经诰已经禀明，为首约十人，向弹压的兵丁叩求请勿放枪，闯进厂门烧机房，及至火起，兵丁皆拍手大笑而散。自此看来，什么可以说众寡不敌，实在是救护不力的证据。且照原案上说来，当永丰拾得棍徒订期焚抢揭帖之后，该公司即电求该督保护，而该督抚非但不派兵保护，反电饬该管官吏严行约束兵丁，不准轻率动手。所以一到闹事之后，该督不得不开脱文武保护不力，而归咎于该公司自酿其祸。该局说他不独纵容徒棍扰害地方，且大背朝廷振兴商务之至意，那是一点不差的。这是两江总督违法第四层。又饥民爬抢属于民政的事体，为巡抚的职掌。淮徐海又为江北提督的管辖地方，即由两江总督主稿，亦当与江苏巡抚、江北提督会同入奏才可，且我们恭读嘉庆八年的上谕，例应会衔具奏的事件，总当先期知会商订，俟有回文，然后可以具奏。若是应行咨会的事而不咨会，或仅于事后咨会者，即著应行会衔之员据实参奏，交部议处。为什么要这样办法呢？因为要杜专擅之弊窦。本股查该督初奏此案，原是会同护理苏州巡抚陆钟琪具奏的，而此次竟敢单衔具奏，那是明明白白不能与苏州巡抚程德全、江北提督雷震春同意，遂敢违背会奏谕旨，这是该督违法的第五层。据此看来，两江总督违背法律，毫无疑义。将来上奏的时候，总要请议长照《院章》第二十四条办理，再请旨裁夺。本员所报告的就是如此。

116号（孟议员昭常）：这个江苏谘议局核案原件上有几句话，很有关系的，报告书没有载上。如"饥民爬抢"等语，这几句是很有关系的，并且是"十人以上"等语，报告书亦没有载上，似乎宜添上为是。

94号（王议员佐良）：江苏饥民焚抢公司的时候，本员正在海州城里。那时早已办平粜，已经设立粥厂了，在江督以为公司用麦过多有碍民食，不知海丰公司设立三年，两遇荒灾。头一年公司在外洋买来小麦到本地磨面出卖,这正是有公司的好处。当中一年公司只用三四万石麦,海州董事会于本年禀请出口,以三十万石为率,可见出口三十万不碍民食,三四万岂碍民食乎?永丰公司设立才头一年尚未开机,更不得谓之有碍民食。还有一层,海州这时四五万饥民围困城池,情形已极危险,何况清江镇兵正在这时候意在谋叛,倘若不是公司开枪打退,海州城固不可保,淮以北必将扰乱。幸而海州地方官一面〔没〕设法资遣,一面访拿匪类,竟能办得平平正正,不但海州人感激,就是山东交界的地方,亦(爱)〔受〕惠不少。海州州官不过以为不能仰体上意,致被参革,未免太冤。据本员意见,可把这一层列入奏稿。

116号(孟议员昭常):我们资政院核议案,如王议员说的这一层,可以不必加上。

196号(牟议员琳):股员会审查系就原案中所有者审查,江苏谘议局来的原文并没有这一层,〔可以〕不可加入。

94号(王议员佐良):可以请大家讨论讨论。

议长:现在还有无讨论?

55号(崇议员芳):江苏饥民这案有一个区别,必要审查滋事的究竟是饥民,是棍徒?若是饥民,则法律无妨稍宽;若是棍徒借凶年滋事,那就非认真办理不可。这一层须要明白审查,咨询籍隶江苏的议员报告方好。

121号(方议员还):这事情并不是饥民。若是饥民,万不能闹到这个地步。这里若没有土匪,哪里有这种事体出来?

94号(王议员佐良):这个公司被抢的时候,本员恰到海州目见。当时因为年岁不好,已经设立了粥厂,三四处放钱。这些饥民也可以吃饭,也可以领钱,焉有闹事之理?因为本地有煽惑的流氓,所以借端生事。可见并不尽是饥民的。

48号(陈议员懋鼎):我们资政院核议此案,只有按照法律办理。法律上并无饥民可从宽减的明文,现在张督所引是十人以下爬抢的律,至于聚众数百人持械抢劫,自有专条,何得任意引用轻律?所以,我们不必问他是否饥民,只要问到底是十人以下,不是十人以下?既然查明不是十人以下，则张督之违法已无疑义，这是一层。还有一层，现在实业正在萌芽时代，据本员看海丰公司不但是正常营业，并且现在各处正是洋面充斥的时候，居然有个公司出来作这种营业，抵制洋面，收回多少利权！地方官应当如何保护的，（拍手）今张督乃一味摧残，不知是何居心，此节大家更应注意。

153号（易议员宗夔）：这个案子现在可以不必讨论，就请议长先付表决，表决之后，照《院章》二十四条请旨裁夺为是。⑪

议长：现在先行表决，请江苏互选议员退席。

江苏议员退席。

议长：以报告书为可者请起立。

众议员多数起立赞成。

议长：多数。

议长：暂行休息三十分钟。

议长：今日本议长发与诸位议员的知会，关系预算的事体，想诸位都已收到。因为预算关系极为紧要，明天预算股作报告书，由预算股员长指定几位起草员办理修正报告书，尽一日之力办完才好，务请预算股诸位，明天要都到才好。

下午三点三十分钟议事中止。

下午四点五分钟续行开议。

秘书长承命报告：议长今日因病，照章请副议长代理。

副议长：现在开议。（案）［按］照议事日表原列第三陈请变通《黑龙江垦务章程》议案，请特任股员报告审查之结果并说明理由。⑫

11号（议员盈将军）：本议员（案）［按］照议事细则五十三条，委托林议员绍箕代为说明。

［副］议长：请林议员绍箕说明理由。

92号（林议员绍箕）：报告审查陈请变通黑龙［江］垦务章程议案，本议员为审查股员之一。东三省为本朝发祥之地，是国家根本所在，现在危迫情形日甚一日。对于该省目前之政策，自以拓殖为最要；而适于拓殖之地段，则以黑龙江为最多。查光绪三十四年东督黑抚奏定《沿边招垦章程》，颇注意于招徕、奖励诸点，惟仅限于沿边而未及于全省，算未完备。查陈请的意见是扩张办法，所拟章程六章二十七条，大致不外变通旧章，以广招徕。本股员〔会〕一再讨论，认为切要可行，惟第九条、第十条所定普通荒段征收押租及边荒征收经费，如能一概暂免，于该省移民垦荒尤有裨益。但事关变章，该省情形恐本院不大详悉，所以本股员会按照《谘议局章程》第二十条第六项，议决本省单行章程之增删修改事件，由本院咨行黑龙江谘议局议决，较为慎重。本股员审查之结果如此。

副议长：这个报告书有无讨论？

162号（彭议员运斌）：这个案据特任股员审查，以为应交黑龙江谘议局去议。据本员看来，垦务虽在江省，招徕、奖励事皆关涉他省。若由江省谘议局议决，效力恐办不到，似应由本院议决，通行各省，方有效力。

135号（郑议员际平）：本员的意见，要把《黑龙江垦务章程》同东三省移民实边的案子改为东三省垦务的章程。

178号（高议员凌霄）：《黑龙江垦务章程》议案，本员还有一个说明。现在东三省的事情关于中国全部安危，而黑龙江的事情与东三省有极大的关系。此陈请书并不是康君倡议，是变通旧有的章程。黑龙江垦荒事务已办多年，而其垦务不能发达的缘故，就是因章程未完备。现在康君陈请，因为他曾亲到黑龙江调查一切，知道该处情形，所以提出此案。是旧有的章程改良，不是创举。现看此项章程有无修改，可以修改就修改，如无修改，就请议长付表决。这是一个简便的办法，也不辜负陈请书一片苦心。不必更交黑龙江谘议局议决，因此垦务章程不止关系黑龙江一省也。

104号（桂议员山）：本员对于报告书是赞成的，原来康君陈请书所云黑龙江垦务一切情形，说得极为透彻。现在东三省之危状日甚一日，而黑龙江尤为甚之极点。我们就将此案的办法交到黑龙江谘议局，没有不赞成的。以本员意见，此案无庸交黑龙江谘议局去议。请议长注意留在本院讨论。因为此事关系重要，不但黑龙江一省办不到，即以东三省全部也办不到，非全国之财力不能补助万一。惟此陈请书，一切章程用意，虽极周密，但第九、第十两条稍有不当。本员意见，莫若将一切押租经费，暂免征收为善。至于一切办法，非用全国力量不行。若交黑龙江谘议局去议，也是多此一举。所以本员主张留在本院讨论的意见如此。

144号（胡议员柏年）：垦务的事情为开垦边地，是国家政策上的事情，不比公司营业上的事情。如果系公司上的事情，不但资政院不能管，谘议局也不能管。既是开垦边地的事情，就是国家保守疆土的政策。固边疆即所以保内地，自应通盘筹算，且开垦边地，是边地人少，不足以开垦其地，故放荒以招内地之人前往开垦。既须内地之人前往开垦，则是内地人稠，边地人稀，分人满处所的人，以开垦人稀的地方，是非通盘筹画而何？既是通盘筹算，自应归本院议决为是。

92号（林议员绍箕）：本股员[会]审查的意见，以为是黑龙江一省单行章程，应交该谘议局议决。等他复交到院，我们再行讨论。

149号（罗议员杰）：垦务的案子，应当以殖民政策去经营，请议长将此案稍后再交审查。本员有整理边事具奏案，俟行政纲目奏准，官制有了准据，方能脱稿交院，请并付审查，以省股员时日。

81号（章议员宗元）：《黑龙江垦务章程》原是从前奏定的章程，现在此案要先分别是本省的单行章程还是国家的章程。若是国家的章程，就是法律案，应该由资政院议的。若须修改，必须先行提出原案，再将修正案提出，才可以讨论。此刻若是照这个样子，大家无从表决。请议长先付法典股审查。

59号（顾议员栋臣）：章议员的话，本员很赞成的，请议长付表决。

30号（议员黄公爵）：前者桂、达两议员提出移民实边案，与康君陈请变通《黑龙江垦务章程》，就外表言之，似不相同，究其内容，移民实边亦不外垦荒招领，垦荒亦所以实边，其理则一。若分两起审查，不免有冲突，且江省一处不能有两办法，将来何案成立，何案不成立，亦未免多废周折。故本议员以为，不如一起审查，或移民垦荒，或招领垦荒，大众计议画一办法，择善而从，以为实边固圉之谋，较为便利。

本议员之意，又以为筹办蒙藏事宜，既可并江省移民实边为一起，而康君陈请之件，似亦可合并审查。若奉、吉两省，宜用特别办法，则在大家临时研究，以定趋向，是否请众议员斟酌之。

104号（桂议员山）：此案不能与移民实边之案归并者，因原奏之章程，不善变通者使其尽善也。移民实边是边地空虚，移民者将他省之贫民使之必来也。本员见此两条之性质不同，似乎不能归并。

48号（陈议员懋鼎）：此案应先讨论谘议局应议不应议，这个报告书无从表决，还是交法典股审查罢。

众议员呼"赞成"。

85号（吴议员廷燮）：开垦的事情先要有奖励章程，方可希望成效，章程第二十条以下，全是奖励的事情，不可不注意。

135号（郑议员际平）：垦务章程若既认为是全国的事体，不能归黑龙江一省谘议局议决，则范围不宜限于黑龙江一省。本议员的意见，赞成作为东三省的议案。

37号（议员李子爵）：章议员倡议再交审查，既经议员多数之赞成，请议长付表决。

103号（徐议员穆如）：审查《黑龙江垦务章程》的结果，由本院咨询黑龙江谘议局申复，本院并令妥议办法。照这样说来，黑龙江谘议局另筹办法，不过是黑龙江一省的办法。但是照东三省情形而论，现在日、俄竭力经营，东三省十分危险。我们若但议黑龙江一省，就是移民实边，万不能保全的。就东三省荒地而论，如奉天之洮南府、吉林之濛江州、蜜山府、依兰府等处，虽较黑龙江之荒地为少，而两省荒地亦所在多有。康君陈请变通《黑龙江垦务章程》，必早到过东三省，并且留心黑龙江省垦务的事情，所以洞悉这个垦务的情形，才有这个变通垦务的陈请。照他的变通章程说法，因为原章详于授田升科，而略于招徕奖励，说得很对。黑龙江地方甚大，距各省又远，富豪之家不愿至其地，而贫民又不能挈眷而行。要广招徕，必须设优待的方法，才有人肯去。本员看这个章程，凡招徕、资助、授田等，大致与移民实边的办法仿佛。请议长咨询本院，可否将《黑龙江垦务章程》与东三省移民实边的议案归并审查。如果可以，将变通《黑龙江垦务章程》，变为东三省移民实边的章程，就是绝好的事体。今八月间东督筹三十万款，作为移民实边的经费，这算是东三省紧要的政策。不过因款项支绌，现时限一千户，后来再行筹办。若果能合全国之财力，以趋重于东三省，则保全东三省，即所以保全中国。故对东三省行移民实边的政策，非中国全国的力量去办不可。

74号（陆议员宗典）：变通《黑龙江垦务章程》与移民实边是两件事，未便并作一案，且垦务章程内如何升科等情，均归税法。前此既有奏案，必已与度支部接洽，此项行政法规应如何变通之处，可就近送交度支部与黑龙江巡抚会同核订为便。

110号（于议员邦华）：这个议案本员很赞成，但是审查此案的，将题目看差了一点。这个变通《黑龙江垦务章程》，审查的赞成黑龙江一省的事情，其实不然。因为招人到黑龙江去开垦，就是招各省的人去开垦。既是招各省的人去开垦，所以黑龙江垦务的章程就算是全国垦务的章程，关系全国的利害。这个议案交黑龙江谘议局与度支部，本员都不赞成。（拍手）

112号（陈议员树楷）：就法律上说，这个《黑龙江垦务章程》不过是把奏定国家垦务章程修正一次。既是修正国家垦务章程，是资政院应核议的。就事实上说，康君陈请这个章程，全国人都可以到黑龙江去开垦。据此情形，本是关于全国的事体，资政院也是应核议的。并且这个垦务章程与东三省实民的事情，可以相辅而行的。本员的意见，应将这个修正，《黑龙江垦务章程》可按照章议员所云，国家定的章程，一并付法典股审查，不必将东三省实边的事情并作一个议案。

104号（桂议员山）：此案康君所请变通《黑龙江垦务章程》，不过江省原经奏定之章程，与现在时事不同，恐未尽善。请议长将奏定章程刷成分送，以资参观讨论，删改之处，请议长注意。

110号（于议员邦华）：付审查的时候，可以分作两件审查。审查之后，如果大家以为可以归并，然后再行归并。

104号（桂议员山）：请议长付法典股审查。

众议员呼"赞成"。

178号（高议员凌霄）：方才有个议员要调查黑龙江垦务原奏章程，康君陈请时已将原奏草稿交给秘书厅，（何）[可]以调查。

副议长：变通《黑龙江垦务章程》案与东三省移民实边案同付审查，另行具奏。诸位赞成不赞成？

112号（陈议员树楷）：这个问题宜分两层解决：移民实边是一个单独的案子；垦务章程又是一个单独的案子。须把这个意见宣告明白，再付表决，然后可以得确当的结果。方才于议员所说，是东三省移民实边的案子，并不是说黑龙江垦务的案子。本员〔的〕以为垦务章程的案子，可以单独成立的。因为国家早有这种章程，这一回不过是修正案。移民实边也可以单独成立，另作一个议案，不但不冲突，还可以相辅助。要是单说移民实边，《黑龙江垦务章程》作废是不可的。要如此项章程是国家早有的，所提之案不过就原有的修正而已。若是作废，是不修国家原有的章程，非能将原有的章程作废也。本员的意见，总是以为修正才好。议长表决时，将此修正垦务章程可否作废问题付之表决，自能得真正之结果。

48号（陈议员懋鼎）：请议长将陈议员所说的付表决，就是将修正《黑龙江垦务章程》付法典股审查，并将原定的章程交作参考，请付表决。

81号（章议员宗元）：据本员的意见，这个移民实边并不是法律案。本员以为移民实边这个案子，还要照陈请股所说的另立一案。

48号（陈议员懋鼎）：本员很赞成章议员的话。当初《黑龙江垦务章程》已经奏定过了，现在康君是修正此项章程。因为关于章程，所以应该交法典股审查。至于移民殖边的案，并没有法律的性质，自不应该交法典股审查。

103号（徐议员穆如）：本议员倡议并不是把这个章程作废，不过把康君修正这个章程申明就是。本员看这个章程的内容，与移民实边大致不错，所以有这个倡议。方才陈议员所说的两个案可以相辅而行，要是这样说法，本议员亦极赞成。总求将此陈请案由资政院议决，为本议员满足之希望。

135号（郑议员际平）：本员的意见，要把《黑龙江垦务章程》同东三省移民实边的案子，改为东三省垦务的章程。

48号（陈议员懋鼎）：这个章程不能改。何以故？当初原奏定的是《黑龙江垦务章程》，并不［是］东三省垦务章程。这一回康君所修正的即是原章程，自不能变其名目。

104号（桂议员山）：陈请交通《黑龙江垦务章程》，原先有原奏定的，与东三省移民实边的案子，两边不同，所以万不能归并一案。

81号（章议员宗元）：这个题目并不是不可以改，不过此刻不能改。他提议的是修改《黑龙江垦务章程》，须先交法典股审查之后，可以改才改。此刻有审查，不能便改。

86号（喻议员长霖）：请议长将陈议员所说的付法典股审查。

副议长：现在表决。陈议员懋鼎请将变通《黑龙江垦务章程》案，交法典股审查，其原有的议案作为参考。诸位赞成者请起立。

议员多数起立赞成。

议长：多数。

副议长：此刻人数不足三分之二，拟将议事日表第四扼重农政以开财源议案暂缓会议。其第七、第八、第九、第十四案都先交股员会审查。第七、第八两案暂不会议，先付税法公债股审，赞成者请起立。

众议员多数起立赞成。

副议长：第九实行禁赌以期振作议案，[13]极其重大，且有关系刑律之处，拟即交法典股审查。

众议员呼"赞成"。

副议长：第十新疆屯田议案、第十一议设审查新疆屯田议案特任股员，其人数可否用十二位？

众议员呼"赞成"。

副议长：现在由秘书长报告特任股员姓名。

秘书长：承命报告审查新疆屯田议案[14]特任股员姓名如下：

庆将军、那亲王、陶葆霖、林炳章、赵椿年、宋振声、桂山、许鼎霖、胡柏年、梁守典、杨锡田、齐树楷。

　　副议长：时候已晚，散会。

　　下午三点二十分钟散会。[15]

注释

① **为审查报告事**
　　本股于十月二十九日午前开股员会审查胡议员柏年等提出扼重农政以开财源议案，查理由书谓，广开财源莫重于农政，因拟订扼重农政办法，计分因地势、因职守两项，又各分为甲乙等数端，子丑等数条。本股员会详阅各条，一再讨论，以为扼重农政诚为今日开源要策，惟办法中有可商者。如山岭或植禾稼，岂能不准开垦作田？沟洫大小相通，决难画为定制颁行。其他如堤防之工疏浚之器，均须视地方情形、经费多寡，斟酌办理，未便以国家法令强使遵行。至因职守数端，据农工商部特派员声明，现在调查地势，奖励农业等各项政策，部中正在进行，与本案用意相同，是本案主旨虽极切要，而办法条条或为地方行政范围以内之事，应就各省情形自定办法，或为农工商部正在筹办之事，不必另定办法，应准用《院章》第二十七条，将本案咨送农工商部以备参考，毋庸作为议决案具奏。本股员会多数表决意见相同，特此报告。股员长盈将军、副股员长周廷弼。（"股员长盈将军副股员长周廷弼审查报告扼重农政以开财源议案"，《资政院知会、折奏、章程、说帖、质问、陈请等案件》之《资政院第十类审查报告各案件》，清末铅印本）

② 致资政院电云："东省大局危在呼吸，缩短三年，恐国会成立时，东土已非吾有。现奉明谕，人心惶恐万分，叩恳钧院力请明年即开国会，以救危亡。"（《申报》，1910年11月23日，第4版，"东省仍请即开国会之迫切"）

③ **具说帖议员周镛谨提出质问度支部事**
　　按《议事细则》第一百七条，议员依《院章》第二十条欲行质问者，应具说帖，得三十人以上之赞成，由议长咨询本院决定之。兹有应行质问度支部事，开列于下：查度支部宣统三年预算案，列举各省之款皆入不敷出，且相悬之额甚巨。使为一年偶尔之现象，则尚易弥补，今则此后年年益加增也。使为一省独有之现象，则尚可挹注，今则省省皆一律也。当此百废待举，固非节流可以纾难，而筹备要政，又非空言所能搪塞。然则谋补救之法，势必以增加担负之任望诸人民。第以现在之待遇，决难责以增加担负之义务。日本当明治六年井上馨之财政报告出，举国人民惶恐，争问政府，遂以导立宪之政而得监督财政之实权。今我国早已宣布立宪矣，乃观于度支部此次所颁预算案及例言中，并无交谘议局议决之文，显与奏定章程第二十一条相违背。今年各省交局之案，大率有岁出无岁入与未交议者等，其为有意剥夺乎？抑仅偶尔疏漏乎？此应质问者一也。预算案表册所列增减，比较各省不同，度支部于各省有认减之外，又复任意核减，果于各省应办要政无窒碍乎？各省举办之政，属于地方行政者，如民政、教育、实业等各类，各省情形不同，故所需之款

亦异。度支部于报告册内专事减裁，第云就其不敷之多少以为乘除，是覆核者均属臆度，果经调查各省之所应缓急者而酌定乎？处此财政支绌之时，固以量入为出为要义，然国会缩期，宪政益促急，应提前举办之要政甚多，此次度支部所覆核者，果将据以为宣统三年办事之标准乎？此应质问者二也。以上两段皆为预算案中之要义，经规定赞成议员会同署名，应请议长咨询本院决定，照章咨请度支部酌定日期以文书或口说答覆，至为公便。("议员周镛具说帖质问度支部宣统三年预算事"，《资政院知会、折奏、章程、说帖、质问、陈请等案件》第八册《资政院第四类议员具说帖质问各案件其二》，宣统二年铅印本）

度支部回覆云：

度支部为咨覆事。清理财政处业呈准咨称，查《院章》第二十条"资政院于各衙门行政事件及内阁会议政务处议决事件如有疑问，得由总裁、副总裁咨请答覆"等语，兹据议员周镛提出质问度支部关于预算案事件说帖一件，业经咨询本院，决定相应照章咨请答覆等因前来。查周议员称度支部此次所颁预算案及例言中并无交谘议局议决之文，显与奏定章程第二十一条相违背一节，查《奏定清理财政章程》第二十条载明，各省预算报告册内款项属于地方行政经费者由督抚送谘议局议决，故预算例言中不复赘及之。现各省均已送局，自与定章无背。又称本年各省交局之案大率有岁出无岁入，与未交局议者等，其为有意剥夺，抑系偶尔疏漏一节，查本年试办各省预算有岁出无岁入，系因国家税、地方税未经划分之故，前经答覆在案。至地方行政经费，既有谘议局以议决之权，自可移缓就急，酌量修正，不得谓与未交议者等。又称预算案增减比较，度支部任意核减，果于各省应办要政无碍与否，度支部专事减裁，第云就其不敷之多少以为乘除，是覆核者均属臆度一节，查本部此次试办预算，以汰节冗滥为宗旨，亦不欲与新政有碍，故遇有应增应减之款，均经详考原案，参以监理官报告，指明增减理由，然后电商各省督抚，俟复电认可后，始于表内列入覆核作为定数，并非任意核减，亦不得谓均属臆度。又称此处财政奇绌之时，固以量入为出为要义，然国会缩期，宪政益促急，应提前举办之要政甚多，此次度支部所覆核者，是否据为宣统三年办事标准一节，查本年试办预算，本部通饬各省，将现办之事及筹备应办之事预估款项列入预〔算〕，故各省另有筹备追加预算，均已咨送资政院审查在案。至预算原则自以手指适合为标准，现在出入相衡，不敷甚巨，财政奇绌，已为京外所共知。应如何筹补之处，俟审查以后再议办法，相应咨覆贵院查照可也，须至咨者。上咨资政院，宣统二年十一月二十三日。"("度支部咨覆议员质问度支部关于预算案"，《资政院文案七种》第二册《资政院第十七类各部院衙门咨覆各案件》，宣统二年油印本）

④ **具说帖周议员镛谨提出质问陆军部事**

按《议事细则》一百七条，议员依《院章》第二十条欲行质问者，应具说帖，得三十人以上之赞成，由议长咨询本院决定之。本议员对于陆军部有应行质问之件，开列于下：窃维国家之养兵，将以御外侮、靖内忧也。自各省改练新军以来，每年所费，动辄数千万两。据度支部预算案所列，各省行政经费以军政为大宗，而朝野上下均不以縻费而轻议裁减者，诚以国防所在，不能不渐事扩张也。乃以近日所闻，则各省新军滋事之案层见叠出。今年如广州之役、苏州之役、清江浦之役，皆以微故而酿成巨变。苏州之役甚至开衅友邦，赔款了事。推原祸始，皆由将弁之非其人，军纪之不严肃。平日将弁之待军士也，虑稍拂其意，动辄鼓噪，惟以噢咻为敷衍之计。一旦有事，则又率他军以草薙而禽狝之，准是以往，追三十六镇之告成，将至财困民穷，变故环生，而不可收拾。陆军部司全国戎政之总纲，其于平日选将用人，果操何道以为取舍之准？待遇军士，果执何法以为惩前毖后之计？储养将才重在学堂，其于军事教育果能认真整顿乎？夫国家竭财力以养新军，冀以御侮镇乱也。今御侮之功尚不可知，镇乱之效，不特难恃而甚至酿乱。往者已矣，来日方长。陆军部对于此事，亦有整饬善后之方法否？应请议长咨询本院决定，照章咨请陆军部酌定日期以文书或口说答覆，须至说帖者。（"议员周镛具说帖质问陆军部整顿各省新军事"，《资政院知会、折奏、章程、说帖、质问、陈请等案件》第八册《资政院第四类议员具说帖质问各案件其二》，宣统二年铅印本）

⑤ **具说帖议员柳汝士等谨提出为质问关于法部事**

　　查《资政院议事细则》第一百七条"议员依《院章》欲行质问者，应具说帖，得三十人以上之赞成，由议长咨询本院决定之"等语，本议员窃见停止刑讯，京师行之而外省犹未也。监狱改良，徒托空言而曾无实际也。本院议员已有具说帖问及此条者，兹不再赘，惟本议员所质问在班管一条。查班管押人，本为《大清律例》所不载，特相沿成习，凡民事诉讼及刑事诉讼情节较轻，待讯未结者，既不能收禁，又未便释回，不得不借此羁縻，以防其兔脱。乃桁杨桎梏，幽囚之状，与监狱同，甚至丁役婪索钱财，任用私刑，异常惨酷，其不堪受者，往往致毙。闻之酸鼻，言之痛心。去年九月，本议员在皖省谘议局时提议此条，全体赞成，行政长官亦已批答照准在案，而各州县仍前玩视，班管之拘留如故也，丁役之婪索如故也，私刑之榜掠亦复如故也。草菅荼毒，民命不堪，殊非朝廷明慎用刑之至意。夫以谘议局议决暨行政长官答覆照准之案件，而各州县竟置若罔闻，于宪政前途亦大有妨碍。法部为天下刑名之总汇，对于此事是否筹有整顿之方，其方法如何？本议员谨提出质问法部说帖一件，经规定赞成议员会同署名，应请议长咨询本院决定，照章咨请法部酌定日期以文书或口说答覆，须至说帖者。（"议员柳汝士具说帖质问法部关于外省刑讯事"，《资政院知会、折奏、章程、说帖、质问、陈请等案件》第八册《资政院第四类议员具说帖质问各案件其二》，宣统二年铅印本）

　　法部于宣统二年十一月二十九日回覆如下：

　　法部为咨覆事。准贵院咨称据议员柳汝士质问法部班管丁役私刑等弊未除事件说帖一件，相应照章咨请贵部大臣以文书或口说答覆等因到部。查说帖内称"班管押人，本为律例所不载，特相沿成习。凡民事诉讼及刑事诉讼情节较轻，待讯未结者，既不能收禁，又未便释回，不得不借此羁縻，以防其兔脱。乃桁杨桎梏，幽囚之状，与监狱同。甚至丁役婪索钱财，任用私刑，异常残酷，其不堪受者，往往致毙。法部为天下刑名总汇，对于此事是否筹有整顿之方"等语，宣统元年八月，本部议覆御史麦秩严改良监狱折内称"外省府厅州县，凡被告候审人犯，多有胥役恫吓需索，种种凌虐，所称外羁官、站差馆、候审所名目不一。此时特加整饬，自宜扫除积习，去苛政而惠民生。除京师各级审判厅设立之看守所责成该管官认真经理外，应请旨饬下各省督抚，所有地方听讼衙门一律设立看守所一区。凡被告候审、未定罪名人犯，皆交该所如法看管，不准丝毫虐待。所有从前之外羁、差馆等项，立即裁撤，仍由该上司随时考察，毋任积久弊生"等语，奉上谕，依议，钦此。当经通行遵照在案。本部为司法总汇，凡诉讼积弊之足以厉民者，均应逐渐设法禁止，以树改良司法之先声。班管黑暗残酷，几无人理，民之憔悴于虐政，盖未有甚于此者。而推其所以致弊之因，大概地方官任用家丁，充当此项管理人役，而又无特设上级机关以为之监督，以致弊窦丛生，肆行无忌。现在实行改良，则必于其所以致弊之源，力求矫正。本部现拟《看守所暂行规则》，于看守所管理人员任用郑重。凡不合定章资格者，均不准滥用。期从前任用家丁、滥用私刑等弊，自应一体严禁。至各省提法使有管理全省司法行政事务之责，上年十月宪政编查馆奏定提法使官制，典狱设有专科，职掌厘然，责无旁贷。应由本部咨行各督抚责令各该提法使随时派员查察，如有前项情弊，即应纠正，有不遵者，严行惩处。本部方虑停止刑讯，禁用非刑等项，各省犹有奉行不力者，正拟具奏请旨申诫严饬，切实遵行，总期廓清宿弊，一洗相沿恶习，以仰副朝廷改良司法制度之至意。相应以文书答覆咨行贵院，请烦查照可也。须至咨者。上咨资政院，宣统二年十一月二十九日。"（"法部咨覆议员质问法部班管丁役私刑等弊未除事"，《资政院文案七种》第二册《资政院第十七类各部院衙门咨覆各案件》，宣统二年油印本）

⑥ 具质问书议员罗杰等谨据《院章》及《议事细则》提出，应请议长咨询本院，如经多数赞成，并请咨请法部以文书或口说答覆，谨质问：

一、关于法律者

（1）现在审判厅因民律未颁，民事诉讼靡所适从，概归刑庭审判，殊失民刑分庭本意，民律何时可以成立交院议行？（2）人事诉讼手续法，非讼事间手续法皆为保护人民必要之助法，是否已经编［定］交议？（3）登记法为保护人民财产身份之法律，是否编定交议？（4）破产律是否改编，抑仍旧？又取适用民商一般主义，抑适用商人主（意）［义］？（5）诉讼手数料金额是否规定，一以削除人民起诉之痛苦，一以增加印花税之销路而补助司法经费？

二、关于人才者

（6）审判、检察、监狱、检验吏等皆为司法机关必要之人，是否统筹全局，递年一律养成以供任用？（7）各省审判厅司法官等，督抚所任用富于经验之人，是否确实？又学理须与经验调和，是否令各省督抚参用法律或法政学堂毕业之人，使外人知我国确系改良审判，以树撤去领事裁判之先声？

三、关于外交者

（8）改正条约以挽回法权，准备以何方法入手？又外务部改正条约研究所，法部是否委员加入，其研究成绩如［何］？（9）闻上海会审公堂有提讯租界以外之人审讯之事，不知确否？如有其事，用何方法咨外务部禁止，以重主权？

四、关于证据者

（10）公证人是否规定办法以实行证据主义？（11）登记簿为证据之一种，其登记机关除应商民政部筹设外，是否限地方及初级审判厅附设登记机关？又其未设审判厅之地，用何方法附设登记机关，于官厅以为诉讼证据？

五、关于感化者

（12）监狱及感化院用何方法，（今）［令］各省一律改良并设立？（13）犯人释放无人员领归之责者，用何方法咨商关系衙门，使出狱后谋生有路，不敢再犯？

（"议员罗杰具说帖质问法部关于审判条事"，《资政院知会、折奏、章程、说帖、

质问、陈请等案件》第八册《资政院第四类议员具说帖质问各案件其二》，宣统二年铅印本）

⑦ **具说帖议员陈瀛洲等谨提出为质问军机大臣事**

　　查《资政院议事细则》第一百七条"议员依《院章》第二十条欲行质问者，应具说帖，得三十人以上之赞成，由议长咨询本院决定之"等语，窃为自日俄协约、日韩合并之后，全国震动，岌岌可危，而首当其冲者，厥惟东三省。我东省父老子弟鉴于朝鲜之亡，咸知瓜分之惨，即在目前奔走呼号，有儳焉不可终日之势。当此情急势迫，既别无挽救之途，惟冀图国会速开，以全国之精神实力专注于东方，或者九死之中犹有一生之望。至十月初三日明降谕旨，缩改宣统五年开设议院，跪聆之下，不禁感激涕零，以为召集国会为时不久，东省虽极颠危，二年之期，岂遂迫不及待！乃近数日以来，时事日非，瞬息万变，较之数月以前，已自不同。诚有如上谕所云"危迫情形，日甚一日者也"。议员等前接本省各界秘函，有谓某国警察在铁道附近地方调查户口者，有谓某国难民现民阗入内地强占民房者，有谓某国海陆军队逐渐增加者。风声鹤唳，草木皆兵，四面楚歌，心悸胆裂，而奉天各学堂学生异常愤激，将有停止正课专习兵操之举。似此人心汹汹不可遏，设或酿成暴动，外人将有所借口，以逞其侵略之野心，东三省前途尚堪设想乎？况东三省逼近京畿，我皇上列祖列宗之陵寝俱在奉天，一旦大局有变，根本动摇，其祸患之所及，诚有不忍言者。及此人心未去，急起直追，或犹可补救于万一。再一蹉跎，窃恐东三省四千里疆土、三千万人民，非复我国家有矣。议员等籍隶东省，危急情形，见闻较确，并非故甚其词，希图耸听。今距召集国会之期尚有二年之久，在他省或能稍待，东三省必不能待。东三省士民非不欲待，恐他人之不我待也。为问国会未开以前，时局危险，应如何支撑？外患凭陵，应如何对待？人心骚动，应如何镇抚并用？特谨具说帖。经规定赞成议员会同署名，应请议长咨询本院。如经决定，恳即俯鉴愚识，酌定日期，特开秘密会议，咨请军机大臣亲莅议场，指示方略，以口说答覆，实为公便。（"议员陈瀛洲等具说帖质问军机大臣关于东三省事"，《资政院知会、折奏、章程、说帖、质问、陈请等案件》第八册《资政院第四类议员具说帖质问各案件其二》，宣统二年铅印本）

⑧ 具案议员罗杰等谨据《院章》第十五条，《议事细则》第百六条提出拟请赦国事犯罪人员以广皇仁具奏案一件，应请议长作为议题会议。

为请赦国事犯罪人员以广皇仁事：

　　先帝洞烛时局，庙谟深远，知救危莫急于变法，而变法首在乎得人。是以戊戌以来，凡一材一艺之长，莫不逾恒擢用。我皇上圣明天纵，仰继先志爱才之心，先圣同揆。惟是地大职繁，赶办宪政，仍不免乏才之叹。追忆戊戌、庚子以还，忧世之士或感先帝破格录用之知，急于报称而不免激切，或痛内政外交之窳败，求进太速而主张政治改革。当此之时，先帝锐意维新，臣下欲仰体上德，无如风气未辟，谣诼飙起，心虽忠爱，迹近嫌疑，以致或畏罪出亡，或铤而走险，为国事而得罪朝廷者不知凡几。自兹厥后，得罪之臣，或沦窜异国，或寄身图圄，而眷怀君国，往往见之诗歌。自确定立宪政体以来，朝野舆论窃以为，天地之大，何所不容？国正需才，当悬特赦。与查各国宪法将颁，凡为国事犯罪之人，一律大赦，与民更始。日本第一期议会，议员菊池侃二等为请特赦，奏称：曩者大典发布之时，凡国家犯罪,皆蒙赦宥,然现时罪囚中因望立宪政体之设立,误触刑律,其未蒙赦免者尚多,伏愿明敕有司,审查犯罪,其心事之可怜者,概与赦宥。征诸我国历史而论,管仲有射钩之戾而桓宠为相,雍齿得罪于汉高而特祚以侯。今者宪法行将颁布,其规模或大于他邦,国事犯罪之人,名实远殊于雍、管。臣等朝负言责,凡健全舆论,不敢上壅而隘皇仁。合当仰恳天恩,附顺民好,或以登极庆典,或以颁宪大典,凡戊戌以来为国事犯罪者,准予特赦。在圣朝宽大,一秉天地之心;而罪人自新,得有濯磨之路。至于期间先帝倚信之人,心可怜而其才可用者,可否特蒙起用,俾效微劳之处,出自朝廷逾格之旷典,用人之大权,非臣下所敢擅渎,不胜冒昧惶悚之至。

如经多数认为应行具奏事件,应请议长、副议长遵照《细则》第百六条办理,须至提议者。("议员罗杰提出拟请赦国事犯罪人员以广皇仁具奏案",《资政院知会、折奏、章程、说帖、质问、陈请等案件》第五册《资政院第三类议员提出提议各案件其一》,清末铅印本)

⑨ 为审查报告事

本股审查得江苏谘议局遵照《局章》第二十七条纠举两江总督张人骏朦借外债代商人偿还亏倒洋行之款,确有侵夺谘议局权限及违背法律情事。本股查核原案,参考该局与江督往来文件,其主旨所在,一则"中国与各国所订之条约,均有华人倒欠洋款,官吏只能代追不能保偿"之语。此系历朝特旨所批准之件,江督身为南洋大臣,不应朦奏朝廷,悍然违反,是较寻常违背法律仅关内政者情事尤重。一则江督札复该局之质问内称"与各国银行筹商借债以三百万两为率,六年为期,本利由宁省设法匀还"等语,是此项借款即为《局章》第二十一条第四款之本省公债及第五款之本省担任义务增加事件,均在谘议局应行决议范围以内。该督并不交议,径与洋商订约借款,自系侵夺谘议局权限。一再审查,毫无疑义。而本股对于该督办理此案尤有非常震恐,虑其开莫大祸源,不可不特为揭破者。中外交通数十年,商人借贷亏倒,情伪百出,负欠洋款所在而有如今官吏营私舞弊,任意代偿,则奸宄可不事生产,人人私借外债,而外人亦可不求担保抵押,处处放款不审。内而部臣,外而疆吏,需索口至,如何应付?斯时全国恐立地破产。历朝圣训周详,所以于各国条约定立专款者,防微杜渐,不谓不至,而该督破坏决裂至于如是。来日方长,伊于胡底?《语》云:涓涓不塞,将成江河。诚有如该局所书,较寻常违背法律仅关内政者情事尤重也。应请遵照《院章》第二十四条奏请圣裁,饬下两江总督张人骏先行取消借款,其有代还商人倒欠之洋款,应由该督担其责任,以符约章而塞祸源。至另有万不得已之故,需借外债,自应照章交谘议局核议。经本股股员多数讨论,意见相同,合将审查结果报告议长,付议公决。("审查江苏谘议局纠举两江总督张人骏朦借外债代商人偿还亏倒洋行之款,确有侵夺谘议局权限及违背法律情事",《资政院知会、折奏、章程、说帖、质问、陈请等案件》之《资政院第十类审查报告各案件》,清末铅印本)

⑩ 审查得江苏谘议局遵照《局章》第二十七条纠举两江总督张人骏奏办饥民焚抢海丰、永丰、大丰各公司,引例上下其手,实系违背法律等情。本股察核原奏,参考原案,逐一研究,确见该总督有上下其手,违背法律之处,谨分列如下:一、该督折内有"官绅设厂施粥,饥民聚至数万,难于遍给,以致群往公司要求,虽攀栅毁垣,不无强悍,然例以徒手抢抢亦只于为首满徒"等语,查《现行刑律》,直省不法之徒如

乘地方歉收，聚众抢夺，扰害善良，挟制官长，或因赈贷稍迟，抢夺村市，喧闹公堂，俱照光棍例治罪。光棍列为首斩立决，为从俱绞监候。该督不援此相当之例，谨引十人以下饥民爬抢之条，实系故出，违法者一。二、该督折内有"饥民逼近公司二三百人，或抛击砖石，该公司不慰以善言，率行开枪，击毙九命，咎实难辞，请将海丰公司经理许鼎馨革职并勒交枪毙人命之犯"等语，查《现行刑律》，持杖拒捕，被捕者登时格杀，仍依律勿论，注云：凡刀械石块皆是持杖。事在顷刻，势出仓猝，谓之登时，抵格而杀，谓之格杀。又光绪三十二年前督周馥电奏，土棍率饥民抢劫米店，倘敢拒捕或聚众抢劫不服解散，准其格杀勿论。该督所称饥民徒手，系指并未开枪而言。无论道员黎经诰原禀自放手枪回触，与现奏被飞弹误伤，情形迥异，不必深究。即如抛击砖石一事，已符格杀之例；况又毁其栅栏花墙及西北门，并在后门纵火，尤属行强，危险已极，海丰登时抵格，更与例案适合。乃竟称为率行开枪，并将海丰经理革职，实系故入，违法者二。三、该督折内有"饥民究非凶徒可比，且系爬抢未成"等语，查《现行刑律》注云：凡先定有强谋，执有军械，带有火光，公然直至事主之家，攻打门墙，是谓已行。若谓事主所拒，邻保所援，不能得财，虽事主之家无损，而强盗之谋已行，不分首从，皆应满流。该督既称毁其门墙，并在后门焚烧麻袋，其为强谋已行，可知事前已爬抢及口船，事后又爬抢麻袋等，何得仍为爬抢未成？此违法者三。四、该督折内有"迭经官商借麦平粜，该公司未即慨允，致酿事端，不能不咎其悭吝贾祸，该管文武众寡不敌，亦不能以兵丁不敢放枪，遂指为救援不力"等语，查公司系营业性质，何能因其未能慨允借麦即咎其悭吝贾祸。且查原查委员黎道经诰已经禀明"为首约十余人向弹压兵丁叩求请勿放枪，闯进厂门焚烧机房，火起后拍掌一笑而散"等情，何以此次折内忽称"众寡不敌，不能指为救护不力"。详核原案，永丰当棍徒揭帖订期焚抢公司时，曾经电求该督派兵保护，该督反电伤营县严行束约兵丁，不准轻率动手。是以该督不得不开脱文武保护不力，而归咎于永丰之自致伊戚、谋业不臧也。该局称其不独纵容棍徒扰乱治安，且大背朝廷振兴实业之至意，洵非过激之辞，违法者四。五、该局呈内有饥民爬抢属于民政，为巡抚职掌，淮徐海又为江北提督管辖之区，即由两江总督主政主稿，亦应与江苏巡抚、江北提督会同入奏。读嘉庆八年上谕，例应会衔具奏事件，总当先期咨会公同商定，俟有回文始行具奏。倘应会不会或仅于时候关会者，即著应行会衔之员据实参奏，交部议处，以杜专擅之弊等语。因查该督初奏，此案尚系会同护理苏州巡抚陆钟琦具奏，此次竟由单衔具奏，是明知不能与苏州巡抚程德全、江北提督雷震春同意，遂敢显违会奏谕旨而不顾，违法者五。他如赣丰豆船被劫，已在关差家起出原赃，而称为已革土差；大丰麦船被劫，仍令尽出存麦，以致停机，而称为克尽义务，无不违背法律。该局称其纵容棍徒扰乱治安，洵非过激之辞。中国贫弱势甚危急，非从实业入手，决无救亡之策。该督反对宪政，深恶公司；又因公司具呈，条驳痛诋原查之道员黎经诰，更与公司有不能两立之势。总核原奏原案，即得该督引例上下其手，办案违背法律之确证。案关实业前途兴废，地方大局安危，谨遵《院章》第二十四条核实奏陈，请旨裁夺。本股一再讨论，全体意见相同，合将审查结果报告议长，付议公决。（"审查江苏谘议局纠举两江总督张人骏奏办饥民焚抢海丰公司、永丰、大丰各公司等事报告书"，《资政院知会、折奏、章程、说帖、质问、陈请等案件》之《资政院第十类审查报告各案件》，清末铅印本）

⑪　奏为遵章核办江苏谘议局呈请"督臣朦借外债代偿洋款侵权违法"一案，据实奏陈恭折仰祈圣鉴事。窃两江督臣张人骏，于本年六月、九月两次息借外债，江苏谘议局以该督确实有侵夺谘议局权限及违背法律情事，援照《局章》第二十七条，呈请核办到院，查《院章》第二十四条内载"各省谘议局如因本省督抚有侵夺权限或违背法律等事，得呈由资政院核办"，又载"前项核办事件，若审查属实，照第二十一条办理"各等语。此案既据该局呈称前情，自应遵章指定特任股员审查，以昭核实。旋据股员会称：窃维朝廷诏设各省谘议局，准予议决本省财政之出入，原所以防制督抚之滥用而以监督之权界之人民，庶几庶政有常而财用无弊，立法不可谓不周。本院自开院以来，各省谘议局连翩来呈，率以公债税法各省督抚不交局议，而尤以江苏谘议局呈文所称关系更巨。查该局呈称：两江总督张人骏侵权违法，屡屡擅借外债不交局议。其第一次在本年六月，上海正元等三钱庄倒欠华洋商人巨款，该督偏信已革苏松太道蔡乃煌、上海商会总理候选道周晋镳朦禀之词，专电奏准官借外债三百五十万两，代商人偿还亏倒洋之款，旋经该局质问，乃仅述蔡、周两道朦禀之词，并将遵旨慎防流弊一层诿过属吏，而后善后方法置之不议。查中国与各国所订条约，均有"华人倒欠洋款，官吏只能代追、不能保偿之语"，该督身为南洋通商大臣，不应不谙条约，朦奏朝廷，召外交无穷之患，增财政困难之忧，实较寻常违背法律仅关内政者情事尤重。其第二次在本年九月，该督亲往上海，又与各国银行筹商借债。经该局风闻、电讯，久置不答。追补具公文质问，乃始札称"借三百万，六年为期，本利由宁省设法匀还"等语。查此项借款，既声明本利由宁筹还，是即本省公债及本省担任义务之增加事件，即系《局章》第二十一条之四、五两项在谘议局应行议决范围以内事。在九月，值该局开会之期，该督竟不交议，径与洋商订约借款，实为违背法律、侵夺权限，与《局章》第二十七条按语相符，呈请本院核办。兹经本股两次开会、逐一审查，金谓该督第一次借款代华商偿还洋债，破坏条约，为祸尤烈，中外交通数十年，商人借贷亏倒、情伪百出、负欠洋款，往往而有，如令官吏营私舞弊、任意代偿，则人民可不事生产、人人私借外债而外人亦可不求担保抵押，处处放款，此风一开，不审异日偿还之期，内而部臣外而疆吏，需索麋至，何以应付斯时全国？恐立地破产。立此条约，详明所以与各国订立专款者，防微杜渐，不谓不至，而该督破坏决裂至于是，来日方长，伊于胡底语云：涓涓不塞，将成江河。诚有如该局所言，较寻常违背法律、仅关内政者，情事尤重也。至第二次所借之款，未据该督声明，何用而以偿还本利？责之本省，尤为可骇。且在谘议局常会期内，竟不交议，是实故意侵权违法，较之寻常过误不同，则充类至义之尽。各省谘议局均可不设而凡百财政仍握于督抚之手，听其出纳无度、支配无常，而无人为之监督也。宪政前途，尚可问乎？自应遵照《院章》第二十四条奏请圣裁，饬下两江总督张人骏凛遵慎防流弊，谕旨：将第一次借款自行担起责任，不得放弃条约权利，使洋商借口官偿商款，贻国家人民无穷之累。至第二次所借外债是否系本省应办之公债，应照章交付谘议局议决办理等情，具书报告前来，复经臣院将报告书所拟办法，公同会议，多数议员意见相同，当场议决，理合遵照《院章》第二十一条据实奏陈，请旨裁夺。所有核办江苏谘议局呈请督臣朦借外债、代偿洋款、侵权违法一案缘由，谨缮折具陈，伏乞皇上圣鉴训示。谨奏。宣统二年十一月二十三日。资政院总裁、贝勒衔固山贝子，(臣)溥伦；资政院副总裁、法部右侍郎，

(臣)沈家本。("奏报核办张人骏借外债侵权违法案事",中国第一历史档案馆藏宫中全宗,档号:04-01-35-0879-028)

⑫ 为审查报告事

本股于十月二十九日午前开股员会审查分省补用知县康映奎陈请变通黑龙江省垦务章程一案。据说帖称"东三省为吾朝发祥之地,即一国之根本,对于东三省目前之政策,以拓殖为最要。而适于拓殖之地段,以黑龙江为最多。该省频年放荒招垦,所有各项章程大都详于授田升科等事,而于招徕奖励及限制各方法毫未议及。光绪三十四年,东督徐、署黑抚周奏定《沿边招垦章程》,颇注意于招徕奖励诸点,为该省向章所无,而适用之区域既限于沿边,即实行之效力莫及于全省。拟请将《沿边招垦章程》扩张,用之通省具行之,稍有窒碍者,酌为改订,或采该省通行章程以补之"等语,本股员会查阅所拟章程六章二十七条大意之变通旧章、多方招致,用意甚善。其第九条、第十条所定普通荒段征收押租及边荒征收经费,如能一概暂免征收,似于该省移民垦荒尤有神益。本股员会一再讨论,认此项变通章程切要可行,惟是经营东三省诚关全国利害,而该省垦务详细情形,犹恐本院未能详悉无遗。查《谘议局章程》第二十一条第六项,议决本省单行章程规则之增删修改事件。此项变通黑龙江省垦务章程,实为谘议局权限范围以内之事。本院既不能代为议决,又非行政事宜,未便咨送行政衙门办理,应照《院章》第二十二条,由总裁、副总裁咨询黑龙江谘议局申覆。现在谘议局常会已经闭会,照章由常驻议员协议办理。如该局认为事属繁要,自可一面申覆本院,一面妥筹办法。本股员会多数表决,意见相同,特此报告。("分省补用知县康映奎陈请变通黑龙江省垦务章程一案",《资政院知会、折奏、章程、说帖、质问、陈请等案件》之《资政院第十一类审查陈请各案件》,清末铅印本)

⑬ 实行禁赌以期振作议案(议员郭策励提出)

当列强竞争之日,臣民宜踔厉奋发,急起直追,始足以抵抗外侮。若作为无益,消磨岁月,既损个人之经济,国家亦间接蒙其害。赌博一事,虽律例綦严,日久竟成具文。近十年来,义麻雀之风尤甚。始于南数省,渐及鄂、豫、川、滇各地,其失时误事,莫可胜言。且人格亦为之低下,而官吏之名节多由此毁,商民之经营多由此废。现首善之区,上自王公大臣,下迄绅商学界,偶一聚处,即以此为乐。相习成风,毫不为怪。有恃此营业者,更有借此联络运动之具者。廉耻失丧,士习不端,充其所为,靡有底止,此尤可为长太息者也!若粤之赌饷,鄂之签捐及各地之彩票,名虽近赌,实于国家地方应需各要政经费,不无补益,尚须革禁,而于义麻雀一事,有百损无益者,均置之不理。值斯时局,非请严降谕旨,通饬京外各衙门重申禁令,可期振作。兹将条例申明如下:

一、实行禁赌必先禁职官。法行自上,全国无不警惕。查例载:"任职官有犯赌博者革职,上司与属员同赌者亦均革职,俱永不叙用,凡人赌博各处十等罚",现拟请嗣后大小衙门、局所、私宅、铺号、轮船、车站、庙宇、园野,无论何人均准往拿,然必与邻右或巡警同往,以杜捏诬。一经拿获,职官即行革职,商民亦必严惩,赌风或可渐息。

二、实行禁赌必先禁造赌局及贩卖,亦正本清源之一法。查例载:"造卖赌具,为首者流三千里,为从者流二千里;贩卖者为首流二千里,为从徒三年;地方保甲知造卖之人不首报者，处十等罚"，拟请嗣后凡城镇乡均责成巡警及保甲，如不认真查拿者，即处以十等罚。造贩之人，均照例严惩。曩者烟具布满街衢，自禁烟令下，即皆消灭。果能做禁赌具，何难净尽！

以上拟请申明律例，著各主管官厅切实奉行，有不遵者，照溺职例议处。古人有云，为治不在多言，顾力行何如耳。凡百政事，莫不如此，禁赌其一端也。拙见如是，敢质公议。（"议员郭策勋提出实行禁赌以期振作案"，《资政院知会、折奏、章程、说帖、质问、陈请等案件》第五册《资政院第三类议员提出提议各案件其一》，清末铅印本）

⑭ 对该屯田案原案未查到，审查股的审查结果如下：

为审查报告事

本月十九日由议长交来新疆屯田一案，当开股员会。审查得新疆地势去内地绝远，各种实业俱未振兴，逼邻强俄，危险情形与东三省相似，亦政治上最宜注意者也。王议员因注重国防而提议屯田案，立意甚善。惟查天山南路气暖地沃，人物繁盛，隙地尚少；天山北路气寒地瘠，人物萧条，颇有隙地。南路既少隙地，则屯田必不在南路；欲在北路屯田，则以其地利天时，素居南路者且不愿往，尚有何处之人愿应召前往屯田也？且屯田之制，于农隙及有事时皆以兵法部勒之，且耕且守，即兵即民也。近日兵律一新，往日绿营且不能受其部勒，则平民更难为用，明矣。如用兵屯，则往日绿营既因无〔无〕用而裁撤殆尽，新兵成镇无多，训练正宜加勤，以备不虞之调发，焉能置之边隅，责之耕作以荒疏其身手也？至筹集经费，则惟兵屯可以减少，以兵原有饷已归军费支销，不过房舍农具稍为筹备，而屯垦所得，略为征收，即足相抵。不比民屯之迁徙资粮，在在需款，更无从筹措也。然现在绿营既裁，而常备兵又不能置之闲散，则民屯、兵屯，此时俱难办到。应俟将来铁路直达新疆，而征兵又已一律兴办，有退伍之后备兵时再行筹办。则或招内地之后备兵，或招本省及邻省之后备兵前往屯田，俱无不可。此时应从缓议，本股员一再讨论，意见相同，多数表决，应请议长付会公决，特此报告。审查新疆屯田议案特任股员长那亲王报告。"（"股员长那亲王审查报告议长交来新疆屯田案"，《资政院知会、折奏、章程、说帖、质问、陈请等案件》之《资政院第十三类审查提议各案件》，清末铅印本）

⑮ 案：散会时间根据上下文有误，可能为五点二十分，但具体时间无从悬揣，姑且保留原文。

资政院第一次常年会第二十六号议场速记录

【标题】拟请明谕剪辫易服具奏案

【关键词】罗杰　立宪精神　祖制国俗

【内容提示】主要会议拟请明谕剪辫易服具奏案等。请剪辫易服的议题由湖南籍议员罗杰提出来，其本意是请皇上躬行剪发为天下先，使天下人耳目一新，立宪精神亦从此大振，指出："至于祖制一层，可以不虑。从前我们大清入关的时候，只下令剃发，并没有下令垂辫。若谓不能变更祖制，这个立宪政体岂不是显然变更祖制吗？既然政体可以变更，何有区区发辫呢？"该议题因为事关重大，经记名表决，该议题虽得以多数通过，但在投票中出现了弊混，即冒未出席议员之名义投票，故有议员主张彻究，因为"议员之中而有此种弊端，尚成何议员，成何立法机关？"但最后不了了之。

宣统二年十一月十四日下午二点钟开议。

议事日表第二十四号：

第一，拟请明谕剪发易服具奏案，股员长报告，会议；

第二，提议陈请全国禁烟办法议案，股员长报告，会议；

第三，修正禁烟条例议案，股员长报告，会议；

第四，提议陈请浙江铁路公司适用商律议案，股员长报告，会议；

第五，提议陈请广东定期禁赌议案，股员长报告，会议；

第六，急定税制及税政暂行机关议案，股员长报告，会议；

第七，扼重农政以开财源议案，股员长报告，会议。

议长：今天到会议员一百二十三人，现由秘书官报告文件。

153号（易议员宗夔）：这个弹劾军机大臣一案，已经上奏了没有？

议长：还没有上奏。依本议长的意思，还有几件具奏案，想一并上奏。

153号（易议员宗夔）：明天可否上奏？

议长：今天议事日表所列的就有几件上奏案，打算俟议决后，于这三两天之内一并上奏。

153号（易议员宗夔）：请早几天上奏，现在再迟延几天就要闭会了。军机大臣对于本院很反对的。本议员为开国会的事情有个质问说帖，至今还没有答覆。吴议员为湖南公债事件，有个质问说帖也还没有答覆。他不以本院为平等机关，所以本院对待亦不可过于迁就，还是请议长从速具奏为好。

133号（陈议员敬第）：各省谘议局联合会陈请修改《结社集会律》，这个陈请书早已到了资政院，想已经陈请股审查过了，应请下次列入议事日表。

议长：下次可以会议。

192号（张议员之霖）：云南盐斤加价一案已经议决奏明，奉旨依议。照例云贵总督就要取消前案，而该督如今还是照前办法，置若罔闻。现在云南谘议局已电陈本院，①请议长命秘书官报告。

议长：云南盐斤加价一案奉旨之后，已经打电报去了。

192号（张议员之霖）：如此看来，将来本院议决的事，若是行政官厅不遵照执行，则议案必定一概无效。请议长咨询本院决定办法。

153号（易议员宗夔）：云南盐斤加价的事已经奏明奉旨，该督既没有实行，并不但是不遵本院的议决案，实在是该督有心违背旨意。请议长打电报责问该督，勿得违旨。

秘书官（张祖廉）承命报告文件毕。

议长：现在咨询诸位议员，股员会审查余敏时陈请移民屯田以救边患一案，打算归并审查筹办蒙藏事宜及黑龙江移民实边议案特任股员并案审查，不知诸位赞成否？

众呼"赞成"。

议长：今天报告文件内尚有陈议员宝琛等提议奏请宣布杨庆昶所缴景庙手诏并昭雪戊戌冤狱一案②。此案与请赦国事犯罪人具奏案性质相同，可否归并审查？

众呼"赞成"。

140号（康议员咏）：今日福建谘议局因预算事有电到本院，请问议长收到否？

议长：已经收到付审查了。

议长：现在开议。按照议事日表第一拟请明谕剪辫易服具奏案，请特任股员长报告审查结果，并说明理由。

2号（议员庄亲王）：本议员按照《议事细则》五十三条之规定，委托牟议员琳代为报告，并说明理由。③

196号（牟议员琳）：剪辫一案其中种种便利的地方，罗议员提议原案已经说得很详细了。本员把审查会的情形再报告诸位。当审查的时候，是分为两种审查。先审查剪发，后审查易服。为什么缘故呢？因为易服这个问题关系很大，中国的衣服与外国的衣服不同，若是归并一起审查，其中争点必然很多。所以先审查剪辫的关系。照罗议员所提的原案，原是军界、警界、学界、政界，并令先从军、警、学三界剪起，是很容易的。若是官吏骤然剪发，就有许多窒碍的地方，所以当时主张是指定军、警、学各界先剪的。又有说请皇上先行剪发为天下先，因为皇上是海陆军大元帅，既然现在海陆军多已剪发，皇上若是剪发，则天下人皆迎刃而解，正不必分出军、警、学、政剪发之议。但是皇上剪发，礼服必有变更。若如此单纯上奏，倘因礼服未定，一时不能裁可，则军、警、学各界亦不能即时下剪发之令，反不甚好，所以没有主张这一层。以故对于剪发的问题，还是分成两截：前半截主张先由军、警、学三界剪起，因军、警、学界以发辫种种不利，种种危险，故多自由剪发，大势所趋，国家法律也不能干涉的。况且现在陆军部尚书已经剪发，国家算是默认。既然默认，何妨明许呢？所以报告书前半截要请军、警、学三界先剪；后半截又说皇上既为海陆军大元帅，请躬行剪发为天下先。如果两层均邀允许，固我们所最希望的。即后一层不能及时允准，则前一层必能允准，我们剪发目的就算是达到了。至于服制问题，我国衣服分常服、礼服二种，常服宽绰适体，可以不必变更；惟礼服寒燠迭更，年换十数袭，然后完备，且大褂长袍妨碍动作，殊属不便，所以中国的礼服亦不能不有变更，应请皇上定出礼服，以资遵守，此易服之办法也。

议长：剪发易服一事，还有礼部主事林师望曾递说帖一件，已经由陈请股审查报告，打算并案会议，诸君有无异议？

众议员呼"无异议"。

议长：请陈请股员长报告审查结果并说明理由。

某议员：这个陈请说帖，请议长命秘书官朗读一遍。

议长：由秘书官朗读。

秘书官（曾彝进）承命朗读林主事师望陈请剪发易服说帖一件。

196号（牟议员琳）：方才报告的时候有遗漏的地方，现在再行补说。这个服制的问题，曾付股员会议决，常服本无更改之说，惟礼服则宜改烦重为简便，故请皇上制定礼服，以为天下之标准。现各位议员有以为改变常服，殊属误会。

149号（罗议员杰）：本员照二十六条之规定，请说明提案之主旨。

108号（刘议员春霖）：方才秘书官朗读礼部主事陈请书上三条办法，本议员听不清楚，可否请议长命秘书官把这个三条办法的大意再行说明。

130号（刘议员景烈）：这个案子陈请股已经审查，还是请陈请股员长报告一次，自然明白。

议长：请陈请股股员长说明。

153号（易议员宗夔）：本员有个倡议。这个陈请书是很不明白的，至于他的办法也说得不清楚。既然不清楚，这个陈请书就是无效，就可以作废。况且本院主张剪发而不易服，这个理由早已大家明白，何必要这个请陈书再来赘说？

59号（顾议员栋臣）：陈请书三个办法听来虽不甚明白，但既经陈请股收受，我们总应该听陈请股报告收受之理由，俟其报告完毕，如确无道理，我们再可公议作废。现在应请陈请股员先报告为是。

易议员宗夔、吴议员赐龄同时发言，谓该主事陈请书上的办法，他自己尚不明白，还有什么审查，仍请将该陈请书作废为是。

声浪大作，议场骚然。

议长：请各位议员从缓发言，现请陈请股员长，说明该主事陈请书的宗旨。

82号（陈议员宝琛）：这个礼部主事陈请书是专言易服之害，书中三个办法：第一条说是不得已而议剪发，则应请剪辫以顺舆情，并引《金史》《齐书》为证据，不必以国俗为疑；第二条说是不得已而议剪发，仍照前剃发以存祖制，说明我朝入关下令剃发，是剃发著于命令，以命令行之，即以命令废之，原无不可，但不改官制而效洋人，剃发殊不好看，仍照旧剃发为宜；第三条说是不得已而议易服，则请专易军人、巡警之服。因为军界不易服，则不利于军用，拟请军人、巡警改用洋装；至于军官，仍旧日官服，因为到了朝会时候，一国不能有两种制度。这一条是但赞成军人、巡警易服的，又说现在学堂的学生本有操衣，不必另改服制；若是学生一律改服，这影响就大了。他这个说帖，痛言易服之对于全国人民财产生业关系很大，所以本股报告上来交大家会议，请诸位讨论。

议长：按照发言表，请罗议员杰发言。

149号（罗议员杰）：本员那天要说明主旨的，因为议长咨询本院省略，所以没有说明。今天请为补说大概。中国贫弱，要想到富强的地步，必须改良形式，然后精神才能振作。所以本议员提出这个奏案，请明谕剪发易服，就是此意。何以请皇上明发谕旨？现在全国军界、警界、学界都剪了，外而出使大臣，内而陆军部尚书、外务部侍郎，都已经剪过，这就算朝廷已经默认了。然朝廷既经默认，何如明许，使一国之内整齐画一？所以并要请皇上躬行剪发为天下先，使天下人耳目一新，立宪精神亦从此大振，这是成立议题的本意。至于其中所讲旧式辫发的利害，已经说过，本员就其中应须补说者再补说几句。比如外交官在外国到了大会场，或是看操，或是会葬，他国的外交官都是骑马，惟我们中国的外交官，因辫子礼服不便，必要坐马车，然而会场内又不能坐马车，一到了会场里边，他国外交官都骑了马进去，而我中国外交官则随后步行；到了出会场的时候，亦步随走出会场才有马车可坐，成何国体？所以外交官在外边很受气的。至于军界，更是异常困苦的。现在京外军人，还有许多没有剪发的，操演的时候，就有种种不便。至于作工的人，有这个发辫，于种种工业上非常窒碍。现在机器盛行，工厂林立，有辫子的很系危险，且有性命之忧。为学生的，有了辫子也是种种不便，现在有许多学堂，学生体操时不穿操衣，亦因发辫为累，所以操法亦不甚好。我国变法，必要人人有当兵之义务。这些学生没有征兵的底子，一旦征兵，不能振刷精神，还望中国能强吗？至于易服一层，亦要有个完善的办法。本员的意见，觉得我们中国的便服尚好，无须变更。惟有礼服非常不便，所以要请皇上制定礼服。但是现在我们即不易服，不可不预备的。第一层是礼服虽然改了式样，还是要用我们本国的材料，这是一层。第二层，我们自己的工厂总要扩充，如帽子、外褂、卫生衣裤、鞋靴等还要自己制造，以为将来易服之用，免得牵动经济界恐慌，这一层是可以不必虑的。现在外间一般社会上说，易服衣影响必至洋货畅销。据本员看来，离开易服说，离开剪发说，请问各位到街上去看，我们衣、食、住三项东西，哪一样不是洋货呢？看农工商部洋货进口的报告，是本国的货输出得多呢？还是外国的货输入得多呢？据现在情形，即使不易服，而用洋货者未必日见其少。本员想来，我们漏卮实不在服之易不易，而在工艺之振不振。如果将本国工业赶紧提倡，所有将来易服的材料都早行预备，到易服的时候，利权自不至外溢了。本员看起来，这一层实在可以不必虑。何谓可以不必虑呢？因为中国所出的土布、夏布以及宁绸、摹本缎子、纱罗都可以做衣服的。现在我们织呢的公司很少，因本国用呢者少，将这些原料都销到国外去了。外国人将中国生货运出去制成之后，又将熟货运进来销售，所以总说贵呢。假如中国服制变革以后，各种织布、织皮、织毛的各项公司发达，加以我们最便宜之原料，无运出复运入之关税，制成精致的衣履各物，必销场很畅销。场既畅开，此项公司者必多。此项公司既多，则必供过于求。到那个时候，不但我们自己够用，并且还可输出外国。不但不虑致穷，还可因之致富。现在就未易服时穿衣一层而论，我们中国四万万人，总有二三万万人穿布衣的。试问这二三万万人穿这个布衣，有几个人不是洋布呢？洋布价值既贵，又容易破烂，自己有纱罗、有绸子、有缎子不穿，要用洋货，这又怪易了服不销江浙材料呢？所以要请皇上一面先定礼服，一面饬农工商部提倡工业，怕有流弊嗒！本员不是就要易服，觉得工业不发达，不易服也必困穷。至于祖制一层，可以不虑。从前我们大清入关的时候，只下令剃发，并没有下令垂辫。若（请）[谓]不能变更祖制，这个立宪政体岂不是显然变更祖制吗？既然政体可以变更，何有区区发辫呢？（拍手）

议长：按发言表，杨议员锡田请发言。

175号（杨议员锡田）：本议员是反对剪发易服的宗旨。试问我们中国贫弱的缘因就在这个发辫上否？如一日剪发易服，就可以富国强兵吗？不在根本上解决，专在形式上讲求，是犹南辕而北辙也。我想这剪发易服，非惟无益于中国，反使利权外溢，是我们议员替外国人办了事啦！而且变改祖宗的制度，丧失自己的廉耻，有何益处？本员在街上听见工界、商界中人，对于此事皆绝意的反对，于代表舆论的宗旨尤为不符，种种妨碍，不敢赞成云云。（语未毕）

众呼"听不清楚"。

议长：贵议员说话请声音略为放高。

175号（杨议员锡田）：试问剪了发、易了服，就能强兵富国吗？我想这个剪发易服，无益于己，又无益于人云云。（声音细微听不明白）

118号（夏议员寅官）：请杨议员先将宗旨说明是赞成还是反对，我们可以知道些头绪。

175号（杨议员锡田）：本议员的宗旨是反对剪发的。

149号（罗议员杰）：本员有个倡议，请问议长，杨议员言语不通，请仿照外国的办法,把杨议员的意见写出来念一遍,大家就好驳了,现在德国就是如此办法。

73号(汪议员荣宝):还是请杨议员将他的意见写出来朗读为是。

议长:杨议员可以把宗旨写出来朗读。

59号(顾议员栋臣):请议长将杨议员的演说底稿命秘书官朗读。

35号(议员曾侯爵):即请议长嘱秘书官朗读他之宗旨与办法,以便大家明白。

议长:由秘书官朗读杨议员演说底稿。

秘书官(张祖廉)承命朗读杨议员锡田反对剪发易服演说稿毕。

149号(罗议员杰):请登台发言。

123号(江议员辛):此是前三十年的话,贵议员不必辩驳,因为杨议员的话本无可驳之价值。

149号(罗议员杰):本员是照例答辩,本案既承诸君赞成,自当不答。

35号(议员曾侯爵):此等无味之反对说之令人可笑,公认为不足驳之价值,即请罗议员不必去驳他,多费唇舌,误此好时光。

议长:按发言表,请易议员宗夔发言。

153号(易议员宗夔):本员对于剪发易服具奏案非常赞成。按世界各国习惯日趋于大同,若不实行剪发,不能同趋于一轨,这是公理上所不容的。因为发辫留存,实有百害而无一利。罗议员提出的议案及周君震鳞所递的说帖已经说得非常明白,无须赘述,现在本议员再有意见可以说一说。方才杨议员所说,以为剪发不是根本上问题,本员看起来却正是根本上问题。何以故?凡人的聪明才力全在上部脑筋,而脑部必须头发以为之保护。世界各国没有不用头发以保护脑筋的,但各国对于头发的处置大抵可分四种:一种剃得留光的。如印度的佛教、中国的和尚、〔蒙藏的〕喇嘛,这是很不好的。因为全行剃去,不能保护脑筋,这一种实居少数;一种是全部留下的,世界各国的女人皆是如此装饰以为美观;一种是半留着的,世界文明各国都是半留的,因为人的大脑在前小脑在后,所以前头不剃就是为保护脑筋的意思,而对于后边尽行剃去，因为大脑主知识小脑主运动，前边不剃而后边尽行剃去，每日洗得干干净净，以免污垢齷齪，有碍卫生，这个法子非常之好；第四种就是半剃的，半剃的样子就是中国这个办法，然而前边有用的反行剃去，后边无用的反行全留，并且还有很长的辫子，累累赘赘，实在不甚雅观，很不方便，举止动作无一相宜，所以非要把他剪去不可的。即以世界主义而论，世界各国无此装饰，与各国交际甚不相宜；以社会主义而论，欲求社会发达，必实业、工厂非常发达，机器非常之多，或因辫发而伤性命，所以东西各国全把长发剪去。我们在内地见惯不以为奇，一到外国，独我们中国人带着个长辫，形状非常难看。如是说来，我国的人实在羞愤不过，所以要请明发上谕，剪除此发，以新天下之耳目。据本议员的意见看，反对剪发的大概有两种理由：一种因为这个辫子是本朝特别制度，就是杨议员方才所讲的，要是剪发就是违背祖制。据本员看，国初剃发的上谕很明白的，只有一概剃发的话，并没有要人垂辫发的话。这样看起来，并不是违背祖制。一种以为是藐视王章，这句话也很不对的。盖以当王者贵，我皇上正在冲龄，又是海陆军大元帅，就请皇上因时制宜，不必留辫。至于各部衙门，陆军部大臣、海军统制也已将辫发剪去。至云藐视王章，也是没有的话。既不是违背祖制，又不是藐视王章，想此次奏案上去，一定可以允许的。至于易服一层，还须详细斟酌。因为此事于经济界上很有影响的。本员所主张的，股员会所审查的，并未说要易便服。中国便服本来是很舒服的，外国人到中国年久，多有穿中国便服的。但是中国礼服非常累赘，一切帽子、领子、鞋子、袍子、套子、顶子、翎子、朝珠、补服、单夹皮棉纱，一个人要十几套衣服，至少须要几千银子，尚且难得齐备。且看中国京城的马车非常之多，本员曾到日本，见日本东京并没有许多马车，除了国务大臣出来坐马车外，而各部官员全坐洋车的，实在非常便利。但是此事中国人作不到的，穿着官服累累赘赘，坐洋车既不方便且不雅观，所以不能不坐马车，北京城里真所谓车如流水马如龙。这种景象，影响于经济甚大。据本员意见，还是礼服要改变，便服不要改变。现在军界、学界、警界皆有礼服，皆没有什么问题。就是政界的问题，政界包括官吏、议员在内,如果一律改变礼服,也不过几十万人,所费有限,于经济界也不致受绝大的影响。本员对于审查报告书,并罗议员提的议案及周君震鳞陈请书,非常赞成。但于改变服制,主张改礼服不改便服,其理由是因为朝廷之上无两种服制,若朝会时候,陆军部的官员是短衣,学部等官皆是长衣,成何体制?本员意思,对于报告书要修正几个字。因为"要皇上改定礼服"这一句话,将来上谕下来,一定是下礼部去议,而礼部一定反对易服的。就皇上下上谕交宪政编查馆议定礼服制度,后边也要改几句话。据报告书说,皇上为海陆军大元帅,应以雷霆万钧之力发皇武勇,巩固国防,如蒙躬行剪发,为天下先,岂不甚善!因为皇上正在冲龄,请监国摄政王躬行剪发,以为天下先。拟请议长先将此案付表决,议决上奏,本员想将来宸衷独断,一定可以明颁谕旨,一新天下之耳目。

149号(罗议员杰):皇上正在冲龄,就是监国摄政王代行海陆军大元帅之职。本案只言请大元帅剪发为天下倡者,即请监国摄政王剪发易服之意。

123号(江议员辛):报告书上有军界、警界、学界,独缺"政界"两个字,应该添上去。

议长:按照发言表,请方议员还方言。

121号(方议员还):这个剪发易服问题,想来没有一个不赞成的。放开世界的眼光,一看大势所趋,我们中国独异于人,是万万不成功的,所以反对的很少,况且这个辫子一点用没有。现在以公理而论,这个辫子一定要剪的,我们大家研究毫无疑义。至于易服这一层,以一国的眼光来看,这个礼服一定要改的。方才易议员所说中国便服是很方便的,只要改变礼服,这个问题想大家也都赞成。但是易服这层,我们大家要斟酌。有人主张剪辫不易服,这一层本员是很赞成的。然而我们总要有个法子,不使易服的人因易服而买洋货,则利权不致外溢。因为这一句话很活动的,没有强制力。比如学界的学生,所用洋货也很多的。据本员意见,现在先要讨论制呢的道理。这制呢的公司,我国仅有三个,而所有的地方不过北京、上海、汉口等处而已,然而制呢公司也非一两年可以办到的，必须三年工夫才可以售货。如果下易服之令，这三年之中，所用的洋呢已经不少了。就是北京等处，原有之工厂都能出货，还不够全国人用的，总要打算设立八个或十个工厂，方可够用。据本员意见，就是设十个、八个工厂，以供全国人的消耗，恐有不足。何况现在的人徒然说是易服，而于制造服色的公司还没有人提倡呢？不用外国呢，以保利权，请皇上规定这个礼服用中国丝棉，不准用外国呢，方是办法。不然市面上必大受恐慌，外国人必大受利益。所以请皇上规定礼服加几个字"要用本国丝棉"，请大家研究研究。

149号（罗议员杰）：用本国材料这层，本案已经有的。

59号（顾议员栋臣）：上奏之时，以报告书为根据，所以要用本国材料，总得在报告书内叙明。

121号（方议员还）：衣服材料将来必要规定的。本员意见，上奏的时候可以将此层提出，无论军界、警界、学界，都要用本国棉丝，以免营业上受恐慌，不知大家赞成否？

132号（文议员龢）：这个报告书是声请改定礼服制度，至于应用材料，自以尽用本国者为宜。但此属另一种手续，应俟将来订定服制时规定，故未提及。

121号（方议员还）：现在虽说是礼服，然而剪发以后，便服也是一定要易的，所以必须预先规定于报告书，起草之时，总得提出。

48号（陈议员懋鼎）：本员也是起草员之一，方议员的意思，本员是很赞成的，不过报告书上业经说明便服不改，虽然将来或处于不能不改之势，但现在只规定改礼服，为数无多，似不必加以限制。

121号（方议员还）：报告书上为何不说到不用外国材料以保利源？照陈议员的意思说为数无多，若是一个人买一件礼服，就是连各省谘议局人算起来，恐怕不止一百万件，其所耗费也不知多少了。

48号（陈议员懋鼎）：买外国的礼服，总在改定礼服之后，在未改定之前，断没有人肯去买的。

129号（汪议员龙光）：方议员的话，本员很赞成的。这个议案，在提议与审查之人，皆主张剪发，不主张易服，分明是两个题目，然事实上必落得一个题目。然一个题目因为人心向外，不剪发则已，一经剪发，势必自由易服，势必不用绸缎而用呢，势必并要用外国呢，经济界上之恐慌不可不顾。既议定剪发之后只易礼服不易常服，应就礼服一节，处处申明限用本国材料以为提防，最是要着。

121号（方议员还）：本议员还有一句话要声明，我们开通的人对于此事固然是很赞成的，但是有多少人听见此事就恐惶得了不得，上奏时候总要请明降谕旨，于三年五年之内，所有衣服都用本国材料方好。

153号（易议员宗夔）：现在不必讨论，就是于报告书上添上"应请皇上饬下宪政编查馆议定礼服限用本国材料"就是了。

48号（陈议员懋鼎）：本员以为此层可无庸虑，但大家如必要添，此几句添入也属无妨。

121号（方议员还）：此层要不规定，于营业上大有影响。即以江苏、浙江而论，现在已经恐慌，所以不能不防备。

127号（闵议员荷生）：本员决不肯剪发，如定要剪时，也不做官了，也不当议员了。

73号（汪议员荣宝）：本员对于报告书有修正的地方，改易礼服用何式样，报告书上并没有声明，只云改变礼服，似乎无凭，所以打算加上"应仿照新定军服酌量变通，请明降谕旨饬下军谘处同内阁会议政务处议奏，钦定颁行"等语，末段再加"伏维朝廷整军经武，力图自强，薄海臣民同深忭舞，倘蒙大元帅躬御军服为天下先"等语，下接"文明之风"句，似较得体。

127号（闵议员荷生）：汪议员你赞成剪发，你为何不先自剪去？

73号（汪议员荣宝）：我等上谕下来才剪。

声浪大作，议场骚然。

109号（籍议员忠寅）：请议长维持议场秩序。

议长：请缓发言。

48号（陈议员懋鼎）：请议长将审查报告书付表决。

73号（汪议员荣宝）：请议长用记名投票法表决。

59号（顾议员栋臣）：记名表决也可以。

149号（罗议员杰）：请议长作两层表决：一层是表决剪发；一层是表决易服。

109号（籍议员忠寅）：现在大家多数的意见请议长付表决，表决的题目要宣告明白，不然就有许多争论。方才大家所说全是修正案件，要表决先表决报告书，以后再表决修正案件。若先表决修正案件，再表决报告书，就无所适从。方才各议员所修正的，本员要加点意思，就是请旨饬下某衙门议定服制。易议员以为礼部不对，说是饬下宪政编查馆，但是宪政编查馆也本不是议服制的机关。汪议员说是会议政务处，这会议政务处为行政总机关，有议服制之权。会议政务处有此权能，则军谘处可毋庸加入，就是饬下会议政务处为是。即云采用新军服制，而军谘处亦不必加入，因为服制关系全国，不独军界为然。还有一个意见是对于方议员的话，方议员说现在应用什么材料，这意思非常之好。剪发一层，大家全是赞成的，至于易服，多数的意思以为变礼服不变常服，可是礼服变了，常服也不能不变。若全用外国的材料，也是一大漏卮，所以方议员才有这个意见。但我们资政院的议案，对于材料不能加以限制，这是后来一种的手续。我们这个议案是剪发易服的议案，本是极单纯的主义，至于应用何种材料，请旨饬下会议政务处议奏之时，将应用何等材料一并厘定，将来何界人用何种材料，自然可以规定。现在于这个议案上可以不必说明，且更有想不到的地方很多，到那个时候，自可厘定明白。

176号（罗议员其光）：方才秘书官朗读的礼部主事陈请不宜剪发易服说帖一件内言易服之害，关系财政外溢，是否作为议案，请先付表决。

110号（刘议员纬）：方才报告书上凡军警学界一体剪发，农工士庶则悉听其便，并请我皇上躬行剪发为天下先，何独于政界而异之？夫政界是我皇上之臣、皇上之下，应当为天下人民所表率者，首在政界。政界既不剪发，则形式上仍然无精神。同是人也，而发独异之；同是国也，而人独异。世界必无此两歧之政体矣！本员意见，军界、警界、学界以上非加"政界"二字万万不可。

议长：本议长有个意思，此事大家讨论发言也不少了，现在先表决具奏案，把大体决定，然后再修正报告书的字句。况且就是奏稿拟成，仍须在大会朗读，方能上奏。何妨先将认为具奏案表决，腾出时间好议他种议案。（拍手）

185号（王议员廷扬）：请议长用无记名法表决。

59号（顾议员栋臣）：现在表决是表决报告书的成立不成立，不必分两层表决。

73号（汪议员荣宝）：请议长用记名投票法表决。

86号（喻议员长霖）：本议员有简单的几句话，此事关系重大，请议长用记名投票法表决。

149号（罗议员杰）：本员提出这个议案，只说剪发及请皇上制定礼服，没有说易服的事。这个易服的事，可照汪议员所说，请旨饬交军谘处、内阁会议政务处拟定就是。

153号（易议员宗夔）：还有几句话请问审查这个案的股员，现在这个报告书，只说军界、警界、学界剪发，没有说到政界，是何理由？

196号（牟议员琳）：这是因为礼服尚未改定，应请皇上剪发改定礼服后，然后能改到政界上。

议长：此层可以待修正字句时候再说。

177号（李议员文熙）：若政界不添入，只有军界、学界、警界，还是不妥。

议长：此层亦须添入，但等到修正字句时再说如何？

众呼"赞成"。

议长：此案重大，拟用记名法表决，诸位议员以为如何？

众呼"赞成"。

109号（籍议员忠寅）：现在还要申明一句，这个报告书大体将来还要详细讨论。现在表决就是表决剪发、改定礼服。

114号（胡议员家祺）请发言。

议长：114号胡议员请发言。

114号（胡议员家祺）：本员意见就是愿意剪的就剪，不愿意剪的就不剪。

73号（汪议员荣宝）：现在要付表决，请议长关闭议场，暂禁出入。议长先命秘书官点查人数。

133号（陈议员敬第）：请议长宣布表决主旨。

86号（喻议员长霖）：请议长命守卫官关门。

议长命守卫官封闭议场，禁止出入。

53号（刘议员道仁）：请议长将表决主旨宣布明白，以免议员误会。此次表决就是表决审查报告书之可否？报告书之大意，系请明谕剪发及改定礼服二事，而剪发又止限军警学三界并未牵及政界，至于农工士庶，悉听其便，朝廷亦不干涉，请全议场议员注意。

115号（许议员鼎霖）：报告书既说政界不在内，到底外交官在内不在内？

议长：俟修正字句时候再说，将来奏稿拟定，还要在大会朗读，现在不过表决大体。

82号（陈议员宝琛）：外交官本应加入，但是要分别出洋、不出洋两种，学生也应分别出洋、不出洋两种。

109号（籍议员忠寅）：本员看起报告书要加入政界这层，全在后来修正字句时候的事，现在可以不必说。

议长：现在在场议员一百三十五人，已命守卫封闭议场禁止出入了。

115号（许议员鼎霖）：将来修正改定服制时候，应请旨饬下会议政务处、军机大臣会同海军部、陆军部、民政部、外务部办理才好。

59号（顾议员栋臣）：会议政务处就是各衙门总机关，外务部、民政部、陆军部、学部等各大臣都在其内，不必再说会同办理的话。

议长：现在讨论终局。此案关系重要，照《议事细则》第七十六条用记名法表决。由秘书官发表决票，每人两张，一张白的，一张蓝的，赞成的用白票，反对的用蓝票，名字写在中间。

81号（章议员宗元）：赞成的用什么票？请议长再宣告一遍。

议长：赞成的用白票，反对的用蓝票。

127号（闵议员荷生）：什么赞成不赞成？赞成的就是愿剪辫子的。

153号（易议员宗夔）：在外国议院会议争执时候，很喧闹的，到投票时候极其镇静。请议长注意维持议场秩序。

9号（议员铊公）：票拿错了，白的是选举票，不是表决票。

某议员：这不要紧，只分颜色就是了。

议长：赞成的用白票，反对的用蓝票，只分颜色，选举票借用也无妨碍。

议长：现在是表决股员会报告书，无论赞成反对，只分别在票上写了名字。就是赞成用白的，反对用蓝的。

151号（黎议员尚雯）：照《议事细则》第十七条办理就是了。

115号（许议员鼎霖）：现在发的是选举票，是否但论颜色，赞成用白纸，反对用蓝纸的，不问票错不错？

议长：现在可以借用，只以颜色分赞成反对就是。

151号（黎议员尚雯）：本员有个倡议，剪发问题为大势所趋，不能一国独异。试看文明各国，谁是大辫子的？此案通过与否，关系全院程度及名誉，请议长将赞成、反对的人榜示。

某议员：表决后不必榜示。请秘书官将赞成、反对的人朗读一次就是。

某议员：表决后不能榜示。我们资政院议员无论赞成、反对都有自由权。

153号（易议员宗夔）：本院守卫殊不称职，现在禁止出入，还有自由出入的，请议长注意。

某议员：现在有新入议场的，请补票。

153号（易议员宗夔）：不能再补，这是他自己放弃表决权了。

37号（议员李子爵）：不补也可以。

某议员：这个票总要留着，因为这事关系重大，以便将来察核。

114号（胡议员家祺）：这个投票的有二张，写名字的只有一张，没有写名字的这一张不收去，恐有流弊。请议长注意。

议长：投票后当即收回。

声浪大作。

某议员：这个票是二张都交，还是先交一张。

议长：只交一张。赞成的，交所写之白票；反对的，交所写之蓝票。其未写名字之票，请随后缴还。

议长命秘书官到议场收票。

议长：现在票已收完否？

众呼"已收完"。

秘书长率同秘书官查点票数毕，报告议长。

议长：表决前已经宣告明白，是表决报告书大体。报告书大体是剪发、请定礼服两事。现在郭议员家骥所投票上写明赞成剪发，反对易服，殊与表决趣旨不合，应行作废。

78号（郭议员家骥）：本员是赞成剪发，反对易服。因为易服与商务上大有影响，所以不赞成易服，舆论也是如此，请议长作为反对票就是。

众议员：作为无效。

议长：与定章不符，自应作为无效。

73号（汪议员荣宝）：照《议事细则》第八十一条，议员不得申请更改表决。

议长：无论反对、赞成，已经申明只写本人名字。现在闵议员荷生票内所写是"闵荷生始终不愿剪发"，与定章不合，此票应即作为无效。

声浪大作。

130号（刘议员景烈）：请议长宣布多少人数，总要与票相符。

议长：吴议员纬炳所投之票上写"只赞成剪发"，亦属不合表决宗旨，应即作为无效。

77号（吴议员纬炳）：本员是说应作两层表决：一层是剪发；一层是易服。恐易服有流弊，所以赞成剪发，反对易服。

议长：吴议员纬炳的票作为无效，现又有魏议员联奎票上也写有文字，说是赞成报告书，不知其意如何？

149号（罗议员杰）：既说是赞成报告书，就作为赞成的票。

63号（魏议员联奎）：本员赞成报告书。对于剪辫一项，就是专指军警学三界而言，议员中有于三界外提及政界者，窃以为政界剪辫，宜与农工士庶均在听其自便之列。盖此事于大端无甚关系，且习惯所在，不得概用激烈手段，致生阻力也。至易服一项，如得尽用本国材料，并经济上不大受影响，本员亦极其赞成。盖近来服制杂乱极矣！贵贱之不分也，侈靡之竞尚也。无论礼服、常服，果能均定限制，统上下胥纳于轨物，将救时正俗，咸在于斯，其尤要者实力奉行，须先自士大夫始。士大夫人民之表也，未有表不端影能直者。本员意见如此。

议长：现在报告总票数共一百三十五张，除将不合法规的六票作废外，赞成剪发易服者一百零二票，反对者二十七票。（拍手）

议长：现在由秘书官将赞成人的姓名朗读一遍。

秘书长承命朗读赞成剪发易服案议员姓名如下：

林炳章、庄亲王、寿公、延侯爵、陈懋鼎、崇芳、刘泽熙、刘道仁、文溥、长福、润贝勒、铠公、曾侯爵、荣凯、王佐良、胡骏、汪荣宝、曹元忠、全公、盛将军、存侯爵、徐穆如、顾栋臣、王璟芳、陆宗舆、章宗元、林绍箕、席绶、宋振声、李湛阳、罗乃馨、王鸿图、书铭、达杭阿、齐树楷、李榘、刘春霖、籍忠寅、于邦华、陈树楷、李摺荣、胡家祺、许鼎霖、孟昭常、夏寅官、马士杰、潘鸿鼎、方还、江谦、江辛、柳汝土、邹国（璋）[玮]、汪龙光、刘景烈、黄象熙、文龢、陈敬第、郑际平、王廷扬、王佐、陶葆霖、康咏、杨廷纶、张选青、胡柏年、陈国瓒、谈钺、罗杰、黎尚雯、易宗夔、陈命官、王昱祥、彭占元、尹祚章、蒋鸿斌、李时灿、刘懋赏、李华炳、李素、刘志詹、周镛、卢润瀛、梁守典、李文熙、高凌霄、刘曜垣、张政、刘纬、周廷励、王廷献、黄毓棠、刘述尧、黄晋蒲、冯汝梅、吴赐龄、张之霖、顾视高、范彭龄、牟琳、余镜清、彭运斌、刘荣勋、汤鲁璠。

181号（郭议员策勋）：汤议员鲁璠坐位就在本议员坐前，今日汤议员未见到议场，议员之票究从何来？请议长及诸议员注意。

众呼"应该作废"。

177号（李议员文熙）：赞成的已经读过，反对的似乎不必再读。

127号（闵议员荷生）：反对的名字也应该读明，既是反对，还怕什么？

议长：现在赞成票中已将汤议员鲁璠作废，还有一百零一位，还是多数。应咨询本院反对的票，应否宣布？

众议员请将反对人姓名宣布。

议长命秘书长宣布反对人姓名。

秘书长承命宣读反对人姓名二十七人如左：

庆将军、希公爵、志公爵、刘男爵、胡男爵、定秀、世珣、荣普、成善、宜纯、李经畲、俨忠、劳乃宣、陈宝琛、喻长霖、孙以芾、王玉泉、唐右祯、郑熙嘏、王绍勋、陶毓瑞、王用霖、吴怀清、王耀南、杨锡田、罗其光、郭策勋。

议长：现在可以休息十五分钟。

下午五点钟议事中止。

五点十五分钟接续开议。

59号（顾议员栋臣）：请议长将到会人数点一点，看到三分之二没有。

议长：已经点过了，在场者共一百一十六位，不够三分之二。

130号（刘议员景烈）：江西开临时会之期完了，因会议事情还没有完，已经打了电报到本院，请一个办法，该局是初十闭会。今天是十四，已经过了四天，我们还没有回信，谘议局议员盼望得很，请议长叫审查各省谘议局关系事件的股员会报告到底怎么办法，好早回他的信。

议长：是否为江西预算事情？

130号（刘议员景烈）：是的，该局展会十天，已经完了，可以催股员会审查。

议长：可以即催该股员会审查。

115号（许议员鼎霖）：今早九钟开会审查各省谘议局关系事件，因为到会仅有四人，所以没有开会。江西谘议局临时会期限已经满了，现在来电请示再展会五天或十天，急望电覆。可否就在大会上议决？照奉天先例，接开临时会，即与局章不背了。

议长：请于明天开会审查，因此事极与《谘议局章程》有关系。

153号（易议员宗夔）：这个审查会因为人数甚少，所以没有开会。其实里头有关系紧要的，就是江西这个事情。方才许议员说的很对，与章程并不违背，现在就可咨询本院。如果大家赞成，就请议长打个电报，叫他再开十天临时会。

59号（顾议员栋臣）：对于方才表决的事有意见。这个剪发议案，本员本在赞成之列，但此种上奏案极其重大，所以要用记名投票表决者，原期信而有征，乃汤议员鲁璠并未到会，竟有他的赞成票。似此弊混，何足以昭信用？假如此种假票在反对一边的，只要把票子取消，还不要紧，现却是赞成的，一方面有这样假票子，恐外间辗转讹传，谓这些赞成的一百零二人都不足凭信。除了汤议员之外，这种假票恐尚不少。就是这个议案之表决赞成全靠不住，况资政院为最高立法机关，何等重大！我们在此当议员，负何等责任！议员之中而有此种弊端，尚成何议员，成何立法机关？一事如此，他事可知。不将此事解决，恐以后资政院之议决案全失信用。本议员非仅为此一案计，为资政院全院立法计，所以发此言论。至于何人舞弊，此时亦查不出来，应请将此案重付表决，以间执人口。

153号（易议员宗夔）：有回答顾议员的话。这个事体，顾议员所讲的，本议员很赞成，但是这个事情要请顾议员仔细想一想，这个汤议员鲁（反璠）［璠反］对剪辫易服，差不多通国皆知。今天的票是什么人写的呢？可以想得出是一个反对的人写的。怎么知道是反对的人写的呢？因赞成者断不肯牺牲白票，惟反对者（胜）［剩］白票一张，乱写他名。他的意思，是希图破坏这个事。现在已经表决，经多数赞成，如果再表决，是没有这个办法的。

59号（顾议员栋臣）：本员也是这样想。因为他要想破坏这个事情，所以把这个票子添了一张假的亦未可知。但是赞成的既占多数，即重付表决，亦仍占多数，且可见此案之表决为信而有征，免得外间传言不清不楚。

123号（江议员辛）：对于赞成、反对的，如果人数差不多，有疑义处，始可以再付表决。现在是一百二位赞成，只有二十七位反对的，可以不必再付表决。

153号（易议员宗夔）：今天到会者共一百三十五人，两下平均，假如赞成、反对人数一样，一票所关甚重，就可以再付表决。现在多少相去悬远，据本员看，不用讨论了。

59号（顾议员栋臣）：总而言之，试问资政院应该有这个事情不应该有这个事情？既不应该有这种事情，安得听其含糊过去？（声浪大作）

93号（席议员绶）：请议长以后记名投票的时候，一张蓝的、一张白的，都要认真分给。方才说汤议员鲁璠没有到会，必定是反对人写的。以后有什么事情，如果用投票表决，当发票的时候，请议长命秘书官按议员的座位名次发给，俟开票宣布后，仍命秘书官按座位名次，定要将每人余票收回。因各议员投白票者必余下蓝票，投蓝票者必余下白票，一定之理。如此办法，各议员都知道余票必须收回，断无再有将余票写他人名字乱投的事。

130号（刘议员景烈）：这个议案已经表决，没有反对的，可以不必讨论。方才说到江西谘议局的事情，还没有说完，又被顾议员的话打断了，应该请议长将许议员的话付表决。

议长：现在人数已不足三分之二，照章不能开议。本议长意以为，此案暂不必再提，待奏稿拟就后再决如何？

132号（文议员龢）：这件具奏案关系甚大，请另指定起草员起草。

153号（易议员宗夔）：不必另外指定起草员，请仍交特任股员修正一下就是。本员也是特任股员之一，不过前天因为到会议政务处协商去了，没有到会，现在要修正的，尽可到特任股员会修正。

议长：一定是如此办法，即送付原特任股员会修正字句。

59号（顾议员栋臣）：以后投票表决时，总要先点清人数，到收票时再核对蓝白两种票数，写了字的各几张，没有写的各几张，自然两面合符，不致有此弊混矣。

153号（易议员宗夔）：是的。但是今天绝无异议，到会人数共一百三十五人，现在已经有一百零二位赞成，二十七位反对，除去一票，还有一百零一位，余的数目甚多。

134号（余议员镜清）：已经多数赞成，不必讨论了。

110号（于议员邦华）：顾议员的话，本来是不错，但是赞成若有一百余人，即少算一票，亦是多数，似不必再行表决。然而今日投票有弊，实是个大笑话，若是查出，请付惩戒。以后照这个办法，就是不成模样了。请此后大家要注意注意才是。

议长：现在人数不足三分之二，不能开议，可以散会。

下午五点五十五分散会。

注释

① 十月初五日收云南谘议局电一件。
资政院钧鉴：滇局因盐斤加价案停议企批。三十日奉旨批减半，仍于初二日开议。再行恳求。滇局。叩。东印。（"十月初五日云南谘议局电一件"，《资政院知会、折奏、章程、说帖、质问、陈请等案件》之《资政院第十五类各省谘议局等电案件》）

② 具案议员陈宝琛等谨提出为提议奏请宣布杨庆昶所（经）[缴]景庙手诏并昭雪戊戌冤狱事
查《资政院议事细则》第二十二条"议员欲就各项事件提议，应具案附加案语，得三十人以上之赞成，会同署名，提出于议长"等因，兹谨提出奏请宣布景庙手诏并昭雪戊戌冤狱壹件，遵照《议事细则》会同署名，应请议长作为议题会议，须至提议者。

议员陈宝琛等提议奏请宣布杨庆昶所缴景庙手诏并昭雪戊戌冤狱案
窃比年以来，朝野上下汲汲于筹备宪政，促开国会，固由会所趋，而变法图强之宗旨，则我德宗景皇帝十数年前实造其端。乃事势牵阻，使吾仁孝英断之圣主，不能伸具其志而永其年，此天下臣民所同为恸慕者也。戊戌年之事，不知者非以为先帝求治之太急，即以为新进诸臣献谋之不臧，甚至以风影之谈妄测宫廷，积成疑义。幸而杨锐奉有先帝手诏，于孝钦显皇后顾念人心、慎重变法之至意，与先帝承志不违、委曲求全之苦心，皆已昭然若揭。此诏去年秋间由杨锐之子杨庆昶呈由都察院恭缴，外间多能传诵，并闻当时杨锐等覆奏，亦复仰赞孝治，谓变法宜有次第。是先帝所以任用诸臣，与诸臣所以恪承诏旨者，皆在于妥筹变法之良策，而必以不拂慈意为指归。于素所规划者，且不免跼蹐审顾，靳出万全，岂有感激酬知而反悖逆，自甘为危害两宫之举者！其为取嫉贵近，致遭诬陷，情迹显然。一二小人又故作张皇，巧行构间，狱词未具，遽予骈诛。在小臣邂逅蒙冤，亦史册所常见，所可痛者，是非失实，不但有累先帝用人之明，且使我两宫至孝至慈，皆无由大白于天下。此则在天之灵长留隐憾，而尤为天下臣民所不可忘者也。窃以为非明降谕旨，将杨庆昶所缴诏书宣布，无以彰先帝仁孝之真。非援据先帝手诏，以昭雪被罪诸臣之冤，无以服人心，而作士气。应请交议，候公决后照章具奏，请旨施行。（"议员陈宝琛提出奏请宣布杨庆昶所缴景庙手诏并昭雪戊戌冤狱案"，《资政院知会、折奏、章程、说帖、质问、陈请等案件》第五册《资政院第三类议员提出提议各案件其一》，清末铅印本）

③ 为审查报告事

本月初八日，本股员会审查剪辫易服一案，兹将审查之结果报告如下：一、议员罗杰提出剪发易服案一件，原案大旨谓变法贵有精神，而精神即寓于形式。我国辫装，其形式特异于六十余国，辫装不变，其害有六。军人挽辫，操演不便，衣长袖博，妨碍运动，一也。工厂舟车，易生危险，工人买夫，不便厥职，二也。与列强交，脱帽为礼，我独不便，感情难洽，三也。华人出游，恒受讥刺，国民外交，不能亲切，四也。形式不改，精神不振，垂辫如故，民忘维新，五也。浣沐不便，尘垢易凝，脑气不清，卫生有碍，六也。至我国服制纱皮叠更，官绅坐累，廉俸不给，则必取之非义，则必病民；苟能改用西服，则通刺整装，取携自便，仆从因而减免。向之官吏为珠顶裘带，辄费万金，以致罢官而不能自存者；今则出寡而有赢金。向之社会为冠服相耀，而侈及轿马家丁，以成侈俗；今则以简质而有余润。此原案中主张之理由也一。周（振）[震]鳞陈请剪除辫发改良礼服说帖一件，其大旨谓：世界日趋大同，欧西列强前亦长发辫，束辫后以（以）其不便而去之。日本维新以前，衣冠沿袭中土，及明治天皇断发改装，率先天下，振毅革新之气象，遂有今日。其应剪之理由有五：一曰军国社会之精神，全在尚武，今既采列强征兵之制，即人人有当兵之义务，亦必人人有尚武之精神，则此妨碍尚武之辫发，在所必去。二曰文明国机械大兴，火车、轮船、蒸汽工厂等，国民营业其间，若有辫发，易生性命之危险，则汽机事业不能发达。三曰警察、军人盘辫于顶，徒增烦累，实益毫无，既明知其不便，不若因而去之。四曰国民最重卫生，贵有活泼精神，修洁态度，辫发被垂，则拘苦牵掣，运动维艰，有碍卫生，莫此为甚。五曰外人指摘讪笑，交涉酬应不宜。故维新以来，有识之士多以剪发为急务。至于服制一端，应分常服、礼服。中国常服訾议尚少，惟礼服则臃肿繁难，非假手车马仆夫，无能为役，奢侈骄惰之习，由此而生。请将礼服改良，以为上下交便之计。此陈请主张之理由也。查两案之主旨，皆以中国辫装妨碍运动，朝廷整军经武，非剪除辫发、改制礼服，不足以灿新天下之耳目，改除骄奢之习惯。其于辫装之利害得失，大都恺切详明，而其扼要之端，尤以中国之棉丝定适宜之服制，不必纯用外国呢货，以保利源。本股员等以为，世界交通当取大同主义，各国皆无辫发，我独立异于人，国际外交致生扞格。且列强环伺，隐患方长，宜振尚武之精神，祛文弱之积习。辫发一项，于军警之运动、学堂之体操，皆有烦扰之虞、危险之惧。故军警、学界每以不便之故，自由剪发，大势所趋，有非国法所能遏阻者。与其惮于改革，徒增形式之参差，何如显为变通，以使军容之整肃！拟请明降谕旨，凡军界、警界、学界一体剪发，农工士庶则悉听其自便，国家绝不干涉，自无惊世骇俗之嫌，此剪发之办法也。中国服制分常服、礼服二种，常服宽绰适体，本可无事更张，礼服则寒燠造更，年换十数袭，烦费实多，且大褂长袍有妨动作，应请皇上改定礼服，示天下以准绳，作维新之气象。此易服制办法也。抑更有请者，尚武之风气倡之自下，则迂缓而难成；倡之自上，则势顺而至易。我皇上为海陆军大元帅，应以雷霆万钧之力，发皇武勇，巩固国防，如蒙躬行剪发，为天下先倡，则文靡之风不期绝而自绝，刚勇之气不期生而自生，是在我皇上之果断而已。本股员等多数表决，意见相同，应请议长交付会议，特此报告。审查剪发易服特任股员长庄亲王。（"特任股员长庄亲王审查报告剪辫易服事"，《资政院知会、折奏、章程、说帖、质问、陈请等案件》之《资政院第十类审查报告各案件》，清末铅印本）

资政院第一次常年会第二十七号议场速记录

【标题】朱谕引发弹劾军机案的再辩论

【关键词】朱谕 立宪 明定军机大臣责任 禁烟

【内容提示】因朱谕重新引发关于弹劾军机案的激烈辩论。有议员认为以此朱谕，外洋各国愈知我国立宪是假的，反与国体有碍。因为凡是立宪国，都是政府同国会对待；以君主对待国会，就不是立宪的精神。甚至有议员主张奏请解散资政院，一方面对其代表的国民有交待，另一方面议员们回去可以办学堂，也可以办实业，还是对国家负责任的。并且解散之后新召集的议员也一样代表国民，也要请军机大臣负责任。最终多数决定再行具奏明定军机大臣责任。接下来讨论了全国禁烟办法与《修正禁烟条例》议案，因一些议员散去，不足法定人数，遂散会。

宣统二年十一月十八日下午二点五十分钟开议。

议事日表第二十五号：

　　第一，提案陈请全国禁烟办法议案，股员长报告，会议；

　　第二，修正禁烟条例议案，股员长报告，会议；

　　第三，提议陈请浙江铁路公司适用《商律》议案，股员长报告，会议；

　　第四，提议陈请广东定期禁赌议案，股员长报告，会议；

　　第五，急定税制及税政暂行机关议案，股员长报告，会议；

　　第六，扼重农政以开财源议案，股员长报告，会议；

第七，提议陈请修正《结社集会律》议案，初读。

168号（李议员素）：昨日朱谕①想俱已见过，请议长今日不必开议，请旨解散资政院就是了。现在内政、外交种种失败，都是军机大臣不负责任之故，而军机大臣中握权最久者，孰逾于庆亲王、那中堂。我们弹劾案只对于机关说话，并不弹劾其人，本员本不赞成。看昨天朱谕的意思，似乎以本院不知大体，擅行干预。我们何必自己取辱？况此谕一出，外洋各国愈知我国立宪是假的，反与国体有碍。还是请议长咨询本院，请旨解散，倒觉痛快。

议长：此案重大，不可仓卒付议。今日到会议员一百二十七人，现有谕旨两道，请诸位议员起立敬听。

各议员起立敬听。

议长宣读宣统二年十一月十七日军机大臣钦奉谕旨，资政院议决《著作权律》会同民政部具奏缮单呈览请旨裁夺一折，依议。钦此。

议长又宣读宣统二年十一月十七日军机大臣钦奉谕旨，资政院奏议员缺额遵章缮请旨补选一折，著刚达多尔济为议员，钦此。

153号（易议员宗夔）请发言。

议长：俟报告文件后再行发言，现由秘书长报告文件。

秘书官（张祖廉）承命报告文件。

议长：周议员廷弼质问税务处说帖一件，②赞成者请起立。

议员多数起立赞成。

议长：多数。

议长：牟议员琳质问度支部说帖一件，③赞成者请起立。

众议员起立赞成。

议长：多数。

议长：王议员昱祥质问陆军部关于军实制造说帖一件，④赞成者请起立。

各议员起立赞成。

议长：多数。

议长：议员全公质问变通旗制处说帖一件，⑤赞成者请起立。

各议员起立赞成。

议长：多数。

议长：王议员昱祥质问陆军部目兵开拔津贴说帖一件，⑥赞成者请起立。

各议员起立赞成。

议长：多数。

议长：张议员政质问法部说帖一件，⑦赞成者请起立。

各议员起立赞成。

议长：多数。

秘书官（张祖廉）续行报告文件。

议长：审查各省谘议局关系事件特任股员长报告收到直隶总督咨文一件，咨询本院拟设特任股员审查，诸位赞成否？

议员多数起立赞成。

秘书官（张祖廉）续行报告文件。

92号（林议员绍箕）：本员前有质问农工商部说帖一件，⑧何以至今尚未答覆？

议长：大约尚未答覆，可请到秘书厅一查。

153号（易议员宗夔）：本员请发言。

议长：现有奏稿两件，应先行朗读。

193号（顾议员视高）：云南盐斤加价案，前天已经审查会审查出来，何以没有报告？

议长：云南盐斤加价一案，因今天云南谘议局又来一电，故未能报告。

140号（康议员咏）：福建谘议局请再开临时会，已经审查，尚未报告，请秘书官朗读。

130号（刘议员景烈）：江西谘议局请展会，也未报告。

议长：已由宪政编查馆复电，故未报告，现由秘书官补行报告。

秘书官（张祖廉）承命补行报告。

140号（康议员咏）：本议员前提裁撤军机处速组织责任内阁案，

请议长照章提出。

192号（张议员之霖）：云南盐斤加价的事，前次上谕已经本院电知云贵总督，而该总督置若罔闻，致有谘议局来电。今审查会报告主张再电，恐将来又属无效。

议长：今天又来一电，据云已经出示禁止，并未照旧办理，明日即登官报。

149号（罗议员杰）：本员有提出整理边事的议案，请议长加入审查殖边案特任股员会一块儿审查。

议长：今天才送到，现已赶不及。此刻还有两件奏稿应该朗读。第一件是核办江苏谘议局呈称督臣朦借外债案奏稿，第二件是核办江苏谘议局呈称饥民焚抢面粉公司案奏稿。

议长：第二件奏稿现在孟议员拟加修正，拟先请孟议员说明修正之主旨。

190号（吴议员赐龄）：可以先读奏稿。

议长：此奏稿是凭报告书起草的，孟议员拟修正报告书，即是拟修奏稿，所以不能不先请孟议员说明修正之主旨。

116号（孟议员昭常）：请秘书官宣读奏稿时，加入本议员修正案，一并宣读就是了。

议长：如此就将孟议员修正案加在奏稿里头，一同朗读。

78号（郭议员家骥）：本院剪发易服的议案，前天已经股员会审查过了，本员对于此事有些报告的事，不识今天可否报告出来？本员听说北京当铺现在已经不当官衣了，就是当便服的价钱亦减下来了，估衣铺、绸缎庄也非常恐慌。这都是因为资政院提出剪发易服议案，才有这个事。（语未毕）

议长：此事应俟讨论的时候再说。

议长命秘书长朗读奏稿。

秘书长承命朗读核办江苏谘议局呈称督臣朦借外债案奏稿及孟议员提出之修正案⑨毕。

议长：请孟议员说明修正理由。

116号（孟议员昭常）：没有多少理由说明，不过在"请旨饬下"这句底下加几句话就是。

议长：这个奏案先读的是原案，后读的是孟议员修正案，大家赞成孟议员所修正的否？

众呼"赞成"。

议长：赞成加入奏稿就算定了，请赞成奏稿全体者起立。

众议员起立赞成。

议长：多数。

议长：还有奏稿一件，由秘书长朗读。

秘书长承命朗读核办江苏谘议局呈称饥民焚毁面粉公司案奏稿⑩毕。

议长：原报告书上有遗漏字句之处，由秘书长再将遗漏处所朗读一遍。

秘书长承命朗读报告书遗漏字句。

109号（籍议员忠寅）：本员对于这个修正奏稿，有几句话说："应如何查办之处"，"查办"两个字要修正，要改为"应如何办理"。其理由在什么地方呢？本来这个核办的案子，不应该归我们资政院查核的。我们上奏之后，应该另有一个机关查办。这个理由同云南盐斤加价、广西限制外籍学生情形一样的。所以本院核办以后，再有一个机关（办查）[查办]，本院不应该查办的，所以"应如何查办之处"当改为"应如何办理之处"，如此。

议长：现在这个奏稿已经朗读，请赞成奏稿全体者起立。

各议员起立赞成。

议长：多数。

议长：现在籍议员倡议将"应如何查办之处"改为"应如何办理"，如赞成者请起立。

各议员起立赞成。

议长：多数。

议长：现在朗读奏稿已毕，请易议员宗夔发言。

153号（易议员宗夔）：昨天内阁奉了两道朱谕，一道关于军机大臣辞职；⑪一道关于资政院弹劾军机大臣的事情。⑫这个朱谕比不得从前的谕旨。从前的谕旨，我们有可以说话的地方，因为军机大臣拟旨，军机大臣署名。这回朱谕是摄政王自己用朱笔写的，而军机大臣没有署名，使我们没有说话的地方。然而亦可从他方面发生两个问题出来：一种是最奇怪的问题，什么呢？资政院弹劾军机的折子是十五上奏的，军机大臣他也就同日上奏辞职，这是很奇怪的问题。岂不是我们的奏还没有上去，他那个辞职的折子马上就上去。两边都是同时上奏吗？摄政王看了这个事情，不好判断，对于我们弹劾不得不敷衍，对于全体要挟辞职的不能不慰留。还有最危险的问题。立宪国的精神，议院为人民之代表，随便的事情都是政府当议院之冲突。君主是最尊严的，一方面可以操纵政府，一方面可以操纵议院。政府非而议院是，则允许政府辞职；议院非而政府是，则诏令议院解散。这是立宪国的精神。这回很奇怪的，既不许军机辞职，又不将资政院解散。这个朱谕下来，并使我们就没有说话的地方了。从此看来，无论以前所议的事情一概无效，就是以后议决的，或关于预算，或关于法律议决上奏，一概都归无效了。或者各省督抚、各部行政大臣只要具折上奏，一有朱谕出来说不行的，资政院就可以不用说话。然则资政院究竟有何用呢？不但现在资政院绝无用处，就是以后的国会，都可以不要了。这个是非常之危险的。因为立宪国精神是议院与政府对待，现在弄成议院与君主对待。这个只有两个办法：一个是积极的专制，什么资政院，什么国会，什么立宪都可不要。还有一个不得了的结果，这个人民没有别的法子，只好拿出他的暴动的手段出来，这是非常之危险。所以我们要想个法子，解决这个问题。据本员看来，本院应该还要上奏弹劾军机大臣。我们不能对朱谕说话，是应该还要拿出军机大臣出来，问他说话的。这回弹劾上去的时候，并不是与摄政王负气，因本来历朝成例，不轻易进退大臣的。从前是对于军机的机关弹劾，现在要对于个人弹劾，他个人本来进退是很不容易，所以摄政王也是非常注意，也是非常之为难的。我们现在不要再对于机关说话，要对于他个人说话。种种不负责任，种种误国殃民，以致东三省为祖宗发祥之地，差不多都不能保守了。我们把这个种种事实，据实弹劾他。摄政王既然知道有这许多的错处，一定准他辞职的。如果他辞职的时候，摄政王一定要留他，自然是资政院任意弹劾、荒谬绝伦，就要解散我们资政院。今年所做的事情既然无效，不如解散之为愈。据本员意见，还是要上奏弹劾他，请议长咨询本院指定起草员，从速办理为好。

190号（吴议员赐龄）：本员对于这两道朱谕看来，虽说摄政王一番调停苦心，愈见得军机大臣平日对于君主不负责任之处。世界立宪国，所谓君主大权，是统治大权。凡行政、立法、司法，都是君主裁可，并没有说是关于军机大臣的事情都不许人家说话的，所以《资政院章程》关于君主大权的，不能作为议案，而建议案、具奏案没有一定范围，即无不可以说话的，不过裁可、不裁可，是君主大权而已。军机大臣平日将"君主大权"四个字，附会欺哄皇上，遇事便抬出君主大权，使旁人一句话也不能说。所以把这两道朱谕看来，愈见军机大臣欺君误国之罪。我们从前的奏案还不是弹劾案，只能算得一个具奏案。而我们当时把这个案子反作为弹劾案去了，所以皇上说现在责任内阁尚未成立，机关不完备，军机所以不负责任。摄政王看了这个奏案，也是没有别的法子，只有调停的方法。资政院可以不解散，军机大臣也可以不必辞职，总是慢慢去作就是了。从前不能把军机大臣不负责任的事实种种说明，这回若是把军机大臣误国殃民的事情以及内政、外交种种失败的事情，再说明一次，军机大臣一定再请辞职。如果再请辞职不准，一定要解散资政院，将来就有个真是非的判断。现在朱谕不是皇上判断不公，还是归咎资政院前次奏案不能将军机大臣种种不负责任的事，确确实实地说明。如果本院再上奏，本员还是主张易议员之说，遵照《院章》二十一条，作为弹劾案为是。

129号（汪议员龙光）请发言。

137号（邵议员羲）：昨天奉了这两道朱谕以后，本员便由此推出一种现象出来。从前所谓预备立宪，到底是真立宪还是假立宪，都不晓得。但是自从开会以来，政府与人民利害关系接近，而真立宪、假立宪的现象乃渐渐看得出来。我们资政院虽不能同国会一样,然国会的精神也不过如此而已。若照现在政府的情形看起来,就是宣统五年开国会也是无用的。从前本院有几个具奏案,而上谕下来还是要交行政衙门查核,这个手续虽已经生了许多阻碍,但是本院尚可以说话。不料现在改作朱谕,可就没有说话余地了。所谓立宪国的精神,一个是国会,一个是政府,两个是对待的机关,君主是神圣不可侵犯的。现在政府搁到旁面去,用君主名义相对待,这是没有办法了。照立宪国的办法,君主万不能与议院对待的,必将政府为对待的机关。如果政府不是,政府辞职;国会不是,国会解散。现在要君主与资政院对待,以后所议的多少案子,如果不能实行,便去问哪个呢?所以现在要解决这个问题,应该仍拉政府出来说话,天下断没有以君主对待国会的。以君主对待国会,就不是立宪的精神。中国宣布立宪,已经奉了先朝上谕,不是空空洞洞就能了事。凡是立宪国,都是政府同国会对待。至于议院解散,不要紧的;政府辞职,也不要紧的。这是政府同议院争进步,所以政府愈争愈好。论中国现在的情形,政府也不辞职,资政院也不解散,然两面无实在的结果。已经成了麻木的政府,难道我们资政院也要麻木的吗?所以本院还应弹劾该大臣才好。现在用朱谕对待我们,就是军机已经不负责任了,内阁并没有成立,而我们总要把他当作内阁看,有个机关对待,才有效力,不然通通都不行的。现在政府不负责任,无论什么事情都要归咎于君主,岂不危险?所以本院现在弹劾,还是要拉军机大臣出来,与资政院对待,才能保全立宪国的精神。

149号(罗议员杰):这个案具奏弹劾有几种理由:一、责任之界说。这个责任有两种,一种是政治上责任,一种是法律上责任。失法之责,如招权纳贿之类。但得弹失法之责,须有证据方可以说。失政之责,并不是宪法上、官规上一条条规定,某种是应该负责的,某种不必负责的,就那个地方看,他负责任不负责任,须看他内政、外交失败不失败。如没有失败,这个弹劾就错了;如果失败,就是一弹再弹三弹都应该。这是责任的界说,宪政之精神。现在中国如何要立宪呢?因为专制政体不好,所以才要立宪。立宪政体之要点,在合议制对合议制。

资政院与国会都是合议的机关。政府对待资政院与国会，也应该是一合议机关。何以政府也当有合议的机关呢？将来之责任内阁且不必说，比如我们十余部尚书与军机大臣构成政务处，一方为全部政务大臣，一方为一部应管大臣。以农工商部论，如果中国农工商各项实业不发达，则农工商部应当负责。陆军不发达，则陆军部就该负责任。再进一步说，如关系全部事务，则政务大臣就应该负全部的责任，方为合议制与合议制对待。若军机大臣躲在皇上背后，使皇上与人民对待，是专制政体办法，不是立宪政体办法。现在责任内阁没有成立，就军机大臣责任说，一半是真的；军机大臣总说有军机的苦处，一半是不妥的。所谓一半是真的，是军机大臣多无主管关系；所谓一半是假的，就是现在这个会议政务处。试问这是乾隆年间立的，还是光绪年间立的？当日立这个会议政务处的意思，就是责任内阁的雏形。会议政务处大臣，仿佛外国国务大臣，各部大臣对于本部尚书、对于会议政务处是政务大臣，军机大臣就是外国总理大臣。既是有这种关系，到底由军机大臣提出许多救国的阁议否？议决各部大臣许多议案否？军机大臣当负责任中之责任。如此不负责任，实在是辜负德宗景皇帝设立政务处的意思了。若政务处不负责任，即是政府不负责任。政府不负责任，就是无政府。既无政府与本院对待，真危险已极了。我们资政院应该弹劾他不负责任。现在军机大臣于内政、外交，种种不负责任，内阁未成立以前，我们种种议案非要他负责任，皆是无效。上次军机大臣答覆的说帖说得很模糊，并未曾说到"负责任"三个字上去。现在内阁尚未成立，他如此不负责任，恐内阁成立，他还是不负责任的，我们认为他应当负责任。有一方法，看他在位与否，他在位一天，即是他负一天应负之责任。比如佐杂，何尝明定什么责任？但做一天佐杂，就要负一天佐杂的责任。何况军机大臣？何况领袖军机大臣？本员主张弹劾领袖军机负连带责任的意思就是如此。

议长：请汪议员龙光发言。

129号（汪议员龙光）：上次奏议案本是议定用《院章》二十一条弹劾军机，后来改用一百六条作一个具奏案，也不过期望他要负责任。

从前他们种种失败，把国家弄到这个地步，都没有说。军机大臣自念身居何等地位，当此危急存亡之秋，就应该振刷精神，矢负责任，以慰人民望治之忱，才是道理。再不然声明指日就要组织新内阁，内阁成立，自然是负完全责任，不必急在旦夕之间，也还可以说得去。谁想我们要他负责任，他便辞职，分明是不能负责任、不肯负责任的意思，与我们期望刚刚相反。诸君须知军机大臣辞职有两种意思，其对于朝廷，则有意要君，以为朝廷如看重资政院，采取他们一般舆论，则我们便不干；彼也料定资政院没有排倒他的权力，并料定监国摄政王于面子上决不能让他辞职。这辞职一层话是乐得说的。而其对于本院，又假托文明，以为众议员既说我辅弼无状，我并不曾恋栈，可以告天下，可以搪塞我们的口实，这就是军机大臣对于朝廷与对于本院的心理，实属非常取巧。即此一节，就有可以弹劾的理由。至按诸事实、理法，非再加弹劾，尤不能巩固宪政。我们所以必要军机大臣负责任者，原为皇上是神圣不可侵犯，必须政府与议院两相对等，斯可以两相责难。现军机大臣一经责难，对于上则以辞职为要挟，对于下则挟天子以令诸侯。我们一般议员，谁敢与皇上相对，将来必至无事敢议，无口可开，势必由立宪复返于专制，宪政前途非常危险。本议员意思，很以邵议员所说的为是。此次具奏，应把立宪要素全在政府与议院立于对待的地位，而皇上神圣不可侵犯之尊严乃弥加巩固，一切道理解释清楚，再看如何。如以为是，则是真立宪。目下之资政院，既是议院基础，则目下之军机处，说不得不是内阁基础，自然不能不负责任。如以为非，则是假立宪，不惟资政院无可存立，便连国会也可无（容）[庸]开设了。

110号（于议员邦华）：这个事体，诸位研究的很透彻，我们当有两个办法：一个是消极的办法，他不解散我们，我们全体辞职；还有一个积极办法，就是邵议员所说的，君主大权我们是万不能侵越的，还要弹劾军机大臣为是。我们这个弹劾不与那回一样。那回是法律上的弹劾，这回是政治上的弹劾；那回是机关上的弹劾，这回是个人的弹劾。这个折子上去之后，如果教军机大臣辞职，他必定辞职。如果不辞职，就是解散我们资政院。

112号（陈议员树楷）：方才诸位研究的很有道理，再上弹劾案，照汪议员所说里头要多加一层。那一回上奏，我们的意思并不是与政府为难，原是要他赶紧设立责任内阁，要他负责任的意思。而军机大臣不但不负责任，并且还要辞职，与我们的意思绝是反对，所以才生出这一个问题来。我们要上奏弹劾，就把立宪国种种的手续、种种的利益说明，并将汪议员所说十年以来中国种种的毛病都因为权限不清、机关不完全，所以弄到如此地步，亦要说明，然后上奏时不至再生许多的冲突。研究这个问题，分三层说：一层是立宪、二层是专制；三层是由专制而进于立宪。第一、二层不必说，最重要的是第三层。所以我们弹劾要叙清这一层。本院研究的时候，可以为最后的补助。第一项，立宪国家范围内有政府有国会，人民散布于政府与国会之下，君主居于政府与国会之上而总揽大权。政府与国会是两个对待的机关，君主居于其上，以保神圣不可侵犯之尊严，其责任由政府担当。这是立宪国家的政体，所以君主万世一系也。专制国政府不担责任，一切由君主担之，并无所谓国会，君主、政府、国家混而为一，如法国路易第十四所言朕即国家、国家即朕是也。现在我们中国已由专制而进于立宪。试问立宪已成立没有？现在还没有成立，以致往往权限不清，因而生出种种的冲突。我们不从研究上入手，竟由冲突上进行，势必至于专制不成专制、立宪不成立宪了。现在正是过渡时代，是要仔细研究的。我们资政院是国会不是国会？既不是完全国会，因为过渡时代没有完全责任内阁，而独设一资政院为不完全的国会，是当初就错了。资政院既不是完全的国会，就应该预备一不完全之责任内阁，为资政院对待的地位。现在既未有一个不完全责任内阁对待我们资政院，我们就认这军机处为对待资政院之不完全的内阁。这个奏稿上要加上一层，谓现在既没有责任内阁，军机处就应当是与我们相待的。既是相对待，就当负责任。既是应当负责任，就不应当遇事回避，免致有种种冲突。所以上奏的时候，总要把他叙清了，然后可以有效。

135号（郑议员际平）：本员对于各位再行弹劾军机大臣的话很赞成，很佩服的。不过本员个人意见稍有异同，不可不说出，以供参考。

本员以为既有这个朱谕，本院亦不必再行弹劾，就是提出具奏案，大家请解散就是了。军机处积习相沿，几乎劾不胜劾，有说此回宜弹劾军机个人者，向来都察院弹劾是弹劾个人，举其事实。我们资政院是代表全国，当有全国的眼光，是不必历举军机大臣琐碎事实以为弹劾。所以本员的意思，就不必再行弹劾，上奏自请解散就是了。这个自请解散是什么意思呢？因为军机大臣不负责任，上一次之弹劾就想他负责任，并且对于本院议案的事，均要实行，以冀挽回危局。此次军机大臣仍是不负责任，我们资政院若听其不负责任，实有非常之危险。我们是全国的代表，将来人民问起国家的事体，其将何辞以对？所以我们资政院，既想达自己负责任之目的，不能听军机大臣不负责任，因议院是与政府对待，政府不负责任，议院所议事事皆空，则上无以对皇上，下无以对人民，不若解散之为愈。虽是解散，我们回去也可以办学堂，也可以办实业，对于国家还是负责任的。并且解散之后，三月、五月以内还是要召集的，召集的议员同我们也是一样代表国民，也要请军机大臣负责任的。那时候，对摄政王同政府自然感悟，才知道我们现在上奏自请解散，并非有意与军机大臣争闹，乃是出于本来愿意自己负责，一片忠君爱国苦心，万不得已的。本员意见如此。

153号（易议员宗夔）：郑议员主张请旨解散，这个话不对，我们总是要振起精神，在这里当一天议员，就要负一天责任。我们自己请旨解散，就是同军机大臣一样不负责任了。现在请议长将本员倡议宣付表决，指定起草员即行上奏。

130号（刘议员景烈）：请议长咨询本院，到底军机大臣应当弹劾不应当弹劾，即付表决，也没有什么讨论的。

108号（刘议员春霖）：这个事情关系全局的事体，就多讨论一回，也不妨事。

议长：请简单发言。

108号（刘议员春霖）：昨天两道朱谕，大家一看非常惶恐，因为这两道朱谕与预备立宪的时代不相符合。从前本员以为军机大臣向来不负责任，不过现在既是预备立宪，就不能不负责任，并且这个弹劾案就是请军机大臣同会议政务处总得要负责任就是了，并不是资政院同政府捣乱的心思，这是可以为资政院表白的。昨天上谕慰留军机大臣，这是无碍的，因为用人是君王大权，不过是军机大臣不负责任，资政院不能过问。这个话可是与预备立宪很不合的。今当预备立宪时代，资政院虽不是国会，军机大臣虽又不是完全责任内阁。据本议员意见，军机大臣不能说是不负责任的，资政院虽然不是国会，其实对于军机大臣负责任、不负责任是可以说的。今看第二道朱谕，对于资政院似乎绝对的不能说话。（语未毕）

  48号（陈议员懋鼎）：请刘议员对于朱谕说话稍为留意。

  108号（刘议员春霖）：自古有直言敢谏之人，实在是国家之幸福。

  48号（陈议员懋鼎）：本员说的是言语上留意，并不是不能说话。

  108号（刘议员春霖）：对于朱谕，不能持积极主义，就得持消极主义。既不能说旁的话，惟有全体辞职。方才诸位说应当持积极主义，不应当持消极主义；应当以退为进，不应该以进为退。如无决心为积极主义，其实不如消极主义。若是略微敷衍，就可以混得过去，（与）[于]资政院前途非常危险的。至于对于军机大臣何以有这个话呢？就是军机大臣辅弼无状，没有拿着立宪的精神向摄政王讲过，没有将政府同国会对待的情形向摄政王解释过，若把这两个性质向上讲明，摄政王万不至于下这道朱谕的。有如此情形，可见军机大臣之辅弼真无状已极，但是军机大臣断不用我们资政院的话，而我们也没有什么要紧。这就不得不咎我们议员说话之无价值，因为我们议员实在有许多不能为国民的代表。看他的宗旨，纯以趋附政府为宗旨。比如会场之上发出议论，不敢公然反对，每每用调停主义，出了会场之外，昏夜叩权贵之门。这就是资政院名誉不好的地方。内部虽然不说，然而外部没有不知道的。政府一看这个奴颜婢膝的议员，觉得这一般人就可以拿着势力压倒他的，（拍手拍手）并可以拿着利禄羁縻他的。如此看来，军机大臣对于资政院议员是瞧不起了。我们议员中要保守自己的身分，才可以自立。以后对于军机大臣，再不可有趋奉的意思。军机大臣既说是不负责任，这个关系很大。我们如果甘心承认，就是资政院不成为资政院了。我们的目的，非要将来资政院同政府立于对待的地位不可。此次再行具奏，将该大臣等据实弹劾，就请监国摄政王收回成命，亦无不可；否则全体辞职，亦无不可。

169号（刘议员志詹）：讨论的意思很多，今天事情第一是弹劾军机不负责任，第二是奉到昨日朱谕。现在本院既主张第二次上奏者居多，究竟第二次上奏到底如何办法，或者军机辞职，或者是资政院解散，究与国事何补？据本员意见，争论之点总在不负责任，此刻具奏稿内应注意速行成立责任内阁。责任既明，争论自易解决。至解散一层，到了再上奏案，不准时再行解散，庶乎议员对于国家、对于人民之责任，不是徒作空言了！

108号（刘议员春霖）：若本院解散了，后一定要召集的。如果再召集，资政院还可以有价值的。如果本院此次怕解散，就是勉强下去，以后之资政院并没有一点价值的。

110号（于议员邦华）：大家意见相同，不必讨论了，请议长指定起草员为是。

109号（籍议员忠寅）：这个事体，本员自看见两道朱谕之后，自己想了许久，想不出一个道理来。现在大家的议论，除辞职没有第二个办法。然今天我们到资政院来，在股员室随便谈及这一层，大家的意见主张上奏者居多，主张辞职的总是少数。现在听大家议论，主张辞职亦颇有人。然大家仔细想一想，除了辞职之外，还有别的办法没有？本员看来，在这个地方，现在快要表决。本员对于表决有几种办法：一种就是这个时候全体辞职，这个辞职的理由，刘议员说得很明白，本员不必再说。从前对于政府抱一个积极的主义，现在有了两道朱谕，我们没有发言的地方，所以必须抱消极的主义。现在我们全体辞职，把这个积极主义让与后来资政院的议员，这是一个办法。如果这个主义大家不赞成，本员不敢坚持自己的意见，必要大家合意才好。不过对于上奏有几句话说。方才大家讨论意见虽然相同，而理由很复杂的。本员想，这回上奏是要单独的，不要复杂的。为什么呢？因为资政院有了这两道朱谕，恐怕将来资政院总裁与副总裁一样非常危险。既是非常危险，恐怕后来有无穷的流弊。军机大臣负责任不负责任，非本院所得擅预，恐怕此后弊端百出，是非常之危险。我们专对于责任上说话，非对于军机大臣说话。军机大臣种种的毛病，我们可以不必说，而我们的目的亦不要他辞职，要同头一回上奏一线相贯。头一回上奏，大家表决的结果不是一定要军机大臣辞职，是要明定军机大臣的责任，而后来的结果，负责任、不负责任，资政院不能问。这回再上奏，我们无论如何总要定出军机大臣的责任来，与头一回所奏的才能一致。既是要明定他们的责任，说话的方法要用邵议员发的议论，引用各立宪国制度，并且声明先朝钦定的宪法大纲，军机大臣与国会是对待的，必要军机大臣负责任，资政院才能有效。如果军机大臣不负责任，则资政院虽有若无，将来不能生出效果来。这个折子上去，如果有效，可以定了一个军机大臣的责任；若是无效，本院全体才可解散。随便说军机大臣不对的地方，还是没有效果的，并且与头一回的折子便不是一贯了。（拍手）

190号（吴议员赐龄）：对于籍议员的话，很有异议的。因为不能空空洞洞上一个具奏案，必须上一个弹劾案才好。若是具奏案，绝对无效，虽全体辞职何济？凡事必须由破坏而求成立，这个弹劾必有一方面的处置。从前上奏案只是说机关不完备，军机大臣不负责任，所以这回皇上才有这两道朱谕。如果还是说不负责任，一定还是无效的，而军机大臣就是辞职也是假的。今皇上既不许军机大臣辞职，又不解散资政院，是仍许我们资政院说话，我们就要把军机大臣贪庸误国种种事实再说一说。皇上以我们为是，必许军机大臣辞职，后来军机必负责任；皇上不以我们为是，必不许军机大臣辞职，就解散我们资政院，后来之议员或可得政府之同意。总以国利民福为目的，请议长付表决。根据《院章》第二十一条成个弹劾案，不能空空洞洞具一个上奏案就罢了。

109号（籍议员忠寅）：本员答覆吴议员的话，请贵议员把本员的话细听清楚。本员所说的话，因为时光不早了，所以说得没有次序。现在要从这个地方讲。头一回上奏，大家以为是对于机关说的话，并不是对于军机大臣个人说的话，方才吴议员在演台上亦说过的。至于第一回上奏案，并不是本员自己起的草，然而本员亦是起草员之一份子。本员很赞成头一次的草稿。头一次的奏稿中所谓"责任不明，难资辅弼"，这本是对于个人不能负责任说的话，并不是对于机关上说的话。若是对于机关上说话，必定说是制度不明，虽有圣人无如之何。至于后面一大篇文章，屡屡指他不负责任的证据实在不少，亦是对于军机大臣个人说的话。头一次大家表决无论错不错，既是经大家多数表决，又是全体赞成了。今天奉到朱谕之后，我们从新具奏，但是这一回上奏，我们不能与头一回上奏说两样话的，这是一个办法。第二层，"弹劾"二字，本员并不是不赞成弹劾的。第二回弹劾将来究竟有无效力，大家要仔细想一想，还是再行具奏的力量大，还是随便弹劾的力量大呢？平时我们弹劾他，专指他的劣迹而言；今天弹劾他，但说他们不负责任。这两个比较，是哪个力量小呢？现在朱谕上说的"负责任、不负责任，非该院所得擅预"这几句话，恐怕〔将来〕军机大臣将来有所借口，更加不负责了。（拍手）我们此次上奏，还是要叫他负责任，还是要限定他的责任。我们可以不必讳言，对于这一回朱谕，若不再事弹劾，将来军机大臣更有何所顾忌？所以本员的意思，还是要具奏，叫他负责任。这比随便弹劾他，力量孰大孰小呢？至于吴议员主张根据《院章》第二十一条，这一条本员极不赞成的，因为头一回上奏的时候，并没有根据《院章》第二十一条，就是平常我们前次对于军机大臣上奏是根据《院章》百零六条的，而此次下的上谕，并没有驳斥说不能用百零六条，本员以为这百零六条是本院极坚牢的一个根据，为朝廷所明认的，我们可以不必引据第二十一条。现在军机大臣看我们资政院与没有一样，一点效力没有，将来我们还怎么办事呢？至于引据第二十一条更有毛病，因为头一回并没有引据二十一条，头一回说的是他不负责任，我们要他负责任。我们这回何必引据第二十一条，又说他违背法律呢？至于这一层确当不确当，又是一个问题。然而要根据本院章程正当的规定，我们就可拿这个根据去问他，何必拿二十一条为根据呢？

190号（吴议员赐龄）：籍议员的话与《院章》大相冲突。若照籍议员的话，就不能用"弹劾"二字，只得作为具奏案。我们打算弹劾他，不能不根据二十一条。至于贵议员所说根据于前次奏稿，然而前次表决时候，本议员极不赞成，不过以少数意见不能从多数之允从，若是照前次上奏，就不必说了。

153号（易议员宗夔）：籍议员说的话本来是很正当的，吴议员说的话亦是很正当的。但据本员看来，彼此不要争执，因为此次朱谕援引宪法大纲，我们亦可以引宪法大纲所规定，据实弹劾就行了，不必用二十一条，亦不必用百零六条。

109号（籍议员忠寅）：本员因吴议员说的话，还有两句话应该答覆的。我们资政院并不是很小的事体，我们一件事体当有效力。我们打算有效力，就要有正当的对待。我们说话不能与从前说的话是两截的。万不能说对于头一次在这边攻一下，攻不着再到那边去攻的。

190号（吴议员赐龄）：我们不管有效无效，我们总要上奏弹劾。弹劾不倒，军机大臣不辞职，必然解散我们资政院。若照贵议员所说，那是空空无补的。

109号（籍议员忠寅）：据吴议员的意见，以为本员说的是调停的话。我们从前起草，是具奏他不负责任，现在下了朱谕，有"负责任、不负责任，非该院所得擅预"的话，我们恐怕因为这一句话，将来军机大臣以为口实的，以后我们资政院的话永无效力了。我们现在的意思，还是要他非负责任不可。我们这回上奏之后，若是不准，必定要解散我们资政院。如果不解散资政院，那我们就算有效力。至于"弹劾"二字，本不要说明的。这一次上奏，可以作为弹劾案，亦可作为具奏案。若是我们这回弹劾不准，再用第二回弹劾；二回弹劾不准，再用第三回弹劾。共总有三个月的会期，若是天天弹劾军机大臣，别的事情还是办不办呢？所以本员主张这回具奏，还是说他不能不负责任。

百九十号（吴议员赐龄）：若这回具奏还是无效，又有什么办法呢？所以本员主张此次若再弹劾不倒，再行弹劾，总要至解散我们资政院为止。

109号（籍议员忠寅）：照吴议员说的话，头一回弹劾不准，第二回弹劾；第二回弹劾不准，第三回再行弹劾。我们天天与军机大臣捣乱，亦不成事体了。现在既然有这道朱谕，应当照这个问题解决，我们再具奏把他的责任定出来，若不定出军机大臣的责任，则我们所议的不惟无效，且以为出乎范围之外，非解散不可。

110号（于议员邦华）：吴议员没有听明籍议员的话，籍议员说的是朱谕说"负责任、不负责任，非本院所得擅预"，现在我们非要争过来不可，这其中有个收回成命的意思，比弹劾军机大臣违背法律有效力些。我们资政院现在该争的就是这一层。吴议员可以不必再说了。

132号（文议员龢）：方才籍议员说主张用《议事细则》第一百六条具奏，本员窃不谓然。第一百六条云："前条规定之外，应行具奏事件，议长、副议长得随时具奏。"据愚见解释，大约是指凡不关于议案具奏之事件，所以不必经本院议决后议长、副议长得随时具奏。若关于议案具奏之事件，则应照第一百五条内所举之各条，经本院议决后，由议长、副议长照各本条分别具奏。今此案如经本院议决后为第二次之具奏，若仍据第一百六条上奏，恐甚不妥。恭绎昨日朱谕有云"非该院总裁等所能擅预"等因，此次尤宜注意，还请细辨条文办理，勿再误会为要。

109号（籍议员忠寅）：文议员的话是不能这么解释的。我们从前上奏好几回，不管他是核议案或核办案，资政院公同议决，自行上奏，都是由议长、副议长代奏的。因为请旨裁夺，议长、副议长为全院之代表，这个就可以代奏的，况且头一回上奏，是根据百零六条，所以这一回还是根据百零六条为是。

某议员：请付表决。

议长：此事讨论的很久了，现在讨论可以终止了。

178号（高议员凌霄）：主张弹劾案，本员很赞成的。但是本员还有个说法，弹劾是容易的，至一上、再上、三上，若全无效果，那时是必然辞职的。但方才刘议员研究众人的心理，是否能达到全体辞职的决力？若将来一半辞职，一半不辞职，到这个时候，反不好看。这个事情，依本员意见，应当以后劲为前提，应请议长咨询本院，大家有全体辞职的决力没有？必定我们先有全体辞职的决力，然后政府不敢轻视，上奏方生效力。本员意见如此。（叱声四起）

9号（铠公）：请议长维持秩序，现在秩序太乱。

190号（吴议员赐龄）：这回具奏究竟能否弹劾军机大臣，总以我们能争到解散、不能争到解散为断。若如高议员所云，要问全体辞职然后可以弹劾，这等居心，就是自己不愿辞职的。试思全体辞职是个人做不到的，预备除名是个人做得到的。若果有不怕除名之决心，则言论自由，不必辞职，亦不负议员之天职了。

137号（邵议员羲）：讨论终局之后，不能再发言。

议长：现在将此事付表决。本议长咨询诸位，还是用起立表决，还是用记名法表决？

众议员呼"赞成用起立法表决"。

议长：现在议员人数足三分之二，可以付表决。先将仍请明定军机大臣负责任之说付表决，请赞成再行具奏明定军机大臣责任者起立。

众议员起立赞成。

议长命秘书官计数人数，报告起立赞成者一百零二人。

议长：赞成的多数。

193号（顾议员视高）：这个弹劾案须限日上奏才好。如果似前次拟稿后逾半月之久方始入奏，恐已届闭会日期，而此折尚不能上去矣！现距闭会已无多日，请大家注意。

议长：现拟指定起草员六位办理折稿，众议员赞成否？

众议员呼"赞成"。

议长：现在由秘书长报告起草员姓名。

秘书长承命报告起草员姓名，如下：

汪议员龙光、罗议员杰、邵议员羲、陆议员宗舆、章议员宗元、陈议员树楷。

196号（牟议员琳）：请问议长剪发易服案报告书，已经股员会修正，请早日提出会议。

议长：报告书已收到了，可以即日提出会议。

149号（罗议员杰）：本员倡议剪发易服后面附有请废拜跪的礼节一层，何以该股员会的报告书未曾加入？不知道是什么意思，请议长咨询股员会。

192号（张议员之霖）：表决弹劾案极为重要，请起草员不要耽误，总期下次大会通过奏稿，从速上奏。

134号（佘议员镜清）：请议长咨询起草员，何时可以报告，以便刻期具奏。

议长：请问起草员，几时可以报告？

129号（汪议员龙光）：六个起草员先要会议妥当方可决定。据本员意见，总可以从速报告。

112号（陈议员树楷）：等散了会以后，我们六个人商量从速起草就是了。

议长：现在开议。议事日表第一提议陈请全国禁烟办法议案，第二修正禁烟条例议案。请法典股股员长报告审查之结果，并说明理由。⑬

73号（汪议员荣宝）：法典股股员长润贝勒今日未到会，本议员代股员长委托刘议员曜垣代为报告。

议长：请刘议员曜垣说明理由。

183号（刘议员曜垣）：全国禁烟办法与修正禁烟条例两件议案，从前已经议长归并一起，付特任股员审查过了。审查之后，特任股员亦已报告过了。初一日通过大会时候，先将禁种、禁运、禁吃这三个期限已经分开表决。因为这个报告书里头有个《禁烟暂行章程》、有个《修改禁烟条例》，议长咨询本院将《禁烟暂行章程》并《修改禁烟条例》交法典股审查。兹审查得暂行章程所注重之点在分期实行施禁。究竟禁种在什么时候，禁运在什么时候，禁吸在什么时候，不可不申明一番。至于第三章机关、第四章查报，这个机关与查报都属于禁烟的办法，股员会虑及办法各省不能一律，因各省情形有不同的地方，且恐办法未能完备，于是把这两章都删去了。至于实行的禁烟办法，由各该管衙门以命令定之，就可以达禁烟之目的，所以把这两章都删去，随后加上一条"本章程施行细则，由各该管衙门以命令定之"，因为各省情形不同，以如此办理为好。至于《修改禁烟〔文〕条例》，股员会亦一概删去了。因为《新刑律》第二十一条鸦片烟罪所定的条与修改禁烟条例有不合的地方，处罚轻重未能一致，恐怕将来《新刑律》实行时必多冲突的，而且《修改禁烟条例》附则规定，宣统四年正月为实行之期，此时《新刑律》亦必颁行。若此条例与《新刑律》同时颁行，恐怕定有抵触的。本股员会因《修改禁烟条例》与《新刑律》第二十一章鸦片烟罪不大相符，所以都删去了。本股员会审查结果如此，请议长将本股员会禁烟章程修正案付表决，然后指定起草员拟稿具奏可也。

112号（陈议员树楷）请发言。

议长：现有发言表，照次序发言。

178号（高议员凌霄）：陈请禁烟说帖，请由秘书官朗读，大家可以斟酌。

130号（刘议员景烈）：这个禁烟办法，禁种、禁运、禁吸，已经几次审查，已经议决办法，可以不必再说。

73号（汪议员荣宝）：请议长将法典股修正案，由秘书官朗读。

议长：还要咨询众位，此案现在虽已作为法律案，然拟按照《议事细则》规定不经三读，就将全体付表决，众议员以为何如？

众议员呼"赞成"。

议长：按照发言表，请刘议员懋赏发言。

165号（刘议员懋赏）登台发言：这个案子已经表决过了，不过再说一说，请大家公决。禁运原以宣统三年六月底为限，以本员意见，不如改为二月底一律禁运，何以呢？若等到六月底禁运，可是多展限一日，则土商多自由贩运一日，能自由贩运，则能自由销售，与禁烟大有关系，并且吸的人又要多了。若遽加条例惩办，岂非因禁运之晚所致，与禁种、禁吸均大有妨害。所以本员主张应改至二月底才好。

130号（刘议员景烈）：这个禁烟案已经表决过了，可以不必再行讨论。

165号（刘议员懋赏）：禁烟期限已经表决，似不必再行提议，惟此事关系甚大。本员对于修正案第三、四条颇有疑义，请将理由说明。大众公决禁吸限至宣统二年十二月底止，则禁运一节似应提前办理。何以呢？修正案限至宣统三年六月底一律禁运，是未禁运以前，土商就可以自由贩运。既准他自由贩运，他就可以自由销售。现时土价甚昂，获利较大，种土之户睹此情形，以为六月内既不禁运，尚可再种一年，群生羡暴冒险尝（识）[试]，彼时查禁不力，是禁种一层有办不到之危机。果能认真查禁，按禁烟条例办理，是种烟之民皆变而为犯法之民。一二处种烟，当不棘手，若多处种烟，不知将何以处之！以本员意见，拟将六月底禁运，并同时裁撤统税一层，改为宣统三年二月底一律禁运，一律停止征收。第三条禁运办法应当如此。第四条烟馆、土店、土膏店应当同时封禁，使吸烟的生戒烟的决心。禁运太迟，即无不种之决心；禁卖太迟，即无不吸之决心。或有为土商亏损计算者，本员以为，凡系土商，无不垄断居奇，求获大利，即期限已过，私相授受，事实上是万不能免。既要实行禁烟，就不能顾及少数土商，不为一般普通吸烟人打算。修正案土膏店限宣统三年六月封禁，应（既）[改]为三月底一律封禁。本员意见如此。

议长：按照发言表，应请林议员炳章发言，但因现在在场人数太少，不足三分之二，不能再事讨论。

110号（于议员邦华）：可以讨论讨论，不必表决。

108号（刘议员春霖）：人数太少，虽讨论也是空的，讨论没有人听见，不如人数够了再讨论。

73号（汪议员荣宝）：请议长付特任股员审查。

137号（邵议员羲）：可以仍付法典股审查。

议长：现在散会。

下午六点钟散会。

注释

① 宣统二年十一月十七日因庆王等递封奏一件，资政院递封奏三件，内阁奉朱谕："军机大臣庆亲王奕劻等奏，才力竭蹶，无补时艰，恳恩开去军机大臣要差一折。所请开去军机大臣之处著不准行。钦此。"（中国第一历史档案馆编：《光绪宣统两朝上谕档》，第三十六册，广西师范大学出版社1996年版，第475页）

"资政院奏大臣责任不明难资辅弼一折，朕已览悉。维设官制禄及黜陟百司之权为朝廷大权，载在先朝《钦定宪法大纲》，是军机大臣负责任与不负责任暨设立责任内阁事宜，朝廷自有权衡，非该院总裁等所得擅预，所请著毋庸议。钦此。"（中国第一历史档案馆编：《光绪宣统两朝上谕档》，第三十六册，广西师范大学出版社1996年版，第 476 页）

② **具说帖议员周廷弼谨提出为质问税务处事**

　　查《资政院议事细则》第一百七条"议员依《院章》欲行质问者，应具说帖，得三十人以上之赞成，由议长咨询本院决定之"等语，兹提出质问说帖一件，经规定赞成议员会同署名，应请议长咨询本院决定，照章咨请税务大臣酌定日期以文书或口说答覆，须至说帖者。

　　一、海关趸钞余存之银，应改交本国银行存储。今秋上海银根紧迫之际，各国银行有意为难，但收不放，致市上大起风潮，及向商借，又种种要挟，必得国家出面担保，始能应允。权操自人，无可如何，然趸钞一项，原为国家自有之款。年来我国银行开设日多，与其将款存各国银行，资其垄断，曷勿存本国银行，以便市面流通？

　　二、海关人员宜多派本国人充当。日本维新之始，亦尝借才异地，逮国内人才辈出，遂一律改用本国之人。我国兴学以来，可用之才日众，亟宜酌量位置，而洋关重要诸差，大率仍用洋员，薪水一项，每岁所费甚巨，曷勿于学堂毕业生中择优改派，以免喧夺而节开支。（"议员周廷弼具说帖质问税务处关于海关事"，《资政院知会、折奏、章程、说帖、质问、陈请等案件》第八册《资政院第四类议员具说帖质问各案件其二》，宣统二年铅印本）

钦命督理税务大臣于十一月二十九日答覆如下：

　　钦命督理税务大臣咨行事。本年十一月十九日准咨称"查《院章》第二十条，资政院于各衙门行政事件及内阁会议政务处决事件如有疑问，得由总裁副总裁咨请答覆"等语，据议员周廷弼提出质问税务处关于海关事件说帖一件，业经本院决定相应刷印说帖，照章咨请酌定日期以文书或口说答覆，又二十二日复准咨称本院议员质问事件前经议员声请咨催各衙门答覆在案，现距闭会期近，所有先后质问事件复经议员声请咨催答覆，应咨请按照定章从速酌定日期答覆各等因前来，查质问各节，应以文书答覆，兹另具说帖一分，咨送贵院查照可也，须至咨者。上咨资政院，附说帖一件。宣统二年十一月二十九日。

税务处答覆议员周廷弼质问海关事件说帖

　　本处查船钞款项除解交外务部三成暨本处二成经费外，其余向由总税务司收管作为修建灯塔浮桥之用，其历年留存之款，截至宣统元年年底，止计船钞总账项存款共有关平银一百六十五万三千四百余两，内计暂存在中国、英国等处各银行并总税务司署暨各关之现款共关平银五十四万七千九百两，长期存放伦敦、天津、北京各银行共约关平银五十九万九千四百余两，购买中国息款暨津浦、九广铁路等股票共约关平银五十万六千一百余两，前本处曾拟将余存之款改归中国银行存储，商之赫总税务司，据称"中国银行现在尚未发达，似宜缓办"等语。嗣以此事既由总税务司办理有年，且所得存款生息均系列入公款，似未便操之过蹙，致滋窒碍，是以现仍照旧办理。字准质问前因，俟由本处随时与代理总税务司妥商酌办。本处又查海关人员现在内班中有华人署正、副税务司各一员，二等帮办三员，四等帮办五员，署帮办十六员，同文供事五百数十员。溯查税务处未设立以前，内班中只有同文供事一项系属中国人充当，近已逐渐选入税司帮办者二十余人。将来税务学堂学生毕业，当可逐渐遴派，借才异地，可望日见减少矣。("钦命督理税务大臣咨行议员质问税务处关于海关事"，《资政院文案七种》第二册《资政院第十七类各部院衙门咨覆各案件》，宣统二年油印本）

③ **具说帖议员牟琳等提出为质问度支部事**

查《资政院议事细则》第一百七条，议员依《院章》第二十条欲行质问者，应具说帖，得三十人以上之赞成，由议长咨询本院决定之。兹有关于公债事件欲行质问者如下：东三省拟借外债二千万兴办实业，久已见诸公文，腾诸人口。嗣闻由度支部作主，已向某国借妥。夫东三省因办实业而借外债，原为地方公债性质，应由东省总督交三省谘议局议决，然后可借，因其债务为三省人民之负担。如何借法，如何用法，如何还法，必有监督之权利，然后有负担之义务也。今乃由度支部出而借之，而三省人民乃不能过问，且亦不必过问，何也？度支部为全国财政机关，度支部借之，是已默将三省人民之负担转嫁于全国人民之身。夫使用之得当，则亦可也。风闻东三省政策欲以一千万开办银行，发行纸币；以一千万经营森林、仓库，贩卖各种事业。是说而果信也，不特无益于东三省，且危及于币制，祸中于实业。在东督岂不曰办银行、发纸币为最有利之事业哉？其不合事实、学理。且不问度支部《国币则例》《纸币则例》之效力何在也，且据最近调查，三省所发之空帖达二千万两，已有不可收拾之势。今更助以千万之资本，其胆更壮，其数乃愈无限制，是不图救火而反助以薪也。实业一途，各国除铁路、邮电，或便于征税事业以外，鲜有官自为理者。吾国以前，官与民争利，意之所欲，力之所及，无不攘为官有。究之商办而有利者，一经归官，糜不立败。一由官吏难于监督而弊混丛生，一由费用开支浩繁而得不偿失，一由学识经验两无所有而动辄失当。今东省之所为，又复蹈其覆辙，不知度支部或未之知耶？或知之而故听任之耶？谨本斯意，分为数条质问：

（一）东省借债，本属一地方公债，度支部何以出为担任一切义务？

（二）藩属如蒙古，如西藏边省，如云南，如广西，万一援例以请，度支部如何答？

（三）借得之款，用何方法交付东三省？

（四）曾详悉东三省之用途否？

（五）东三省之用途果适合于法律事实否？

（六）东三省果有预计盈亏之说明书否？

（七）度支部如何监督其用途？

（八）东三省自办银行，自发纸币，度支部亦承认否？各省援例不收回钞票，且相率多发，度支部其何说之辞？

（九）东三省所拟办之实业，度支部能认为有利否？能不害人民之生计否？能合于振兴实业之道否？

（十）度支部若不表同情，何以不据理力驳？

以上各节，不无疑义，为此遵章质问，经赞成员会同署名，应请议长咨询本院决定，咨请度支部迅速以文书或口说答覆，须至说帖者。("议员牟琳具说帖质问度支部关于公债事"，《资政院知会、折奏、章程、说帖、质问、陈请等案件》第八册《资政院第四类议员具说帖质问各案件其二》，宣统二年铅印本）

④ **具说帖议员王昱祥为质问事**

谨按《资政院院章》第二十条及《议事细则》第一百七条，对于各衙门行政事件如有疑义，欲行质问者，应具说帖，得三十人以上之赞成，由议长咨询本院决定之。今本议员于陆军部军实制造各事宜颇有所疑，谨提出质问如下：

一、机器制造关系全国军政，为军界上第一要事。近年陆军将弁各学堂皆选送学生出洋，独于机器制造一门缺焉弗将。按制造之事最重实验，非空言讲授即可有成。故此项学生必使投身于各国著名之大制造厂实地练习，乃能深造有得。今派遣学生而独缺此，是否各国守军事秘密主义，其军兵工厂不容外人厕入？抑我国学生程度不足，未能语此？闻上海、湖北、广东、四川等处机器局，其司机、总匠皆聘洋人，未有华人能胜其任者。惟上等机器，外国亦不多，觇考试后皆留用本国，其遗用他国者皆中等及中等以下之资，故皆陈陈相因，未有巧制。陆军部总司军政，对于军实一项究竟有何规画，以期培养人才，改良制造？此应质问者一。

二、中国今年改练新军，闻各省多购外洋军火而不购中国自造之军火。不知各国每造出新式枪炮，必不轻售于人，其转售中国者皆陈腐旧式不适于用者也。且中国各省机器局，远者开办数十年，近亦十余年，如以中国所造远逊各国，何不及早改良？如以中国所造价昂，尤应究其原因，酌量减轻，以畅销路。苟本国所造者可用，即价值稍昂，以本国之财购入本国之物，利不外溢，亦于大局无损。至其余军装器械等项，闻各省镇兵及巡防各营，亦多自外洋购买。统计以上各项，每年所费不赀，而是否精坚利用，实不敢知。陆军部究竟有无详细规画，以壮军实而挽利权？此应质问者二。

三、各省机器局制造渐有进步，闻上海、湖北两省局均能炼钢铸炮，四川、广东、德州等处均能铸造枪支子弹。惟各局所造是否一律彼此互用，有无扞格凿枘？且以各局机力，按年匀计，每日可出枪支若干，炮弹子药若干，是否足敷各省将来添练镇兵及巡防各队之用？其制造之优势，较之各国战时所用，其击远速率若何？凡此种种，陆军部有无切实调查？比较甲午之役，闻前敌多不响之炮弹，事后剖验，皆由药力不足，甚或掺和泥沙，且枪膛子药大小各殊，彼此不能相济。诸如此类，于军事大有关碍，陆军部对于各局各项制造是否有画一整齐之规定？此应质问者三。

四、各省机器局工大事繁，费用不赀，究竟每年局常年经费若干？是否实用实销，款不虚靡？湖北、上海两局制造较优于他省，闻因款绌不支，湖北炮已停铸，上海等处亦时有停工待料之事。究其支绌之故，是否经费本少，不能敷用？抑由冗员、冗匠靡费太多？或则存货滞销，积压成本？种种原因，均宜切实考察。若由前一说，自应宽筹经费，厚集资本，不应因循偷安，致工多旷废之时，机余不尽之力。若由后两说，尤应剔除积弊，以除中饱，力图改良，以畅销路。各局成立以来，糜款巨万，经营累年，始克有此规模。当此整饬军备之际，岂可任其废弛，轻弃前功？陆军部对于此项制造经费，并各局用款糜滥支绌各情形，有无严密稽查，通盘筹画？军实至计，国本攸关，此应质问者四。

以上四项皆军备要政，究竟何事宜兴，何弊宜革，何者宜改良以求精进，何者宜仿造以挽利权，当此列强竞争之世，势难延缓。本议员对于军实制造种种问题不无疑义,遵章质问,会同赞成议员署名,敬请议长咨询本院决定,恳即照章咨请陆军部将对于上列各项补救政策酌定日期以文书或口说答覆,须至说帖者。("议员王昱祥具说帖质问陆军部军实制造事",《资政院知会、折奏、章程、说帖、质问、陈请等案件》第八册《资政院第四类议员具说帖质问各案件其二》,宣统二年铅印本)

⑤ 具说帖议员全公谨提出为质问变通旗制处事

查《资政院议事细则》第一百七条"议员依《院章》第二十条欲行质问者,应具说帖,得三十人以上之赞成,由议长咨询本院决定之"等语,本员查设立变通旗制处,其宗旨在于变通应改之制度,尽力妥筹教养之方及一切生计,总期自强自立之意。迭奉明诏,事关融化满汉畛域,究竟何种旗制应改,及对于应改之旗制应如何变通?至于教养之方及一切生计,将从何处(如)[入]手?现已缩改开设议院期限,凡关于宪政各事,均须提前赶办,则变通旗制事宜,应否一体从前办理?本员因有疑,谨提出质问变通旗制处说帖一件。经规定,赞成议员会同署名敬请议长咨询本院决定,咨请变通旗[制]处酌定日期以文书或口说答覆,须至咨者。("议员全公具说帖质问变通旗制处事",《资政院知会、折奏、章程、说帖、质问、陈请等案件》第八册《资政院第四类议员具说帖质问各案件其二》,宣统二年铅印本)

⑥ 具说帖议员王昱祥为质问事

谨按《资政院院章》第二十条及《议事细则》第一百七条,对于各衙门行政事件,如有疑义欲行质问者,应具说帖,得三十人以上之赞成,由议长咨询本院决定之。今本议员于陆军部行军津贴事宜颇有所疑,谨提出质问于下:查练兵处奏定"各目兵开拔备战时,每名月加津贴银一两,差竣撤防即行停止"等语,今闻陆军新练各镇遇有军务出防,目兵每名每日津贴京钱四百文;护送军饷子药等项兵丁,每日津贴京钱四百文,分别紧要寻常,再加银一钱或五分;探访每员每日五钱,津贴银五钱;兵丁每名每日津贴京钱四百文,再加银一钱;夫役每名每日津贴京钱三百文,其余参谋、执法、卫生队以及官兵住店均有津贴。以目兵津贴而论,已较原奏定章两倍有奇,其余各项津贴,为数尤巨。伏查本年山东莱阳因事聚众,第五镇出防一千五百余人,两月之间,津贴银多至一万八千余两。以此例推,若一旦边省有事调用大军,或至三镇五镇,经年累月,其津贴将多至数百万两不止。值此国库空虚、民力竭蹙之时,岂宜轻变定章,多縻巨款?且此项津贴是否出自练兵经费,抑出自有军务省分?如谓出自练兵经费,何此次莱阳军事津贴银两责令山东担任?如谓出自军务省分,则地方蹂躏之余,何从筹此巨款?窃维国家养兵,虽各省分练,不过因地制宜,原无此疆彼界之殊,何省有事,用兵之久暂,经费之多寡,俟宜统由陆军部统筹全局,不分畛域。且练兵经费皆由各省分任筹解,行军津贴即不当再令军务省分独任。本议员对于此项津贴不无疑义,为此缮具说帖,遵章质问,敬请议长咨询本院决定,照章咨请陆军部酌定日期以文书或口说答覆,须至说帖者。("议员王昱祥具说帖质问陆军部行军津贴事",《资政院知会、折奏、章程、说帖、质问、陈请等案件》第八册《资政院第四类议员具说帖质问各案件其二》,宣统二年铅印本)

⑦ 具说帖议员张政谨提出质问法部事

案《议事细则》第一百七条"议员依《院章》第二十条欲行质问者,应具说帖,得三十人以上之赞成,请由议长咨询本院决定之"等语,本议员对于法部应行质问二事，开列于下：

一、现行法律犯奸盗等罪，应处一等至十等罚者，均按限工作。京师各审判厅遇有此项罪犯，均送与顺天教养局习艺所，该局所向属顺天府，不归法部直辖，又有人满之患。近闻各审判厅逐将此项罪犯送去，该局所以人满难容，往往拒绝不收，各厅递将此项罪犯送入法部监禁，致轻罪人犯与绞斩徒流重罪人犯杂处不分，而又无工可作。既失刑律之平，复乖感化之义，其何以示各省之表率！法部至今独不自行筹设习艺所，究系何故？

二、京师各审判厅俱设有看守所，遇有未判决之案，皆将人犯收入所中，此不过暂时羁押，原可酌量情节准予保释。乃闻所官所丁任意克扣囚粮，犯人俱不得饱食。近日天气严寒，犯人又全无盖被，饥寒交迫，所以瘐死之人往往而有，以罪名未定之犯而受此种虐待，念之能无恻然？京师首善之区，法部耳目，最近犹有此等现象，尚能望全国监狱之改良乎？此后法部对于看守所是否有整顿之意？

以上两端质问事件，经规定赞成议员会同署名，应请议长咨询本院决定，照章咨请法部酌定日期以文书或口说答覆，须至说帖者。（"议员张政具说帖质问法部关于罪犯罚工等事"，《资政院知会、折奏、章程、说帖、质问、陈请等案件》第八册《资政院第四类议员具说帖质问各案件其二》，宣统二年铅印本）

法部于宣统二年十二月初三回覆如下：

查（议员张政）说帖质问关于习艺所一节，京师各级审判厅于光绪三十三年间试办，系在民政部、顺天府已设习艺所教养局之后，因与部府协商，并按年由部帮贴经费，将判决执行人犯就近送交该所局习艺。该局所收容人犯各有定额，额满则知会停送，额缺则仍陆续拨送，并无拒绝不收等事。停送期间，伤由各级检察厅将判决执行之犯送部寄监，均以到监之日起算入刑期。迨续送时，则扣除监禁日期，以示体恤。仍视罪人之轻重分别安顿，如五六等罚以上则寄监，五六等罚以下多由看守所拘留，限满释放。其寄监亦区分南北内外，并无轻重罪人杂处不分之弊。盖暂时变通办法也。本部上年筹设模范监狱，将来应有惩役工作诸规制。此时习艺人犯既有部府局所以济其穷，办法尚称便利。本部原无自设习艺所之必要，然感化善政，不嫌叠矩重规，拟俟经费充裕，体察情形，酌量扩充办理。

又说帖质问关于看守所一节，查看守所之设，诚如质问所云，不过暂时羁押，各厅除重罪人犯及实在无保可交者外，从无不准保释之事。各所遴派所官，复由审检两厅丞长分别监督稽查，并由本部不时严密查察，虽规制遽难完善，而克扣虐待之弊，尚可信其必无。囚粮定额人米一斤，每日两餐有盐菜，另放稀粥，夏日二次，冬日一次。看守所官逐日监放，计口授食，例合平均。虽食量之大小容有不同，而临时衰多益寡，总以勿令受饥为主。冬日屋设火炉，炕设大被，另发棉袄棉裤。遇有极贫人犯，出所之时，有听将袄裤著去，不令缴回者。说帖谓饥寒交迫，瘐毙之人往往而有，殆系传闻过甚之辞。京师各级审判以地方厅为最繁，故看守人犯亦较多，该厅租房试办，本属权宜之制。本年夏间，业将该厅看守所扩充修葺，一面筹建新厅，并日程功，落成在迩，似该厅所可冀完善。事当恤囚，本部职任所在，自当力求整顿。"（"法部咨覆议员质问法部关于习艺所看守所事"，《资政院文案七种》之《资政院第十七类各部院衙门咨覆各案件》，宣统二年油印本）

⑧ **具说帖议员林绍箕为质问农工商事**

　　查《议事细则》第一百七条"议员依《院章》第二十条欲行质问者，应具说帖，得三十人以上之赞成，由议长咨询本院决定之"等语，本员对于农工商部有所疑问，谨具说帖，会同署名，敬请议长咨询本院决定后，照章咨请农工商部定日期以文书或口说答覆，须至说帖者。

　　一、国以农为本，以工商为用，国家岁费数十万金钱设农工商部，原欲谋实业之发达，促农工商之进行。乃现尽数年补助，既无事例提倡，谨托空言，本员心甚惑之。读咨覆易议员质问文书，称"实业行政仅占岁出五十五分之一，不能达殖产兴业之目的，以与各国相竞争"等语，本员以为农工商部握全国生利总机关，果于国计民生确有裨益，何妨筹借巨款，实行倡办；或就已有公司，察其实因股本不足，别无他省，量为补助。若以经济困难，一事莫办，上何以体朝廷设部之意，下何以慰天下农工商属望之殷？

　　二、劝业道性质与别官不同，非尽人能为，必于农工商确有见地，方称是职。迩来奏简者，率非专门毕业之人，即是有经验者，亦复绝少，果才难欤，抑非为官择人也？未稔农工商部用意何在？

　　三、各省农会商会总协理系名誉员，原不必给与薪俸，惟其中有实心任事，成效较著之员，用何法激劝？其放弃责任者，用何律惩戒？并未订有明文。且自奏设以来，不闻有赏一人惩一人者，赏罚不行，则劝惩奚自！岂各总办理均是赏无可赏，惩无可惩之人乎？或平日未加之意也。

　　四、今年天下倒闭之案层见叠出，多者千万，少亦数十万，商业失败已达极点，当《商律》《破产律》未颁布之前，更有何种手续为事前之防范，事后之补救？

　　五、裁厘加税一时不能猝行，商人之困无自而苏，农工亦受其病，征税固无自由之权，能更筹他种扶助之法否？

　　六、通商口岸，洋旗林立，虽由民智未开，亦不肖官有以驱逼之也。为今之计，惟有开民（知）[智]，儆官邪，使华商洋商利益同等。食毛践土，具有天良，人亦何乐轻祖国！农工商部有维持商务之责，亦尝注意及此？

　　（"议员林绍箕具说帖质问农工商部农工商事"，《资政院知会、折奏、章程、说帖、质问、陈请等案件》第八册《资政院第四类议员具说帖质问各案件其二》，宣统二年铅印本）

⑨ **为修正报告事**

　　本股于本月十二日报告审查江苏谘议局呈请核办两江总督张人骏朦借外债代偿洋款侵权违法一案，当经表决修正具奏。兹经本股修正完竣，报告如下：

　　窃维朝廷诏设各省谘议局准予议决本省财政之出入，原所以防制督抚之滥用，而以督抚之权导之人民，庶几庶政有常而财用无弊，立法不可谓不周。本院自开院以来，各省谘议局连翩来呈，率以公债税法，各督抚不交局议，而尤以江苏谘议局呈文所称关系更巨。查该局呈称，两江总督张人骏侵权违法，屡屡擅借外债不交局议。其第一次在本年六月上海正元等三钱庄倒欠华洋商人巨款，该督偏信已革苏松太道蔡乃煌、上海商会总理候选道周晋镳朦禀之词，专电奏准官借外债三百五十万两，代商人偿还亏倒洋行之款。旋经该局质问，乃仅述蔡、周两道朦禀之词，并将遵旨慎防流弊一层诿过属吏，而于善后方法置之不议。查中国与各国所订条约，均有"华人倒欠洋款、官吏只能代追不能保偿"之语，该督身为南洋通商大臣，不应不谙条约、朦奏朝廷，召外交无穷之患、增财政困难之忧，实较寻常违背法律、仅关内政者，情事尤重。其第二次，在本年九月，该督亲往上海，又与各国银行筹商借债，经该局风闻电讯，仍置不答；补具公文质问，乃始札称"借三百万，六年为期，本利由宁省设法匀还"等语。查此项借款，既声明本利由宁筹还，是即本省公债及本省担任义务之增加事件，即系《局章》第二十一条之四、五两项，在谘议局应行议决范围以内事。在九月，该局开会之期，该督竟不交议，径与洋商订约借款，实为违背法律、侵夺权限，与《局章》第二十七条按语相符，呈请本院核办。经本股两次开会，逐一审查，佥谓该督第一次借款代华商偿还洋债，破坏条约，为祸尤烈。中外交通数十年，商人借贷亏倒，情伪百出，负欠洋款往往而有，如令官吏营私舞弊、任意代偿，则人民可不事生产、人人私借外债，而外人亦可不求担保抵押，处处放款。此风一开，不审异日偿还之期，内而部臣、外而疆吏，需索群至，何以应付？斯时全国恐立地破产，历朝条约详明，所以与各国订立专款者，防微杜渐，不谓不至。而该督破坏决裂，至于如是，来日方长，伊于胡底？语云："涓涓不塞，将成江河。"诚有如该局所言，较寻常违背法律、仅关内政者，情事尤重也。至第二次所借之款，未据该督声明何用，而以偿还本利责之本省，尤为可骇；且在谘议局常会期内，竟不交议，是实故意侵权违法，较之寻常过误不同，则充类至义之尽，各省谘议局均可不设，而凡百财政仍握于督抚之手，听其出纳无度、支配无常，而无人为之监督也，宪政前途尚可问乎？自应遵照《院章》第二十四条，奏请圣裁，饬下两江总督张人骏将第一次所借外债代还洋款者，应令其如数担偿，绝不能由国家与人民担其责任，以符约章而塞祸源。至第二次借外债是否系本省应办之公债，应照章交付谘议局议决办理。本股再四讨论，多数意见相同，合将修正报告呈请议长察核，报告会场，即行具奏。（"修正报告江苏谘议局呈请核办两江总督张人骏朦借外债代偿洋款侵权违法一案"，《资政院知会折奏章程、说帖、质问、知情等案件》之《资政院第十类审查报告各省核议案件》）

⑩ 审查得江苏谘议局遵照《局章》第二十七条，纠举"两江总督张人骏奏办饥民焚抢海丰公司、永丰、大丰各公司，引例上下其手实系违背法律"等情。本股察核参酌原案，逐一研究，确见该督有上下其手违背法律之处。谨分列如下：一、该督折内，有"官绅设厂施粥，饥民聚至数万，难以遍给，以致群往公司要求，虽攀栅坏垣，不无强悍，然例以徒手爬抢，亦止于为首满徒"等语，查《现行刑律》，直省不法之徒，如乘地方歉收，聚众抢夺、扰害善良、挟制官长，或因赈贷稍迟，抢夺村市、喧闹公堂，俱照光棍例治罪。光棍例为首，斩立决；为从，俱绞监候。该督不援此例，或相当之例，仅引十人以下饥民爬抢之条，是系故出违法者一。二、该督折内有"饥民逼近公司，二三百人或抛击砖石，该公司不慰以善言，率行开枪伤毙九命，咎是难辞，请将海丰公司经理许鼎馨革职并勒交枪毙人命之犯"等语，查《现行刑律》，持杖拒捕，被捕者登时格杀，仍依律勿论。注云：凡刀械石块，皆是"持杖"；事在顷刻，势出仓促，谓之"登时"，只格而杀，谓之"格杀"。又光绪三十二年，前总督周馥电奏：土棍率饥民抢劫米店，倘敢拒捕或聚众抢劫，不服解散，准其格杀勿论。该督所称"饥民""徒手"，系指并未开枪而言。无论道员黎经诰原禀"自放手枪回触"与现奏"被飞弹误伤"，情形迥异，不必深究，即如抛击砖石一事，

已符格杀之例；况又毁其栅栏花墙及西北门，并在后门纵火，尤为行强，危险已极。海丰登时抵格，更与例案不适合，乃竟称为"率行开枪"，并将海丰经理革职，是系故入违法者二。三、该督折内有"饥民究非凶徒可比，且系爬抢未成"等语，查《现行刑律》有注云：凡先定有强谋、执有军械、带有火光、公然直至事主之家攻打门墙者，是谓"已行"。若谓事主所拒、邻保所援，不能得财，虽事主之家无损而强盗之谋已行，不分首从，皆应满流。该督既称"毁其墙门"，并在后门焚烧麻袋，其为强谋已行可知。事前已爬抢及口船，事后又爬抢麻袋，何得仍谓"爬抢未成"？违法者三。四、该督折内有"迭经官商借麦平粜，该公司未即慨允，致酿事端，不能不咎其悭吝贾祸，该管文武众寡不敌，亦不能以兵丁不敌放枪，遂指为救护不力"等语，查公司系营业性质，何能因其未能慨允借麦即咎其悭吝贾祸？且查原委员黎道经诰已经禀明"为首约十余人，向弹压兵丁，叩求请勿放枪，关进厂门，焚烧机房，火起后拍掌一笑而散"等情，何以此次折内忽称"众寡不敌，不能指为救护不力"？详核原案，永丰当棍徒揭帖订期焚抢公司时，曾经电求该督派兵保护。该督反电伤营县严行束约兵丁，不准轻率动手。是以该督不得不开脱文武保护不力而归咎于永丰之自贻伊戚谋也不臧也。该局称其不独纵容棍徒扰乱治安，且大背朝廷振兴实业之至意，洵非过激之辞。违法者四。五、该局呈内有"饥民爬抢属于民政，为巡抚掌准。徐海又为江北提督管辖之区，即由两江总督主政主稿，亦应与江苏巡抚、江北提督会同入奏。恭读嘉庆八年上谕，例应会衔具奏事件，总当先期咨会、公同商定，俟有回文，始行具奏。倘应会不会，或仅于时候关会者，即着应行会衔之员据实参奏、交部议处，以杜专擅之弊"等，查该督初奏此案，尚系会同护理苏州巡抚陆钟琦具奏。此次竟由单衔具奏，是明知不能与苏州巡抚程德全、江北提督雷震春同意，遂敢显违会奏谕旨而不顾。违法者五。他如赣丰豆船被劫，已在关差家起出原赃，而称为已革土差；大丰麦船被劫，仍令尽出存麦，以致停机，而称为克尽义务。无不违背法律。该局称其"纵容棍徒扰乱治安"，洵非过激之辞。中国贫弱，势甚危急，非从实业入手，无救亡之策。该督反对宪政、深恶公司，又因公司具呈条驳痛诋原查之道员黎经诰，更有与公司有不能两立之势。总核原奏原案，即得该督引例上下其手、办案违背法律之确证。案关实业前途兴废、地方大局安危。谨遵《院章》第二十四条，核实奏陈请旨裁夺。本股一再讨论，全体意见相同，合将审查结果报告议长，付议公决。（"审查江苏谘议局纠举两江总督张人骏奏办饥民焚抢海丰公司、永丰、大丰、各公司等事报告书"，《资政院知会、折奏、章程、说帖、质问、陈请等案件》之《资政院第十类审查报告各案件》，清末铅印本）

⑪ "军机大臣庆亲王奕劻等奏，才力竭蹶，无补时艰，恳恩开去军机大臣要差一折，披览均悉，该大臣等尽心辅弼朝廷，自能洞鉴。既属受恩深重，不应渎请。所请开去军机大臣等处，著不准行。"（《政治官报》，第39册，1910年11月，"朱谕"，第290页）

⑫ "资政院奏大臣责任不明难资辅弼一折，朕已览悉。朕维设官制禄及黜陟百官之权为朝廷大权，载在先朝钦定宪法大纲，是军机大臣负责任与不负责任暨设立责任内阁事宜，朝廷自有权衡，非该院总裁等所得擅预，所请著毋庸议。"（《政治官报》，第39册，1910年11月，"朱谕"，第290页）

⑬ **议长公鉴，为审查报告事**

本股员会于十一日开会审查得禁烟一案，前经特任股员报告，初一日开会，先将禁种、禁运、禁吸期限分别表决，即于是日由议长将《禁烟暂行章程》并《修改禁烟条例》交由本股员会审查。兹审查得《禁烟暂行章程》所注重之点，本在分期实行施禁，其第三章机关，第四章查报皆属于禁烟办法。但各省情形本有不同，所议条文，恐难统一，且欠完备，不如概从删去。本章程施行细则拟由各该管衙门以命令定之，似较推行无弊。至《修改禁烟条例》，查与《新刑律》第二十一章鸦片烟罪各条文间有参差，处罚重轻未能一致。且查"附则"有云，本条例之规定以宣统四年正月初一日为实行之期，是时《新刑律》亦必颁行。如同时并施，于法律上不无抵触。拟请修改禁烟条例，无庸另订，若逾期有违犯情事，应按照《新刑律》办理。本股员会一再讨论，多数议决，应请议长指定起草员拟稿具奏，特此报告。法典股股员长润贝勒报告。（"法典股员长润贝勒审查禁烟案报告书"，《资政院知会、折奏、章程、说帖、质问、陈请等案件》之《资政院第十类审查报告各案件》，清末铅印本）